中国信息经济学会电子商务专业委员会推荐教材

21世纪高等院校电子商务规划教材

21st Century University Series Textbooks of E-Commerce

移动电子商务

Mobile Commerce

秦成德 王汝林 主编

石明卫 张利 任少军 副主编

人民邮电出版社

北京

图书在版编目（CIP）数据

移动电子商务／秦成德，王汝林主编.—北京：人民邮电出版社，2009.7（2016.8 重印）
21世纪高等院校电子商务规划教材
ISBN 978-7-115-20496-7

I. 移… II.①秦…②王… III.电子商务－高等学校－教材 IV.F713.36

中国版本图书馆CIP数据核字（2009）第080563号

内 容 提 要

本书从全新的视角，本着理论和实际密切结合的原则，阐述了移动电子商务的各种基本问题，如移动电子商务概念，移动电子商务技术基础，移动电子商务价值链及其应用模式，移动电子商务交易服务，移动电子商务信息服务，移动电子娱乐，移动电子支付，移动电子商务平台，移动电子商务整合、安全、资源开发，移动电子商务管理和营销，移动电子商务物流配送及移动电子商务法律规范等，着重探讨了移动电子商务的应用，使读者对移动电子商务的应用前景有一个完整的印象。本书力图为电子商务专业学生提供一本理论深入、内容充实、材料新颖、范围宽广、叙述简洁、条理清晰、适合教学的移动电子商务入门教材。

本书适合电子商务、国际贸易、经济管理、信息技术、移动通信等专业本科生或研究生使用，也可供移动商务业务开发及推广人员、移动通信工作者、电子商务从业人员参考。

21 世纪高等院校电子商务规划教材

移动电子商务

♦ 主　　编　秦成德　王汝林
　副 主 编　石明卫　张　利　任少军
　责任编辑　刘　博

♦ 人民邮电出版社出版发行　　北京市丰台区成寿寺路 11 号
　邮编　100164　　电子邮件　315@ptpress.com.cn
　网址　http://www.ptpress.com.cn
　北京鑫正大印刷有限公司印刷

♦ 开本：787×1092　1/16
　印张：22.75　　2009 年 7 月第 1 版
　字数：595 千字　　2016 年 8 月北京第 5 次印刷

ISBN 978-7-115-20496-7/TP

定价：35.00 元

读者服务热线：(010)81055256　印装质量热线：(010)81055316
反盗版热线：(010)81055315

《移动电子商务》编写人员

主　编：秦成德　王汝林

副主编：石明卫　张　利　任少军

撰稿人：（以姓氏拼音排序）

陈　静　冯晓莉　管玉娟　李　栋　秦成德

任少军　石明卫　盛攀峰　王建花　王汝林

张　利　张　蕾

前　　言

移动电子商务（即移动商务）是互联网与移动通信网络、技术和业务融合的产物，因此，它既是电子商务的发展和外延，也是移动通信的增值业务，更确切地说，它是一类电子服务业务，是现代服务业的重要组成部分。

移动通信技术、移动互联网技术和移动终端技术与IT技术的融合，使得移动电子商务可以提供基于位置、基于时间和基于个体的服务，从而对企业的供应链管理、营销管理、市场渠道、物流配送、支付方式，乃至员工办公环境和信息传递方式等都产生重大影响。同时也给移动电子商务带来了新的发展机会，商家可向用户提供无线世界所特有的、个性化的、功能更加强大的移动商务应用和服务。

本书对移动电子商务的原理和应用进行了全面和系统的阐述。本书共分16章，主要介绍了移动电子商务的内涵、技术、价值链、商务模式、应用、安全和法律等问题。

第1章为概述，介绍了移动电子商务的概念、起源及和传统电子商务的根本区别，另外还介绍了移动电子商务的优势特点、地位、社会作用、技术支撑，移动电子商务的发展趋势和应用，使读者对于移动电子商务的应用特点有宏观的了解。

第2章为技术基础，主要包括通信技术、Internet技术、移动Internet技术、RFID识别技术、移动终端这5部分内容。这些内容对于理解移动电子商务的应用很有帮助。

第3章和第4章介绍移动电子商务的价值链及商务模式，包括移动电子商务产业价值链演进的概念模型、移动电子商务价值链的生成和协调发展、价值链整合与商务模式创新，以及如何构建3G时代的移动电子商务产业价值链。移动电子商务应用的内涵和本质特征、应用模式的特征和类型、探索中的8种移动电子商务运营模式，以及移动电子商务模式和价值链的关系。

第5章～第15章介绍移动电子商务的主要应用。包括移动电子商务信息服务，如移动短信服务、移动定位服务、彩铃服务、移动应急服务、移动搜索服务，还有移动电子娱乐、移动电子支付、移动电子商务平台和产品，整合移动电子商务，移动电子商务安全，移动电子商务的资源开发和价值开发。另外，对移动电子商务管理，移动电子商务营销，移动电子商务物流也做了有益的探索。

第16章介绍了移动电子商务的相关法律问题。

本书不但适合电子商务、国际贸易、经济管理、信息技术、移动通信等专业本科生或研究生使用，也可供移动电子商务业务开发及推广人员、移动通信工作者、电子商务从业人员参考，同样适合对这个新领域有兴趣的人阅读。

参加本书编写工作的主要是西安邮电学院电子商务教研室和移动通信教研室的一线教师，还有中国电子商务协会移动商务专家委员会的王汝林教授。本书第1、15、16三章由秦成德编写，第2章由石明卫编写，第3章由张利编写，第4、12两章由王汝林编写，第5章由张蕾编写，第6章由王建花编写，第7章由李栋编写，第8、10两章由任少军编写，第9章由陈静编写，第11章由管玉娟编写，第13章由盛攀峰编写，第14章由冯晓莉编写，最后由秦成德完成统稿工作。

在本书的写作过程中，得到了原国家信息办专家咨询委员会专家的支持和指导，教育部电子商务专业教育指导委员会各位教授、中国电子商务协会各位领导给予了热情的关怀和指导，中国信息经济学会电子商务专业委员会各位同仁也为本书提供了许多有益的指导和建议。本书的完成不但依靠全体撰稿人的共同努力，同时也参考了许多中外相关研究者的文献和著作，在此一并致谢。

移动电子商务是一个崭新的领域，许多问题尚在发展和探讨之中，本书不当之处，恳请读者批评指正。

本书配套的教学课件，可到人民邮电出版社教学服务与资源网（www.ptpedu.com.cn）下载。

秦成德

西安邮电学院教授

西安仲裁委员会仲裁员

北京信息产业协会专家委员会成员

中国电子商务协会移动商务专家委员会成员

中国信息经济学会电子商务专业委员会副主任

2008 年 8 月

目　　录

第1章 移动电子商务概述

本章提要：本章概述了移动电子商务的基础知识，包括移动电子商务的概念和十大特点，移动电子商务的内涵可使读者理解移动电子商务与传统电子商务的区别，然后阐述了移动电子商务的技术支撑及其社会作用。接着回顾了移动电子商务的发展过程，包括移动电子商务兴起的原因、移动电子商务的现状及其发展趋势，以使读者了解移动电子商务兴起的内在原因和历史过程。最后分析了我国移动电子商务的应用状况与环境，并针对当前存在的问题，提出了我国发展移动电子商务的对策。

1.1 移动电子商务的概念与特点

移动电子商务 MB（Mobile Business）或 MC（Mobile-Commerce），也称无线电子商务 WB（Wireless Business），是在无线平台上实现的电子商务。从互联网电子商务的角度看，移动电子商务是电子商务的一个新的分支，但是从应用角度来看，它的发展是对有线电子商务的整合与扩展，是电子商务发展的新形态，也可以说是一种新的电子服务。

1.1.1 移动电子商务的内涵

移动电子商务是通过手机、PDA（个人数字助理）等移动通信设备与互联网有机结合进行的电子商务活动，它是无线通信技术和电子商务技术的有机统一体。移动电子商务因其灵活、简单和方便等优势，已经成为电子商务发展的新方向。移动通信技术和其他技术的完美组合创造了移动电子商务，但真正推动市场发展的却是服务。移动电子商务能提供以下服务：PIM（Personer Information Manager）、银行业务、交易、购物、基于位置的服务（LBS）、娱乐等。

移动电子商务是电子商务的一个新的分支，但是从应用角度来看，它的发展是对互联网电子商务的整合与发展，是电子商务发展的新形态。移动电子商务将传统的商务和已经发展起来的、但是分散的电子商务整合起来，将各种业务流程从有线向无线转移和完善，是一种新的突破。

随着移动互联网的快速发展，出现了通过移动终端进行的电子商务形式——移动电子商务。移动设备通常是隶属于个人，可以为其所有者随时随地提供信息，商家可以通过移动电子商务将市场目标定位到个人，而传统的基于互联网连接的电子商务只能将市场细分到一个小群体，比如一个家庭或一台计算机。从这一点来说，移动电子商务是电子商务发展的高级形式。

全世界第一家网上书店 Amazon 在 1995 年开业，被看作电子商务的起点，标志着人类开始使用互联网从事经济活动。伴随着移动增值业务的发展和商业的驱动，移动设备的功能不再只局限于记录电话信息、短信息、游戏、MP3、收发 E-mail 和浏览网页等功能，而是把市场和技术推广到金融和商业的各个应用领域，从而给移动通信业务带来了新的商机——移动电子商务。

移动电子商务可定义为依靠移动通信技术进行的商业和金融交易。移动电子商务并不局限于使用移动电话进行交易，还包括其他的一些移动设备，如 PDA、移动计算机等终端。

移动电子商务的发展需要依靠制度和技术创新，是企业运作理念和商业模式的新变革。不能把移动电子商务看作是将互联网上的服务内容进行拼凑，简单地搬到移动网络上。要使移动电子商务带来真正的商业机会，就必须采用优良的商业策略，充分发挥移动设备的时间敏感性、位置敏感性，以及如何提供方便快捷的交易和查询服务。例如移动用户可以利用手机动态收取股票或飞机票到达一定价位的提示信息，以决定是否通过移动设备购买股票或飞机票。

同时，我们需要用新的眼光来审视传统的 B2B（Business To Business）和 B2C（Business To Customer）商业模式。由于移动电话、PDA 是移动电子商务的主要通信工具，移动电子商务发展会向 P2P（Person to Person）的商务模式转变。

有些人认为移动电子商务只是电子商务的简单扩展。这些人的观点是：移动电子商务和电子商务的差异仅在于访问终端和通信网络，移动电子商务是电子商务的一种扩展、一个子集或者一个分支；移动电子商务主要通过移动网络进行通信，电子商务活动起初则主要通过有线网络进行，除此之外两者没有什么两样。

也有人认为，移动电子商务的主要卖点是随时随地访问互联网和进行 Web 浏览，只要将最重要的两个元素——移动通信和互联网——捆绑在一起，将在某个国家成功的移动电子商务模式应用到世界上其他地区一样能够取得成功。事实并非如此。

移动电子商务是指通过手机、个人数字助理（PDA）和掌上电脑等手持移动终端进行的商务活动。与传统通过电脑平台开展的电子商务相比，移动电子商务拥有更为广泛的用户基础，因此具有更为广阔的市场前景。目前，中国互联网用户大约 2 亿，而手机用户已接近 6 亿，并具有数量众多的个人数字助理；据预测，不远的将来，更多的电子商务交易将通过移动通信设备来完成，更大量的数据业务通过移动通信设备来传输。利用移动终端，能够获得营销和销售信息、接收订货信息、作出购买决策、支付款项、获得服务或产品，最后接受所需的客户支持。

随着互联网的迅猛发展，基于互联网的电子商务已经成为一种重要的商业模式。近年来，互联网与移动通信出现了进一步走向融合的趋势，这不仅使互联网以无线方式得以延伸，也使移动通信的业务功能大大扩充。与此同时，融入移动通信技术的电子商务也萌发无限的商机，移动电子商务可以真正使任何人在任何时间、任何地点得到整个网络的信息和服务。

总之，移动电子商务是指利用移动通信设备与互联网有机结合，在任何地方、任何时间进行电子商务活动。移动电子商务正在成为世界经济正常运作的基础之一。移动电子商务已经不是一种时髦，而是一种生存和职业需求。

移动电子商务的出现是对有线电子商务的整合与发展，即将传统的商务和已经发展起来但分散的电子商务整合起来，将各种业务流程从有线网络向无线网络转移。移动电子商务作为一种新型的电子商务方式，利用了移动网络的诸多优点，相对于传统的“有线电子商务”有着明显的优势，是对传统电子商务的有益补充。

现在，移动电子商务尽管存在巨大的潜在市场，但还有不少问题亟待解决。例如，如何保证它的安全性，使用户账号、密码等合法信息不受侵犯，使支付和商品配送等过程绝对安全可靠；如何开发能满足各阶层用户需要的有吸引力的个性化服务项目；以及如何使系统变得更加易于操作等。

1.1.2 移动电子商务的特点

与传统电子商务相比，移动电子商务具有许多优点。比如，移动交易不受时间和地点的限制，移动交易效率高，大大节省客户交易的时间，而且移动终端的身份固定，能够向用户提供个性化移动交易服务，并可以提供与位置相关的交易服务。移动电子商务将用户和商家紧密联系起来，而且这种联系将不受计算机或连接线的限制，使电子商务走向了个人。通过移动电子商务，用户可随时随地获取所需的服务、应用、信息和娱乐。他们可以在自己方便的时候，使用智能电话或PDA查找、选择及购买商品和服务。采购可以即时完成，商业决策也可实施。服务付费可通过多种方式进行，可直接转入银行、用户电话账单或者实时地在专用预付账户上借记，以满足不同需求。通过个人移动设备来进行可靠的电子交易的能力被视为移动互联网业务的一个重要方面。

移动电子商务具有以下十大特点。

（1）全天候。移动交易不受时间和地点的限制，因而移动电子商务具有无所不在的特点，移动终端如手机便于人们携带，可随时与人们相伴。这将使得用户能够更有效地利用空余时间间隙来从事商业活动。移动用户可在旅行途中利用可上网的移动设备来从事商业交互活动，如商务洽谈、下订单等，这已经成为电子商务发展的新方向。移动电子商务市场从长远看具有超越传统电子商务规模的潜力，这是因为移动电子商务具有一些无可匹敌的优势，因为只有移动电子商务才能在任何地方、任何时间真正解决交易的问题。

（2）个性化。移动终端的身份固定，能够向用户提供个性化移动交易服务。移动电子商务的主要特点是灵活、简单、方便。例如，跟传统媒介类似的，开展个性化的短信息服务活动，要依赖于包含大量活跃客户和潜在客户信息的数据库。数据库通常包含了客户的个人信息，如喜爱的体育活动、喜欢听的歌曲、生日信息、社会地位、收入状况、前期购买行为等。能完全根据消费者的个性化需求和喜好定制服务，设备的选择以及提供服务与信息的方式完全由用户自己控制。移动电子商务将用户和商家紧密联系起来，而且这种联系将不受计算机或连接线的限制，使电子商务走向了个人。

（3）精准性。由于移动电话具有比微型计算机更高的贯穿力，因此移动电子商务的生产者可以更好地发挥主动性，为不同顾客提供精准化的服务。利用无线服务提供商提供的人口统计信息和基于移动用户当前位置的信息，商家营销可以通过具有精准化的短信息服务活动进行更有针对性的广告宣传，从而满足客户的需求。要提供精准化服务，其内容传送模式的关键之处在于准确的个人信息。如用户的前期交易或偏好，与交互的时间及地点相关的当前选择。促进一位顾客进行在线预订餐厅的也可能是一个移动引导地图或吃饭前的一件事，所有这些都基于顾客的前期行为。然而，精准化将意味着顾客暴露自己的偏好及行为。如果对他们自己有利，顾客是十分愿意向公司提供个人信息的。

（4）安全性。尊重消费者隐私是移动电子商务的优势，由于移动电话具有内置的ID，在增加交易安全性的同时，也增加了消费者对隐私保护问题的关注。为了防止宣传活动在第一声手机铃声响起之前就被搞砸，商家必须强调保护消费者的隐私，要有配套的、详尽的自愿选择加入邮件列表计划。同时，为了发送定制化的信息，商家需要收集数据，这也会涉及到消费者的隐私问题。因此，商家要在实现个性化和尊重消费者隐私之间进行权衡。因此，公司要明确强迫顾客接受与对顾客有用之间的界限。定制化战略可用于缓解移动交易中对安全及隐私问题的担忧。如消费者可以通过改变安全及隐私的设定来满足他们的个人需求。

（5）定位性。位置敏感的服务可以充分体现出移动电子商务的特有价值，移动电子商务可以提供与位置相关的交易服务。以定位为中心不仅使移动电话可到任一处，GPS也可以识别电话的所在地，从而为用户提供相应的个性化服务。知道互联网用户的地理位置，给移动电子商务带来有线电子商务无可比拟的优势。利用这项技术，移动电子商务提供商将能够更好地与一特定地理位置上的用户进行信息的交互，将是今后移动电子商务领域比较有前途的产业化方向。当然，有的服务位置敏感，但是时间不紧迫，比如旅游景点移动广告、自我定位服务等。这些移动电子商务的服务内容，根据其所处的环境不同，也都能体现出移动电子商务的价值，也是具有发展潜力的领域。

（6）快速性。确保可靠的传送速度，从互联网诞生开始，数据包的传送速度就成为一个关键因素。随着用户的增加，传送速度变得更为重要。在移动通信中，对于需额外交费的服务，传送速度必须是可靠的。假如用户通过固定线路可以定制的服务比通过移动网络更快捷、方便，那么移动应用的存在也就无优势可言。在不久的将来，会存在一定程度的网络专业化，视频点播或网上冲浪将通过固定网络，而地区交通信息或交通新闻的发送将会成为移动网络的业务。由于效率高，可大大节省用户交易的时间。

（7）便利性。人们在接入电子商务活动时，不再受时间及地理位置的限制。然而，移动电子商务的接入方式更具便利性，使人们免受日常烦琐事务的困扰。例如，消费者在排队或陷于交通阻塞时，可以进行网上娱乐或通过移动电子商务来处理一些日常事务。消费者的舒适体验将带来生活质量的提高。移动服务的便利性使顾客更忠诚。因此，移动电子商务中的通信设施是传送便利的关键部分。使用的简单性是交易模式的关键成功要素。为了使消费者享受更方便快捷的服务，体验移动交易的魅力，移动服务提供商可从以下方面努力：提供友好的用户界面，只设定肯定及否定选项；为顾客自动地提供无处不在的计费交易服务；在出售机器、票务、汽车时，利用小额支付技术；提供实时的无处不在的在线拍卖活动；为移动游戏、娱乐等找零钱；在任何时间、任何地点提供实时交易的便利性。

（8）可识别性。与计算机的匿名接入不同的是，移动电话利用内置的 ID 来支持安全交易。移动设备通常由单独的个体使用，这使得商家基于个体的目标营销更易实现。通过 GPS 技术，服务提供商可以十分准确地识别用户。随着时间和地理位置的变更而进行语言、视频的变换，移动提供了为不同的细分市场发送个性化信息的机会。

（9）应急性。应急性是指面对突发事件如自然灾害、重特大事故、环境公害及人为破坏等所需的应急管理、指挥、救援等。实践证明，移动通信和移动电子商务在我国紧急公共卫生事件、地震、冰雪、紧急社会事件中都发挥了巨大作用，移动通信和移动电子商务对完善的应急组织管理指挥、强有力的应急工程救援保障、综合协调备灾的保障供应等都是必需的。

（10）广泛性。移动电子商务的用户与电子商务不同，我国互联网用户只有两亿多，而移动用户已突破六亿；电子商务的用户大部分是那些教育和收入水平较高，较早拥有个人计算机的人；相比之下，移动电子商务的用户有许多是那些从未拥有过个人电脑，收入处于中低层次，经常处于移动工作状态的人群。

移动电话的使用让电子商务的开展摆脱了地理位置的限制，使商家对客户的服务无处不在。在预先定位的基础上，广告商可以选择用户感兴趣的或能满足用户当前需要的信息，确保消费者所接受的就是他所想要的。通过对广告的成功定位，广告商可以获得较高的广告阅读率。同时，商家可以通过基于地理位置的服务产生或巩固虚拟社区，以满足客户进行社交、与人沟通的需求。

总之，移动电子商务具有许多传统的电子商务所不具备的特有属性，其中最主要的是十大特性：个性化、安全性、便利性、定位性、应急性、全天候服务等。当各类服务能充分体现出以上十大特性时，移动电子商务服务更能体现出它特有的价值。

1.1.3 移动电子商务的技术支撑

移动互联网应用和无线数据通信技术的发展，为移动电子商务的发展奠定了坚实的基础。目前，推动移动电子商务发展的主要技术如下。

1. 网络基础设施

在电子商务的时代，任何一种崭新的商务模式都具有先进的网络技术的支撑。无线网络是移动电子商务的最底层。它包括几种不同类型的移动无线网络，如无线 ATM 网、无线令牌环网、无线广域网和无线局域网等。

2. 应用平台

目前，WWW 已经成为最主要的互联网访问方式，大部分的电子商务也都是基于 Web，统一资源定位符（URL）成为确定网络资源位置的工具。然而，在分布和动态的移动环境下，没有一种统一的服务发现机制可以满足高度的动态性、互操作性和自治性的要求。电子商务网站非常容易与企业后端的信息系统通过互联网进行连接。然而，由于隶属于不同的供应商，或者使用不同的通信协议，在移动电子商务应用中实现多个系统间的互操作并非易事，这就导致了多数移动电子商务应用仅仅局限于地区性的网络和特定的终端。

在电子商务中，客户端与服务器间的查询—应答机制由于使用了 HTTP 变得十分简单。然而，由于 HTTP 是一个无固定（Stateless）连接的协议，在整个通信的过程中服务器并不记录访问者的状态。因此，HTTP 不能满足移动通信环境下用户高效和实时互操作的需求。移动通信的高昂通信成本和手机终端的限制进一步削弱了这种基于 Web 的互联网模型的优势。因此，有人提出移动电子商务中各种交互平台的解决方案。可见，移动电子商务环境下的应用开发平台比电子商务环境下要更为复杂。在开展电子商务时，需要通过第三方支付等机制解决支付的问题。

3. 终端设备

除底层的网络基础设施和应用平台以外，终端设备也决定了可以具体提供什么样的服务。电子商务应用的兴起是由于个人电脑的普及，而电脑具有很大的屏幕、完整的文本输入键盘、大量的内存和很强的处理能力。相比之下，移动电子商务应用则依靠多样的便携式设备，这些设备包括传呼机、移动电话、笔记本电脑、掌上电脑等。虽然手持设备与个人电脑相比有各种缺点，但也有许多独特的特征：小巧、便携、可以识别用户和设备的身份等。

移动电子商务使用了先进的通信和信息技术，如无线应用协议（WAP）、移动 IP、蓝牙技术、通用分组无线业务（GPRS）、移动定位系统、第三代（3G）移动通信系统。3G 作为宽带移动通信，将手机变为集语音、图像、数据传输等诸多应用于一体的未来通信终端。

WAP（无线应用协议）：移动因特网是移动电子商务发展的技术基础。WAP（无线应用协议）则是它的核心技术之一，它使手机等移动终端能方便地与因特网相连接。移动 IP 技术使得节点从一条链路切换到另一条链路时无需改变 IP 地址，从而实现移动计算机在因特网上的无缝漫游，这也是对移动电子商务的有力支持。随着移动通信和 Internet 的迅速发展，人们迫切需要二者相结合，为移动设备提供一个方便的无线接口。WAP 将 Internet 技术和无线网络技术相结合，旨在通过定义一个开放的全球无线应用框架和网络协议标准，将 Internet 上的应用和服务引入移动电话等无线终端。WAP 提供了一套开放、统一的技术平台，用户使用移动设备很容易访问和获取以统一的内容格式表示的国际互联网或企业内部网的信息和各种服务。

蓝牙技术是一种低成本、低功率的无限局域网技术。它可以使移动电话、个人电脑、PDA、笔记本电脑、打印机及其他计算机设备在 10m 以内实现无线连接。传输内容包括语音、数据、图像等。蓝牙技术目标是实现以移动电话为中心，把个人携带的设备无线连接成个人局域网，从而实现无线访问 Internet。

GPRS（General Packed Radio Service）技术是一种基于 GSM（Global System for Mobile Communications，全球移动通信）制式的无线广域网技术。它允许用户在所有时间内都在线，根据实际传送的分组数据付费。除为用户提供端到端的分组交换外，GPRS 还能够在小型办公室内为用户提供无线局域网的通信能力，并具有网络管理简单和充分利用现有网络等优点。

Mobile IP 提供了一种 IP 路由机制，使计算机设备可以用一个永久的 IP 地址连接到任何链路上。Mobile IP 通过收发代理的机制，屏蔽了不同网络接口层的差别，无论移动节点连接到哪个网络接口层的接入点，它仍能使用原来的 IP 地址。Mobile IP 的缺点是发送给移动节点的 IP 包需要经过本地代理转发，增加了网络负载。

WPKI（Wireless PKI）技术满足移动电子商务安全的要求：即保密性、完整性、真实性、不可抵赖性，消除了用户在交易中的风险。在保证信息安全、身份证明、信息完整性和不可抵赖性等方面，PKI 得到了普遍的认同，起着不可替代的作用。PKI 的系统概念、安全操作流程、密钥、证书等同样也适用于解决移动电子商务交易的安全问题，但在应用 PKI 的同时要考虑到移动通信环境的特点，并据此对 PKI 技术进行改进。无线安全机制可以采用 Java SIM 卡及应用结合的身份认证、数字签名等技术保证应用级的安全，使用户能够在移动中进行安全支付事务。WPKI 技术主要包含以下几个方面。

（1）认证机构（CA）：CA 系统是 PKI 的信任基础，负责分发和验证数字证书，规定证书的有效期，发布证书废除列表（CRL）。

（2）注册机构（RA）：RA 提供用户和 CA 之间的一个接口。作为认证机构的校验者，在数字证书分发给请求者之前对证书进行验证。它捕获并认证用户的身份，向 CA 提出证书请求。认证的处理质量决定了证书中被设定的信任级别。

（3）智能卡：将具有存储、加密及数据处理能力的集成电路芯片镶嵌于塑料基片中，具有体积小、难于破解等特点，在生产过程、访问控制方面有很强的安全保障。很多种需要客户端认证的应用都可以使用智能卡来实现。从而实现移动电子商务中的身份识别和信息加密传输。

（4）加密算法：加密算法越复杂、密钥越长则安全性越高，但执行运算所需的时间也越长。所以，支持 RSA 算法的智能卡通常需要高性能的具有协处理器的芯片。而椭圆曲线加密（ECC）体制使用较短的密钥就可以达到和 RSA 算法相同的加密强度。因此，ECC 算法在智能卡领域具有广阔的应用前景。

移动定位系统。基于位置的业务是移动电子商务的主要应用领域之一，它能够向旅游者和外出办公的公司员工提供当地新闻、旅游、天气及旅馆等信息。这项技术将为旅游业、商业的发展带来巨大的商机。

3G 移动通信系统。移动通信系统发展到第三代之后将为人们提供速率高达 2Mbit/s 的宽带多媒体业务，支持高质量的语音、分组数据、多媒体和多用户多速率通信，这将彻底改变人们的通信和生活方式。第三代移动通信把手机变为集语音、图像、数据传输等诸多应用于一体的未来通信终端，这将进一步促进全方位的移动电子商务的实现和广泛开展。

移动电子商务作为新兴的商务模式，既潜藏着巨大的经济增长实力，同时也代表最新技术的应用，因此在设计时，应该坚持高起点、高要求，既保证规范达到目前应用的先进性和有效性，又要保证其可操作性和可扩展性。

有了这些新技术的支撑，移动电子商务作为一种新型的电子商务方式，利用了移动无线网络的诸多优点，相对于传统的“有线”电子商务有着明显的优势，是对传统电子商务的有益补充。尽管目前移动电子商务的开展还存在很多问题，但随着它的发展和普及，很可能成为未来电子商务的主战场。

1.1.4 移动电子商务的社会作用

20世纪人类取得了一系列科学技术的辉煌成就，并形成了以电子信息为代表的高技术领域和高技术产业，其中对经济和社会影响面最广、影响力最大、影响持续时间最长的是电子信息技术和移动服务技术。四十多年中，在微电子技术和数字技术的双轮推动下，电子信息设备一方面通过极其迅速的更新换代，使性能快速提高，体积能耗不断减小，另一方面以惊人的速度降低价格，为信息技术的广泛应用创造了良好的技术条件和经济可能性。20世纪80年代、90年代互联网在全世界的迅猛发展，对经济活动和人类生活方式产生了深刻的影响。到2000年底，互联网将世界各地100多万个网络、1亿台主机和5亿用户连接起来，形成了一个覆盖全球的开发和使用信息资源的信息大通道，这大大促进了移动电子商务的迅猛发展，加速了通信网、互联网和广播电视网三网的融合，电子服务渗透到人类社会生活的方方面面，对政治、经济、军事、科技、文化、社会等领域都产生了重大影响，从而揭开信息经济时代的序幕。

发展移动电子商务，是构建无处不在、无所不能的数字生态系统的重要组成部分，有利于创造一个更加方便、安全的数字生态环境，极大地提高生产效率，改善生活质量。移动电子商务的发展离不开网络、终端、应用的普及。移动电子商务应用就是面向全社会日益增长的信息化需求，提供更丰富、更便捷、更安全、更人性化的移动电子商务信息服务，不断扩大移动通信的信息提供份额和生活服务份额，力争使其成为社会不可缺少的信息载体、工作助手和生活伴侣。

移动电子商务不仅能提供互联网上的直接购物，还是一种全新的销售与促销渠道。它全面支持移动互联网业务，可实现电信、信息、媒体和娱乐服务的电子支付。移动电子商务不同于目前的销售方式，它能充分满足消费者的个性化需求，设备的选择以及提供服务与信息的方式完全由用户自己控制。互联网与移动通信技术的结合为服务提供商创造了新的机会，使之能够根据客户的位置和个性提供多样、快捷的服务，并能频繁地与客户互通信息，从而加强与客户的联系，并降低服务成本。

移动电子商务较容易地使更多的人通过移动终端从潜在的电子商务用户转变为现实的电子商务用户。通过移动电子商务，用户可随时随地获取所需的服务、应用、信息和娱乐。他们可以在自己方便的时候，使用智能电话查找、选择及购买商品和服务；采购可以即时完成，商业决策也可实施。服务付费可通过多种方式进行，以满足不同需求：可直接转入银行、用户电话账单或者实时在专用预付账户上借记。通过个人移动设备来进行可靠的电子商务交易的能力被视为移动互联网业务的一个重要方面。

手机视频监控系统是一种基于互联网音视频应用的新型现场互动式教育在线系统。主要用来为家长和小孩、家长和幼儿园老师、家长和家长之间建立一条实时的交互通道，让家长可以随时随地用手机或者互联网查看小孩的的活动实时动态图像信息，时刻掌握孩子的情况，并可以及时的与老师交流小孩的教育情况。

但是，移动电子商务却可以显著地提高运营流程的效率和效果。比如，通过在途货物跟踪，企业的计划部门可以准确地安排生产的时间，也可以对客户作出准确的交货期，无线通信除了移动性之外还有一个独特的功能：地理定位。地理定位功能使得移动电子商务具有基于位置的服务等独特的应用内容。

由于移动通信源自企业的私有网络，有内置的用户支付机制，从一开始就解决了支付的问题。从这一点来说，只要开发出新颖的服务内容，并吸引足够多的用户，业务收费手段问题并不需要担心。

科技奥运为移动电子商务提供了空前的机遇，移动电子商务行业要借“科技奥运”之势，实现飞跃发展。首先，“科技奥运”的实际需求对移动电子商务形成拉动。自从中国政府承诺将在奥运期间实现 3G 服务之后，为实现随时随地的移动信息服务，运营商、众多的服务提供商和设备商都投入了大量的资源发展移动电子商务，这种投入也对处于发展初期的移动电子商务非常关键，为 2008 年的加速发展奠定了基础。

三网融合和宽带化是网络技术发展的大方向。电话网、有线电视网和计算机网的三网融合是指它们都在数字化的基础上在网络技术上走向一致，在业务内容上相互覆盖。电话网和电视网在技术上都要向互联网技术看齐，其基本特征是采用 IP 和分组交换技术；在业务上要从现在的语音为主或单向传输，发展成交互式的多媒体数据业务为主。三网融合不能简单地理解为把三个网合成一个网，但它的确打破了原有的行业界限，将引起产业的重组与政策的调整。无线宽带接入技术和建立在第三代移动通信技术之上的移动互联网技术，正向信息个人化的目标前进。

移动通信庞大用户规模、安全性、唯一对应性的特点有利于电子商务的发展；在技术层面，固定与移动的融合、传输与内容的融合，产生了新的业务与发展模式；在市场层面，在网络、终端、浏览器、应用、内容等发展的基础上，整合创新的基础得以奠定；在商业模式上，移动通信预付费的方式以及手机、信用卡捆绑的模式，有利于移动电子商务的发展；在政策层面，国家给予了鼓励性政策，《电子商务发展“十一五”规划》是重大的有利因素。

互联网和移动电子商务的应用开发是一个持续的热点，一方面电视机、手机、个人数字助理（PDA）等家用电器和个人信息设备都向网络终端设备的方向发展，形成了网络终端设备的多样性和个性化；另一方面，电子商务、电子政务、远程教育、电子媒体、网上娱乐技术日趋成熟，不断降低对使用者的专业知识要求和经济投入要求；互联网数据中心、网门服务、移动管理、定位服务等技术的提出和服务体系的形成，构成了对使用互联网日益完善的社会化服务体系，使信息技术日益广泛地进入社会生产、生活各个领域，从而促进了网络经济的形成。信息网络技术代表着当今先进生产力的发展方向，信息网络技术的广泛应用使信息的重要生产要素和战略资源的作用得以发挥，使人们能更高效地进行资源优化配置，从而推动传统产业不断升级，提高社会劳动生产率和社会运行效率。

信息网络技术和移动服务技术在全球的广泛使用，不仅深刻地影响着经济结构与经济效率，而且作为先进生产力的代表，对社会文化和精神文明产生着深刻的影响。网络改变着人与人之间的交往方式，改变着人们的工作方式和生活方式，也就必然会对文化的发展产生深远的影响，一种新的适应网络时代和信息经济的先进文化将逐渐形成。

1.2 移动电子商务的发展过程

移动电子商务的兴起并非偶然。移动通信技术的成熟和广泛商业化为移动电子商务提供了通信技术基础，而功能强大、价格便宜的移动通信终端的普及为移动电子商务提供了有利的发展条件。现代交通工具日益发达，市场竞争与经济全球化使得人员流动性不断增加，必然产生移动通信的需求。移动电子商务的发展不但有利于更加充分地发挥互联网的潜力，它还提供了许多新的服务内容。这些因素都是移动电子商务兴起和迅猛发展的动因。

1.2.1 移动电子商务兴起的原因

移动电子商务的基础是移动通信网络，最早的无线电通信网络于20世纪80年代出现在北欧的斯堪的纳维亚半岛上。虽然已经有很长的历史，但是移动网络的大规模普及则是近年来才发生的事情。然而，全球移动通信市场在启动以后发展非常迅速，据国际电信联盟（ITU）统计，2004年中期全球手机总数已近15亿，相当于世界人口的四分之一。和其他通信网络用户相比，手机用户的增长速度不仅大大超过了固定电话的增长速度，而且还超过了互联网使用者的增长速度。2008年，我国移动用户总数达到6亿，占中国人口的大约二分之一。预计在未来的几年中，我国手机市场将保持持续增长的态势，市场前景依然看好。从全球范围来看，目前北欧和亚太地区是移动电子商务比较发达的地区，人类已经进入了移动电子商务时代。移动电子商务的驱动因素如下。

1. 社会经济发展对移动电子商务需求的驱动

今天人类社会生活和经济生活对于移动通信有着强烈的需求，移动电子商务的迅速发展也就成为了这种技术供给和社会需求相吻合情况下的必然结果。

一方面，经济的全球化使国家之间、地区之间商务活动的频率大大增加。以中国为例，已经有越来越多的外国企业在中国设立分部，成立研发中心或者办事处。据统计，2005年财富全球500强企业中已经有近300家企业在北京开展业务或设立办事处，其中近200家企业在北京拥有投资项目。其他未在中国开展实质性经营活动的500强企业，也会选择在中国设立代表处，作为进入中国的窗口。对于中国国内的企业而言，它们一方面与国外沟通，业务、商贸方面往来的机会大大增加，另外一方面也会在国内的许多大中城市设立办事处和销售网络。由于运营的范围是全国运作甚至全球运作，原材料、产成品的物流活动控制变得非常重要。又由于竞争的加剧，企业对于物流的要求不再是简单的抵达时间的要求，而是对于物流快速和准确的综合要求。自然而然地，在途货物跟踪、定位、管理的需求都逐渐被提出，而移动定位、移动通信技术为满足这种需求提供了技术手段。

另一方面，由于社会政治、经济、文化生活的需要，我国近年来社会人员的流动性不断增加，企业经营范围的扩大也增加了工作人员的流动性。为满足人员流动性的要求，中国近年来在交通基础设施建设方面进行了大量的投资，人们现可以选择多种更为经济的交通方式，给人们的差旅和出行提供了很大的方便。因此，当有更多的人在更多的时间处于移动状态时，移动通信的需求自然就产生了。

移动电子商务是基于 Evernet 理念的应用，使随时随地进行商务及秘密通信成为可能。尽管传统的通信覆盖了社会的各个层面，然而在不久的将来，市场细分和顾客细分将不断增长。而移动通信界面的个性化设计为用户简化了服务与信息的接入，从而满足了社会发展的需要。

2. 移动通信技术进步的推动

我们不仅经历了比固定线路质量更好的语音传输，同时也将把移动接入 Internet 和其他基于协议的服务与应用中。第三代网络实现了带宽的激增，蓝牙技术使个性化的带宽分配极为高效，多媒体网络的融合使各种通信十分便利。

在移动通信网络普及以前，人们之间的远程通信主要通过电报、电话、传真等手段来实现。计算机和互联网的出现是人们沟通方式的一次重要变革。通过电脑和网络，人们可以方便地访问丰富的互联网资源，而网络带宽的不断增加则提高了网络用户的访问感受，增加了网络浏览的乐趣。互联网的普及也随之产生了电子商务等新型的商务模式。但是，无论是电报、电话、传真，还是互联网，由于通信工具不能随身携带，用户在通信时始终受到物理条件的限制。

移动通信技术的出现无疑是人类沟通手段的一次突破，它基本上取消了时间和空间的限制条件。只要你拥有一个通信终端，无论你现在何时、身处何地，都可以和任何人进行联系。因此，移动通信是人类通信发展史上一个巨大的进步。但是，要实现随时随地沟通的梦想，还需要移动通信网络的普及。没有覆盖广泛的通信网络，移动通信仍然只能是少数地区、少数人的专利，而无法进入普通人的生活。幸运的是，目前世界范围内的通信网络都已经比较普及。在欧洲地区，由于开放的电信市场和统一的通信标准 GSM，欧洲大陆的手机用户可以漫游到任何一个地方。中国的移动通信网络的覆盖目前也已经非常广泛。根据中国移动通信集团公司（以下简称“中国移动”）公布的数据，全球通网络已经覆盖全国所有地（市）和 98%以上的县（市），实现了高话务区域的立体覆盖及主要交通干线的连续覆盖，并且与中国电信集团公司（以下简称“中国电信”）、中国联合通信有限公司（以下简称“中国联通”）等运营公司实现了互联互通，甚至可以和包括美国、日本、韩国在内的世界五大洲 141 个国家和地区的 220 个移动通信运营商之间进行国际漫游。当然，移动通信网络除了手机网络外，还有适合于中、短距离高带宽通信的 WiFi、WiMAX 等。在良好的网络基础设施条件下，随时随地的沟通已经不再是梦想，移动通信已经成为现实。

移动网络提供了通信的基础设施，而移动通信终端的普及则为移动电子商务提供了与用户的接口。如果没有大量的、便宜的手机终端，移动电子商务就没有最重要的用户基础，商务活动自然也就无法进行。过去的十年中，手机已经从少数人佩带的奢侈品变成大众生活必需品和时尚的标志。移动终端也包括个人数字助理（PDA）、车载 GPS 等，这些移动终端都达到了不同的普及程度。手机价格下降和性能提高促进了用户数量的飞速增长。根据 UMTS 论坛的预测报告，到 2020 年世界移动通信普及率将达到 39%。覆盖良好的网络和大量的用户群为移动电子商务的发展奠定了重要的技术基础和市场保证。

3. 移动通信网络与互联网融合的直接结果

如果说移动通信技术和用户需求的结合促进了移动电子商务发展的话，那么移动网络与互联网的融合则起到了催化剂的作用。这种催化作用一方面延伸了互联网的覆盖范围，同时也为移动网络的发展准备了可借鉴的经验，并准备了丰富的内容基础。

通过互联网获取信息内容已经为越来越多的用户所接受，然而对于大多数经常移动的用户而言，由于不能随时接入互联网，在信息获取方面还会存在不方便的问题。移动网络是无处不在的，用户一旦接入到移动网络，就有机会连接到广阔的互联网，并获得丰富的信息资源。也可以说，移动网络连接了网络与用户间“最后一公里”的距离，互联网的作用也因此被扩大到了更加广阔的物理空间。WAP 和基于包交换的蜂窝网络技术本质上都是为了实现互联网与移动网络的互联和融合。相信随着更高带宽的 3G 乃至更高速度的移动网络技术的商业化，用户会获得更佳的使用感受，而电子商务与移动电子商务的发展也将显现出一种互相促进的效果。

移动电子商务的一些应用实际上也是借鉴了互联网的某些应用内容。比如，短消息模仿了互联网上应用最为成功的电子邮件系统；彩信功能相当于互联网邮件系统中增加附件的功能；移动门户应用实际上借鉴了电子商务门户网站的应用模式。此外，互联网还为移动电子商务的发展准备了丰富的信息资源。今天，人们已经把历史上遗留下来的大量信息资源进行了电子化，而新出现的信息和资料也大都有电子版本。由于这些丰富的信息内容已经被电子化，因此移动电子商务发展时就能够利用这些信息内容。因此，已经逐渐成熟的电子商务实际上为移动电子商务的发展提供了良好的基础。

良好的外部网络环境、引人注目的内容、低廉的成本、合理的移动服务价格以及其他因素正在潜移默化地推动市场的增长。鉴于 UMTS 服务在价格、网络容量及传送速度上的优势，在一定程度上，固定线路连接正在被移动连接所替代。同时，人们也期望移动电话供应商低额定价法的采用能够产生更强的替代作用。基于这些驱动因素，移动环境有望成为下一代的市场，吸引全球各个领域的人们都参与其中。对于我国，移动电子商务更有发展的空间，分析如下。

（1）社会化大生产和市场经济以及全球经济一体化的发展，需要电子商务尤其是不受地点和时间制约、不受气候和环境限制的移动电子商务。

（2）中国经济持续稳定增长，人民收入水平提高，使安装移动电话有了一定的物质基础。

（3）我国政府的扶植政策，使移动电子商务迅速发展成为可能。

（4）复杂的自然地理环境和多发的自然灾害使我国发展移动电子商务比发展有线的电子商务更有意义。我国地域辽阔，地质条件复杂，2/3 为山地、丘陵和高原，在这样的地区，尤其在人员稀少的地方，架设有线线路和铺设光缆成本高、组网难，形成规模经营更难。而这些地区经济正在启动，资源有待开发，产品需要外销，因而移动电子商务比较适用。

总结以上几个方面的内容，可以得到这样的结论：移动电子商务是适应 21 世纪人类工作、生活模式和企业运作需求的新型通信和商务模式，由于网络和终端技术的发展，由于电子商务的影响力和奠定的良好基础，移动电子商务的兴起是必然的。

1.2.2 移动电子商务的现状

1. 移动电子商务应用的形式

（1）内容传送

在内容传送模式中，移动网页用于通知和报告重要的信息内容，如体育新闻、个性化的财经报道、有奖品派送的游戏以及移动贺卡等。所有的内容提供商必须确保他们提供的服务是对移动渠道的最优化，真正达到质量可靠及可用性的最高层次。

（2）进行交易

在交易模式中，公司用无线互联网来运行商业交易。移动电子商务的顾客可以通过产品目录及在线订购来实现交易。尽管这依然有一些潜在的障碍，如交易的安全性、速度、易用性等。但通过无线互联网，大多数的公司能直接从交易中获益，尤其对于中小型企业。

随着移动网络的快速发展，移动网络从 2.5G 到 3G 的演进，网络所支持的移动数据速率的快速提升，一些面向移动商务领域发展的趋势日益明显：越来越多的消费者喜欢上了网上购物，增值的 SMS 业务大受欢迎，越来越多的预付费充值购买可以通过移动电话进行。随着 3G 时代即将来临，电子商务产业将快速增长，移动终端功能将更加丰富，为移动电子商务发展奠定基础。

2. 移动电子商务在各国的应用情况

在国际上，各国在引进各种创新的移动电子商务服务平台之后，移动电子商务业务飞速增长，尤其是在日本和韩国。根据 ARC 集团的报告，亚太地区是移动电子商务业务增长的主要市场，该地区 25%的数据业务通过移动通信设备来传输。在我国，随着计算机、互联网及电信技术的发展和不断融合，移动电子商务为手持产品创造了巨大的市场空间。现在，更多的服务供应商推出更多的移动 Internet 内容和服务，例如即时信息、工程设计、分配、物流、医疗保健、销售自动化、市场营销/CRM、任意位置的电子邮件、基于位置的宣传等。

据研究机构的报告指出，全球移动支付市场正处于蓬勃发展阶段，亚洲的日本、韩国、新加坡以及欧洲的奥地利、挪威在移动支付应用方面领先全球其他地区。韩国、日本以手机支付、手机电子购物等为代表的移动电子商务应用已经有好几年历史了。在欧洲和日本，用户已经对手机购票产生了一定兴趣，停车场、公交车、电影院和剧院是手机购票的主要领域。

（1）韩国

早在 2001 年，韩国的 SK 公司就推出了名为 MONETA 的移动支付业务品牌，通过与 VISA 等信用卡机构合作，凡持有 MONETA 多功能卡的用户，均可轻松使用信用卡、公共汽车卡及地铁卡等实现电子化支付。后来，SK 公司通过对无线和有线系统进行整合，构建了多媒体互联网共用平台 NATE，使用户能够随时随地通过手机、PDA、车载电话和 PC 等终端等设备进行信息沟通和交流。移动用户只要将具有信用卡功能的手机智能卡安装到手机上，就可以在商场用手机进行结算，在内置有红外线端口的 ATM 上提取现金，在自动售货机上买饮料，还可以用手机支付地铁、出租车等交通费用，无需携带专门的信用卡，而且同样可以得到发票。2003 年，SK 已在韩国商业加盟零售店提供了 40 多万台 MONETA 新型收款机，预计今年将达到 100 万台。截至 4 月，SK 公司已经向市场投放了 150 万部支持移动电子商务的手机，并计划在年底使 MONETA 手机供应量增加到 400 万部。近年来，越来越多的移动用户通过手机实现 POS 支付，购买地铁车票，完成移动 ATM 取款等，移动支付在韩国正日渐风行。

（2）日本

目前在日本，移动电子商务应用十分活跃。到 2005 年，日本 NTT DoCoMo 的移动电子商务用户数量达到了 4 500 万户，移动电子商务收入高达 7 224 亿日元。Google、IBM、SAP 等跨国公司，也相继推出了移动搜索、移动固定资产管理、移动销售管理等解决方案。日本移动通信起步于 1992 年，采用模拟制式，发展不是很快。1995 年引入 PDC 系统，移动开始进入飞速发展，不到 10 年时间已进入饱和期，模拟网于 1998 年退网。经过 3 年的发展，2001 年则引入世界第一个 3G 业务。综观日本移动市场的发展，主要有以下特点。

① 移动用户数量超过固定用户数量：移动业务自 1992 年进入市场后，终于在 2000 年，移动用户超过了固定用户，而且这种差距还在拉大。

② 2G 市场趋于成熟：2000 年，日本移动用户增长达到了最高峰，2005 年，日本移动普及率已达到 73.97%。

③ 市场竞争越来越激烈：为了鼓励竞争和促进市场开放，日本政府一方面为新运营商发放许可，另一方面通过码号便携政策，通过多种手段扩大市场的竞争力度。移动市场主要仍由 4 家运营商主导。

④ 2G 向 3G 的过渡：由于日本在 2G 时代选择了自己的 PDC 标准，在创造 i-Mode 奇迹的同时，也使日本远离国际市场，在孤独中发展。2001 年推出了 3G 业务。近几年，3G 用户的增长迅速，2G 向 3G 的过渡正在进行中。

⑤ 固定与移动融合（FMC）：近几年，全球范围内出现了 FMC，日本也不例外。FMC 成为创新业务和留住用户的重要手段，两者的融合还可实现优势互补。因此，NGN 替代现有网络，使用基于 IP 的 NGN 平台、建立固定与移动的统一网络已成必然。如：NTT 和 KDDI 已宣布部署基于 IP 的电话网和 FMC，NTT 还加入了固定融合联盟（Fixed-Mobile Convergence Alliance，FMCA）。未来，建立无所不在的网络，终端和网络的融合成为运营商的目标之一。

日本的移动电子商务收入已经高达 4 亿美元，NTT DoCoMo 公司 i-Mode 的用户已经突破 1 300 万，用户可通过它的服务连接到世界上 7 000 个互联网站。移动电子商务的应用范围包括机场自助检票、娱乐场所门票、交通支付等，可在手机上查看余额、银行转账，通过移动网络充值等；目前有 2 万多商家可接受移动支付。日本移动电话业巨头 NTT DoCoMo 于 2004 年 7 月上旬开通了使用内置非接触 IC 卡的手机结算及认证服务——“i-Mode FeliCa”，随后紧接着推出了 4 款支持该服务的手机，通过新款手机和 FeliCa 服务，用户只要将手机对着收款机的电子扫描设备晃一晃，收款机就可以通过无线身份识别技术将费用从手机中扣除。新款手机还可以充当火车票和其他身份证明卡。日本的某机场已允许乘客利用手机加快安检。

（3）美国

无线互联网在美国的普及和使用情况与北美地区总的情况基本是一样的，它在电子邮件和金融业务方面的发展情况在全球的 2G 市场占领先地位。据统计，美国无线互联网用户有 22%使用过需要提供个人的 PIN 或银行账号的网上业务，20%使用过网上查询存款余额的业务，16.5%接收或发送过电子邮件。但是，美国无线互联网市场的发展也存在一些明显的局限性。美国移动电话业者百思不解为何美国无线上网市场迟迟无法起飞，消费者忍不住想告诉这些业者：因为手机屏幕太不招人喜欢！

文化和技术问题限制了移动电子商务在美国的发展。其中重要的因素是美国人通常只是使用手机打电话，而不像其他国家的人对移动设备的依赖性很强，用它们来发送短信或进行交易。分析师称，美国的 1.4 亿手机用户中只有不到 200 万用户把他们的手机接入网络。相反，美国人通常使用个人电脑进行网上采购。

（4）中国

我国手机用户现已超过 6 亿户，其中用手机上网的 WAP 用户已超过 1 亿户。有两亿人经常使用短信息，年发送量超过了 5 000 亿条，市场规模保持了年均 16%以上的高速增长。而在这两亿人群中，年轻人、时尚人士、高学历和高收入的人群占到 95%的比例。他们往往对新技术、新事物有着强烈的好奇心，渴望新技术能给自己的生活带来变化，而且他们具有较高的消费能力和积极的消费心理。由于移动电子商务起步时期的应用充满了娱乐、时尚和生活的意味，因而受到了上述人群的广泛关注。目前在华南和东南沿海地区，无线上网应用日益普及，年轻人买手机问的第一句话就是能不能上网。这是移动电子商务的应用在不断丰富的表现，包括手机邮件、手机搜索、手机钱包、手机博客、手机播客，都让许多人跃跃欲试。

在中国，移动电子商务的应用范围包罗万象，例如提高工作效率、在线交易、企业应用、获取信息和娱乐消费，这些服务将会在企业用户、专业人士和消费者中受到广泛的欢迎。中国的移动支付市场从 2007 年开始进入快速发展期，由于移动支付用户数迅速增长，而每用户年消耗也呈不断增加趋势，因此有关人士预计在 2008 年，移动支付市场规模将达到 23 亿元人民币，外资及行业外企业将进入此行业，国内运营商对移动电子商务发展非常重视。

2008 年，中国移动用户数已超过为 6 亿，已成为世界上人数最多的移动通信市场，手机网络无处不在，这种无处不在的移动性，带来的是方便、快捷，这是传统互联网所不能比拟的。快速增长的移动用户和移动终端都成为未来企业和公众数据服务的基础。手机银行是指客户通过编辑发送特定格式短信到银行的特服号码，银行按照客户指令，为客户办理查询、转账、汇款、捐款、消费、缴费等相关业务，并将交易结果以短信方式通知客户的金融服务方式。手机钱包是中国移动通信有限公司与中国银联股份公司联合各大国有银行为用户提供的移动电子支付和金融信息服务。移动用户把银行卡账户与手机号码进行绑定后，可使用短信、语音、USSD、WAP、K-Java

等多种通信方式，完成包括查缴话费、充值、银行账务查询、投保、电子客票、订报、购物、付缴费等多项业务。WAP 手机网上购物站点有很多，消费者只要在可上网的手机上输入相应商品编码，就可以随时随地完成下订单、交费等环节。

3. 移动电子商务的服务内容

目前移动电子商务的服务内容最为广泛的是 SMS（短信息服务）和无线股票交易服务。从赢利的角度来看，移动电子商务所提供的内容可以分为娱乐（音乐下载、联网游戏、图片欣赏、VCD 等）、交易（移动银行转账、移动购物、拍卖、彩票、机票预定等）、通信（SMS、E-mail、聊天、网络会议等）、信息服务（新闻、导航服务、目录服务、地图、天气预报、企业市场信息、PIM（个人信息服务）、基于位置的服务（Location based service）等）等。Internet、移动通信技术和其他技术的完善组合创造了移动电子商务，但真正推动市场发展的却是多样的服务。目前，移动电子商务主要提供以下服务。

（1）银行业务

移动电子商务使用户能随时随地在网上安全地进行个人财务管理，进一步完善 Internet 银行体系。用户可以使用其移动终端核查账目、支付账单、进行转账以及接收付款通知等。

（2）交易

移动电子商务具有即时性，因此非常适合股票交易等应用。移动设备可用于接收实时财务新闻和信息，也可确认订单并安全地在线管理股票交易。

（3）订票

通过 Internet 预订机票、车票或入场券已经发展成为一项主要业务，其规模还在继续扩大。移动电子商务使用户能在票价优惠或航班取消时立即得到通知，还可随时支付票款或在旅行途中临时更改航班或车次。借助移动设备，用户可以浏览电影剪辑、阅读评论，然后订购邻近电影院的电影票。

（4）购物

借助移动电子商务，用户能够通过移动通信设备进行网上购物，如订购鲜花、礼物、食品或快餐等。传统购物也可通过移动电子商务得到改进，例如用户可以使用无线电子钱包等具有安全支付功能的移动设备，在商店里或自动售货机上购物。

（5）娱乐

移动电子商务将带来一系列娱乐服务。用户不仅可以利用移动设备收听音乐，还可以订购、下载特定的曲目，而且可以在网上与朋友们玩交互式游戏，还可以参加快速、安全的博彩等活动。

（6）无线医疗

这种服务是在时间紧迫的情形下，向专业医务人员提供关键的医疗信息。医疗产业十分适合移动电子商务的开展。在紧急情况下，救护车可以作为治疗的场所，而借助无线技术，救护车可以在行驶中同医疗中心和病人家属建立快速、实时的数据交换，这对每一秒钟都很宝贵的紧急情况来说至关重要。无线医疗使病人、医生、保险公司都可以获益，也会愿意为这项服务付费。

（7）移动应用服务

一些行业需要经常派遣工程师或工人到现场作业。在这些行业中，移动应用服务提供商（MASP）将有开展业务的巨大需求空间。移动应用服务提供商结合定位服务技术、短消息服务、无线应用协议（WAP）技术以及呼叫中心技术，为用户提供及时的服务，提高用户的工作效率。过去，现场工作人员在完成一项任务后，需要回到总部等待下一项任务。现在，现场工作人员直接用他们的手持通信设备接受工作任务，并根据所在的位置、交通的状况以及任务的紧急程度，自动安排各项工作，使用户得到更加满意的服务。

4. 移动电子商务模型

（1）基于 WAP 移动电子商务系统

为保证端到端的安全性和交易的不可否认性，基于 WAP 的移动电子商务应采用 WIM（WAP 用户识别模块）+智能卡技术，即利用智能卡实现 WIM 的功能，并将加密库集成于智能卡中，形成一张 WIM 卡。用户的私钥存放于 WIM 卡内，WIM 卡可完成加密、解密、数字签名，WIM 在 WTLS 层上对 WAP 客户端提供认证和会话管理。为了保证加密的安全，可以考虑将 WIM 模块和加密库集成于 SIM 卡中，形成一张 WIM 卡。利用 WIM 卡从信息的发起端进行加密、签名，并将此结果以 WML 的格式发送出去。WAP 网关只完成数据的格式转换，并不对数据进行解密处理。只有当数据到达应用提供商一方才解密并验证签名。在整个处理过程中，攻击者所能得到的只是密文和数字签名，因而保证了移动电子商务的安全性。该系统与 WAP 2.0 协议中所提出的安全体系有所不同，由于 WAP 2.0 协议中的 WTLS 层对数据进行加解密及签名验证，导致整个安全链条在 WAP 网关形成断点，而上述系统将 WTLS 层的功能转移到安全服务器，从而提供了端到端的安全性。WIM 技术与 WPKI 技术相结合，为移动电子商务提供了更好的安全保障。随着移动通信技术的发展，采用 WAP+GRPS/WAP+3G 模式更有利于基于 WAP 的移动电子商务系统的推广。

（2）基于 SMS 的移动电子商务

基于 SMS 的移动电子商务系统（安全移动电子商务系统）的构成如下所示。整个系统的组成共为 5 部分构成：移动终端、移动网络、安全移动电子商务平台、应用服务提供商和认证中心（CA）。

安全移动电子商务平台由 SIM 卡、分发平台和安全服务器 3 个部分构成。其中 SIM 卡作为客户端组件，提供数据加密与签名功能；分发平台和安全服务器作为服务器端组件，提供数据分发、数据加密及签名验证功能。除了移动终端与移动网络是通过 GSM 通信外，其余部分均通过传输控制协议/互联网协议（TCP/IP）数据专线通信。安全移动电子商务平台与认证中心 CA 相连以保证交易的安全和身份的确认。实现安全移动电子商务的步骤如下。

① 根据用户从移动终端上输入到应用服务提供商所需数据，利用 SIM 卡对数据进行加密、签名，并以短消息的格式发出加密并签名的数据。

② 将加密并签名的短消息通过移动网络转发至安全移动电子商务平台的分发平台。

③ 分发平台将短消息重组为数据包，并转发至相应的应用服务提供商。

④ 位于应用服务提供商的安全服务器对加密并签名的数据进行解密及验证，如验证通过，则提交后端应用服务器，如果验证未通过，则提示用户验证失败。

⑤ 后端应用服务器处理后的结果由安全服务器进行加密处理，并转发至分发平台。分发平台将数据拆分为短消息，通过移动网络发送给移动终端。

⑥ 移动终端接收到短消息后重组数据包，并对加密数据进行解密，将结果显示给用户。

安全移动电子商务平台是开放的安全移动电子商务平台，它可支持多种形式的访问服务，使不同的用户可以通过不同的设备（STK 手机、WAP 手机、个人计算机）访问服务提供商。分发平台是消息分发中心，它将双向的访问请求，经过消息的队列处理，分发到目的端，分发的形式有两种。由移动终端发起“拉”（pull）请求。在需要进行浏览时，移动终端通过安全移动电子商务平台的分发平台向服务提供商发送“拉”请求。“推”（push）请求是由固定设备（如计算机）而不是移动终端发起的。应用服务提供商通过安全移动电子商务平台的分发平台将请求“推”给移动终端。

认证中心（CA）为国家认可的认证中心，该中心为平台的用户发放的数字证书格式遵守X.509V3 标准，安全移动电子商务系统中采用移动证书标识来完成用户身份的验证。该系统不针对特定服务和市场，而是对所有服务开放。移动用户和各种应用服务提供商都可以通过该系统进行端对端的安全交易。该系统的主要特点有基于 STK 卡和短消息服务（SMS），在 32KB SIM 卡内嵌入 3DES 和 RSA 插件，用以数据加密和数字签名。另外卡内还嵌有 SIM 卡浏览器，可通过标准接口访问 WML 格式的数据。采用空中下载（OTA）技术，移动用户可以通过 OTA 下载功能更新菜单。这样就避免了智能卡空间不足的问题。采用无线—公钥基础设施（W-PKI）技术，通过移动证书标识和签名算法实现身份验证和交易的不可抵赖性。安全移动电子商务系统的技术方案与现有的成熟技术做了很好的整合，系统的稳定性和实用性得到了充分的保障。移动互联网和移动电子商务目前的发展非常迅速，基于 WPKI 的移动电子商务涉及多方面的技术，基于 SMS 的安全移动电子商务系统是目前阶段一个比较完善的解决方案，而基于 WAP 的移动电子商务系统的解决方案是以后的发展方向。

1.2.3 移动电子商务的发展趋势

最近 IDC 的专家对移动电子商务今后发展的前景进行了预测，并总结了十个关键的发展趋势。IDC 的名为“移动电子商务发展的十个关键趋势”的研究表明移动电子商务领域潜力巨大，但是运营商在每走一步时必须保持谨慎。

趋势之一：移动互联网的商业宣传将成为热点。

移动运营商和通信设备制造商将围绕着移动互联网进行大肆宣传，因为它们已经在数据通信设备和运营许可证上投入了巨额资金。这些公司将倾尽全力唤醒用户的意识，并且使他们接纳这一通信方式。

趋势之二：移动电子商务的企业应用将成为中心。

无线客户关系管理（CRM）、销售管理和其他企业应用将使得企业用户不论在收入和办公效率方面都获益匪浅。因此，移动电子商务企业应用将成为今年运营商宣传的重头戏，而消费者应用将转入幕后。

趋势之三：消费者将用手机获取信息。

对消费者来说，他们主要使用手机获取信息如电子邮件、股票行情、天气、旅行路线和航班信息等。不过尽管这些服务并不代表直接的商业机会，但是在电子商务的引导下，这些业务有助于构建客户关系，并且创造间接商业机会。

趋势之四：手机将嵌入条形码阅读器。

这为移动电子商务带来新鲜的风气，预计具备嵌入条形码阅读器的手机今年就能供货。这新功能将在传统商业和网络商业之间架起桥梁，嵌入条形码阅读器解决了数据输入的问题，而这使移动电子商务迈上了一个新的台阶。

趋势之五：智能终端的屏幕将拓宽。

尽管如此，表格输入和原始数据输入依然成问题，分辨率较高的显示屏以及具有条形码阅读功能会使移动设备增加用户的友善性，但是狭小的显示屏和烦琐的数据输入方法依然是限制移动互联网易用性和功能性的主要障碍。

趋势之六：移动安全将引起社会重视。

随着人们开始逐渐接受采用移动设备接入 Internet，同时也开始日益关注类似于个人计算机的安全性问题。当采用移动通信设备进行数据共享以及移动设备功能不断增加时，这种安全性顾虑更加突出。尽管目前全球使用的具有数据传输能力的移动设备达到了数百万之众，但是这些设备几乎没有什么安全机制。

趋势之七：语音网络导航将开发成功。

由于语音看起来是移动通信设备的最自然的接口，不过采用语音方式接入互联网这一研究工作在近期内不会获得突破性进展，更不会出现商用。

趋势之八：多种移动设备将共存。

虽然今后的通信设备集成了越来越多的功能，但是不会出现某种设备一统天下的格局。PDA 厂商会将电话功能加入到它们的设备中，使 PDA 越来越像移动电话，而移动电话厂商则努力使得它们的设备更像 PDA，然而这样做不但会增加设备的体积、重量，而且会增加设备的成本。

趋势之九：无线广告将剧增。

今年将是无线广告兴起的一年，并且成为一种时尚。虽然它不会成为运营商的重要收入来源，但是它为广告客户提供了一个新的宣传媒介。

趋势之十：运营商将改变其销售策略。

直到现在，运营商将其业务销售对象定位于消费者，但是这一策略即将发生改变。随着大批商业应用服务投入运营，可以预见移动通信运营商会将其业务的销售对象从终端消费者转向企业用户，而那些能成功实现这一策略转变的运营商不但可以赢得市场份额而且可以提高其每用户收入。

1.3 我国移动电子商务的应用

1.3.1 我国移动电子商务的应用态势

我国无线网络发展很快，有着最广泛的用户基础，中国移动拥有世界上最大的 GSM 网络，目前我国的移动电话用户已经超过 6 亿，而其中使用内置 MODEM 型号手机的用户超过了 15%，其起点已经赶上了积累达 6 年之久的互联网用户群体。

1. 我国移动电子商务的应用概况

随着全球化的信息技术革命，移动电话成为中国电信服务中来势最迅猛、发展最活跃的新秀，移动通信能力进一步加强，中国已成为世界移动电话第一大国，所以中国的移动电子商务具有非常大的市场前景。

我国移动电信发展史，大致经历了 3 个阶段：第一阶段（1987～1993 年）为起步阶段，主要是满足用户急需。第二阶段（1994～1995 年上半年）为发展阶段，我国 90MHz 模拟蜂窝移动电话成为世界上联网区最大、覆盖面最广的一个移动电话网。第三阶段（1995 年下半年至今）为迅速提高阶段。我国引进世界上技术先进的 GSM 数字移动电话系统，它标志着我国移动通信由单一的模拟制进入模拟数字并存时代，可以称得上是一步到位、后来居上。同时我国的移动电话也经历了一个由东到西、由城市到农村的发展过程，移动电话使用率与经济发展程度呈正相关关系。

由于国家的支持和人们生活水平的提高，我国移动电话发展速度非常快，年均增长率在 100%。随着移动电话价格的下降和移动通信费用制度的调整，这一市场增长将更为迅速。

我国在移动电子商务应用方面的发展态势也相当迅猛，通过手机上网的用户越来越多，移动增值业务逐渐步入健康发展的轨道。我国可跨省经营移动增值业务的服务提供商多达 450 个，省内经营移动增值、业务的服务提供商多达 3 300 个。目前我国移动增值新业务、新应用层出不穷，短信、彩信 WAP 服务、交互式语音应答系统（IVR）、Java 应用、BREW 应用等移动增值业务都得到了较好的发展。移动增值业务用户群在近期内必将继续扩大，移动增值业务的产业链将不断延伸。

任何通过无线网路（如 GSM 网络）进行金融交易的用户，安全和隐私问题无疑是其关注的焦点。随着美国千万信用卡泄密和国内明星电话在网络上被公布等事件的报道，人们对在网络上从事商业交易活动的安全性感到怀疑。尤其对于有线电子商务用户来说，通常认为物理线缆能带来更好的安全性，从而排斥使用移动电子商务。移动电子商务是一个系统工程，本文从技术、安全、隐私和法制等方面讨论了移动电子商务的发展所面临的种种问题，并指出这些问题的有效解决是建设健康、安全的移动电子商务的重要保证。电子商务使人们在交易活动中无需事必躬亲，移动电子商务则可以使人们在必须移动工作时更加方便，便捷性就是移动电子商务的价值所在。因特网、移动通信技术和其他技术的完善组合创造了移动电子商务，但真正推动市场发展的却是多样的应用服务。移动电子商务的应用领域非常广阔。目前移动电子商务还处于初级发展阶段，我们相信未来还将有更多新的应用内容被不断地开发出来。

移动增值服务产业方兴未艾，成为各方关注和争相进入的领域，也让广大个人消费者享受到了移动的便利和乐趣。据市场研究公司 Juniper Research 预测，进入 2007 年，通过手机购票将是最主要的零售种类，其收入在 2009 年将达到 390 亿美元，而全球移动电子商务的收入则会达到 880 亿美元，其中无线射频识别标签（RFID）和红外线技术对手机购物的影响将占据最为重要的地位。移动增值服务在市场上的表现非常好，由于技术不断更新，并且产业链尚未成型，所以新机会不断涌现。在过去的短短几年中，一旦企业把握住新机会，业务便会得到飞速发展，在短信业务创造出的增长拯救了互联网产业之后，WAP 业务、Java 业务和定位服务等细分市场还有巨大的发展潜力。而随着移动通信、消费电子和计算机的融合，信息产业和传统行业的融合以及随之而来的整个移动通信产业链的盘整，还有更多市场机会应运而生。

2. 我国移动电子商务的典型应用

移动电子商务的应用刚刚开始，移动信息服务、移动定位服务、移动支付服务、移动搜索服务、移动支持服务等越来越扩展和深入到各行各业，以至整个社会生活中去。

（1）移动银行

“移动银行”又称“手机银行”，是利用移动电话办理银行有关业务的简称，是移动运营商与银行部门合作，联合向社会推出的一个新服务项目，它是移动通信网络上的一项电子商务。手机银行业务的开通大大加强了移动通信公司和银行的竞争实力。

手机银行通过移动网络将客户手机连接至银行，成为利用手机界面直接完成各种金融理财业务的服务系统，其主要功能涉及账务查询（即通过手机查询用户在银行的存折、信用卡账户余额）、自助缴费（可直接在手机上查询及缴纳手机话费和其他费用）、银行转账（通过手机可以进行信用卡、存折之间的资金转账）。另外，进入短消息平台后，可查询股市行情、外汇牌价、航班信息、天气预报等。它具有使用方便、安全保密、快捷可靠等特点。

这种结合了货币电子化与移动通信的崭新服务，丰富了银行服务内涵，它意味着人们不仅可以在固定场所享受银行服务，更可以在旅游、出差中高效、便利地处理各种金融理财业务。通过移动银行服务，消费者能够在任何时间、任何地点，通过移动电话以安全的方式访问银行，而无须亲自光临或向银行打电话。现有的可选服务包括查询账户结余、审核最新交易情况，在账户间进行转账、支付账单，甚至可以通过“双槽”手机重新加载电子钱夹。订购者可以直接通过他们的手机，使用特定的密码，提及用户友好的选单，就能够完成所有操作。

手机银行服务使用方便，用户持有的手机同时又是一个移动的 POS 机、移动的银行 ATM 机，可以在移动和漫游中随时随地办理银行业务。使用手机银行服务安全保密，用户将更换更大容量的 SIM 卡，使用银行可靠的密钥，对信息源加密，传输过程采用密文，确保安全。银行采用专用服务器处理有关信息，一项业务在发送后几秒内即可完成。

通过手机银行实现移动网上的电子商务。由于移动网只是提供了业务承载平台，不必了解交易的细节，具有很好的保密性。相信随着手机的普及，手机银行将有更广阔的前景。

手机银行是由手机、GSM/CDMA 短信中心和银行系统构成的。手机与 GSM/CDMA 短信中心通过 GSM/CDMA 网络连接，而 GSM/CDMA 短信中心与银行之间的通信可以通过网络来完成。在某些情况下，短信中心通过一个业务增值平台与银行业务前置机相连。业务增值平台便于以后增加多种业务，同时将减轻短信中心的负担。在具体实施时，远程用户可以与短信中心的增值服务平台直接相连，而不用通过短信中心。

我国的手机银行采取的是在现有的网络架构和设备基础上，通过短信息系统平台来完成手机银行业务，以后随着业务的发展和扩展，再对设备更新换代。

在现有的移动银行架构中，运营商需要在短信息中心与银行应用系统、数据库之间增设短信接口。该接口可用来过滤及分发从手机 STK 卡向应用系统发送的指令和数据：同时也可在向手机和 STK 卡发送信息之前，转译或过滤从银行服务口中传来的信息。

其中的 SIM 卡不再是一般的通常使用的 SIM 卡，而是基于 Java 技术的 32KB 内存的卡片。由于存储量的扩大，在 SIM 卡上可以存储手机银行的相关应用信息，具体包括向手机用户提供选单界面，帮助接收广泛的应用信息业务（如股票价格、民航信息等）。而 SIM 对移动增值业务的支持，是通过 SIM 工具包 STK 实现的。STK 为一种小型编程语言，它允许基于智能卡的 SIM 运行自己的应用软件。

随着手机通信技术的迅速发展，手机银行的客户界面会越来越友好，交易速度也会越来越快，交易的安全性将逐渐提高。同时，手机银行的解决方案不一定拘泥于某种技术、某个设备供应商，而应提供具备高通用性和高可扩展性的解决方案，并且能够充分关注银行业务本身的特性，因为无论接入技术如何变化，银行业务本身才是用户最终需要的。

（2）移动支付

移动支付通过手机以电子数字形式，而不是传统的货币现金形式，在移动通信网络上提供订货、购物、转账等交易服务。与普通移动网业务相比，资金参与了移动支付业务的整个过程。目前移动支付比较可行的资金管理实现方式是以银行为主体的方案，即银行通过移动通信运营商提供的通道处理用户的银行卡账户，用户通过手机捆绑的银行卡进行交易支付。

从大的方面看，移动用户使用手机支付费用可以分成两类——运营商的服务性收费和存在实物交易的移动支付。与现金支付、银行划账、信用卡支付等传统支付方式相比，目前移动运营商可以提供以下 3 种形式的移动支付服务。

① 移动运营商的代收费业务：其特点是代收费的数额较小且支付时间、数额固定，用户所

缴纳的费用在移动通信费用的账单中统一结算。如个人用户的 E-mail 邮箱服务费代收等。但该方式存在安全隐患，比如因手机遗失或被盗所可能发生的恶意使用等。

② 移动运营商的小额支付业务：即移动运营商与银行合作，建立预存费用的账户，用户通过移动通信的平台发出划账指令代缴费用。这种方式既可以保证银行划账受户主控制，避免传统自动划账业务可能带来的纠纷，又可以减少人工处理的时间和手续，降低成本。如通过短信确认的方式购买彩票、通过短信或电话的方式缴付水电费用等。

小额的概念一般是指单次支付 100 元以下总金额 1 000 元以下的业务，在实际操作中对金额的控制可以相对灵活。

③ 移动信用平台：特点是运营商和信用卡发行单位合作，将用户手机中的 SIM 卡等身份认证技术与信用卡身份认证技术结合，实现一卡多用的功能。例如，在某些场合用接触式或非接触式的 SIM 卡可以用来代替信用卡，用户提供密码，进行信用消费。

通过与传统支付方式的比较，可以看出移动支付最主要的特点是支付灵活便捷、交易时间短，可以减少往返银行的交通时间和支付处理时间。“我要方便，我要快捷，我要简单易行。”随着生活和工作节奏的加快，时间的价值也越来越高，这就是科技进步和时代变迁的必然趋势和结果。手机使用和手机支付服务渐趋普遍和易操作，将使用户在邮局、银行和手机支付三者中最终选择手机，在资金支付环节基本可以不受时间和地点的限制，做到“一机在手，走遍天下”。下面是移动支付的 7 种应用方式。

① 手机支付停车费：用户把汽车停在停车场之后，即可用手机接通收费系统。用户可以同应用语音识别技术的计算机对话，也可以用手机发一条短信，只要说明停车的位置，注册的号码和需要购买的停车时间即可，负责收取停车费的计算机将把这些资料登记下来。

② 手机号码当作信用卡：这种无线支付系统，以手机为工具，取代了传统的信用卡。使用该服务的用户，只要到服务商那里进行注册取得账号，在购买商品或要支付某项服务费时，直接向商家提供自己的手机号码即可。

③ 手机投注：中国移动深圳公司与深圳福利彩票发行中心合作建设了手机投注系统，开通了深圳风采手机投注业务。2001 年 10 月，中国移动与 51CP（中彩通网站）合作，尝试推出世界杯手机投注足球彩票业务。2002 年 5 月，中国移动开始在浙江、上海、广东、福建等地进行小额支付试点。中国移动浙江公司在嘉兴地区试行开通小额支付业务，提供网上支付、话费充值、自动售货机等服务。中国移动广东公司、中国移动福建公司和中国移动江苏公司也搭建了本省的小额支付平台，提供足球彩票和福利彩票投注等服务。

④ 手机钱包：在北京地区，中国移动北京公司开通了“手机钱包”业务。将用户银行账户和手机号码进行绑定，中国移动北京公司的手机用户就可通过短信息、语音、GPRS 等方式，实现手机支付。目前国内支持手机支付的银行有广东发展银行、农村信用合作社、招商银行、中国银行、建设银行、交通银行、商业银行、福建兴业银行、深圳发展银行、中信银行等。在业务发展之初，中国移动将手机支付的主要应用放在小额支付上，中国移动北京公司主要向“手机钱包”注册用户提供以下几种服务，如手机理财、查缴手机话费、远程教育支付、保险费支付、手机购卡、手机捐款等。

⑤ 手机点歌：一些网站提供了手机点歌等服务，虽然形式上像普通的短信服务，但实际上是经由特殊的系统直接通过电话网发送给接收者的，也就是说，在这个过程中，移动网只是起到了一个付费的作用，而手机才是这个系统支付平台的承担者。

⑥ 手机电子邮箱：用手机支付收费电子邮箱十分方便。仅需 10 秒就可以通过手机获得一个

收费电子信箱。在购买成功后，服务费用在每月交纳手机话费时由移动运营商代收。当然，如果用户想暂停服务，可以登录盟卡商城，点击“暂停邮箱服务”后按要求填写正确信息即可。

⑦ 手机进行视频点播，用手机支付网络游戏费用等都已实现。

（3）销售终端服务

移动销售终端服务（POS）业务是有线 POS 业务的延伸，它利用 SMS 或 GPRS 制式作为传递交易数据的通信载体，摆脱了营业场地和通信线路的限制，随时随地进行刷卡交易。基于 GPRS 的移动 POS 系统的出现，满足了以上不断发展的需要，使得各类消费活动不再受到场地和通信线路的限制，使得各种户外收费场所与移动电子商务交易作到真正的“边走边卖”，为商户带来了无限的商机。POS 业务的出现生动地体现了技术在金融领域竞争中的地位。现阶段，银行业的竞争方兴未艾，竞争主要有两个方面，一是管理和服务，二是技术。技术的竞争就需要加大科技投入，利用先进的科技手段，不断推出新的金融服务品种。无线 POS 应用系统的开发，可以使开发行能够抢先推出新的金融服务品种，占领新的金融服务领域，极大地提高开发行的自身形象。其次，无线 POS 应用系统的开发，可以使开发行摆脱场地和线路的限制，拓展开发行的金融服务和空间；可以为开发行带来大笔新增存款业务，增加自身的竞争实力。最后，无线 POS 应用系统的开发，为社会提供了一种崭新的结算方式，有利于促进电子商务活动的健康发展。

（4）移动订票

这种服务可以通过定位技术将距离子机用户最近的餐馆、电影院或者戏院的消息发送到移动手机上，用户通过手机订电影票或者就餐消费。英国市场调查公司 Juniper Research 最近的一项有关手机订票业务未来发展前景的报告认为，2007 年该服务将占据移动电子商务市场的大部分，2009 年市场规模将扩大到 390 亿美元，占年移动电子商务市场 880 亿总体营业额的近半。用户开始对手机订票感兴趣，这一倾向在欧洲和日本尤其明显，多数手机订票将用于火车或公共汽车票、电影票或戏票，以及汽车泊车票据。手机订票具有成为大规模市场的潜力，将在商品及票据销售中获得广泛应用，而且成本也十分低廉，由于风险很小，估计有不少消费者愿意尝试。

1.3.2 移动电子商务的应用环境

目前中国移动已推出手机银行、手机炒股、手机彩票、GPS 位置服务、移动 OA、UM（统一消息服务）、PIM（个人信息管理）、WAD（无线广告）等移动电子商务服务。它比传统的以计算机为终端的电子商务具有更广泛、更深厚的用户基础。今后，这个移动电子商务还会逐年扩大，因为它适应了当今社会发展的需要。移动电子商务虽然在我国已经有了长足的发展，但是运营环境也显露出很多问题，需高度重视并在实践中加以解决。

1. 建立安全的运营环境

与传统的电子商务模式相比，移动电子商务的安全性更加脆弱，如何保护用户的合法信息（账户、密码等）不受侵犯是一项迫切需要解决的问题。除此之外，目前中国还应解决好电子支付系统、商品配送系统等的安全问题。可以采取的方法是吸收传统电子商务的安全防范措施，并根据移动电子商务的特点，开发轻便高效的安全协议，如面向应用层的加密（如电子签名）和简化的 IPSEC 协议等。移动电子商务必须解决身份识别和隐私保护等问题。无线信道是一个开放性的信道，它带来了诸多不安全因素，如通信内容被窃听、通信双方的身份容易被假冒以及通信内容被篡改等；无线网路中的攻击者不需要寻找攻击目标，攻击目标会漫游到攻击者所在的小区，在终端用户不知情的情况下，信息可能被窃取和篡改。

2. 拓宽无线资源环境

与有线系统相比，对无线频谱和功率的限制使无线系统的带宽较小，带宽成本较高；同时分组交换的发展使得信道变为共享，时延较大；而且，无线连接可靠性较低，超出覆盖区服务则被拒绝接入。所以服务提供商应优化网络带宽的使用，同时增加网络容量，以提供更加可靠的服务。

3. 开创面向用户的业务环境

就目前的应用情况来看，移动电子商务的应用主要集中于获取信息、订票、炒股等个人应用，缺乏更多、更具吸引力的应用，这无疑将制约移动电子商务的发展。其主要原因还是没有找准突破口，没有把移动电子商务无可替代的特性突出来。无线互联的移动化特性肯定会在不久的将来给企业带来巨大的利润和翻天覆地的巨变，一旦有真正实用和有价值的无线网络应用服务商出现，将会形成一个比目前互联网用户发展更为迅速的用户市场，这些用户的潜在商业价值将是难以估量的。中国有机会创造自己的模式，有机会在互联网领域赶超世界其他国家。业界普遍认为，B2B的电子商务模式双子无线网络最具有率先的发展机会。企业要想从中受益，就要把移动电子商务看成是产生新利润、创造新价值和维系更多客户的有效手段。

4. 完善社会信用与法制环境

当前国内市场机制还不规范，电子商务的商业运作环境还不够完善，缺乏必要的信用保障体系，从而影响了人们利用移动电子商务的积极性，因而移动电子商务要展现辉煌还需要经历一段过渡时期。其次，网络支付、安全认证、线下配送等系统和电子商务的立法有待完善。中国的环境很特殊，移动电子商务除了存在传统电子商务未能解决的障碍（如支付、配送等问题）以外，由于移动电子商务的特殊性，其安全问题也尤为重要。如何突破政策的限制、如何与金融企业合作也是移动运营商需要着手解决的问题。在中国人民银行以牌照制来规范支付市场后，现有的手机支付业务已经提高了进入门槛，随着监管机构对参与者在金融方面资质要求的提高，以前针对SP（Service Provider）的监管体系和运营模式也有了相应的改变，尤其是如何突破小额支付的限制，实现真正的手机购物。

5. 优化移动电子商务人才环境

移动电子商务是信息现代化与商务的有机结合，需要大量的掌握现代信息技术的现代商贸理论与实务的复合型人才。目前，企业信息化进程日趋加快，移动电子商务必将成为企业经营信息化的又一重要手段。然而，如果不重视人才的培养或人才培养滞后，那么，人才短缺问题就会成为制约我国移动电子商务发展的诸多问题中最根本、最紧迫的一个。为此，我们应从以下3个方面加强移动电子商务人才的培养。

（1）整合教育资源，进行集中培训。面向开展移动电子商务的企业，对企业技术人员和管理人员进行有所侧重的专项培训。

（2）发挥网络优势，加强远程教育。主要是面向一些在职人员和有志从事移动电子商务的相关技术人员。他们可以根据自己的爱好，选择自己感兴趣的课程，或者针对自己知识的薄弱环节进行系统的学习。

（3）学科专业教育与普及教育并重。在相关专业中加入移动电子商务方面的一些基础知识，为以后培养专业人才积累经验。普及教育的目的是让大家了解移动电子商务，使用移动电子商务，但同时发现用户需求，帮助开拓移动电子商务市场。

6. 创新移动服务的技术环境

移动电子商务以移动通信技术为基础，它必然受到移动通信技术发展水平的限制。首先，移动终端设备性能相对低下。随着终端设备功能的增强，支持业务的增多，需要处理的数据必然增加，这样对移动终端的处理能力就有了很高的要求。很多用户抱怨他们的手机或PDA响应速度比较慢，操作时常常有迟滞的感觉。更加严重的问题是，移动设备的功能越强大，意味着能量消耗越大，其电池供电时间就会缩短，因此降低了移动终端的便携性。其次，移动通信网络数据传输率较低，安全性还不高。现有移动通信网络的传输速率和 3G 比起来还相差较远，不足于支撑各种移动电子商务业务的全面展开，而且其安全性也比较低，基于 WAP 的机制没有端到端的加密，只要用户关心安全问题，他们就不会将钱花在移动电子商务上。移动通信的安全性还应该通过各种方式进一步增强，如电子签名、认证和数据完整性等。技术上还有待突破：当移动设备丢失或被盗后，如何在最短的时间内以最简单的方法完成挂失操作；获得信息的成本过高、效率过低的问题，相对于计算机来说，手机的显示屏幕太小，这使得用户在单位时间获得单位信息所需的支付达到了令人难以接受的程度；各电信运营商与相关部门业务的整合等问题。

7. 加速企业信息化环境

对企业而言，发展移动电子商务，首要的是实现企业信息化，最起码管理要信息化。所谓企业信息化就是企业利用现代信息技术，通过信息资源的深入开发和广泛利用，实现企业生产过程的自动化、管理方式的网络化、决策支持的智能化和商务运营的电子化，不断提高生产、经营、管理、决策的效率和水平，进而提高企业经济效益和企业竞争力。企业信息化过程中需要实现的各个环节并不独立，而是相辅相成的。很难想象一个没有达到网络化管理的企业可以实现商务运营的电子化。把握企业信息化的方向和策略。真正的把信息化当作提高企业竞争力的手段。除此之外，企业应加强对客户信息的搜集和研究，建立以客户需求为主导的营销模式。在信息化的基础上利用移动电子商务平台提高企业的核心竞争力，为企业的进一步发展打下坚实的基础。

1.3.3 移动电子商务应用的对策

中国移动电子商务的发展速度可能会比中国电子商务的发展速度更快，与传统电子商务整体发展水平偏低的状况相比，中国移动电子商务的前景要好得多，中国庞大的手机用户人群和手机用户的高速度增长是移动电子商务在中国发展的基本基础。从目前发展态势看，国内移动电子商务要取得大发展，还要解决以下这些瓶颈问题。

1. 我国移动电子商务需要宽带的网络环境

移动通信数据传输目前是借助于手机或 PHS 来实现的。在前者的情况下，可以提供的速度上限为 90kbit/s 或 28.8kbit/s；而在后者的情况下为 32kbit/s 或 64kbit/s，难以满足大量非文本信息的传输。随着移动电话与互联网结合，无线上网的新趋势正在形成，第三代移动通信的标准更使得移动终端可以应用最高 2Mbit/s 的带宽进行通信。

2. 我国移动电子商务的发展要适应 WTO 规范

我国已加入 WTO，WTO 有诸多法律规则，其中服务贸易法律规则主要是通过《服务贸易总协定》确定的。《服务贸易总协定》由两大部分组成：框架协定和各成员方按协定第 20 条提交的具体义务承诺表。框架协定由条款部分和附录部分组成，电信服务附录是其中之一。

电信服务附录对有关的目标、范围、定义、透明度、公共电信传送网及其服务的进入和使用、技术合作以及有关国际组织和协议等作了规定。其中，“公共电信传送网及其服务的准入和使用”是该附录的核心条款，它规定了成员方在公共电信传送网及其服务的准入和使用方面的义务，核心内容是：“各成员方应按合理和非歧视性（指最惠国特遇和国民待遇）条件，允许其成员方的服务提供者为其提供承诺表中所列服务而进入和使用其公共电信传送网及其服务。”根据这些条款，我国要承担开放电信市场的义务，其中包括移动通信市场。

3. 我国移动电子商务服务模式应尽快确定

现在几家 WAP 界面的中文网站都仅仅停留在几页 WAP 网页上，提供的有效信息又少得可怜。几条公共新闻、天气预报、购物信息，还不如寻呼机的信息多，根本不能吸引手机用户。

移动电子商务的业务模式有待完善，中国移动及中国联通现有的和即将推广的移动电子商务服务主要还是以推式（push）服务和拉式（pull）服务为主。所谓推式服务是区别于自助餐式服务的一种形式，主要用于发布公共信息，包括时事新闻、天气预报、股市行情、旅游、招聘等信息，属于一种个性化的信息服务。拉式服务主要用于信息的个人定制接收，包括航班信息、影院安排、火车时刻表、娱乐信息（音乐、图片下载）等。而移动电子商务提供的最常用的交互式服务目前没有得到很好的发展。移动电子商务的商业模式建立涉及移动运营商、网络设备提供商、手机制造商、内容提供商等。在移动电子商务商业模型的确定中，移动运营商理所当然地处于主导地位。目前我国虽已形成了以运营商为主导的商业模式，但内容提供商和手机提供商的实力较弱。内容提供商也仅限于几家门户网站或运营商本身的业务开发部门，广大中小型企业还没有足够的热情参与其中，还没有形成良好的公平竞争局面，没有形成“百家争鸣，百花齐放”的繁荣场景。消费模式是预付还是透支：如果采用先消费后结算（透支）方式，就必然要启用手机实名制、信用评估和担保体系，而且透支额度太小，也会阻碍交易的进展。

4. 我国网络支付、安全认证、线下配送等系统的建立

中国的环境很特殊，移动电子商务除了存在传统电子商务未能解决的障碍，如支付、配送等问题外，由于移动电子商务的特殊性，移动电子商务的安全问题尤其显得重要。我们可以自主推出一些解决方案，也可以采用国际上的已经比较成熟的解决方案。

如 Ericsson 公司的移动电子商务解决方案（Mobile e-Pay），它将移动通信网络、Internet、在线支付和安全技术有机地结合起来，为移动电子商务提供了一个完整的解决方案，它的推出将大大推动移动电子商务市场的发展。惠普公司为企业提供了全系列的移动 e-services 解决方案。HP WAP Server 基于工业标准 WAP1.1，提供无线接入 Internet/Intranet 服务，HP Virtual Vault 提供端到端的加密数据传送、基于证书的认证、军用级的安全性；HP e-speak 和 OpenMail 提供代理和沟通平台功能等。IBM 公司的 WebSphere Transcoding Publisher，无线设备厂商 Mobilize 的 Mobilize Commerce 商品，Dallas-based JP Systems 推出的 SureWave 平台等。

5. 我国移动电子商务立法有待完善

（1）移动电子商务结合了传统电子商务与先进的移动通信技术，是电子商务发展的最新形态。在电子合同的订立、小额电子资金的划拨、移动证券委托等许多方面都有其独特之处，目前还没有出

台专门的关于移动电子商务的法律，相关问题只能参照《民法通则》、《合同法》、《商业银行法》、《证券法》及其相关法规。明确移动电子商务的特点，区分其与传统商业贸易的不同之处，对正确运用民商法基本理论，适用相关法律法规解决出现的问题，即首先适用现行法律解决移动电子商务的纠纷。

（2）建立和完善专门的移动电子商务法律、法规。如移动电子商务特别法、网络融合法、移动服务法等及其相关行政法规和规章。目前，尽管没有移动电子商务方面的法律、法规，但传统的商务和电子商务的法律、法规仍可应用于移动电子商务，如移动设备的实体认证、签名确认、账单、发票等。

（3）加强对移动电子商务知识产权的保护力。打击 SP 抄袭业务软件和服务模式的违法行为，阻止 SP 同质化发展的趋势，扭转移动增值业务“畸形繁荣”的现状。引导 SP 挖掘消费者尚未满足的需求、开发新业务、创造新的收入来源，使 SP 发展步入良性循环的正轨。

（4）出台相应的市场准入制度，对移动电子商务主体和 SP 的资质和运营能力进行评估，提高进入移动电子商务市场的门槛，将以短期欺骗和投机为目的的经营者隔离到市场以外。

（5）政府监管部门全面加大对移动电子商务运营企业和 SP 的清理整顿，对提供不健康内容的 SP 要严惩，对造成严重危害的 SP 更要追究刑事责任。

（6）倡导移动电子商务行业自律，加大对移动运营商和 SP 的教育工作，使其以用户需求为导向，以服务大众为目标，以长远利益为出发点，从思想上树立正确的经营理念。

本 章 小 结

本章是移动电子商务的概述，包括移动电子商务的概念，即移动电子商务是通过手机、PDA 等移动通信设备与因特网有机结合，进行的电子商务活动，它是无线通信技术和电子商务技术的有机统一体。移动电子商务的十大优势特点是：全天候、个性化、精准性、安全性、定位性、快捷性、便利性、可识别性、应急性、广泛性。移动电子商务的内涵可使学生理解移动电子商务与传统电子商务的区别，然后阐述了移动电子商务的技术支撑，如网络基础设施、应用平台及移动终端设备，还有相关协议和技术。移动电子商务的社会作用也是要掌握的内容。了解移动电子商务的发展过程，对学生了解移动电子商务兴起的内在原因和历史过程有积极意义。最后分析了我国移动电子商务的应用环境，并对当前存在的问题提出了发展我国移动电子商务的五大对策：①我国移动电子商务需要宽带的网络环境；②我国移动电子商务的发展要适应 WTO 规范；③我国移动电子商务服务模式应尽快确定；④我国网络支付、安全认证、线下配送等系统的建立；⑤我国移动电子商务立法完善的 6 项措施。

习题与思考题

1．试述移动电子商务的概念与内涵。

2．试述移动电子商务的十大特点。

3．试述移动电子商务兴起的内在原因。

4．试述我国移动电子商务的运营环境。

5．试述发展我国移动电子商务的对策。

第 2 章　移动电子商务技术基础

本章提要：本章介绍移动电子商务的技术基础，首先阐述通信技术，包括组网技术、移动通信发展；接着阐述 Internet 技术，包括计算机网络基础、Internet 和移动 IP；然后探讨移动 Internet 技术，包含无线广域网、无线城域网、无线局域网、无线个域网无线应用协议（WAP）。本章还介绍了 RFID 技术及其他自动识别技术，最后讨论了移动终端，包括未来的电话和移动操作系统。

2.1　移动通信技术

2.1.1　概述

1. 移动通信的基本概念

所谓移动通信，是指通信双方或至少有一方处于运动中进行信息交换的通信方式。显然，这是一种在人们生活和工作中非常实用的通信方式。例如，固定点与移动体（如汽车、轮船、飞机）之间、移动体与移动体之间、人与活动中的人或人与移动体之间的信息传递，都属于移动通信，如图 2-1 所示。

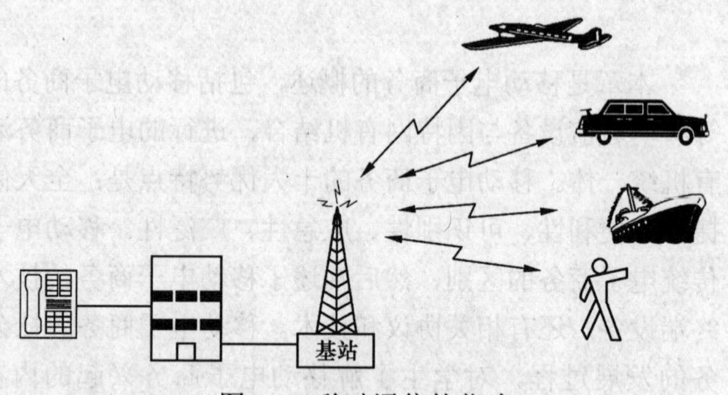

图 2-1　移动通信的范畴

2. 移动通信的主要特点

移动通信与固定点间通信相比，具有下列主要特点。

（1）移动通信的传输信道必须使用无线电波传播

在固定通信中，传输信道可以是无线电波，也可以是有线电，但移动通信中，由于至少有一方处于运动状态，因此必须使用无线电波传播。

（2）电波传播特性复杂

在移动通信系统中由于移动台不断运动，不仅有多普勒效应，而且信号在传播过程中受地形、地物的影响也将随时发生变化。例如，受建筑物阻挡造成的阴影效应，会使信号发生慢衰落；多径传播会使信号发生快衰落，即信号幅度出现快速、深度衰落，致使接收信号场强的瞬间变化达 30dB 以上。因此，只有充分研究移动信道的特征，才能合理设计各种移动通信系统。

（3）干扰多而复杂

移动通信系统除去受天线干扰、工业干扰和各种电器件的干扰外，基站常有多部收、发信机同时工作，服务区内的移动台分布不匀且时时在变化，故干扰信号的场强可能比有用信号高达几十分贝（如 70～80dB）。通常会出现近处无用信号压制远处有用信号的现象，称为远近效应，这是移动通信系统的一种特殊干扰。此外，还有多部电台之间发生的邻道干扰、互调干扰，以及使用相同频道而产生的同频道干扰等。

（4）组网方式灵活多样

移动通信系统组网方式可分为小容量大区制和大容量小区制两大类。前者采用一个基站（或称基地台）管辖和控制所属移动台，并通过基站与公用电话网（PSTN）相连接，以进行无线用户与有线用户相互之间的通信。小区制根据服务区域，可组成带状网（如铁路、公路沿线）或面状的蜂窝网。在蜂窝网中由若干小区组成一个区群，每个小区均设基站，区群内的用户使用不同信道（在频分多址中即为使用不同的频道）。移动台从一个小区驶入另一个小区时，需进行频道切换，亦称过境切换。此外，移动台从一个蜂窝网业务区驶入另一个蜂窝网业务区时，被访蜂窝网亦能为外来用户提供服务，这种过程称为漫游。移动通信网为满足这些要求，必须具有很强的控制功能，如通信（呼叫）的建立和拆除、频道的控制和分配、用户的登记和定位、过境切换和漫游的控制等。

（5）移动通信设备必须适于在移动环境中使用

对手机的主要要求是体积小、重量轻、省电、操作简单、携带方便。车载台和机载台除要求操作简单和便于维修外，还应保证能在震动、冲击、高低温变化等恶劣环境中正常工作。

3. 语音通信和数据通信

移动通信的传统业务是电话通信。最近十多年来，随着计算机的迅速发展和人们信息交往的日益频繁与多样化，对数据传输的需求也与日俱增。尽管人们期望在未来的移动通信系统中能提供综合业务服务，把语音、图像和数据传输融为一体，然而目前的情况是：在现有的公用移动通信系统中，即使能把数据与语音进行综合传输，也未能适应各种用户和各种市场对数据服务的不同需求，这正是现在世界上出现多种专用数据通信网络的原因。

在数字通信网络中，无论语音、图像或数据，其信息形式都是“二进制数字”。但是，传输不同类型的业务通常有不同的要求。例如，语音业对传输时延比较敏感，时延超过 100ms，收听者就会有不舒服的感觉；在数据网络中，虽然也不希望有时延，但一般时延是数据用户可以接受的。其次，每次电话过程所占用的时间较通信建立时间长，长度也比较均匀。因而几秒钟的通信建立时间对通话者来说并没有明显的影响；与此不同，每次数据服务期间所传输的信息量可能在很大的范围内变化，而平均来看，包含在一次数据通信期间的信息容量比起一次通话期间的数字化语音（可达上兆字节）来说是甚小的。

若干年来，移动通信基本上是围绕着两种主干网络在发展，这就是基于语音业务的通信网络和基于数据传输的通信网络。根据运行环境和市场需求的不同，前者又分为以蜂窝网为代表的高功率广域网和以无绳电话网为代表的低功率局域网（LAN）；后者又可分为宽带局域网之类的高速局域网和移动数据网之类的低速广域网，图 2-2 是移动通信网络分类的示意图。

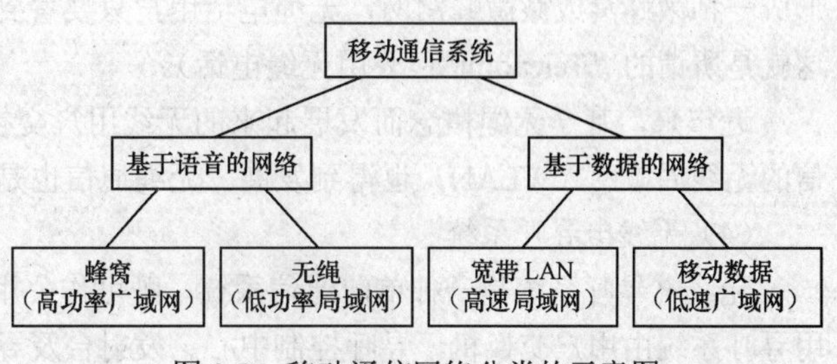

图 2-2　移动通信网络分类的示意图

4. 常见移动通信系统

（1）蜂窝式公用陆地移动通信系统

蜂窝式公用陆地移动通信系统适用于全自动拨号、全双工工作、大容量公用移动陆地网组网，可与公用电话网中任何一级交换中心相连接，实现移动用户与本地电话网用户、长途电话网用户及国际电话网用户的通话接续；可与公用数据网相连接，实现数据业务的接续。这种系统具有越区切换、自动或人工漫游、计费及业务量统计等功能。

原模拟蜂窝移动通信系统主要用于开放电话业务。随着 GSM 数字蜂窝移动网和 CDMA 网的建设和发展，现已开放数据、传真等多种非话业务。

（2）集群移动通信系统

集群移动通信系统属于调度系统的专用通信网。这种系统一般由控制中心、总调度台、分调度台、基地台及移动台组成，如图 2-3 所示。

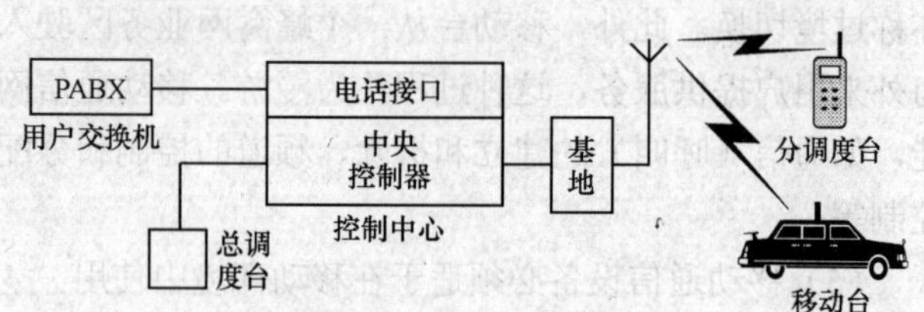

图 2-3　集群移动通信系统

该系统具有单个呼、组呼、全呼、紧急告警/呼叫、多级优先及私密电话等适合调度业务专用的功能。除完成调度通信外，该系统还可以通过控制中心的电话互连终端与本部门的小交换机相连接，提供无线用户与有线用户之间的电话接续。但因该系统是专为调度通信而设计的，系统首先保证调度业务，对于电话通信只是它的辅助业务并受到限制。所以，利用该系统组建公用电话网是不适宜的。

集群移动通信系统可以实现将几个部门所需要的基地和控制中心统一规划建设、集中管理，而每个部门只需要建设自己的调度指挥台（即分调度台）及配置必要的移动台，就可以共用频率、共用覆盖区，即资源共享、费用分担，使公用性与独立性兼顾，从而获得最大的社会效益。所以，必须提倡这种联合建设共用网络的建网方式。

（3）无绳电话系统

无绳电话最初是应有线电话用户的需求而诞生的，初期主要应用于家庭。这种无绳电话系统十分简单，只有一个与有线电话用户线相连接的基站和随身携带的手持机，基站与手持机之间利用无线电沟通。

但是，无绳电话很快得到商业应用，并由室内走向室外。这种公用系统由移动终端（公用无绳电话用户）和基站组成。基站通过用户线与公用电话网的交换机相连接而进入本地电话交换系统。通常在办公楼、居民楼群之间、火车站、机场、繁华街道、商业中心及交通要道设立基站，形成一种微蜂窝或微微蜂窝网，无绳电话用户只要看到这种基站的标志，就可使用手持机呼叫。这就是所谓的“Telepoint”（公用无绳电话）。

近年来，基于无绳概念而发展起来的无线用户交换（WPABX）得到重视，作为无绳数据通信的无线局域网（WLAN）也得到发展。无绳通信也是发展个人通信网（PCN）的一个基础。

（4）无线电寻呼系统

无线电寻呼系统是一种单向通信系统，既可作公用也可作专用，仅规模大小有差异而已。专用寻呼系统由用户交换机、寻呼控制中心、发射台及寻呼接收机组成。公用寻呼系统由与公用电话网相连接的无线寻呼控制中心、寻呼发射台及寻呼接收机组成。

无线电寻呼系统虽然是单向的传输系统，通话双方不能直接利用它对话，但由于袖珍接收机小巧玲珑、价格低廉、携带方便，受到用户欢迎，开创了基于终端个人通信的基础。目前，无线寻呼业务已基本被蜂窝短信业务所取代。

（5）卫星移动通信系统

利用卫星中继，在海上、空中和地形复杂而人口稀疏的地区中实现移动通信具有独特的优越性，很早就引起人们的注意。最近10年来，以手持机为移动终端的非同步卫星移动通信系统已涌现出多种设计及实施方案。其中，呼声最高的要算铱（Iridium）系统，它开始计划设置7条圆形轨道均匀分布于地球的极地方向，每条轨道上有11颗卫星，总共有77颗卫星在地球上空运行，这和铱原子中有77个电子围绕原子核的情况相似，故取名为铱系统。现在该系统改用66颗卫星，分6条轨道在地球上空运行，轨道高度为780km。另外还有全球星（Globle star）系统，它采用8轨道48颗星的莱克尔星座，卫星高度约1 389km；奥德赛（Odessey）系统，采用3轨道12颗星的莱克尔星座，中轨、高度约1 000km；白羊（Aries）系统，采用4轨道48颗星的星状星座，高度约1 000km；以及俄罗斯的4轨道32颗星的COSCON系统。

除上述系统外，海事卫星组织推出的Inmarsal-P，实施全球卫星移动电话网计划，采用12颗星的中轨星座组成全球网，提供声像、传真、数据及寻呼业务。该系统设计可与现行地面移动电话系统联网，用户只须携带便携式双模式话机，在地面移动电话系统覆盖范围内使用地面蜂窝移动电话网；而在地面移动电话系统不能覆盖的海洋、空中及人烟稀少的边远山区、沙漠地带，则通过转换开关使用卫星网通信。

卫星移动通信系统目前已有商用系统问世，并正处于各显优势争取投资、争取运营者和用户的关键时期。在21世纪，中、低轨以手持机为中心的卫星移动通信系统，必将在“综合的全球个人通信网”中成为重要的组成部分。

（6）分组无线网

分组无线网是一种利用无线信道进行分组交换的通信网络，即网络中传输的信息要以“分组”或称“信包”（有时简称“包”）为基本单位。分组是由若干比特组成的信息段，通常包含“包头”和“正文”两部分。包头中含有该分组的源地址（起始地址）、宿地址（目的地址）和有关的路由信息等；正文是真正要传送的信息。

分组传输方式是存储转发方式的一种，用户终端必须先把要传输的信息存储、分段、加上包头以构成分组，才能送上无线信道进行传输。这一过程必然要产生额外的时间延迟。因此，分组无线网特别适用于实时性要求不严和短消息比较多的数据通信。如果要用无线分组网传输分组语音，必须保证时间延迟不大于规定值。

分组传输能适应不同网络结构的应用。常见的网络结构有星形结构和分布式结构。前者网中设有中心站，类似于蜂窝网中的基站，用户通信均受其控制并由它转接；后者网中不设中心站，所有用户终端均属网络中的节点，可以随机分布在网络覆盖区的任意位置，每个节点均可作为源节点或宿节点来发送或接收信息，也可作为中继节点转发其他用户需要的信息，而且可以利用分组包头中的控制信息分别为每个分组选择传输路由，因此，即使网络发生故障只剩下一条通信路由，也可以通过迂回转发，保持通信不中断。

随着数据业务的增长，世界上各国都在致力于发展移动数据通信网络，其中大都以分组传输技术为基础。例如下述4种系统。

① ARDIS系统（先进的无线电数据信息设备）。由美国IBM公司和MOTOROLA公司在1983年提出。

② Mobitex系统（全国性互连的集群无线电网络）。由Ericsson公司和瑞典电信公司开发，

1986 年在瑞典首次运行，1991 年为美国采用。

③ CDPD 系统（蜂窝数字分组数据）。由 IBM 公司联合 9 家运营商开发。

④ 第二代北美数字蜂窝 IS-54 和 IS-95 系统。它们均能提供分组数据业务，其中既有电路模式业务，又有分组模式业务。

2.1.2 组网技术

移动通信网就是承接移动通信业务的网络，主要完成移动用户之间、移动用户与固定用户之间的信息交换。

移动通信组网涉及的技术问题较多，这里主要介绍区域覆盖、多址技术、网络结构和移动管理的相关技术。

1. 区域覆盖

目前移动通信的频率主要集中在 UHF（300～3 000MHz）频段。根据其电波传播特性可知，一个基站发射的电磁波只能在有限的区域内被移动台所接收，这个能为移动用户提供服务的范围称为无线覆盖区，或称为无线小区（Cell）。一个大的服务区可以划分为若干个无线小区；反之若干个无线小区彼此相邻接可以组成一个大的服务区。如果再用专门的线路和设备将这些大的服务区相连接，就构成了移动通信网。

2. 多址技术

蜂窝移动通信系统中是以信道来区分通信对象的，一个信道只容纳一个用户进行通话，许多同时通话的用户互相以信道来区分，这就是多址。移动通信系统是一个多信道同时工作的系统，具有广播信道和大面积覆盖的特点。在无线通信环境的电波覆盖区内如何建立用户之间的无线信道的连接，是多址接入方式的问题。解决多址接入问题的方法叫做多址接入技术。多址技术主要解决众多用户如何高效共享给定额谱资源的问题。

多址接入方式的数学基础是信号的正交分割原理。一个无线电信号可以用若干个参量来表征，其中最基本的是信号的射频频率、信号出现的时间、信号出现的空间、信号的码型（或波形）等，分别对各参量进行正交分割即得到了基本的多址方式。当以传输信号的载波频率不同来区分信道建立多址接入时，称为频分多址（FDMA）方式；当以传输信号存在的时间不同来区分信道建立多址接入时，称为时分多址（TDMA）方式；当以传输信号的码型不同来区分信道建立多址接入时，称为码分多址（CDMA）方式；当以传输信号的空间不同来区分信道建立多址接入时，称为空分多址（SDMA）方式。

（1）频分多址

频分多址（FDMA）是将给定的频谱资源划分为若干个等间隔的信道供不同的用户使用。在频分多址系统中，每个移动用户分配有一个信道，且这些信道在频域上互不重叠，从而各用户无线信号在频域正交。频分双工（FDD）系统中，分配给用户一个信道，即一对频谱。一个频谱用作前向信道，即基站向移动台方向的信道；另一个则用作反向信道，即移动台向基站方向的信道。这种通信系统的基站必须同时发射和接收多个不同频率的信号；任意两个移动用户之间进行通信都必须经过基站的中转，因而必须同时占用 2 个信道（2 对频谱）才能实现双工通信。它们的频谱分割如图 2-4 所示。在频率轴上，前向信道占有较高的频带，反向信道占有较低的频带，中间为保护频带。在用户频道之间，设有保护频隙，以免因系统的频率偏移造成频道间的重叠。

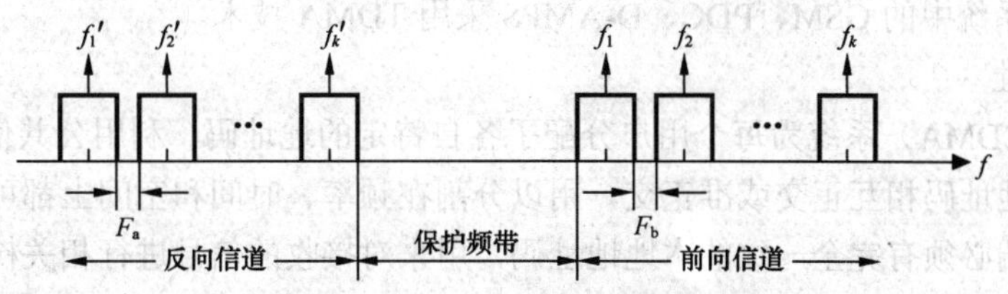

图 2-4　FDMA 系统频谱分割示意图

FDMA 系统的工作原理如图 2-5 所示。第一代模拟系统采用的是 FDMA 技术。

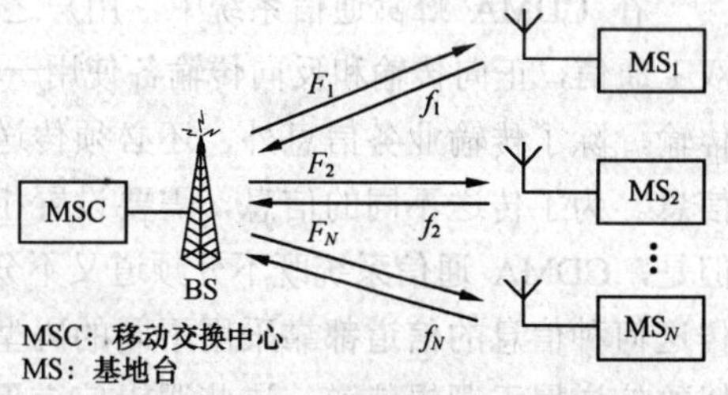

图 2-5　FDMA 系统的工作示意图

（2）时分多址

时分多址（TDMA）在时域对无线信号进行分割，把时间分成周期性的帧，每一帧再分割成若干时隙（无论帧或时隙都是互不重叠的），如图 2-6 所示。时隙就是一个通信信道，分配给一个用户，系统根据一定的时隙分配原则，使各个移动台在每帧内只能在指定的时隙向基站发射信号（突发信号），在满足定时和同步的条件下，基站可以在各时隙中接收到各移动台的信号且互不干扰。同时，基站发向各个移动台的信号都按顺序安排在预定的时隙中传输，各移动台只要在指定的时隙内接收，就能在合路的信号中把发给它的信号区分出来。所以 TDMA 系统发射数据是用缓存—突发法，因此对任何一个用户而言发射都是不连续的。

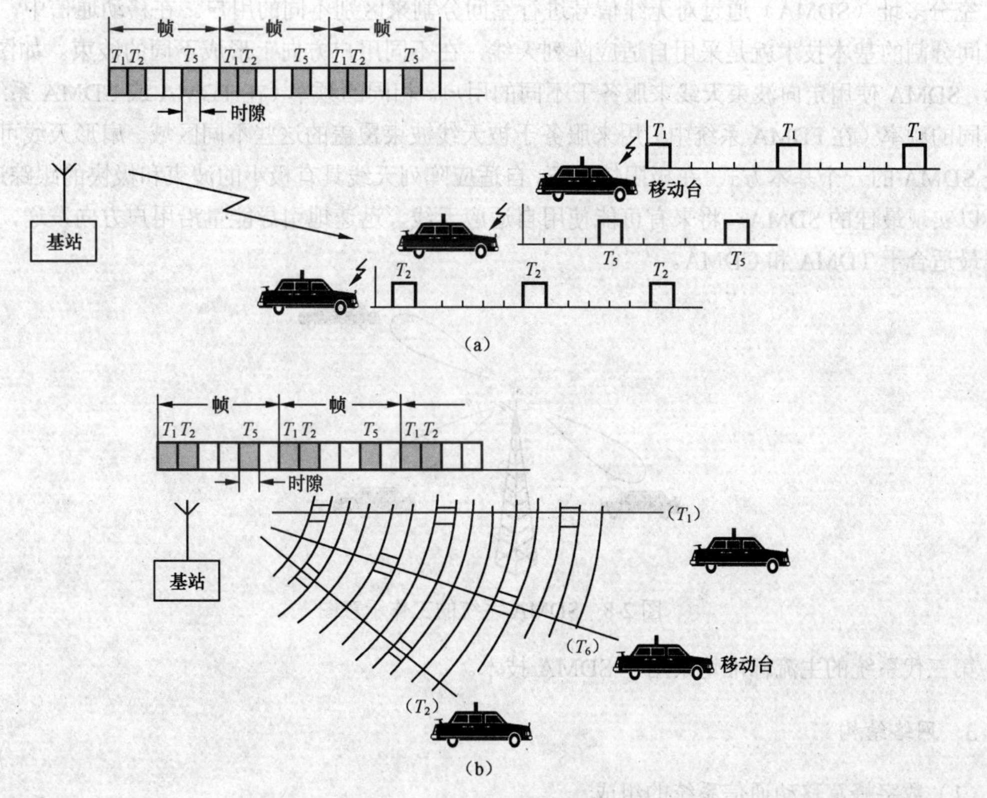

图 2-6　TDMA 系统工作示意图

第二代蜂窝系统中的GSM、PDC、D-AMPS采用TDMA技术。

（3）码分多址

码分多址（CDMA）系统为每个用户分配了各自特定的地址码，利用公共信道来传输信息。码分多址系统的地址码相互正交或准正交，用以分割在频率、时间和空间上都可能重叠的无线信号。系统的接收端必须有完全一致的本地地址码，用来对接收的信号进行相关检测。其他使用不同码型的信号因为和接收机本地产生的码型不同而不能被解调。它们的存在类似于在信道中引入了噪声或干扰，通常称之为多址干扰。

在CDMA蜂窝通信系统中，用户之间的信息传输也是由基站进行转发和控制的。为了实现双工通信，正向传输和反向传输各使用一个频率，即通常所谓的频分双工。无论正向传输或反向传输，除了传输业务信息外，还必须传送相应的控制信息。为了传送不同的信息，需要设置相应的信道。但是，CDMA通信系统既不分频道又不分时隙，无论传送何种信息的信道都靠采用不同的码型来区分。类似的信道属于逻辑信道。这些逻辑信道无论从频域或时域来看都是相互重叠的，或者说它们均占有相同的频段和时间。图2-7所示是CDMA通信系统的工作示意图。

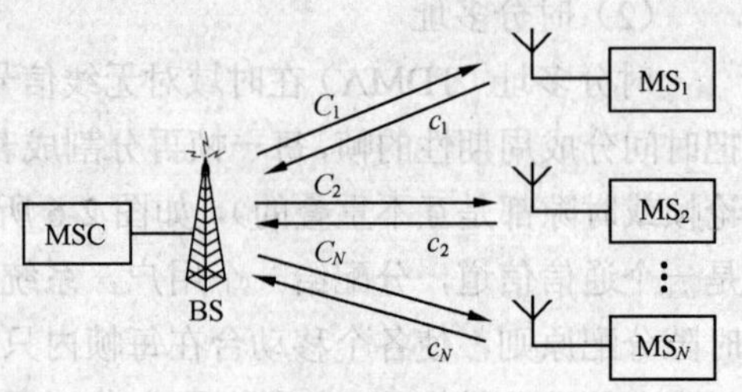

图2-7　CDMA系统的工作示意图

第二代蜂窝系统中的IS-95系统及第三代系统的主流标准均采用了CDMA技术。

（4）空分多址

空分多址（SDMA）通过对无线信号进行空间分割来区别不同的用户。在移动通信中，能实现空间分割的基本技术就是采用自适应阵列天线，在不同用户方向上形成不同的波束。如图2-8所示，SDMA使用定向波束天线来服务于不同的用户。相同的频率（在TDMA或CDMA系统中）或不同的频率（在FDMA系统中）用来服务于被天线波束覆盖的这些不同区域。扇形天线可被看作是SDMA的一个基本方式。在极限情况下，自适应阵列天线具有极小的波束和极快的跟踪速度，它可以实现最佳的SDMA。将来有可能使用自适应天线，迅速地引导能量沿用户方向发送，这种天线最适合于TDMA和CDMA。

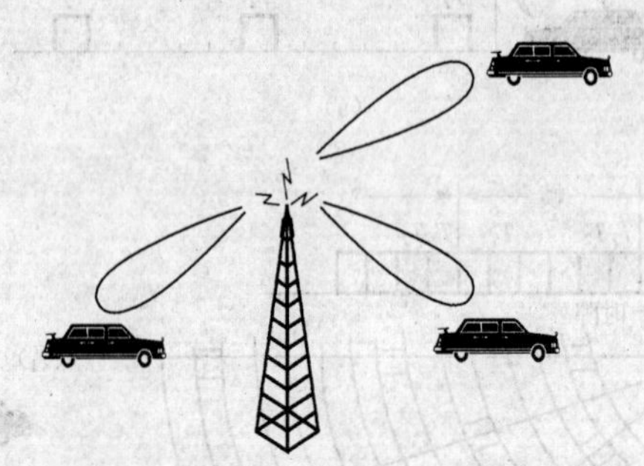

图2-8　SDMA系统的工作示意图

第三代系统的主流标准均采用了SDMA技术。

3. 网络结构

（1）数字蜂窝移动通信系统的组成

数字蜂窝系统主要由3部分组成：移动台、基站子系统和网络子系统，如图2-9所示。

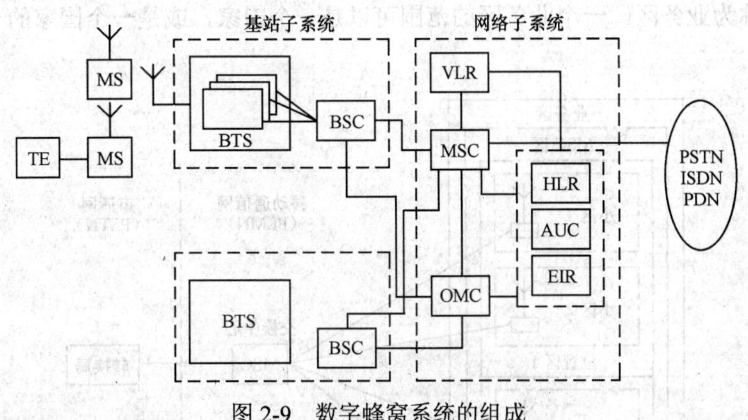

图 2-9 数字蜂窝系统的组成

① 移动台（MS）。移动台是用户使用的终端设备，它包括移动电话以及用于提供数据、传真等附加业务的终端适配器和终端设备。

移动台有便携式（手持）和车载式两种，今后移动台的主要形式是手持式，因为它的功能全、体积小、使用十分方便。

移动台的主要功能有，能通过无线接入进入通信网络，完成各种控制和处理以提供主叫或被叫通信；具备与使用者之间的人机接口，例如要实现语音通信必须要有送、受话器，键盘及显示屏幕等，或者与其他终端设备相连接的适配器，或两者兼有。从功能上移动台可分为 3 种，即只具备某种业务功能，例如只能通话的普通手持机；带有适配器可连接特定终端设备的移动台；可提供 ISDN 接口，再通过 ISDN 终端提供各类业务的移动台。移动台还涉及到用户注册与管理。移动台依靠无线接入，不存在固定的线路，移动台本身必须具备用户的识别号码，这些用于识别用户的数据资料可以由电话局一次性注入移动台。

移动台的另外一个重要组成部分是用户识别模块（SIM），亦称 SIM 卡。它基本上是一张符合 ISO（开放系统互连）标准的“智慧”磁卡，其中包含与用户有关的无线接口的信息，也包括鉴权和加密的信息。使用移动台的用户都需要插入 SIM 卡，只有当处理异常的紧急呼叫时，才可以在不用 SIM 卡的情况下操作移动台。SIM 卡的应用使一部移动台可以为不同用户服务，因为系统是通过 SIM 卡来识别移动用户的，这为今后发展个人通信打下了基础。

② 基站子系统（BSS）。基站子系统（BSS）是数字蜂窝移动通信系统的基本组成部分。它通过无线接口与移动台相接，进行无线发送、接收及无线资源管理。另一方面，基站子系统与网络子系统（NSS）中的移动交换中心（MSC）相连，实现移动用户与固定网络用户之间或移动用户之间的通信连接。

基站子系统主要由基站收发信机（BTS）和基站控制器（BSC）构成。每个基站控制器可控制几个基站收发信机，BTS 可以直接与 BSC 相连接，也可以通过基站接口设备（BIE），采用远端控制的连接方式与 BSC 相连接。

③ 网络子系统（NSS）。网络交换分系统包括移动交换中心（MSC）、归属位置寄存器（HLR）、拜访位置寄存器（VLR）、鉴权中心（AUC）、移动设备识别寄存器（EIR）、操作维护中心等。

（2）网络结构

一个典型的移动通信网的网络结构如图 2-10 所示。位置区是指 MS 在其中自由移动而无需更改位置信息的区域，它由若干个基站区组成。MSC 区是指由一个移动业务交换中心所管辖的范围，它可由若干个位置区组成。一个或若干 MSC 区组成一个移动通信网。由一个或若干移动通信网所组成的区域称为业务区。一个业务区的范围可以是一个国家，或是一个国家的一部分，也可是若干个国家。

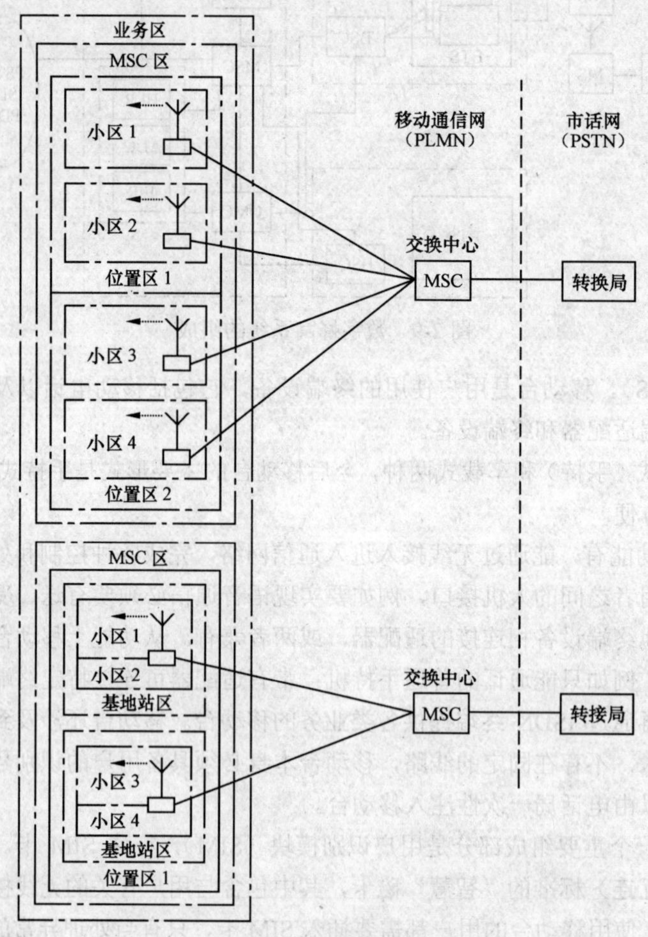

图 2-10　移动电话网络结构

4. 移动管理

移动管理是移动通信的关键技术之一，包括越区切换和位置管理。

（1）越区切换

越区（过区）切换是指将当前正在进行的移动台与基站之间的通信链路从当前基站转移到另一个基站的过程。该过程也称为自动链路转移。越区切换通常发生在移动台从一个基站覆盖的小区进入到另一个基站覆盖的小区的情况下，为了保持通信的连续性，将移动台与当前基站之间的链路转移到移动台与新基站之间的链路。

（2）位置管理

在移动通信系统中，用户可在系统覆盖范围内任意移动。为了能把一个呼叫传送到一个随机移动的用户，就必须有一个高效的位置管理系统来跟踪用户的位置变化。

位置管理包括两个主要任务：位置登记和呼叫传递。位置登记的任务是在移动台的实时位置信息已知的情况下，更新位置数据库（HLR 和 VLR）和认证移动台。呼叫传递的任务是在有呼叫给移动台的情况下，根据 HLR 和 VLR 中可用的位置信息来定位移动台。与上述两个问题紧密相关的另外两个问题是位置更新和寻呼。位置更新解决的问题是移动台如何发现位置变化及何时报告它的当前位置。寻呼解决的问题是如何有效地确定移动台当前处于哪一个小区。

位置管理涉及网络处理能力和网络通信能力。网络处理能力涉及数据库的大小、查询的频度和响应速度等；网络管理能力涉及传输位置更新和查询信息所增加的业务量和时延等。位置管理所追求的目标就是以尽可能小的处理能力和附加的业务量，来最快地确定用户位置，以求容纳尽可能多的用户。

2.1.3 移动通信发展

由于满足了人们在任何时间、任何地点与任何个人进行通信的愿望，移动通信业务发展迅猛。在信息支撑技术、市场竞争和需求的共同作用下，移动通信技术的发展更是突飞猛进，呈现出以下几大趋势：网络业务数据化、分组化，网络技术宽带化、智能化，更高的频段，更有效利用频率，各种网络趋于融合。

2.2 Internet 技术

2.2.1 Internet

1. 概述

Internet 是一组相互连接的子网络（subnetwork）或者自治系统（Autonomous System，AS）的集合。Internet 并没有实际的结构，只有一些大的骨干网络。这些骨干网络是由高带宽的线路和快速路由器构成的，连接在骨干网络上的是一些区域（中等规模）网络，连接在这些区域网络上的是许多大学、公司和 Internet 服务供应商的 LAN。图 2-11 给出了其层次结构的组织示意图。

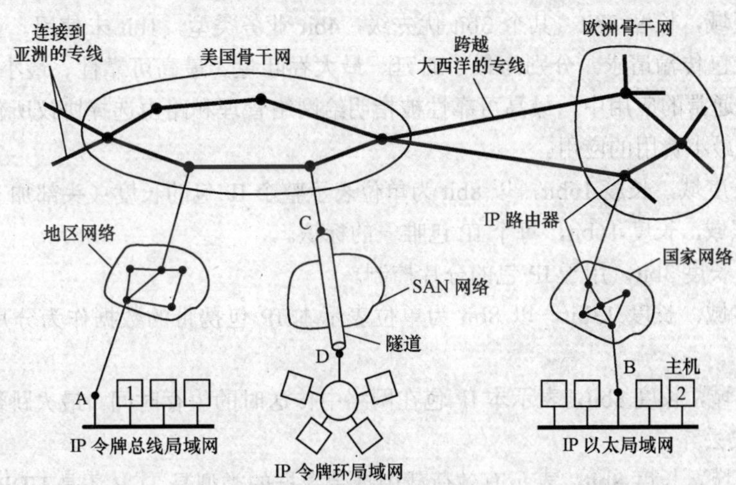

图 2-11 Internet 是由许多网络相互连接之后构成的集合

将整个 Internet 粘合在一起的正是网络层协议：IP。与大多数老式的网络层协议不同的是，IP 从设计之初就考虑到了网络互联的需求。一种比较好的看待网络层的做法就应该像这样。IP 的任务是提供一种尽力投递（besteffort 即不提供任何保证）方法将数据报从源端传送到目标端，它并不关心源机器和目标机器是否在同样的网络中，也不关心它们之间是否还有其他的网络。

Internet 中的通信过程描述如下：传输层接收数据流，并且将数据流分装到数据报中。理论上数据报最多可容纳 64KB，但是实际上，数据报通常不超过 1 500 个字节（因而它们正好可被放到一个以太网帧中）。每个数据报被传输到 Internet 上，在途中它们有可能被分成更小的单元。当所有这些分片最终到达目标机器的时候，它们又被网络层重新组装起来，恢复成原来的数据报。然后，该数据报被递交给传输层，传愉层将它插入到接收进程的输入流中。正如从图 2-12 中可以看出，主机 1 发送的一个分组必须要经过 6 个网络才能到达主机 2。在实践中，通常沿途经过的网络数不止 6 个。

2. IPv4 及 IPv6

经过近 20 年时间的发展，IP 已经相当成熟。特别是 Internet 的迅猛发展以及传统通信业务和数据通信业务的融合趋势更加推进了 IP 的发展。

（1）IPv4

目前广泛使用的 IP 为版本 4，被称为 IPv4，其数据包结构如图 2-12 所示，由头部和有效荷载两部分组成，头部由一个 20 字节的固定长度部分和一个任意长度的可选部分组成。任何 IP 头部必须是 32 位的整数倍，最小 IP 头部长度为 20 字节。

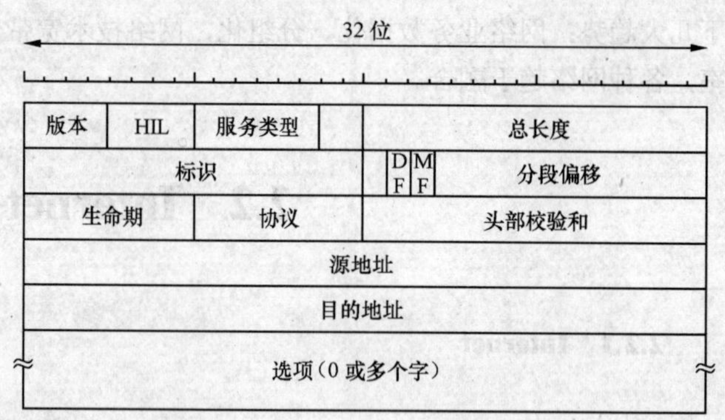

图 2-12　IPv4（Internet 协议）头部

IPv4 包头部结构介绍如下。

- 版本域，长度 4bit，表示 IP 协议的版本，值为 4。
- IP 包头部长度域，长度 4bit，以 32bit（4 字节）为单位表示 IP 包头部长度。
- 业务类型域，长度 8bit，其个 3bit 优先级，4bit 业务类型，1bit 未使用。业务类型的每一位对应于特殊的包传输请求，分别为最小时延、最大吞吐量、最高可靠性、最小费用，4bit 全 0 表示一般业务。通常的应用中，最高可靠性被指明给网络管理和路由选择协议所使用。用户网络新闻是唯一要求最小费用的应用。
- IP 包总长度域，长度 16bit，以 8bit 为单位表示整个 IP 包的长度（头部加上数据）。
- IP 包标识域，长度 16bit，每个 IP 包唯一的标识。
- 标志域，长度 3bit，用于 IP 包的分片控制。
- 分片偏移域，长度 13bit，以 8bit 为单位表示本 IP 包携带的数据作为分片在原数据中的偏移。
- 生存时间域，长度 8bit，表示本 IP 包在网络中传送时的生存时间（最大跳数），逐跳递减，为 0 时该 IP 包被丢弃。
- 协议类型域，长度 8bit，表示有效荷载中携带数据的类型是 TCP 还是 UDP 包。
- IP 包头部校验域，长 16bit，对 IP 包整个头部的校验和。这种校验和用来检测由路由器中的内存坏字节带来的错误。当数据传送时，该算法将头部所有 16 位半字数据的补累加起来，写入头部校验和域。值得注意的是，头部校验和在每个节点部要重新计算，因为至少有一个域（生存时间域）总是在变。

● 源 IP 地址域，长度 32bit，表示发出本 IP 包的源地址。

● 目的 IP 地址域，长度 32bit，表示本 IP 包的目的地址。

● IP 可选项域，长度不定，用于携带一些关于源路由、安全和流控制等方面的数据。可选项域的长度以 4 字节计，现在已定义了 5 个可选项：安全性选项、严格源路由选择选项、宽松源路由选择选项、记录路由选项、时间标记选项。但并不是所有的路由器都支持这 5 个可选项。

安全性选项说明信息的安全程度。事实上，目前几乎所有的路由器都忽略该字段。

源路由选择选项以 IP 地址序列方式，指定从源到目的地所经过的节点。严格源路由选择选项指定了数据包途经的完整路径，数据包必须严格地从这条路径传送。当路由选择表崩溃时，系统管理员通过该字段发送紧急分组；另外，在进行时间测量时，该字段很有用。

宽松源路由选择选项只要求数据包以所指定的次序经过所列出的路由器，而不指定在 IP 地址序列相邻节点之间经过的路径。

记录路由选项让沿途的路由器都将其 IP 地址加到该可选字段后，这为系统管理员以后分析这个数据包的来源提供了方便，可用来为路由选择算法查错。

最后，时间标记选项像记录路由选项一样，除了记录 32bit 的 IP 地址以外，每个路由器还要记录一个 32bit 时间标记。同样地，这一选项可用来为路由选择算法查错。

● 填充域，长度为 0～8bit 不定，用于将 IP 包头长度填充到 32bit 的整数倍。

（2）IPv6

然而人们在若干年前就认识到 IPv4 在地址空间和安全等方面的局限性，开发了新版本的 IP——IPv6。目前，IPv6 已经在大多数计算机操作系统上得以实现，新的路由器产品开始支持 IPv6。新的 IPv6 数据包结构如图 2-13 所示。

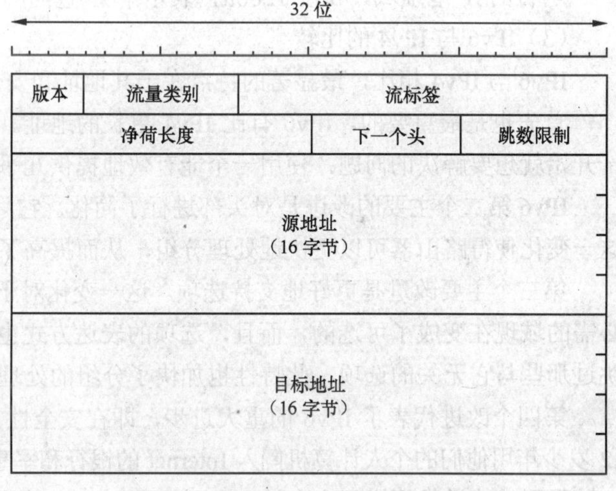

图 2-13　IPv6 固定的头（必须的）

IPv6 数据包头的结构介绍如下。

● 版本域，长度 4bit，值为 6。

● 业务类型域，长度 4bit，用来确定该数据包所属的业务类型或优先级。在 IPv6 规范中，0～7 级的优先级为受拥塞控制的业务量所使用，这种业务量的最低优先级为 1，Internet 控制用的业务量的优先级为 7。

● 流标记域，长度 24bit，用来标记那些需要 IPv6 路由器特殊处理的数据包。两台主机之间建立连接时分配该识别号，用来加速路由器对数据包的处理。

一个流由其源地址、目的地址和流标识符来命名。在 IPv6 规范中对流作如下定义：“流是指从某个信源向（单目或组播的）信宿发送的分组群中，信源要求中间路由器作特殊处理的那些分组”。换句话说，流是指信源、信宿和流标记三者分别相同的分组的集合。任何的流标记都不得在路由器中保持 6s 以上。路由器在 6s 之后必须删除高速缓存（cache）中登录项，当该流的下一个分组出现时，此登录项被重新学习。并非所有的分组都属于流。实际上在 IPv4 向 IPv6 的过渡期间大部分的分组不属于特定的流。例如，SMTP、FTP 以及 WWW 浏览器等传统的应用均可生成分组，这些程序原本是为了 IPv4 而设计的，在过渡期为使 IPv4 和 IPv6 都能处理而进行了改进，但不能处理在 IPv4 中不存在的流。在这分组中应置入由 24bit 0 组成的空流标记。

• 有效荷载长度域，长度 16bit，以 8bit 为单位表示不包含 IPv6 头在内的有效荷载数据长度。应该注意的是这里的有效荷载长度包含 IPv6 扩展头部的长度。但如果使用逐跳选项扩展头部的特大有效荷载选项，就能传送更大的数据包。利用此选项时有效荷载长度置 0。

• 下一个头部标记域，长度 8bit，指明紧接在 IPv6 头后的第一个扩展头部的类型。扩展头部的类型有以下 6 种。

逐跳选项头部：运载每个 IP 路由器必须解释的选项信息，例如它可以用于传送超大有效荷载信息。

路由选择头部：定义了该包必须经过的 IP 路由器（也称为源路由）。

分段头部：当传送的用户数据大于有效荷载所能允许的最大长度时便要用到分段头部。分段头部传送了有效载荷携带的数据段在整个用户数据单元中的偏移量。

身份验证头部：可选的认证信息。

安全封装有效荷载头部：携带有效载荷的额外保护信息。

目的地选项头部：携带仅为目的节点检查用的可选信息。

• 跳数限制域，长度 8bit，与 IPv4 头部中的 TTL 域相同，表示本 IP 包在网络中传送时的最大跳数，逐跳递减，为 0 时该 IP 包被丢弃。

• 源 IP 地址域，长度 128bit，表示发出本 IP 包的源地址。

• 目的 IP 地址域，长度 128bit，表示本 IP 包的的目的地址。

（3）IPv6 与 IPv4 的比较

IPv6 与 IPv4 相比，最显著的特点在于其地址和安全方面。

首先也是最重要的，IPv6 有比 IPv4 更长的地址。IPv6 的地址有 16 字节长，这解决了 IPv6 一开始就想要解决的问题：使用一个能有效地提供几乎无限 Internet 地址的空间。

IPv6 第二个主要的改进是对头部进行了简化。它只包含 7 个域（相比之下 IPv4 有 13 个域）。这一变化使得路由器可以更快地处理分组，从而提高了路由器的吞吐量，并缩短了延迟。

第三个主要改进是更好地支持选项。这一变化对于新的头部来说是根本性的，因为以前那些必需的域现在变成了可选的，而且，选项的表达方式也有所不同，这使得路由器可以非常简单地跳过那些与它无关的选项。此特性也加快了分组的处理速度。

第四个改进代表了 IPv6 的重大进步，即在安全性方面的改进。IETF 已经听腻了关于早熟的 12 岁少年用他们的个人计算机闯入 Internet 的银行和军事堡垒的新闻故事。在 IPv6 的设计过程中，一种强烈的感觉是要增强安全性。在新的 IP 中，认证和隐私是关键的特征。然而，后来这些特征也被引入到 IPv4 中，所以，IPv6 和 IPv4 在安全性方面的差异已经没有那么大了。

最后，更加值得关注的是服务质量。过去，人们在这方面已经作了大量的努力。现在，随着 Internet 上多媒体业务的增长，服务质量的需求也更加紧迫了。

2.2.2 移动 IP

随着个人数字助理（Personal Digital Assistant，PDA）和笔记本电脑功能的增强与其价格的下降，以及人们希望在任何地点、任何时间都能上网需求的增加，移动网络也越来越成为一个重要的课题。移动 IP 可以使称为移动主机（Mobile Host，MH）的便携设备在保持通信会话的同时从一个区域漫游到另一个区域。移动 IP 要求不修改与移动主机通信的对端主机以及中间路由器。这意味着即使当移动主机漫游到另外一个区域时，它仍然要使用它固定的 IP 地址；否则，当主机移动到另一个区域时，正在进行的会话将被停止，而新的会话将重新开始。图 2-14 是移动 IP 解决方案的基本框图。

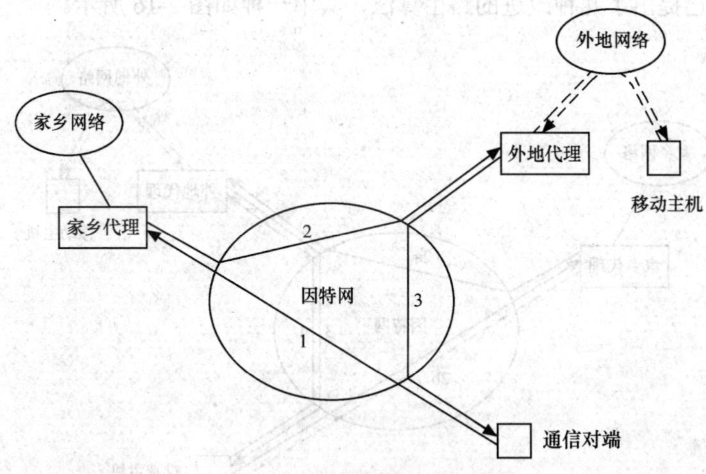

图 2-14　移动主机的路由

移动 IP 的路由选择过程如下。

（1）当对端主机（Correspondent Host，CH）要给移动主机发送分组时，它发送一个标准的 IP 分组，这个 IP 分组中包含有作为源 IP 地址的 CH 地址和作为目的地 IP 地址的 MH 地址。这个分组将被移动主机的家乡代理（Home Agent，HA）截获，家乡代理能够跟踪移动主机的当前位置，管理所有在它家乡网络（Home Network）内的移动主机，这些移动主机使用相同的地址前缀。如果移动主机在家乡网络内，家乡代理就只要简单地将分组转发到它的家乡网络。

（2）当移动主机移动到外地网络（Foreign Work）时，它将从外地代理（Foreign Agent，FA）那里得到一个转交地址（care of address），并向它的家乡代理注册新地址。

转交地址反映了移动主机的当前位置，它通常就是外地代理的地址。当家乡代理知道了移动主机的转交地址后，它就能通过外地代理将分组转发到移动主机。

遗憾的是，家乡代理不能直接用传统的方式给外地网络中的移动主机发送分组（例如，如果用转交地址作为 IP 分组的目的地地址，则分组的最终目的地将是外地代理，而不是移动主机）。这个问题可以利用隧道（Tunneling）技术来解决。隧道技术实际上提供了两个目的地地址：一个是隧道另一端的目的地地址（如 FA）；一个是最终目的地地址（如 MH）。由家乡代理经隧道转发的分组用外部 IP 报头进行封装（见图 2-15），在这个外部 IP 报头中，家乡代理的地址作为源 IP 地址，而转交地址作为目的地 IP 地址。当外地代理收到这个分组时，它就对这个分组进行解封装，从而产生出原来的 IP 分组。在这个分组里，源 IP 地址是对端主机的地址，而目的地 IP 地址是移动主机的地址。于是，外地代理就能够将这个分组传递给移动主机。

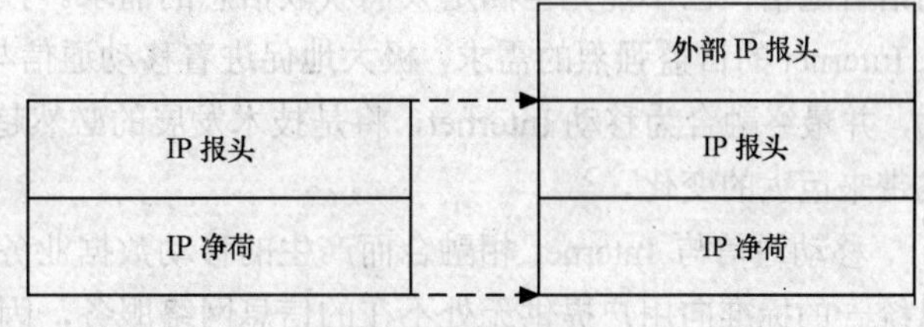

图 2-15　IP 到 IP 封装

移动主机传送给对端主机的分组一般采用正常的 IP 分组格式，其源 IP 地址是移动主机地址，而目的地 IP 地址是对端主机地址。这些分组按照常规的路由传送。

一般而言，从通信对端到移动主机的传输路由要比从移动主机到对端主机的传输路由长。例如，可能会发生这样的情况，在纽约的对端主机发送分组给在西雅图的移动主机，而由于这个移动主机正在纽约，于是，这个分组又要经隧道返回纽约。为了使对端主机能直接发送分组到转交地址的端点，目前已提出了几种改进的路由算法，其中一种如图 2-16 所示。

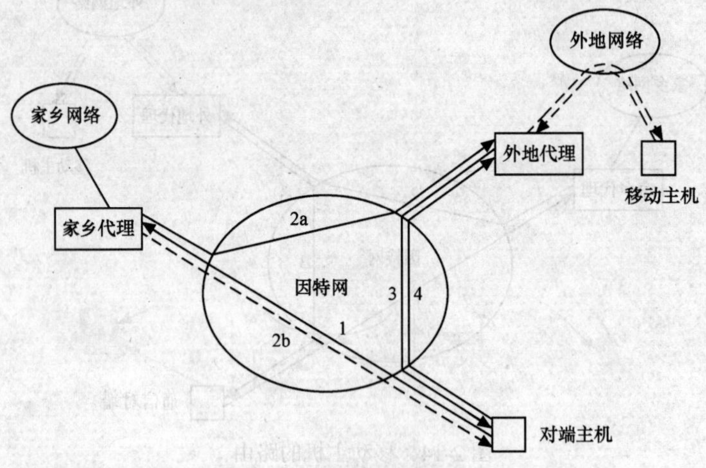

图 2-16　移动 IP 的路由优化

在图 2-16 中，当家乡代理截获到对端主机发往处于外地网络中的移动主机的分组时（图中路线 1），家乡代理就与前面一样通过隧道将这个分组传送到当前的转交地址（图中路线 2a）。同时，家乡代理还要给对端主机回送一个含有当前转交地址的绑定（binding message）消息（图中路线 2b），对端主机可以将这个消息存储在它的绑定高速缓存器（binding cache）中，从而使以后到移动主机的分组可以直接经隧道传送到转交地址（图中线路 4）。

2.3　无线 Internet 技术

2.3.1　概述

1. *移动通信与 Internet 融合*

近年来空前发展的移动通信和 Internet，已经成为迈向信息社会的两个重要标志。增长中的移动语音通信，已不能完全满足人们获取信息的需求。技术的发展和人们对移动数据通信与移动接入 Internet 的日益强烈的需求，极大地促进着移动通信与 Internet 的融合，移动走向 IP，IP 走向移动，并最终融合为移动 Internet，将是技术发展的必然趋势。这无疑将对我们的工作方式、生活方式带来巨大的变化。

移动通信与 Internet 相融合而产生的移动数据业务，将不受信息源和用户访问位置的限制，以统一的标准向用户提供无处不在的信息网络服务，因而成为网络界和电信业界共同关注的一个焦点。

2. *网络结构*

通信网由核心网、接入网和终端 3 部分组成。未来核心网将基于 IP 技术，而接入网将呈现多技术互补共存的局面，包括从固定到卫星和从个人对个人到定制广播的所有技术均可作为接入核心网的技术（见图 2-17）。业务应用将根据应用和用户的要求以及不同网络的能力做出自己的选择。这将要求终端有较高的智能以充分利用本地可获得的不同应用。

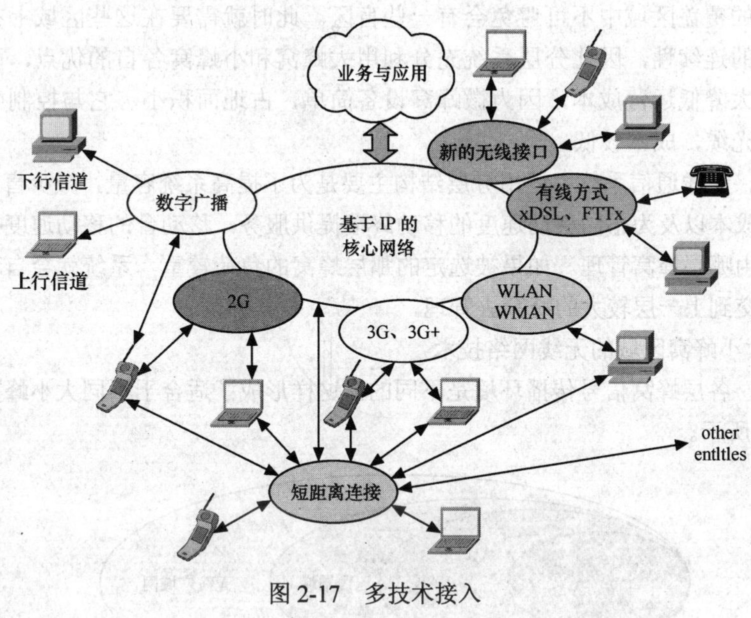

图 2-17　多技术接入

3. 多技术接入

就使用的传输媒质而言，接入技术可分为有线和无线两大类。

（1）有线接入技术包括 XDSL 和 FTTX。

（2）无线接入技术包括无线覆盖的分层蜂窝结构 HCS（Hierarchical Cell Structure）和不同大小区域的无线网络技术。

① 无线覆盖的 HCS

通常来说，一个分层系统是由两层或多层蜂窝组成的。覆盖区域最小的蜂窝放在分层系统的最底层，如图 2-18 所示。这个系统可能是由微微蜂窝层和微蜂窝层组成的。微微蜂窝层用在室内环境，它的覆盖仅有几十米。这种用很低发射功率的基站往往只覆盖一个办公室、一个楼层或一套住宅。微蜂窝的半径一般只有几百米，它主要用在市中心地段和“热点”地区。这种蜂窝所用基站天线往往和电线杆一样高，它的发射功率也低于宏蜂窝基站的发射功率，因此微蜂窝的覆盖范围通常只有一个街区。这两层蜂窝都可以被宏蜂窝所覆盖。宏蜂窝的半径一般有几千米。它的基站天线建在建筑屋顶上，因此天线通常高于 30 米。在郊区和乡村主要布宏蜂窝。在市区宏蜂窝也可以覆盖微蜂窝未覆盖的区域，而且可以为微蜂窝中的高速移动台提供业务服务。当微蜂窝负荷过大时，系统就会将微蜂窝的一部分业务量分配到宏蜂窝来处理，这样就提高了频谱利用率，并降低了系统的阻塞率。分层系统的最顶

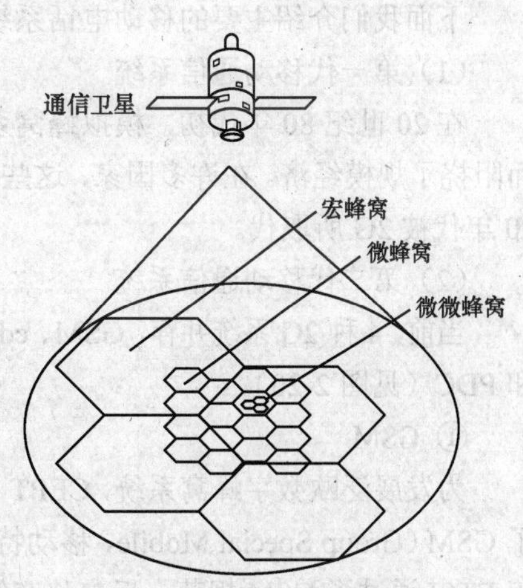

图 2-18　四层的分层结构

层是由通信卫星所覆盖的区域。卫星主要是覆盖地面系统所无法覆盖或业务量稀少的地区。这样可以得到全球无缝覆盖的系统。蜂窝越小就可以达到更高的频谱利用效率及更大的容量，并且可以使其覆盖区内移动终端的平均发射功率大大降低，由于一些自然的或人为的障碍物的存在，在大蜂窝的覆盖区域中不可避免会有一些盲区。此时就需要在这些区域上布一些小覆盖蜂窝以保证覆盖的连续性，因此分层系统充分利用大蜂窝和小蜂窝各自的优点，而微蜂窝的大量使用还可以大大降低运营成本，因为微蜂窝设备简单，占地面积小，它与控制中心的连接可以借助于微波或光缆，成本较低。

由此可见，无线通信系统中运用分层结构主要是为了提高系统容量，减少盲区，均衡系统负荷，降低运营成本以及为不同移动速度的移动终端提供服务。移动台的移动速度往往可以决定这个移动终端应由哪层蜂窝管理。如果被选定的那层蜂窝的负荷较重，系统就会自动地把这个移动台的管理权移交到上一层较大的蜂窝去管理。

② 不同大小蜂窝区域的无线网络技术

如上所述，各层蜂窝信号传播环境是不同的，这样形成了适合于不同大小蜂窝区的无线网络技术如图 2-19 所示。

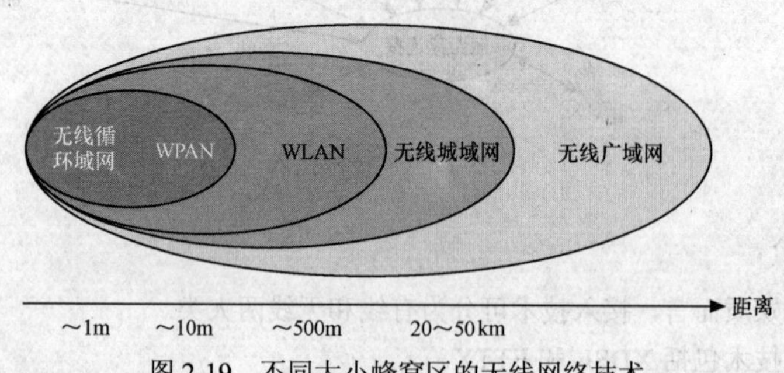

图 2-19　不同大小蜂窝区的无线网络技术

2.3.2　无线广域网

主要包括卫星、蜂窝和 802.20 网络，这里主要介绍蜂窝网络。

下面我们介绍主要的移动电话系统，尤其是无线技术的演进。

（1）第一代移动通信系统

在 20 世纪 80 年代初，模拟蜂窝系统问世。当时，各国发展自己的系统。仅限于国内使用从而阻挠了规模经济。在许多国家，这些系统在 20 世纪 90 年代被 2G 所取代。

（2）第二代移动通信系统

当前，4 种 2G 系统并存，GSM、cdmaOne、TDMA 和 PDC（见图 2-20）。

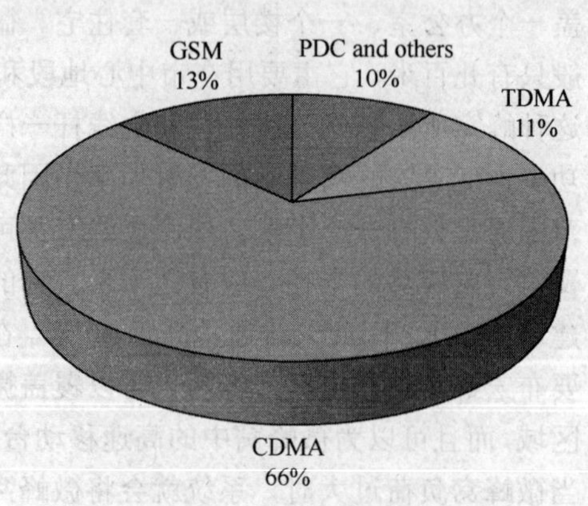

图 2-20　第二代移动标准全球分布

① GSM

为发展泛欧数字蜂窝系统，CEPT 于 1982 年成立了 GSM（Group Special Mobile，移动特别小组）。1989 年 ETSI 通过了 GSM 规范，后来移交给了 3GPP。

GSM 商用始于 1991 年 7 月，然而手机仅从 1992 年才大量上市。到 1993 年底，22 个国家拥有 36 个

GSM 网，包括一些非欧洲国家，如：澳大利亚和南非。2002 年 1 月，有 172 个国家的共计 470 个 GSM 运营商，拥有 6 亿 4 千 6 百万用户。是占全球移动市场份额最大的 2G 系统。

GSM 允许 8 个用户共享一个 200kHz 的无线信道，通过给每个用户指配一个独立的时隙来实现。除了北美使用 1 900MHz 外，世界上其他地方在 900MHz 和 1 800MHz 运营 GSM。

从 GSM 商用以来，已开通了 SMS，一种无连接的分组业务，包含最多 160 个字符。通过 CSD（电路交换数据）也使得数据传输成为可能，其吞吐量不超过 14.4kbit/s。这些限制导致 HSCSD（High Speed Circuit Switched Data）和 GPRS 标准的诞生。

HSCSD 可提供更高速率（到 57.6kbit/s），然而与 CSD 一样，属电路交换。因为连续占据几个无线信道（最多 4 个），所以对突发业务效率不高。HSCSD 的这些缺陷使得到仅有约 30 个运营商引入了它，而许多运营商选择了 GPRS。

GPRS 保留了 GSM 的调制方式、频带设置和帧结构，其设计基于下面的指导原则。

- 永远在线，允许随时发送和接收数据。
- 高比特速率，实际的带宽大致与有线 MODEM 等同。
- 改善了无线资源使用：多个用户共享同样无线信道。
- 分别分配上行和下行信道。
- 可同时进行语音和数据传送。
- 按通信量收费。

在 2001 年 9 月约 100 家运营商，包括几家美国运营商部署了 GPRS。

EDGE（Enhanced Data Rate for Globle Evolutions）通过引入新的调制方案改善了 GPRS，其频谱效率是 GPRS 的 3 倍，EDGE 升级于 2002 年开始，第一阶段主要在美国。

GSM 标准的进一步演进现由 3GPP GSM EDGE 无线接入网（GERAN）小组负责。这个工作组主要致力于将 GSM/EDGE 连到 3G 核心网，并支持实时业务。

② cdmaOne

扩频技术已在军事上运用多年，在 20 世纪 80 年代中期，美国军方解除对该技术的保密，才被试验用于蜂窝系统。

基于扩频的 CDMA 标准于 1993 年 7 月获 TIA 批准，CDMA 于 1995 年商用，然而到 1998 年中期仅吸引了 9 百万用户。从那时开始，情况开始好转，到 2002 年有约一亿用户，主要分布于美国（五千五百万）和亚洲（四千万）。CDMA 现在称为 cdmaOne 以区别于 3G CDMA。

CDMA 中，许多用户（最多 64 个用户）共享同样的 1.25MHz 带宽，给每个用户指配一个伪随机码，允许解码器得以分离每个用户的业务信息。所有基站传送具有时间偏置的同样的伪码。因此，它们必须保持同步，CDMA 运用 850MHz 和 1 900MHz。

③ TDMA

在模拟蜂窝移动通信系统，如 AMPS，一个用户一次占据 30kHz 带宽。D-AMPS，一种设计来与 AMPS 共存的 TDMA 系统，把该 30kHz 信道分为 3 个信道，通过给每个用户指配一个独立时隙，允许 3 个用户共享一个无线信道。

近来的发展趋势显现出 TDMA 社会正转向 GSM，AT&T 无线部于 2000 年 11 月率先宣布这一决定。从那时起，Cingular 无线（美国）和拉美一些主要运营商也相继宣布他们对 GSM 的青睐。

④ PDC

PDC 是日本的基于 TDMA 的标准，运行于 800MHz 和 1 500MHz。

PDC 主宰了移动 Internet 令人信服的范例——i-Mode。得益于提供大量的服务内容及杰出的商业模式（按流量收费，与内容提供商共享收益协议等）i-Mode 业已征服了三千万用户（2002 年 1 月）。

PDC 系统的拥塞急切需要 NTT DoCoMo 尽快用 3G 取代之。

（3）第三代移动通信系统

由于需要更大容量、新的频段和更高比特率，使 3G 的概念变得非常清晰。本来目标定位于一个统一的真正的世界标准诞生，然而不幸的是没有成功。2000 年 5 月 ITU-R 2000 年全会最终批准通过了 IMT-2000 无线接口技术规范，确定了以下 5 种无线传输技术。

基于 CDMA 3 种：WCDMA、CDMA2000、TD-SCDMA。

基于 TDMA 2 种：UWC-136、DECT。

而 CDMA 是 3G 主流技术。第二代向第三代蜂窝系统的演进路线如图 2-21 所示。

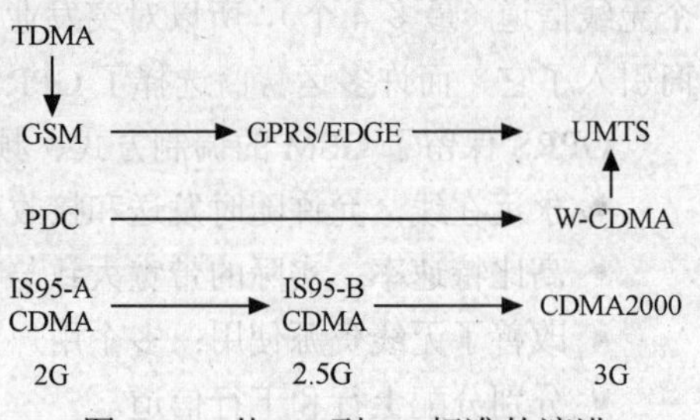

图 2-21　从 2G 到 3G 标准的演进

UMTS 由两个不同的但相互关联的模式构成。

CDMA 直扩：WCDMA，亦称 FDD。

CDMA TDD（时分双工）。

cdma2000：CDMA 多载波系统，是 cdmaOne 的演进。

尽管 EDGE 是获准的 3G 系统的一部分，然而应将其视为先前提及的 GSM 系统的简单演进。

① UMTS

TDD 和 FDD 标准的技术规范工作在 3GPP 内完成，技术规范分为以下 5 个不同版本。

FDD 模式被认为是 UMTS 的主导技术，其源于 CDMA 且也使用了伪码，上、下行分别使用 5MHz 带宽，允许终端用户速率达到 384kbit/s（2Mbit/s 每载波）。随即，HSDPA（High-Speed Downlink Packet Access）将使下行数据速率进一步增加，FDD 允许基站异步操作。

可能部署的 TDD 模式是 TD-SCDMA。TD-SCDMA 工作于低码率的载波，具有 1.6MHz 载波间隔，而不是别的宽带标准的 5MHz，它允许终端用户码率在最优条件下达到 2Mbit/s。

2001 年 10 月，NTT DoCoMo 商用了一种 3G 业务，称为 FOMA。除此之外，其他地方于 2002 年开始部署 UMTS 系统（仅 FDD 模式），而服务市场化从 2003 年开始。

② cdma2000

cdma2000 标准的技术规范工作以下列步骤在 3GPP2 内进行。

韩国的 SK 通信是开展 cdma2000 1x 业务的首家运营商（2000 年 10 月）。从那时起，仅少数几个运营商宣布开展 cdma2000 1x 业务。一些运营商最近宣布建立 cdma2000 1x EV-DO 试验网。

2.3.3　无线城域网

1. 概述

IEEE 802.16 是为制定无线城域网标准而专门成立的工作组，该工作组自 1999 年成立以来，主要负责固定无线接入的空中接口标准制定，为了推广基于 IEEE 802.16 和 ETSI HiperMAN 协议的无线宽带接入设备，并且确保他们之间的兼容性和互操作性，2001 年 4 月，由业界主要的无线宽带接入厂商和芯片制造商共同成立了一个非营利工业贸易联盟组织——WiMAX。

WiMAX 技术可以覆盖几十公里，提供近 70Mbit/s 的单载波速率，并且具备支持漫游、移动的潜力，具有广泛的应用前景。目前，IEEE 802.16 标准及相应的 WiMAX 测试规范主要还是针对无线空中接口技术，所明确的内容也只是涉及开放系统互连（OSI）模型中的物理层、媒体访问控制（MAC）层，并没有明确 WiMAX 网络的组网技术和方案。

2. 应用

符合 IEEE 802.16 标准的设备可以在“最后一公里”宽带接入领域替代 Cable Modem、DSL 和 T1/E1，也可以为 IEEE 802.11 热点提供回传。BWA 应用包括住宅宽带接人、用于 SOHO 和小企业的 DSL 级业务、用于企业的 T1/E1 级业务（所有这些不仅支持数据，而且还支持语音和视像），还包括用于热点的无线回传和蜂窝小区基站回传业务等，如图 2-22 所示。

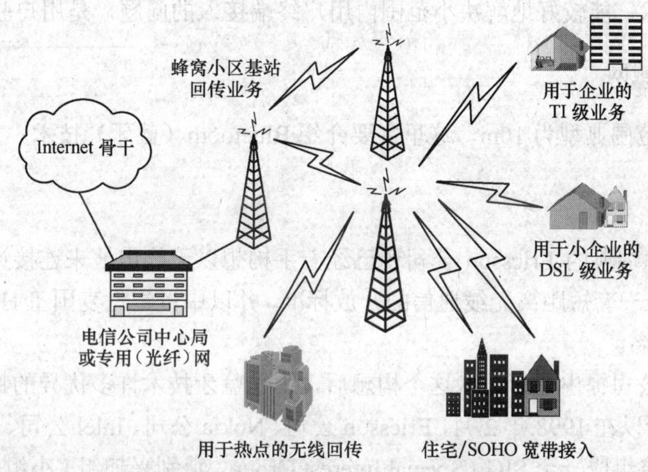

图 2-22　IEEE 802.16 的 BWA 应用

2.3.4　无线局域网

1. 概述

20 世纪 90 年代，无线通信技术与计算机网络相结合产生了无线局域网（Wireless Local Area Network，WLAN）技术。WLAN 是指采用无线介质传输的计算机局域网，采用的标准是 IEEE 802.11 系列。WLAN 可以为移动或半移动的用户提供高效、优质、低成本的宽带接入服务。

2. 技术特色

无线局域网主要具有如下特点。

（1）高数据速率

无线局域网技术能够提供高速数据速率，其中 IEEE 802.11b 能提供在 2.4GHz 频段上的 1～11Mbit/s 的数据速率，IEEE 802.11a 能提供工作在 5GHz 频段上的 6～54Mbit/s 数据速率，IEEE 802.11g 能提供在 2.4GHz 频段上的 22～54Mbit/s 数据速率。

（2）开放的频段

IEEE 建议对 802.11a 和 802.11b 使用开放的频段，即无需执照即可部署。各国在实施时做法不同，在中国，802.11b 的 2.4 GHz 频段是开放的，而 802.11a 的 5GHz 频段需要执照。

（3）局部覆盖与移动

无线局域网技术提供局部无线覆盖能力，其中 IEEE 802.11b 提供在开阔地大约 150～300m 范围的无线覆盖，IEEE 802.11a 提供在开阔地大约 75～150m 范围的无线覆盖，IEEE 802.11g 提供介于前两者之间的覆盖范围。

（4）经济

由于有些无线局域网技术（如 IEEE 802.11b）的使用频段是免费的，同时网络设备价格低廉，和其他移动网络（如 GPRS）比较，无线局域网的部署和建设成本比较低。

（5）高逻辑端口密度

无线局域网理论上一个信道可以支持多个用户共享，大大提高了设备的逻辑端口密度，更适合在用户密集的热点地区（如会场、机场等场所）部署。从以上特点可以看出，无线局域网是一种宽带无线接入技术，能较好地解决小范围内用户终端接入的问题，是用户驻地网的一部分。

2.3.5 无线个域网

蜂窝小区覆盖范围典型为 10m。这里主要介绍 Bluetooth（蓝牙）技术。

1. 概述

早在 1994 年，瑞典的 Ericsson 公司便已经着手构想以无线电波来连接计算机与电话等各种周边装置，决定建立一套短距离无线通信的开放标准，并以中世纪丹麦国王 Harold 的外号“蓝牙”（B1uetooh）为其命名。

自从 Ericsson 公司提出蓝牙技术这个构想后，由于蓝牙技术许多优异的特性，因此立刻获得许多厂商的支持。所以在 1998 年 2 月，Ericsson 公司、Nokia 公司、Intel 公司、Toshiba 公司和 IBM 公司共同发表声明将组成一个 SIG（Special Interest Group，特别兴趣组）小组，共同推动蓝牙 SIG 协会的成立。这 5 家公司来自不同的商业领域，其中 Ericsson 公司与 Nokia 公司为移动电话的市场领导者，IBM 与 Toshiba 公司为笔记本电脑的领导厂商，Intel 公司则为数字信号处理（DSP）技术的佼佼者。不同商业领域的厂商互相联合，也可代表蓝牙技术的应用广泛。1998 年 5 月蓝牙 SIG 协会分别在英国伦敦、美国加州圣荷西及日本东京公开宣布该协会正式成立，并欢迎全世界的相关厂商加入该协会，而蓝牙技术确实也获得广泛的回应，各厂商纷纷加入该协会并投入蓝牙技术的开发行列。1999 年 7 月 SIG 发布了 version 1.0 规范。目前，SIG 由 9 个创建成员（除了上面提到的 SIG 核心小组的 5 个发起成员外，3Com 公司、Lucent 公司、Microsoft 公司、Motorola 公司后来也加入进来）和世界范围内代表不同工业领域的、采用蓝牙技术的 1 800 多个公司组成。

在室内的短距离无线通信方面，还有许多不同的无线标准，如无线局域网 IEEE 802.11b 以及 HomeRF。但由于众多厂商都表示支持蓝牙技术标准，蓝牙技术标准在这场竞争中取得领先的地位。

2. 应用

蓝牙的既定目标是开发一个范围为 10m 的单片无线电设备，峰值吞吐量为 720kbit/s，成本不超过 5 美元。8 个蓝牙设备可以在一个主从网络中直接相互连接。超过 8 个设备的网络也是可能的，但是在这种情况下不是每个设备都能相互传输信息——每一个只能看见 8 个（包括自己），超过 8 个设备需通过组成散射网络来通信，并且必须被细分成主从网络，如图 2-23 所示为一般应用框架示例。

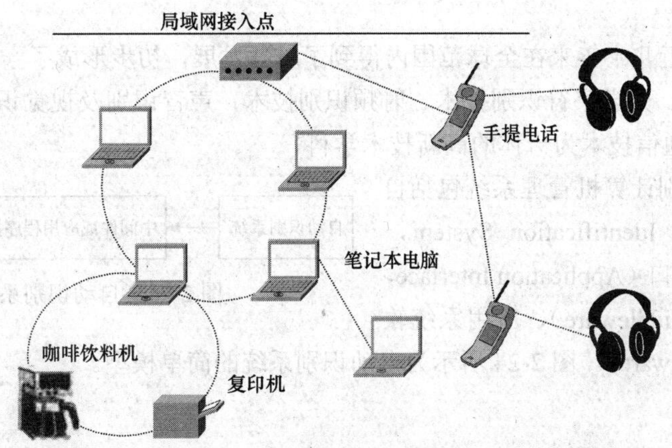

图 2-23　7 个主从网络组成的散射网络

2.3.6　无线应用协议

无线应用协议（WAP）是一种尝试，它试图定义一个标准，以解决对来自因特网的内容如何进行过滤并提供给移动用户的问题。WAP 的开发旨在使用户能够方便地利用移动终端访问因特网。整个移动产业都受到 WAP 的推动，因为 WAP 同时结合了通信中发展最快的两个方面：无线技术和 Internet。WAP 被看作是一个全面的、可扩展的协议，它可以用于以下几个方面。

（1）任何移动电话（从单行显示到智能电话）。

（2）当前或规划中的无线业务，如 SMS、数据、非结构化补充业务数据（USSD）和 GPRS 等。

（3）各种移动网络标准，包括 CDMA、GSM 和通用移动电话系统（UMTS）等。

（4）多种输入终端（如 PDA、辅助键盘、键盘和触摸屏）等。

WAP 把相对简单的微浏览器集成到移动电话中，旨在把目前销量很大的移动电话变成基于网络的智能电话。

WAP 被设计用来：

(1) 提供一个适合于移动手机小屏幕的用户接口；

(2) 适应移动网络的速度和响应时间的限制。

2.4　RFID 技术

2.4.1　自动识别技术

1. 基本概念

自动识别技术就是应用一定的识别装置，通过被识别物品和识别装置之间的接近活动，自动地获取被识别物品的相关信息，并据供给后台的计算机处理系统来完成相关后续处理的一种技术。例如，商场的条码扫描系统就是一种典型的自动识别技术。

自动识别技术是以计算机技术和通信技术的发展为基础的综合性科学技术，它是信息数据自动识读、自动输入计算机的重要方法和手段。归根到底，自动识别技术是一种高度自动化的信息和数据采集技术。

自动识别技术近几十年来在全球范围内得到了迅猛发展，初步形成了一个包括条码技术、磁条技术、IC 卡技术、光学字符识别技术、射频识别技术、声音识别及视觉识别等集计算机、光、磁、物理、机电、通信技术为一体的高新技术学科。

完整的自动识别计算机管理系统包括自动识别系统（Auto Identification System，AIDS）、应用程序接口（Application Interface，API）或中间件（Middleware）、应用系统软件（Application Software）。图 2-24 所示为自动识别系统的简单模型。

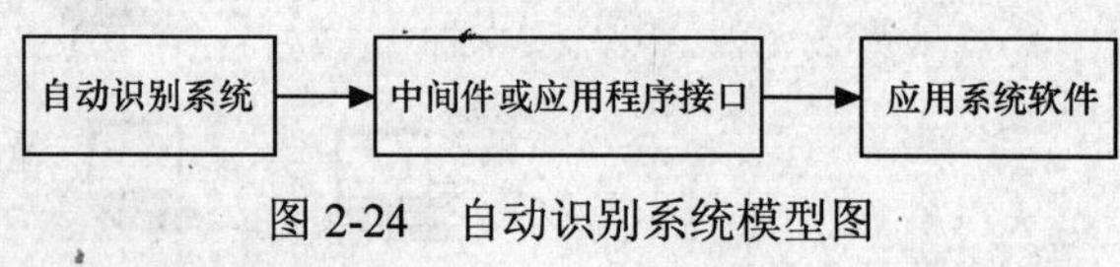

图 2-24　自动识别系统模型图

2. 种类与特征

自动识别技术根据识别对象的特征可以分为两大类，分别是数据采集技术和特征提取技术。这两大类自动识别技术的基本功能都是完成物品的自动识别和数据的自动采集。

可以说，自动识别技术从条形码开始，以射频识别结束。也就是说，条码技术是自动识别技术的始祖，而射频识别技术则是自动识别技术的未来终极。

下面简单介绍自动识别技术的条码技术、光学字符识别 OCR、磁条技术、IC 卡识别技术、声音识别技术等自动识别技术，并给出其基本特性的简单比较。

（1）条码技术

条码是由一组规则排列的条、空以及相应的数字组成的。这种用条、空组成的数据编码可以供条码阅读器识读，而且很容易译成二进制数和十进制数。这些条和空可以有多种不同的组合方法，构成不同的图形符号，即各种符号体系（也称码制），并适用于不同的应用场合。目前使用频率最高的几种码制是 EAN 码、UPC 码、39 码、交叉 25 码和 EAN128 码。其中 UPC 码主要用于北美地区，EAN 码是国际通用符号体系，它们是一种定长、无含义的条码，主要用于商品标识。EAN128 码是由国际物品编码协会（EAN International）和美国统一代码委员会（UCC）联合开发、共同采用的一种特定的条码符号。它是一种连续型、非定长、有含义的高密度代码，用以表示生产日期、批号、数量、规格、保质期、收货地等更多的商品信息。另外还有一些码制主要是满足特殊的需要，如库德巴码用于血库、图书馆、包裹等的跟踪管理，25 码用于包装、运输和国际航空系统中为机票进行顺序编号，还有类似 39 码的 93 码，它的密度更高，可代替 39 码。

上述这些条码都是一维条码。为了提高一定面积上的条码信息密度和信息量，又发展出了一种新的条码编码形式——二维条码。从结构上讲，二维条码分为两类，其中一类是由矩阵代码和点代码组成，其数据以二维空间的形态编码；另一类是包含重叠的或多行条码符号，其数据以成串的数据行显示。重叠的符号标记法有 CODE49、CODE16K 和 PDF417。

PDF417 条码是一种高密度、高信息含量的便携式数据文件。其特点为：信息容量大、编码应用范围广、保密防伪性能好、译码可靠性高、条码符号的形状可变。美国的一些州、加拿大部分省份已经在车辆年检、行车证年审以及驾驶证年审等方面，将 PDF417 选为机读标准。巴林、墨西哥、新西兰等国家将其应用于报关单、身份证、货物实时跟踪等方面。

矩阵代码类型有 Maxlcode、Data Matrix、Code One、Vericode 和 DotCodeA。矩阵代码标签可以做得很小，甚至可以做成硅晶片的标签，因此适用于小物件。

（2）光学字符识别

光学字符识别（OCR）技术已有 30 多年的历史，近几年又出现了图像字符识别（Image Character

Recognition，ICR）技术和智能字符识别（Intelligent Character Recognition，ICR）技术。实际上，近几年出现的这两种自动识别技术的基本原理大致相同。

OCR 的 3 个重要的应用领域是：办公室自动化中的文本输入、邮件自动处理、与自动获取文本过程相关的其他领域。这些领域包括零售价格识读，订单数据输入，单证、支票和文件识读，微电路及小件产品上状态特征识读等。

OCR 的优点是人眼可识读、可扫描；但输入速度和可靠性不及条码，且其数据格式有限，通常要用接触式扫描器。OCR 在政府方面的最新应用是国家税务局的增值税进项发票的验证识读扫描。

（3）磁条技术

磁条技术应用了物理学和磁力学的基本原理。对自动识别设备制造商来说，磁条就是一层薄面的由定向排列的铁性氧化粒子组成的材料（也称为涂料），用树脂黏合在一起，并黏在诸如纸或者塑料这样的非磁性基片上。

磁条技术具有以下优点：

- 数据可读写，即具有现场改写数据的能力；
- 数据存储量能满足大多数需求，便于使用，成本低廉，还具有一定的数据安全性；
- 它能黏附在许多不同规格和形式的基材上。

磁条技术的这些优点，使其在很多领域得到了广泛应用，如信用卡、银行 ATM 卡、机票、公共汽车票、自动售货卡、会员卡、现金卡（如电话磁卡）、地铁 AFC 等。

磁条技术是接触识读，它与条码相比有 3 点不同：数据可进行部分读写操作；给定面积编码容量比条码大；对物品逐一标志成本比条码高。接触性识读最大的缺点就是灵活性太差。

磁条的价格很便宜，但是很容易磨损。磁条不能折叠、撕裂，数据量较小。

（4）IC 卡识别技术

IC 卡（Integrated Card）是 1970 年由法国人 Roland Moreno 发明的，他第一次将可编程设置的 IC 芯片放于卡片中，使卡片具有更多的功能。通常说的 IC 卡大多数是指接触式 IC 卡。

接触式 IC 卡与磁卡相比较，具有下述优点。

① 安全性高。

② IC 卡的存储容量大，便于应用，方便保管。

③ IC 卡防磁，防一定强度的静电，抗干扰能力强，可靠性比磁条高，使用寿命长，一般可重复读写 10 万次以上。

④ IC 卡的价格稍高。

⑤ 由于它的触点暴露在外面，有可能因人为的原因或静电而损坏。

在日常生活中，IC 卡的应用也很广泛，我们接触的比较多的有电话 IC 卡、购电（气）卡、手机 SIM 卡、牡丹交通卡（一种磁卡和 IC 卡的复合卡），以及即将大面积推广的智能水表、智能气表等。

（5）声音识别技术

声音识别技术的迅速发展以及高效可靠的应用软件的开发，使声音识别系统在很多方面得到了应用。声音识别系统可以用声音指令来实现“不用手”的数据采集，其最大特点就是不用手和眼睛，这对那些采集数据的同时还要完成手脚并用的工作场合，以及标签仅为识别手段、数据采集不实际或不合适的场合尤为适用。如汉字的语音输入系统就是典型的声音识别技术，但是其误码率很高。

（6）视觉识别

视觉识别系统可以看做是这样的系统：它能获取视觉图像，而且通过一个特征抽取和分析的过程，能自动识别限定的标志、字符、编码结构，或者可作为确切识别的基础呈现图像的其他特征。随着自动化的发展，视觉识别技术可与其他自动识别技术结合起来应用。

2.4.2 RFID 技术

1. RFID 技术基本原理

射频识别技术是一种非接触的自动识别技术，其基本原理是利用射频信号和空间耦合（电感或电磁耦合）传输特性，实现对被识别物体的自动识别。

一套典型的 RFID 系统由电子标签、读写器和信息处理系统组成，如图 2-25 所示。当带有射频识别标签（以下简称标签）的物品经过特定的信息读取装置（以下简称读写器）时，标签被读写器激活并通过无线电波将标签中携带的信息传送到读写器以及计算机系统完成信息的自动采集工作。电子标签可以如身份证大小，由用户携带并当作信用卡使用，也可以像商品包装上的条码贴附在商品等物品上。RFID 计算机系统则根据需求承担相应的信息控制和处理工作。

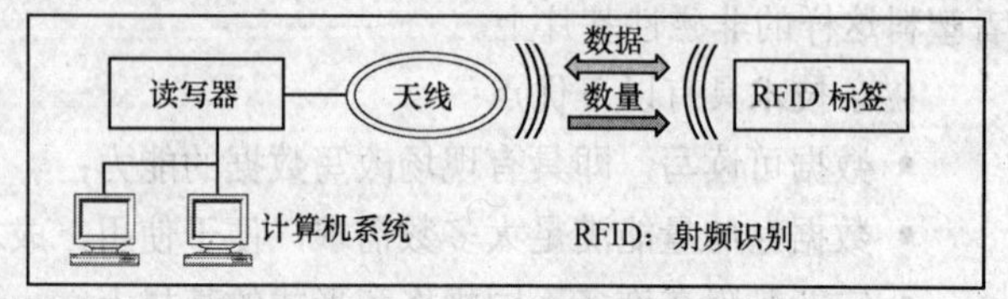

图 2-25　RFID 系统组成

此外，为了更好地完成射频识别技术的识读功能，在较大型的 RFID 系统中，还需要用到中间件等附属设备来进行对多读写器（可以是不同厂家的产品）识别系统的管理。

2. RFID 技术发展历程

RFID 技术是直接继承了雷达的概念，并由此发展起来的一种新的自动识别技术。1948 年，哈里·斯托克曼（Harry Stockman）发表的“利用反射功率的通信”奠定了 RFID 的理论基础，成为 RFID 理论领域的不朽之作。

在过去的半个多世纪里，RFID 的发展经历了以下几个阶段，如果按照 10 年为一时期，可以划分如下。

1941～1950 年雷达的改进和应用催生了 RFID 技术，1948 年奠定了 RFID 技术的理论基础。

1951～1960 年早期 RFID 技术的探索阶段，主要处于实验室实验研究。

1961～1970 年 RFID 技术的理论得到了发展，开始了一些应用尝试。

1971～1980 年 RFID 技术与产品研发处于一个大发展时期，各种 RFID 技术测试得到加速发展，并出现了一些最早的 RFID 应用。

1981～1990 年 RFID 技术及产品进入商业应用阶段。

1991～2000 年 RFID 技术标准化问题日趋得到重视，RFID 产品得到了广泛应用，RFID 产品逐渐成为人们生活中的一部分。

从 2001 年至今，RFID 标准化问题日趋为人们所重视。RFID 产品种类更加丰富，有源电子标签、无源电子标签及半无源电子标签均得到了发展，电子标签成本不断降低，规模应用行业不断扩大，RFID 技术的理论得到了丰富和完善。单芯片电子标签、多电子标签识读、无线可读可写、无源电子标签的远距离识读、适应高速移动物体的 RFID 正在成为现实，特别是世界头号零售商沃尔玛宣布大范围使用 RFID 和美国军方宣布军需物品均使用 RFID 来进行识别与跟踪，极大地推动了 RFID 的研究与应用。

3. RFID 技术应用

射频识别技术被广泛应用于工业自动化、商业自动化、交通运输控制管理等众多领域，RFID 的应用仍在不断涌现，下面给出一些典型应用的概况。

（1）高速公路自动收费及交通管理

高速公路自动收费系统是 RFID 最成功的应用之一。目前中国的高速公路发展非常快，地区经济发展的先决条件就是要有便利的交通条件，而高速公路收费却存在一些问题，一是交通拥塞，在收费站口许多车辆要停车排队，这已成为交通瓶颈；二是少数不法的收费员贪污路费，使国家损失了相当多的财政收入。RFID 技术应用在高速公路自动收费上，能够充分体现它非接触识别的优势，让车辆高速通过收费站的同时自动完成收费。同时可以解决收费员贪污路费以及交通拥堵的问题。

（2）门禁保安

将来的门禁保安系统均可应用射频标签，一卡可以多用，比如工作证、出入证、停车卡、饭店住宿卡甚至旅游护照等，其目的都是识别人员身份、安全管理、进行收费等。其好处是简化了出入手续，提高了工作效率，安全可靠。出入口有一台读头，只要人员佩戴了封装成 ID 卡大小的射频标签，出入时读头可以自动识别身份，人员非法闯入时会有报警。安全级别要求高的地方，还可以结合其他的识别方式，将指纹、掌纹或额面特征存入射频标签。

公司还可以用射频标签来保护和跟踪财产。将射频标签贴在物品上面，例如贴在计算机、传真机、文件、复印机或其他实验室用品上，公司可以自动跟踪管理这些有价值的财产。

（3）RFID 卡收费

国外的各种交易大多利用各种卡来完成，而在我国普遍采用现金交易，现金交易不方便也不安全，还容易出现税收的漏洞。目前的收费卡多用磁卡、IC 卡，随着射频标签技术的发展，射频标签也开始抢占市场，其原因是在恶劣的环境中，磁卡、IC 卡容易损坏，而射频标签则不易磨损，也不怕静电及其他情况。同时，射频标签使用起来很方值、快捷，甚至不用打开包，在读写器前摇晃一下，就完成了收费。

会员制收费卡、职工就餐卡、商店收费、电话卡、储蓄卡等均可使用射频标签。射频标签上有内存分区，不同区域有不同的安全级别，可以在各种应用中使用。互不干扰。而未来的发展必会将各种卡的应均统一到一张卡上，每人手持一张卡就可以各处使用。

（4）生产线自动化

在生产流水线上用 RFID 技术，可以实现自动控制、监视，提高生产率，改进生产方式，节约成本。下面举两个例子来说明在生产线上应用 RFID 技术的情况。

德国宝马汽车公司在装配流水线上应用射频标签，以便大量地生产用户定制的汽车。宝马汽车的生产是基于用户提出的要求式样而生产的。用户可以从上万种内部和外部选项中选定自己所需要的颜色、引擎型号还有轮胎式样。这样一来，汽车装配流水线上就得装配上百种式样的宝马汽车。如果没有一个高度组织的、复杂的控制系统，就很难完成这样复杂的任务。宝马公司就在其装配流水线上配有 RFID 系统，他们使用可重复使用的射频标签，该射频标签上带有所有汽车所需的详细要求，在每个工作点处都有读写器，这样可以保证在各个流水线位置处能毫不出错地完成装配任务。

（5）仓储管理

将 RFID 系统用于智能仓库货物管理，RFID 完全有效地解决了仓库里与货物流动有关的信息管理。它不但增加了一天内处理货物的件数，还能及时掌控这些货物的一切信息，射频标签贴在货物所通过的仓库大门边上，读写器和天线都放在叉车上，每个货物都贴有条码，所有条码信息都被存储在仓库的中心计算机里，该货物的有关信息都能在计算机里查到。当货物被装走运往别地时，由另一读写器识别并告知计算中心它被放在哪个拖车上。这样管理中心可以实时地了解到已经生产了多少产品和发送了多少产品，并且自动识别货物，确定货物的位置。

（6）汽车防盗

汽车防盗是 RFID 较新的应用，由于已经开发了足够小的射频标签，所以含有特定码字的射频标签能够封装到汽车钥匙当中。在汽车上装有读写器，当钥匙插入到点火器中时，读写器能够识别钥匙的身份。如果读写器接收不到射频标签发送来的特定信号，汽车的引擎将不会发动。利用这种电子验证的方法，汽车的中央计算机就能容易地防止短路点火。

（7）防伪

将射频识别技术应用在防伪的领域有它自身的技术优势，防伪技术本身要求其成本较低，但是却很难伪造。射频标签的成本就相对便宜，而芯片的制造需要有昂贵的芯片工厂，使伪造者望而却步。射频标签本身具有内存，可以存储、修改与产品有关的数据，利于销售商使用，而且它体积十分小，便于产品封装。

（8）电子物品监视系统

利用电子物品监视系统（Electronic Article Surveilance，EAS）的目的是防止商品被盗窃。系统是基本配置的 RFID，内存容量仅为 1bit，即开或关。它是基于从 1930 年就已知道的磁性物质的特性，有 4 种主要技术：微波、磁场、声磁、射频。系统包括贴在物体上的射频标签和商店出口处的扫描器。射频标签在安装时被激活，它在激活状态时接近扫描器将会被探测到，这样就会报警。EAS 系统已被广泛使用，据估计每年消耗约 60 亿套。

（9）畜牧牧管理与动物识别

这个领域的发展起步于赛马的识别，是将玻璃封装的射频标签植于动物皮下，从而提供赛马的识别功能。动物识别不仅可以追踪动物的种群的纯正，还可以防治疾病与疫情，保证肉类食品的健康与安全。

（10）火车和货运集装箱的识别

在火车运营中使用 RFID 系统有一个很大的优势，就是火车是按既定路线运行的，所以肯定要通过设定的读写器的地点。通过读到的数据，能够得到火车的身份、监控火车的完整性。起初的努力是用超音波和雷达测距系统读出车厢侧的条码，现在被 RFID 系统取代。射频标签一般安在车厢顶边，读写器安在铁路沿线，这样就可得到火车的实时信息及车厢内装的物品信息。

（11）运动计时

RFID 还可应用于汽车大奖赛上的精确计时。读写器连接到跑道下面一系列的天线上，射频标签安装到车前，就在天线的上方。当赛车越过起跑线时，赛车的 ID 号和时间被同时记录下来，并存储到中心计算机内，这样到比赛结束时，每个参赛选手将会有一个公平的成绩。

（12）在军事物流上的应用

伊拉克战争期间，美英联军在军用物品的管理和医院伤病员、战俘、平民等的管理上都采用 RFID 管理。受战争检验效果的鼓舞，美国军方宣布，在不久的将来，美国军方所有物资除了散料与液态物资之外，全部需要采用 RFID 来进行管理。

2.5 移动终端

2.5.1 概述

Internet 预言家们展示了一个可以把我们从自然界的束缚中解脱出来的“信息时代”。我们可以使用无线网络随时随地访问数据，而不用依赖于有形的物体和身体的移动。

现实与理想总是有点不同。就像“无纸办公室”一样，“无线世界”似乎离得更遥远。不但不能解放人们，移动网络似乎还是我们的一个不断增大的电子负担。看见人们携带有五六个便携式设备（每个都有不同的功能）已经不是什么稀罕事了。许多人需要一个移动电话、一个独立的寻呼机、一个掌上电脑以及一个笔记本电脑。美国人可能要增加另外一个电话或者两个电话，因为它们同时使用多个无线电话标准；如果跨国旅游，行程很长，那么他们还需要不同的适配器和备用电池。

这种情况终需改变。由于“汇集”的趋势，电话开始包含有更多的计算特性，这可以使它们不仅代替便携式电脑和 PDA，而且还可以代替个人立体声收录机和电视。永远不会有一件万能设备——毕竟制造商仍然想卖给我们许多小配件——但是我们拥有的这些设备会更小、更好，也会更紧密地相互联系在一起。

2.5.2 未来的电话

无线互联网产业并不确定人们需要什么类型的设备，或者更确切地说，他们不能确定能够劝说用户去购买什么。舆论都集中于智能电话，但这是一个模糊术语，没有人非常确信它意味着什么。手机是更“智能”还是更“电话”？用户是更偏爱像钢笔一样容易携带的某种东西，还是他们可以在其上输入的一个实际键盘？

答案可能都是，但是这会导致进一步的问题。对于移动设备的未来，有两种不同观点。

一种是个人局域网（PAN）。这是一个假想的模块化系统，由此人们可以继续像现在这样携带多个设备。区别是所有设备都是通过一个短程无线电系统（例如蓝牙）连接在一起的，移动电话作为中心集线器和路由器，如图 2-26 所示。当用户想在笔记本电脑上上网时，笔记本电脑通过移动电话连接到 Internet。当想听流式音乐时，他们的耳机也是通过移动电话连接到 Internet。

另一种倾向于集成设备。假设人们只想携带一台设备，但是根据位置来改变它。一个用户可能想轻装旅行，并且只使用语音通信，那么可以将一个移动电话放在手表里，在其他时候，他想使用一个部件完整的有内在高速无线数据连接的计算机，或者使用一个用于流式音频的耳机。移动网络可以在任意给定时刻自动检测哪个终端正在被使用，并相应地发送呼叫，如图 2-27 所示。

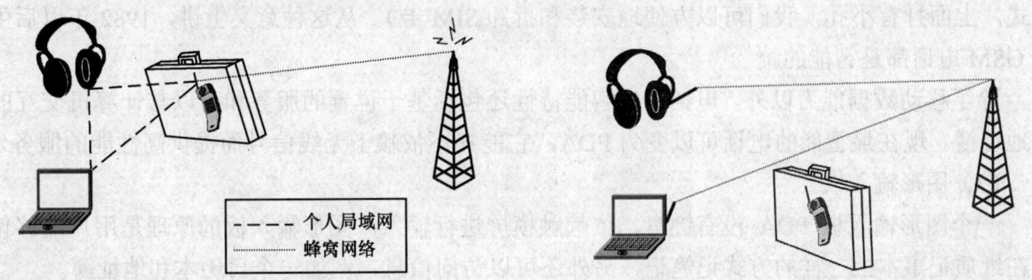

图 2-26 个人局域网：耳机和计算机通过移动电话建立链路　图 2-27 集成设备：耳机和计算机集成有独立的天线

大部分公司设计适合其中一种理想情况的或以上两种情况的小配件。许多计算机和 PDA 都有它们自己内在的到蜂窝网络的连接，但是也装备了蓝牙和无线局域网技术，用于短程连接到打印机、电冰箱和热水器等类似的设备。

如果供应商有他们的方式，那么最终被连接到这些短程网络的设备的种类将是无穷多的。但是，所有设备都依赖于类似于移动电话或 PDA 的某样东西来进行它们的短程连接。这些未来设备可以分成 5 大类，每一类都包含现代电话和计算机中的某些要素。按照大小递增的顺序，它们是可佩带的计算机、智能电话、图形输入板、Clamshell 和笔记本电脑。

（1）可佩带的计算机

将计算机放入手表或胸针中的想法直接来自于科学幻想，但是许多公司已经证明：蜂窝终端可以小得足以像珠宝一样随身佩带。尽管 Phillips 已经设计了可以戴在手腕上的 GSM 电话，但是大部分只是样机。它比普通电话稍大，且需要耳机。日本发展的趋势是偏向于稍大的称为 keitai 的设备，它也包含数据（通常是 i-Mode），并且可以像饰物一样挂在脖子上。

任何比电话更小的东西都需要一个有耳机和话筒的头戴式耳机和话筒，所以一个明显的想法是将移动电话放在头戴式耳机和话筒中。由于人们可能要比现在更长时间地接近辐射源，所以这有可能会危害健康。一个欧洲供应商 Dolfy 正在出售放在头戴式耳机和话筒中的电话。它们基于 DECT 无绳系统，使用功率非常低的辐射，因此应该比一个真正的移动头戴式耳机和话筒要安全一些。这也意味着人们只能在家或公司里使用，在公共场所使用则会失效。

对于活动中的视频，一些供应商已经提议将微小的屏幕放进太阳镜，甚至隐形眼镜中。后者有可能使用户完全陷入虚拟现实，这不仅是一个冒险而且还是一个主要的卖点。

任何一个非常小的移动终端的问题是它的电池会很快耗尽，并且电池不能按照和其他设备一样的方式缩小。大小和坚固得都足以容纳一个适度大小电池的服饰只有鞋子，它们还可以在用户行走的时候产生能量和再充电。由于无法无线地发送能量，所以移动终端本身必须放在鞋子里。其他的设备（例如头戴式耳机和话筒），可以在一个个人区域网络中与鞋子进行通信。蓝牙需要的能量比移动终端少很多，且能使用和数字手表中的电池大小一样的电池。

（2）智能电话

智能电话是一个有某些额外计算机功能的移动电话，最明显的是 WAP 浏览器。从某种意义上说，这个术语很不恰当，因为电话实际上几乎是没有智能的；大部分智能存在于移动网络而不是在终端上。它还完全是误导的，因为电话制造商们计划使所有电话都包含这些智能特性。单从某些方面看，现在的每一部电话都要比 5 年前的“智能”。

当谈到智能卡时，这个名字尤其具有误导性。智能卡就是包含一个微芯片的信用卡。信用卡在有些国家非常普通，银行也正准备向几乎所有的信用卡和储蓄卡中加入芯片。在每个 GSM 电话中都有一个 SIM 卡，它就是一个外边没有包有塑料的智能卡（时下的 SIM 卡常做成信用卡的型式，上面打有小孔，我们可以方便地安装和拆卸 SIM 卡）。从这种意义上讲，1982 年以后生产的 GSM 电话都是智能的。

除了移动数据能力以外，电话中的智能特性还包括基于位置的服务和可以与计算机交互的复杂地址簿。现在最智能的电话可以变为 PDA，它能够不依赖于无线信号而提供高性能的服务。

（3）图形输入板

一个图形输入板 PDA 没有键盘，依赖触模屏进行输入。图形输入板的原理是用户能够使用和在纸质记事本上一样的方式记笔记，另外还可以访问信息，例如一个日历本和地址簿。

最有名的图形输入板是 Palm 系列，是从 1996 年的 PalmPilot 开始的。但是这种概念出现得比实际的设备还要早。它是通过 1988 年的电视连续剧《Star Trek：The Next Generation》而流行起来的，它是苹果公司在 1993 年第一个尝试生产此类产品，名为 Newton MessagePad。尽管在那个时代它非常先进，但是苹果公司却失败了，原因是昂贵的价格和依赖于效率很低的笔迹识别技术。

Palm Computing 从苹果公司的失败中吸取了教训，并在后来取得了成功。PalmComputing（2000 年从 3Com 公司脱离出来）声称它的设备被接受的速度比技术史上的其他任何设备都快。它的用户基数正以一个比电视、Internet 或甚至移动电话更快的速度增长。

由于图形输入板如此流行，所以移动电话公司相信它们将是最早用于接入 3G 无线业务的一类终端。他们设计了一个大约为普通电话大小的，但有一个高清晰度显示屏和键盘的设备。如果数据速率足够高，它可以用于浏览网页、看电视或者召开视频会议。

（4）Clamshell

在出现大的、触觉灵敏的屏幕之前，几乎所有的 PDA 都使用与笔记本电脑相同的 Clamshell 设计，屏幕折叠在键盘上。长期以来，这个市场上最成功的公司是 Psion，它是一个以软件公司起家但却以发明 PDA 闻名的公司。

第一个得到广泛普及的 Clamshell PDA 是 Psion 的 Series 33，它于 1991 年发布。它有一个小键盘，但是它的屏幕大得足够用于一个图形用户界面和一些实用程序（例如文字处理器和电子表格）。其他的公司（例如 Casio 和 Tandy），也很快发布了他们自己类似的产品，每个产品都基于不同的私有操作系统。

Microsoft 公司也注意到了这个快速发展的市场，在 1997 年发布了用于 PDA 的 Windows CE 操作系统。除了 Psion 以外，大部分公司都适时地用 Microsoft 公司的 CE 系统代替了自己的系统。

当 PalmPilot 开始流行时，Clamshell PDA 就开始有些江河日下，但还有一定的市场。最令人感兴趣的是混合设备，它合起来时像普通的移动电话，但是打开后会露出一个小的 PDA。其中第一个类似的产品是 Nokia 公司的 Communicator，它是在 1988 年发布的。当时对于非常富有的高级管理人员来说它被认为是一个玩具，但是 3 年后这样的设备就成为市场上的主流。Clamshell 电话在孩子中最为流行，因为成年人发现很难操作这种电话的小键盘。

（5）笔记本电脑

笔记本电脑介于 PDA 和设备齐全的笔记本计算机之间。它们已经被期待了几十年，并且第一个重大设计是 1968 年由计算机先驱 Alan Kay 提出的。他提出了制造一个简单得可以让儿童使用，便宜得足以让每个人都可以拥有，并且重量在 1 公斤以下的计算机的设想。

第一个真正的笔记本电脑是 Atari 的 Portfolio，它是在 1989 年发布的。它被设计成与 IBM 兼容，在 Intel 80C88 处理器（一个类似于早期的 IBM 计算机的配置）上运行 MS DOS。Windows 机器不久跟随其后，例如 Toshiba 的 Libretto 和 Hewlett-Packard Omnibook。这些机器是真正的计算机，与笔记本电脑有相同的优点和缺点。它们可以运行为台式电脑设计的任何程序，但是由于它们装配有硬盘快速处理器，所以电池持续时间很短。它们也要比标准的台式电脑或笔记本电脑更贵。

笔记本电脑是按比例增加的 Clamshell PDA，而不是按比例缩小的计算机。笔记本电脑的市场正在被功能齐全的便携式电脑和更轻更便宜的 Clamshell 或图形输入板所排挤。对用户的调查显示：当选择一个便携式电脑时，重量和电池寿命是最重要的持性；但是在实际购买时，他们却选择快的处理器、大的显示器、DVD-ROM 和声卡。

由于空间的限制，日本比欧洲或美国更容易接受笔记本电脑。Intel 公司相信当用户购买第 3 台甚至第 4 台计算机时，笔记本电脑最终会在全球更加普及。Intel 公司希望人们都想同时拥有一台台式电脑、笔记本电脑和更小的移动设备。

2.5.3 移动操作系统

当 Microsoft 公司控制了台式电脑时，对 PDA 操作系统的竞争却越来越激烈。其他两个公司正在和 Microsoft 公司争夺这个市场的领导权，并且他们已经设法将 Microsoft 公司推到了第 3 位。制造商对生产基于 Linux 的 PDA 充满兴趣，它是一个免费且源代码开放的软件，许多公司对专为 PDA 优化的 Linux 版本反响强烈。最大的 Linux 公司 Red Hat 已经发布称作 eCos 的全新 Linux 风格的系统，它专门面向小型设备。

本 章 小 结

通过本章学习，要了解移动电子商务的技术基础，移动通信，是指通信双方或至少有一方处于运动中进行信息交换的通信方式。要掌握移动通信的主要特点，移动通信基本上是围绕着两种主干网络在发展，这就是基于语音业务的通信网络和基于数据传输的通信网络。了解常见的移动通信系统。重点掌握组网技术，移动通信组网涉及到的技术问题较多，例如区域覆盖、多址技术、网络结构和移动管理的相关技术等。也要掌握 Internet 技术，包括计算机网络基础，计算机网络由通信子网和资源子网两部分构成，要熟悉其结构、功能和交换技术。理解 Internet 网络与 IP 协议 IPv4 及 IPv6，移动 IP 可以使称为移动主机的便携设备在保持通信会话的同时从一个区域漫游到另一个区域。重点学习无线移动 Internet 技术，移动通信与 Internet 相融合而产生的移动数据业务，将不受信息源和用户访问位置的限制，以统一的标准向用户提供无处不在的信息网络服务。通信网由核心网、接入网和终端三部分组成。未来核心网将基于 IP 技术，而接入网将呈现多技术互补共存的局面，要熟悉无线接入技术，包含无线广域网、无线城域网、无线局域网、无线个域网无线应用协议（WAP）。也要理解移动电子商务中普遍应用的 RFID 技术及其他自动识别技术，重点掌握移动终端，包括未来的电话和移动操作系统。电话开始包含有更多的计算特性，这可以使它们不仅代替便携式电脑和 PDA，而且还可以代替个人立体声收录机和电视。这些设备会更小、更好，也会更紧密地相互联系在一起。

习题与思考题

1．什么叫移动通信？移动通信有何特点？

2．常见的移动通信系统有哪些？

3．什么是多址技术？主要有哪几种多址方式？

4．简述电路交换与分组交换的原理及特点。

5．简述 IPv4 及 IPv6 的区别。

6．3G 的主流标准有哪些？

7．分别说明无线城域网、无线局域网、无线个域网的主导标准及它们可能的应用。

8．简述 WAP 的工作原理。

9．简述 RFID 的工作原理，并比较无源及有源标签的主要区别。

第 3 章　移动电子商务产业价值链

本章提要：本章介绍移动电子商务产业价值链，接着探讨移动电子商务价值链的生成原理，移动电子商务产业价值链演进分析和价值链的生成模型。随后分析移动电子商务产业链的协调发展问题。重点阐述了移动电子商务的产业价值链整合与商务模式创新。最后探讨构建 3G 时代的移动电子商务产业价值链。

3.1　移动电子商务产业价值链演进的概念模型

3.1.1　产业价值链与供应链理论

（1）产业价值链理论

价值链最早是由 Michael E．Porter 在《竞争优势》一书中提出的。Porter 认为，将一个企业作为一个整体来看，无法认识竞争优势。竞争优势来源于企业在生产及其辅助过程中所进行的许多相互分离的活动。企业正是通过比竞争对手更廉价或更出色地开展这些重要的战略活动来赢得竞争优势的[1]。

价值链理论的研究核心是企业的竞争优势，认为任何企业的价值链都由一系列相互联系的创造价值的活动构成，这些活动分布于从供应商的原材料获取到最终产品消费时的服务之间的每一个环节，这些环节相互关联并相互影响。同时，Porter 指出企业价值链并不是孤立存在的，而是存在于由供应商价值链、企业价值链、渠道价值链和买方价值链共同构成的价值链系统中。企业的价值链也是动态变化的，它反映了企业的历史、战略以及实施战略的方式。

在此基础上，Porter 提出了价值链分析方法，即对企业活动进行分解，通过考察这些活动本身及活动相互之间的关系来确定企业竞争优势，如图 3-1 所示。Porter 还指出，为了保护企业的竞争优势不被对手轻易模仿，从而超越企业的“生命周期”，应当进行价值链创新。价值链创新有两种途径，第一种是价值链分解，即外包价值链的某些环节，集中优势力量从事创造价值最多的价值链环节，如 Dell 公司的直销模式。第二种方式则是价值链整合，即通过输出技术、管理、资金或者其他资源，使原有的价值链变得更为有效，并带来更大的价值。

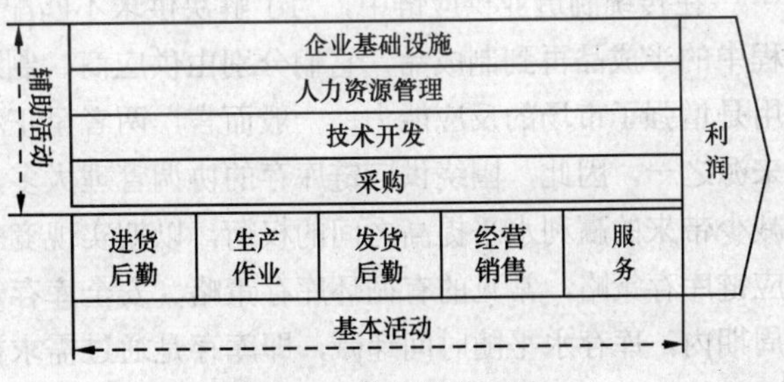

图 3-1　价值链分析法

[1] Michael E．Porter．竞争优势［M］．陈小悦译．北京：华夏出版社，2003．

Porter 的产业结构模型进一步将单个企业的价值链延伸，则企业与其所在产业的上下游企业之间就形成了一个更大的价值链。Porter 将这种企业向整个产业延伸的价值链称为产业价值链或价值系统。同时，Porter 认为一个产业的竞争激烈程度以及产业中企业的潜在赢利能力大小取决于产业结构中的 5 种竞争力量：产业内竞争者、供应方、买方、替代品以及潜在竞争者之间的竞争。

所谓移动电子商务产业价值链，是 Porter 产业价值链概念在移动电子商务产业层面的具体应用，指以移动网络运营商为核心，由网络设备供应商、网络运营商、内容服务提供商、系统集成商、终端设备生产商、专业应用开发商、软件开发商、最终用户等上中下游多个部分共同组成的一根链条，这根链条上的每一个元素紧密联系，相互作用，创造出比单一企业更大的协同效应。

（2）产业供应链理论

供应链（supply chain）概念最早针对制造企业中的一个内部过程，是指将采购的原材料和收到的零部件，通过生产的转换和销售等过程传递到制造企业的用户的一个过程，注重企业的自身利益目标[1]。随着经济一体化的发展和全球竞争的加剧，供应链的内涵也在不断发展，一般认为供应链是“通过增值过程和分销渠道控制从供应商的供应商到用户的用户的流”，这个概念将供应链从企业内部扩展到了不同企业之间，更加强调通过链中不同企业的制造、组装、分销、零售等过程将原材料转换成产品并到最终用户的转换过程，即产业供应链的概念[2]，其概念模式如图 3-2 所示。

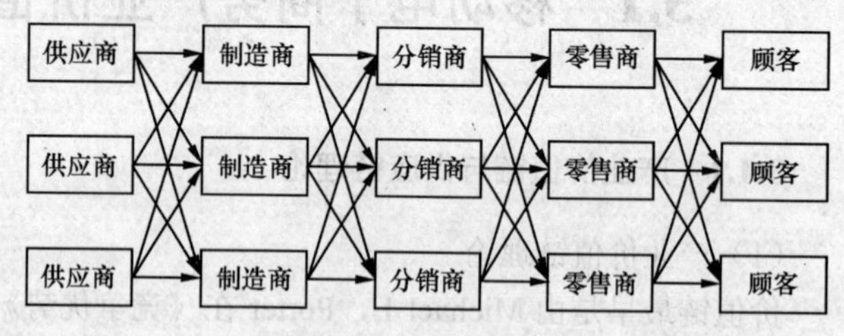

图 3-2 供应链模式

目前比较通用的供应链定义是指产品生产和流通中涉及的原材料供应商、生产商、批发商、零售商以及最终消费者组成的供需网络。供应链实质含“供”、“需”两个方面，又可理解为供需链。因此，从本质上说，只要有商品买卖（交换），就有供应链[3]。供应链的目标是整个链的价值最大化，因此，供应链管理强调从供应到需求的整个链的协调，其中不仅包括企业内部的不同部门间的协调，还包括供应链上不同企业之间的协调，并通过这些协调来降低总成本，提高市场的响应能力。

移动电子商务产业与一般制造业之间的产业差异，决定了移动电子商务供应链及其管理与传统制造业供应链之间也存在着诸多不同点[4]。

在传统制造业供应链中，为了解决供求不匹配问题，库存遍布于供应链，从原材料到生产流程中的半成品再到制成品，它们分别由供应商、制造商、批发商和销售商所拥有。库存的正面作用是增强了市场的反应能力，一般而言，两者呈正相关关系，但同时库存又是供应链的主要成本来源之一，因此，围绕供应链库存的协调管理大多是基于较多库存带来的反应能力的增强与库存减少带来的赢利水平提高之间的权衡，以期实现竞争战略目标所要求的反应能力和赢利水平的供应链库存策略，常见的有循环库存策略、安全库存策略和季节库存策略等。并且由于在一个库存周期内，库存水平随时间递减，即库存是通过需求被不断消耗的，因此，库存管理的决策变量通

[1] 鲍尔索克斯．供应链物流管理［M］．李习文，王增东译．北京：机械工业出版社，2004．

[2] 马士华，林勇，陈志祥．供应链管理［M］．北京：机械工业出版社，2000．

[3] 盛宇华，潘持春．供应链管理及虚拟产业链［M］．北京：科学出版社，2004．

[4] 郑惠莉，王良元．电信业供应链分析［J］．南京邮电学院学报（社会科学版），2004，（4）：6-10．

常为订货点（周期）、订货量、供货服务水平等连续型变量。

在移动电子商务供应链中，产品主要以服务的形态存在，生产过程中没有所谓的原材料、半成品、成品等物理形状的库存概念。然而，由于产业的规模经济性，要求网络运营商必须根据用户规模建设一定的网络容量。同时由于服务贸易性，信息产品的生产与消费过程不可分割，因此，虽然服务产品本身不可能形成有形的库存，但如果运营商具有一定规模的网络能力，而没有一定规模的用户使用，那么就成为无形的“产品积压”。因此，从这个意义上说，服务产品也有库存，但其库存的含义与传统库存概念本质不同：一方面，在一定的网络能力下，该库存水平根据用户使用情况随时间上下变动；另一方面，区别于传统供应链中订货量可以是连续值，网络运营容量的投入只可能是一个阶跃变化的系列值等。

供应链管理中的另一个重要方面就是企业间的合作与协调。理论和实践均表明，如果没有一定的机制来约束企业行为，组成供应链的多个企业分权经营必将导致供应链表现拙劣。其根本主要来源于两个问题：企业间的信息不对称和双边际化效应[1]。

（3）产业价值链与供应链的关系

价值链和供应链具有不同的产生背景、不同的定义和不同的发展历史，并且两者的内涵和外延都还在不断发展。同时，这两个同为“链式”的管理思想和管理理念，又在“企业”、“行业”、“产业”等一系列的经济实体中，不断呈现出相互渗透、高度相关的发展趋势[2]。

两者的联系有如下几点。

① 从结构和作用上来看，供应链与价值链是一致的，都是各种价值活动依次发生的链状过程。通过这两种工具可以把价值活动识别出来，并对它们本身及其相互关系进行分析从而确定企业的竞争优势。

② 两者的研究对象相同。供应链与价值链统一于企业及其管理实践之中，都离不开具体的企业及业务，如物流、资金流、信息流等。企业间的竞争，实质上既是价值链间的竞争，也是供应链间的竞争。

③ 价值链、供应链均是增值链，两者都是由市场需求拉动的，而且随着市场的变化而不断发展。在一定范围内，尤其是制造业内，两者的研究和应用高度趋同，很难区分，以致混用。

④ 供应链是价值链的表现形式。价值链是构成企业一切要素的总和，反映了企业特征和企业运动的矛盾，供应链是将企业诸要素连接为一个整体的结构。所以，价值链是供应链所反映的价值特征，供应链是价值链的表现形式。

比较两者的理论研究和实际应用，主要有如下区别。

① 价值链是一种战略决策方法，供应链是一种战术管理方法。价值链主要用于企业竞争优势的研究，着眼点是企业的价值增值过程；供应链管理是完成价值链管理的一种战术和手段。

② 价值链管理与供应链管理的重点目标不同。价值链管理的核心是创造价值，而供应链管理注重企业效率。

价值链和供应链管理都是企业运动的必然结果，两者统一于企业运动之中，并有不同的表现形式。价值链管理着重宏观、战略、定性等方面的研究和应用，供应链管理着重微观操作、运行管理、定量等方面的研究和应用，两者在更多的方面交叉重合，彼此互为补充和借鉴。因此，从供应链的角度研究电信业，将是对电信价值（产业）链研究的丰富和补充，可为电信产业价值链

---

[1] SPENGLER J. Vertical Integrations and Antitrust Policy［J］. Journal of Political Economy，1950，(58)：347-352.

[2] SHERIDAN JH. Managing the Value Chain for Growth［J］. Industry Week，1999，(9)：50-54.

的健康、协调发展提供重要的定量决策依据。

3.1.2 移动电子商务产业生态系统

将生态学的理论引入管理学范畴之中始于阿尔瑞契和普费弗在1976年发表的《组织的环境》一文，而韩楠和弗里曼在1977年发表的《组织的群体生态》中明确地提出了“群体生态论”。之后，詹姆斯·穆尔在《竞争的衰亡：商业生态系统时代的领导与战略》中第一次提出了“商业生态系统”的概念，架构了基于共同进化模式的企业战略全新设计思路，开创了将生态学的观点引入战略管理的先河。而在理查德·L·达夫特在《组织理论与设计精要》一书中，更是重点利用种群生态学的概念论述了有关组织间冲突与协作、“组织生态系统”演化以及正在出现的学习型组织等许多新的观点和方法[1]。

一般认为，移动电子商务产业生态系统是指移动电子商务产业系统由很多子系统，如网络设备供应商、网络运营商、终端供应商、内容提供商、集成商、消费者群体、政府等共同组成的一个产业生态系统[2]。移动电子商务生态系统是一种开放的系统，也是一个动态的系统。现代移动电子商务产业是个巨大的产业生态系统，其中可以容纳的物种种类和数量在迅速膨胀[3]。组成这个生态系统的所有成员都应该持有一种更为开放、更为包容的心态，共同搭建一个大平台，并依托这一平台共同进化[4])。在生态系统内的各物种，如政府、设备供应商、电信运营商、客户群体、内容提供商、系统集成商、渠道供应商、终端供应商、用户等，存在着竞争、合作、共生的关系。

研究移动电子商务产业生态系统的重要方面之一是制定科学的“游戏规则”[5]。“弱肉强食”的“丛林法则”是每一个生态系统所具备的天然法规，这也说明了移动电子商务产业系统内竞争的残酷性。在完全竞争市场状态下，这一天然法则可以保证系统的生存和发展。但在现实环境，如果缺乏良好的“游戏规则”，将会造成市场竞争过分激烈，形成无谓的市场内耗；或者市场过于沉寂，阻碍产业发展。规则的制定和实施是政府的责任和义务，同时也是政府作为监管者参与移动电子商务产业生态系统的方式。良好的规则必须在“防止垄断和防止重复投资”以及“保护消费者利益和鼓励技术创新”等原则中取得平衡。

研究移动电子商务产业生态系统的另一个重要问题是寻找恰当的生态位。企业生态位是指一个企业乃至一个行业在企业生态大环境中处于何种位置。对处于生态系统内的每一个“物种”或“个体”而言，在系统内保持竞争优势的关键在于寻找恰当的生态位，在于每个个体必须清楚认识自身的资源和能力以及行业的整体态势，认清自身在整体生态系统中的地位和价值，以及与自身密切相关的其他个体，哪些是竞争者，哪些是合作者，对于竞争者自身的优劣势何在，对于合作者采用何种方式合作为好。

3.1.3 移动电子商务产业价值链演进的概念模型

人们常用“产业价值链”一词描述移动电子商务产业的运营模式。这在网络与业务合二为一、语音业务占绝对统治地位的情况下是可以的。因为传统的电信产业创造价值的过程呈现出单线条

[1] 孔冬，崔绪治．管理生态学——21世纪的管理学［J］．现代管理科学，2003（2）：65-68.

[2] Andersson，Tommy; Wo1ff，Rolf; Ecology as a challenge for management research[J]，Scandinavian，journal of Management Volume：12，Issue：3，September，1996，pp. 223-231.

[3] 葛清，中国移动 另一种垄断．中国企业家．2004（10）：88-91.

[4] 娄成武，李丹．电信产业生态系统平衡及对策分析［J］．科学学与科学技术管理，2006（11）：168-169.

[5] 熊炜烨，张圣亮．基于生态系统的我国宽带产业发展对策研究［J］，管理评论，2007（7）：34-39.

的链状形态，整个电信产业上下游的关系是简单明了的。形成这种产业价值链的主要原因是：在传统的语音业务中，业务是绑定在网络上的，业务与网络合二为一，电信运营商利用厂商的设备构建业务平台，而后直接为用户提供接入方式和业务[1]，如图 3-3 所示。

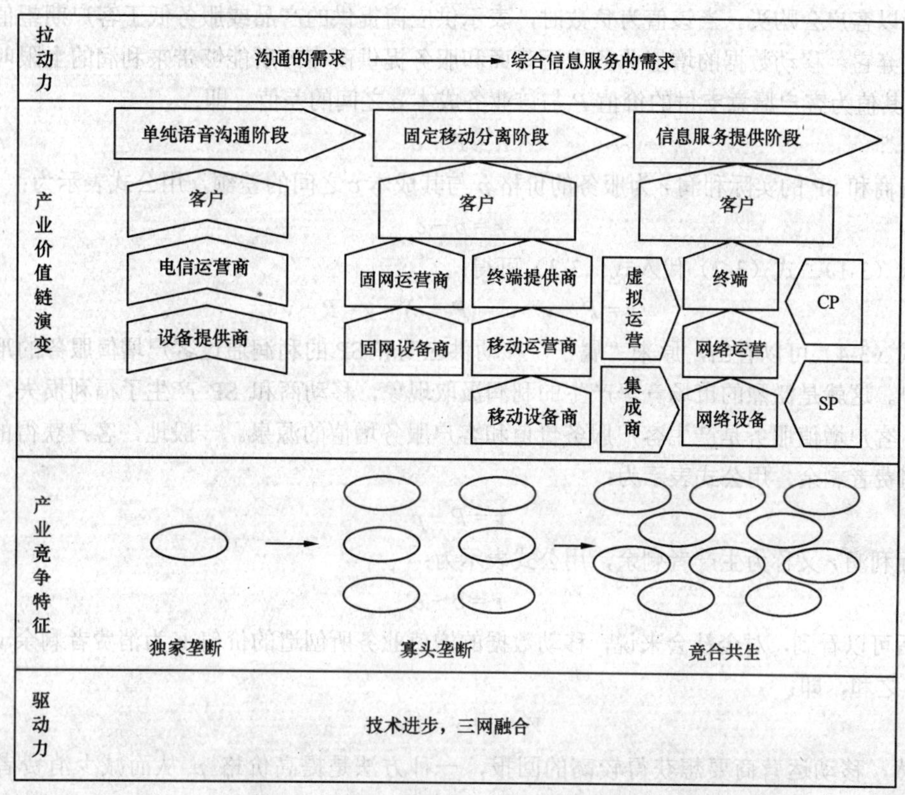

图 3-3　移动电子商务产业链演进的概念模型

3.2　移动电子商务价值链的生成

3.2.1　价值生成的原理

价值生成分析是进行一项业务流程重新设计所必备的工作，也是价值链分析的基础。价值生成由从投入到产出的一系列行动构成的不同阶段组成。移动电子商务，就其本质讲，是移动运营商在它的承载服务中加入了内容和应用服务，特别是多媒体形式的组播和联播服务，从而使其服务变成了增值服务。

增值服务是将价值附加到客户所购买的产品和服务中的一种方式，与其他服务一样，也包括产品的质量、唯一性、便利性和可能的服务反应性等方面[2]。

客户服务价值是指客户服务货币数量上的反映。客户服务增值是客户服务价值的增量。在数量关系上，客户服务增值 v 等于客户愿意支付的价值 P 与购买这种产品或服务的价格 p 之间的差

[1] 王育民．从电信价值链到产业生态系统［J］．通信企业管理，2004（3）：28-30.

[2] 郑会颂．移动商务价值链的生成［J］．南京邮电学院学报（社会科学版），2002（3）：47-50.

值。用公式表示为：

$$v = P - p \tag{3-1}$$

当客户服务增值 v 是正数时，表示客户认为供应商所提供的这种产品和服务价格对自己是有利的，所以客户会购买。当该值为负数时，表示供应商提供的产品或服务低于客户期望值，因而客户会放弃它。移动数据的增值业务为运营商和服务提供商 SP 所能够带来利润的上限叫做潜在利润 R，其值为客户愿意支付的价值 P 与该业务成本 c 之间的差值。即：

$$R = P - c \tag{3-2}$$

运营商和 SP 的实际利润 r 为服务的价格 p 与其成本 c 之间的差额，用公式表示为：

$$r = p - c \tag{3-3}$$

将式（3-1）、式（3-2）代入式（3-3）可得：

$$r = P - v - c = (P - c) - v = R - v \tag{3-4}$$

由式（3-4）可以看出，原来“属于”移动供应商和 SP 的利润通过客户增值服务的形式转移给了客户。这就是激烈的市场竞争产生的利润汲取现象，移动商和 SP 产生了福利损失，客户获得福利。客户增值服务是产生客户服务价值和客户服务增值的源泉。一般地，客户获得的福利 v 被称为消费者剩余，用公式表示为：

$$v = P - p \tag{3-5}$$

实际利润 r 又称为生产者剩余，用公式表示为：

$$r = p - c \tag{3-6}$$

最后可以看到，对全社会来说，移动数据的增值业务所创造的价值 V 为消费者剩余 v 和生产者剩余 r 之和，即：

$$V = v + r = P - c \tag{3-7}$$

显然，移动运营商要想获得较高的回报，一种方法是提高价格 p 从而减少消费者剩余，这在某项增值服务的价格弹性比较小的情况下容易办到（例如通过手机短消息的高考查分），然而当价格弹性比较大的时候，用提高价格的手段势必会减少销售规模，从而总的回报未必会增加。另一种方法是减少内容提供商 SP 的分摊比例。但是如果 SP 的回报太少，它就没有力量在业务创新上面下较大的功夫，因而又会造成 P 的值不能上升，对运营商长期得到优厚回报是不利的。从 SP 的角度分析，一般情况下由于 SP 不具备面向客户的基本识别服务功能，也就是说，SP 从其应用或者服务的订户那里收取服务费用主要得借助于能够提供基本识别服务的移动运营商来完成，因此 SP 的获取利润的主要手段必须也必然是提高客户愿意支付的价值 P、减少成本和扩大与移动运营商之间的收费分摊比例，而其中最本质的活动应当是提高客户愿意支付的价值 P。

3.2.2 移动电子商务产业价值链演进分析

移动电子商务产业价值链是随着移动电话技术的变革而不断发展变化的。自 20 世纪 80 年代中期以来，移动电话技术历经了 3 次重要的变革：模拟技术、数字技术、高速数据技术，即通常所说的 1G、2G 和 3G。相对应的产业价值链也历经了 3 个主要阶段。

（1）第一代移动电话产业价值链

20 世纪 80 年代中期出现的模拟移动电话技术能够提供的移动服务比较单一，以语音服务为主。其产业价值链主要由 4 部分构成：无线服务提供商（Wireless Service Provider，WSP）、终端设备制造商（Terminal Manufacture，TMF）、中间服务提供商（Intermediate Service Provider，ISP）、

图 3-4　第一代移动电话产业价值链

最终用户（The End Users），如图 3-4 所示。图中无线服务提供商的主要业务是运用无线设备建立和运营传输信号的无线网络平台，为电子信号实现无线传输提供最基本的网络条件。终端设备制造商的主要业务是制造用户使用的终端设备。中间服务提供商的主要业务是提供安装在终端设备上的应用程序，包括系统集成（System Integration，SI）、增值转接（Value Added Reseller，VAR）、专业分（Specialty Retailer，SR）等。这些程序把价值链上的参与者连接在一起，使得参与者能够理解其他参与者各种动作的含义，实现正确的信息传递。最终用户即享受无线服务提供商提供的无线服务的个体。

第一代移动电话产业价值链的基础是模拟技术（Analog Technology），传输、交换、手机、信号都是模拟的，辐射大、稳定性低、价格昂贵。

（2）第二代移动电话产业价值链

数字技术的出现促进了移动电话产业的更新换代。20 世纪 90 年代，以数字技术为动力的第二代移动电话系统开始应用，提供数字语音和简单的数据服务，这促使原来移动电话产业价值链中参与者的组合分化，以及新的参与者的介入，并且改变了参与者之间的价值分配关系。第二代移动电话产业价值链如图 3-5 所示。

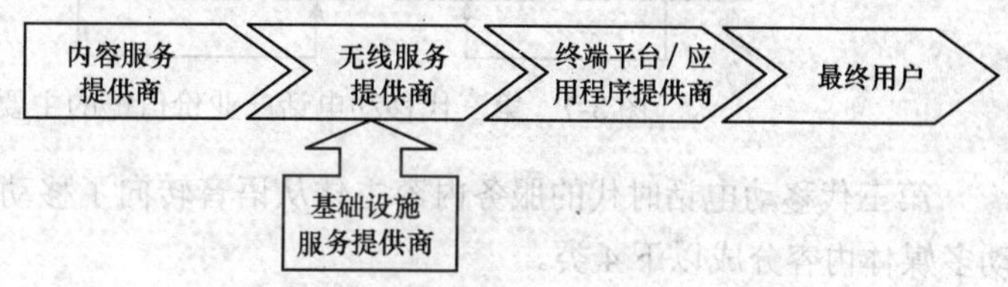

图 3-5　第二代移动电话产业价值链

（3）第三代移动电话产业价值链

出现于上世纪末本世纪初的新一代无线高速数据传输移动通信技术（The Third Generation，3G）催生了大量新的应用。基于这项技术，可以提供各种多媒体数据服务。虽然第三代移动通信系统在我国还没有得到广泛应用，但是在欧美的很多国家和地区，基于 3G 的无线传输网络已经取得很大进展，多媒体数据服务的出现必然引起移动电话产业价值链的再一次变革。图 3-6 所示为第三代移动电话产业价值链的示意图。

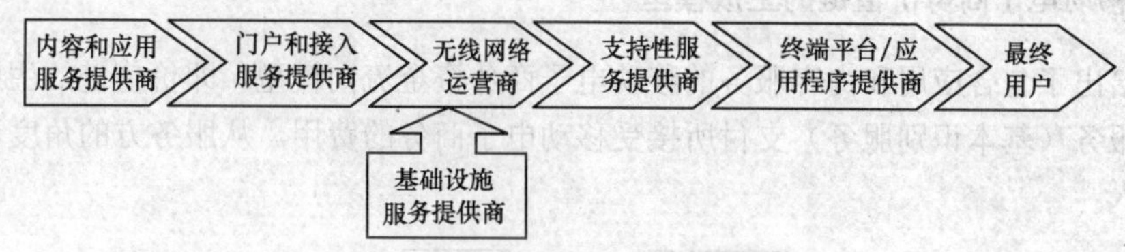

图 3-6　第三代移动电话产业价值链

和第二代相比，第三代移动电话所能够提供的服务有了新的突破，基于多媒体数据的服务，如彩信、游戏、高速网络接入等。价值链上的参与者也发生了变化，出现了门户和接入服务商、支持性服务提供商的介入。门户服务提供商的出现是网络服务内容扩展的必然。随着内容变得复杂、处理技术难度提高，内容服务提供商和无线网络运营商之间就需要既熟悉无线网络技术，又熟悉内容处理技术的实体，使得内容服务提供商能够方便、快捷地接入无线网络，而不需要过多地了解无线网络技术。门户和接入服务提供商正是这样的实体，在两者之间架起一座可以互通的“桥梁”。

这里的支持性服务提供商不同于第一代中的中间服务提供商。第一代中的中间服务提供商的主要业务是提供应用于终端设备上的应用程序，而在第三代中，他们提供的是使移动电子商务得以顺利进行的支持性服务，如付费平台的建立、付费支持、安全保证等。此时的支持性服务提供商的业务是从无线网络运营商的业务范围中分化出来的。从而，无线网络运营商只专注于自己的无线网络构建和无线网络运营，将相关业务外包（Outsourcing）给其他价值主体，突出了核心竞争力，降低了运营风险。同时整个价值链更加明细化，关系变得更加复杂[1]。

第三代移动电话产业价值链的具体组成及相互间的关系如图 3-7 所示。

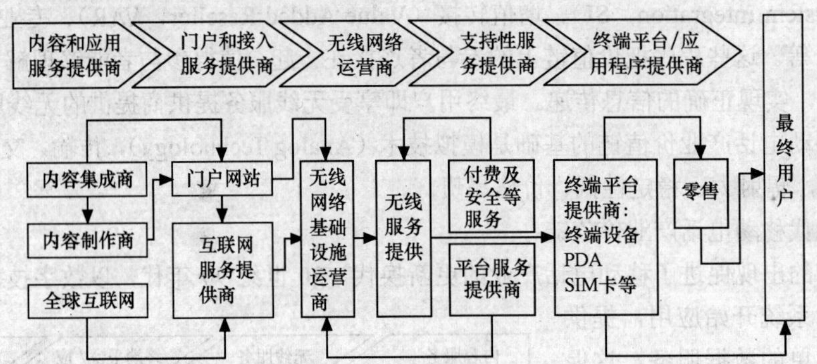

图 3-7　第三代移动电话产业价值链的主要成员及相互关系

第三代移动电话时代的服务内容主体从语音转向了移动数据多媒体内容。按格式划分可将移动多媒体内容分成以下 4 类。

① 文本内容：新闻、股票价格、产品描述、文字广告、定位信息等。

② 音频内容：无线网络广播、音乐、语音信箱相等。

③ 图片内容：静态图片、动画等。

④ 视频内容：无线电视、视频文件等。

丰富的移动多媒体内容催生了专业化的分工。有制作大量的、具体的移动多媒体信息的内容制作商，这些内容再经过内容集成商的加工转化成顾客所需要的形式，通过运营网络主机或进行信息传输企业（全球互联网）渠道，最终通过用户的消费实现移动服务的价值。

3.2.3　移动电子商务价值链的生成模型

图 3-8 给出了包含应用和内容服务的移动电子商务资金流向模型，即价值链的生成模型。用户通过接入服务（基本识别服务）支付所接受移动电子商务的费用。从服务方的角度看，可以假定它为总收入。

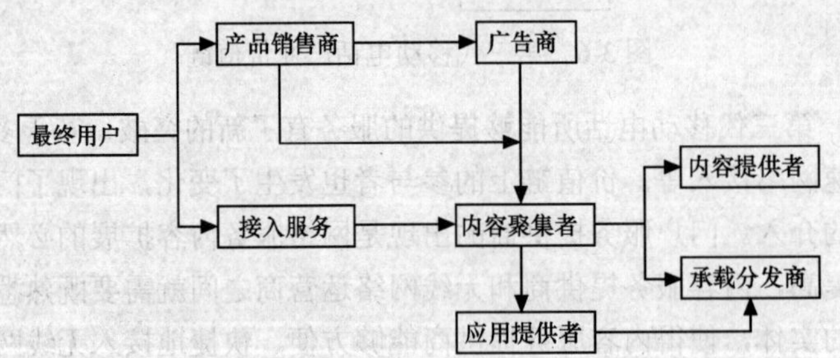

图 3-8　移动电子商务的资金流向

[1] Rulke，E.，A. lyer and G. Chiasson（2002）. The Ecology of Mobile Commerce：Charting a Course for Success Using Value Chain Analysis，selected chapter in M. E. Brain and S. J. Troy. Mobile Commerce：Technology，Theory，and Applcation. Idea Group Publishing，Hershey，USA.

这些费用经过接入服务汇集到内容聚集者手中，内容聚集者应当将它分摊给内容提供者和应用提供者，并结算给承载分发者。应用提供者也应当将所收入的一部分交给这项应用的承载者。将承载分发商与接入服务即基本识别服务整合在一起，可以控制价值链总收入这一环节，保证移动电子商务业务健康发展。内容中有一部分是商家提供的广告，用户通过内容服务看到广告因而购买商家的产品，商家因此要付钱给内容聚集者。在这个图中没有涉及到各个商家之间的资金流向和物流的问题。鉴于目前移动电子商务主要将以短信服务 SMS、多媒体信息服务 MMS、个人信息服务 PIM、移动办公系统等为基础发展起来，我们主要分析这几种业务的情况。

（1）点对点短信服务 SMS

① 用户接入识别，并且按照使用付费。

② 移动运营商整合了接入服务、承载分发和内容聚集功能。

③ 各个运营商之间对承载分发进行结算，与内容、应用提供无关。

（2）具有内容的短信服务（含交易服务）

① 用户登记该项服务（向内容商或者移动门户）后，接入识别服务分发相关消息给用户，并对用户收费。

② 移动运营商整合了接入服务、承载分发的功能，也可以包括内容聚集功能和安全保障服务。

③ 各个运营商之间对承载分发进行结算。

④ 移动运营商将费用分配给内容和应用提供商。

⑤ 商家向运营商支付广告费。

（3）个人信息服务 PIM

个人信息服务是移动运营商应当特别关注的一项增值业务。这是一种属于多媒体短信服务 MMS 的应用服务，在用户手机上除了通话外还可以同步接收和发送照片、文本（名片）等；甚至手机上可以装数码摄像头，将所摄取图像传送给对方。其价值链的分配方式可以是以下几类。

① 用户接入识别，通话、传递多媒体信息，付费。

② 移动运营商整合了接入服务、承载分发的功能，甚至包括内容聚集功能和安全保障功能。

③ 各个运营商之间对承载分发进行结算。

④ 运营商将费用分配给应用提供商（用户授权使用，通过接入识别付费）。

⑤ 如果所传送的信息包括应当付费的内容，则记录在用户费用中，并通过运营商收取后分配给内容提供商。

⑥ 商家向运营商支付广告费。

（4）移动办公系统

移动办公系统是结合了 SMS、MMS 和 PIM，移动定位服务 MLS 和一般办公信息系统 OIS 的移动电子商务。移动办公系统的应用提供商的收益来自两个方面，一是使用授权，二是所提供的办公平台。其价值链与个人信息服务的相似之处在于都要由移动运营商提供接入识别和收费，但是由于该项应用不会是基于每次使用的，而可能是用户（企业用户）一次性地向应用提供商购买了使用权，所以，除非移动运营商向应用提供商购买使用权并向自己的订户分发，否则在使用中移动运营商无法从中得到收益；当然，如果移动办公平台由运营商提供，运营商当然可以从中得到收益。其资金流的分配如下。

① 用户接入识别，通话，进行移动办公，付通信费。

② 各个运营商之间结算。

③ 如果移动运营商代理应用服务（包括提供移动办公平台），则可收取费用，否则与之无关。

（5）无线定位服务 MLS

该技术用来判定在某一半径范围内移动电话用户的物理位置，可提供的业务主要分 4 类，即公共安全服务（营救、报警、旅馆定位器之类的保卫业务等）、跟位置相关的计费、跟踪业务（车队监视管理、丢失车辆定位等）、基于定位的信息服务（导航、交通报告、观光导游、定位广告、移动黄页等）。这些应用如何给运营商开辟新的收入来源，应当根据每个具体应用分析运营商是否能够控制接入识别，是否能够做到每完成一笔交易运营商都能抽取一定费用来判定。

3.3 移动电子商务产业链的协调发展

3.3.1 移动电子商务产业链的协调发展问题

在国际上，电信产业的激烈变革始于 20 世纪 80 年代中期。随着美国贝尔公司的拆分，英国和日本随之跟进，电信产业由垄断进入了竞争时代（Hausman，1993）。打破垄断带来的直接后果是传统垂直一体化的设备制造、网络运营、最终客户的三段式电信产业价值链模型不再具有实践意义，应运而生的是新的价值链模型（Fransman，2001）：设备及软件、网络层、链接层、导航和中间件层、应用层（包括内容）和客户。Fransman（2001）的研究明确表明电信产业的不断复杂化趋势，这种复杂性源于打破垄断、解除管制后的自由化趋势，以及降低进入的技术障碍。具体表现是市场的不断分化，使企业战略、商业模式等都呈多样化发展。

电信业正经历着激烈的变革，基础设施和服务提供方面机遇与挑战并存，已有的价值链正在分崩离析，产业结构正在重新架构，新进入者力量强大。迅速发展的技术和不断增加的市场紊乱（turbulences）使得本来就很复杂的状况徒增变数。许多尝试过的商业模式，连同相关的框架、工具和技术，已经成为障碍。价值链正在迅速进化成价值网络（F.Li，J.Whalley，2002），具有多元的进出点，具有巨大的复杂性。F.Li，J.Whalley（2002）阐述了电信价值链和市场结构的演进（evolving），探寻变化的基本理论和实践因缘，对各交易主体都有战略指导意义。结论是：当前的电信产业在某些方面的变革是相当激烈的，所有的交易主体都需要重新评估他们的市场定位和战略，并且对下一步的走向做出艰难的抉择。

电信产业价值链的激烈变革给移动电子商务产业链协调带来的前所未有的挑战。本书“协调”是指产业成员之间的一种均衡状态，成员之间进行交易时关于数量和价格的最优决策不应违背整个供应链的最优。在垄断时代高度垂直一体化市场结构下，可以通过命令控制等非市场措施以牺牲局部利益为代价保证供应连整体的最佳利益。而价值链的网络化趋势使得交易主体的数量急剧膨胀，通过传统的交叉补贴、命令控制等显性方式协调整个产业供应链不再奏效，甚至通过简单的市场机制、以单纯价格为纽带的契约安排也无法达到协调发展（Zheng Huili，2004）。移动电子商务供应链协调发展需要合理的契约安排。

3.3.2 移动电子商务供应链协调发展的契约安排

移动电子商务供应链协调发展依赖于各成员的协同努力，要使得他们有积极性参与产业网络的建设与发展，就必须建立合理的利益分配机制，让他们感觉到参与产业网络建设比脱离产业网络建设能得到更多利益，并且在产业网络里面受到公平对待。如果合作利益得不到合理、公正的分配，则产业网络中企业间就难以形成稳定、长久的合作关系，甚至使整个产业网络崩溃。由此可见，合作利益分配问题是非常重要的，是供应链协调发展的核心问题。

合作利益分配问题的契约安排要解决两个问题。即何种契约能够实现利润的任意分配？何种契约的实施成本较低？利润的任意分配是指通过调整合同条款，特别是合同参数，是否可以实现利润在产业网络中各独立企业之间的不同分配，从而使契约具有较好的稳定性。任意分配利润是契约的理想状态，而执行该类契约往往增加各种各样的管理成本，因此制订合同应考虑管理成本与预期收益之间的比较，这也是现实中常见的契约从形式上来讲都比较简单的重要原因。发展协调的契约意味着产业网络中各独立企业均采用实现整个系统最优的行动，也就是最优的行动是纳什均衡。

在移动电子商务产业成员间正式契约中的合同有线性定价合同（Wholesale Price-only Contract）、回购合同（Return Contract or Buy-back Contract）、弹性数量合同（Flexibility-quantity Contract）、期权弹性数量合同（Flexibility-quantity Contract with Options）、备货合同（Backup Agreement）、数量折扣合同（Quantity-discount Contract）、收益共享合同（Revenue-sharing Contract）、利润共享合同（Profit-sharing Contract）、返利合同（Sales-Rebates Contract）、价格折扣合同（Price-discount sharing Contract），最低购买数量合同（Minimum Purchase Contract）、削价合同（Markdown contract or Price Protection Contract）、生产能力预留合同（Capacity Reservation Agreement）等，其中以线性定价合同、收益共享合同最为多见。

线性定价合同指供应商以相同的市场批发价 w 将产品销售给经销商，此时供应商的利润为：$\pi_m = \sum(w - c_i)q_i$，其中 c_i 为供应商单位成本，q_i 为均衡状态的销售数量。供应商获得确定性利润，市场需求不确定风险全部转嫁给经销商。线性定价合同在现实生活中十分常见，但该合同不能实现供应链协调，Spengler（1950 年）首先由此发现了“双重边际”现象，指出了导致“双重边际”的原因在于经销商的边际成本不同于整个供应链的边际成本。虽然线性定价合同不能实现供应链的协调，但由于执行难度小、实施成本低、供应商获得无风险利润而受到供应商的青睐。

收益共享合同规定起初经销商以批发价 w（通常低于成本）从供应商处订购，再将收入的一定比例于期末返还给供应商。收入共享合同实现了风险共担机制，有利于产业网络成员间的合作与共赢，目前的研究也表明此类合同可以实现移动电子商务产业的协调发展。

3.3.3 基于收益共享合同的转售供应链协调分析

（1）基本模型

假设一个简单的移动电子商务服务生产系统由一个基础网络运营商和两个电信服务转售商组成，基础网络运营商同时服务于转售商和最终用户，如图 3-9 所示。

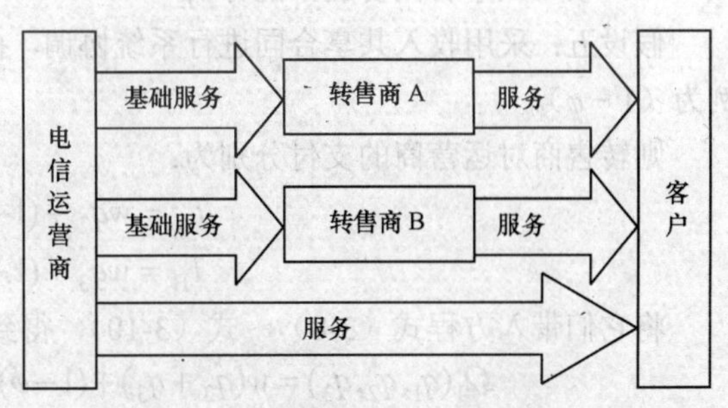

图 3-9　电信转售供应链模型

随机变量 X、Y、Z 分别代表他们面临的需求，通常 X、Y、Z 是相关的，因此客户的总需求可表征为三维随机变量（X、Y、Z）。令 $F(x、y、z)$（$x \geqslant 0$、$y \geqslant 0$、$z \geqslant 0$）为需求分布函数，$F(x、y、z)$关于 x、y、z 可微。令 $f(x、y、z)$为密度函数。关于 X、Y、Z 的密度函数和边际分布函数分别为 $f_X(x)$、$F_X(x)$、$f_Y(y)$、$F_Y(y)$、$f_Z(z)$、$F_Z(z)$，其他参数和变量定义如表 3-1 所示。

表 3-1　　参数和决策变量

参　　数	变 量 定 义
q，q_1，q_2，q_3	运营商的总产量、直接供应量和转售商分别的供应量，$q=q_1+q_2+q_3$
c_0，c_1，c_2，c_3	运营商的单位生产成本、直接单位销售成本和转售商分别的单位销售成本
p_1，p_2，p_3	运营商和转售商的单位销售价格
T_A，T_B，T	转售商对运营商的支付及运营商获得的总支付，$T=T_A+T_B$
$S_1(q_1)$，$S_2(q_2)$，$S_3(q_3)$	运营商和转售商销售的均值
$\Omega_1(q_1,q_2,q_3)$	运营商的预期收益
$\Omega_2(q_2)$，$\Omega_3(q_3)$	转售商的预期收益
$\Omega(q_1,q_2,q_3)$	整个服务生产系统的总收益

（2）假设和基本关系

假设一：电信运营商的期望收入等于转售商的支付和直接销售收入之和，成本完全反映在 c_0、c_1 里。

根据假设一，运营商的总收益可表征为：

$$\Omega_1(q_1,q_2,q_3)=T_A+T_B+p_1S_1(q_1)-c_0(q_1+q_2+q_3)-c_1q_1 \tag{3-8}$$

假设二：转售商的收入等于客户的支付，成本完全反映在单位销售成本里（c_2、c_3）。

根据假设二，转售商 A、B 各自的收益可表征为：

$$\Omega_2(q_2)=p_2S_2(q_2)-T_A-c_2q_2 \tag{3-9}$$

$$\Omega_3(q_3)=p_3S_3(q_3)-T_B-c_3q_3 \tag{3-10}$$

假设三：电信供应链的总收益等于各参与方的收益之和。

根据假设三，供应链的总收益可表征为：

$$\Omega(q_1,q_2,q_3)=p_1S_1(q_1)+p_2S_2(q_2)+p_3S_3(q_3)-c_0(q_1+q_2+q_3)-c_1q_1-c_2q_2-c_3q_3 \tag{3-11}$$

假设四：F（x、y、z）关于 x、y、z 可微。

根据假设四，电信运营商、转售商销售的均值分别为（Cachon G.P.，2002）：

$$S_1(q_1)=E(\min(q_1,X))=q_1-\int_0^{q_1}F_X(x)\mathrm{d}x \tag{3-12}$$

$$S_2(q_2)=E(\min(q_2,Y))=q_2-\int_0^{q_2}F_Y(y)\mathrm{d}y \tag{3-13}$$

$$S_3(q_3)=E(\min(q_3,Z))=q_3-\int_0^{q_3}F_Z(z)\mathrm{d}z \tag{3-14}$$

（3）收入共享合同协调下的分析

假设五：采用收入共享合同进行系统协调，批发价为 w（$w>0$），转售商付给运营商的共享比例为（$1-\varphi$）。

则转售商对运营商的支付分别为：

$$T_A=wq_2+(1-\phi)p_2S_2(q_2) \tag{3-15}$$

$$T_B=wq_3+(1-\phi)p_3S_3(q_3) \tag{3-16}$$

将它们带入方程式（3-8）～式（3-10），得到新的收益函数：

$$\begin{aligned}\Omega_1(q_1,q_2,q_3)=&w(q_2+q_3)+(1-\phi)(p_2S_2(q_2)+p_3S_3(q_3))+p_1S_1(q_1)\\&-c_0(q_1+q_2+q_3)-c_1q_1\end{aligned} \tag{3-17}$$

$$\Omega_2(q_2)=\phi\cdot p_2S_2(q_2)-wq_2-c_2q_2 \tag{3-18}$$

$$\Omega_3(q_3)=\phi\cdot p_3S_3(q_3)-wq_3-c_3q_3 \tag{3-19}$$

定理一：基于以上假设和关系，存在唯一解最大化供应链利益。

证明：根据假设四，F（x、y、z）关于 x、y、z 可微，由方程式（3-11），$\Omega(q_1,q_2,q_3)$ 是关于 q_1、q_2、q_3 的严格凸函数，所以存在唯一的（$\overset{*}{q}_1$、$\overset{*}{q}_2$、$\overset{*}{q}_3$）最大化供应链利润。

根据方程式（3-11）～式（3-17），

令
$$\frac{\partial\Omega(\overset{*}{q}_1,q_2,q_3)}{\partial q_1}=p_1(1-F_X(\overset{*}{q}_1))-c_0-c_1=0$$

得
$$\overset{*}{q}_1=F_X^{-1}\left(1-\frac{c_0+c_1}{p_1}\right)\tag{3-20}$$

同理得
$$\overset{*}{q}_2=F_Y^{-1}\left(1-\frac{c_0+c_2}{p_2}\right)\tag{3-21}$$

$$\overset{*}{q}_3=F_Z^{-1}\left(1-\frac{c_0+c_3}{p_3}\right)\tag{3-22}$$

得证。

定理二：存在最大化电信运营商利益的唯一解。

证明：根据假设四和方程式（3-17），$\Omega_1(q_1,q_2,q_3)$ 是关于 q_1、q_2、q_3 的严格凸函数，所以存在唯一的（$\overset{*}{q}_1$、$\overset{*}{q}_2$、$\overset{*}{q}_3$）最大化供应链利润。

根据方程式（3-12）、式（3-17），

令
$$\frac{\partial\Omega_1(\overset{*1}{q_1},q_2,q_3)}{\partial q_1}=p_1(1-F_X(\overset{*1}{q_1}))-c_0-c_1=0$$

得
$$\overset{*1}{q_1}=F_X^{-1}\left(1-\frac{c_0+c_1}{p_1}\right)\tag{3-23}$$

同理得
$$\overset{*1}{q_2}=F_Y^{-1}\left(1-\frac{c_0-w}{(1-\phi)p_2}\right)\tag{3-24}$$

$$\overset{*1}{q_3}=F_Z^{-1}\left(1-\frac{c_0-w}{(1-\phi)p_3}\right)\tag{3-25}$$

得证。

定理三：存在最大化电信业务转售商利益的唯一解。

证明：根据假设四和方程式（3-18）、式（3-19），$\Omega_2(q_2)$，$\Omega_3(q_3)$ 分别是关于 q_2、q_3 的严格凸函数，所以存在唯一的 $\overset{*}{q}_2$ 最大化转售商 A 的利润，唯一的 $\overset{*}{q}_3$ 最大化转售商 B 的利润。

根据方程式（3-13）、式（3-18）

令
$$\frac{\partial\Omega_2(\overset{*2}{q_2})}{\partial q_2}=\phi\, p_2(1-F_Y(\overset{*2}{q_2}))-w-c_2=0$$

得
$$\overset{*2}{q_2}=F_Y^{-1}\left(1-\frac{w+c_2}{\phi\, p_2}\right)\tag{3-26}$$

根据方程式（3-14）、式（3-19）

令
$$\frac{\partial\Omega(\overset{*2}{q_3})}{\partial q_3}=\phi\, p_3(1-F_Z(\overset{*2}{q_3}))-w-c_3=0$$

得
$$\overset{*}{q}_3^2 = F_Z^{-1}\left(1-\frac{w+c_3}{\phi\ p_3}\right) \tag{3-27}$$

得证。

定义一：电信转售供应链在以下条件下得到协调。

$$\overset{*}{q}_1 = \overset{*}{q}_1^1 \tag{3-28}$$

且
$$\overset{*}{q}_2 = \overset{*}{q}_2^1 = \overset{*}{q}_2^2 \tag{3-29}$$

且
$$\overset{*}{q}_3 = \overset{*}{q}_3^1 = \overset{*}{q}_3^2 \tag{3-30}$$

定理四：存在协调供应链的唯一解。

证明：根据方程式（3-20）和式（3-21），式（3-28）显然成立。比较式（3-21）、式（3-24）和式（3-26）、式（3-22）、式（3-25）和式（3-27），

当
$$w = \phi c_0 - \frac{1}{2}(1-\phi)(c_2+c_3) \tag{3-31}$$

时式（3-29）和式（3-30）成立，得证。

由式（3-31），可以看出当 $w = c_0$，$\varphi = 1$ 时，收入共享合同退化为线性批发价合同，此时供应商获得确定性但不高于成本的收入（系统协调的要求），风险全部转嫁到转售商，同时转售商获得全部利润，系统协调较为困难。当 $w = 0$，$\varphi = (c_2+c_3)/(2c_0 + c_2+c_3)$时，双方完全共担风险，根据成本结构共享收入，形同一个整体，但由于成本结构信息的不对称性，实施难度较大。实践中的方案往往是两者的折中，w 和 φ 的取值范围分别是：$w\in[0，c_0]$，$\phi\in[(c_2+c_3)/(2c_0 + c_2+c_3)，1]$。

将本文设定的基本模型扩展到 n 个转售商的情形，类推出批发价和共享比例之间的关系如下：

$$w = \phi\ c_0 - \frac{1}{n}(1-\phi)\sum_{i=1}^{n} c_{i+1}$$

可得在共享比例一定的情况下，批发价是电信运营商生产成本和转售商平均销售成本的函数，和电信运营商直接销售成本无关，因此运营商可以通过直接销售掌握转售商的成本结构，一定程度地削弱信息不对称，有利于巩固自身的主导地位，实现供应链协调共赢。

3.4　移动电子商务的产业价值链整合与商务模式创新

3.4.1　移动电子商务模式的发展过程

自 20 世纪 80 年代中期移动技术出现以来，移动技术主要经历了 3 次重要的变革——模拟技术、数字技术和无线网络高速数据传输技术。相应地，移动电子商务的价值链也就经历了 3 个主要阶段：由无线服务提供商、终端设备制造商、中间服务提供商和最终用户构成的第一代价值链；由内容服务提供商、无线服务提供商、基础设施服务提供商、终端平台、应用程序提供商和最终用户构成的第二代价值链；由内容和应用服务提供商、门户和接入服务提供商、无线网络运营商、支持性服务提供商、终端平台和应用程序提供商，以及最终用户构成的第三代价值链。

商务模式是企业运营业务、创造利润的模式，主要是指企业如何在与其他实体的合作过程中创造价值并实现利润的。移动电子商务的商务模式就是指在移动技术条件下，相关的经济实体是

如何通过一定的商务活动创造、实现价值，并获得利润的。就商务模式来讲，主要由 4 个方面组成：市场范围、价值构成、收入来源和参与者在价值链中的角色。

商务模式与价值链之间是相互关联又相互区别的。价值链是在某种技术条件下所有相关实体及其相关活动组成的链式结构，而商务模式是由其中的某几个部分及其相关活动组成的业务运营和赢利模式。例如：移动电子商务的价值链是由所有参与到移动电子商务价值创造过程中的利益实体组成的，而商务模式则是由其中的某几个组成部分组成的。尽管商务模式是由价值链中的几个部分组成的，但是它们关注点是有很大区别的，价值链主要是强调这种技术所涉及的所有实体的类型和其在商务运营中的地位和作用，而商务模式强调的是相关企业运营过程中的关联，及各自是如何应用这种技术创造和实现利润的。商务模式是某个特定领域或某种特定产品和服务的运营模式。只有将应用某种技术的所有的商务模式进行总结和分析，才能获得该技术条件下的价值链，也只有对该技术条件下的价值链结构和其中各成员的关系进行全面的分析，才能充分认识它们在具体的商务模式中所扮演的角色和作用。

移动电子商务价值链随着技术的升级而不断扩充、完善和成熟，而商务模式是由价值链中的某几个部分相互合作形成的赢利模式，因此商务模式必然随着价值链的扩充而变得更加复杂多样。

总的来讲，商务模式是从简单、种类少到复杂、种类多变化的。其中，最大的变化就是从没有内容提供商的参与到内容提供商在整个商务模式中逐渐占据主要地位。现在大多数的移动电子商务的商务模式中都少不了内容提供商参与，他们是移动电子商务内容和服务的来源，也是移动电子商务实现商业价值的根本。而另一个显著的变化是：无线网络运营商从原来整个价值链的拥有者和管理者，变成了简单的通信服务提供者，逐步失去了其在移动电子商务中的主导地位。最后只能通过向内容提供商出租网络资源生存，通过在内容提供商提供产品和服务的过程中收取佣金，获得利润。

3.4.2 移动电子商务价值链整合

价值链分析是价值生成分析在具体业务环节和流程上的体现。应该把移动电子商务看成是两个截然不同的行业的有机组合：移动通信承载服务和多媒体/内容/应用软件服务。将这两个行业融合起来实际上会造成方方面面关系的重新调整，是非常困难的。总的看来，可以把未来移动电子商务价值链的基本部分分成 7 个环节。

① 内容提供者，包括技术应用的内容提供者和商业内容提供者。技术部分主要处理运营支撑业务（基本识别服务、计费、安全保密、用户个性化等），目前这一部分的任务主要由移动承载商完成；商业部分主要处理业务市场开发工作（分销渠道、品牌创立等），一般将其称为 SP。

② 应用开发及其软件提供者，主要处理上一层运营商所开发出来的内容，形成能够满足用户需求的、适合在移动网络上传送的数据应用，或者开发能够为终端用户增值的应用，目前也属于 SP 的范围。

③ 移动网络提供者，运营和维护移动传输网络，提供承载服务，即目前的移动运营商。

④ 内容和应用的聚集者和分发者，主要负责所需要的内容以满足移动终端设备的需求，同时能够在移动网络上安全地传送。因此内容收集者经常承担包装信息资源，以及负责移动数据业务创意的产生、组织和生产。有时这一层也会分成收集和分发两个子环节，当前正以移动运营商为核心形成这一环节。

⑤ 网络设备制造商，开发和提供网络设备，使得网络能够传送移动数据业务。

⑥ 终端设备制造商，主要负责开发和推广用户终端设备，保证用户能够使用移动数据业务。

⑦ 咨询服务者，分别向客户方向和 SP 与承载商方向提供使用和开发移动数据业务的咨询服务，咨询服务者在研究、引导、创造、宣传客户需求，并将这种需求转换成新业务的整个过程中所起的作用会越来越重要。

在以上的价值链环节中，谁能够处于控制价值链中独立地、方便地运用价格杠杆和收取费用的位置，谁就能够成为整个价值链的中心环节，即成为增值服务的聚集和分发环节。由于移动运营商可以提供基本识别服务，并且用户必须经过基本识别服务来缴纳费用才能获得后续的其他业务，因此，目前只有移动运营商才能承担内容和应用的聚集者和分发者的角色，也就是说，由移动运营商从承载的角度来整合内容提供、终端开发、应用管理和安全保障，无疑为比较合适的选择。要做到这一点，移动运营商在拓展新的移动数据业务的时候，即使这些业务还称不上完全的移动电子商务，也应当注意把用户牢牢地粘住，积极开拓提供预付费和反向付费的业务手段，建设或者整合用户驻地无线局域网，开发基于数据流量或者基于使用的、支持“永远在线”的更复杂但更合理的计费模型，一旦一项业务比较成功就应当迅速推广，确保业务大规模增加。

由于内容和应用服务的崛起，移动运营商必须与内容提供商和应用提供商建立联盟和合作伙伴关系，这些合作伙伴包括媒体、Internet 门户、软件开发商和应用提供商、硬件提供商（网络设备和终端设备）、家用电器制造商等。对移动运营商来说，这个价值链可能变为图 3-10 所示的形式。

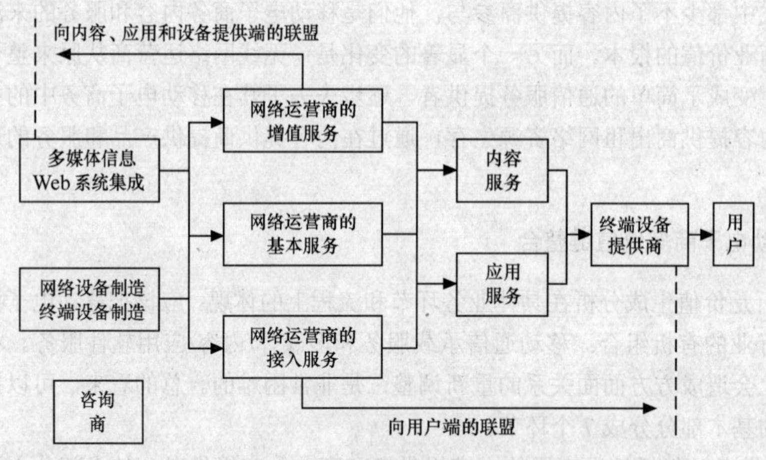

图 3-10　移动运营商整合产业价值链的两方向

在这个价值链图中，并没有把咨询商插入到链条中去，而是将它作为一个独立的环节，这是因为目前它仍然只是对价值链起支撑作用，还没有成为一个不可或缺的角色。移动运营商的承载和分发服务可以变为 3 个并列的环节：增值服务、基本服务和接入服务，分别向内容应用提供端和客户端这两个方向寻找合适的合作伙伴形成企业联盟，比如和 Web 应用设计与系统集成商联盟或者成为整合者。

3.4.3　移动电子商务模式创新

移动电子商务是借助于移动技术，通过移动网络向用户提供内容和服务，并从中获得利润的商务活动。而商务活动中不同的参与者、服务内容和利润来源的组合就形成了不同的商务模式。在移动电子商务中，主要的参与者包括：内容和应用服务提供商、门户和接入服务提供商、无线网络运营商、支持性服务提供商，以及终端平台和应用程序提供商；提供的主要服务包括新闻信息、定位服务、移动购物、娱乐等；可能的利润来源包括通信费、佣金、交易费等，当然还有各种广告费、提名费。这些参与者、服务内容和利润来源通过各种形式组合在一起就形成了移动电子商务的商务模式。

（1）通信模式

移动通信是移动终端用户的基本需求，也是移动电子商务中最早出现、最普遍的服务。无线网络运营商为用户提供移动通信服务，用户交纳使用费，就形成了无线网络运营商通过语音或短信服务获取利润的商务模式。

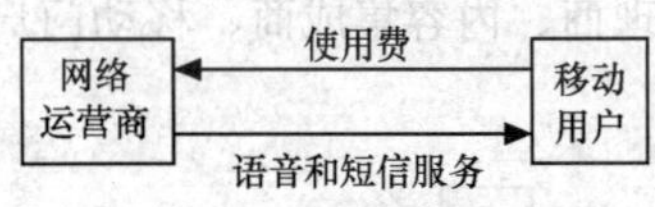

图 3-11　移动通信模式

如图 3-11 所示，在这种商务模式中，主要的参与者就是无线网络运营商和用户，主要的服务是语音和短信服务，主要的利润来源就是用户交纳的使用费。

移动通信服务商之间的竞争促进了移动通信服务费用的下降，也进一步扩大了移动通信服务市场，持有移动终端设备的用户越来越多。由于中国的人口基数大，到 2007 年 1 月为止，中国的移动电话用户数达到 46 741 万，终端设备普及率为 35.6%，与发达国家的 50%～80%相比还不高，可以说中国是一个相当具有潜力的移动通信市场。

（2）信息服务模式

移动电子商务中另一种比较常见的服务是信息服务，包括各种实时信息服务（如新闻、天气、股票信息等）、各种基于位置的信息服务（如移动用户附近酒店信息、娱乐场所信息等），以及各种紧急信息服务。

在这种商务模式中，主要的参与者是内容和应用服务提供商、无线网络运营商和用户；主要的服务是信息服务；主要的利润来源是用户交纳的服务预订费。

如图 3-12 所示，内容服务提供商通过无线网络运营商向移动用户提供各种信息服务；用户通过交纳一定的服务费获得这些服务；无线网络运营商通过传输信息而获得通信费。另外，根据与内容服务提供商签订协议的情况，无线网络运营商还会以佣金的形式获得内容服务提供商的利润分成。

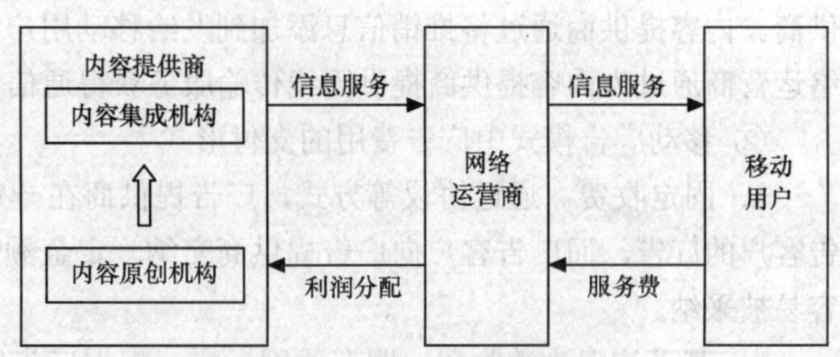

图 3-12　移动信息服务模式

用户交纳服务费的方式可以按时间计费或按流量计费。按时间计费可以是按年、月或星期，一般都是以月为单位；按流量计费可以根据获得服务的次数或获得服务内容的多少，如移动用户希望获得附近的酒店信息，可以根据他获得的短信条数交纳费用，也可以根据获得多少个酒店的信息付费。

无线网络运营商收取通信服务费也有两种方式：信息流量费和佣金。无线网络运营商通过与内容服务提供商协调，确定收费模式。可以按照信息流量收取通信费用，如根据短信条数进行收费，也可以根据与内容服务提供商达成的协议，从所有服务费中收取一定比例的佣金。

所以，在这个模式中，移动用户是服务的享受者，也是利润的来源；无线网络运营商提供了服务实现的途径，获取信息服务费和佣金；内容服务提供商提供各种服务信息，也是利润的主要获得者，占到总利润的 80%～90%，可以说是最大赢家。

（3）广告模式

① 移动广告模式的运作模式

在有线网初期，至少在广告被看作是所有利润的来源的时候，广告就已经暴露出了它的局限性，然而，至今它仍然是内容提供商赚取高额利润的有效途径。由于移动设备的屏幕小，与有线网相比就需要目的性更强的广告。例如用户找饭店的时候，将与其查询内容相关性最好的广告发给他，将其所在地附近饭店的优惠券也同时发给他。当然，很多服务的提供过程是需要收集用户的偏好信息的，例如根据用户的偏好，把与用户所在地或其他相关的属性（时间、所在地的天气等）敏感的广告发给用户。那么，在多种信息同时引导下，用户就更容易接受所推销的产品。

图 3-13 所示是移动广告模式的运作模式。这种商务模式涉及广告客户、内容提供商、无线网络运营商和客户。当然，其中还涉及到一些中间商，如无线广告代理商、内容集成商、移动门户网站和无线网络接入商等。

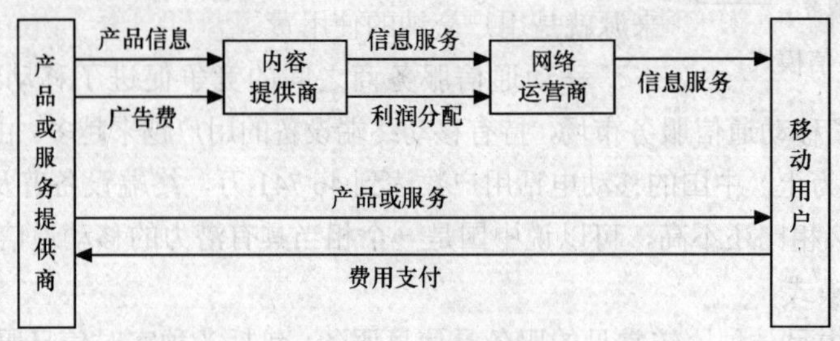

图 3-13　移动广告模式

表面上看来，广告模式中广告客户支付给内容提供商一定的费用，内容提供商在与无线网络运营商之间进行利润分配，而实际上，移动用户才是利润的来源。移动用户通过购买产品和服务，将利润过渡给广告客户，而广告客户只是将其获得利润的一部分以广告费的形式付给内容服务提供商。内容提供商通过将推销信息添加到发给移动用户的内容和服务中，获得广告费。而无线网络运营商通过为内容提供商提供无线传输服务获得通信费或利润分成。

② 移动广告模式中广告费用的支付形式

a．固定收费。通过协议等方式，广告提供商在一定时间（一般以月或年为单位）内登载广告客户的广告，而广告客户向广告提供商交纳一定金额作为广告费。这种收费方式最简单，也最容易被采纳。

b．基于访问次数收费。跟有线网一样，根据广告客户的信息被显示出来的次数收费，一般以千次或百万次为计费单位。不同的是，当广告客户的广告被显示的次数相同时，与有线网上做广告相比，广告客户愿意支付的费用要多得多。这是因为，移动终端设备的显示屏很小，广告信息更容易引起移动用户的注意，广告成功率也就更高，广告客户由此获得收益也就更大。

c．基于效果收费。有线网也有类似的收费模式，广告客户通常要求所支付的费用能够反映其实际收益。通常是根据用户做出特定动作次数计费，如根据用户点击广告的次数计费等。也可能是按照订购某种服务次数计费，或按实际销售额计算佣金等。由于这种方式能够反映广告客户的实际效益，所以广告客户更容易接受。

③ 移动广告模式中广告的传递方式

广告模式除了在广告费支付方面比较复杂外，广告的传递方式也可分为推动式和拉动式两种。

a．推动式。把广告作为促销信息或提示信息发给用户。这种方式涉及到用户隐私、消费者权益、消费者容忍度等问题。所以，在采用这种方式之前应该首先征得用户的同意，而且，即使是在用户的同意下发广告，也要慎重考虑，避免引起侵害用户权益方面的纠纷。

b. 拉动式。把广告信息随同用户所检索的内容传输给用户。此时广告传递是发生在用户查询相关信息情况下的，而且，所传递的广告与用户所需要的信息具有很高相关性，一般可以看作所查询信息的补充。例如用户通过查询所在地附近的电影院信息时，将相关广告随同其所要的信息发送给他们，而不是在用户没有提出任何需求时就发给他们。

尽管无线广告受到广告内容少、费用高等方面因素的制约，但是，无线广告的效果可能更好等因素也使得广告商对无线广告领域很看重。随着第三代网络技术的发展和成熟，不仅广告费用有降低的可能性，而且可以提供多种类型的广告内容。这样一来，无线广告就会成为广告提供商竞相争夺的市场。

（4）销售模式

自互联网诞生以来，人们就将其视为销售渠道之一，通过建立网上商店等形式降低销售成本。同样，无线网络也具有类似功能，并已经开始成为产品和服务的另一种销售渠道。同时无线网络技术和终端设备的特性决定这种销售模式具有不同于有线网销售方式的特性。

① 移动销售模式的运作模式

在这种商务模式中，主要的参与者有内容和应用服务提供商（产品/服务提供商）、门户/接入服务提供商、无线网络运营商、支持性服务提供商（第三方服务）和移动用户。

在此，移动客户是利润的主要来源；产品和服务提供商通过向移动客户销售产品获得利润；门户/接入服务提供商通过向产品/服务提供商提供无线网络接入获得信息服务费；无线网络运营商通过向门户/接入服务提供商提供信息服务获得服务费，有时还会获得移动用户支付的通信费；而第三方（信用卡公司、银行、无线网络运营商等）则是通过向产品/服务提供商提供服务支持（付费支持）获得佣金的。

如图 3-14 所示，产品和服务提供商要向门户/接入服务提供商交纳信息服务费，这种费用可以根据信息流量或时间长度交纳，根据访问次数缴费，或按月、年付费等。而门户/接入服务提供商与无线网络运营商之间的付费方式则大多根据带宽的大小，按月/年付费，当然也有根据提供信息的数量（如按照提供多少 KB（千字节）的信息）付费。有时用户还要向无线网络运营商提供通信费（产品/服务信息不是免费提供的情况）。第三方获得佣金的方式则可以根据交易次数收取（如每次收取一定额度的交易费），也可以根据交易金额收取（收取交易金额的一定比例）。

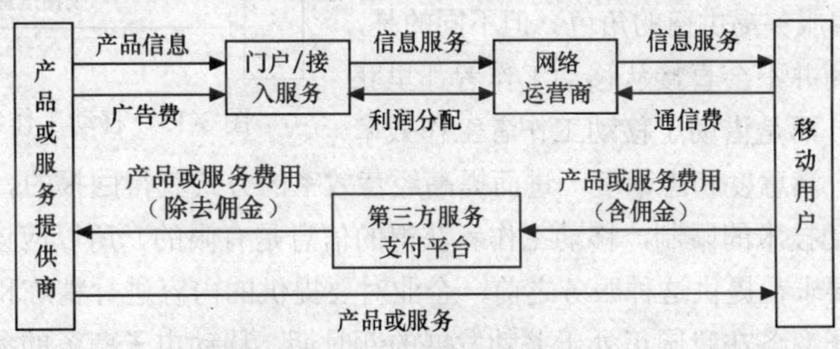

图 3-14　移动销售模式

② 无线网络销售模式与有线网络销售模式的对比

无线网络的销售模式除了与有线网络的销售模式一样，具有降低成本、减少中间层的作用外，还具有自己的特有的优势。

a. 方便性。由于移动用户能够在任何时候，任何地方接入无线网络，因此能够享受更加便利的服务，随时随地都可以参与各种竞拍活动，以及通过移动网络购买产品等。

b. 个性化。由于终端设备能够反应个性信息，使得销售产品和服务的针对性更强，更能够满足客户的个性化需求。加上移动终端设备与使用者形影不离，也就促使移动销售成为最理想的激发人们购买欲的手段。

c. 灵敏性。由于移动设备的位置敏感性，使得用户能够获得与位置相关的产品和服务。例如在移动用户出差的时候，为其提供所在地附近的旅店信息；当其在傍晚寻找休闲娱乐场所时，为其提供附近电影院等娱乐场所的相关信息。

除了以上的相对优势以外，无线网络销售也有其自身的局限性。

a. 移动通信设备（主要是指终端设备）的计算能力和传输能力的限制，移动通信的安全性相对较差，而且通信成本较高，这就对信息的整合程度要求更高。

b. 并不是所有的产品和服务都适合移动销售模式，尤其对于那些非急需的、在购买之前需要搜寻大量信息才能进行决策的产品和服务。例如人们不会在等车或在咖啡厅休息的时候，用手机购买小汽车。比较常见的适合应用移动销售模式的产品和服务有：预定电影票、紧急车票、CD和鲜花等。

随着移动销售的发展，已经逐渐出现了各种形式的移动销售代理。他们的出现会促使更多移动销售模式的出现，使得更多类型的产品可以通过移动销售模式进行销售。不仅如此，有些门户网站在销售产品的基础上，已经开始为顾客提供产品比价服务了（比价服务是指：对门户网站上注册过的公司的同类产品进行价格比较，以便用户选择更加合适的产品）。产品和服务类型的增加，以及安全性等方面的进一步改善都将大大促进移动销售的发展。

（5）移动工作者支持服务模式

在企业移动支持中，最重要的一项就是对移动工作者提供支持服务系统。这个系统的建立能够大大提高移动工作者的工作效率。移动工作者是指那些长时间不在办公室的工作人员。由于这些人员不在公司的时候，也需要利用公司的资源，有些甚至随时随地都需要借助公司的资源进行工作。

如图3-15所示，在该种模式中包括企业（内容提供商）、无线网络运营商和移动工作者。无线网络运营商通过向企业的移动工作者提供移动支持服务获得服务费用；移动工作者则是移动服务支持的对象；而企业则充当类似于内容服务提供商的角色。但不同的是，这里内容服务提供商并不会直接从移动工作者那里获得产品和服务费用，而是借助于移动工作者工作效率的提高以及提高客户满意度和忠诚度，进而提高经营效率的方式获得回报的。

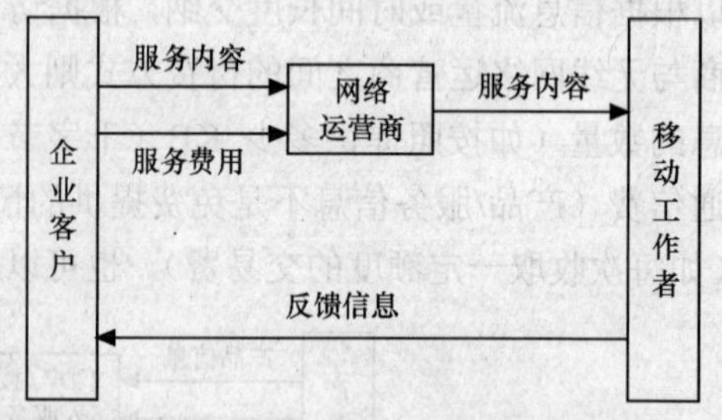

图3-15　移动工作者支持服务模式

当然，由于移动技术的限制，移动工作者获得的信息是有限的，所以应该是最有效、相关性最好的信息。这就要求在提供这种服务之前，企业对要提供的内容进行精炼和整合。

现在，移动电子商务在我国正处于蓬勃发展的新时期，移动电子商务的参与者应该紧紧抓住这个契机，不断拓展业务范围、丰富服务内容，以获得更大的发展空间。

3.4.4　案例分析

（1）MBank业务介绍

2004年3月，韩国SK Telecom推出了MBank业务，通过搭载用户信息的内置芯片，自由使用余额查询、汇款、现金提款服务、信用卡服务、交通卡服务的业务。从2004年4月开始到9月，短短的几个月里，SK Telecom已经销售了130万部支持MBank业务的终端。实践证明，这是 SK Telecom 推出的一个成功的业务。那么移动电子商务产业链的各个环节在其中是如何发挥其作用的呢？

（2）移动电子商务产业链各环节的分析

① 顾客：顾客需求是开发业务的基础。

对于顾客而言，借助手机银行进行一般的交易活动，可以节约在柜台等候的时间，无论何时何地都可以进行余额查询、汇款、支票查询、信用卡、提款等金融业务，减少很多局限。因为 IC 芯片中有用户的金融信息，在使用移动银行业务时无需再录入烦琐的信息，按一个按键就可直接连接，少了很多麻烦。正是基于手机银行业务的这些优点，韩国 SK Telecom 公司认为这将会是一个有发展前景的业务。

从韩国国民银行（Kookmin Bank）来看，通过移动银行业务，可以减少银行职员处理一般交易的数量，以手机进行的交易仅为面对面的交易成本的五分之一，可以减少其运营成本。

② 应用和内容提供商：与银行共同合作促进业务开展。

为了提供 MBank 业务，到 2004 年 9 月 30 日，SK Telecom 已经和包括 KB、NACF 和 KorAm 银行在内的 11 个银行建立了战略联盟关系。

SK Telecom 和 KB 合作推出 MBank 业务，支持 MBank 业务的终端通过 KB 分布在全国的 600 家分店提供给用户。为了成功推出这项业务，这两家公司从 2003 年 7 月就开始合作了，SK Telecom 和 KB 建立联盟为发展基于芯片的移动银行业务打下基础。除了 MBank 业务，SK Telecom 还和 KB 合作提供彩票即时购买（Lottery Instant Purchase）业务和证券交易（Stock Trading）业务等。

③ 终端制造商：加强终端供应的保障。

SK Telecom 的业务和终端是协调共进的，这一方面得益于该公司自身的手机制造部门 SK Teletech，另一方面和 SK Telecom 与 Samsung、Pantech & Curite、LG 电子有着良好的合作关系密不可分。

通过成立 SK Teletech，SK Telecom 可以保证从业务内容的规划、技术规范的制定和测试，直至手机的适时推出，都能自己掌控，而不受控于其他手机制造商。SK Telecom 为了保障该业务的顺利推出，SK Teletech 于 2004 年 7 月推出支持 MBank 的手机。这些手机通过和 SK Telecom 合作的银行 KB 分布在全国的 600 家分店提供给用户。此外，和 SK Telecom 具有合作关系的手机厂商也积极推出支持 MBank 功能的终端。

④ 顾客价值：低价策略培育业务市场。

SK Telecom 通过发掘最大的顾客价值，来快速建立和培育业务市场，MBank 采取了低价策略，通过提供高质量的顾客收益但收取较低的价格来提供业务的吸引力。用户每月只需交纳 800 韩元，不收无线互联网费用，不限使用次数（仅限与 MBank 相关的服务）。

以上从移动通信价值链各个环节在业务发展中的作用和角色对 SK Telecom 开展的 MBank 业务进行分析，当然，业务的顺利开展是一个复杂系统，包含了更多品牌策略、细分策略、促销策略等。

3.5 构建 3G 时代的移动电子商务产业价值链

3.5.1 移动电子商务产业链的双市场结构

移动通信市场最重要的结构特点是它的双市场结构。移动通信市场是由既独立又密切关联的运营商市场和制造商市场构成的，这两个市场面临着同样的顾客群体、顾客需求和顾客价值。一方面，运营商服务的价值的体现必须通过移动电话制造商生产的手机作为载体，另一方面，手机产品如果离开了运营商的服务，也就不能体现出手机使用价值的主要部分。

如果把上述表述用一个图形表示，就得到图 3-16，把它理解成为移动电子商务产业链中的核心，将之定义为链核，该链核具有以下几个特点。

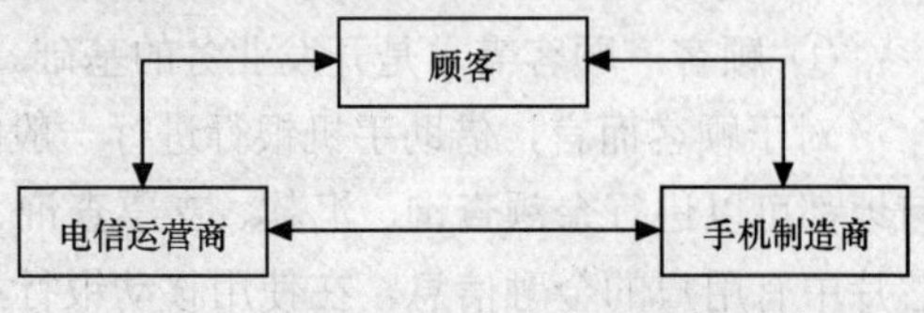

图 3-16　移动电子商务产业链的链核

（1）以顾客为目标

在所描绘的完整产业链中，移动运营商往往处在中心的位置，但即使如此，移动运营商也必须以顾客、顾客需求和顾客价值为目标。而产业链中的其他参与者既可能直接服务和满足于顾客需求和顾客价值，也可以通过与其他参与者联盟，特别是与运营商的合作达到更好地服务和满足顾客需求和顾客价值。

（2）运营商和制造商之间既独立又关联

为了适应移动通信从单纯提供语音业务向包括语音在内的多媒体业务的发展趋势，在移动通信系统需要提供多媒体业务的条件下，很多业务是不可能在设备制造阶段预见的。因此，设备的制造就应该尽可能与业务的设置相独立，这一点很像现在的计算机硬件和软件是相互独立的两个市场范畴一样。

（3）顾客、运营商、制造商三者之间组成稳定的组织

由于在移动通信市场中，顾客、运营商和制造商三者之间通过以顾客为目标而达成了一个完整的三角关系，运营商和制造商缺一不可，否则其服务和产品价值都会受到制约。

3.5.2　基于链核构建 3G 时代开放的移动电子商务产业链

（1）3G 时代移动电子商务产业链的关键在于移动数据业务

截止到 2004 年 12 月，已经有数十个国家的 100 多个运营商开通了 3G 网络，全球 3G 用户达到了 1.87 亿以上，其中 cdma2000 1x 用户 1.418 亿、EV-DO 用户 1 690 万、WCDMA 用户 2 830 万。他们何以对 3G 有着如此高的热情呢？一个重要的原因是，运营商们欲借 3G 较宽的带宽，为用户提供更加丰富的移动数据业务，从而缓解因语音业务基本处于饱和引起的 ARPU 值下降的状况，达到提高收入的目的。

诺基亚的研究表明 3G 网络提供的新的移动业务将使运营商获得额外的收入机会，使他们的收入在目前的语音和接入服务收入的基础上增加一倍，预计到 2010 年，非语音服务将占 3G 服务整体收入的 66%。

从目前实际的 3G 运营商的发展情况来看，移动数据业务确实可以为其带来不错的收入。例如韩国运营商 SK Telecom，在 2003 年里，SK Telecom 的移动数据业务的收入剧增，达到了 1.32 万亿韩元，与 2002 年相比增加了 5 888 亿韩元，增加比例为 81%，而且移动数据业务增加的收入（5 888 亿韩元）在增加的总收入（8 862 亿韩元）中所占的比例高达 66%。这说明了移动数据业务对收入增长有着不可忽略的贡献。

（2）3G 时代的移动通信产业价值链是开放、合作和全环节参与

由于 3G 时代的移动通信产业价值链的重点和关键在于移动数据业务，所以产业价值链的构成和整个业务环境都必须围绕如何满足用户在移动数据业务方面的需求，并在此基础上进行丰富。

3G 时代的移动电子商务产业链呈现为一个围绕着顾客需求和顾客价值为目标的价值网络。产业链的每一个环节都参与到用户价值的满足过程，特别是手机制造商、应用服务商和内容服务

商都开始建立直接与用户的联系，从而使用户与产业价值链的每一个环节的反馈都是开放的、双向的。

① 以顾客为目标

3G 时代的移动电子商务产业链的最终目的是为了满足顾客的需求和价值，特别是移动数据增值服务上的需求和价值。在我们所理解的完整产业链中，顾客处在中心的位置，顾客能够对运营商的服务进行选择，同时也对手机产品、应用服务、内容进行选择。

② 形成多个竞争环境

由于顾客已经被置于整个产业链的中心位置，并且具有独立的选择能力，因此围绕着顾客需求和顾客价值，电信运营商之间、手机制造商之间、服务提供商之间、内容服务商之间会产生竞争。这 4 个竞争环境既是相互独立的也是相互关联的。

③ 合作竞争是主要基调

由于围绕顾客产生了独立的竞争环境，而且竞争越来越激烈，而通过合作联盟可以有效地降低成本，提高适应顾客需求的能力，所以各个参与者之间就寻求各种方式和内容的合作。合作竞争就成为所有产业链参与者的唯一选择。合作竞争的具体方式可以根据参与方在产业链中的位置采取包括上下游/同环节合作，同质/异质竞争的不同的组合。

④ 产业链仍然以运营商为主导

从资金流上，顾客支付的资费首先进入移动运营商，移动运营商再与 SP/CP 分成，SP/CP 又将获得的收入与手机制造商进行分成。从产业链的其他参与者来看，运营商处于一个关键的位置，控制着资金流的最上游，以及顾客的身份识别的代号——电话号码，并且提供最基础的网络，在整个产业链中仍然以运营商为主导。

3.5.3 国内 3G 移动电子商务产业链的构建

不同国家的 3G 移动电子商务产业链的成功经营都有各自的特点，但也具有共同点。通过对 SK Telecom 开展的 MBank 业务的分析归纳，并结合 NTT DoCoMo、KDDI、和记黄埔等移动数据业务和产业价值链的分析，以下一些经验是值得国内移动运营商借鉴的。

（1）顾客/顾客需求

一个成功的业务必须起始于对顾客需求的准确把握和挖掘，并设计出能够吸引顾客并最终培育顾客忠诚度的业务。韩国运营商 KTF 设计业务的原则是：“快速、简单、有趣、有用”。

运营商应该针对市场用户进行调查和咨询，认清 3G 业务服务的目标市场，提供具有针对性的业务需求，必须进行差异化的 3G 服务，吸引更多、更广泛的用户。例如，韩国 SK Telecom 公司运用多品牌市场细分战略。1997 年 SK Telecom 与咨询公司合作，把移动通信用户细分为大学生、低年级学生、家庭主妇、年长者、专业人士和个人消费者等 6 类人群。

（2）内容和应用提供商

纵观在移动内容业务提供方面获得一定成功的运营商的经验，可以得出一个共同点，那就是这些运营商都很重视与内容和应用提供商进行联盟和合作，制造共同市场并创造盈利。

例如：NTT DoCoMo 在设计系统的时候就充分考虑如何激励内容提供商提供丰富的内容，措施有如下几方面。

① 选择方便内容提供商的技术。例如，选择 HTML、HTTP、GIF、MIDI、Java 等。

② 业务设计（包括手机规范），也尽量方便内容提供商，而不是从电信运营商和无线厂商的角度出发考虑。

③ 可进行功能升级，这样可以引入新产品，从而促进使用量的增加，也意味着 NTT DoCoMo 流量的增加。

NTT DoCoMo 从内容获取的收入不足数据总收入的 2%，它自己的收入来自业务流量。NTT DoCoMo 作为市场的倡导者建立了能够激励内容提供者的商业模式后，公司利用自己的市场地位影响整个价值链上各行业企业之间的合作，使得日本移动数据业务市场在这几年内获得了惊人的发展。

（3）终端制造商

终端制造商在产业链上处于一个更加独立的地位，移动电话本身成为一个竞争激烈，规模巨大的市场，而且移动电话是用户享用数据业务的平台，所以在产业链中，运营商与制造商保持合作又相互制约和促进。但是由于 3G 的移动数据业务作为一个新的业务推向市场，需要两者之间保持最大的协同性，避免终端成为业务发展的瓶颈。当业务趋于稳定成熟时，让更多的终端制造商制造出符合业务需求的手机，可以最大限度满足多元化顾客的多元化需求。

很多运营商都采取各种措施来加强与终端制造商的合作，措施有如下几方面。

① 出台技术规范，资助厂商研发，NTT DoCoMo 出台一些技术规范，提供给手机厂商，手机厂商生产的手机必须严格符合这些技术规范。

② 选取本土制造商，可得到更多、更实际、更方便的技术及服务支持，还可节约成本提升竞争力。

③ 参股手机厂商或者成立生产手机的控股子公司。

④ 通过手机定制和集中采购。

（4）商业模式

顺利开展 3G 移动增值数据业务的商业模式多种多样，在 3G 业务推广过程中可以看到，有如下几方面。

① 品牌营销策略（如 SK Telecom 的客户细分）。

② 低价策略（如和记黄埔在 3G 业务中的语音费率低于其他 2G 业务提供商）。

③ 业务组合捆绑策略（和记黄埔和沃达丰的移动业务套餐）。

④ 手机补贴策略（大部分移动运营商提供的签约送手机模式）。

⑤ 辅助的优惠策略（提供其他人性化的优惠）。

但从顾客价值的角度来看，不外乎是通过增加顾客的收益、降低顾客的成本，或者两者同时进行，最终结果是增加客户价值。所以一切商业模式的设计都将围绕着顾客这个最终的目标，以提升顾客价值为目标导向，并可以考虑根据客户类别的不同，增加提升顾客价值方法的灵活性。

除了在产业链的各个环节上促进 3G 移动电子商务产业链发展，3G 移动电子商务产业链的发展也受到其他一些因素的影响，如来自于政府的支持、牌照发放的数量和时间、技术的稳定及融合程度，用户需求挖掘和应用的培育环境，在考虑国内 3G 时代移动通信产业价值链的构成时也需要同时系统地考虑上述因素的影响。

本章小结

通过本章学习，读者可掌握移动电子商务产业价值链，了解移动电子商务产业价值链演进的概念模型，包括产业价值链与供应链理论、移动电子商务产业生态系统以及产业价值链演进概念模型。理解移动电子商务价值链的生成原理，移动电子商务产业价值链演进分析和价值链的生成模型。了解移动电子商务产业链的协调发展问题，包括移动电子商务供应连协调发展的契约安排和基于收益共享合同的转售供应链协调。重点掌握移动电子商务的产业价值链整合与商务模式创新，包括移动电子商务模式的发展过程、价值链整合及移动电子商务模式创新。学会如何构建 3G 时代的移动电子商务产业价值链，特别是基于移动电子商务产业链的双市场结构和基于链核构建 3G 时代开放的移动电子商务产业链。

习题与思考题

1．试述移动电子商务产业价值链演进的概念模型。
2．试解释移动电子商务产业生态系统模型。
3．试解释移动电子商务产业价值链的生成模型。
4．试说明移动电子商务产业链的协调发展。
5．试述移动电子商务的产业价值链整合。
6．试述如何构建 3G 时代的移动电子商务产业价值链。

第 4 章 移动电子商务的应用模式

本章提要：本章首先阐述移动商务应用的定义、内涵和本质特征，并提出移动商务应用要走出滥发短信的误区；然后说明移动商务应用模式的定义、特征和类型，讨论探索中的八种移动商务运营模式；最后分析移动商务模式和价值链的关系，使学生全面掌握第 3 和第 4 两章的内容。

4.1 移动电子商务应用的内涵和本质特征

4.1.1 移动电子商务应用的定义

应用是移动电子商务发展的动力，因此，研究移动电子商务必须研究应用。

也正是在大量的、探索性的、群体性的应用实践中，才展示了移动电子商务的巨大能量，显示了移动电子商务的整合能力，扩展了移动电子商务的发展空间，开拓和提升了移动电子商务的价值，推动了移动电子商务的深入发展。

移动电子商务应用是以移动通信技术及相关技术为支撑，利用移动数字终端（包括便携、手持数字设备），建立起相应的商务应用模型，直接进行的或利用移动信息转移功能，依托网络化的商务平台，进行或完成的多维的、跨行业的或跨国的商务实现活动。

移动电子商务应用的范围非常广泛。某服装公司给每个服装专卖店或店中店配置一部手机和一个钥匙扣大小的与手机相连的条码扫描器，卖出的每一件服装经条码扫描器轻轻一扫，就能快速、准确的记录下所售服装的品牌、数量、型号、价格、款式、售出时间等重要销售数据。这些数据将每日定期或者随时通过手机无线发送至企业总部进行汇总和分析处理，及时动态生成日报表、月报表等多种销售明细图表。这些处理后的数据、图表信息会及时发送到企业管理者的手机上，管理者无论身处何时、何地，都可以准确把握市场的动态和消费者的需求，以最快的速度对消费者的偏好和产品定位作出决策。

这些情况说明：移动电子商务的流动性和易用性特征，使移动电子商务不仅能广泛的应用在服装、化妆品、家电、快速消费品等众多从事店面零售的企业，也可以广泛应用于物流企业、运输企业、递送公司、公安车检、产品质量追踪等，还能广泛应用于农业生产领域，以及紧急避险、抗震救灾等十分广泛的领域。对于企业管理，市场管理、城市管理也都具有重要的作用和广泛的应用前景。

需要指出的是：网络信息技术的这种巨大能量和巨大商业价值是不会成为暴露在光天化日下的大克拉钻石，去任人露天捡拾的。它往往需要建立一个或多个符合客户需求的、具有商务价值实现能力的商务模型，才能在运作这种商务模型的过程中，组织起客户资源、人脉资源、需求资源、市场管理资源，并及时地整合上下游、相关各方或多方的资源，实现“最短路径联接”、“最快速度成交”、“最安全便捷的支付”，完成完整的商务运作过程，体现和创造出商务价值。

4.1.2 移动电子商务应用的特征

移动电子商务应用是移动电子商务主体，通过手机等移动终端，在“动态”中进行应用和实现应用的行为，又是一种在“动态”中调动他人共同应用，或整合相关商务资源参与应用或共同应用的行为。

它可能是移动终端持有者的个人行为，也可能是通过个人行为调动多人参与的群体行为，更可能是整合了价值链相关方互为动作的一种整合互动行为。

网络信息技术的发展也推动了社会生活节奏的加快。推动了商务活动、商务交易过程和商务交易节奏的加快。这种加快节奏的实践要求，成为了电子商务开拓动态空间，利用动态条件，使移动主体在移动中完成和实施商务活动或相关活动的现实需求的一种创新动力。

需求，从来都是推动市场发展的动力，是催生技术创新的动因。正是这种崭新的社会需求启迪了人们的创新思维和创新智慧。手机以及一些相关的便携通信设备的种种创新技术具有和提供了移动终端功能，具备了在移动过程中，完成或实现商务活动的技术条件，这就为发展和进行移动电子商务活动奠定了基础，提供了可能。正是这种探索，成为了推动移动电子商务发展的巨大力量。

因此，电子商务的发展，提供了在“静”态环境下，进行快速查找、快速浏览、快速对接、快速支付、快速成交的现实可能性；而移动电子商务的发展，则进一步提供了在动态中进行和实现商务活动的可能性和现实性。因此，把握和理解移动电子商务应用，必须紧紧抓住其在“动态中进行的应用行为”和“动态中完成的应用活动”这一特征。正是由于能在“动态”中进行和动态中完成，才从根本上满足了商务活动及时、有效的要求。

移动电子商务的这种“动态”特征不仅对提高企业的动态营销能力有重要作用。更重要的在于对提升企业和商务主体的市场反应能力，竞争能力具有重要的作用。这体现在以下 4 个方面。

（1）由于能在动态中获得把握商机的先期机遇，这就避免了信息的“阻滞”和“等待”现象，为商家“及时、有效”的布局决策、调动价值链、组合供应链，多方整合资源，赢得了战机。

（2）由于商务决策是在移动中完成的，这就赢得了第一市场反应速度，为获取和赢得竞争奠定了基础，提供了可能。

（3）由于支付主体在动态中转达其明确的支付意思表示，使支付能在支付主体动态办公的情况中进行和完成（或者通过整合网络支付终端共同完成），这就加快了资金的流转速度，对提高资金使用效率具有重要作用。

（4）由于营销主体在移动状态中既可以整合存量资源，又可以最有效的使用和调度增量资源，不仅可以最大限度的节约商务运营成本，而且可以形成营销中的集中优势。所以才能产生明显的经济效益和社会效益。我国近年来信息化深入发展的实践印证了这一点。

4.1.3 移动电子商务应用要走出滥发短信的误区

随着短信的发展和短信商务功能的展现，一些人敏捷地意识到短信中的商机，于是，开始头脑发热，不仅盲目的喊出了“短信为王”的口号，而且，把短信模式当为移动电子商务的主流模式，加以热炒。

一些所谓的“知名”咨询机构，在这样的关键时期和关键阶段，不仅没能以冷静的理性思索，给燥热的短信商务降温，反而发布所谓的“研究报告”，给盲目的鼓噪火上浇油。以至于一段时期，短信狂潮席卷神州大地。

垃圾短信泛滥，黄色短信横行，诈骗短信狂轰滥炸。

据北京网通提供的数据显示，仅 2005 年 2 月 21 日至 3 月 20 日一个月间，广告短信就达到 2 200 多万条，有时一天竟会发出 1 000 多万条。这些短信广告分为三大类：一是虚假广告；二是不良、迷信广告；三是虚假信息，诱骗、诈骗广告。短信泛滥的做法不但蒙骗了消费者，传播色情信息，而且直接进行网络诈骗。因此，引起了众多消费者的强烈不满，严重败坏了短信的名声。以至于有关部分不得不对其进行治理。

实践证明：短信只是移动电子商务实现过程中的一种快速沟通手段，一种快速信息传递手段。利用商务短信可以进行简易的移动电子商务活动，但是，并不能进行复杂的移动电子商务活动。因此，短信应用只是一种移动电子商务中的初级应用，简单应用。进行复杂的移动电子商务活动，必须整合相关的资源才行。

因此，必须走出滥发短信的误区，才能确保移动电子商务的健康发展。

4.2 移动电子商务应用模式的特征和类型

4.2.1 移动电子商务模式的定义

1. 商务模式的定义

商务模式（也叫商业构思）是一种可以产生收入和利润的商业机制。一般来讲，是公司为其客户提供的服务计划，它包含了战略的制订和执行。

商务模式这个词在管理实践领域的广泛使用，起始于 20 世纪 90 年代中期。由于互联网的兴起，使人们不得不对传统的商业模式进行重新思考，网络信息技术的快速发展催生出了许多新的商业模式的诞生。

回顾起来，中国商业网站，在相当长的时间，是延续了国外的 3 种定型模式。这就是 B2B、B2C 和 C2C。中国电子商务发展的实践，很快就证明这 3 种定型模式不够用，也并不能完全适合中国电子商务发展的情况和特点。中国要搞具有中国特色的电子商务，就需要在模式上进行突破和创新。

因此中国电子商务开始了多种创新模式的探索。先后进行了教育、文化、旅游、娱乐、农产品等多维的行业模式发展探索；在大型连锁商业以及采购、物流、存储、销售等时间性要求非常强的快速消费品行业，进行了牛奶的补货、茶叶的调拨、豆浆的送达等快速调拨、快速流转的探索；在信息对接到签约、配送、物流、海关、商检的全部商务交易环节进行了全流程电子商务模式的探索；以及把 ASP 和 ERP 技术同步应用到电子商务里来，建立起多种资源整合的电子商务平台的探索。

与此同时，一批网上支付企业还进行了第三方支付的探索。特别是国务院发表了加强电子商务发展的若干意见以后，网络支付的安全交易环境明显改善，到 2005 年底，国内采用网上支付业务的已经超过十万家，网上展示的商品总数已经达到两千万件，这就更加推动了网上支付的发展。

尽管这些商务模式还不尽完善，但是，中国电子商务界这种积极的探索精神和坚韧不拔的努力表明：中国人开始建立了适合中国国情的、创新的电子商务模式，开始在世界电子商务的进程中写下浓墨重彩的一笔。

2. 移动电子商务模式的内涵

移动电子商务是商务活动中以应用移动通信技术、使用移动终端为特性的一种创新商务模式，是与商务活动参与主体最贴近的，最具有动态化特征的一种商务模式。

移动电子商务是商务主体使用移动终端，在移动状态下运营和完成的，或通过无线终端再去整合有线网络资源，为顾客提供的一种或多种崭新的商务体验和增值服务的商业模式。

这种崭新的商务模式无论是在理论上还是实践中，都对过去传统的商业模式提出了挑战。对已有的或正在运行的多种电子商务模式提供了扩展的空间以及延伸的可能，更提供了信息主体在移动状态中，进行更广泛的信息资源和商务资源整合的现实可能性。

随着这种探索的不断深化，人们认识的不断提升，崭新的移动电子商务模式必将不断涌现。

4.2.2 移动电子商务模式的特点

1. 移动电子商务具有相对清晰的赢利模式

移动运营的动态性特征决定了移动电子商务模式的灵活性。

从实现基础来讲，移动电子商务实现的必备要件——移动通信终端（主要指手机）是一种大众最常用的沟通工具，其随时、随地、随身的特征，赋予了移动电子商务特有的优势。使得移动电子商务能够方便快捷的实现信息的快速传递，和营销主体之间的互动和多维沟通。手机的“个人性”、“移动性”、“普及性”不仅使移动电子商务具有了广泛的群众性应用基础，而手机的“身份确认”特性，又使这种群体应用模式相比电子商务模式，在身份确认和计费等方面具有相对高的确定性和可追溯性。

这种移动通信运营中，信息消费主体的身份明确性和移动消费收费模式可控性，就带来了一种价值链的闭合性特征。这就决定了移动电子商务一定会有相对清晰的赢利模式。正因此，移动电子商务的增值价值和增值能力才具有巨大的市场吸引力。

2. 移动电子商务模式具有高增值的特征

在移动电子商务中，通过扩展商业模式，去提升移动增值业务的创新空间很大。特别是短信炒股、短信广告、短信网址、智能短信中心等简易移动电子商务模式十分容易构建。而且依托这种简单的移动电子商务模式，就可以在很短时间，很容易的找到获利空间。因此，利用短信衍生应用，去进行这种商务扩展的比重就非常高。这种“低端就可以捞到宝”的现实，造成了两个错觉。

其一是把移动电子商务歪曲化。一些人以为，移动电子商务为利用短信骗钱提供了方便。于是利用手机短信，短信群发，满天撒网，而且网网不空。只要你发出去，总会有上当的。于是发展到利用这种简易的移动电子商务模式去骗钱。

其二是把移动电子商务低俗化。移动电子商务开启的是深度营销和精准营销之门，但是，一些人把移动短信提供了简易商务模式夸大化，神秘化了，以致使一些人误认为：这就是移动电子商务真正的商务模式，以致放弃了进行资源开发，价值开发的努力，把浅层效益当成了深层效益。

其实，移动电子商务模式是一个具有高增值型特征的商务模式。近年来，移动增值业务逐渐成为带动移动运营商业务收入增长的关键业务，其业务种类和组合模式也日趋繁多。可以说，在移动电子商务领域，对移动增值业务的利用是大有空间、大有可为的。

3. 移动电子商务模式具有管理的便捷性

移动电子商务的动态性特征，为商务运营和管理带来了革命性的变化。这种特征不仅会在商业模式的构建中体现和反映出来，而且，会为商务运营和管理带来革命性的变化，会缩短商务流程，加快资金周转，加快物流速度和进程，从而极大的降低管理费用和管理成本。

图 4-1 所示为一个完整的移动电子商务模式构成图。

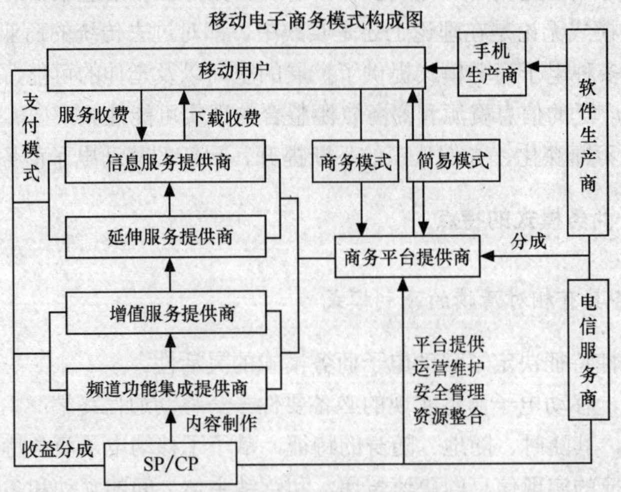

图 4-1 一个完整的移动电子商务模式构成图

4. 移动电子商务模式具有深度营销精准营销的特征

前面已经介绍了，尽管移动电子商务有多种分类方法，有多种可构建的商务模式，但是，移动电子商务模式的基本的和主要的特征决定了移动电子商务模式的核心特征是提供了深度营销、精准营销的可能性。

现代市场营销的最新发展，就是朝着精确营销的方向发展。精确营销的基础就是能够在商家与用户之间进行准确的、一对一的联系和沟通，而移动电子商务的发展提供了这样的基础和可能。

在此基础上，商家可以充分地了解每个用户的个性化需求，并为之提供相应的个性化服务。这种模式中的宣传、支付、配送等商务环节的实现，尽管在形式上和内容上会有很大的变化，但在这种精确的营销模式中，商家为用户提供的将是最终满足每一个用户个性化需求的产品和服务，这种新商务模式的诞生，将彻底的改变现在的生产模式和营销模式。出现和形成以移动电子商务为特征的“以人为本”的崭新服务方式，用户的多种个性化需求，将真正得到满足。

在这种模式的发展初级阶段，商家会通过一对一的对应关系，更好地宣传自己的产品，找到真正适合自己产品的潜在用户群，用户也将乐于接受这种针对自己需求的宣传方式，而不是现在的广告轰炸方式。因此，潜在用户的基数将进一步扩大，这为商家的业务扩展和市场扩展提供了更好的发展空间。

随着这种创新服务形式的发展，商家与用户之间的对应关系将改变，用户在接受对应的宣传的同时会不断的提出和产生出新的需求，这种新的需求同时会不断的反馈到商家，这些反馈又会进一步促进商家更好地把握用户的需求趋势，从而完善自身的服务。

互联网作为全世界最大的信息集合，为人们的生活和商业活动提供着不可替代的支持。在互联网中，商业上的投入成本会随着商业不断发展而不断的缩小比例，也就是说最终的边际成本会趋近于零。这种互联网电子商务模式的特殊性，同样适用于移动电子商务。

在移动电子商务中，当潜在用户发展到一定阶段的时候，就会以最小的成本获得最大的商业利益。在这种模式下的商业规律已经彻底的改变了基于物资短缺假设的传统经济学，移动电子商务模式的发展会遵循自身的这种发展规律而改变现有的经济模式。

4.2.3 探索中的8种移动电子商务运营模式

网络信息技术虽然具有巨大能量和巨大商业价值，但也不是暴露在光天化日下的大克拉钻石，去任人露天捡拾的。移动电子商务往往需要建立一个或多个符合客户需求的、能确保商务过程完整实现的、具有商业价值实现能力的商业模型。在运作这种商业模型的过程中，组织起客户资源、人脉资源、需求资源，市场管理资源，并整合上下游或相关各方或多方的资源，才能实现"最短路径连接"、"最快速度成交"、"最安全便捷的支付"，完成完整的商业运作过程，体现和创造出商业价值。这样的移动电子商务才能走向成熟。

移动电子商务市场的前期进入者不少，期望能更早在市场发展初期占据有利位置。但是目前大都在探索阶段，因此，模式很多。这些模式尽管各自有自身的优点和特点，但是，都还不能说完全成熟。这些探索中的商业模式，尚需经过实践的验证和考量，也还需要进一步优化。

当前，探索中的移动电子商务模式主要有以下8种类型。

1. 引领创新的亿美软通模式

亿美软通是在移动电子商务领域发展较快，走在前面的一种商务模式。在移动电子商务理念上，他最先提出了具有前瞻性的创新思索。

他最早提出："以短信为主的时代要划上句号"。

他最早提出："移动电子商务市场已经走入了深度运营的时代"。

他最早提出："以客户服务为先导的市场战略必将取代以营销为先导的旧的市场认识的观点"。

他最早提出："2006年不再是"营销年"，而是"客户年"。他希望亿美能为整个行业起到表率作用，在全国移动电子商务领域掀起一场"服务大战"。

这种理性思索，使亿美软通在发展中保持了清醒，使它能站在企业发展的战略制高点，从而赢得竞争的优势。

亿美软通的商务模式具有如下一些优点。

（1）在产品开发上：最先开发出以深度应用为特色的组合移动产品。

2001年，亿美软通的创立者李岩同其合作伙伴开始了企业通信平台软件的开拓。最初，亿美软通选择从汽车销售领域切入，在两年的时间内，其业务几乎覆盖了北京所有的汽车4S店。从一开始，它就显示了向深度应用切入的特征。

近年来，亿美软通在产品开发上十分注意用理性的前瞻性思索指导产品组合化应用开发实践，十分注意把自己开发的产品交给IT巨头去应用，让跨国巨商为其打造品牌。

实践中，他们没有满足于将物流、客服、CRM等一些简单的商务应用搬到手机上，而是将目光瞄准了移动电子商务广阔的领域，瞄准了移动管理庞大的需求市场，先后重点开发出移动信息化和移动电子商务应用的满意通、数据通、迅时通等组合应用系列产品。这些组合化的系列产品，既能满足不同客户群的不同需求，又以组合产品的广泛覆盖性掌控了庞大的客户群体。因此，亿美软通的系列产品已经被HP、Coca Cola、Cisco等500强企业在移动信息化应用中所采用，为这些大牌公司持续赢得市场和口碑的同时，也铸就了亿美品牌的闪光点。

（2）在市场架构上：最先建立起面向全国、覆盖 29 省的移动营销体系。

亿美软通抓住了 2005 年全国移动电子商务快速发展的机遇，建立起一套面向全国的移动营销市场体系。这在以往的移动电子商务行业是没有的，是史无前例的。不仅在移动营销领域，在近 10 年来中国电子商务的发展进程中，它也是一个具有重大意义的战略性突破。

它标志着移动电子商务产业从过去的单个企业的区域性经营，变成了全国性的经营；移动电子商务已经从单一产品的直销，便成了规模化经营，体系化销售。在此之前，移动电子商务的市场营销方式大都是直销，规模较小，产品进入的都是区域性市场。而亿美软通自 2005 年开始，在全国建立起一个覆盖 29 个省市的全国营销网络体系。这不仅显示了移动电子商务从小到大、从区域到全国的强势发展势头，也标志着行业的发展和崛起。

（3）在资源开发上：与跨国厂商联合开发了引爆市场需求的自适配技术平台。

在移动电子商务市场上，手机品牌和型号众多，操作系统分立江湖，“一人一把号，各吹各的调”，至今没有一种操作系统成为主流操作系统，这就使移动应用的大规模推广面临超乎想象的困难。

比如，在互联网上我们推出一个新的电子邮件服务，用户只要能联网就能使用。但在移动互联网上，要推出一个手机邮件应用，就要支持千差万别的手机操作系统，还要支持不同的邮件服务器。这等于在移动电子商务发展的路上铺满了荆棘。任何一个移动应用的美好创意，任何一个移动电子商务的创新需求，都将面临着“技术上互不支撑”的拦路虎，从而无法实现大规模的推广。

亿美软通正是看到开发一种共性技术，整合 4.7 亿庞大客户资源，释放其商业价值的极大能量和巨大作用，于是与国际领先技术厂商联合开发了基于移动互联网自动适配技术的无线网站建站平台。

在这项开发中，他们以丰富的中国文化作为底蕴，运用神秘的“九宫格”作为 WAP 网站的视图呈现形式，将“九宫格”自动适配到 1 600 多款移动终端上。在 1 600 多种系统各异、形状不同的手机中找到了共同适配点，实现了从个性化中入手、抓住共性化的节点，最大限度地整合了移动终端资源。从此为持有不同手机的普通消费者体验移动化的高质量生活敞开了大门。图 4-2 所示为亿美软通 WAP 上关于自动适配服务的介绍。

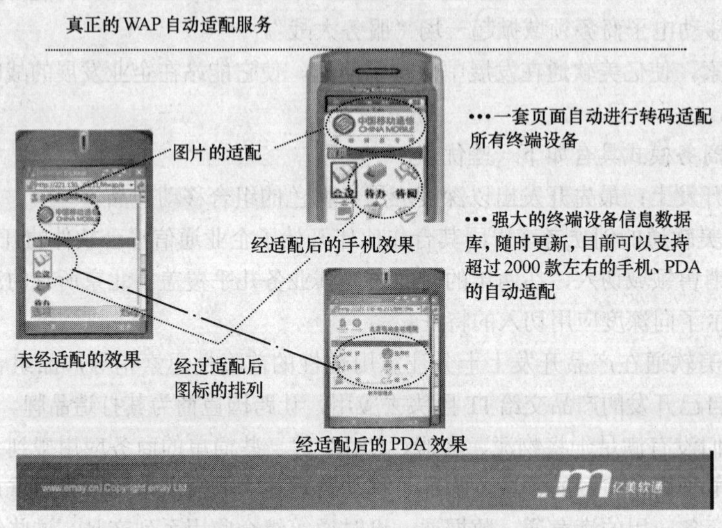

图 4-2　最新的手机 WAP 网站自助建站系统上网评测

许多具有普通手机的用户，通过这种自适配技术，体验到了移动服务的独特优势。图 4-3 所示为试运行中一个普通用户进入某健身服务页面的情况。

图 4-3　一个普通客户进入青鸟健身服务页面

目前，众多中外企业都已经开始使用亿美软通的移动电子商务解决方案。这不仅使亿美软通得到了风险投资的青睐，获得了 2 600 万元的风险投资，而且产品迅速得到市场和客户的认同，市场体系迅速形成。这一切充分显示了这种创新模式的市场威力。

（4）在销售服务上：最先提出要实现从营销年向服务年的战略转变。

移动电子商务市场已经走入了深度运营的时代，2006 年在这一市场上的竞争将更为激烈，而以客户服务为先导的市场战略必将取代以营销为先导的旧的市场认识。亿美软通总经经理李岩说：对于亿美软通而言，2006 年不再是“营销年”，而是“客户年”。他希望亿美软通能为整个行业起到表率作用，在全国移动电子商务领域掀起一场“服务大战”。

2007 年 4 月 6 日，Cisco 耗费巨资在美国拉斯维加斯著名的威尼斯人酒店召开年度大会，总裁钱伯面对着来自全球的上百家媒体、法人和三千名经销商代表，提出了“整合与服务是企业创收摇钱树”的观点。

应该说，亿美软通这种现代服务意识的确立和觉醒反映了中国移动电子商务企业和企业家对行业发展的一种深刻认识和觉醒，成为了一种开拓市场的巨大力量。

亿美软通的模式探索和市场扩展的实践表明：在移动电子商务的发展历程中，资源是重要的。但是握有资源的同时必须进行深度开发。握着资源不进行深度开发，守着干粮挨饿的，有的是。技术创新是重要的，但技术的创新必须和产业发展和商业模式创新、管理思路创新结合起来，才能使自主研发的原动力得以充分的释放，技术创新的优势才能得到充分发挥和体现。

因此，移动电子商务必须实现战略性跨越，必须走出停留在短信营销阶段“忽悠”踏步的误区，开拓深度营销市场、精准营销市场、整合营销市场、增值营销市场，创新营销领域，获得良好的市场扩展能力和持续增值能力，才能真正显现出移动电子商务的巨大商业价值。

应该说，亿美软通在移动电子商务的发展实践中，按照这一要求，迈开了创新的步伐，正矫健地走向前方。

2. 3G 门户的移动门户模式

3G 门户网（wap.3g.net.cn）是一个具有独立域名、提供免费 WAP 内容服务的无线站点。

由于 WAP 是一种全球性、开放性的无线应用协议。WAP 可以把目前 Internet 上的 HTML 信息转换成用 WML 描述的信息，显示在移动手持设备的显示屏上，因此只要开通 GPRS 手机上网的用户都可以随时登录。

WAP 网站可以不从移动运营商对用户的收费分成中实现收入。其商务运营模式类似互联网的门户网站。3G 门户网从 2003 年成立到现在，已发展到近 200 名员工，用户数量也增至 1 500 万。据中国互联网络信息中心发布的《2007 年中国 WAP 发展状况调查报告》显示，在半年内使用过 WAP 搜索的用户的调查中，3G 门户网以 12.6%的比例位居全国第三。

传统互联网发展的经验为 WAP 的发展起了重要的指导作用。因此，广告是其重要的收入来源。在北京，天天坐公交车的人会发现，移动电视在公交车滚动播出吸引了乘客的眼球。

从 2006 年 4 月第一笔广告费用开始投向 WAP 网站起，三星手机、李宁运动、DHC 化妆品、BENQ MP3 等许多厂商目前都看好这块阵地，并开始在 3G 门户网投放广告。

但是，由于手机屏幕比电脑屏幕小得多，网速也有限，如果界面上再跳跃着广告，用户基本上就看不到其他内容。但手机的贴身性和关注度都比其他媒体要高，因此直接进行产品推介或促销诉求就有用得多，比电脑也更容易实现互动。

3G 门户网针对这些特点，采用了不同的营销手法。为三星手机设计小问题让用户回答，主动吸引用户点击广告网页，了解产品信息，实现点对点的促销。活动推出一个星期，实现了 32 万次的有效广告点击。世界杯期间，该网站还开展了李宁运动足彩活动，在每场比赛前猜比分、抽大奖，并把该广告与 3G 门户网世界杯专区结合，嵌入世界杯资讯当中。三天之内参与竞猜人数近 10 万。

经过多方测试和验证性运行，3G 门户认识到，在免费 WAP 上的移动营销最适合的产品或品牌是数字影音类产品、快速消费品、运动用品、连锁店或各种直接的个人消费服务，产品推介活动、数据库营销也有巨大的市场需求。

为此，他们在完善流媒体技术，实现用户无障碍体验；继续增加动漫制作投入，创造出更好的产品；加强与电视台、出版社等媒体的合作，培养维护版权的良好习惯等方面做出了巨大努力，在 3G 门户网（wap.3g.net.cn）上推出了手机看电视的内容，如图 4-4 所示。

图 4-4　用手机看电视

该功能只要手机开通上网，登录3G门户，进入首页“手机电视”频道，选择播放软件“GGTV”，下载安装后启动 GGTV，进入“设置参数”，将“RTSP/RTP 接入点”设置为“none”，将“http 接入点”设置为“WAP over GPRS”，再将“缓冲区大小”设置为“600KB（最大）”，“直播模式”设置为“正常”，就可以保证视频能流畅地播放了。

3. 用友打造的移动商街模式

用友软件从2004年年末就成立了移动商务事业部，开始将ERP管理向手机及其他移动终端进行跨越性延伸。2006年4月，他们组织了“用友移动商务总动员——百万用户体验风暴”活动。2006 年 7 月，他们明确提出进军移动电子商务的战略目标，并与世界领先的日本移动通信公司NTT DoCoMo共同投资组建合资股份公司，声言要做“该领域中国最大、世界第一的服务供应商”，并确定在无锡试点，启动了“太湖红日”计划。

移动商街是用友在移动互联网上建立的虚拟商业中心，是众多手机注册会员和上百万提供服务商家的汇聚之地。在移动商街，会员不仅可通过手机获得及时有用的消费和生活服务信息，进行比较、选择和消费，了解商家并参与互动，享受折扣、奖品和积分回报等实惠，还可通过移动商街进行市场营销、产品推广和形象展示，为会员提供商业服务，促进销售，并可实现移动交易和支付。

在移动商街，会员可通过手机查询商家的优惠促销信息。入驻的商家可通过移动商街进行产品推广和形象展示，发布企业黄页信息和产品价格行情，提供预订服务等。无锡当地先期有1万家商户进驻移动商街，有十万人参与了体验活动。

随后，移动商街在15个省市推出“手机逛街”服务，内容包括娱乐、餐饮、酒吧、旅游、招聘、培训、书碟等。中青旅旗下的遨游网通过移动商街推介最新旅游路线，并提供代价券供移动商街的注册用户下载；好记星则利用移动商街平台汇聚的学生人群，提高消费者对品牌的认可度。

登录移动商街主要有两种方式：短信互动和手机上网。任何可以发送短信的手机都可以用短信方式，只要发送移动实名到916068就行了。开通了GPRS的手机用户可以上网登录，输入 http://hapigo.cn 就来到了移动商街。首页有搜索框，可以输入你想找的企业或产品进行搜索。还有“热门排行”和“特色街区”，只要你感兴趣就可以直接单击进入，如图4-5所示。

图4-5 移动商街界面

目前不能上网或没有开通上网的手机用户，可以用短信互动，发送“中青旅”到 916068，很快会收到回复：“欢迎访问中青旅遨游旅行网”。只要回复，就可以又收到短信，为你提供进一步服务。用友移动总经理杨健已经十分明确地表示：“移动商街不会止步于几个试点城市，这个应用平台将迅速向全国各地铺开，搭上3G商用的头班车”。

4. 天府农业移动电子商务模式

何谓“天府农业移动电子商务模式”？

“农民需要一个买手机的理由，我们就让手机能帮他们做生意。”这就是联通在农村推行的“天府农业移动电子商务模式”。

"天府农业移动电子商务模式"起源于"天府农业信息网"。2003 年在四川联通精心筹划下，该网站以手机短信为主要信息传播方式，利用手机、座机、寻呼机、互联网以及呼叫中心等多种通信平台的综合性信息传播渠道，让四川种植的水稻、白菜、生姜、茶叶等经济作物的农民的腰包都鼓了起来。

前不久，国务院发展研究中心调研组对四川联通在郫县、内江、乐山等地的信息站进行调研后作出评价：中国联合通信有限公司四川分公司的"天府农业信息网"针对不同用户定向发布的，乡里的信息员了解本乡用户的需求，向用户提供专业信息查询、专家咨询、供求信息发布、政务信息发布、个人通信等综合信息服务的确是一个新的探索和试验，其运营上的自我可持续发展的商业模式使它成为一个成本低、影响大、辐射广、能持续的项目。

2006 年，中国联通开始在全国范围内推广，并确定为"农业新时空"项目。该项目有短信服务、WAP 信息接入以及 IVR 语音服务三种形式。其中，短信服务为最基础的服务方式。"农业新时空"手机 WAP 查询服务是通过手机上网功能，在"联通在线"中设置农业专栏，用户可以随时查询当日菜价、政策法规、农业新闻等相关信息内容，还可以把各种农业信息以短信息等方式发送到农民的手机上，帮助农民进行线上和线下的交易。

为此，他们建立了一个全国性的业务平台，提供全国范围的农业信息。"这就意味着一个在河北的茶叶采购商，不仅可以随时看到全国的价格差，而且可以立马把电话打到福建茶商那里进行采购。"

此外，联通农业新时空还给农民提供市场分析、科普知识，充当网上顾问角色，在各地代销农业保险，并帮助当地政府开展劳务输出，因此受到农民的欢迎。目前中国联通已在全国建成农业信息站点接近 5 000 个，用户达到 500 万农户。

四川隆昌县禽苗市场是全国最大的禽苗市场，年成交额达 2 亿元。2004 年 6 月，隆昌县部分乡镇发生禽流感。当时"天府农业信息网"一方面通知市场的养殖户和销售商提前做好预防，另一方面帮助他们购回药品，为其挽回经济损失数十万元。

越来越多的农民正在感受到"移动电子商务"的好处。四川自贡大安区何市镇的农民宋合江通过"天府农业信息网"了解到大安区团结镇的生姜市场价格高、销路好，果断投资 50 万元建起了生姜种植场，生姜通过移动电子商务远销广东、新疆等地，实现销售收入 70 万元，净利润 20 万。农村"移动电子商务"的发展，不仅方便了农民买卖农产品，而且将进一步推进农村移动电子商务和金融信贷体系的结合和创新。

5. 金蝶的 ERP 支撑移动电子商务模式

企业信息化的价值源于企业对信息资源的深入应用和价值开发。当前很多企业使用了 ERP 管理系统。但是，要求任何一个企业主管都坐在计算机前是不现实的。移动 ERP 消除了人不在计算机前就无法进入 ERP 运营和管理的局限，打破了人被桌面束缚不能与数据随身互动的瓶颈；并通过手机精准覆盖了信息化过程中的每一个人、每一个点的管理部位，不仅让 ERP 在移动空间实现管理的无限扩展和延伸，而且开发了 ERP 强大的管理潜能，进一步推动了企业信息化的深入发展。

那么，什么是移动 ERP 商务模式呢？

ERP 是企业资源计划管理系统。通过近几年的推广应用，ERP 在我国的制造业得到了广泛的应用。移动 ERP 就是利用了移动通信网和互联网的先进技术，创新地在移动电子商务模式中集成和融入了 ERP 的管理功能，实现了以企业运营中变动频繁的关键指标为主轴，以基于移动互联网的个性化、格式化数据收集与动态分析处理平台为工具，通过 ERP 系统对大量 Web 前端应用进行可控性管理。管理人员可从 ERP 系统获取的海量数据中抽取信息，进行智能开发和价值提升，通过短信、手机上网及互联网 Web 随时随地实现个性化的商务信息运营和管理。

金蝶第一个明确提出这一概念，并进行了创新应用。这对于推进信息化在企业的深入应用，对于发展和完善电子商务创新模式，都将具有重要的意义。

深圳联创集团应用“金蝶移动 ERP”轻松地将企业中各种人员、内部数据、各种外部应用信息进行整合，快速决策，提升了电子商务的成交率。“发条短信只要 1 毛钱，但却可以精准覆盖到在市场一线奔波的每一名员工，大大提高了整个营销体系的沟通效率、决策能力和商务运营的执行力。”通过丰富的体验活动，进一步强化了对于金蝶移动 ERP 的品牌认同，让信息化如影随行的应用价值得到了“飞一般的商务体验”。

6. 整合移动固网优势的“联通商务”模式

2006 年 8 月 12 日中国联通新品牌“联通商务”完成了重组并正式与业界见面，如图 4-6 所示。

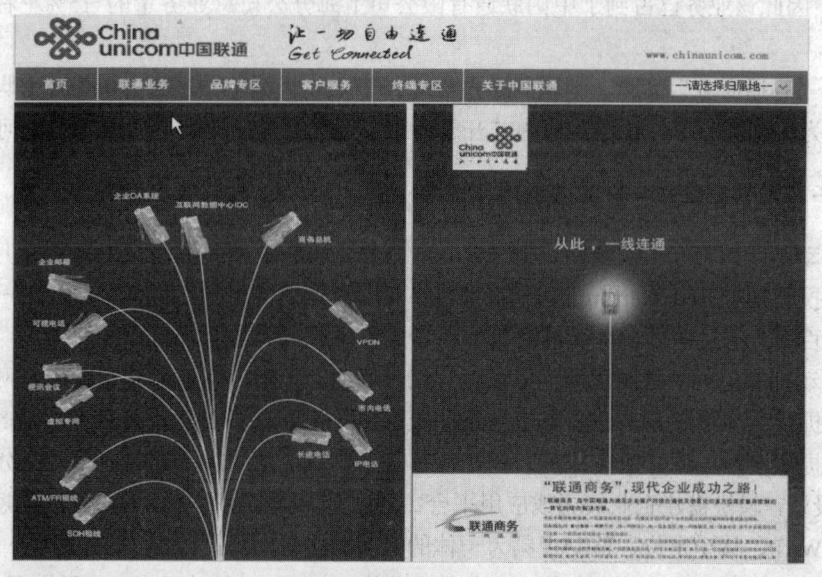

图 4-6 “联通商务”新品牌推出的页面

所谓“联通商务”，就是通过一根专线和一个融合了多种业务的公用统一网络平台，即可满足企业用户关于语音、数据、互联网、视频会议、可视电话、宽带互联网、数据传送、VPN、193 长途电话、IP 电话等基础通信业务以及自助建站、主机托管、网络杀毒、传真群发、办公管理、财务管理、客户关系管理、供应链管理、企业外部宣传等多种应用和服务的一种新的整合商务模式。

这一举措，不仅开辟了网络商务、网络服务和移动电子商务整合的先例，也开创了中国通信服务行业上门服务的先河。

联通商务模式的特点如下。

（1）一个网络平台

中国联通的多业务统一网络平台实现了多个业务网的融合，用户只需要连接到这一个网络平台上，就可以获取平台上提供的各项业务，随着平台的升级和扩展，用户享受到的业务种类将不断增加，业务功能将不断增强。

（2）一根专线接入

在每个用户的接入点，只需要一根专线接入就能够实现多项业务的接入，而不像传统方式，每接入一项业务就需要接入与之相对应的一根线路。

（3）一单受理

由于联通公司是一级法人体制，每个项目只需一个订单，签订一个合同就能运行。这种一单受理的优越性大大缩短了施工进程，提高了项目进度。

（4）一站式服务

由于“联通商务”速度快、覆盖广、服务项目全、资费优惠的特点，真正实现了“一站式服务”的理念，这种创新的整合商务模式得到企业用户的青睐，已经成功应用于应急指挥、远程监控、电子银行、电子商务、远程教育、远程医疗、商业工作会议等多个领域，拥有了中国工商银行、中国银行、海尔、苏宁、中国注册会计师协会等3.6万户专线用户。

一站式服务业务“最大优点就是把移动网络和固网资源进行合理配置，既方便了客户，也节省了资金”，因此该业务已占到了中国联通有限公司上海分公司总业务量的15%左右，而且还在呈上升趋势。

为打造“联通商务”品牌，中国联通重点选择了136个城市并斥资3 000万元购置了300多辆金杯海狮为流动服务车，在运营商中首开了为中小企业提供便捷的上门服务之先河。

7. 滚石移动的全线切入移动电子商务模式

滚石移动是全国唯一一家全网、全平台、全运营商增值服务提供商。2006年8月，它被美国科技及风险投资杂志Red Herring评选为“2006亚洲最具投资及创新百强企业”之一。目前已有超过7千6百万人通过该平台享受过滚石移动各式各样的电信增值服务。

滚石移动拥有巨大的资源优势：可以对移动、联通、电信、网通4大运营商全网、全运营商接入；可以提供大容量服务——全年信息处理能力超过100亿条信息，每秒发送量高达1 000条以上；可以提供多种主流开发接口，和企业现有信息化管理系统进行无缝对接，充分保护企业用户现有IT投资，轻松搭建企业级无线应用平台；可以提供全平台服务，国内首创集短信、自动语音、彩信、WAP、移动定位、移动视频为一体的多功能服务平台。

滚石移动的投资方来自滚石集团、宏基技术投资、Siemens移动投资、华登国际和联想投资。前不久，它又刚刚获得3 000万美元的风险投资。因此，处在发展期的滚石移动已加大对移动电子商务平台建设，将其作为新的赢利点。

滚石移动经过近年的创新研发，在3G到来前，进行了产品布局，适时地推出了8款移动电子商务新品，显示了滚石移动的潜在能量和开展移动电子商务业务的决心。

按照滚石移动的策略，一方面跟手机制造商合作，提供手机音乐服务解决方案；另一方面，快速扩展中国移动电子商务市场，B2B已经成为滚石移动的另一种重要商业运作模式。2006年开始推出的M-biz手机商务“联络佳”系列、“掌上”系列以及ROCK-LP移动二维码手机商务综合服务平台等多个新产品，基本上已经形成了较完整的移动电子商务产品线，显示了滚石移动在移动电子商务领域的能量。

此外，滚石移动还为苏宁、阿里巴巴等企业量身定做“联络佳”移动电子商务应用系统。阿里巴巴旗下的支付宝、淘宝等部门都使用滚石移动联络佳产品。目前滚石产品在淘宝的应用以短信应用为主，涉及交易通知、支付、竞价通知、投诉等多项业务流程，取得了可喜的应用效果。使用了滚石的即时通信产品后，无疑能将线上交易的沟通成本进一步降低。在此以前，顾客一个交易的成交情况只有上线才能看到，但用上了“联络佳”，系统可以在第一时间将成交信息发送给用户，帮助其即时了解信息并作出决定。因此，它很受用户欢迎。

特别是滚石移动还与北京市科委推出的长风农业版个人计算机项目合作，在长风农业版个人计算机上集成滚石移动提供的 Linux 版“联络佳”移动电子商务套件产品，用以实现手机与计算机之间的信息交流。这不仅非常适合长风农业版个人计算机“面向特定应用的、普及型、节约型信息化终端”的产品定位，而且为移动信息转移服务开辟了广阔的应用前景。

8. 用移动商宝进行动态管理的移动电子商务模式

移动商宝是由北京商基恒业技术开发有限公司（北京移商科技发展有限公司前身）自主开发的，基于掌上电脑和智能手机上应用的，适应业务移动性强的商品直销和分销企业销售管理的，完整的进、销、调、存及其他商务应用的一种创新商务模式。

它的问世将为直销、分销领域或其他领域的移动电子商务应用带来革命性的进步。2005 年 3 月，原国家信息产业部中国电子信息系统集团公司组织召开了移动商宝软件产品评介会。与会专家不仅充分肯定了其在国内移动应用模式上的创新，还指出移动商宝已经实现了由模式构想到产品实现的转化，因此具有广阔的应用前景和商务开发价值。移动商宝界面如图 4-7 所示。

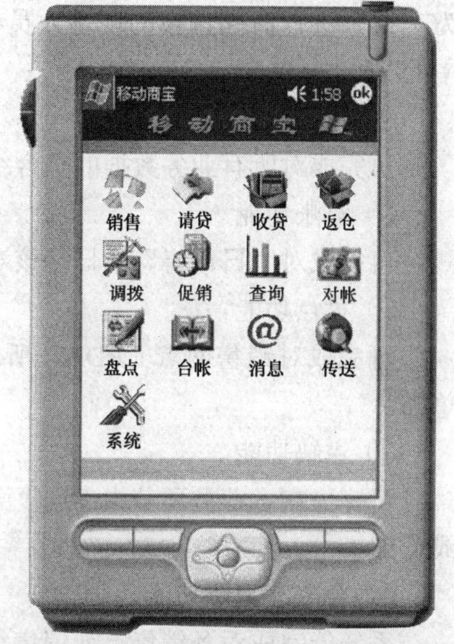

图 4-7　移动商宝的应用界面

（1）移动商宝的特点和优势

移动商宝是国内是第一家综合运用掌上电脑嵌入式开发技术、有线/无线连接数据网络技术、互联网技术、SAP 模式技术等实现的移动电子商务应用管理系统，也是我国最早通过科技成果鉴定的移动电子商务创新产品。在搜索引擎应用中，它率先解决了把 Web 互联网的信息整合到无线互联网中的技术难题。用户只要通过手机登录“wap.b2b8.com”，即可搜索到全国各地的最新商业机会。2006 年 3 月 19 日，搜索引擎已经正式推出无线版本。

移动商宝是直接与大型数据库进行远程数据交互的移动应用产品。它能够平滑运行在各种品牌的通用 PDA 上（Pocket PCs 2002、2003 操作系统）。它能够采用各种有线/无线方式连入数据网络与网络服务器进行数据传送，并且不要求后台系统实时在线；它采用典型的 SAP 商务模式，使系统安装和使用都变得极为方便和简单；它既能独立进行业务管理，也能够直接嵌入或者与其他的系统比如 ERP、MIS 等进行数据交互，实现数据信息的共享；该系统自行开发数据传送底层系统，不使用数据库同步工具，使数据传送安全、快速并能节省后台数据库成本。

（2）系统构成和功能特点

移动商宝系统由前台商用功能和后台管理功能构成。

前台商用功能包括销售、请货、收货、返仓、调拨、促销、查询、对账、盘点、溢缺处理、商品台账、系统信息管理、数据传送等功能。移动商宝是目前国内移动电子商务管理系统中功能最全面的管理系统，其主要功能如下。

① 销售功能

完成正常定价销售、优惠折扣销售、销售退货、保存业务数据处理等所有业务处理。

② 请货功能

完成制订请货单、修改请货单、保存和发送请货单等业务的处理。

③ 收货功能

可完成根据总部下发送货单验货，修正确认送货单保存并返回到总部等业务的处理。

④ 返仓功能

可完成将前台商品返回到仓库的业务，比如撤柜、冗余商品返仓等业务的处理。

⑤ 调拨功能

在PDA和PDA之间、PDA与手机终端之间、手机终端与手机终端之间可实现同级销售网点之间商品的直接调出、调入，而不需经过后台管理系统的干预。这是根据大量商务实践专门为有权限进行商品调拨的现场人员在“应急”情况下所设计的功能，是移动商宝商务模型设计中的亮点。

⑥ 查询功能

可完成对所有业务数据的综合统计、查询和分类统计查询等业务处理。

⑦ 对账功能

可完成对“日销售”的日终核对以及对“累计月销售”的核对等业务处理。

⑧ 盘点功能

可完成对销售网点（PDA）所管理商品的盘点，不论盘盈、盘亏均生成“溢缺单”并传回总部。

⑨ 溢缺功能

可完成在各业务环节中出现“溢/缺”情况的处理，系统均将自动产生“溢缺单”传送到公司或总部。

⑩ 台账、记账功能

系统能完成对各销售点或销售终端所发生业务的“收、付、存”日记账处理及对“收、付、存”信息的保存、统计和查询等业务处理。

⑪ 消息通知和发布功能

系统能完成系统内各种消息、通知等信息的发布和传送等。

⑫ 数据的上传和下载功能

数据的上传和下载功能不仅能完成对所有业务数据的“上传”与“下载”，而且能实现“前台”与“后台”之间的数据的传送与互换。这不仅是“移动商宝”系统实现数据动态采集、灵活传送的关键，也是“移动商宝”的价值所在。

移动商宝的后台管理功能包括：商品管理、销售网点管理、配货管理、销售统计、盘点管理、系统管理等6大功能。其管理界面如图4-8所示。

图4-8　移动商宝后台管理功能

从图4-8中我们看到移动商宝的后台管理功能十分强大。

商品管理功能：可完成商品档案建

立、商品编码、销售前台码、商品货号以及商品名称、产地、型号（款式）、规格、等级、价格等商品关键信息的建立、管理等。

销售网点管理功能：可完成对所有销售网点的定义、管理等。

配货管理功能：可完成对所有销售网点的商品配货处理、管理等。

销售统计功能：可完成对所有销售网点各种销售数据的统计与查询等。

盘点管理功能：可完成对盘点、溢缺的处理等。

系统管理功能：可完成系统注册、初始化、使用人员权限规定等。

总之，移动商宝是国内第一个应用大型数据库和嵌入式移动终端实现“移动电子商务解决方案”的商务模式，也有效解决了直销、分销、物流企业的移动业务处理难题，在移动电子商务应用方面实现了重大突破的、经过科研鉴定的、可以产品化的应用性产品。该产品今后必将有广阔的应用前景。

4.3 移动电子商务模式和价值链的关系

商务模式和价值链的关系问题是移动电子商务中的一个重要问题。它既是一个理论问题，又是一个实践问题。当前很少有人提起这个问题。其实，我们的很多电子商务模式，很多 WAP 2.0 的创业模式，之所以没有明确的效果，一个重要的原因就是：没有用心研究移动电子商务模式和价值链的关系。因此，许多移动电子商务模式不是找不到明确的赢利点，而是价值链不能成为商务模式的价值支撑。

由于这个问题涉及的理论问题较多、较深，下面我们仅就移动电子商务模式和价值链的关系做简单的介绍。希望大家注重把握下面的要点。

1. 移动电子商务价值链是构建移动电子商务模式的价值基础

价值链理论是哈佛大学商学院教授迈克尔·波特于 1985 年提出的。波特认为“每一个企业都是在设计、生产、销售、发送和辅助其产品的过程中进行种种活动的集合体。所有这些活动可以用一个价值链来表明。”企业的价值创造是通过一系列活动构成的，这些活动可分为基本活动和辅助活动两类。基本活动包括内部后勤、生产作业、外部后勤、市场和销售、服务等；而辅助活动则包括采购、技术开发、人力资源管理和企业基础设施等。这些互不相同但又相互关联的生产经营活动，构成了一个创造价值的动态过程，即价值链。

波特的“价值链”理论认为：价值链在经济活动中是无处不在的，上下游关联的企业与企业之间存在行业价值链，企业内部各业务单元的联系构成了企业的价值链，企业内部各业务单元之间也存在着价值链联结。价值链上的每一项价值活动都会对企业最终能够实现多大的价值造成影响。

因此，移动电子商务价值链是构建移动电子商务模式的价值基础。移动电子商务模式会在一定时期或一定阶段固化了移动价值链的相关资源，激活了某些可增值的活跃环节，整合了价值链中最活跃的市场要素。但是，一个新的具有增值能力的移动电子商务模式的产生，又会推动、促进移动商务价值链的改变和调整，吸引和促进新的具有增值能力的价值链条的扩展和延伸。这两者的相互作用，必然既推动了价值理论的发展，又丰富了价值创造活动的不断放大。

2. 要学会从价值链和商务模式的相互作用中提升商务模式的价值

从以上的分析中我们知道和明确了移动价值链和移动电子商务模式的关系。研究和把握移动价值链和移动电子商务模式的关系的目的在于：要从价值链和商务模式的相互作用中提升商务模式的价值。怎么提升呢？实践中主要应该抓住以下两个要点。

（1）要在商务模式设计中找到并激活价值链中的“增值环节”。

在大量的价值活动中，并不是每个环节都创造价值。实际上只有某些特定的价值活动才真正创造价值。这些真正创造价值的价值活动、营销活动往往就是价值链上的“战略环节”、“关键环节”。由于这些环节的发展、变动、增值或增量，影响其他相关环节的变动、增值或增量。这样的关键环节“其发光的内涵”多数情况下并不外露，并不昭示出广告效应。

因此，就需要我们在实践中发现和发掘，把发光的元素提升或提炼出来，“激活其增值的可能性”，才能“最大限度地开发其增值能力，创造出增值价值”。

以移动电子商务中的城市地名问答为例。当前相当多的商务模式都采用了这种“地名设计问答”模式。但是，也有相当多的商务模式设计中没有抓住其“增值环节”。比如，在关于天津的政务办公地名查询系统的设计中，一般的设计顺序都是，先是市政府，然后是各区县局，以为这样查起来很方便。但是，当我们运用商务智能系统，对移动问路查询系统进行三个月的流量跟踪以后分析的结果发现：其点击率最高，查询率最多的并不是“市政府”，而是“外地住津联络处”。而“外地住津联络处”在查询数据库中却没有。也就是说：外地人员到天津查询这个联络地址根本查不到。这个情况说明：我们的移动查询数据库是按照事务发展的一般需求设计的，而不是按照市场需求设计的，更没有发展，没有找到“增值环节”。

因此，找到“增值环节”、“激活增值的可能性”并“最大限度地开发其增值价值的能力”并不是一件容易的事。需要我们进行大量的市场研究和商情研究。当我们能够真正抓住其关键环节的时候，不仅会找到进一步“激活增值的可能性”，而且会成为价值链成员加入的动力、扩展的推力，会推动和促进移动价值链的扩展和延伸。

（2）要在价值链“战略环节”的设计中提升其商务价值。

价值链“战略环节”不是寻找来的。更重要的是，要在商务模式的设计中聚焦商业智慧，处理好“战略环节”和一般环节的关系，通过一般环节的资源汇集、能量汇集，产生价值吸引力，形成价值引爆点，去提升移动电子商务价值链中“战略环节”的价值。没有价值链中水到渠成的资源积聚和价值汇聚，就不会有价值的增值。而没有商务模式设计中的聚焦智慧，又不会有价值链的快速扩展。因此，我们必须用功地搞好移动电子商务模式的设计。

美国麻省理工斯隆管理学院院长莱斯特·卢梭在其新著《知识经济时代》里提出：21世纪企业成功元素已经由土地、黄金、石油转为除文化和数码之外的另一个极其重要的元素——设计。这就是说，设计概念已从物件造型和视觉美感等层面上得到新的升华，不仅渗入了企业管理更广阔的领域，包含了市场、生产、采购、物料等更加广泛的范畴。而且成为了企业创收和增值的源泉。因此，认真地学习和研究创业战略设计的原则、技巧，对于提升价值链和商务模式的价值都将具有重要的意义和作用。

战略设计可以提升商务模式的可执行能力。比如，对商业模式的本质理解，诸多资源的精妙组合，核心管理人选的取舍到位，价值链各环节的现互衔接等，都彰显出设计在商务模式管理中的灵魂作用。

特别是在战略设计中，可以把战略执行人的意图凝聚在体系化、配套化的相关战略环节中，使每一个执行环节和执行元素都能较好地体量和贯彻总体战略意图。这就从根本上提升了企业的战略执行力。因此，在移动电子商务模式构建的过程中，一定要注意充分发挥模式设计的作用，一定要坚持在模式设计中注入商业智慧。

本章小结

本章理论性较强，因此把握本章的内容一定要抓住重点。学习中要重点理解以下 5 个重点。

（1）要理解什么是移动电子商务应用。对这个基本概念要把握以下 4 点。

一个支撑：以移动通信技术及相关网络技术为支撑。

一种终端：利用移动数字终端（包括便携、手持数字设备）。

一种模式：建立起相应的商务应用模型。

两种途径：直接进行的或利用移动信息转移功能转移进行的商务实现活动，这里千万不要忽视“转移进行的”这另一种途径。

（2）要把握为什么移动电子商务价值链是构建移动电子商务模式的价值基础，以及价值链和商务模式的关系。

要把握移动电子商务模式会在一定时期或一定阶段固化了移动价值链的相关资源，激活了某些可增值的活跃环节，整合了价值链中最活跃的市场要素。但是，一个新的具有增值能力的移动电子商务模式的产生又会推动、促进移动电子商务价值链的改变和调整，吸引和促进新的具有增值能力的价值链条的扩展和延伸。这两者的相互作用既推动了价值理论的发展，又丰富了价值创造活动的不断放大。

（3）要把握移动电子商务模式的特点和本质。

（4）关于 8 种探索中的移动电子商务模式，重点要把握亿美软通的特征和移动电子商务的特征。

（5）关于移动价值链和商务模式的关系，理论性很强，要求学员一定要把握怎样找到移动价值链中的“关键环节”，并“激活其增值的可能性”，特别是在商务模式构建中如何运用商务智慧达到这样的效果。

习题与思考题

1．什么是移动电子商务应用？

2．移动电子商务模式有哪些主要特点？

3．亿美软通将“九宫格”自动适配到 1 600 多款移动终端上有什么重要意义？

4．移动商宝的特点是什么？有什么商务价值？

5．怎样认识和把握移动电子商务价值链是构建移动电子商务模式的关系？

6．怎样在实践中提升商务模式的价值？

7．在移动价值链中怎样找到其“关键环节”，并“激活其增值的可能性”？请举例说明。

8．怎样在价值链“战略环节”的设计中提升其商务价值？

第5章　移动电子商务的交易服务

本章提要：本章介绍移动电子商务的交易服务，首先阐述移动电子商务合同，包括移动电子商务合同的概念与特点、订立与生效、合同的内容与履行。然后阐述移动电子商务认证服务，包括认证机构和移动电子商务认证特点。另外也要了解移动电子商务交易相关服务，如商品检索、移动支付和物流配送等。最后给出案例说明移动电子商务交易服务在国外的发展情况，如芬兰、韩国和日本等移动电子商务的典型国家。

5.1　移动电子商务合同

5.1.1　移动电子商务合同的概念与特点

1. 合同的概念

合同是民商法律中使用较为广泛的概念。关于合同的概念，大陆法与英美法一直存在着不同的理解。大陆法认为，合同是一种协议，协议或合意构成了合同的本质，合同法重在保护当事人之间的协议或合意。英美法认为，合同是一种允诺，允诺构成了合同的本质，合同法重在保护允诺的实现。但是由于英美法的合同概念仅强调一方对另一方做出的允诺，没有强调当事人的合意，而这正是合同成立的关键。因此，在英美法中，另一个通行的定义是：合同是法律上能够强制执行的协议。这一定义将重心放在合同当事人双方的表示上。由此可见，英美法和大陆法对合同概念的理解正趋于接近。

关于合同的概念，在我国民法中代表性的表述有两种：一是认为，合同是指当事人之间设定、变更、终止债权债务关系的合意，因此可以称为“合意说”；二是认为，合同是当事人之间产生、变更、终止民事权利义务关系的意思表示一致的法律行为，因此可以称为“法律行为说”。这两种概念的差别在于：合意说侧重于表明当事人的意思表示一致，而法律行为说侧重于表明合同的法律行为性质。由于法律行为是以意思表示为要素的，所以这两种合同概念并没有本质上的区别。

2. 移动电子商务合同与电子商务合同的异同

移动电子商务是通过手机、PDA、呼机等移动通信设备与 Internet 有机结合所进行的电子商务活动。它与电子商务的区别不是在于将电子商务活动扩展了，突破了传统的有线环境的局限，而是将无线通信与 Internet 的移动网络相结合，成为一种新的商业运作模式。但通过移动通信设备作出的交易活动，达成的合同协议，同样要符合合同法的规定，受合同法的制约。

与传统合同一样，移动电子商务合同在本质上也是当事人之间达成的合意，其成立意味着移动电子商务各方当事人的意思表示一致。移动电子商务合同成立须具备的要件，除了存在双方或多方订约当事人、订约各方当事人对主要条款达成一致、具备要约和承诺阶段外，还须具备全部或部分采用电子记录形式要件。

对于电子商务合同，许多学者进行了广泛深入的研究探索，很多国家也出台了相关的法律法规进行了规定。但移动电子商务合同只是在实现的网络环境和缔约的设备上与电子商务合同有所不同，在其他方面与电子商务合同并无太大差异，因此对于移动电子商务合同来说，电子商务合同的相关规定仍然适用。

3. 移动电子商务合同的特点

（1）邀约承诺通过无线网络进行，合同双方当事人都通过无线设备连接在虚拟的市场上运转，其身份依靠密码的辨认或者认证机构的认证，表示合同生效的传统签字盖章方式被数字签字所代替。

（2）与传统合同的定立、变更、解除方式有很大的不同。传统的形式有书面和口头的两种，法律有着严格的规定。移动电子商务合同的订立没有严格的形式要求，不同情况有不同的表现形式。标的额小、关系简单的交易表现为直接通过手机订购、付款，如利用手机直接购买图片、下载彩铃。

（3）传统合同和移动电子商务合同在合同成立的地点上有着明显的不同。传统合同的生效地点一般为合同成立的地点。而移动电子商务最大的特点就是移动性，因而通过移动电子商务订立的合同根据不同的情况有着不同的规定。

5.1.2 移动电子商务合同的订立与生效

（1）要约。根据我国现行《合同法》第 14 条："要约是希望和他人订立合同的意思表示"的规定，该法对要约的形式要件并未做出限定。因此，移动电子商务合同中的要约只要符合以下条件就处于《合同法》的调整范围之内：具有订约能力的人有订立合同的意图并作出意思表示；向受要约人发出而且内容具体确定。

那么第一关于有订约能力的人就需要有所界定。在从事移动电子商务活动时，一方当事人如何辨别他方的行为能力，以及传统民法关于民事行为能力的理论能否适用于移动电子商务环境？

目前手机、移动设备使用者的年龄层迅速下降，许多儿童或者少年皆会使用手机，发送短信，通过无线网络进行操作。网络交易环境与一般交易环境相比较，有其特殊性：网络上根本无法看到或辨识交易相对人，双方当事人利用按键来为意思表示，即便网络商家要求交易相对人输入身份证号码及出生日期或信用卡号以证实其为成年人，但仍有伪造或提供不实资料之可能性，故网络商家基本上无从得知另一方当事人究竟是否为成年人。那么，当事人如系无民事行为能力人或限制民事行为能力人的未成年人（甚或精神病人）而于网上订立网络交易合同是否能有效成立？

依我国《民法通则》第 11 条及第 12 条之规定，10 周岁以下的未成年人系无民事行为能力人，必须由其法定代理人代理民事活动；10 周岁以上 18 周岁以下以及年满 16 周岁有独立生活能力的未成年人系限制民事行为能力人，其从事网络上之交易或消费由其法定代理人代理或征得法定代理人同意，否则他们所为的民事行为无效。同时，我们还不能排除精神病患者通过网络进行交易的可能。依《民法通则》第 13 条之规定，不能辨认自己行为的精神病人是无民事行为能力人，由其法定代理人代理其民事活动；不能完全辨认自己行为的精神病人是限制民事行为能力人，可以进行与他的精神状况相适应的民事活动。对于无民事行为能力人与网络商家订立的合同，如果法律认定其效力，就违反了《民事通则》的上述规定，虽然维护了合同的尊严和网络交易秩序，但对保护未成年人的利益未必有帮助；如果不认可其效力，交易安全和交易秩序又得不到保障，网络商家从事网络交易的积极性会受损。限制民事行为能力人超出其认知能力所签订的合同亦然。

对限制民事行为能力人订立的网络交易合同之效力，有学者认为可适用我国《合同法》第 47 条规定来认定。该条规定："限制民事行为能力人订立的合同，经法定代理人追认后，该合同有效，但纯获利益的合同或者与其年龄、智力、精神健康状况相适应而订立的合同，不必经法定代理人追认。相对人可以催告法定代理人在一个月内予以追认。法定代理人未表示的，视为拒绝追认。合同被追认之前，善意相对人有撤销的权利。撤销应当以通知的方式作出。"此条规定为网络商家提供了一定程度的保护，当他们在与限制民事行为能力人订立合同之后，如能经法定代理人追认，则合同仍然有效，经营者们可享有合同项下的权利。再者，经营者有催告追认的权利，并且在法定代理人追认之前，善意相对人还有撤销的权利。由此条款，我们亦可获知限制民事行为人从事与其年龄、智力、精神健康状况相适应的网络消费或一般交易活动所签订的合同不必经法定代理人追认即为有效。这对经营者而言，不失为一个使其损失减少到最低限度的方法。但美中不足的是，网络交易以迅速便捷为其特色，倘若交易过程中加入追认、催告追认交易行为等程序，这对网络交易来说颇显累赘，顾及了与现有法律规定的呼应，但扼杀了网络交易便捷快速的天生特性。

其次，对于向受要约人发出的内容也要具体清楚，这里存在着要约与要约邀请的区别。要约邀请是与要约紧密相连的一个概念，我国《合同法》第 15 条规定："要约邀请是希望他人向自己发出要约的意思表示。"可见，要约邀请是一方向对方发出的希望其向自己提出要约的一种提议，即一方邀请对方向自己发出要约。要约与要约邀请是不同的。首先，二者的目的不同。要约的目的在于与受要约人订立合同，其作用在于唤起受要约人的承诺。其次，二者的性质不同。要约是一种意思表示，要约发出后即会产生一定的法律约束力。要约人违反有效的要约，应承担法律责任；要约邀请是行为人订立合同的预备行为，性质上属于事实行为，不具有法律意义，行为人在法律上无须承担责任。

例如，我们的手机经常会收到一些房产、商品或其他服务的促销广告，对于这些内容我们应当如何对待？是当作要约还是要约邀请？这就要视具体情况来分析了。

第一，手机广告中不仅介绍了商品名称、性能，而且明确了价格、数量，消费者一旦按键就可以确认成交，那么这种性质就属于要约。例如，收到包月的彩铃服务介绍，一经按键就可以成交，就可以享受该项服务，这种广告就是要约。

第二，广告发布者提供具体的商业信息供客户浏览，一般可以认为该广告是要约邀请。如果只是利用手机宣传某种产品，并没有指出价格、数量，这种广告不仅不属于要约，甚至不构成要约邀请。

第三，广告发布者向会员提供某种产品或服务信息，并且规定了价格、数量，从其内容中能够确定发布者具有明确的订约意图，要约受到拟订立的合同的约束。在此情况下，发布人不仅是向特定人发出希望订立合同的意思表示，而且具有拟订立合同的主要条款和订约意图，应该构成要约。

（2）承诺。我国现行《合同法》第 21 条"承诺是受要约人同意要约的意思表示"的规定，移动电子商务合同中的承诺也在该法的规定范围之内，只要它符合如下条件：由受要约人作出并在规定的期限内到达要约人；全部或实质性内容与要约一致并以适当的方式作出。

那么，首先承诺的内容必须与要约的内容相一致。承诺是对要约的同意，非对要约的同意不够成承诺。承诺人对要约表示同意，即意味着承诺的内容必须与要约的内容一致。承诺的内容与要约的内容相一致，英美法称为“镜像原则”，就是要求承诺必须像照镜子一样照出要约的内容。如果受要约人对要约的内容并非完全同意，而是对要约的内容有所变更，如扩张或限制要约的内容，则这种意思表示不构成承诺，而应视为一种新的要约，或称为反要约。

我国《合同法》对有所变更的承诺也采取了相同的态度。《合同法》第 30 条规定：“承诺的内容应当与要约的内容一致。受要约人对要约的内容做出实质性变更的为新要约。有关合同标的、数量、质量、价款或者报酬、履行期限、履行地点和方式、违约责任和解决争议方法等的变更，是对要约内容的实质性变更。”第 31 条规定：“承诺对要约的内容做出非实质性变更的，除要约人及时表示反对或者要约表明承诺不得对要约的内容做出任何变更的以外，该承诺有效，合同的内容以承诺的内容为准。”

其次，应当明确承诺如何在规定的期限到达要约人。因为这关系到承诺的生效，承诺的生效即表示合同成立。要约的有效期限是要约效力的存续期间，也就是承诺的期限。超过了要约的有效期限，要约即失去效力，要约人不再受要约的约束。因此，承诺必须在要约的有效期限作出，才能产生承诺的效力。如果要约规定了承诺的期限，则承诺必须在规定的期限内作出；如果要约没有规定承诺的期限，则承诺应当在合理期限内作出。

一旦一方当事人对要约做出承诺，则表示合同成立。那么在移动电子商务活动中，如何判定承诺到达，合同生效呢？英美法系采取的是发送主义，大陆法系，最为典型的是法国实行到达主义。在移动电子商务合同实践中，若采用发送生效原则会遇到极大的困难。因为在移动电子商务合同关系的情况下，当承诺方的移动通信设备发出承诺后，有几种情况可能发生：承诺方移动通信设备出现问题，发出的承诺数据在途中变成垃圾数据；或者由于传送媒介出现故障使承诺数据丢失在路途中。同时，如合同的订立是通过提供电子商务服务的中介机构来完成，情况就更为复杂。在此，如果按照发送主义原则，该承诺已经发出，合同已经生效，这对双方都可能是不公平的。从这个意义上讲，大陆法系的到达主义似乎更加合理。对此，原则上采用“发送主义”的美国《统一商法典》以修正案规定电子商务合同于受领承诺信息时成立，即明显地采用“到达主义”。事实上，英国的一些判例已经对通过新兴的通信方式订立之合同的时间问题作了灵活的处理。例如，1995 年英国上诉法院在对一桩案件判决时指出：对待合同当事人通过瞬间即逝的通信方式订立合同的原则应当有别于传统的通过邮政方式传递信息的原则。我国《合同法》采取了到达主义原则。《合同法》第 16 条规定“要约到达受要约人时生效。采用数据电文形式订立合同，收件人指定特定系统接收数据电文的，该数据电文进入该特定系统的时间，视为到达时间；未指定特定系统的，该数据电文进入收件人的任何系统的首次时间，视为到达时间。”《合同法》第 26 条也采用到达主义原则对承诺通知的生效时点作了规定。

民法上“到达主义”之“到达”，应指意思表示到达相对人可支配的范围内，相对人随时可以了解其内容之状态。因此，移动电子商务合同缔约过程中的电子信息，被储存于当事人间约定的移动电子设备中，且相对人处于随时可以读取该信息之状态时，就可认为该电子信息已被送达于相对人。我国《合同法》对何谓收件人指定的“特定系统”没有明确规定，但我们可以推断特定系统可以是以下两种情况：第一，如果移动电子商务合同签署的双方或多方当事人是通过特定的系统，即该系统属于专门为订立移动电子商务合同设计的网络平台及终端，则该系统可以被确认为“特定系统”。第二，虽然某一系统不是专门为订立移动电子商务合同而设计的系统，但是确为收件人所能控制的或是专有的无线通信系统，且该系统属于网络上的一个终端或特设的电子邮箱等，则该系统亦可被认为是“特定系统”。至于意思表示的到达是以到达特定系统为准，还是以相对人的阅读为准，《合同法》也没有明确规定。德国法规定，承诺只要到达受要约人可以支配的范围内，如营业场所，即被视为承诺到达，而不需受要约人是否已解读承诺的内容。但确定数据电文形式之意思表示的到达时间不能千篇一律，特别是当收件人单方面指定了收取电文的特定信息系统（所指定的系统可能是也可能不是收件人的一个信息系统），而电文实际上到达了收件人一个信息系统但并非是指定的那个系统时。在这种情况下，应以收件人检查到数据电文的时间为收到时间。

由于意思表示生效的地点牵涉到合同争议的管辖权，因此，移动电子商务合同成立的地点问题亦是值得研究的问题。对移动电子商务合同的地点确认比对合同的生效时间的确认更加复杂。在移动电子商务中，收件人收到数据电文的信息系统或者检索到数据电文的信息系统常常是设在并非收件人所在地的一个区域内，因此在对数据电文收到地点作规定时，要确保某一信息系统的地点不作为决定性因素，确保收件人与视为收到地点的所在地有着某种合理的联系，而且发端人可以随时查到该地点。出于这样的考虑，联合国贸法会及一些国家在作这方面法律规定时，首先都尊重当事人间的约定，在缺乏约定时，以营业地作为基本的判别标准，同时规定了特殊情况下的判别方法。我国《合同法》第 34 条规定："承诺生效的地点为合同成立的地点。采用数据电文形式订立合同的，收件人的主营业地为合同成立的地点；没有主营业地的，其经常居住地为合同成立的地点。当事人另有约定的，按照其约定。"

5.1.3 移动电子商务合同的内容与履行

（1）移动电子商务合同的内容

合同的内容，即合同的当事人订立合同的各项具体意思表示，具体体现为合同的各项条款。《合同法》第 12 条规定："合同的内容由当事人约定，一般应包括以下条款：（一）当事人的名称或者姓名和住所；（二）标的；（三）数量；（四）质量；（五）价款或者报酬；（六）履行期限、地点和方式；（七）违约责任；（八）解决争议的方法。当事人可以参照各类合同的示范文本订立合同。"

合同生效后，当事人就质量、价款或者报酬、履行地点等内容没有约定或者约定不明确的，可以协议补充；不能达成补充协议的，按照合同有关条款或者交易习惯确定。当事人就有关合同内容约定不明确，依照前述规定仍不能确定的，适用下列规定。

① 质量要求不明确的，按照国家标准、行业标准履行；没有国家标准、行业标准的，按照通常标准或者符合合同目的的特定标准履行。

② 价款或者报酬不明确的，按照订立合同时履行地的市场价格履行；依法应当执行政府定价或者政府指导价的，按照规定履行。

③ 履行地点不明确，给付货币的，在接受货币一方所在地履行；交付不动产的，在不动产所在地履行；其他标的，在履行义务一方所在地履行。

④ 履行期限不明确的，债务人可以随时履行，债权人也可以随时要求履行，但应当给对方必要的准备时间。

⑤ 履行方式不明确的，按照有利于实现合同目的的方式履行。

⑥ 履行费用的负担不明确的，由履行义务一方负担。

传统合同法上的八大条款并非每个合同都必须具备"必备条款"、"主要条款"，缺少了其中的一个或几个条款，并不当然导致一个合同不成立或者不生效。事实上，每个合同应具备哪些条款依合同情形不同而各不相同。

（2）移动电子商务合同的履行

移动电子商务合同的标的可以划分为有形标的与无形标的两类。当某一标的物为有形物时，电子合同的履行与传统合同的履行没有任何不同。当某一标的物为无形物时，依据交付方式的不同而有所不同。

标的物为无形物时，往往通过电子传输进行交付，即通过无线网络中的数据电文往来完成合同标的交付，比如在得到供方许可的前提下，通过发送短信或通过无线设备直接登录到供方的网络中下载图片彩铃或某一程序，这是移动电子商务合同独有的交付方式。该方式已经将传统合同履行过程虚拟化，在需方能够按照合同目的有效地占有和支配电子合同项下的标的物时，供方就已经履行了自己所承担的合同义务。所谓“有效地占有和支配”是指在供方的指引下，取得标的物，并能够完成发挥其功能的相关操作。

移动电子商务合同中，需方的履行义务主要是货币支付，支付额度应当与供方的交付形成对价，是合同相对性规则的直接体现。当有证据表明供方的交付属于法律上的单方行为时，可以免去需方的对待给付义务，如无偿赠予等。如果合同标的物属于无形物中共享性特征非常明显的产品类型，如电子信息，按照先使用后付费的履行顺利，很可能会出现一方履行交付义务之后，另一方逃避对待给付义务的情况，致使权利人的合法权益得不到保障。为了保护权利人的合法权益，法律可以允许发送方在接收方对待给付之前不完全履行，或设置电子控制，但必须保证接收人已经存在的合法权益不会因此而受到侵害，且一旦按合同规定进行对待给付后，接收人就要能够顺利接收和使用该信息。在当前法律没有规定的情况下，当事人也可以在协商一致后，采取在合同中规定预付款、保证金等办法来解决这一问题。

合同履行过程中，与交付相对应的是检验和接收。当合同标的无须经过专业人士检验，根据通常标准即可确定其使用性能与特点时，法律也就无须为此规定专门的检验和接收程序；当合同标的需要经过专业人士检验才能确定其使用性能与特点，并且接收方有机会对其进行检验时，法律应当考虑为此设置合理程序，赋予接收方在合理条件下进行检验的权利，以保障接收方的合法权益。经过检验，一方交付的合同标的物符合合同目的时，另一方应当按规定方式予以接收，协助对方完成交付行为，不得为此设置任何障碍；另一方交付时，合同一方负有同样的协助义务。

违约责任是合同法的核心内容，在移动电子商务合同中也不例外。当事人一方不履行或不完全履行合同义务，不存在法定或约定免责事由的，应当依据《合同法》第 10 条的规定：“承担继续履行、采取补救措施或者赔偿损失等违约责任。”经营者对消费者有欺诈、胁迫行为的，应当“依照《中华人民共和国消费者权益保护法》的规定承担损害赔偿责任。”特别是在合同标的物为无形物时，当事人可以通过在合同中约定定金、预付款等方式来敦促对方履行合同，还可以根据《合同法》第 66 条、第 67 条、第 68 条、第 69 条的规定，积极运用所享有的抗辩权，保障自己的合法权益。

（3）变更与解除

移动电子商务合同即为法律所确认，遵守合同就是遵守法律，在移动电子商务合同成立后任何一方都要受其一致的意思表示的约束，不得随意变更、解除移动电子商务合同。只有在当事人双方协商一致，或出现当事人约定的或法律规定的可变更、解除电子合同的事由时，才可变更、解除合同。

如果在要约未到达受要约人之前，要约人有权宣告取消要约；或受要约人在发出承诺通知以后，在承诺正式生效之前可撤回承诺。但数字化商业信息的交换快速无比，要约或承诺到达对方“指定系统”或“特定系统”的时间可以说是瞬间，甚至于有许多时候交易双方之信息，几乎是同时到达对方，完全不同于传统的邮寄方式，在要约或承诺到达相对人之前，可以通过电话或电报、传真等较邮寄更为快速之方式撤回意思表示，故在客观上似乎没有能够撤回的余地。采用电子代理人发送和应答交易信息的场合尤其如此。从理论上来讲，在不根本侵害合同当事人利益平衡的前提下，电子要约和承诺的撤回、变更，应予以承认。但从电子商务旨在提高交易效率以及网络交易快速、便捷的天性角度出发，允许撤回、变更的时间应依具体的交易内容而做更严格的限制。

5.2 移动电子商务认证服务

5.2.1 移动电子商务认证机构

（1）认证机构的特点

认证机构（Certification Authority，CA）也叫“证书管理机构”。CA 通过向电子商务各参与方发放数字证书，来确认各方的身份，保证在无线通信网络中传送数据的安全性和网上支付的安全性。

当然，作为提供身份认证的第三方，认证机构须具备如下一些特点。

① 独立的法律实体。认证机构以自己的名义进行认证服务，以自有财产提供担保，并承担一定的法律责任。同时也向客户收取一定的费用，作为服务的报酬。

② 具有中立性与可靠性。认证机构一般不直接与用户进行商事交易，而是在其交易中，以受信赖的中立机构的身份，提供信用服务。它不代表交易任何一方的利益，仅公布公正的交易信息促成交易。

③ 被交易的当事人所接收。如果交易者不信赖认证机构，就不会接受其服务，而认证机构就不可能为其提供服务，当然就无法参与其中。其接受可能是明示的，如在当事人之间的正式合同中表达，也可能在交易中默示承认，或由成文法律、法规或条约所要求。

④ 其经营目的是提供公正的交易环境。

（2）认证机构的管理体系

① 政府主导的电子商务认证体系

该体系是由政府出面对认证机构进行管理，规定认证机构必须具备的条件和应承担的责任，并且在法律上推定经认证机构核实的电子签名具有证据力。

② 行业协会主导的电子商务认证体系

该体系是由认证机构协会负责制订认证机构必须遵守的行业规范，并由其负责对各认证机构进行监督。这种作法强调的是行业自律，但是在具体实施过程中，行业协会如何产生，以及经认证机构协会批准的认证机构核实的电子签名证据力如何，还有待于相关法律的规定。

③ 当事人自由约定的电子商务认证体系

该体系没有规定认证机构的行业规则，在实践中，当事人可以自由约定采用何种方式的电子签名，也可约定选用哪个认证机构，具体的权利义务完全由当事人双方自由商定。这种作法给了当事人最大的自主性，适应了技术发展的灵活性，但是势力弱小的消费者，很难在风险责任分担中起作用，而且各认证机构规则不统一，认证结果通用性差。

在我国目前国情下，商家的商业信誉不够，完全采用当事人自由约定的电子商务认证体系是不合适的。

（3）认证机构的功能

① 证书的发放功能。当收到用户的数字证书申请后，注册中心将申请的内容进行备案，并

根据申请的内容确定是否受理该数字证书的申请。如果决定接受该数字证书的申请，就请求认证机构用私钥签名对新颁发的数字证书进行签名，发送到证书库供用户下载和查询。

② 证书的更新功能。为了增强数字证书的安全性，一般来说，认证机构都会定期更新所有用户的数字证书。如果有的用户原有的数字证书遗失或损坏，或对现有数字证书的安全性有所顾虑，也可以请求让认证机构更新其数字证书。

③ 证书的查询功能。对数字证书的查询可以分为两类：一类是查询数字证书申请情况，认证机构将根据用户的查询请求返回该用户的数字证书申请的处理信息；另一类是用户数字证书状态及相关信息的查询。

④ 证书的撤销功能。当用户的私钥由于泄密等原因造成用户数字证书需要申请撤销时，用户向认证中心提出撤销请求，认证中心根据用户的请求和其政策来确定是否将该证书撤销。另一种证书撤销的情况是数字证书已经过期，认证机构自动将该数字证书作废。

⑤ 证书的归档功能。所有的数字证书都有一定的有效期，当数字证书过了有效期之后，认证机构自动将该数字证书作废。但是，已经作废的数字证书不能被删除，因为如果需要验证以前的某个交易过程中产生的数字签名，就需要查询那些已经被撤销的作废证书，所以认证机构还应当具备作废证书的存储与管理功能。

5.2.2 移动电子商务认证特点

（1）认证的概念

认证是权威的、中立的、没有直接利害关系的第三人或机构，对当事人提出的包括文件、身份、物品及其产品、品质等具有法律意义的事实与资格，经审查属实后做出的证明。移动电子商务认证，是在移动环境下对电子签名和用户身份，进行验证的具有法律意义的服务。

（2）认证的作用

认证作为一种特殊服务，其作用可以表现在两个方面：对外防止欺诈，对内防止否认。防止欺诈，是防范交易当事人以外的人，故意入侵而造成风险所必需的；而防止否认，则是针对交易当事人之间，可能产生的误解或抵赖而设置的，以便在移动电子商务交易当事人之间预防纠纷。其目的都是为了减少交易风险。

① 防止欺诈。在开放的网络环境下，交易双方很可能是从未谋面的，其间缺少封闭型社区交易群体的道德约束力，而且发生欺诈事件后的救济方法也非常有限，即便有救济的可能，其成本也往往要超过损失本身。所以只有事先对各种欺诈，全面防范才能是最佳的选择。

② 防止否认。移动电子商务中的不可否认，既是一项技术要求，也是交易当事人的行为规范，它是诚实守信原则在电子交易领域的具体反映。

技术上的不可否认，可定义为一种通信的属性，以防止通信的一方对已经发生的通信予以否认的情况。其具体形式包括：数据信息的发送、接收、及其内容的不可否认，通过认证可以达到这种效果。其意义在于满足法律上和各种商务实践的需要。而行为规范上的不可否认，是以一定的组织保障和法律责任为基础的，其作用的全面实现，既依赖于合同条款，技术手段或协议的支持，也依赖于认证机构所提供的服务。

“不可否认”服务与手段的最终目的，是在数字通信与商务交易的当事人之间避免纠纷，并且在纠纷发生的情况下，提供有效的解决方法。

（3）移动电子商务认证

总体来看，国内现存的 CA 体系对于 WPKI 的适用性还需进一步的研究和完善。国内几家 CA

中心（CTCA、CFCA 和协卡 CA）支持的都是 Internet 证书，对无线证书和认证机制的了解不是很深入，如果需要引入第三方 CA，需要根据需要要求其进行适应性改造；目前国内 CA 处于诸侯割据态势，不同的地区和行业可能采用不同的 CA，这些 CA 之间的交叉认证还需要进一步完善。要想提供移动环境下的认证服务，体现移动电子商务认证的特点，应在以下几个方面针对无线证书和证书机制进行适应性改造。

① 移动终端

移动用户所持移动终端应具备密钥保存、数字签名和执行加密等功能。该功能的实现有两种方式：一种是在手机中加入 WIM 卡，另一种是将 SIM 卡与 WIM 卡合一。前者需要在手机中放入两张 IC 卡，一张是原来的 SIM 卡，一张是具有无线身份识别功能的 WIM 卡，这种方式不影响已开展的移动业务；后者是由中国移动统一发行，但只能用于接受中国移动服务的用户手机中。在 WAP 环境中，移动用户的认证、签名遵循 WAP1.2 的 WTLS 规范，可通过扩展 WAP WMLScript 标准来实现，包括类似于 SignText 的客户认证功能。X.509 格式的证书存放在有线 PKIS 中，通过学习 PKI 门户实现客户认证。

② PKI 门户

PKI 门户是有线 CA 系统向无线网络提供服务的网关，它为用户提供证书申请、证书查询、签名验证、证书验证、证书废止等服务，在无线 WAP/WTLS 安全环境和有线 HTTP/SSL 安全环境之间架起互通的桥梁。PKI 门户应满足以下要求：满足与认证有关的申请、查询、验证、废止等；对多个 PKIS（CA 认证中心）提供访问入口，支持低带宽的移动设备环境，符合开放的 WPKI 技术规范，支持 OTA（over the air）注册机制：支持低带宽的证书 URLS，支持完整的证书生命周期管理，为移动电子商务交易提供有效性验证机制，为移动应用提供无线数字签名功能，系统必须具备良好的可管理性和可扩充性。

③ Internet CA 中心

Internet CA 中心（PKIS）系统主要依托于国内已建 CA（如 CTCA、CFCA、UCA 等）。目前已建的 CA 系统一般都具备证书申请、审核，公私钥生成和证书签发，证书的修改、验证、废止，以及证书查询（OCSP、LDAP）等功能，但多数 CA 系统对移动认证的支持不够。为支持移动认证，必须对现有系统进行扩充，包括支持 WTLS 微型证书、具备 PKI 门户的功能或提供 PKI 门户的接口。

④ 移动电子商务应用系统、WAP 网关与 PKI 门户的接口

在 WAP 环境中，WTLS 证书主要有 WTLS 服务器证书和 WTLS 客户证书，分别用于向 WTLS 客户认证一个 WTLS 服务器和向 WTLS 服务器认证一个 WTLS 客户。为支持以上认证功能，PKI 门户作为无线 PKI 到有线 PKI 的桥梁，必须对移动电子商务应用和 WAP 网关提供接口，该接口应由两部分组成：处理证书、证书链、VRL、PKCS 证请求的有关构件；加解密、数字签名、验证数字签名、验证数字证书的有关构件。

5.3 移动电子商务交易相关服务

5.3.1 商品检索

商品检索是移动电子商务交易中一项很重要的服务。在进行移动购物时，商品的信息浩如烟海，要找到自己所需的商品无异于大海捞针。例如卓越网所经营的图书音像制品已超过 30 万种，

玩具礼品、家居、母婴、化妆品、钟表首饰、个人护理、小家电、手机、数码产品等12大类产品也达到了几十万种，如果没有手机的商品检索功能，那么手机移动购物将不可能成为现实。

手机搜索诞生于2G，成长在2.5G，成熟于3G并最终成为数据业务的核心应用。受到3G商用及无线搜索模式逐渐成熟的影响，2008年中国无线搜索用户将达到12 700万并继续保持高速增长。2005年，Cgogo在中国最先推出手机无线搜索和手机在线购物服务，从GPRS到CDMA，现在手机无线搜索引擎已逐步深入到中国20多个省区市，并且根据中国市场的多样性特点，手机无线搜索引擎繁衍出了手机实名、移动商城等多种手机搜索系列产品。有专家分析，2005年中国的无线搜索市场尚处培育期，2006年手机无线搜索市场有望走向成熟。在这种情况下，C2C、B2C企业向无线平台的拓展将获得快速发展，也将为移动购物营造更加优质的发展环境。当进行手机移动购物时，顾客进入商场网络覆盖区域后，用手持无线设备便可自动连通商场电子商务服务平台，浏览商场信息。顾客可通过商场主页浏览商品促销、打折信息和商品功能介绍，查询商品位置以节省购物时间，还可以输入品牌、价格范围、款式等信息进行比较查询。商场可通过网络发送电子赠券和确认抽奖，还可开发增值服务，定期向注册会员电子信箱发送折扣信息和紧俏商品预定信息等等。

2006年6月6日，eBay易趣宣布与TOM在线合作，推出国内首个基于WAP技术的手机购物平台，并向其网站2 000万用户提供免费的交易信息短信服务。eBay易趣手机购物平台推出之后，手机用户可以在手机WAP浏览器上直接输入“http://wap.ebay.com.cn”进入物品浏览页面，了解商品行情，比较商品的市场价格，并可随时随地购买喜欢的物品，或者在收到eBay易趣发出的含有网址的短信后直接打开进入。值得一提的是，由于WAP相比网络具有更高的安全性，手机购物平台使得主流消费者能在更加安全、可靠的环境中进行在线交易。在这前后，阿里巴巴、腾讯、淘宝等电子商务网站以及新浪、搜狐等门户网站也都宣称已经或即将推出类似的移动电子商务服务。同年7月3日，卓越网宣布推出“移动购物”新服务，北京用户可通过手机短信的方式发送订单、购买图书和音像制品。网民只要把自己喜欢的书籍或音像制品的名字，用短信的方式发送到一个指定的号码，并依次按照系统回复短信的提示键入信息，就完成了全部的订购过程，可以安心等待货品自己“上门”了。

5.3.2 移动支付

（1）移动支付的概念

移动支付是使用移动设备通过无线方式完成支付行为的一种新型的支付方式。移动支付主要有非现场支付和现场支付。非现场支付主要为通过无线移动网络进行接入的服务，主要通过手机上网的方式进行传送数据，或通过发送短信或是彩信来进行传送数据，完成交易支付。

（2）移动支付的实现

目前移动支付实现方式主要有两种：一种是使用WAP协议实现；另一种是利用STK卡，通过短信息系统平台来完成。这两种实现方式的前提是手机必须支持WAP协议或STK卡。WAP是开展移动电子商务的核心技术之一。通过WAP，手机可以随时随地、方便快捷地接入Internet，真正实现不受时间和地域约束的移动电子商务。WAP是一种通信协议，它的提出和发展是为了满足在移动中接入Internet的需要。WAP充分借鉴了Internet的思想，其应用程序和网络内容用标准的数据格式表示，使用与PC上使用的浏览器软件相类似的微浏览器，按标准的通信模式进行网上浏览。它提供了一套开放、统一的技术平台，用户使用移动设备很容易访问和获取以统一的内容格式表示的Internet或Intranet信息和各种服务。它定义了一套软硬件的接口，具备这些接口的移动设备和网站服务器使人们可以利用移动电话收发电子邮件甚至上网浏览。同时，WAP提供了一种应用开发和运行环境，支持当前最流行的嵌入式操作系统，如 PalmOS、Windows CE、FLEXO、JavaOS 等。WAP 可以支持目前使用的绝大多数无线设备，包括移动电话、FLEX 寻呼机、双向无线电通信设备等。在传输网络方面，WAP 可以支持目前的各种移动网络，如 GSM、CDMA、PHS 等，还可以支持未来的第三代移动通信系统。目前，许多电信公司已经推出了多种 WAP 产品，包括 WAP 网关、应用开发工具和 WAP 手机，向用户提供网上资讯、机票订购、流动银行、游戏、购物等服务。WAP 最主要的局限在于应用产品所依赖的无线通信线路带宽。

通常有 3 种方式实现移动虚拟支付。第一种，通过移动运营商的话费进行代收。但据悉，这种方式有可能被享用手机费用全额报销的用户恶意利用，更有可能加大坏账风险，因此备受争议。第二种，小额支付，即由移动运营商帮助客户建立一个小额的账户，利用该账户进行交易。这种方式增加了安全性，但它不仅限定了交易金额的上限，还有来自金融管理机构的政策管制，很有局限性。第三种，银行卡的支付，是将移动用户的手机号码与银行卡号码捆绑，再通过中国移动的网络，利用银行的后台系统进行交易处理的一种方式。

通过这 3 种支付方式，可以看出那些利用通信话费或 SP 预置账号进行“小额支付”的所谓“手机购物”，并没有突破小额支付的瓶颈，也不能利用正常的金融渠道进行支付。只有第三种方式才是移动支付发展的方向。那么如何解决银行卡与手机卡的捆绑问题？在各地纷纷推出手机购物业务之初，中国移动、中国联通还没有在全国范围内与中国银联就这项业务展开合作，而且中国银联也没有建立起全国统一的银行卡运行网络。因此，各地的运营公司只能和各家银行自主协作，这就带来了运营商、金融机构和零售企业之间的多赢协作难题，如何有效建立足以让零售合作伙伴和众多消费者信赖的移动电子商务安全信用机制？如何提高手机支付的交易速度和准确程度，确保用户真正享受到手机购物的方便快捷？诸如此类的很多实际问题都需要运营商和他们的合作伙伴循序渐进、共同解决。突破这一瓶颈的关键就是移动运营商与金融机构从最高层面上建立合作伙伴关系，以统一的标准规则在全国范围内推行手机支付方式。

根据国内权威机构对电子商务平台上交易行为的分析发现，70%以上的网上交易额都非常小。单笔交易额小、交易次数多已成为 B2C 电子商务发展的一大特点。移动小额支付正是适应了人们的这种需求，为人们提供了一种方便的支付手段。但是从欧美一些国家来看，虽然这些国家的手机用户早已全面进入手机结算时代，小到停车费大到商场购物人们都采用移动支付方式，但在传统购物过程中发生的手机支付依然是最有“油水”的，远比其他杂费支付具有发掘潜力的一个重要领域。可以说，小额支付只是移动购物市场的很小一块，只有将手机支付拓展到传统购物领域，逐步实现大宗消费的支付，才能拥有真正的巨大商机。

（3）移动支付的案例

① 手机银行和手机钱包

2003 年 8 月，由中国移动和中国银联两大股东共同组建的联动优势公司正式向中国银联银行卡的持有人提供服务，业务覆盖面包括飞机票、电影票、戏票、彩票、保险、报刊订阅、手机捐款、教育、缴费、充值等，中国银联同时开始在全国各地试点推广手机支付方式，试图建立全国统一的标准体制。2004 年年中，中国联通联合中国建设银行推出了基于“神奇宝典”BREW 平台的手机钱包。2004 年初成立的上海捷银便是中国联通的合作者之一，与中国移动只有联动优势一家合作伙伴不同，联通与超过 30 家的移动支持企业进行合作。从两大移动运营商的一系列举措来看，通过与中国银联等全国性金融机构的密切合作，移动购物正逐步走出因支付瓶颈而陷入的推广低潮，在全国范围内以统一的标准安全快捷地进行较大额度的手机支付，已经不存在技术和网络支撑上的障碍。

② iCITIC 移动支付服务

中信网络科技股份有限公司开发的新型移动支付系统——iCITIC 移动支付服务（Mobile Payment Service，MPS）系统支持普通手机和 SIM 卡，手机用户无需增加任何硬件或软件，即可享受安全、方便、快捷的移动支付服务。

其特点如下：iCITIC-MPS 系统是一种全新的支付服务方式；支持普通手机和 SIM 卡，对普通手机无需增加任何硬件或软件；通过移动通信运营商，将商家、普通客户与银行的业务关系连接起来；使用普通手机替代传统的银行 POS 系统；实现钱包的电子化、移动化。

MPS 系统由信令/中继模块、语音模块、外拨模块、控制中心、数据库和辅助模块构成。信令/中继模块负责处理与接入有关的事情（包括自动收号）。语音模块负责处理与语音相关的事情，如语音提示、相关数据的提取（从话路中）等。外拨模块处理与外拨相关的工作，包括文件生成等。控制中心控制整个系统的正常工作，包括用户开户、销户、账户挂失、查询统计、手机消费、手机转账及对账等工作，同时负责完成与银行主机系统、商家打印终端的信息交互。辅助模块负责 E-mail/传真的发送等。

MPS 系统为广大的手机持有者提供了一种全新的支付手段，实现了钱包的电子化、移动化。MPS 系统向上通过网络连接商家和客户的开户银行，向下通过电话和手机连接商家和客户。MPS 系统具备的功能如下。

账户管理。包括 MPS 手机客户和商户的开户、销户、冻结、挂失、账户内容更改等业务。

MPS 交易。实现移动消费、手机缴费（主动或被动支付固定费用）、手机转账等功能。

查询对账。为 MPS 手机客户和商户提供交易的查询、打印、对账等服务，并根据客户要求，以传真、短信、E-mail 或邮寄的方式提供客户所需的信息，如对账单等。

密码修改。支持 MPS 客户通过电话、手机对交易和查询密码进行修改。

MPS 的系统特点如下。

a．只需普通手机，无须支持 WAP 和 STK 卡。

b．严格用户身份验证。

c．系统自动获取手机号，并和注册手机号比较。

d．对 MPS 系统与银行、商家打印终端之间的传送数据加密处理。

e．移动消费的方式。

移动消费分以下几种方式。

方式 1：客户机通过网络连接 MPS。

方式 2：固定电话连接 MPS（过程同方式 1）。

方式 3：消费者全程操作，商户被动接收信息。

③ Ericsson 的“移动电子支付”产品

Ericsson 目前已经建立了专门的移动电子商务部门，该部门可以提供广泛的移动电子商务业务咨询服务，以帮助服务提供商分析市场并制定相应的企业策略。它还能提供系统及网络设计、安装与技术支持服务。

在 Ericsson 及其战略合作伙伴的大力协助下，该移动电子商务部门能提供广泛的产品系列。“移动电子支付”（Mobile E-pay）产品系列包括用于建立安全移动电子商务解决方案的支付产品和安全产品。该产品系列在着眼于终端和网络技术发展的同时，专门用于通过模块化和可扩展技术迅速推出大众市场服务。

移动电子支付包括接入模块、支付模块和安全模块。接入模块提供了 Internet 和移动网络连接所需的基本功能，包括处理短信息、WAP 浏览和基于“推/拉（push/pull）”的业务。安全模块提供了多种安全特性，从简单的口令验证到先进的无线公共密钥基础设施（WPKI）保护等。支付模块支持多种付款方式，包括与提供在线支付服务的银行或信用卡提供商的直接连接，处理“Internet 支付提供商”的支付或记人专用的预付账户。

5.3.3 物流配送

20 世纪 90 年代以来，现代信息技术的迅速发展，特别是网络技术、移动通信技术的发展都为物流发展、物流信息系统建立和完善提供了强有力的支持。可以说，信息化、网络化、自动化、智能化已经成了现代物流业的发展方向。

随着移动电子商务时代的到来，移动定位技术被广泛的运用到了物流配送行业，通常，物流企业中所需的“移动定位”包含的功能有可实时获得监控车辆的地理位置、运行方向、运行速度以及各种状态信息，也可按设定时间间隙定时回报车辆位置信息，实现 24 小时连续监控，也可在监控屏幕上对某辆车进行连续跟踪。附加功能还有车辆管理、车辆状态、区域查车、报警管理、历史记录管理、行驶路线分析等。对车辆等移动目标的进行定位、监控和指挥调度，可以帮助物流企业对物流车辆进行科学管理、合理调度，减少车辆空载率，提高营运效率，并节约燃油，有效降低营运成本。

移动位置信息的获得是物流移动定位系统中的关键技术，以下介绍几种常用的定位技术，及其各自的定位精度和优缺点。

（1）GPS（全球卫星定位系统）与 GIS（地理信息系统）的结合用于车辆监控设备

GPS 是一种以空中卫星为基础的高精度无线电导航的定位系统。在全球任何地方以及近地空间能够提供准确的地理位置、车行速度及精确的时间信息。GPS 自问世以来，就以其高精度、全天候、全球覆盖、方便灵活吸引了众多用户。GIS 是以地理空间数据库为基础，采用地理模型分析方法管理和分析地理信息，为地理研究和地理决策提供服务的通用计算机系统，已成为一种成熟技术广泛应用于各个领域。

GIS 与 GPS 的结合使得物流配送可以依托强大的地理信息处理功能和实时定位通信能力，对整个配送过程进行同步跟踪控制，对路线路况信息完整采集保存，从而实现实时调度、事故车辆的紧急援助，以及基于动态地理数据分析的计算机辅助配车计划编制。

GPS 的定位精度令人满意，可达 5～10m，但客户端成本相对较高。而且 GPS 虽然定位精度高，但响应时间较长。当 GPS 接收机启动后，为了搜索分布在较大频域内的卫星信号，接收机需要长达几分钟的预热时间，甚至大于 10 分钟。

（2）基于无线通信网络的移动定位

利用移动通信网络的定位源自 1996 年美国联邦电信委员会（FCC）强制要求电信运营商能够确定所有 E911 经济呼叫的位置。1999 年，FCC 再次提高了对定位精度的要求。如表 5-1 所示，为 1999 年 FCC 对手机定位精度的要求。

表 5-1　　FCC 对手机定位精度要求

解 决 方 案	67%的呼叫	95%的呼叫
基于单机	50m	150m
基于网络	100m	300m

目前比较成熟的移动通信网络的无线定位有以下几种。

① 角度定位

角度定位（Angle of Arrival，AOA）系统通过测量手机信号到达至少两个基站的不同角度确定信号的发射位置。从基站出发沿信号方向的射线将交于唯一一点即为手机的位置，因此，该种定位也被称为方向定位。

这种方法要求至少两个基站接收到手机的信号，应用多个基站接收到的信号参与定位将有助于减少误差。为了确定信号方向，需要在基站天线上面加装定向天线，这将带来巨大的成本，因此在实践中很少被采用。

② 时距定位

时距定位（Time Of Arrival，TOA）系统是基于手机到基站的距离定位。这个距离由手机信号在空中传输的时间唯一确定，其定位原理和 GPS 定位相似，只不过后者是在三维空间定位。在平面上，两个基站可以确定两点，而三个基站则可以确定唯一一点。这种定位方式的误差主要来源于基站时钟和手机时钟的不同步，1μs 的误差可以导致约 300m 的定位误差。

③ 时差定位

时差定位（Time Difference Of Arrival，TDOA）系统利用三边测量原理定位。与 TOA 直接利用绝对时间不同，TDOA 测量手机信号到达两个不同基站的时差，将手机定位在一条到两个基站距离差恒定的双曲线上两组这样的基站就可以唯一确定手机的位置。这个系统克服了手机时钟和基站时钟不同步所带来的误差，但无法克服对基站地理位置测量的误差。

（3）GPS 与移动通信网络联合定位方式

随着 GPS 技术的发展，GPS 接收机的尺寸越来越小，精度逐渐提高，从而使在手机上集成 GPS 定位系统成为可能。

GPS 与移动通信网络联合定位（Assistant-GPS，A-GPS）是在手机中内置 GPS 接收机，在移动台网络定位与 GPS 参考网络辅助下进行 GPS 定位的综合定位技术。移动通信网将 GPS 参考网络所产生的辅助定位数据如差分校正数据、卫星运行状况等参数传送给移动台，再将移动网数据库中移动台的近似位置或基站小区的位置传送给移动台。移动台在接收到上述信息后，根据其近似位置和当前的卫星状态，可以在几秒钟内捕获到卫星的导航信号。移动台还根据 GPS 参考网络发来的差分校正数据用以校正定位数据，使得 A-GPS 达到最高的定位精确度：在室外可接收到卫星信号情况下，A-GPS 定位精确度为 5～30m，且其 GPS 信号首次捕获时间仅需几秒钟。美国高通公司的 GPSONE 技术就是这种原理。

（4）基于小灵通网络的移动定位

基于小灵通网络（PHS）总体上采用 500mW 基站组网，属微蜂窝网络，以上的移动通信网络的无线定位方式，理论上都适用于 PHS 网络。但目前 PHS 网络的移动定位多采用的是 Cell ID 方式，这是由于 PHS 基站半径小，而更有利于开展基于 Cell ID 定位技术的位置业务（GSM 基站间距较大，使用 Cell ID 定位精度不如 PHS）。

Cell ID 定位是指根据移动终端所处的蜂窝小区标识号 ID 来确定用户的位置。它无须对网络和手机进行修改，响应时间短，定位精度取决于小区的半径，也可通过场强或时间提前量来辅助提高定位精度。基于 Cell ID 的 PHS 定位，成本低，但精度也不高，在密集城区最优，精度可达 100～200m；市郊次之，精度可达 200～300m，个别高达 500m；高速公路和乡村较差，精度在 500m 左右。

除上述外，由 UT 斯达康公司提出的，如果手机支持用户对用户接口（UUI），定位业务中心（LSC）不仅可知道手机登记的基站，还能获得一组所有与该手机有信号联系的基站信息，包括每个基站的号码以及信号强度。如果基站信息中的基站数量少于 3 个，那么系统将使用信号最强的基站位置（经纬度）作为目标手机的位置估计；如果基站信息的数目大于 3 个，LSC 将选出信号最强的 3 个基站。通过基站间的精确的 3 点定位，可以将定位精度控制在 50m 内。采用该方法，需要在手机中增加用户对用户接口（UUI）。

5.3.4 案例

（1）天津移动推出“移动定位”业务为物流企业服务

天津移动推出的“移动定位”新业务，正是为满足各物流企业对车辆监控管理的需求而专门设置的。“移动定位”不仅很好地解决了物流工作中车辆的安全生产和工作效率等问题，对降低运营成本提升服务质量也起到了积极的作用。移动定位系统主要采用 GPS 定位技术，并以 LBS 基站定位技术为补充，为车辆提供 24 小时不间断、高精度的定位服务。该系统是由车载定位终端接收全球定位卫星发出的定位信息，计算出移动目标的经度、纬度、速度、方向，并利用 GPRS 网络来实现定位信息的传输，对物流企业管理、调度物流运输车辆起到了十分重要的作用。

① 控制运输线路——运输调度好管理

很多物流企业由于无法控制车辆行驶路线，导致结算燃油费时经常发生争议，也经常会有司机虚报用油数量的现象发生，造成企业运营成本的增加。通过使用“移动定位”系统，在监控中心电子地图上随时可以查看指定车辆的行驶路线，并可设置电子围栏报警，避免由于司机不按指定路线或在未规定的区域内行驶而造成时间、燃料费用浪费及虚报路桥费等，同时加强了企业运输调度上的管理，为企业的规范管理做出了必要的技术保障。

② 紧急报警按钮——安全维护好保障

未使用移动定位业务之前，车辆在运输途中发生事故只能通过电话确定车辆准确位置。由于当事人对事发地点不熟悉，很难准确描述车辆位置，给营救工作带来难度。有了移动定位系统，司机可以通过紧急报警按钮及时报警，监控中心会在第一时间确定车辆准确位置及状况，通知相关部门及人员提供帮助，从而降低突发事件损失。

③ 电子地图查路径——经济线路最优化

以前，行车路线的确定往往由司机的经验来决定，这就很难保证车辆行驶的路线达到最优。而现在通过移动定位系统提供的电子地图，不仅可以直接查询任意两点间的最优路径，物流企业还可将所有直接和间接的客户位置信息以私有图层的方式加载到地图上。在保持业务信息私密性（私有图层信息存在本地）的同时，结合原有的业务系统，找到最优化路线，为最多的客户运送货物，直接有效的大幅降低了企业的运营成本。

④ 外挂车载电话——调度服务经济方便

一般物流企业里，为便于和司机联系，每月都要支付数额不少的电话费。如果使用移动定位业务，司机就可以使用车载电话与调度中心取得联系。同时，车载电话具有设置限制呼叫功能，避免了不必要的支出。每月每台车载终端用于传输定位信息的 GPRS 流量会有部分余量，监控中心还可利用这部分流量直接从监控中心向每台车载设备发送通知、货单等信息，信息以文字的方式显示在通话手柄的显示屏上，也没有短信那样的字数限制，更为经济、方便。

⑤ 业务信息及时到——提升服务降成本

对于开展配送业务的物流企业，以前客户需通过电话或到指定网点下订单，既加大了客户的成本，也不利于企业提升服务。使用移动定位系统后，对于长期合作的客户，物流配送人员可上门了解客户的新需求，并可在现场通过车载定位终端将订单信息反馈给公司，确认货单后可立刻安排其他配送车辆进行货物配送；对于临时有业务需求的客户，可根据客户位置调配最近的配送车辆上门接收货物或订单。

（2）奥斯维尔

现代市场越来越激烈的商业竞争，无论是生产制造行业或大型零售业自己的销售体系，还是城市快递、大型物流公司的专业服务体系，都面临着现代物流配送模式的挑战。许多物流公司针对该领域的两大特点：信息迅速及时、随时跟踪位置，将移动电子商务运用到物流配送中。

深圳奥斯维尔公司通过手机通信平台，构建一个全新的电子商务模式——用手机将企业智能办公系统（OA）、企业资源管理（ERP）、客户管理系统（CRM）联系在一起，从而创造出巨大的企业信息化生产力。在移动电子商务平台的帮助下，公司销售数据采集时间从 2 周缩短到 1 天，使其在供应链方面遥遥领先竞争对手。这种采集库存、销售数据的方法，对整个供应链来说是一次革命性的改观。此外，通过普遍拥有的手机发送短信息，实现日常通知、费用报销、定单处理、工作计划和报告、市场反馈、公司信息查询等功能，随时随地无缝沟通，使公司的日常管理更加有序和高效。通过 PDA 的无线操作、无线签收，大大降低了物流配送的打印纸张成本，并大大提高了信息化的管理。授权客户能随时跟路查询货物运送状态，远途中途地点，提高了客户化管理。与客户 ERP 等后台系统集成，实时得到配送信息，实现真正的 B2B 电子交易，反应迅速。货物收发全部电子化，配合条形码控制，精确、快捷。管理层随时掌握公司配送资源的情况，保障及时调度，运筹帷幄。及时处理配送中出现的延迟等意外，将损失降低到最低点。公司能够随时跟踪监控配送人员的工作行程，对其工作效率进行科学有效地考察，实时得到最新的销售报告。

（3）天度 TIANDU 移动电子商务解决方案

天度 TIANDU 移动电子商务解决方案是由一系列全面支持移动通信技术、自动识别技术以及移动信息终端的应用系统组成的企业移动应用管理平台。这些应用系统包括移动办公、移动生产管理、移动仓库管理、移动物流、移动销售管理、移动渠道管理、移动市场促销和移动客户服务等基于移动电子商务技术的企业应用。从业务流程上看，涵盖企业的采购、生产、仓储、物流、市场营销、销售和渠道、客户服务等企业生产和经营过程。

移动数据采集管理解决方案是为了满足企业在生产和经营过程中对各种数据的实时需求而开发的一套移动解决方案。该系统借助先进的移动通信技术、自动识别技术以及移动信息终端，解决企业在生产过程（入库管理、出库管理、存货盘点和制造过程控制管理等）、运输过程（货物位置信息采集、货物调度、到达提示等）、销售过程（店面销量汇总、消费者数据采集、经销商数据采集、市场调查）以及售后服务等方面，使企业生产管理人员、现场操作人员、销售人员、市场人员以及客户服务人员免受固定工作站点的约束，自由地调动和配置资源，优化作业流程，同时能够保证现场作业与企业后台系统的实时信息沟通。

移动物流管理解决方案主要是通过移动通信技术向货主（企业）、物流企业和货运司机提供车辆管理调度、货运信息和安全监控等服务的业务管理系统。通过本系统企业可以随时了解运输司机当前的位置信息，同时可以通过短信方式随时通知运输司机路线、货物等信息，提高企业的运输效率，对企业的物流配送进行有效的管理，帮助企业解决在物流配送管理中面临的难题。

5.4　移动电子商务交易服务在国外的发展

5.4.1　芬兰

20 世纪 90 年代后期，芬兰的网上购物、办理银行业务和支付账单等电子商务服务就已十分普及。跨入21世纪，芬兰由于手机普及率高，移动通信和电子商务相结合的研发与应用领先，成为世界移动电子商务的开拓者。

2002年1月，芬兰首都赫尔辛基开始向人们提供通过手机支付停车费的服务。驾车者在火车站、码头和机场停车时，用手机拨通该地段的停车收费专用电话号码，开车离开时再拨相应的停车终止电话号码，便完成了停车交费程序。检查人员随时可以通过 WAP 服务抽查停车者是否如实履行交费手续。2 月起，在赫尔辛基乘地铁等公交工具出行的乘客，只需用手机发出短信代码给指定服务商，即会得到购票信息反馈，并可在1小时的有效时间内乘坐地铁、有轨电车及部分公共汽车，票款计入购票者每月的电话账单。3 月，芬兰最大电信运营商索内拉公司向首都居民提供用手机支付购物款的服务。凡加入索内拉公司建立的移动支付系统，并设立了“移动账户”的顾客，在指定的数十家商店购物时，只需将有关付款信息发给索内拉公司，然后向商店出示货款已付的反馈信息，即可拿走所购买的商品。如果顾客将手机遗失，可通过短信或电话冻结自己的“移动账户”。目前芬兰其他城市也有类似服务。甚至，芬兰的一些自动售货机、擦鞋机和高尔夫球场售球机，也可以实现手机付费。

从 2004 年 5 月开始，芬兰国家铁路局在全国推广电子火车票。乘客不仅可以通过国家铁路局网站购买车票，还可以通过手机短信订购电子火车票。乘客上车后，需出示手机上的订票反馈短信及个人身份证，列车员将有关信息输入售票器，经核实无误后，便可打出一张验票收据给乘客。11月开始，手机购票服务的范围进一步扩大，人们可以通过手机购买赫尔辛基地区的短途火车票。这项服务获得了2004年度芬兰信息社会最佳应用和服务方式比赛的头等奖。

在芬兰，人们还可以通过手机了解交通工具的班次，查阅影院的放映内容和售票情况，并可以根据手机屏幕上显示的影院座位图来选择座位。股民也随时随地可以通过手机了解股市行情，进行股票交易。外出旅游的人可以通过发短信方式预定手机服务内容，有关信息被自动输入专用监控系统后，用户就能在预定日期内收到指定目的地的天气预报，精确度可达1公里范围之内和降雨前1小时。

5.4.2 韩国

随着移动通信网络3G的到来，从亚洲到欧洲，全球移动支付业务呈现快速增长态势。在韩国，早在2001年，SK Telecom 就推出了名为 MONETA 的移动支付业务品牌。申请了该项业务的移动用户可以获得两张卡：一张是具有信用卡功能的手机智能卡，另一张是供用户在没有 MONETA 服务的场所使用的磁卡。移动用户只要将具有信用卡功能的手机智能卡安装到手机上，就可以在商场用手机进行结算，在内置有红外线端口的 ATM 上提取现金、在自动售货机上买饮料，还可以用手机支付地铁等交通费用，无须携带专门的信用卡。2004年8月，SK Telecom 将其移动支付业务整合为新的品牌“M-BANK”。通过在手机中内置智能型芯片，用户可以用手机办理各种金融服务。“M-BANK”的特点在于将结算信息密码化，因而具有很高的安全性。

5.4.3 日本

在日本，NTT DoCoMo 等移动运营商均把移动支付作为重点业务予以积极推进。2004 年，NTT DoCoMo 先后推出了面向 PDC 用户和 FOMA 用户的基于非接触 IC 卡的手机结算及认证服务——“i-ModeFeliCa”，随后紧接着推出了4款支持该服务的手机，通过新款手机和 FeliCa 服务，用户只要将手机对着收款机的电子扫描设备晃一晃，收款机就可以通过无线电频身份识别技术将费用从手机中扣除。还可以购买电影票。使用的过程像是在使用信用卡，而且完全不需要按键操作。据统计，目前在使用 FeliCa 手机的用户中，60%的用户每周都会至少使用一次支付功能。为了推广移动支付计划，近期 NTT DoCoMo 还出资收购了一家信用卡公司。今年，公司计划在手机中整合完整的信用卡支付功能。

本章小结

通过本章学习，熟悉移动电子商务的交易服务，重点掌握移动电子商务合同的特点，移动电子商务合同的订立与生效，由于意思表示生效的地点牵涉到合同争议的管辖权，因此，移动电子商务合同成立的地点是承诺生效地点。掌握合同的内容与履行，移动电子商务合同的标的可以划分为有形标的与无形标的两类。当某一标的物为有形物时，电子合同的履行与传统合同的履行没有任何不同。当某一标的物为无形物时，依据交付方式的不同而有所不同。要熟知移动电子商务认证服务，认证是权威的、中立的、没有直接利害关系的第三人或机构，对当事人提出的包括文件、身份、物品及其产品、品质等具有法律意义的事实与资格，经审查属实后做出的证明。移动电子商务认证，是在移动环境下对电子签名和用户身份，进行验证的具有法律意义的服务，了解认证机构和移动电子商务认证特点。另外也要了解移动电子商务交易相关服务，如商品检索、移动支付和物流配送等。最后给出案例说明移动电子商务交易服务在国外的发展情况。

习题与思考题

1. 移动电子商务合同的特点有哪些？
2. 移动电子商务合同生效中的有效期限如何规定？
3. 认证的概念是什么？移动电子商务认证机构应具备哪些特点？
4. 什么是移动支付？移动支付如何实现？
5. 在物流配送行业中，常见的移动定位技术有哪些？

第6章　移动电子商务的信息服务

本章提要：本章将在移动电子商务信息服务概述的基础上，对移动电子商务所提供的各种信息服务进行逐一的介绍，帮助读者更好地认识和使用这些信息服务，并在此基础上，对移动电子商务的信息服务的未来进行展望。

6.1 移动电子商务信息服务概述

继电子商务浪潮后，基于移动互联网的移动电子商务又成为了新一轮的行业热点。随着无线通信技术的发展，移动电子商务也展示出了愈加光明的前景，相继出现了一些新的移动电子商务信息服务。

6.1.1 移动电子商务信息服务的种类

随着科技的飞速发展，互联网、移动通信技术和其他技术的完善组合创造出了移动电子商务，但真正推动市场发展的却是多样的服务。目前，移动电子商务主要提供诸如短信息服务、多媒体信息服务、移动银行业务、移动交易、移动订票、移动购物、移动娱乐、移动无线医疗等信息服务。

这些信息服务虽然出现的时间不是太长，但是发展已经相对稳定，给消费者带来了很大的方便。另外，根据 UMTS 论坛的预测，在 2015 年的全球移动多媒体市场中，世界移动多媒体用户将达到 17 亿。在我国，目前已经拥有近 7 000 万手机用户和数目众多的 PDA，这些移动终端构成了移动电子商务巨大的潜在市场。由此可见，这些信息服务都具有成为大规模市场的潜力，而且成本也不是很高，风险相对较小，不少消费者都愿意使用这些信息服务。

除了以上这些信息服务，移动电子商务还会随着时间的变化，推出新的信息服务。比如目前以娱乐为主的 IVR，它的语音系统可使企业用户开展移动电话会议，随时随地加强信息沟通，大大提高办公效率并降低会议成本。对用户而言，这些新型的信息服务都有一个从认识到习惯，从习惯到了解，从了解到依赖的过程。随着 IVR 业务的发展和技术的不断进步，相信移动 IVR 的应用会给用户带来很好的收益。

6.1.2 移动电子商务信息服务的特点

移动电子商务可以提供上述的信息服务，这些信息服务具备了用户群、交易、移动性、位置特性和时间等方面的特点，主要体现在以下几点。

1. *用户群*

由于起源不同，电子商务与移动电子商务的用户群是不完全相同的，大部分的早期互联网用户是受过高等教育的计算机用户，后来，互联网才慢慢扩散到普通民众，相比之下，有数据表明，除商业移动用户外，大部分移动电话用户是受教育程序较低的年轻人，未来十年中将有 10 亿人加入到移动用户群，但许多人的文化程度或者技术水平较低。由于用户起源不同，他们对于电子商务和移动电子商务的期望也不相同，比如，对于具有较高经济发展水平的美国而言，手机接受程度较低，到 2004 年为 61%，这其中的一个主要原因就是美国人已经熟悉有线互联网，他们期望无限互联网的付费方式和使用方式与有线互联网一致，即无限制的访问而且按月付费。相比之下，亚洲和欧洲的一些国家及地区的移动电话接受程度比较高。截至 2004 年底，意大利、瑞典、荷兰、中国的香港和台湾地区的手机普及率已达到或者超过 100%（一人多机），芬兰则是 95%，德国 87%，瑞士 87%，法国 74%，日本 71%，中国的手机普及率到 2006 年第 2 季度已经达到 30%，但显现出东西部之间、城乡之间不平衡的特点，在经济发达的北京和上海等城市，手机普及率已经超过 90%，移动通信用户这种分布不均匀、文化差异较大的特点使得企业在进行市场细分和开发应用时必须持谨慎态度。

2. 交易

发达的互联网和成熟的 Web 技术使得大量的分发和搜索没有地理位置的限制，它也使得复杂的电子交易过程容易和后端的企业信息系统集成，相比之下，移动电子商务交易必须设计得非常简单，而且通常范围仅限于特定的地方，就是因为这样的原因，一些简单的交易类应用（比如博彩和抽奖）利润丰厚，受到终端尺寸和周围环境的限制，移动用户可能没有时间和资源对大量无关的信息进行仔细的过滤和阅读，因此，移动用户需要高度个性化的信息，而不是一些泛泛的信息，信息过载和不必要的通信在电子商务下是可以忍受的，但是移动电子商务则不同，与用户密切相关的服务内容，对用户当前的支持能力和宽带通信网络是移动电子商务成功的关键要素，因此，移动电子商务应该更加强调信息和交易的相关性与简易性，数据表明，当手持设备每增加一次点击时，交易的可能性会下降 50%，用户必须能够根据其需求定义什么是重要的，何时需要发送和接收信息，以及如何进行支持和服务。

3. 移动性

由于无线网络覆盖范围广阔以及可使用便携的手持设备，可以随时随地为移动用户提供移动服务，对于旅行者和移动工作者而言，移动电子商务比局限于办公室和其他固定位置的电子商务具有更多的商业机会，但是要想取得商业的成功，必须密切了解用户的需求，并且理解移动性对用户工作产生的影响，没有了有线的限制，无论员工在哪个国家，是否在办公室，公司随时都可以和他们保持联系，员工也可以从机场和旅店随时访问公司的网络，移动技术人员可以随时查看库存，获得上级的指示，也可以随时更新数据库。在公共安全领域，携带 PDA 的警察可以随时访问公安系统的数据库并查看文件记录。医生可以使用 PDA 检查几种药物组合是否有副作用，可以查询药房中是否有需要的药品，对于个人用户而言，由于移动终端可以随时随地携带，移动用户可以随时和家人与朋友保持联系，对于配备具有视频功能的移动电话的用户而言，可以在购物、旅行甚至闲逛时拍摄图片，并附上简短的留言发送给朋友，在旅行时，用户可以使用移动电话控制家里的防盗和防火系统，甚至包括家里的电器等开关，以上例子表明，由于移动性，移动电子商务领域产生了许多传统电子商务所无法实现的服务内容。

4. 位置特征

在电子商务中，位置被视为一个应被克服的限制条件，在互联网创造的虚拟世界中，用户可以克服物理距离，在任何一个虚拟商店里购物，为任何一个在线企业工作，积极接受任何一个大学的教育和培训，相比之下，位置感知在移动电子商务环境中是被着重强调的因素，位置被认为是一个产生价值的新维度。目前，基于位置的服务被认为是未来移动电子商务成功的关键要素，便携的地理定位系统变得越来越小、越来越便宜，这些系统不但可以用于精确地定位用户的当前位置，还可以为用户提供位置相关的服务，在基于位置的服务中，为用户提供的相关信息被认为具有很大的商业价值，比如，为外出旅行的用户提供行车方向和在其周围的商务服务信息将非常有用，这包括周围的旅馆、景点、电影院、公交车时刻表、天气预报、博物馆导游等，另外一些基于位置的应用，其目的在于跟踪远距离的、移动中的企业资产，比如车队和施工设备等。

5. 时间

电子商务的目的是摆脱有形商店的时间限制，然而对于紧急事件是非常关键的，比如在医疗救护和 911 电话等特定的移动电子商务应用中，时间是至关重要的，在美国，估计 90%的 911 呼叫是从移动电话中呼出的。此外，顾客临时决定的购买或者临时产生的信息需求也有时间紧急的特征。

6.1.3 移动电子商务信息服务的社会作用

移动电子商务提供的这些信息服务可以给企业和单个的消费者带来不少的方便，同时，支撑这些信息服务的技术和设施的发展也促进了整个社会的发展。根据美国 Visiongain 公司的分析报告，迄今为止，全世界已经有超过 400 个城市（其中半数在美国）开始或正在建设无线宽带城域网，以满足公共接入、公共安全和公共服务的需要。建设无线宽带城域网，能在企业、学校、图书馆、医院、市民、外来访客和旅游者以及政府机构之间，搭建一个能随时随地良性互动的和谐交互环境，提供方便快捷、可支付得起的、丰富的、个性化的公共服务，并为城市经济发展提供新的商业机会。

多用途无线宽带城域网能为整个城市的社会经济发展带来以下利益：企业由此提高劳动生产率，并依托无线宽带基础设施拓展电子商务；为低收入人群提供免费或廉价的互联网宽带接入服务，有助于缩小数字鸿沟；市民能在家里、办公室和公共场所方便、快捷地实现宽带接入，获取政府提供的公共服务、电子商务服务以及基于位置的信息服务；城市访客和旅游者也能在逗留期间享受此类服务；无线宽带支持的视频监控系统能随时随地灵活配置，显著增强公共安全；无处不在的宽带接入基础设施为城市经济发展带来商机无限。

6.2 移动电子商务信息服务的内容

移动电子商务主要提供诸如短信息服务、多媒体信息服务、移动银行服务、移动交易、移动订票、移动购物、移动娱乐、移动无线医疗等信息服务。下面就移动交易类服务作介绍。

1. 移动交易

移动电子商务具有即时性，因此，非常适合股票交易等应用。移动设备可用于接收实时财务新闻和信息，也可确认订单并安全地在线管理股票交易。

2. 移动订票

通过互联网预订机票、车票或入场券已经发展成为一项主要业务，其规模还在继续扩大。移动电子商务使用户能在票价优惠或航班取消时立即得到通知，还可随时支付票款或在旅行途中临时更改航班或车次。借助移动设备，用户可以浏览电影剪辑、阅读评论，然后订购邻近电影院的电影票。

3. 移动购物

借助移动电子商务，用户能够通过移动通信设备进行网上购物，如订购鲜花、礼物、食品或快餐等。传统购物也可通过移动电子商务得到改进，例如，用户可以使用无线电子钱包等具有安全支付功能的移动设备，在商店里或自动售货机上购物。

4. 移动娱乐

移动电子商务将带来一系列娱乐服务。用户不仅可以利用移动设备收听音乐，还可以订购、下载特定的曲目，而且可以在网上与朋友们玩交互式游戏，还可以参加快速、安全的博彩等活动。

5. 移动无线医疗

这种服务是在时间紧迫的情形下，向专业医务人员提供关键的医疗信息。医疗产业十分适合移动电子商务的开展。在紧急情况下，救护车可以作为治疗的场所，而借助无线技术，救护车可以在行驶途中同医疗中心和病人家属建立快速、实时的数据交换，这对每一秒钟都很宝贵的抢救过程来说至关重要。无线医疗使病人、医生、保险公司都可以获益，也会愿意为这项服务付费。

除了这些移动信息服务之外，下面详细介绍其他的信息服务。

6.2.1 移动短信服务

短信服务是移动电子商务的主要服务内容之一，用户可以通过互联网免费获得海量的信息，移动通信网络提供移动信息服务的方式有两种：通过短信（SMS）或者多媒体短信服务（MMS）。

1. 短信息服务

短信息服务（Short Message Service，SMS）是移动电子商务的最初形式，具有文字输入功能的手机一般都可以享有短信息服务。用户需要到电信部门开通才能享有 SMS 服务。目前，SMS 的内容提供商一般是在与电信部门合作，与电信部门共享话费的基础上，为用户提供个性化的信息和内容服务的。

（1）SMS 模式特点。应用范围广、具有文字输入能力的手机一般都可以享受 SMS 服务；用户可以个性化定制个人所需的信息或内容；交互性较差，适合单向信息提供，不适合交易服务；服务的内容和形式有限。

（2）SMS 的技术特点。作为一种非常普及的通信方式，SMS 有着许多鲜明的技术特点，这是 SMS 得以迅速应用和普及的重要原因。

首先，短信在技术上容易实现，而且使用方便、覆盖范围广，它通过控制频道传输，不占用独立通信频道，信息的发送和接收可以在 GSM 网络上与语音、数据和传真服务同时进行而不会彼此干扰，占用的资源非常少，同时可以支持国内和国际漫游，使移动用户可以使用短信服务向全球任何其他使用该系统的移动用户发送短信息，基于 GSM、CDMA 和 TDMA 的个人通信业务网络也同样支持 SMS，所以说 SMS 是名副其实的全球性移动数据服务。

其次，SMS 具有价格低廉的特点，以中国移动为例，中国移动的入网用户发送短信时，发送方须支付的费用是 0.1 元/条，而短信的接收方为免费，因此，相对来说 SMS 的价格非常便宜，价格方面的优势使的 SMS 非常容易普及，中国的移动通信市场的每用户平均收益（ARPU）值比较低，但是由于用户数量非常庞大，因此，短信应用对于整个中国的移动通信市场来说具有非常重要的意义，例如，2004 年上半年，我国移动短信业务量约 326 亿条，以每条 0.1 元的基本价格计算，已经产生 32.6 亿元的收入。

再者，短信采用的是推式的服务方式，它的内容通过无线通信系统自动发送到用户的移动终端面上，因此，具有通信及时的特点，同时发送出的短信在 1 分钟内就能到达接收者的通信终端上。目前，由于短信服务质量已经比较稳定可靠，因此，某些紧急的事情也可以通过短信进行通知，比如约会见面的时间、对销售人员进行现场支持、发布通知等。

而且 SMS 还有反馈功能，如果用户愿意，可以通过系统设置获得每条信息发送结果的信息报告，这一特点是它比 E-mail 更有优势，实际上已经接近同步通信的效果，这对用户来说意味着更高的通信的可靠性。

最后，SMS 还有一些附加的特性，从而使用户更加方便，例如群发功能使得用户可以同时对多人发送信息，节省了大量的输入时间，另外，许多娱乐类短信可以通过网上下载，或者通过门户网站来发送，从而在某种程度上冲破了短信输入量小的约束，通过短信还可以发送低于 160 字节的二进制信息（比如手机铃声或者开机画面），也为实现简单程序语句提供了支持，例如闪烁效果或者免提短信息（即紧急短信息，接收者一旦接收到这种免提短信，立即就会把内容显示在手机屏幕上，不会出现有新短信的提示符号）。

SMS 也有一些明显的缺点，例如短信息本身比较单调，由于技术原因，大部分传送的是纯粹的文本信息，另外，短信息的长度受到限制，每条短信的长度不能超过 160 字节，对于稍长的 E-mail 或者新闻等短信息服务，必须把信息切断为数条进行多次发送，费用反而会升高。因为使用低速信令频道，此频道为多种传输信号所共享，短信的收发速度相对较慢。

2. 多媒体短信服务

多媒体短信服务（Multimedia Messaging Service，MMS）是目前短信技术开发最高标准的一种。它最大的特色就是可以支持多媒体功能，借助高速传输技术（Enhanced Data rates for GSM Erolution，EDGE）和 GPRS，以 WAP 为载体传送视频片段、图片、声音和文字。多媒体不仅可以在手机之间进行传输，而且可以在手机和电脑之间传输。其短消息容量平均为 3 万字节，最高可达 10 万字节。具有 MMS 功能的移动电话内置媒体编辑器，可以编写多媒体信息，如果安装一个内置或外置的照相机，用户还可以制作并传送 PowerPoint 格式的短信息或电子明信片。

（1）多媒体短信服务市场规模。2004 年 MMS 市场快速增长，市场规模达到 8.2 亿元，同比增长 332%。MMS 注册用户数超过 701 万，其中活跃用户数达到 520 万。促使 MMS 市场快速增长的主要原因是中国移动与 MMS SP 的大力推广。而 2005 年是 MMS 市场发展的调整年，因为受到 2005 年上半年中国移动 MISC 1.6 的部署以及 MMS 邮箱流程的变更的影响，2005 年 MMS 增值服务出现市场预期低谷，2005 年 MMS 市场发展速度减缓，市场规模只达到 7.2 亿元，较上年下降 12.2%。2006 年上半年，MMS 收入 4.8 亿，较去年同期增长 26.3%，全年的收入达到 10.9 亿元左右。

（2）多媒体短信系统结构。一般说来，多媒体信息业务系统包括了以下网元：MMS 终端、MMSC（MMS 中继服务器/多媒体消息业务中心）、MMS 用户数据库、外部应用服务器、增值应用服务器以及非 MMS 终端支撑应用系统。此外，为配合多媒体消息平台提供多媒体消息服务，需要 WAP 网关、GSM/GPRS 网络资源等设备的支持，还要和现网中计费系统、网管系统互联。

（3）多媒体信息服务的流程。下面以系统向手机发送信息为例，分析一下多媒体信息服务的流程。

① 当有一条多媒体信息发往一个用户时，信息以 WAP 的 WSP 协议进行编码。通过无线网络传送到 WAP 网关。

② WAP 网关以 HTTP 协议与 MMS-Relay 进行通信，将文件内容传送给 MMS-Relay。

③ MMS-Relay 将文件送往 MMS-C 服务器。在服务器内，多媒体信息的内容将转换成 MIME 的格式，并存储在消息存储器（MMS-Message Store）中。

④ 服务器进行数据分析，从而得到路由信息、用户终端信息等。在分析过程中，服务器会调用用户数据库中信息。系统将判断用户的终端是否能够支持 MMS，并根据用户的终端的承载能力（如显示分辨率、终端的容量等）进行不同的处理。例如，当用户终端不支持 MMS 时，系统将把多媒体信息中的多媒体信息去掉，只把信息的文字部分以短消息的方式发给用户。

⑤ 确认处理方法之后，系统通过被叫用户的 MSIS-DN 号码进行路由。MMS-Relay 将通过 WAP 网关与外部网络进行通信。在没有确认被叫用户已经接收到信息之前，该信息始终保存在消息存储器中。运营商可以通过软件，设定保存的时间长度。

⑥ 系统服务器生成计费信息，传送给计费中心。

（4）多媒体信息服务系统基本功能。多媒体信息业务系统一般具有以下几个功能。

① 多媒体消息的发送和接收。手机终端合成多媒体消息后，可以向网内的所有合法用户发送多媒体消息。由 MMSC 对多媒体消息进行存储和处理，并负责多媒体消息在不同 MMSC 之间的传递等操作。同时，接收方用户可以从 MMSC 接收多媒体消息。

② 提供对非 MMS 终端的支持。这由非多媒体消息支撑系统来完成。以非 MMS 终端接收多媒体消息的流程为例，非 MMS 终端用户接到 SMS 通知后，可以通过其他手段访问多媒体消息，如 E-mail、WAP、WWW 浏览等方式。

③ 在网络承载方式上，现阶段支持基于 CSD 和 GPRS 的承载方式，未来将支持 3G 承载方式。

④ 多媒体消息业务支持点到点的业务和点到多点的业务。点到点多媒体消息业务指发送方和接收方是一个终端或应用系统；点到多点多媒体消息业务指接收方是多个终端地址。在一次多媒体消息发送过程中，可以指定多个接收终端地址。

⑤ 对 MMS 增值应用的支持。多媒体消息系统除了支持一些现有的应用系统（如 E-mail 系统）以外，还应提供开放的、标准的 API 接口，支持增值应用开发。

（5）业务实现方式。目前多媒体消息服务的业务采取 3 种方式进行。

第 1 种是发送方和接收方都是使用带有 MMS 功能的手机，即可直接传输。

第 2 种是发送方拥有带 MMS 功能的手机，而接收方是普通手机。此时，接收方可在移动梦网网站上申请一个以自己手机号码为信箱名的电子邮箱，当发送方发送一条 MMS 后，接收方手机会收到一条来自移动梦网的 MMS 到达信箱的短信通知。接收方就可登录信箱查阅 MMS 了。

第 3 种是使用普通手机的发送方可在互联网上直接给使用 MMS 手机的接收方发送 MMS。

3. SMS 与 MMS 的比较

MMS 与 SMS 在消息发送方式上都是相同的：都是存储—转发业务，即消息不是直接送达用户，而是先送至消息中心，再经过消息中心转发到用户。但是，MMS 与 SMS 也存在着很大差异。

（1）SMS 作为一个承载可以开展各种应用，如邮件到达通知、天气预报、新闻、铃声图片下载、彩票、游戏、证券等。MMS 作为一个应用的承载平台，除了上述应用之外，还可以提供更丰富的应用。

（2）在承载方式方面，SMS 使用 GSM 的信令通道。由于信令通道的传输能力有限，使得 SMS 不可能传输大数据量，因而基于 SMS 的应用不能任意开展。必须是小数据量的应用。MMS 是基于 WAP 业务的，走数据通道，其传输能力在 CSD 方式下可以达到 9.6kbit/s，在 GPRS 方式下最大可以达到 184kbit/s，在 3G 下可以达到 2Mbit/s，给应用的开展提供了很大的便利。用户可以随心所欲地发送和接收数据，而不再受带宽的限制。

（3）在内容能力上，SMS 只能发送和接收文本信息，每条消息最多只能携带 140 字节的字符信息或者是 70 个汉字信息。尽管 EMS（Enhanced Message Service，增强型短消息服务）可以支持图形、声音和动画信息，但这些数据的格式过于简单，用户对 EMS 的体验远远不及传统 Internet。而且由于每条 SMS 消息的大小不变。要传送超过 140 字节的信息，必须把 EMS 消息拆分成多条 SMS，然后在手机上进行组合。更重要的是，EMS 虽然也是 3GPP 的标准，但不是所有主流手机厂商都支持，在推广中必然存在障碍，MMS 可以支持丰富的数据格式，包括主要的图形、图像声音、动画格式标准，用户的感受与传统 Internet 完全一样，未来在带宽允许的情况下，还可以支持流媒体，大大提高消息内容的丰富程度和表达能力。而且，MMS 的消息大小突破了 140 字节的限制，从几十千字节到上百千字节，用户几乎可以完全不受信息量的影响，在一个消息中就可以完整地表达自己的思想。

（4）MMS 在网络结构上与 SMS 不同。MMS 采用的是 WAP 事件的处理流程，由接收方主动从 MMSC 取信息，相同于 WAP 的浏览或下载方式。

6.2.2 移动定位服务

随着社会的不断发展，人们的活动范围越来越大，地点越来越不确定。这种移动性和不确定性给移动定位服务的发展带来了无限商机。

移动定位服务，也称作基于位置的服务（Location-based Service，LBS）是指通过移动运营商的无线网络（如 GSM 网、CDMA 网、PHS 网等），获取移动终端用户的位置信息（经纬度坐标数据），并在电子地图平台的支持下为用户提供相应服务的一种移动增值业务。

1. 移动定位服务的市场规模

移动定位服务在 2003 年下半年正式商用，主要是基于短信方式的位置查找服务，2004 年基于 WAP、BREW/Java 和呼叫中心的位置服务推出，用户规模不断扩大。根据数据显示，2004 年中国移动位置用户规模为 1 040 万户，2005 年 1～9 月用户规模达到 1 800 万。随着中国联通基于手机的汽车导航服务相关业务的推出，用户规模将进一步扩大，目前移动定位市场已基本进入成熟阶段，到 2010 年中国移动服务用户规模将达到 2.4 亿户。

作为数字移动通信网提供的增值业务之一，LBS 在国外已经有了成功的先例。在国内也已经度过了发展的最初阶段，并表现出良好的发展势头，在即将到来的 3G 时代，定位业务也将是运营商推出的重点增值业务之一，其广阔的市场前景已经引起了移动运营商、服务提供商和制造商的广泛关注，现在众多的增值业务已经被开发出来，LBS 是其中最有发展潜力的业务之一，在日本、美国、韩国和欧洲，该业务发展态势都十分良好，根据 UMTS 论坛的相关资料统计，2003 年全球的 LBS 业务总量大约为 7 亿美元，预计到 2010 年将增长到 99 亿美元，目前除了一些汽车内的服务之外，大部分 LBS 应用仍处于试验阶段。

2. 移动定位服务的 3 个阶段

移动定位服务从内容上可以划分为 3 个阶段。

第 1 种是只提供位置信息，包括查询自己的位置或对方的位置，这方面最明显的例子就是“移动梦网”。

第 2 种就是导航服务，结合了运算处理技术以及语音技术，能够为用户提供切实可行的行进路线，比如车载导航系统。

第 3 种是结合了相关信息的定位服务，它能够提供信息点的详细资料以及周边资料。

移动定位业务的具体应用可大致分为：公共安全业务、跟踪业务、基于位置的个性化信息服务、导航服务以及基于位置的计费业务等。这些服务的例子包括寻找最近的饭店、接收当地的天气或路况信息、获得驾车路线或在黄页中搜索当地的有关地址。例如，出租车公司可以利用 Location Finder 将出租车派往需要服务的最近地点。这种服务的使用潜力不可估量。

下面介绍这些具体的应用。

公共安全业务：主要是为拨打紧急呼叫电话的用户定位，以方便公共安全部门为其提供迅速、准确的救援服务。此类业务的主要代表是美国的移动 911 紧急呼叫服务。

跟踪业务：提供对人员、车辆等可移动目标的跟踪服务，允许用户定期或按需要查询目标的位置。具体的应用有儿童监护、宠物追踪、车辆防盗、车队调度与管理等。

基于位置的个性化信息服务：为用户提供与其当前所处位置相关的综合信息服务，例如，为旅游者提供当地的交通状况、天气预报、旅游指南等分类信息，帮助其查找附近的酒店、停车场、娱乐场所等。

导航服务：为用户提供由当前位置到目的地的引导服务，例如，针对旅行者的路线规划服务和行程中的引导服务（提供转向提示、到达通知等）。

基于位置的计费业务：运营商将网络划分为不同的计费区域，用户在不同地点使用移动业务将按不同的费率收费。

3. 影响移动定位服务的因素分析

移动定位被业界认为是移动增值业务中具有广阔前景的应用新领域。总体而言，国内移动定位尚处于起步和市场培育阶段，从市场认知、内容开发、终端支持、产业合作等方面来看，其发展仍存在着诸多制约因素。

（1）市场认知度低

有市场调查显示，在移动运营商提供的诸多移动增值业务中，大概只有 28%的手机用户知道移动定位业务，在所调查的 21 项移动增值业务中名列第 11 位，远低于手机铃声下载（67.2%）、图片下载（57.8%）、收发彩信（48.4%）和彩铃业务（39.1%）的认知度。

移动定位业务在国内的发展已有 3 年左右，但其市场认知度依然偏低，甚至低于较晚推出的彩铃业务。因此，如何加大市场推广力度，有效提高移动定位业务的市场认知度，这是移动运营商和 SP 等各方需要考虑的问题。

（2）内容开发单调

当前，运营商和 SP 提供的位置服务基本上是基于 GIS 系统的“定位、交通导航、提供定位点周边信息”的“纯位置”服务，如“找自己”、“找朋友”、“周边查询”、“路径查询”、“公交换乘”等，而没有和其他应用结合起来。一些 SP 提供的位置服务在业务类型上基本雷同，存在着供需错位且质量不高的问题。

另外，从事地图数据制作的机构有差异，一些地图数据产品精度低、时效性差、信息内容不够准确、标准不够统一，这在一定程度上影响了用户的使用热情。

（3）定位技术有待提高

目前，实现位置服务的定位技术主要有 CELL-ID、E-OTD、A-GPS 等 3 种方法，CELL-ID 和 A-GPS 技术在国内均有应用。

CELL-ID 技术根据移动台所处的蜂窝小区 ID 号来确定用户的位置，因此，它的定位精度取决于蜂窝小区的半径。与其他技术相比，其精度是最低的。当需要精度较高的紧急定位服务时，CELL-ID 就无法满足要求。

A-GPS 技术的定位精度高、首次捕获 GPS 信号时间短。但该技术也存在着一些局限，如室内定位问题目前无法圆满解决，定位实现必须通过多次网络传输等。除此之外，还有使用的有效性问题。由于 GPS 系统被美国政府拥有和控制，在战争等非常时期，借助 GPS 系统的 A-GPS 定位业务就会受到影响。

4. 移动定位业务的技术分析

移动定位业务的具体实现需要相关技术的支持。目前，在移动通信网中应用的定位技术主要有 3 种：基于网络的 COO（源小区）技术、基于 TOA（到达时间）或 TDOA（到达时间差）原理的三边测量技术和基于星基无线电导航系统的 A-GPS（辅助 GPS）技术。

移动定位技术的具体实现方案可大致分为两类。如果定位计算功能在网络中完成，称为基于网络的方案；如果在移动台完成，则称为基于移动台的方案。在 3 种主要定位技术中，只有 COO 是完全基于网络的实现方案，其他两种技术既可以基于网络实现，也可以基于移动台实现。

不同的业务应用对定位精度的要求也不同。总体而言，信息服务要求的精度较低，导航和跟踪监护等专业定位服务所要求的精度较高。可以看出，Cell-ID 等基于 COO 方法的定位技术所提供的精度只能满足最基本的业务需求；基于 TDOA 原理的定位技术可提供满足大多数业务的定位精度，但不能覆盖高精度业务；只有 A-GPS 技术的定位精度能够满足所有业务应用的需求。

从市场运作的角度看，一个理想的移动定位方案应当具备 3 个要素：满足业务需求的定位精度、最小的网络成本投入、最大的用户覆盖范围。然而到目前为止，尚无一种方案能够达到这一要求。

COO 技术可帮助运营商在现有网络中以最小的投入开展定位服务并能达到 100%的用户覆盖率，这在所有的定位技术中是独一无二的。但从长远角度看，其精度不能满足大多数业务应用的需求。

基于 TDOA 的定位方案要求对现有网络进行较大改造，这一点在目前看来不太现实，因此其很难在短期内普及。不过，由于只要求移动台作软件上的修改，因此在可预见的将来，支持 TDOA 定位功能的手机将会逐渐增多，这样网络支持 TDOA 定位的必要性也就会相应增加。

A-GPS 技术拥有优异的定位性能，能够满足从低端到高端的广泛用户需求，因此其前景被一致看好。但在现阶段，高昂的终端价格无疑阻碍了其应用。此外，用户覆盖率也是 A-GPS 面临的一个主要问题，不但数量巨大的传统手机用户被排除在其服务范围之外，即使是对新的手机全部安装 GPS 功能也是不现实的。

虽然近年来移动定位技术的发展很快，但就目前的情况看，如何选择合适的定位方案仍然是一个令运营商感到头疼的问题。尽管如此，面对巨大的市场潜力，运营商还是应当把握机会，及早制订可行的解决方案。毕竟能否适时推出对用户有吸引力的特色服务是运营商提升收益水平的关键。

5. 目前移动定位业务的应用实例列举

（1）人身安全和紧急救助。目前，我国人身安全和紧急救助报警只能依靠拨打 110 或 120，这使得用户在紧急情况下（如正受到人身攻击或急病突发）的报警变得十分困难。利用移动定位业务，手机的持有者只要按几个按钮，警务中心和急救中心在几秒钟内便可知报警人的位置而可以提供及时的救助。美国已规定 2001 年 10 月之后所有手机必须具有定位报警功能。欧洲一些国家也开始了这方面的应用。在我国可应用在人身受到攻击危险时的报警、特殊病人的监护与救助、独生子女位置的监护与救助、生活中遇到各种困难时的求助需求等。

（2）机动车反劫防盗。与目前其他几种防盗系统相比，移动定位业务所采用的系统具有突出的优点包括系统体积小，重量轻，可放置机动车任意位置而不易被窃车者发现；不受遮挡的影响，室内室外均可实现定位；与 GPS 定位相比，成本低，若使用手机作为定位终端价格可在千元以下；定位系统的安全运行可完全由有关部门自主监控。

（3）集团车队、人员和租赁设备的调度管理。在许多情况下，集团车队和人员的管理者需要及时调度所属的车辆和人员，以提高工作效率，提升服务质量，如邮政快递、应急维护服务等。管理者希望距离客户最近的车辆和人员在最短的时间内到达用户所在的位置。借助于移动定位业务，管理者可随时了解车辆和人员的位置，因而可根据客户随时的要求，迅速调度车辆和人员。与 GPS 相比，移动定位业务所采用的定位技术的特点是当车辆和人员进入遮挡物下或建筑物内时，管理者仍可方便地确定其位置，进行调度管理。

（4）与位置相关的信息服务。移动定位业务可提供与位置相关的各种信息服务。当用户在陌生地区想知道距离最近的商店、银行、书店、医院时，只需数秒手机显示屏上便可出现所需的位置信息。当用户随时随地想购买自己喜欢的商品时，定位系统与信息数据库结合可引导用户购买。还可和互联网站商合作，为用户提供丰富的信息服务。该项业务也将在我国蓬勃兴起。

（5）物流管理。如对全国流动的货运车辆、火车车厢、专业车队如运钞车、邮政速递车等进行位置监控管理，合理调度车辆，减少空载。

（6）广告。上述应用的推广将会吸引众多的广告商在定位业务中插入广告业务。具体做法是在用户接收定位信息服务显示前增加 1～2s 广告显示，可达到好于一般纸页广告甚至电视广告的效果。

（7）友情、娱乐性服务。用户可利用定位系统随时获知朋友的位置、发出问候信息。可和朋友玩基于位置的游戏。

基于位置的服务是 21 世纪一项很重要的增值业务。对移动用户而言，移动定位业务不仅是了解自己或他人位置的个性化服务，更重要的是关系到每个移动用户的自身与财产安全。随着未来技术的发展，移动定位服务将提供给用户更高的定位精度、更便捷的操作方式、更全面的位置信息。移动定位服务也必将获得更广阔的应用。

6. 移动定位业务的市场展望

全球各大移动运营商目前纷纷在其 2G 或 2.5G 的网络中开展相应的移动定位业务，并积极筹备在 3G 网络中提供这项极具潜力的增值业务，基于用户位置的移动定位业务已经得到了世人的广泛瞩目。据相关人士预计，未来几年我国的移动定位业务市场规模将会很快达到 10 亿元以上，而且还会持续加速增长。

总体来看，移动定位业务目前在全球正处于市场培育阶段。日本的 NTT DoCoMo、韩国 SK Telecom 和英国的和记黄埔 3G 公司都基于已开通的 3G 网络提供定位业务，为用户提供详细、实时更新的数字地图来显示用户的具体位置，并通过电子地图引导用户寻找酒店、餐厅、商店和其他一些用户感兴趣的商业设施。

3G 网络的最大特点是可以提供高速的无线数据下载，这为移动定位业务提供了更加广泛的发挥空间。虽然在 2G 或 2.5G 的网络里也可以采用定位精度较高的定位技术，但是由于受到网络传输速度的限制，定位业务在提供方式上也会受到局限。有了 3G 网络的支持，向用户提供导航信息时就可以采用实时的语音信息与彩色电子地图相结合的方式来实现。高精度的定位技术与多媒体的用户界面相结合，可以吸引更多的用户使用定位业务。

此外移动定位业务对于精度的要求是不同的，这就需要运营商依据自身条件建立灵活、可靠的定位系统，满足不同基于位置服务的要求。我国的运营商如果想真正启动 LBS 市场，也必须先找到适合自己的定位技术模式。其次从业务开发的角度看，移动定位服务的开发不应该仅仅局限于“纯位置”类服务的开发，而是应该引导产业链将“位置”作为一种元素融入到新业务的开发以满足社会大众的需求。比如韩国运营商借韩国社会拐卖儿童和绑架妇女案件增多的时机，及时推出移动安全服务就是很好的例子。最后是如何有效的保障用户隐私安全的问题。立法也好，运营商推出其他的措施也罢，归根结底是要有效保护用户的隐私安全。只有这样才能够使用户打消疑虑，使用基于位置的服务。

6.2.3 CRBT 彩铃服务

彩铃业务（Coloring Ring Back Tone，CRBT）也称为个性化回铃音服务业务，是为满足现代通信市场个性化的需求，推出的新一代增值业务。对追求时尚的消费人群来讲，当别人拨打他的电话时，听到的不在是单调的回铃音、忙音，取而代之的是流行歌曲或是一段录音。

彩铃业务在充分利用运营商现有网络资源的前提下，有效的提高运营商的网络呼叫量和切实增加运营商网络运营收入。

易观国际研究表明，2006 年第 4 季度，CRBT 业务略有上升，达到 12.3 亿。彩铃业务市场规模较上个季度上升 6.33%；炫铃业务上涨 1.22%，和上个季度基本持平。但是总体上仍然呈现徘徊态势，并没有走出低级饱和区。

2006 年 10 月份中国移动通信集团广东有限公司（以下简称广东移动）启动了彩铃业务最低价竞价原则，在同一首歌曲彩铃的不同分发渠道间（不同的 SP 之间）引发了恶性价格战，广东移动彩铃网站上出现了大量几分钱甚至免费的彩铃，SP 唱片公司的收入都受到严重影响，也凸显出内容独有性的重要性，将影响未来唱片公司和 SP 的合作策略。

现在中国移动还提高了彩铃 SP 的业务准入门槛，并引进淘汰机制。这将规范市场竞争秩序，简化管理，加速 SP 的优胜劣汰，使得大量缺乏竞争实力的中小彩铃 SP 退出市场。

彩铃业务解决方案提供功能强大的业务管理，铃音管理以及针对第三方的统一开放界面。如图 6-1 所示。

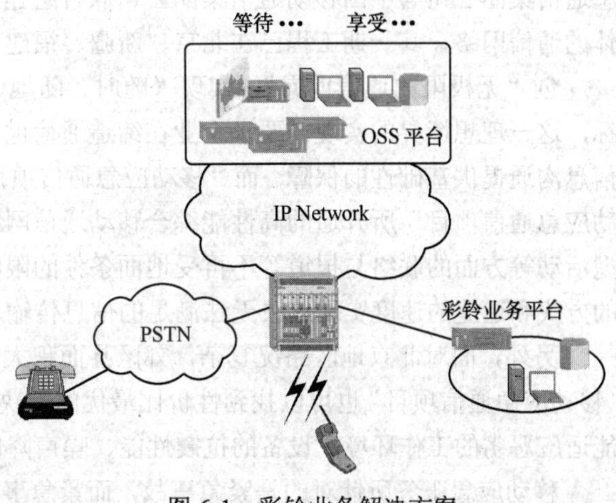

图 6-1　彩铃业务解决方案

彩铃业务系统主要有以下功能。

（1）个性化回铃音订制

用户不单可以从系统音库中选择音乐片断，还可以管理自己的个人音库。其音乐制作的方法包括：第一种，电话录制，就是用户在电话中进行录制，系统把录制结果存放到用户的个人音乐资料库中，以后用户选择铃声时可以从个人音乐资料库中选择。第二种，上传音乐资料，用户可以把音乐文件（MP3 格式、MIDI 格式、WAV 格式）通过网站上传。系统把声音内容进行检验及格式转换，存放到用户的个人音乐资料库中。

（2）个性化回铃音播放

根据用户的设定，向不同的主叫方回放所订制的个性化音乐。

（3）丰富的回铃音资源可用

铃声资源是彩铃业务的重要组成部分，大量的专业铃声将使该业务更加丰富，生动。用户可以通过以下途径随时随地修改回铃音：拨打特服号码，自录回铃音并试听。访问个性化回铃音门户网站（Web）或通过手机访问个性化回铃音门户网站（WAP）。

（4）集团用户的个性化

申请了该项业务的集团用户，可以统一集团用户的回铃音，满足商业形象及客户服务的要求。

（5）用户等级

用户可以分成三种等级：普通个人用户、VIP 用户和企业级用户。不同级别的用户可以分别限制其个性化回铃音主叫的数量。同时，不同级别的用户还可以设定其最大上载铃音文件个数。

（6）来话筛选功能

彩铃用户可以选择拒绝接听对某些特定主叫的来话或者某个设定时间段内的所有来话。

（7）系统管理功能

系统提供开放的第三方开发和接入界面以及成熟稳定的管理平台。

6.2.4　移动应急服务

2006 年 1 月 3 日上午 8 时，几乎所有的中国移动通信集团北京有限公司（以下简称北京移动）客户都收到这样一条短信：今日凌晨 2 时东三环路京广桥东南角发生漏水事故，导致三环路由南向北方向部分主辅路塌陷，目前该路段正在抢修，请过往车辆注意绕行。

2006 年 3 月 24 日，北京怀柔北部山区与河北交界处突发山火。接到救援指挥部应急通信保障任务后，北京移动迅速派出技术人员和应急通信车辆赶赴现场，在现场进行卫星应急通信电路调测，开通卫星应急站并提供临时通话，为扑灭山火救援工作提供顺畅的通信保障。

在一个个生动的案例背后，北京移动迅速敏捷的应急通信反应能力让人眼前一亮。在关键时刻，北京移动不辱使命，为守护社会的通信安全，为维护客户的利益提供了坚实的保障。此外，案例中也充分体现出北京移动“移动应急通信项目”的成功应用。“移动应急通信项目”由中国卫星通信集团公司与中国移动通信集团公司联合组建，依托中国卫星的卫星资源及中国移动天地一体的通信网络，其一期工程已在北京、新疆、福建三地展开。

创“无极限的通信世界”，实现“随时、随地、随意”的沟通始终是北京移动不懈追求的目标，这一理想境界的实现，要求企业在缔造通信世界的过程中永不停息，无极限地为各种形式的信息沟通提供基础性的保障。而“移动应急通信项目”则为这个理想的实现提供了便利条件。“移动应急通信项目”所开通的高性能综合移动通信网络，将使今后对重要赛事、突发事件应对、大型活动等方面的联络与报道等不再受地面条件的限制，借助卫星的空中优势，将以更加灵活机动的方式和迅捷的速度实现过去无法满足的信息传输。

另外，面对北京地区路况复杂，郊区县面积大，部分偏僻地区通信线路不发达的状况，运用“移动应急通信项目”也可以找到性价比最优的解决方案。移动应急通信车上所有的卫星设备完全能适应恶劣的工作环境，设备的抗震性能、噪声降低及散热等方面都达到了先进水平。

移动应急服务所针对的是紧急事故，而紧急事故具有突发性强、影响面大、技术难度高等特点。紧急事故是指系统已经发生或即将发生大面积的服务阻塞和维护限制，以及大量数据丢失的情况。

6.2.5 移动搜索服务

当前，随着语音业务增长趋势变缓，全球的电信运营商都在试图寻找新的利润增长点，移动搜索业务就是在这个时候应运而生。

移动搜索是利用移动终端搜索 WAP 站点或者用短信搜索引擎系统，通过移动通信网络与互联网的对接，将包含用户所需信息的互联网中的网页内容转换为移动终端所能接收的信息，并针对移动用户的需求特点提供的个性化的搜索方式。

1. 移动搜索业务的发展概况

移动搜索业务起步较晚，2002 年 8 月在英国出现的“手机搜索乐曲名”服务算是移动搜索的雏形，但并不是真正意义上的移动搜索。直到 2004 年 5 月，英国三家主要的移动运营商 Orange、Vodafone 以及 O2 推出的被称为 AQA（Any Question Answered）的基于短信的搜索服务才算是移动搜索的正式开始。紧接着，各国运营商的位置搜索、图形搜索等移动搜索服务陆续推出。

当 Google 和雅虎在国外移动搜索领域攻城略地之时，国内诸如 Cgogo、悠悠村、百度等一些搜索引擎开发公司和移动增值服务提供商也全面加快了移动搜索引擎的开发步伐，加速进入移动搜索服务领域。另外，锐客、中搜等公司也在着力拓展手机搜索市场。2005 年我国手机搜索引擎迈出了非常坚实的一步——年初国内市场还是一片空白，到了年末，手机搜索市场已经形成产业化的雏形，市场规模达到 0.79 亿元。

据市场调查数据显示，随着 3G 的到来以及运营模式的成熟，2008 年国内手机搜索用户将达到 12 700 万，2010 年将增长至 22 000 万。在市场规模方面，据预计，到 2008 年中国无线搜索技术运营商收入将达到 13.5 亿元并继续保持高速增长，到 2010 年无线搜索技术运营商收入将增长到 31 亿元，根据用户量以及市场价值来看，手机搜索无疑是 3G 前以及 3G 后最具发展潜力的新兴市场。

移动搜索业务的最大优势在于它打破了电脑的线缆约束，让用户能通过随身携带的手机即时获取所需的信息。从实际应用的角度看，手机搜索和计算机搜索采用的基本原理相似，但手机搜索并不是网络搜索的简单翻版，其不同之处体现在两个方面：首先，计算机搜索强调的是“海量”，搜索结果多多益善；而手机屏幕较小，因此需要对多余的图片、超级链接、Flash 等内容进行过滤，为用户提供最精确、最有价值的内容；其次，手机搜索可以随时随地进行，这决定了搜索内容和搜索过程具有更强的人性化色彩。但是由于处于市场起步期，移动搜索业务存在一些问题。尽管 WAP 站点的数量在不断增多，但很多 WAP 站点的规模小、内容雷同，而且缺乏资金，没有找到良好的商业模式。目前的移动搜索服务提供商大多为用户提供的是免费服务，应该借鉴传统互联网搜索服务的盈利模式，与移动运营商密切合作，构建适用于移动搜索服务的盈利模式，另外，目前国内 3G 尚未商用，移动搜索业务发展还面临网络速度较慢、上网费用高和终端屏幕小、操作烦琐等方面的问题，这些都会影响移动搜索服务的推广。

2. 移动搜索的形式和分类

目前国外的移动搜索主要有两种形式：发送短信搜索和网页浏览搜索。发送短信搜索的一个典型应用是美国用户在购物时常常会发送短信给 Synfonic 和 Smarter 这两家网站，随后这两家网站通过回复短信，为他们提供所需商品的价格和相关商品的比价，以此方便用户作出购买决策。网页浏览搜索是通过移动终端上网，登录搜索引擎的 WAP 网站搜索所需信息。目前，全球几大运营商已联手著名的搜索引擎网站发展该项业务，如 Sprint 联手 Yahoo、T-Mobile 联手 Google、Verizon 联手 MSN 等。

2004 年，我国的移动运营商宁波移动首先推出了一项嫁接在移动通信和互联网搜索平台上的全新信息搜索服务。实现了信息搜索从互联网空间向无线移动领域的技术飞跃。移动搜索服务商方面，2004 年 12 月 16 日，北京 GOGO 科技公司宣布，已开发出基于手机上网的搜索引擎-cgoo，此搜索引擎已经与中国移动、中国联通两大移动运营商捆绑，成为国内首个在全国范围内开通的手机搜索引擎。2005 年 11 月 1 日，上海网村（Net Village）推出了手机中文搜索引擎——悠悠村，为用户提供计算机端、WAP 端和 Java 端三个平台为一体的手机无线搜索服务。随后，Google、百度等众多企业也相继开通了手机实时搜索的功能。

根据实现方式的不同，移动搜索可分为短信搜索和 WAP 搜索两种类型。前者对网络和终端的要求一般不高，2G 网络就足以胜任；而 WAP 搜索则需要移动网络能承载基于 WAP 协议的数据业务，若需要同多媒体应用相结合，还需要智能手机终端的支持。

根据搜索内容的不同，移动搜索又可分为 AQA 应答搜索、比价搜索、位置搜索、曲名搜索、图像搜索等。随着移动搜索技术应用的日趋成熟，有的移动搜索服务提供商还致力于为用户提供更专业的分类信息搜索服务，让手机用户通过分类信息的搜索和查询，得到他们真正需要的信息。

3. 移动搜索的盈利模式

作为一个全新的产业，移动搜索必须找到合适的赢利模式。移动搜索的产业链主要包括移动运营商、服务商增值业务或手机厂商的 WAP 门户、独立 WAP 站、广告主、手机搜索引擎和最终用户。目前通过短信方式搜索盈利主要是服务商通过与移动运营商的合作，分成短信查询费用来获得利润，也可向用户收取一定的使用费，赢利方式比较明晰。

通过移动终端搜索 WAP 站点的模式和 Internet 搜索的赢利模式很相似，毕竟用户主要访问的 WAP 站大多数是免费的，所以移动搜索引擎一般也是免费的，移动搜索提供商主要通过广告发布及竞价排名等方式获利。

由于目前的移动搜索市场尚未成熟，沿用传统的互联网搜索市场的赢利模式并不能保证有足够的赢利。另外，目前手机屏幕小，搜索如果还像传统网络搜索放置广告的话，会使得屏幕信息显得杂乱，影响用户的体验。

4. 移动搜索未来发展预测

尽管移动搜索业务的发展存在一些问题，但随着3G的进一步发展，在未来的两到三年，移动搜索业务将会得到很快的发展，并会有如下的发展趋势。

（1）移动终端的方便性

从互联网搜索迅速被人们普遍使用可以看出，人们对信息的渴求程度非常高。但是通过计算机和网络设备登录互联网搜索引擎却不能满足人们实时获得信息的需要，在此背景下，移动搜索应运而生。与传统的互联网搜索相比，移动搜索的方便性优势明显，表现在：移动搜索自由度更大，人们可以通过移动终端随时随地搜索，不用受制于互联网；移动搜索只需要一部终端和无线网络，而不是相对沉重的计算机和固定接入的互联网；搜索方式的多样性也使用户不仅可以通过移动终端直接上网搜索，还可以用短消息与移动搜索服务商实现及时的互动沟通。

（2）搜索市场的广阔性

互联网搜索引擎网站 Google 的巨大成功从一定程度上说明了搜索市场规模的庞大。而互联网用户仅仅是移动用户的十分之一，可见这两个领域的相互渗透和共同发展将会为移动搜索市场带来良好的市场前景，移动搜索的广阔性毋庸置疑。

移动搜索在今后的发展过程中应注意以下几个方面。

（1）细分发展时期，调整收费方式

中国的移动搜索业务刚刚起步，如何让用户满意、企业赚钱，一个合理的赢利模式至关重要。根据中国信息产业的实际情况，移动运营商应与移动搜索服务商携手，共同对移动搜索发展历程进行深层挖掘，依据不同发展时期采取不同的收费方式将会是解决移动搜索赢利模式的良策。目前所有移动搜索服务商提供的都是免费的搜索服务，用户只需付给移动运营商上网的流量费。为了支持移动搜索发展，在完善收费模式上，可以适当借鉴 NTT DoCoMo 公司的 i-Mode 运营商代理收费的商业模式。移动搜索服务商收取较少的搜索服务费，用户交付给移动运营商的流量费也等数额减少，即用户总的消费金额不变，搜索费用由移动运营商支付给移动搜索服务商。到了发展完善期，移动搜索服务商收取一定的搜索费用。此费用可按照比例与移动运营商分成，用户正常支付移动运营商流量费。同时移动搜索服务商可采取广告、向被搜索的企业收费等方法赢得利润。

（2）完善搜索渠道，丰富信息资源

通过什么渠道搜索，能搜索到什么信息，是移动搜索能否迅速、健康发展的关键。其实互联网搜索的几大巨头已经开始在移动搜索市场的探索。2004年，Google 就发布了他们的手机搜索功能。Yahoo、百度等都开展了移动搜索业务。为了促进移动搜索的发展，还需要更多的企业参与，以进一步完善移动搜索渠道。同时还应注意，信息资源的丰富不仅是通过增加 WAP 网站来扩大搜索资源，还应增加搜索的产品，如游戏搜索、网站搜索、小说搜索等。由于移动搜索是提供给用户个性化的搜索方式，所以不能像互联网那样提供大量的信息，应讲求信息搜索的精确性和有效性，在搜索的内容、方式上要创新，满足不同用户的需求。

（3）加速技术发展，提高搜索效率

移动技术的发展是移动搜索发展的前提，也只有技术发展了，搜索的效率才能提高。移动搜索服务商，应尽量采用 XHTML 和 WML（Wireless Markup Language）编制网页，以适应移动终端相对狭小的屏幕和较少的按键。对于移动运营商，应努力增加网络带宽，减少用户的搜索时间，提高搜索效率。

（4）形成规模效应，促进产业发展

一项新兴的业务要想获得成功必然要有一个产业链来支撑，对于移动搜索也同样如此。移动搜索的产业链主要包括移动搜索服务商、移动运营商、移动终端厂商和最终用户。用户是潜在的也是数量巨大的，移动运营商目前主要是中国移动和中国联通，产业链的重点是移动搜索服务商。在现阶段应以鼓励和促进移动搜索服务商的发展为主，比如，利用移动运营商将部分利润分成给服务商等方式，通过服务商提供方便、实用的信息搜索带动整个产业链的发展。同时值得注意是，产业链中的手机厂商和操作系统等上下游厂商对移动搜索的发展也有一定促进作用。如摩托罗拉与 Google 合作，使将来的摩托罗拉手机用户能够享受 Google 的搜索引擎服务；Google 计划收购移动应用程序编译技术公司 Reqwireless，将 HTML 网页格式编译成为移动设备所能识别的格式，以完善移动搜索等。

（5）研究用户心理，推广品牌创新

用户的认可是移动搜索继续发展的动力，用户的广泛使用是移动搜索的最终目的。因此，移动搜索服务商和移动运营商应在对使用移动搜索的用户群细分的基础上，共同研究用户的心理，广泛收集移动搜索用户的需求，形成用户、运营商和服务商三者之间的有效互动。而处在这一信息链中关键节点位置的运营商，需要充分利用现有的用户资源，倾听不同移动搜索用户群体的意见，及时反馈用户需求信息，创造性地打造出迎合中国用户使用的移动搜索。移动搜索的概念新颖、时尚特征强，在发展的过程中还可以与各种品牌文化整合起来，如在中国移动的“动感地带”品牌和中国联通的“新势力”品牌中加入移动搜索概念，将会吸引更多追求时尚的年轻一族加入到移动搜索的行列中来，也对这些成功品牌进行了创新，互惠互利，共同发展。虽然移动搜索相对于彩铃、彩信等移动增值业务来说还处在起步阶段，但是用户对随时随地获取信息的需求将促使这一新业务进一步发展。

6.3 移动电子商务信息服务的前景

随着技术的飞速发展和网络建设的加快，中国手机用户人数的逐年增加，移动电子商务所提供的信息服务将会有更广阔的市场，给消费者带来更大方便的同时，也给运营商带来具有增值潜力的客观的收入。这将促使运营商投入更多的资金去进行网络的建设和开发新技术，因此必将形成一个良性的循环，促进整个社会向更好的方向发展。业内人士指出，手机电视、移动位置服务 LBS、移动支付、移动博客、手机邮件、PoC（PTT over Cellular）、手机搜索、手机广告、手机识别、手机黄页被视为未来十大移动增值业务。可见移动电子商务的信息服务的前景值得所有的参与者共同关注。

本章小结

通过本章学习，要了解移动电子商务信息服务的概况，熟悉移动电子商务所提供的各类信息服务及其特点，并能更好的认识这些信息服务的社会作用。掌握移动电子商务的信息服务内容，包括移动短信服务、移动定位服务、CRBT 彩铃服务、移动应急服务和移动搜索服务，这些具有移动电子商务特色的业务将会迅猛发展。中国手机用户人数的逐年增加，目前已超过 6 亿，我国移动电子商务的信息服务将有不可估量的发展。

习题与思考题

1. 移动电子商务能够提供哪些信息服务？分析自己作为消费者经常会使用哪些信息服务？
2. SMS 和 MMS 的区别和联系。
3. 移动搜索业务的移动模式目前有哪些？在未来的发展中会有什么样的变化？
4. 分析影响移动定位业务的发展的因素。

第 7 章　移动电子娱乐

本章提要：本章介绍移动电子娱乐服务，首先回顾了移动电子娱乐的兴起、现状和发展趋势，概述了移动电子娱乐服务的内容和形式；然后阐述移动游戏服务，包括手机游戏发展现状和趋势，移动游戏下载与安装，也介绍了移动音乐，如移动音乐发展现状与趋势；最后分析了移动电视服务，包括移动电视现状、发展趋势及我国移动电视运营模式。

7.1　移动电子娱乐概述

7.1.1　移动电子娱乐的兴起

近年来随着社会的发展，人民生活水平的提高，越来越多的人们开始拥有手机，手机已经成为了人们必备的通信工具。据调查显示，我国近几年手机用户的数量呈现出几何增长，现在拥有手机的用户已经超过了 6 亿。这些拥有手机的用户在使用手机满足他们基本的通信需求之后，又提出了更多的需求。他们希望手机能在他们的移动过程中进行娱乐，从而为他们打发那些无聊的时间。面对这样的需求，手机的设计者开始为手机设计出更多的功能来满足手机用户。比如现在流行的手机都具备了照相、MP3、MP4、收音机、电子书阅览等功能，这些功能大致满足了手机用户在移动环境中娱乐的希望。这成为移动娱乐能够兴起的首要原因。

另外一个原因是由于移动娱乐引起移动运营商、设备制造商以及服务提供商的重视。在 2000 年左右，全球的移动用户的数量增长迅猛，各地与通信行业相关的企业的收入迅速增加，这使人们对于通信行业的前景非常看好。于是各地运营商纷纷购买 3G 牌照，并且推出以 WAP 技术为基础的一些增值业务，以获取更大的利润。然而好景不长，首先是股市的萧条使原来的投资商们纷纷撤资，其次是 WAP 业务推出之后效果并不如初期设想的那么好，这些事实使通信企业陷入了困境。为了摆脱困境，移动运营商、设备制造商以及服务提供商尝试寻找其他的方法，他们开始借鉴日本运营商、设备制造商的成功经验，开展移动电子娱乐服务。移动电子娱乐服务是通过手机向用户提供娱乐服务，它不需要非常复杂的技术，许多服务只需要通过文本信息或简单的图表就可以实现。另外运营商提供这些娱乐服务也不需要特殊的硬件、软件或网络支持（如高速传输的网络、定位功能、Java 功能等）。这就意味着运营商可以在原有的基础上迅速推出这些服务来获得收入，这就引起了各地通信行业相关企业对移动电子娱乐开发的重视。

7.1.2　移动电子娱乐的现状和发展趋势

移动电子娱乐业务经过这几年迅速的发展，同时随着 3G 应用的临近，已经显现出与传统的计算机游戏、电视游戏和网络游戏并驾齐驱的趋势。2005 年全球娱乐市场的销售收入达 176 亿美元，比 2004 年增长了 71%，预计至 2009 年，整个市场的销售收入将超过 590 亿美元，这一速度已经大大超过网络游戏的增长。预计到 2010 年仅亚太地区就将产生 470 亿美元的收入，游戏、导航、音乐、视频以及手机电视等个性娱乐应用将刺激该市场的繁荣和发展。因此移动电子娱乐业务被公认为是未来最具发展潜力的移动业务之一。

虽然移动电子娱乐的发展非常迅速而且前景广阔，但是它现在依然存在一些问题急需解决，主要包括以下 3 个方面。

（1）标准

从移动娱乐诞生发展到目前为止，行业内部依然没有一个相关的标准可以参考执行，移动娱乐产业标准化严重滞后于它自身的发展。

（2）终端

终端与业务是紧密关联的，它们之间存在着相辅相承的关系。业务要依靠终端来支持，只有支持这项业务终端数量比较大的时候，业务才可以得到比较好发展；同时，如果业务量增加了，用户的需求扩大了，终端提供商也会增加支持这项业务的终端量。短信业务与彩信业务的发展情况就是一个很好的例证，短信业务之所以发展的比较快，就是因为所有的终端都支持短信这项业务，而彩信业务的发展缓慢，也就是因为大量手机依然不支持彩信。所以说，终端的发展状况是制约移动电子娱乐发展的一个重要问题。

（3）业务网的融合

国内现存在网络主要有两类，一是广播网，另外一个是移动通信网。这两类网具有完全不同的特性。广播网具有占有频率资源宽的优势，广播网频率资源从几十 MHz 到 750MHz，这是移动网不具备的。在移动电子娱乐产业中如何利用广播网的频谱资源，把广播网和移动通信网结合起来，为移动娱乐产业服务，这是一个非常重要的问题。这样的结合非常有利于手机电视的发展。

7.1.3 移动电子娱乐服务的内容和形式

移动电子娱乐服务的内容主要包括以下范围。

① 沟通服务：包含短消息、电子邮件、聊天室、移动 QQ 等。包括一对一、一对多及多对多服务。

② 信息服务：其所蕴涵的范围相当广泛，包括运营商、内容提供商、媒体从业者等。如短信、彩信、手机广播、电子邮件、商业信息、交通信息、新闻、天气预报等。

③ 纯娱乐服务：包含短信、在线游戏、WAP 游戏、文字、下载音乐、手机铃声、手机电视、移动视频等。

④ GPS 服务：包括方位追踪、交通工具服务等。

以上就是移动电子娱乐主要的服务内容及具体的形式。后续章节中，我们将主要针对移动娱乐服务中的几种发展非常迅速、用户比较喜爱的内容加以介绍。它们分别是：移动游戏、移动音乐和移动电视。

7.2 移动游戏

7.2.1 移动游戏概述

移动游戏一般是指将移动终端与游戏产品相结合，为消费者提供方便、易携带的游戏服务支持。而根据移动终端的类型，移动游戏的定义可分为广义与狭义两种。广义层面的移动游戏包含广泛，凡是能在移动过程中进行游戏的服务均可称之为移动游戏。目前市场中的PDA、游戏手机等均可享受广义的移动游戏服务。狭义的移动游戏主要是指与移动通信终端相结合的游戏服务。就通信领域的移动游戏而言，狭义的移动游戏就是指手机游戏，这是本节关注的重点。

1. 移动游戏的产生

移动游戏的产生和发展应该具备以下几方面的条件。

首先，从市场需求的角度来看，用户对电子游戏网络化和游戏终端移动化的需求催生了移动游戏。网络游戏使游戏玩家可以实现人与人之间的交流，也使游戏更加充满变数，更具娱乐性和挑战性。游戏终端的移动化则可以满足随时随地玩游戏的需求。从这两个方面来看，利用移动通信网络的数据承载能力，为用户提供时时在线的移动网络游戏就成为了满足这些需求的最佳方案。

其次，从技术角度来看，移动通信网络的数据承载能力的提高，使移动游戏逐渐成为可能。随着移动通信技术的发展，移动终端的数据传输能力也从GSM的9.6kbit/s，GPRS的30～40kbit/s发展到WCDMA的384kbit/s，移动通信网络似乎也在遵循着早先固定宽带网络的发展规律，为移动游戏的发展提供了一个基本条件。

最后，从市场运作的角度来看，移动通信运营商为推动数据业务发展，增加用户对移动网络的使用，加强了与各种内容提供商的合作。传统游戏商作为移动数据业务的一项主要内容提供者，与移动通信运营商的合作正在逐渐加强。反过来看，庞大的移动用户基础对传统游戏厂商也有着巨大的吸引力，而几乎所有的移动用户都可以被视为移动游戏的潜在使用者。

2. 移动游戏的业务特点

和传统的电子游戏相比，移动游戏业务具有以下特点。

（1）便携性

便携性是移动游戏不可忽视的一大优势。传统电子游戏厂商任天堂的成功证明了这一点。截至2004年1月，其便携式的游戏产品Game Boy Advance（GBA）在全球累计销售达到2 024.8万台，销量位于当前主流视频游戏机第二位。

（2）永远在线

移动终端随时随地与移动网络以及通过移动通信网络与其他终端保持着联络。正如前面我们说到的，网络游戏作为电子游戏产业发展的一个方向，已经在全球范围内快速发展起来而网络游戏的兴起极大地刺激了移动游戏的发展，移动终端永远在线的特性使其具备了开放移动网络游戏的条件。

（3）可定位性

正是由于移动终端与移动通信网络保持者实时的联系，就使移动通信网络能够随时确定移动终端的位置。对于移动游戏运营商来说，可以充分利用用户的位置，信息开发出基于位于的移动游戏产品。因为增加了位置的元素，从而增加了游戏的趣味性。

3. 移动游戏的种类

移动游戏现下流行的分类方式有两种，一种是根据它所使用的技术方式来分类比如：嵌入式游戏、短信游戏、WAP游戏、Java游戏以及BREW游戏等；另外一种是参照电脑游戏的分类方式将移动游戏进行分类。

（1）参照技术的分类方式将移动游戏介绍如下。

① 嵌入式游戏。嵌入式游戏主要是指早期手机中自带的游戏，比如 1997 年诺基亚推出的“贪吃蛇”，如图 7-1 所示。目前，几乎所有的手机终端都内置了少量简单的嵌入式游戏。而这一类游戏的出现促进手机游戏市场的诞生，为人们在享受移动通信服务的过程中增添了新的体验。更为重要的是嵌入式游戏的成功使运营商相信手机游戏确实具有强劲的发展潜力，开始重视手机游戏市场的开发。但是嵌入式游戏也具有致命的缺陷，就是游戏内容单一，无法进行更新，难以为用户带来新体验。

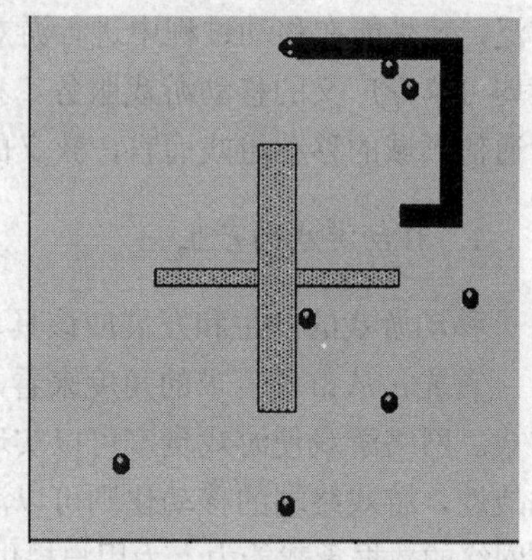

图 7-1　经典的嵌入式游戏“贪吃蛇”

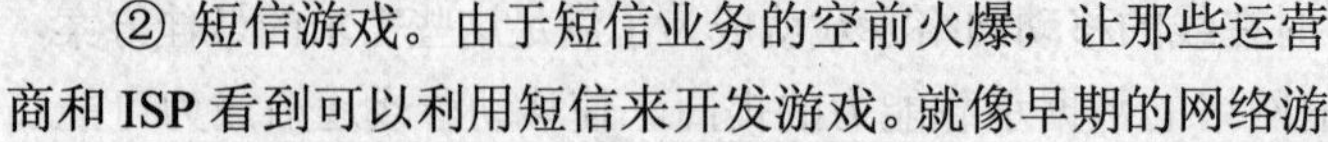

② 短信游戏。由于短信业务的空前火爆，让那些运营商和 ISP 看到可以利用短信来开发游戏。就像早期的网络游戏一样，文字 MUD 充当了早期的市场开拓者。随着网络的进步，多媒体短信游戏、短信猜谜、机智问答等游戏形式迅速进入短信游戏市场。短信游戏是最早的移动网络游戏。这是由于短信游戏对于移动终端的要求最低，只要能够收发短信就能够进行互动游戏了。但是由于短信游戏只是通过文字内容互动来进行的，其吸引力主要来源于游戏内容本身，短信游戏的不足之处在于游戏画面过于简单，缺乏视觉吸引力。

③ WAP 游戏。在短信之后出现的是 WAP 游戏。WAP 是一种手机拨号上网的网络服务。而 WAP 浏览器游戏就好像我们用计算机上网，并通过浏览器浏览网页来进行的简单游戏一样，也属于一种文字游戏，其工作原理如图 7-2 所示。其进行方法和短信游戏类似，玩家可以根据 WAP 浏览器浏览到的页面上的提示，通过选择各种不同的选项的方法来进行游戏。因此，与短信游戏比较 WAP 游戏无疑更进一步。日本 i-Mode 游戏实际上就是一种 WAP 浏览器游戏。WAP 游戏也有短信游戏不够直观的缺点。

④ Java 游戏。Java 游戏是基于 K-java 程序语言开发的手机游戏，凡是在支持 K-java 的手机上都可以顺利运行，有着较强的交互娱乐性，并支持任意下载和删除，图 7-3 所示为某此类游戏的界面。2002 年和 2003 年此类 Java 游戏得到了迅速的发展。大型移动运营商的推动在其中起到了主要作用。例如 O2 公司 2002 年在欧洲开始提供的 J2ME 游戏，覆盖了英国、爱尔兰、荷兰和德国。J2ME 游戏目前的效果已经可以和 20 世纪 90 年代的街机游戏相媲美，某些移动游戏厂商甚至开始研发移动 3D 游戏。

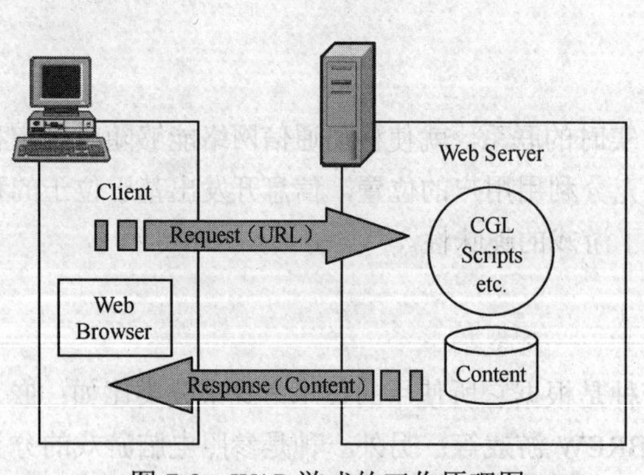

图 7-2　WAP 游戏的工作原理图

图 7-3　K-java 游戏界面

⑤ BREW 游戏：BREW 也是一种程序开发语言，可以用于开发手机游戏。BREW 游戏可以在支持 BREW 语言的手机上任意下载运行。

和前面提到的其他游戏类型相比，移动运营商更加看重 J2ME/BREW 游戏。这首先是因为此类下载类游戏设计更加精美，能够吸引更多的用户；其次游戏的下载能够带来大量相关数据流量的收入。

（2）参照电脑游戏的分类方式将手机游戏分为以下几类。

① RPG（角色扮演类）。RPG 游戏在各种平台上都表现出了较高的可玩性。在游戏中玩家扮演自己喜欢的角色，根据事先设计的丰富的剧情，让角色不断成长，就像发生在玩家自己身上一样。它拥有着大量的玩家，例如现在网络上非常流行的《奇迹》、《传奇》等都有数以百万计的用户。随着手机网络游戏的兴起，服务提供商和移动运营商加大对这块领域的投入，市场前景非常乐观。

② FTG（动作类）。动作类游戏自从被开发以来就一直受到玩家的青睐，不论是在哪种游戏平台，不论画面是否华丽，它总能使许多玩家着迷。然而，在手机平台上，由于手机的屏幕，处理器的速度以及内存容量等特定的因素的限制，其原有的可玩性会因此而降低，这样也促使手机制造商更加努力地去提高手机的性能。

③ ARC（竞赛类）。竞赛类游戏具有较强的操作性，使玩家可以体验到超快感，感受到赛车疯狂的速度，尤其是通过移动网络的多人竞赛，使玩家的感受更加刺激。

④ AVG（冒险类）。冒险类游戏是考验玩家冒险精神，富有挑战性的游戏。这类游戏在计算机平台上取得了巨大的成就。大部分游戏画面比较精致流畅，还有动听的音乐，使玩家有身临其境的感觉。

⑤ SPG（体育类）。它具有其独特的魅力，包括 FIFA 实况、棒球、NBA、高尔夫等。此类游戏都有相当不错的成绩，只是由于各项体育运动普及度的不同，其所占的市场分量也有很大不同。

⑥ PUZ（益智类）。益智类游戏是最适合手机平台的游戏种类，它不需精彩的画面、复杂的操作，不需要浪费较长的时间，而且操作起来较容易，既休闲，又有一定的难度。可玩性较高。大多数拥有手机的用户都会去尝试这类游戏。目前在手机平台上的发展趋势很乐观。

⑦ STG（射击类）。射击类游戏也是考验操作能力的一款游戏种类，有着很广泛的玩家群体。游戏场面更加火爆逼真，战机的仿真效果也更进一步，给人强烈的视觉刺激。目前射击类游戏在手机平台上有很多，画面方面提升的空间还是比较大的，但要创新难度较大。

⑧ SLG（策略类）。策略类的游戏主要是指通过思考，进行策划。这类游戏还可以细分为战争类、经营类等。它的画面与操作模式是适合手机这个平台的，相对来说玩家群比较多，操作起来比较简单。

7.2.2 手机游戏发展现状和趋势

统计数据显示全球移动游戏收入在过去的几年中持续增长，在未来的 5 年中，移动游戏将持续均衡发展，不仅收入有所增长，而且用户数和游戏数量也都会强劲增长。通过 Informa 集团的调查研究，全球移动游戏市场将从 2006 年的 20.41 亿美元增长到 2011 年的 70.22 亿美元。Juniper 调查公司更加乐观，预计全球移动游戏市场收入将从 2007 年的 30 亿美元显著增长到 2010 年的 175 亿美元。在全球各地区中，亚太市场在未来数年内将一如既往地起到主导性作用。Informa 认为，今年亚洲地区占全球市场的份额将会在 60%以上，主要的驱动力来自日本和韩国。与此同时，

Juniper 调查公司预测，到 2010 年，在全球移动游戏市场收入中，亚洲将占到 38%，欧洲将占到 31%，北美将占到 22%，南美和其余的地区将占到 9%。全球移动游戏用户数量也会在将来的几年中将一直增长。到 2010 年，全球移动游戏用户数量将增长 3 倍以上，从 2005 年的 3 800 万增长到 1.34 亿。

1. 日本

日本在移动游戏领域占据了绝对的领导地位。1999 年，包括北美在内的很多国家和地区还对移动游戏的概念一无所知的时候，日本的移动游戏用户就已经超过 30 万，占到了全球移动游戏用户的 70%以上。2001 年初，当全球移动游戏的主流还停留在短信游戏的水平时，日本 NTT DoCoMo 就有近 500 款 i-Mode 游戏。2004 年 4 月，日本计算机娱乐协会（CESA）发表了有关游戏用户使用状况的报告，据该报告统计，2003 年日本国内利用手机上网玩游戏的用户数为 897 万。日本能够在移动游戏领域走在世界前列的最主要的原因有以下两点。

（1）日本在移动游戏开发和发布上具有得天独厚的优势。日本是传统的电子游戏大国，世界传统游戏市场的巨头索尼、世嘉和任天堂都在日本，他们手中掌握了丰富的视频游戏和计算机游戏资源，这些资源都可以用来转化为移动游戏产品。

（2）日本先进的手机网络为手机游戏的推广提供了很大的帮助。日本是世界上第一个全面铺设和推广手机 3G 系统的国家。从 2001 年开始 3G 运营，到 2003 年就已经初步完成了手机网络的 3G 化，用户达到 1 289 万。NTT DoCoMo 的 i-Mode 业务是世界公认的经营最成功的移动数据业务。移动游戏作为其中的一个业务内容，很容易得到公众的认可。

2. 韩国

韩国的移动游戏业务一直处于世界的前列。1998 年，韩国引入 WAP 游戏。随后 2000 年，LG Telecom 和 SK Telecom 开始提供基于 cdma 2000 1x 的 VM 下载游戏。2001 年，KTF 推出 multipack 系列多媒体游戏业务，同期其移动游戏产品开始出口到其他国家。2001 年，韩国就有 100 家移动游戏开发商。到了 2003 年年底，韩国移动游戏开发商增长到 500 家左右，韩国移动游戏业务的发展速度惊人。韩国移动游戏业务之所以能够如此迅速地发展主要归结为以下几个原因。

（1）移动通信人口比例高。具调查显示，到 2006 年，在韩国 4 500 万总人口中，移动通信用户已经占人口比例在 85%以上，这为移动游戏的推广奠定了良好的用户基础。

（2）具有良好的行业背景和基础。韩国虽然不是传统游戏大国，但却是网络游戏最发达的国家。近年来，其网络游戏一直保持着高速增长的势头，为移动游戏的发展奠定了良好的用户基础和行业基础。

（3）政府的大力推广。韩国政府一直在努力推动产业的发展，网络游戏和移动游戏都属于这个范畴。相应的优惠政策和充足的资金投入催生了大批的移动游戏开发商，丰富了韩国移动游戏的业务内容。在这样的政策引导下，韩国领先的网络游戏开发商纷纷进入移动游戏领域；而主要的移动门户运营商韩国 NHN 和 DAUM 也加紧了移动在线交互式游戏领域的开发。

3. 欧洲

与日韩相比，欧洲的移动游戏市场相对滞后。欧洲很早就推出了移动游戏业务，但在 2003 年以前，欧洲移动游戏市场还主要停留在 SMS 和 WAP 游戏时代。欧洲移动游戏产业发展滞后的原因可以归纳为以下几点。

（1）手机终端问题。由于欧洲运营商和手机厂商之间没有深层次的合作。他们并不采用日本NTT DoCoMo 那样的定制生产模式，而是普通的采购关系。这就导致在新业务推出的时候，相应的终端生产会滞后一段时间，从而成为制约瓶颈。

（2）运营商封闭的数据业务模式阻碍了移动游戏提供商进入市场。在欧洲传统的移动数据业务模式中，移动游戏提供商必须向运营商支付租用网络的费用。这一费用对于刚刚出现的实力还很薄弱的移动游戏提供商来说难以承受。

（3）欧洲国家众多，文化多元，移动游戏在传播上存在困难。

4. 美国

美国移动游戏市场起步虽晚，但是发展却十分迅速。从 2002 年秋天开始，首先网络基础设施得到极大改善使得网络速度得到显著提升，同时大屏幕的手机也开始在美国销售。这就为移动游戏在美国的发展建立基础。运营商也开始重视开发移动游戏及其相对应的收费系统。美国 Nextel 在 2002 年 9 月推出 BoostMobile 的预付费服务，其中包括一系列为吸引青少年而设计的游戏。移动游戏已经成为美国众多移动数据下载应用的第一应用。IDC 的数据显示，2003 年美国移动游戏用户渗透率为 7.9%预测。到 2008 年美国移动游戏渗透率将达到 34.7%，达到 6 520 万户的规模，而收入将达到 15 亿美元。Yankee Group 的分析师表示，美国移动游戏技术的迅速发展使手机平台有望成为继电脑、控制杆、掌机游戏、互联网之后第五大游戏平台。

5. 中国

中国移动游戏市场发展缓慢，现状堪忧。随着 2.5G 网络的日益完善，中国移动和中国联通就纷纷开始致力于构建 WAP 和 Java、BREW 无线增值业务平台和计费系统，为手机游戏业务的发展提供良好的平台支撑。

2003 年 7 月，中国移动推出了基于无线 Java 技术平台的“百宝箱”业务。用户使用支持 Java 功能的手机，通过 GPRS 方式接入中国移动无线 Java 服务平台就可以享受类似于 Internet 上的各种服务，比如下载各种游戏、动漫等。也可以进行各种在线应用，如联网游戏、收发邮件、证券炒股、信息查询等。“百宝箱”业务可分为游戏“百宝箱”、商务“百宝箱”、娱乐“百宝箱”、生活“百宝箱”。游戏“百宝箱”中主要包含棋牌、益智、动作、球类、杂类等各种游戏。其游戏分为离线游戏和在线游戏，离线游戏的典型应用如垒球、坚果之恋等，而在线游戏的典型应用如黑白棋和联网对战游戏等。游戏的收费模式包含基础通信费（一般游戏为 5 元/款）和下载应用的业务信息费（下载手机游戏所产生的数据流量收费）两部分。2006 年，中国移动对“百宝箱”业务平台又进行了升级。“百宝箱”升级后的通用下载平台，主要用于支持多种平台游戏的下载以及多种收费方式，除了原来的按次、包月等方式外，新加了按栏目、包天、包次等新的计费方式。

几乎在中国移动推出“百宝箱”的同时，中国联通也为当时的 CDMA 用户推出了“神奇宝典”业务。这项业务是基于 CDMA 1x 网络，以 BREW 为运行平台，用户通过支持 BREW 业务的手机来实现程序的购买、下载、安装使用和缴费。“神奇宝典”功能类似一个操作系统，它为手机的应用开发提供了一个统一的平台，基于这个平台可以高效地开发各种形式和内容的应用。同时，对于开发商而言，“神奇宝典”解决了应用生产链条中的销售、收益、回收及版权保护等关键问题，降低了无线应用的开发门槛，提高了开发的效率。“神奇宝典”游戏包含动作、角色、棋牌、射击、体育、休闲和智力游戏等。业务类型包括离线业务和在线业务。对于离线业务而言，用户可以将内容服务商提供的游戏下载并存储到手机里，在手机中可以独立运行该程序而不再需要网络的支持，在用户将该程序从终端中删除之前它将一直存储在终端中，离线游戏包括锄大 D、中国象棋等。对于在线业务而言，用户可以将内容服务商提供的游戏下载并存储到手机里，可以在网络的支持下运行该应用程序，在用户将该程序从终端中删除之前，它将一直存储在终端中。在线游戏包括神奇股票行情版、移动 QQ 等。“神奇宝典”的收费模式分为通信费、信息费、专利使用费几部分。通信费按流量计费，基本资费标准 0.01 元/KB。

尽管中国联通以及中国移动在移动游戏平台建设和宣传投入很大，但是根据最近的统计数据表明中国移动游戏行业与全球手机游戏市场相比较，发展速度和发展规模都相对趋缓。中国移动游戏行业发展趋缓的主要原因有以下几个方面。

（1）移动游戏认知程度不高。在中国现有的将近 5 亿的移动用户当中，仅有 1%左右的用户下载过手机游戏。而这也就表明在游戏市场的培育方面，还做的不够。

（2）游戏内容不够丰富，质量不高。现在，国内手机游戏中很多都是从国外直接引进之后进行了简单的汉化处理，其中很多并不适合国内的用户。而国内游戏开发商开发的游戏产品质量还需提高，难以有效吸引大众。

（3）资费过高。资费是影响用户是否使用移动游戏这项业务的关键因素之一，游戏再精彩，但费用过高，依然不会有多少用户去使用。所以，运营商和游戏开发商在协商制定资费方案的时候，一定要考虑用户的承受能力。

尽管当前的移动游戏业务还存在着诸如网络速率问题、终端功能限制问题、用户使用费用问题等一些障碍，但是，随着技术的发展，这些问题都可以在不久的将来迎刃而解。作为下一代移动通信网络中最主要的业务之一，移动游戏业务的发展前景一片光明。

7.2.3 移动游戏下载与安装

现在流行的手机上都自带了几款比较经典的游戏，以满足用户在无聊的时候打发时间的需求，但是，当手机用户玩腻了这些自带游戏之后，或者对这些自带的游戏本来就不感兴趣时，他该怎么办？方法很简单，就是下载安装新的手机游戏。

1. 下载游戏

下载手机游戏一般有 3 种方式：一是通过手机网络下载，二是通过短信点播，三是电脑下载传送到手机。

（1）手机网络下载

这里我们将下载游戏的整个过程分为以下几步。

第一步：首先是要拥有一个具有上网功能的手机，目前的手机大多都支持上网功能。之后寻找它的上网选项，各个手机可能略有不同。如图 7-4 所示。

第二步：通过网址来访问网络。一般的手机当中内置了移动梦网的书签（也被称为“收藏夹”和电脑上的作用是一样的），所以直接单击就可以访问到移动梦网。但是对于一些老式的手机或者“移动梦网”书签被改动的手机可能已经没有“移动梦网”这个内置书签，那么就需要在地址栏中打入“wap.monternet.com”，之后访问。如图 7-5 所示。

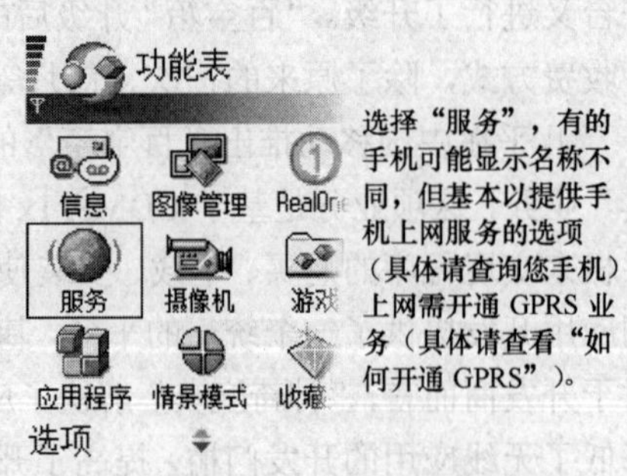

图 7-4 可上网手机界面

第三步：这里以 Nokia 7650 手机为例，大部分手机都是需要确认才能连接移动梦网，如图 7-6 所示，鉴于各地网络不同，速度有快慢之分。

图 7-5　访问网页

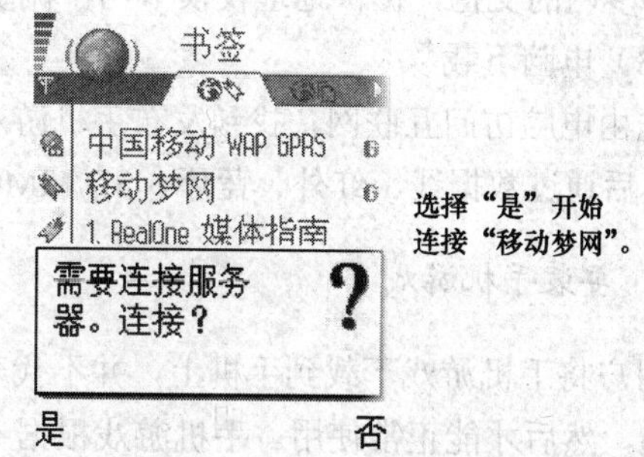

图 7-6　询问是否连接服务器

第四步：当手机上显示图 7-7 所示界面的时候，就代表着用户已经成功登录移动梦网了。接下来要做的就是寻找 K-Java 应用程序的下载页面——百宝箱了。

第五步：在百宝箱中仍然有很多子栏目，如图 7-8 所示，对于要玩手机游戏的用户就要选择进入游戏百宝箱。

图 7-7　已登录网页　　　　图 7-8　网页中各项可选子栏目

第六步：在游戏百宝箱中，又根据不同类型的游戏分了很多目录，如图 7-9 所示，用户可以根据自己的爱好来进行选择。

第七步：选择进入用户喜欢类型的页面后就能看到适合用户手机的游戏了，如图 7-10 所示。在这些游戏中选择自己喜欢的进行下载。若是看不到的话，只能说明目前此类游戏尚不能支持用户的手机。

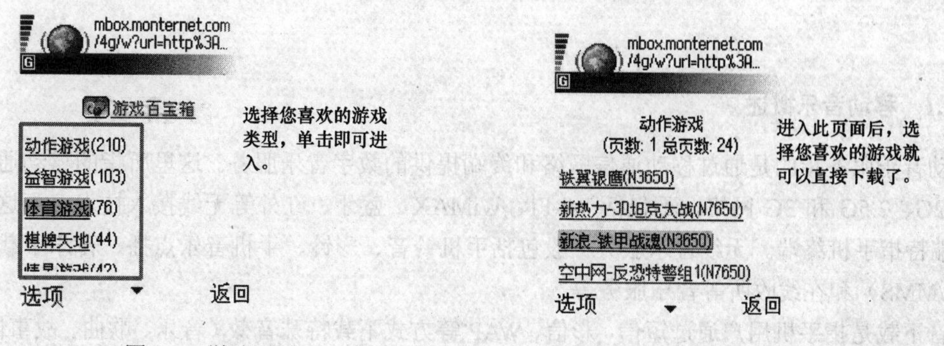

图 7-9　游戏目录　　　　图 7-10　显示用户手机适用的游戏

（2）短信下载

短信下载是通过发送短信到游戏服务商的服务器上，服务商发来直接下载的地址，这也是需要移动梦网的支持，提供地址仅仅节约了浏览寻找游戏的流量费用。

（3）电脑下载

先由电脑访问互联网，找到发布手机游戏的网站，然后在网站上找到想要玩的游戏下载到本机。然后通过数据线、红外、蓝牙、SD/MMC 存储卡等方式将手机游戏程序存储到手机中。

2. 安装手机游戏

用户将手机游戏下载到手机上，并不代表就可以玩这些游戏了，这时还必须要对这些游戏进行安装，然后才能正常使用。手机游戏根据不同的存储格式主要分为：Java、SIS、MGS、NG 和 FC/MD 游戏。这里我们将分别介绍这几种格式手机游戏的安装方法。

（1）Java 游戏，它是最普及的游戏存储格式，大多数型号品牌手机都支持 Java 格式的手机游戏。用户下载的 Java 游戏存储的名字一般是*.jar 格式，它不需要解压，手机可以自动提示安装。

（2）SIS 游戏，它是智能手机使用存储格式，P8XX、P9XX、SX1 都支持，但是 NOKIA S60 不可以兼容 P8XX、P9XX 的 SIS 文件。它的安装方法和*.jar 文件相同，将游戏文件传输到手机，按照手机的自动提示安装。

（3）MGS 游戏，MGS 它是 Symbian 系统最为著名的第三方游戏平台。其游戏多为 3D 显示，音效不错。它的一个重要的特点是 MGS 游戏对手机运行内存要求不高，运行速度快。这种格式的游戏的安装方法基本上和 SIS 以及 Java 游戏是相同。但是用户首先要安装 MGS 通用平台 196 或者 197（版本号），然后才能安装 MGS 游戏，MGS 游戏安装后不会出现在菜单里面，而是直接添加到 MGS 平台里面。要玩 MGS 游戏就要先运行 MGS 平台然后在平台中选择用户想要玩的游戏。

（4）NG 游戏，早期的 NG 游戏都是打包的，文件格式是*.blz，它需要一种 BLZ 解压软件才可以安装。这种 NG 游戏在安装时需要在手机上运行 BLZ 解压软件选择 BLZ 压缩包就可以进行安装，安装完之后就可以游戏了。

（5）FC/MD 等模拟器游戏，它们的安装方法是：首先安装模拟器，再把模拟游戏 ROM 取为英文名复制到相应目录下，如 GB 模拟器自动在 MMC 卡生成的 GO BOY 文件夹，而 MD 游戏可以随意放置，然后进入模拟器读取游戏 ROM 就可以玩游戏了。

7.3 移动音乐

7.3.1 移动音乐概述

移动音乐服务指的是通过移动通信网络和终端提供的数字音乐服务。这里所指的移动通信网络包括 2G、2.5G 和 3G 网络，不包括 Wi-Fi、WiMAX、蓝牙、红外等无线接入技术。而这里所指的终端特指手机终端。无线音乐服务一般包括手机铃音、彩铃、手机音乐点播、音乐下载（包括 WAP/MMS）和在线收听等音乐服务等。

铃音下载是指手机用户通过短信、彩信、WAP 等方式下载特殊音效（音乐、歌曲、故事情节、人物对话）等作为手机振铃的业务。目前铃音有单音、和弦和原声铃音等类型。

彩铃/炫铃是 CRBT（Color Ring Back Tone）的简称，一项由被叫客户为呼叫自己移动电话的其他主叫客户设定特殊音效（音乐、歌曲、故事情节、人物对话）的回铃音的业务，此外，回铃音效还可以按照不同的主叫方号码和不同的时间段等方式来进行设置。在国内，CRBT 也被叫做“个性化回铃音”，中国移动此业务称为“彩铃”，中国联通此业务称为“炫铃”，在这里统称为彩铃业务。

手机音乐点播是手机用户拨打或发送短信到指定号码，为亲朋好友点播歌曲、音乐等的无线增值业务。

无线音乐下载是手机用户通过无线网络下载音乐、歌曲。这种业务要求所用手机具备无线上网功能和音乐播放功能。目前主要通过 WAP 和 MMS 方式下载。

无线音乐收听是指手机用户通过无线 WAP 网在线收听音乐的一种无线音乐业务。

7.3.2 移动音乐发展现状与趋势

从全球来看，移动音乐已成为移动运营商、终端厂商和手机音乐软件开发商共同看好的业务新亮点，为产业各方带来了新的市场机遇。Garnter 预计全球移动音乐服务整体收入——包括基本的音乐收听、音乐下载、流媒体市场——未来 3 年将获得显著增长，预计整体收入将从 2007 年的 137 亿美元增长到 2010 年的 322 亿美元。

1. 欧洲

欧洲运营商在手机音乐业务上起步最早，2002 年 10 月，Vodafone 推出“Vodafane Live！”服务，实现了用户通过手机终端下载、播放音乐；2003 年 11 月，运营商 O2 也开展了名为“O2 Music”的音乐下载业务，不同的是该业务除支持手机终端外还支持个人计算机及其他音乐播放器下载播放音乐；此后 Orange 开发的“Music Player”业务也支持多种无线终端下载音乐。

2. 日韩

韩国和日本在手机音乐业务开始推广的时间均在 2004 年下半年，虽然它们推出的时间不是最早，但是发展速度却是最快的，目前在全球移动音乐市场已处于领先地位。

在日本，KDDI 于 2004 年 10 月 14 日首先推出了“chakuutafull”整首音乐下载业务，同时它也是全球第一家推出整首音乐下载的运营商。“chakuutafull”业务可以为用户提供在 6 个网站上的 1 万首歌曲中进行选择，以每首歌几百日元的价格下载到用户的 3G 手机中。KDDI 在推出这项业务的同时推出了 4 款专门针对这种业务的手机，使手机类型更加丰富。在下载音乐之后不仅可用手机扬声器聆听，还可连接耳机及外置扬声器等欣赏。

“chakuutafull”业务提供下载的歌曲均采用了最新的 HE-AAC（HighEfficiency-AAC）编码方式。采用这种编码方式可以将原先以 MP3 编码方式压缩的 3MB 大小的乐曲缩减 1.5MB 左右，而且 HE-AAC 的音质会更好。

在数字版权管理方面，“chakuutafull”业务采用的 DRM（数字版权管理）的方法：下载后的音乐数据虽然可保存到手机内存或 miniSD 卡中，但由于使音乐数据和手机号码之间建立关联，因此保存在 miniSD 卡中的音乐数据不能复制到其他记录介质中，这就很好地保证了数字音乐的版权。

KDDI 在推出业务 8 个月内下载量即突破 1 000 万次，2005 年年底突破 3 000 万次大关。

韩国的 SK Telecom 于 2004 年 11 月推出世界上第一个音乐门户服务。“Melon”是一个音乐业务品牌，它基于双网络：兼容移动、固定网络。用户既可以将音乐通过无线网络下载到手机上，也可以通过互联网下载到计算机上。

SK Telecom 采用的是包月制的资费方式，类似一种租用业务，用户支付月租费后可以在不同的终端上下载、欣赏音乐。下载这些音乐时，用户只要支付流量费，无须再支付内容费用。用户通过月租5美元的方式开通音乐下载业务之后可以无限制地从70万首歌曲库中将任何一首歌曲下载到手机、计算机和音乐播放器中。

在数字版权管理方面，SK Telecom 采用的 DRM 与 KDDI 的 DRM 有所不同。用户在定制服务期间，可以不限量地下载音乐，但定制期一过，存储在手机、MP3 或计算机中的 DRM 管理软件就会自动将音乐内容删除。当然，用户也可以选择购买该音乐，如果要长期保留音乐，就需要正式购买音乐。这种方式是直接与它的资费方式挂钩的。截至 2005 年 12 月初，用户累计数已突破 400 万，每月付费的包月用户数突破 60 万。

3. 中国

与日韩相差甚远，我国的手机音乐市场刚刚起步，但是这个市场的规模已经初现出来，国内的两大移动运营商开始涉足这一领域。

两大运营商最初推出的业务是彩铃业务。2003 年彩铃业务被中国移动率先引人中国市场，并取得了巨大的商业成功。根据中国移动 2004 年年报，短短一年时间，手机彩铃注册用户总数已经超过 2 721 万，按照移动彩铃业务每月 5 元费用计算，仅此一项，中国移动每年就有超过 16 亿元的收入，占其去年总营运收入的 0.8%左右。截至 2005 年 6 月，其彩铃用户为 5 792 万户，在短短的半年时间里净增长了 113%。

两大移动运营商都大手笔向手机音乐市场进军，2005 年 4 月 20 日，中国联通宣布著名作曲家谷建芬应邀成为联通增值业务品牌“丽音街”的首位丽音使者，进军手机音乐市场，致力于将“丽音街”打造成为国内最大的音乐传播媒体。2005 年 4 月 27 日，中国移动与全球娱乐业巨头维亚康母公司旗下的 MTV 全球音乐电视台签署合作协议，双方宣布携手开拓国内手机音乐市场，并且向社会力推“中国无线音乐排行榜”，成为该行业的领头羊。

手机音乐被认为是继短信之后，移动通信增值业务中最有可能再现行业“神话”的业务。手机音乐可以让用户随时随地欣赏到最新、最喜爱的原创音乐，只需小额支付。作为一项时尚、新潮、迎合消费者炫酷心理的业务，手机音乐是正在崛起的“第五媒体”，将成为无线增值业务的新亮点。

7.4 移动电视

7.4.1 移动电视概述

随着移动数据业务的普及、手机性能的提高以及数字技术和网络技术的迅速发展，从 2003 年开始，世界各国的主要电信运营商纷纷推出手机（移动）电视业务。手机电视业务，是指利用具有操作系统和视频功能的智能手机观看电视的业务，属于流媒体服务的一种。

目前，手机电视业务的实现方案主要有以下两种。

1. 电视手机方案

这里我们可以从字面意思了解到电视手机是将电视机的功能集成到手机中，通过手机接收电视信号。而根据接收信号的来源的不同，将电视手机分为接收卫星信号、地面数字信号或模拟信号 3 种类型。电视手机方案不需要特定的移动网的支持。它将手机天线作为电视接收器，可以自动搜索电视信号并进行选择播放。由于当前的有线电视网络已经相当成熟，通过电视手机可以随时随地免费收看当地的无线电视广播节目，不存在带宽方面的限制，收费价格也比较低。

2. 手机电视方案

手机电视与电视手机不同，它需要特定的移动网络支持，或者通过流媒体下载的方式来收看电视节目。它发射、传输和接收的主要都是数字信号。

手机电视现在有两种可行的实现方法：一种是基于无线网络的手机电视，将电视信号压缩成视频流之后，传输到手机上解压缩观看，而另一种是基于数字电视标准的移动广播，即数字电视标准的移动广播，即数字电视多媒体广播与移动通信的融合。这两种方式各有利弊，前者在于实施方便、不用更改手机的硬件平台，同时它具有强大的通信和互动能力，适合个性化的应用。但它的缺陷也很明显，由于是完全依赖无线网络平台，用户之间会产生争夺有限网络资源的问题，一旦用户饱和则视频质量会严重下降。而第二种方法的优势在于对用户的敏感度低，视频流的传输速度和质量都与无线网络的带宽无关，对突发及应急事件承受能力强，因而更加适合公共广播的应用。

7.4.2 移动电视现状及发展趋势

近几年，全球手机电视业务不断推出，不同的国家采用不同的系统，在业务开展程度上基于不同的技术系统和运营情况而有所不同。总体上，各国均在加大手机电视业务推行力度，加强技术研发，解决各项瓶颈，挖掘潜在市场，全球的手机用户数从 2003 年至今，一直持续增长，并在技术和市场成熟的未来几年有快速发展的趋势。

1. 日韩

从全球看，日本、韩国走在手机电视商业化的前沿。

早在 1998 年 5 月，日本就成立了日本移动广播公司，目的是率先在日本提供卫星多媒体移动服务，包括音频、视频和为不在家的人提供交互服务。该公司于 2004 年 10 月推出了名为 MABOHO 的手机电视服务，该服务通过使用 2.6GHz 频段（S 频段）的 25MHz 带宽提供约 60 个不同类型的音乐和其他声音节目的音频频道、约 10 个视频频道和在全日本的一些下载频道。

2005 年 5 月，韩国 SK Telecom 也推出了 TU Media 手机电视服务，都采用卫星传送信号的 S-DMB 标准，均为收费服务。截至 2005 年 12 月 31 日，韩国 SK Telecom 的 S-DMB 用户数达到 37 万。

韩国 DMB 在全球的数字多媒体广播市场中，韩国的数字多媒体技术处于领先地位。韩国采用的是 DMB 技术，这种数字传输系统可以向手机等移动接收装置传输视频及其他多媒体服务。广播电视节目供应商将节目发送到卫星 DMB 广播电视中心，通过韩国卫星，直接发送到车载型接受器和携带型接收器，或者先发送到阴影地区转播器再发送到车载型接受器和携带型接收器。韩国是手机电视开展得比较好的国家，服务运营商指定统一的媒体播放平台，培育了固定的移动终端厂商和内容提供商，手机电视用户有 55 万左右。虽然它已进入商业运营，但商业模式还不是很成熟。

2. 欧洲

欧洲 DVB-H。欧洲采用的 DVB-H（便携式数字视频广播）仍处于试验阶段 DVB-H 终端具有更低的功耗，抗干扰性较强，传输成本低。目前芬兰、英国、德国、法国、澳大利亚、意大利、瑞典等地已经开始基于 DVB-H 的手机电视业务测试，其中芬兰的手机电视业务已经进入商业试运营阶段。另外，新加坡、加拿大、俄罗斯等国家也在进行 DVB-H 测试的准备工作。从前期运营测试结果来看，DVB-H 作为一项手机电视技术标准，已经具备了大规模商业运营的条件。

3. 美国

美国 Idetic 公司虽然在 2003 年 11 月推出了 Mobile TV 系统，通过这一系统用户可以用手机收看包括 ABC 新闻台、CNBC、探索频道和 MSNBC 等电视节目，但是效果非常不理想。直到 2005 年底，美国 Verizon 宣布推出基于 cdma2000 1x EV-DO 网络，采用高通公司开发的 Media FLO 技术的手机电视服务，才投入商用。

4. 中国

我国手机电视业务开展最早是基于移动网络，由移动运营商推出的。早在 2004 年，中国移动和中国联通就在北京、上海等地区推出基于移动网络的手机电视服务，如中国联通推出的“视讯新干线”、中国移动推出的“银色干线”等，移动运营商可以利用自身的蜂窝式网络提供手机电视服务并不受牌照和频率资源的约束，但由于网络基础设施仍未完善而不能大规模运用。3G 是移动视频业务最佳的网络承载平台，但在国内 3G 标准未定的情况下，移动运营商的网络无论是速率还是带宽都无法满足手机电视业务的发展要求，因此在 2.5G 网络上推行手机电视业务主要是为了引导用户需求，培养用户消费习惯，树立品牌形象，为 3G 时代的运营打下一定的基础。

在 2008 年北京奥运会上，奥组委历史性的采用了手机作为奥运信息传播的载体，这是奥运会自举办以来的第一次；而手机以媒体身份正式参与报道“五环”，也成为 2008 年奥运会信息传播的一大亮点。移动互联网拥有方便、快捷、离用户最近，不受时间和地点限制等特点，可以实现随时随地的观看奥运比赛，同时手机良好的互动性也是其他媒体所不具备的。奥运期间，手机上网观看比赛、互动交流将成为最时尚的参与奥运的方式。

手机电视业务开发除了基于移动网络这一方式，另一种方式则是基于数字广播电视网络或者与移动网络相结合。两年前，国家广电总局开始着手手机电视的研究，直到 2006 年 11 月 1 日正式推出实施。其中 StMi 标准是针对我国各地发展不平衡的情况设计的卫星和地面相结合的移动多媒体广播信道传输标准，具有完全自主知识产权。国家标准的出台给各地仍处于手机电视业务探索阶段的运营商带来了一定的影响，使得开发手机电视业务的各运营商和终端制造商等均需要做出相应的策略变动。然而，出台的国家标准属于行业推荐性标准，不具有强制性。

总体来看，全球的移动电视仍处于初级阶段，但随着技术研发力量逐渐强大，各方合作关系愈加紧密，全球的手机电视业务会加快发展的步伐。可以预测，在手机电视均进入正常商业运作后，该业务会为各方带来非常巨大的利益。

7.4.3 我国移动电视运营模式

手机电视业务可以有多种运营模式，按照我国的国情可能存在以下 3 种运营模式，即电信运营商单独运营、广电运营商单独运营以及两者合作运营模式。

1. 电信运营商单独运营模式

电信运营商独立运营可以分为两种方式，一种是移动运营商将移动通信网自身的技术作为下行，向用户提供手机电视业务。这种方式的优点在于可以比较容易实现视频节目的定制和互动等造作，但随之也带来了频带使用的经济性的问题；另一种则是将某种数字广播电视技术作为下行，向用户提供该业务。这种方式电信运营商可以建设一个与其移动蜂窝网络融合的采用某种数字广播类技术的下行网络。在这种方式下，广电运营商可能仅成为电信运营商的内容提供者。这种方式要求移动运营商投资建设移动数字广播电视网络，但更重要的是所采用的移动数字广播电视技术可能会占用现有电视的部分频段，这要得到广电总局的批准，其难度较大。电信运营商要获得广播电视业务的运营许可也会比较困难。

2. 广电运营商单独运营模式

广电运营商在运营手机电视业务方面具备先天的一些优势，它在广播内容的制作、采编和频道等方面可以与有线电视进行集成，而它所面对的主要问题有以下几方面。

（1）网络构建的问题。广电运营商要重新构建面向移动设备的数字广播网络。

（2）用户认证问题。由于目前广电网络只能够提供下行通道，没有上行网络的支持，所以用户的身份信息不能传递给管理网络，系统无法对用户进行身份认证。

（3）计费和收费问题。由于无法对用户进行身份识别，所以也就不能按用户进行计费。

所以在此种运营模式下适合提供免费电视节目，而运营商的收益则主要来自节目当中的广告插播等。它无法提供节目定制和互动等单向的网络无法提供的用户个性化服务。当然，广电运营商针对上述问题也可以考虑建设自己的上行网络，但同样会引出一系列的其他问题，例如上行技术的选择、网络的投资、频率资源等。

3. 合作运营模式

从前两种运营模式可以看出，电信运营商单独运营模式与广电运营商单独运营模式各自具有自己的优点，但同时也各自存在比较明显的缺点。但是如果两者能够合作，将广电网络与移动网络融合在一起，就可以开展更为丰富的业务。例如可以使用广电网络接收电视节目，使用移动网络点播新闻、MTV 等。因此，广播电视技术与移动网络的融合被看成是手机电视业务的发展趋势。合作之后，广电运营商不用再考虑移动用户管理的问题，通过与电信运营商进行网间结算即可获得收入。另一方面，通过支持手机电视业务，不仅能够提高已有网络的使用率、增加网络收益，电视和用户的信息互动还可以提高电视节目的收视率。而对于电信运营商则通过合作解决了频率资源紧张和经营许可的问题，而且也不用增加大量建设广播电视网络的投入。通过与广电运营商的网间结算可以获得相当大的网络收益，并且能够提高移动数据业务的使用率、增加网络自身的收益。

手机电视被很多人认为是 3G 时代最有希望的多媒体业务之一。国外的一项预测显示，到 2010 年全世界将有 1.2 亿手机电视用户，我国的用户数也将接近 4 000 万。毫无疑问手机电视将成为新兴的传播媒体，由于其终端的特殊性，既可以播放音视频，又可以显示文本信息；既可以实时播放，又可以有一定的存储功能，并且具备交互的功能。可以说，它集成了迄今为止所有媒体的特征。更重要的是终端轻巧可以移动，不论何时何地，用户都可以方便地获得服务。但手机电视业务作为一种广电和电信产业合作提供的融合型业务，在技术、价值链、商业模型、商业提供方面依然有很多方面要研究，其真正大规模商用尚需时日。

本 章 小 结

通过本章学习，读者要熟悉移动电子娱乐服务现状和发展趋势，虽然移动电子娱乐的发展非常迅速，但是存在一些问题，包括 3 个方面：标准、终端、业务网的融合。掌握移动电子娱乐服务的内容，主要包括以下范围：沟通服务、信息服务、纯娱乐服务、GPS 服务等。要重点掌握移动游戏服务，移动游戏一般是指将移动终端与游戏产品相结合，为消费者提供方便、易携带的游戏服务支持。要掌握移动游戏下载与安装。熟悉移动音乐，无线音乐服务一般包括手机铃音、彩铃、手机音乐点播、音乐下载（包括 WAP/MMS）和在线收听等音乐服务。要了解移动音乐发展现状与趋势。掌握移动电视服务，包括移动电视现状和发展趋势，手机电视业务，是指利用具有操作系统和视频功能的智能手机观看电视的业务，属于流媒体服务的一种。目前，手机电视业务的实现方案主要有以下两种：电视手机方案和手机电视方案。全球手机电视业务不断推出，不同的国家采用不同的系统，运营情况而有所不同。熟悉我国移动电视运营模式，手机电视业务可以有多种运营模式，按照我国的国情可能存在以下 3 种运营模式，即电信运营商单独运营、广电运营商单独运营以及两者合作运营模式。

习题与思考题

1．移动游戏与传统的游戏具有哪些特点？
2．移动游戏有哪几种分类方式，分别都分为哪几类？
3．我国移动游戏业务发展缓慢的原因都有哪些？
4．移动游戏下载的方法有哪几种？
5．移动音乐服务指的是什么？它都包括哪些具体的服务？
6．手机电视与电视手机之间有什么区别？
7．试论述几种手机电视运营模式的优点与缺点。

第 8 章　移动电子支付

本章提要：本章首先介绍移动电子支付与电子银行的概念，包括移动电子支付方式与移动电子支付系统。接着阐述移动电子支付的运营模式，包括移动运营商模式、银行模式、第三方支付模式、银行与运营商合作运营模式等类型。最后探讨移动电子支付安全与风险防范，涉及安全技术与标准、安全认证与管理以及移动电子支付的风险防范。

先看摘自中国电子标签网的一则新闻。

> 2006 年 10 月 12 日，日本移动通信巨擘 NTT DoCoMo 宣布，旗下的 DCMX 手机信用卡服务已经吸引了 86 万用户。DCMX 手机信用卡服务由 NTT DoCoMo 于 2006 年 4 月推出，任何购买兼容该公司移动钱包服务的新款手机的用户均可立即自动获得 10 000 日元的授信额度。用户可以再向该公司申请额外的授信额度，最高可达 20 万日元。用户在购物付款时只需将手机靠近读取终端即可。NTT DoCoMo 还向 DCMX 用户发行传统的万事达和 Visa 信用卡，供用户在没有配备移动支付终端的商户或出国旅行时使用。
>
> 早在 1999 年，NTT DoCoMo 即推出 i-Mode 手机互联网服务，并获得巨大成功。i-Mode 服务使得日本消费者逐渐转变观念，他们不再将手机仅仅作为一种通信工具，而是一种“生活方式”。当消费者习惯了用手机来做通常在计算机上所做的事情时，如收发电子邮件、浏览网页、下载音乐、玩电子游戏等，再让他们接受手机支付功能，自然相对容易得多。面对庞大的潜在消费人群，商户也乐于参与受理手机支付。

以上文章介绍了移动电子支付的发展现状，也反映了消费者对于现代电子商务服务模式观念的改变。现今，市场竞争日益激烈，网络经济以产品为中心转变到以客户为中心，服务质量成为网络经济努力追求的目标。如何让客户方便地付款，是提高客户服务质量的关键因素之一。随着手机的日益普及，采用手机移动电子支付方式作为小额货款付费是实现钱包电子化和移动化的较好选择。移动电子支付是基于无线通信技术采用从指定手机号上结算费用的一种支付方式，利用移动设备进行交易支付可以实现钱包电子化和移动化。采用这种方式有利于消费和结算摆脱空间束缚，使得消费者有更灵活更便捷的个性化消费环境。因此，将移动电子支付结合到电子商务营销运作中是一个值得深入研究的话题。实际上，用户对电子商务新兴的服务方式充满了好奇和期待，对移动电子商务服务扩展功能的需求也越来越强烈，而移动电子支付作为一种崭新的支付方式也为消费者欣然接受，具有广阔的发展前景。

所谓移动电子支付，就是用户使用手机、掌上电脑、笔记本电脑等移动电子终端和设备，通过手机短信息、IVR（Interactive Voice Response，即互动式语音应答，是基于手机的无线语音增值业务的统称）、手机上网业务 WAP（Wireless Application Protocol，无线应用协议）等多种方式，对所消费的商品或服务进行账务支付、银行转账等的商务交易活动。移动电子支付是移动电子商务的重要组成部分。与传统的现金支付相比，移动支付具有方便、快捷、安全的优点，在开展该业务较早的日本、韩国及一些欧洲国家，移动支付正越来越受到人们的青睐。国内的移动支付业务从 2003 年开始正式起步，至 2005 年，用户数已达 1 560 万，产业规模达 3.4 亿元，其中非面对面的移动支付业务占了绝大多数份额。随着人们消费心理的日趋成熟，运营商、银行、商家等各方从中获取利润的逐渐增多以及基础设施的进一步完善，移动支付业务将进入产业规模快速增长的拐点。

移动支付的电子商务实现过程是：用户通过拨打电话、发送短信或者使用移动 WAP 功能接入移动支付系统，移动支付系统将此次交易的要求传送给 MASP（Mobile Application Service Provider，移动应用服务提供商），由 MASP 确定此次交易的金额，并通过移动支付系统通知用户，在用户确认后，付费方式可通过多种途径实现，如直接转入银行、用户电话账单，或者实时在专用预付账户上借记，这些都将由移动支付系统（或与用户和 MASP 开户银行的主机系统协作）来完成。

目前的移动支付业务已经在很多国家进行了尝试，日韩主要在通过手机支付类似购买饮料等方面做得比较出色，而欧洲在停车缴费、POS（Point Of Sales，销售点）机捆绑方面做得较好。为了推动移动支付业务的发展，2003 年 2 月，欧洲的 Orange、Telefonica Moviles、T-Mobile 和 Vodafone 等多家运营商和软件开发商以及银行联合成立了移动电子支付联盟，旨在选择和推荐标准的移动支付业务平台标准，让移动支付业务提供者、商家以及银行能够在一个开放的、相互兼容的公共品牌下提供移动支付业务。商家可以从中得到的好处是能够同时接触到全球所有用户。软件和解决方案提供商将通过购买技术接口来开发移动支付产品和业务来得到好处。运营商则将有了标准的、有效的管理商家关系的手段和工具。该联盟在随后的两个月内吸引了 80 多家企业，主要包括 Nokia、Mastercard、Visa、Oracle、NTT DoCoMo、JCB 等公司。

据百纳 2007 年初发布的《中国移动支付业务发展分析报告》显示，2005 年，我国手机用户数达到 4 亿，银行卡发行总量超过 8 亿张，国内移动支付用户数达到 1 560 万，比上年增长 134%，占移动通信用户总数的 4%，产业规模达到 3.4 亿元。市场研究表明，移动支付将成为未来支付的重要方式。

8.1 移动电子支付与电子银行

随着计算机技术、网络技术、信息技术进一步发展，电子支付技术发展迅速。支付方式也不再仅仅局限于在线支付，以手机支付为代表的移动电子支付初露头脚，也将成为未来支付的重要方式。相应地，为了适应新技术、新形势、新需求的发展，电子银行业务业将加快发展的步伐，电话银行、网上银行、手机银行、企业银行等多种电子银行渠道的拓宽和协调发展，成为银行业金融产品和服务手段的发展方向。移动支付相对银行信用卡支付有其显著特点，主要表现为：移动用户普及速度快、重复率低，具有即时性、兼容互通性好、支付体系成本和复杂度低，移动运营商机构少，容易协调和实现一体化管理，支付成本低，且有取消收取支付额外佣金或免去拨号费的趋势。信用与安全问题不突出，移动支付立足小额支付，克服了商业信用体系难以健全和银行卡消费难以形成规模的问题。特别是在小额支付市场，移动支付会占主导地位。随着移动技术的不断更新以及移动电子商务的发展，移动支付将成为电子商务的重要支付方式，作为传统信用卡支付的替代或补充方式。

8.1.1 移动电子支付方式

根据银行业务形式，移动电子支付方式分为以下两种。

（1）移动电子小额支付：费用通过移动终端账单收取，用户在支付其移动终端账单的同时支付这一费用，但这种代收费的方式使得电信运营商有超范围经营金融业务之嫌，因此其范围仅限于下载手机铃声等有限业务。

（2）移动电子钱包：费用从用户的银行账户（即借记账户）或信用卡账户中扣除，在该方式中，移动终端（尤其是手机）只是一个简单的信息通道，将用户的银行账号或信用卡号与其手机号码绑定起来。

移动电子钱包的用户若要使用移动支付业务，前提是须将手机号码与银行卡进行捆绑，此后在交易过程中所支付的金额会直接从银行卡上扣减。在此前提下，移动支付又可以分为下述两种形式。

（1）非面对面支付方式

用户不希望亲临现场就可进行交易的需求。客户可使用手机短信息、IVR、WAP、K-java（基于 J2ME 的支付平台）、USSD（Unstructured Supplementary Service Data，非结构补充数据业务）等操作方式，完成日常生活中的水电煤气、物业管理、交通罚款等公共事业缴费，或者用于彩票购买、手机订票、手机投保等交易。这种支付模式不受时间、地点约束，无需排队，为客户提供了极大的便利。在国外如 Ericsson 公司的 Mobile e-Pay 解决方案，在国内如北京联动优势科技有限公司的“手机钱包”业务。

在当前 2G/2.5G 的通信环境下，手机还只能浏览一些简单的网页，要进行网上购物还不太现实。因此，可以考虑将非面对面的移动支付与基于计算机的网上支付结合起来，构建成统一的电子支付系统。例如与支付宝结合，现在支付宝是用用户的 E-mail 登录，如果服务提供商之间加强协作，使用户用手机号码也能登录，这样就可以将移动支付与网上支付合并为一个 ID，既方便于管理银行账户，又扩展了非面对面移动支付的应用范围。与支付宝一样，手机号码已采用实名登记，因此较好地保证了客户的信用度。

（2）面对面支付方式

如今，人们虽然能够足不出户地在网上购物，但网上购物永远也满足不了人们在商场里亲身购物时所体验到的人文享受。亲身购物的过程就是一种休闲方式，那么在此过程中如何使交易最为简便呢？类似于人们在商场内的刷卡消费，用户的终端与商家的终端之间采用近距离无线通信方式，用户只需将手机靠近终端，再输入密码就可以完成支付。用户可使用 NFC（Near Field Communication，短距离的无线连接技术）、RFID（Radio Frequency Identification，无线射频识别）等操作方式，完成商场内的购物消费。

8.1.2 电子银行与移动电子支付系统

电子银行是运用先进的电子通信技术，以网络为媒介，为用户提供完善的自助金融服务。它包括网上银行、电话银行、手机银行、企业银行、TV 银行、ATM、自助银行等，业务范围几乎包括除存取以外的绝大部分传统银行业务和外汇买卖、证券交易、个人理财等增值业务，以及许多传统银行不能提供的即时在线服务。电子银行改变了传统银行的手工作业方式，并逐渐形成了银行业务处理自动化、服务电子化、管理信息化的新兴银行体系；电子银行极大地降低了经营服务成本，创造出巨大的利润空间；它可以超越时空限制，提供“AAA”式服务，能为客户提供方便快捷的个性化服务；它还能使资金流速激增，减少在途资金损失。电子银行的出现开创了一种新型的银行产业组织与经营形式，促使传统银行经营理念和经营战略发生转变与调整，导致银行业竞争格局发生变动。

移动电子支付是移动电子商务的关键环节，也是移动电子商务得以顺利发展的基础条件。没有适时的电子支付手段相配合，移动电子商务就成了真正意义上的“虚拟商务”，只能是电子商情、电子合同，而无法成交。移动支付要求金融业务的移动化，电子银行的开展移动支付业务也将进入产业规模快速增长的拐点。因此，电子银行不仅要开设相应的移动支付业务，也要有完善的移动电子支付系统作为该项业务的重要支撑。

1. 电子银行

电子银行目前有两种形式：一种是完全依赖于 Internet 发展起来的全新电子银行，这类银行所有的业务交易依靠 Internet 进行，如美国安全第一网络银行（Security First Network Bank）；另一种则是在现有商业银行基础上发展起来，把银行服务业务运用到 Internet，开设新的电子服务窗口，即所谓的业务外挂电子银行系统，如手机银行业务。

电子银行分为广义的电子银行和狭义的电子银行两大类。狭义的电子银行包括网上银行、电话银行和手机银行等产品；广义的电子银行不仅包括上述产品，还包括 POS、ATM、家庭银行、TV 银行、自助终端、自助银行、电子票据、代收代付等所有离柜业务。

（1）网上银行

网上银行，又称网络银行或虚拟银行，它是以 Internet 技术为基础，通过 Internet 这一公共资源实现银行与用户之间的连接，来提供各种金融服务，实现各种金融交易。通俗地说，网上银行就是在 Internet 上建立的一个虚拟的银行柜台，为用户开展各项金融服务。用户只需坐在家中或办公室里轻点鼠标，就可以享受以往必须到银行网点才能得到的金融服务。目前，从我国各商业银行开展的网上银行业务情况来看，网上银行几乎提供了所有传统柜面业务的服务，甚至提供了银行柜面没有的服务。其主要功能有：提供账户查询、对外支付、账户转账、外汇买卖、国债买卖、基金买卖等几乎所银行柜面服务；还能提供集团理财、自动收款、现金管理等柜面没有的银行服务。如，企业网上银行提供的现金管理业务，可每日实时归集企业在全国各分支机构的账户余额到总部账户，以减少资金沉淀，增加财务控制能力，降低财务风险，大大提高企业的财务管理水平。

（2）电话银行

电话银行，一般又称 Call Center，是使用计算机电话集成技术，采用电话自动语音和人工座席服务方式为用户提供金融理财服务的一种银行业务系统，它是现代通信技术与银行金融理财服务的完美结合。电话银行具有使用简单、操作便利、覆盖广泛、灵活方便、手续简便、功能强大、成本低廉、安全可靠、服务号码统一的特点。我国商业银行的电话银行分个人电话银行业务和企业电话银行业务两种，个人电话银行业务基本包括账户查询、对外转账、外汇买卖、基金买卖、银证转账等服务，企业电话银行一般只能开展查询类业务。

（3）手机银行

手机银行又称“移动银行”，是货币电子化与移动通信业务的结合，它以无线通信技术为手段，在人们应用无线通信手段进行信息交流的基础上，将银行业务应用到手机的功能当中，特别是通过短信息、WAP 等方式，使移动通信真正成为人们身边的银行，随时随地办理银行业务。无论什么样的移动银行业务，都要有移动支付系统作为重要的技术支撑。

（4）自助银行

自助银行包括 ATM 自动柜员机，POS 机终端和其他自助银行综合网点。ATM 自动柜员机：分在行式和离行式两种模式，银行客户使用持有的银行卡，可以通过 ATM 进行取款、余额查询、转账交易等银行业务。POS 机终端：银行客户在特约商户消费时，可以使用持有的银行卡，通过银行安装在商场的 POS 机终端进行转账支付。自助银行综合网点：一般包括 ATM 自动取款机、CDM 自动存款机、自助终端等。客户可以办理自助存取款、账务查询、综合信息查询、缴纳公用事业费、转账、补登存折等业务。

2. 移动电子支付系统

移动支付是在现有技术的基础上提出的用手持设备如手机和 PDA 等作为一个新的终端进行交易的支付方法。目前，移动支付在技术、经营模式，以及消费者的认知程度上都处在不成熟的探索阶段，各国的运营商都采取谨慎的态度。移动支付系统是移动通信技术与电子支付技术相结合的产物，融合了移动电话、笔记本电脑和手持 POS 等的功能特点，使支付系统彻底摆脱了电话线的制约，可以更方便地为商家和用户提供服务，拓展了银行卡业务的服务范围，主要提供信息类服务。

（1）移动电子支付系统模型

移动电子支付系统主要涉及三方：消费者、商家及无线运营商，如图 8-1 所示。

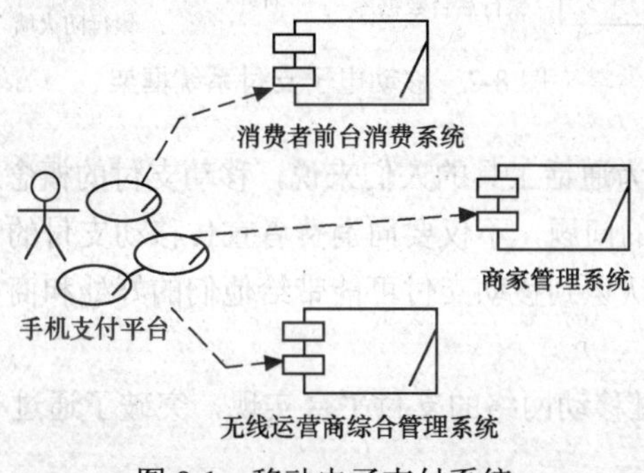

图 8-1　移动电子支付系统

消费者前台消费系统：保证消费者顺利地购买到所需的产品和服务，并可随时观察消费明细账、余额等信息。

商家管理系统：可以随时查看销售数据，以及利润分成情况。

无线运营商手机支付平台：包括鉴权系统和计费系统。它既要对消费者的权限、账户进行审核，又要对商家提供的服务和产品进行监督，看是否符合法律规定，并为利润分成的最终实现提供技术保证。

（2）移动电子支付系统框架

当前，在亚洲有日本、韩国、新加坡，在欧洲有英国、法国、德国，已经应用 RFID 技术开展移动支付业务。日本第一大通信运营商 NTT DoCoMo 的 FeliCa 手机就是一个成功的典型，从 2005 年推出至今已经吸引了 4 000 万用户，可见其发展潜力之大。随着 RFID 技术的成熟，基于该技术的面对面的移动电子支付系统在中国的实施也只是时间上的问题。目前已经有很多成熟的系统，如 Paybox、Simpay、NTT DoCoMo 等系统。从技术角度来看，目前比较有代表性的移动电子支付系统大致有 7 类：基于 SMS（Short Message Service）的系统、基于 WAP 的系统、基于 i-Mode 的系统、基于 USSD 的移动电子支付系统、基于 J2ME 的系统、基于 NFC 的移动支付电子系统、基于 RFID 技术的移动电子支付系统等。其中前 5 种属于非面对面支付方式，后 2 种属于面对面支付方式。

移动电子支付系统框架如图 8-2 所示，虚线框（A）为非面对面的支付模式，虚线框（B）为面对面的支付模式，两种模式有各自的适用场合，今后的手机将同时具备这两方面的功能。

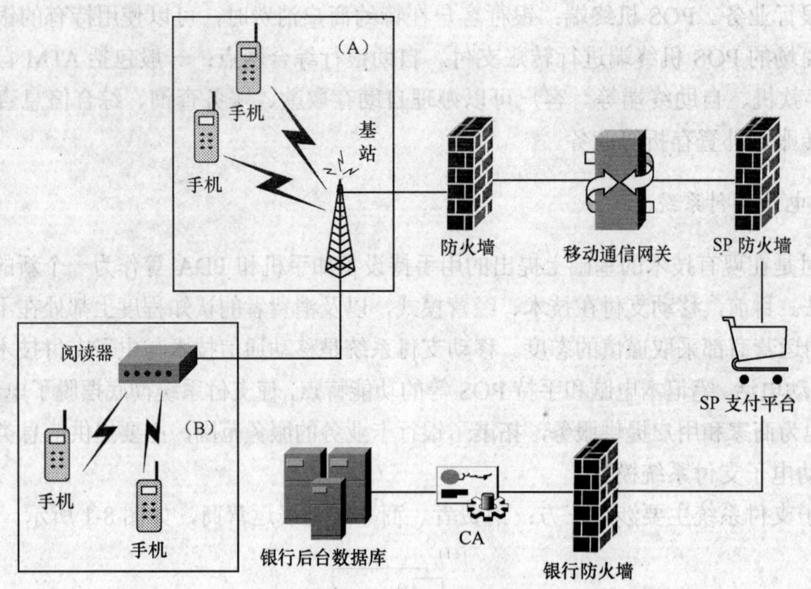

图 8-2　移动电子支付系统框架

对于习惯了只把手机作为通话工具的人们来说，移动支付的概念还比较陌生。因此，提高市场认知度也是当前需要解决的问题，不仅要向消费者宣传移动支付的可用性和易用性，而且要让商家、运营商及银行都充分认识到移动支付可能带给他们的好处和商机。移动电子支付系统具有以下特点。

① 交易数据的传递通过移动网络的支付平台实现，突破了通过有线实现相对应功能的地域局限。

② 基于移动通信技术的支持，在容量更大的 STK（SIM Tool Kit，用户识别应用发展工具）卡中内置服务菜单，方便手机用户使用。

③ 只要一张手机 STK 卡就能使用多家银行和券商的移动理财服务和日常生活中的水电煤气、物业管理、交通罚款等公共事业缴费，或者用于彩票购买、手机订票、手机投保等。

④ 所提供的移动理财服务内容丰富，覆盖银行、证券、外汇、保险等多方面。服务方式个性化。

（3）移动电子支付系统的功能

移动电子支付系统日趋完善，一般具有以下几种功能。

① 账户管理：帮助用户同时管理多个银行卡、多个银行账户，查询账户余额、当日交易、历史交易信息。

② 自助转账、缴费：银行卡、存折自助转账，自助缴纳手机话费，公车卡充值、甚至家庭水、电、天然气等各类费用。

③ 自动提醒：未登折交易自动提醒、到账通知和客户自设短消息定时发送。

④ 移动支付：用手机进行实时支付、外汇买卖、证券服务、预订房间、餐位、机票、车票服务等。

⑤ 信息查询：根据用户需求，定时发送银行利率、汇率、交易信息等。

⑥ 安全服务：结合监视防盗装置，当家中或公司有异常情况发生时，发送报警信息给相关人员等。

无论采用什么样的移动支付系统，由于手机号码与银行卡账号捆绑在一起，因此账号内存款的安全就与手机直接相关。如此情形下，除了银行必须对用户的身份和密码进行加密以外，运营商需要对手机信号进行加密，手机制造商需要提高手机操作系统的保密性能。

8.1.3 典型的移动电子支付系统

（1）基于 SMS 移动电子支付系统

SMS（Short Message Service）是第一代 GSM 的一部分，一条短消息能发送 70～160 个字符，但限于欧洲各国语言、中文和阿拉伯语。该系统在欧洲、亚洲被广泛使用。SMS 是一种存储和转发服务，短消息服务器使移动电话能够使用 GSM 网络发送短消息。短消息并不是直接从发送人发送到接收人，而始终通过 SMS 中心进行转发。如果接收人处于未连接状态（可能电话已关闭），则消息将在接收人再次连接时发送。SMS 具有消息发送确认的功能。要使用 SMS，用户需要预订支持 SMS 的移动网络，并且必须为该用户启用 SMS 的使用。SMS 消息的发送和接收可以和 GSM 语音同步进行。用户需要有发送短消息或接收短消息的目的地。该目的地通常是其他的移动电话，但也可以是服务器。最后，用户还需要有支持 SMS 的移动电话，并需要了解如何使用其特定型号的移动电话发送或阅读短消息。

SMS 移动电子支付系统流程如图 8-3 所示，将各步骤介绍如下。

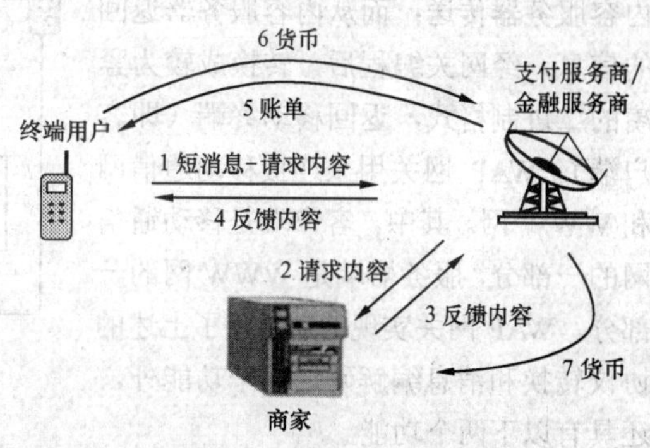

图 8-3 SMS 系统框架

步骤 1 为终端用户至支付服务商/金融服务商，终端用户通过短消息形式来请求内容服务，如发送 XX 到 XX 来查询天气预报、新闻等；步骤 2 为支付服务商/金融服务商至商家，金融服务商收到请求内容后认证终端用户的合法性及账户余额，如合法用户则向商家请求内容，不合法用户则返回相应错误信息；步骤 3 为商家至支付服务商/金融服务商，商家收到支付服务商/金融服务商的内容请求后，认证服务商/金融服务商，如合法商家发送请求的内容给服务商/金融服务商，如不合法用户则返回相应错误信息；步骤 4 为支付服务商/金融服务商至商家，支付服务商/金融服务商把收到的内容转发给终端用户；步骤 5、6、7 为支付服务商/金融服务商从终端用户的账户中扣除相应内容的费用转帐给商家。

基于 SMS 的移动支付的优势如下。

基于短信的移动支付系统通过 GSM 网络将客户手机连接至金融机构，实现利用手机界面直接完成各种金融理财业务的服务系统，主要功能涉及账务查询、自助缴费、银行转账、证券交易、外汇买卖。它的主要优势有以下 4 项。

① 业务丰富、实用方便。移动支付系统通过已入网的手机终端，为用户提供查询账户记录和汇率等金融信息，提供各种转账等个人理财业务及代缴费等服务，服务内容基本涵盖金融业的主要领域。

② 随时随地、自由自在。由于移动通信网 GSM 网覆盖广泛，移动银行凡是在 GSM 网覆盖到的地方，都可以提供服务，用户可以不受时间及地点的限制，随时获得服务。

③ 费用低廉、节省成本。移动金融服务通过发送一条短信完成一笔交易一般只需要 0.1 元，而使现有手机带上银行服务的功能，只要将原先的 SIM 卡换成 STK 卡，成本也很低，并且还能保留原有的电话号码，这符合现阶段手机使用群体期望以低成本享受高质量金融服务的心态。

④ 多次交易、个性服务。利用移动金融服务，用户可以选择由金融机构邮寄单据或由进入机构利用短信发送简易单据，或用户确认后不发送单据。移动金融利用短信的方式，即使用户关机，再次开机后同样可以收到金融机构发送的请求，可以在任何时间对消费进行确认，从而实现再次交易。

（2）基于 WAP 的移动电子支付系统

无线应用协议 WAP（Wireless Application Protocol）也称为无线应用程序协议，是一个在数字移动电话、Internet 及其他个人数字助理机 PDA 与计算机应用之间进行通信的开放性全球标准。WAP 由一系列协议组成，从上到下依次是 WAE（Wireless Application Environment）、WSP（Wireless Session Protocol）、WTP（Wireless Transaction Protocol）、WTLS（Wireless Transport Layer Security）和 WDP（Wireless Datagram Protocol）。WAP 将移动网络和 Internet 以及企业的局域网紧密地联系起来，提供了一种与网络类型、运营商和终端设备都独立的、无地域限制的移动增值业务。通过这种技术，无论用户身在何地、何时，只要通过 WAP 手机，即可享受无穷无尽的网上信息资源。

图 8-4 中可以看出，当 WAP 终端发送的请求，在网关经协议转换后，再向内容服务器传送；而从内容服务器返回的信息，经网关编程后，转换成较为紧凑的二进制格式，返回移动终端（即客户端）。WAP 网关用来连接移动通信网和 WWW 网。其中，客户端是移动通信网的一部分，服务器端是 WWW 网的一部分。WAP 网关实现的功能除了上述的协议转换和消息编解码这两个功能外，还具有以下两个功能。

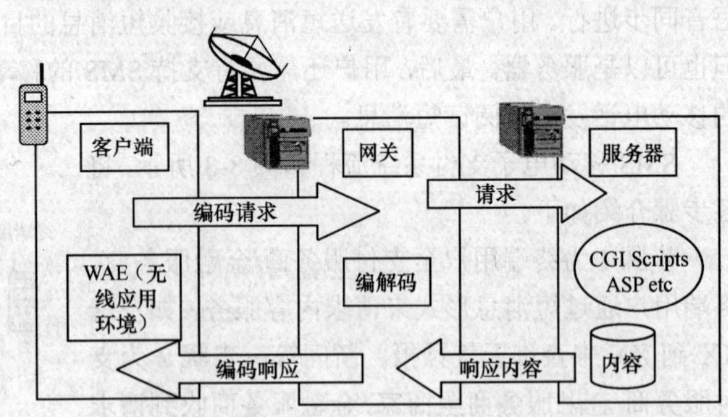

图 8-4 基于 WAP 的移动支付系统框架图

① 将来自不同 Web 服务器上的数据聚合起来，并缓存经常使用的消息，减少对移动设备的应答时间。

② 提供与数据库的接口，以便使用来自无线网络的信息（如位置信息）来为某一用户动态定制 WML 页面。

（3）基于 i-Mode 的移动电子支付系统

i-Mode（i 为 information 的缩写）是日本电报电话公司（NTT）移动通信公司 DoCoMo 公司推出的专有协议，协议栈如图 8-5 所示。采用该协议，用户可以使用移动电话访问 Internet。i-Mode 已经占领了日本的主要市场，被认为是移动支付的成功案例。

Celluer phone
Chtml
HTTP
SSL/TLS
TL
Call ctl
LDAP.M
Physical layer

Packet process module	
Call ctl	IP（PMAP）
LADP-M	Link layer
Physical layer	Physical layer

Mobile-packet Gateway module	
TL	TCP
IP（PMAP）	IP
Link layer	Link layer
Physical layer	Physical layer

Internet process stack
Java Script
HTTP
SSL/TLS
TCP
IP
Link layer
Physical layer

wireless　Proprimary Network　Internet

图 8-5 i-Mode 协议栈

在传输层使用 SSL/TLS 协议和其他基于 Internet 的协议，为 i-Mode 提供安全保障。TLS 和 LAPD-M 协议是无线电工业和商业（ARIB）协会的标准。i-Mode 采用（PD-P）和针对内容描述的 HTML 子集（即 cHtml），压缩格式的 HTML 提供 Internet 服务 cHtml 有以下 4 个基本原则。

① 完全基于目前 HTML W3C 建议，这就是说 cHTML 具有标准 HTML 的灵活性。

② cHTML 在有限存储和低功耗 CPU 上实现。

③ 支持网络内容在单色小屏幕上阅读。

④ 用户操作方便，用户通过使用 4 个按钮（向前指针、向后指针、选择、倒退/停止），就可以完成一系列基本操作。

（4）基于 USSD 的移动电子支付系统

USSD（Unstructured Supplementary Service Data）即非结构化补充数据业务，是一种基于 GSM 网络的新型交互式数据业务，是在 GSM 的短消息系统技术基础上推出的新业务。USSD 系统结构示意图如图 8-6 所示。USSD 业务主要包括补充业务（如呼叫禁止、呼叫转移）和非结构补充业务（如证券交易、信息查询、移动银行业务）两类。USSD 是一个特定网络应用中移动终端河网络实体之间的应用协议。

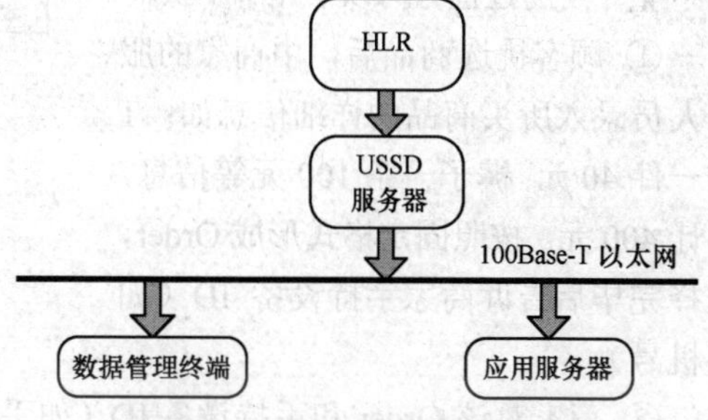

图 8-6　USSD 系统结构示意图

其中，USSD 服务器有两个网络接口分别对应于 HLR（Home Location Register，用户归属位置寄存器）和局域网；一方面，通过七号信令的 MAP（Mobile Application Part，移动应用部分）部分与 GSM 系统的 HLR 相连；另一方面，通过 100Base-T（基带传输速率）以 TCP/IP 与应用服务器连接。应用服务器则提供各种应用接口，与股票交易所、银行等应用中心连接在一起。GSM 系统以及 USSD 均起着透明通道的作用，USSD 业务的处理主要在应用服务器上完成，然后将处理结果传到手机。

数据管理终端则向运营商提供一个易用的基于图形的系统管理维护界面，具有应用管理、用户维护、用户活动跟踪、错误告警等一系列功能。USSD 系统采用这种结构，对原有的系统结构影响较小，保持了原有系统的稳定性还可以针对本地网的具体情况灵活地推出功能业务，方便地为移动用户提供各类数据业务。

（5）基于 J2ME 的移动电子支付系统

J2ME（Java2 Micro Edition）是美国 Sun 公司为小型资源受限终端设备的应用程序开发提供使用的 Java 平台。J2ME 平台分为两个配置（Configuration），即 CLDC（Connected Limited Device Configuration）联网的受限设备配置；CDC（Connected Device Configuration）联网的设备配置。其中 CLDC 是为严格受资源约束的设备而设立的。这种设备如移动电话、PDA 等。为此，它在每个方面都做了优化。它的虚拟机 KVM（键盘 Keyboard、显示器 Video、鼠标 Mouse 的缩写）很小，并且不支持 Java 语言的某些特征，它所提供的类库也很少，而 CDC 是针对机顶盒等设备设立的。MIDP（Mobile Information Device Profile）移动信息设备配置文件，是目前为止可供使用的用于小设备的框架。它遵循了 CLDC 的宗旨，尽可能使用尽量少的资源。在这种模型中，每个应用成为 MIDlet，MIDlet 的生命周期有 3 个状态，即：活动（active）、暂停（pause）和被销毁（destroyed）。MIDlet Suite 把多个 MIDlet 关联到一起。在 J2ME 平台上把开发的程序（即 MIDlet Suite）打包后下载到支持 MIDP 的真机上即可运行。

目前，绝大多数品牌手持设备都支持MIDP规范。基于J2ME的移动支付系统模型如图8-7所示。该系统由用户（手持设备Client）、商家（Merchant）、移动支付平台（MPP）、银行端处理设备（Settlement）组成。这里移动营运商起到了传媒的作用，为了简化系统不作为移动支付的组成部分。

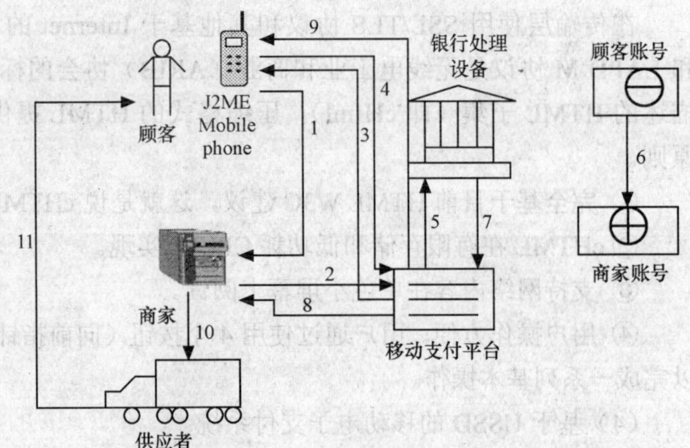

注：1 找产品告诉商家电话号码；2 寄账单；3 确认消息；4 确认商品消费额；5 向银行发出转账请求；6 银行处理支付；7 转账成功；8 确认支付；9 顾客收到电子发票或收据；10 同意出货；11 接收商品。

图 8-7　基于 J2ME 的移动支付系统模型

整个交易过程分为以下几个步骤。

① 顾客挑选商品后，由商家的服务人员录入所买商品的详细信息如：T恤一件40元；裤子一条100元等信息，小计400元。按照固定格式形成Order，选择完毕后告诉商家手持设备ID（如手机号）。

② 商家对该Order和手持设备ID（如手机号）加密、签名后通过安全Internet通道，如SSL发送给MPP。

③ MPP接到消息后确认消息的来源，如果消息确实来自指定商家，则对消息处理（如加密签名）后发送给移动用户即顾客。

④ 顾客收到welcome消息后输入PIN码，同意使用移动支付系统，然后确认所买的商品、消费额、商家标示及消息来源，如果消息正确，则同意支付，消息处理后传送给MPP。

⑤ MPP在确认消息后向银行发出转账请求。

⑥ 银行处理支付。

⑦ MPP收到转账成功的消息。

⑧ 商家收到支付成功的通知。

⑨ 顾客收到电子发票或收据。

⑩ 商家为顾客提供服务。

其中③、④两步是手持设备客户和支付平台间的无线环境下的通信，并且必须保证客户对此次交易支付所确认的信息的安全性。移动支付平台对商家的认证也很重要，它可防止假冒商家，因这是在基于Internet的有线环境下，所以很容易做到。

（6）基于NFC的移动支付系统

NFC（Near Field Communication）是一种短距离的无线连接技术标准，可以实现电子终端之间简单而且安全的通信只需将两个兼容终端互相靠近至几厘米的距离，或者让两个终端彼此“接触”。NFC的应用包括非接触交易比如支付和交通票务、简单快速的数据交换包括日历同步或电子名片交换以及存取在线数字内容。NFC标准得到了ISO/IEC（国际标准化组织/国际电工委员会）、ETSI（欧洲电信标准化协会）和ECMA（欧洲信息及通信系统标准化协会）等国际标准化组织的认可。NFC终端从一开始就具备互操作性，因为NFC正是基于现有的非接触支付和票务标准研发的，这些标准在世界范围内已得到广泛应用，每天都有数百万人在使用基于这些标准的产品。这些标准不仅规定了非接触运行环境，而且包括数据的传输格式以及传输速率。

借助于NFC技术，能够从环境中“提取”信息。NFC技术允许移动终端读取存储在日常物体中“标签”里的信息。这些标签能够粘贴在物理对象之上，比如海报、公交标识、街道标识、药品指示、证书、食品包装以及许许多多其他物品。

通过 NFC 技术，能够将非接触的票证和卡片放置于日常终端，比如移动电话中。你可以选择把部分或所有卡片都放置在一部个人终端里，比如一部具备 NFC 功能的手机，而无须随身携带几张卡片实物。NFC 技术有助于非接触业务的普及，因为它基于国际标准，可应用于全球范围内任何地点的任何业务。支付和票务业务是 NFC 应用最早的业务，因为可以借助于目前已大量普及的支持非接触卡片的基础设施。首先出现的应用将在已具备支付和票务的非接触基础设施的城市进行。

NFC 技术可以增强在商场结账处或无人支付终端（比如泊车米表）的非接触支付手段。用户可以虚拟支付卡或者用电子货币支付非接触票务所具备的高速和灵活性给公共交通和大型活动的入场环节带来革命性的变化，通过使用具备 NFC 功能的终端，例如移动电话，用户可以购票，并将其存储在终端当中，然后就可以通过快速通道进入，而其他人还不得不排队等待，此外用户还可以在查询余额并更新电子票用户还可以通过把手机或靠近可读信息源，来快速下载信息比如公交时间表。

一项成功的 NFC 试验已经成为了主流应用：在德国哈瑙市，公交乘坐者在购票时有了一项新的选择。德国公交网络运营商 RMV 正在通过移动电话来进行日常交易，比如购买交通票和路线选择等。超过的 90%测试用户肯定了该系统的方便易用性，认为值得继续使用。现在该业务已对哈瑙市的所有居民开放。支付和票务应用程序将存储在终端中的一个安全模块中。该安全模块可以是 NFC 终端中的能够存储多个应用的智能卡芯片，比如 SIM 卡，或者安全的内存卡。也可以是终端中的一个额外的内置智能卡片。一旦某个应用，比如信用卡，被可靠地安装在 NFC 手机中后，客户就能简单地把手机在 POS 机阅读器上挥动片刻，即可完成支付。这种方便、快速的交易有赖于内置于手机的技术，它将世界各地已广泛应用于非接触信用卡和公交卡中的功能整合到移动电话中。

除了与现有的非接触卡片受理基础设施保持兼容之外，一部 NFC 手机还能为消费者提供其他便利，比如通过手机屏幕显示交易数据，在任何时间，任何地点都能购票。NFC 手机还能快速存取服务信息，只需把手机与内置 RFID 芯片的业务海报接触即可。

NFC 基于现有的遍布于世界各地的非接触基础设施，并非一种锦上添花的技术，而是一种能让人们生活更加方便快捷的技术、更容易支付商品和服务，更容易使用公共交通，更容易存取用户周围的业务信息，更容易在终端之间彼此共享数据。

（7）基于 RFID 技术的移动电子支付系统

由移动通信终端、RFID 读写模块与 IC 卡构成的移动支付模式的体系结构如图 8-8 所示。

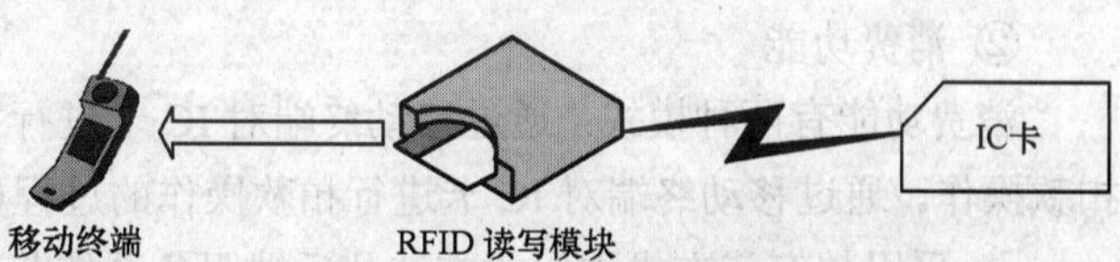

图 8-8　RFID 移动电子支付技术的系统结构

在该系统结构中，IC 卡是独立的，该卡既可以接受 RFID 读写模块的操作，又可以接受商户终端的操作。RFID 读写模块主要作用是查询 IC 卡上的余额，将来期望能够扩展到充值操作，而商户终端的操作主要是消费类操作。IC 卡的独立性保证了 IC 卡发行方的利益和积极性。

RFID 读写模块将保持与移动终端相对的独立性，实现如下几项功能。

① 对外接口。该模块提供通用异步收发通信器（UART）、串行外设接口（SPI）等接口方式，

实现与移动终端的连接，将来将进一步提供 USB（通用串行总线）、SDIO（安全数字输入/输出）等接口方式。

② IC 卡操作。模块中包含符合 ISO 14443 标准的 IC 卡读写功能以及 MCU（微控制器）处理功能，完整实现了对 IC 卡的各种操作功能。

③ 安全特性。模块本身还自带安全处理功能，实现了对 IC 卡的安全、可靠操作。

④ 工作模式。模块具有读写模式、低功耗模式以及断电模式，分别适应于不同的需要。

⑤ 天线。天线被内置在移动终端中。

由移动终端、RFID 读写模块与 IC 卡构成的移动支付应用模式可以有多种，根据应用模式不同，其核心的应用流程也不一样，典型应用包括小额电子钱包的应用以及与银行卡绑定的移动支付应用。小额电子钱包的应用不记名、不挂失，典型应用如公交卡，RFID 模块在小额电子钱包应用中的功能分为下述 3 个部分。

① 远程充值功能

考虑到充值密钥的安全性要求，建议采用后端服务计算充值扇区密钥的方式进行充值操作，如图 8-9 所示。

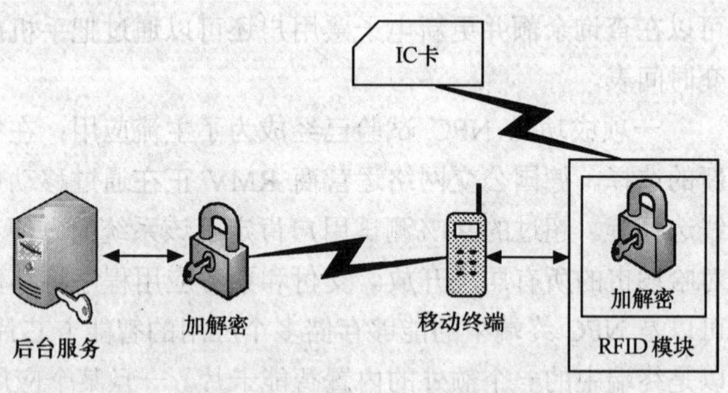

图 8-9 RFID 加密流程示意图

其基本的操作过程如下。

a. 移动终端通过用户界面发起充值操作需求。

b. RFID 模块收到充值指令后，获取 IC 卡的基本信息，进行加密，并将加密数据返回给移动终端。

c. 移动终端将数据通过无线方式发送到服务商的后台系统。

d. 后台系统收到数据后解密，并利用解密结果计算出充值所需要的扇区密钥，然后将此密钥加密，通过无线方式发送给移动终端。

e. 移动终端接收到数据后，传送给 RFID 模块。

f. 模块解密数据，利用解密数据计算出充值所需要的扇区密钥，并告知移动终端充值准备完毕，可以充值。

g. 移动终端向绑定的银行账号申请充值，申请成功后，告诉 RFID 模块可以充值。

h. 模块对卡充值，并向手机返回充值结果。

i. 移动终端向绑定的银行账号返回充值结果。

② 消费功能

消费功能有两种模式：通过移动终端对 IC 卡进行扣款操作以及外部的商户终端对 IC 卡进行扣款操作。通过移动终端对 IC 卡进行扣款操作的过程如下。

a. 采用与充值方式类似的方法从后端服务系统获取 IC 卡消费密钥，或者通过内置在 RFID 读写模块中的密钥计算功能计算出 IC 卡消费密钥。

b. RFID 读写模块对 IC 卡执行扣款操作。

c. RFID 读写模块将扣款操作的执行结果返回给移动终端。

d. 移动终端向后端系统发送交易记录，消费结束。通过商户终端对 IC 卡进行扣款操作的过程。商户终端获取 IC 卡的基本信息，利用 IC 卡基本信息通过 PSAM 卡计算出相关扇区的消费密钥，然后商户终端对 IC 卡执行扣款操作，最后，商户终端将扣款操作的交易记录返回给后端系统，消费结束。

③ 查询功能

查询功能主要指通过移动终端查询卡 IC 上的余额，其基本过程类似于通过移动终端的消费过程，基本过程如下。

a. 采用与充值方式类似的方法从后端服务系统获取 IC 卡查询消费密钥，或者通过内置在 RFID 读写模块中的密钥计算功能计算出卡查询消费密钥。

b. RFID 读写模块对 IC 卡执行查询余额操作。

从本质上讲，移动支付就是将移动网络与金融系统结合，把移动通信网络作为实现移动支付的工具和手段，为用户提供商品交易、缴费、银行账号管理等金融服务的业务。考虑到分类体系的互斥性和完备性，结合目前移动支付发展现状，我们发现较新颖的技术实现方式往往支持的终端较少、成本较高、系统复杂，但速率快、交互性强、安全性高较早的技术实现方式则反之。总而言之，随着移动通信技术的快速发展，移动支付可以依托的技术也向着客户界面日益友好、交易速度越来越快、安全性逐渐增强的方向发展。

8.2 移动电子支付的运营模式

移动电子支付价值链涉及很多个方面标准制定组织、技术平台供应商、网络运营商、金融组织、第三方运营商、终端设备提供商、商品或服务供应商以及消费者。移动支付的运营模式由移动支付价值链中各方的利益分配原则及合作关系所决定。成功的移动支付解决方案应该是充分考虑到移动支付价值链中的所有环节，进行利益共享和利益平衡。目前移动支付的运营模式主要有 4 种：即移动运营商模式、银行运营模式、第三方运营模式和银行与运营商合作运营模式。

8.2.1 移动运营商模式

移动运营模式主要通过移动运营商来推动移动电子支付产业价值链的发展。对于运营商推出的移动支付业务大多可以提供 3 种账户设置方式：手机账户、虚拟银行账户和银行账户。除银行账户外，消费者可以选择手机，即账户与手机进行绑定，支付款项将从手机话费中扣除，也可以选择虚拟银行账户，这是一种过渡时期的账户形式，用户开户后可以通过指定方式向移动电子支付平台存入现金，形成一个只能用于移动电子支付的虚拟的银行账户，账户信息将保留在支付平台本地，支付时金额将从这个虚拟账户中扣除。这样，移动运营商以用户的手机话费账户或专门的小额账户作为手机支付账户，用户所发生的手机支付交易费用全部从用户的账户中扣减，如图 8-10 所示。

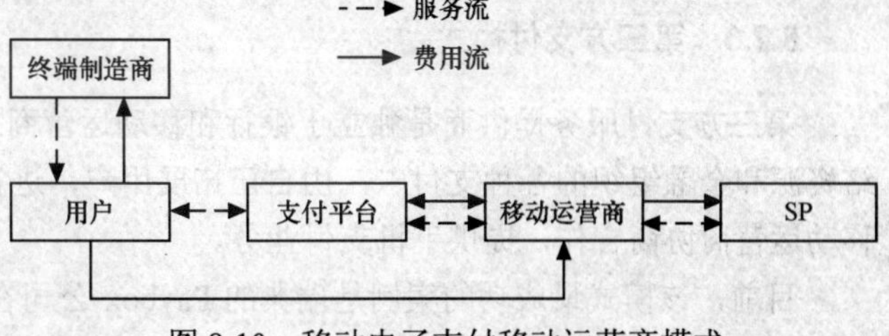

图 8-10 移动电子支付移动运营商模式

该模式典型的例子是日本移动运营商 NTT DoCoMo 推广的 i-Mode Felica 手机电子钱包服务，用户将 IC 卡插入手机就可以进行购物。i-Mode Felica 使用的 IC 卡中安装了电子货币交易软件，用户拥有一个电子账户，可以购买电子货币充值。进行交易时费用直接从用户的电子账户中扣除，整个支付过程无需金融机构参与。

这种模式的特点是移动运营商直接与用户联系，不需要银行参与，技术成本较低。问题在于移动运营商参与金融交易，需要承担部分金融机构的责任和风险，如果没有经营资质，将与国家的金融政策发生抵触。欧洲品牌多采用这种方式，较著名的有由 Orange、Vodafone、T-mobile 和 Telefonica 四家欧洲最大的移动电信运营商联合运营的 Simpay 品牌。

8.2.2 银行模式

银行也可以借助移动运营商的通信网络，独立提供移动电子支付服务。银行有足够在个人账户管理和支付领域的经验，以及庞大的支付用户群和他们对银行的信任，移动运营商不参与运营和管理，由银行独立享有移动支付的用户，并对他们负责。在这种模式中，各银行通过与移动运营商搭建专线等通信线路，自建计费与认证系统，为用户手机换置 STK 卡。银行需要为用户的手机将 SIM 卡换为 STK 卡，用户在手机上可以直接登录所在银行的账户，进行手机支付交易。如图 8-11 所示。

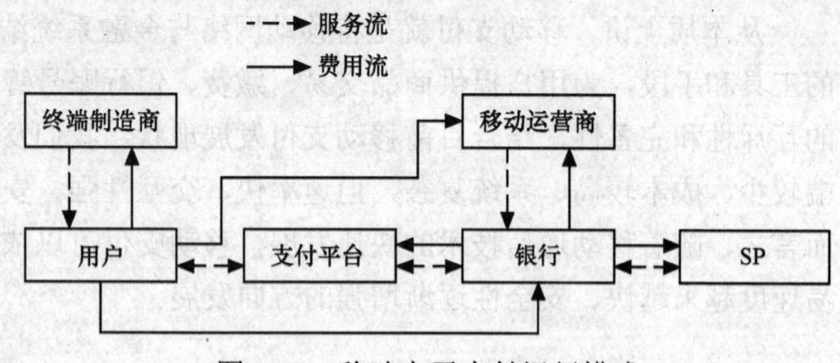

图 8-11 移动电子支付银行模式

该模式产生的费用主要有三部分：一是数据流量费用，由移动运营商收取；二是账户业务费用，由银行收取；三是支付业务服务费用，由银行、运营商、支付平台分成。该模式的特点是各个银行只可以为本行的用户提供手机银行服务，不同银行之间不能互通；特定的手机终端和 STK 卡换置也会造成用户成本的上升；移动运营商只负责提供信息通道，不参与支付过程。

银行独立运营的方式在韩国取得了瞩目的成效。所有提供消费金融服务的银行纷纷投资移动支付业务，到 2004 年底已有两千多万个在线银行账户，银行希望人们投入到移动支付的行列，这将大大减少成本，因为手机处理业务的花费比面对面处理业务的费用少得多。韩国央行曾对 2004 年 6 月交易量做过一次统计，当月共有 58.1 万韩国人用手机完成了 400 万笔金融交易。这种模式的国内典型案例是中国工商银行推出的手机银行业务。中国工商银行的用户使用手机直接登录或发送特定格式的短信到银行的特服号码，银行按照客户的指令可以为客户办理查询、转账以及缴费等业务。

8.2.3 第三方支付模式

第三方支付服务提供商是独立于银行和移动运营商之外的经济实体，利用移动电信的通信网络资源和金融组织的各种支付卡，由自己拓展用户，进行支付的身份认证和支付确认，与银行及移动运营商协商合作，提供手机支付业务。

目前，该模式最成功的案例是瑞典的 Paybox 公司在欧洲推出的手机支付系统。Paybox 是瑞典一家独立的第三方移动支付应用平台提供商，公司推出的移动支付解决方案在德国、瑞典、奥地利、西班牙和英国等几个国家成功实施。Paybox 无线支付以手机为工具，取代了传统的信用卡。使用该服务的用户，只要到服务商那里进行注册取得账号，在购买商品或需要支付某项服务费时，直接向商家提供手机号码即可。用户如果想使用该服务，需要去服务提供商处注册账号，并与自己的手机绑定。在购买商品后进行费用支付时，直接向商家提供用户的手机号码。商家向 Paybox 提出询问，经过用户确认后完成支付。第三方支付服务提供商的收益主要来自两个部分：一是向运营商、银行和商户收取设备和技术使用许可费用；二是与移动运营商以及银行就用户业务使用费进行分成，如图 8-12 所示。

这种模式的特点是：第三方支付服务提供商可以平衡移动运营商和银行之间的关系；不同银行之间的手机支付业务得到了互联互通；银行、移动运营商、支付服务提供商以及 SP 之间的责、权、利明确，关系简单；对第三方支付服务提供商的技术能力、市场能力、资金运作能力要求很高。

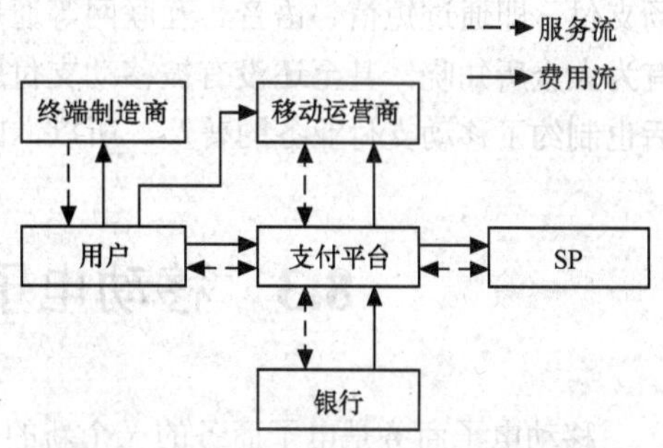

图 8-12 移动电子支付第三方支付模式

8.2.4 银行与运营商合作运营模式

银行与运营商合作的运营模式最为普遍。银行和移动运营商发挥各自的优势，在移动支付技术安全和信用管理领域强强联手，见图 8-13。

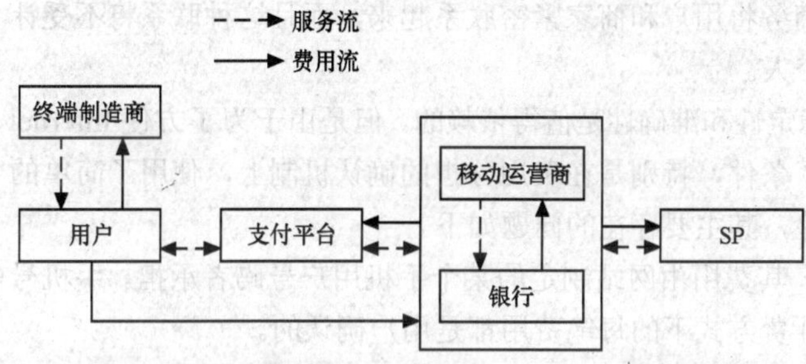

图 8-13 移动电子支付银行与运营商合作运营模式

这种模式的特点是：移动运营商与银行关注各自的核心产品，形成一种战略联盟关系，合作控制整条产业链；在信息安全、产品开发和资源共享方面合作更加紧密；运营商需要与各银行合作，或与银行合作组织建立联盟关系。

欧洲国家的手机支付多数采用多国电信运营商联合运作的方式，而银行作为合作者但不参与运营，业务模式往往通过 WAP、SMS、IVR 等方式接入来验证身份。这种模式已经被证明无法适应广泛的用户需求。日本则是移动运营商利用其在产业链中的优势地位来推动手机支付业务，整合终端厂商资源，联合银行提供手机银行业务。日本的 NTT DoCoMo 推出的 i-Mode Felica 也是与 Visa 合作的结果，手机也同时拥有了信用卡的功能。在韩国，银行独家运营模式已形成规模。这主要源于韩国银行业对手机支付的高度重视，同时其电子技术、电子货币的普及以及人们的消费观念都为手机支付业务的发展奠定了基础。韩国 SK Telecom 联合五家卡类组织（KORAM Bank、Sumsung Card、LG Card、Korea Exchange Card、Hang Card）共同推出的移动电子支付业务品牌 MONETA，就是此种形式的代表。

我国移动电子支付产业链中的主要环节——银行、移动运营商和第三方支付服务提供商都无法独立开展手机支付业务。目前最适合我国手机支付业务发展的商业模式是银行与移动运营商合作，第三方支付服务提供商协助支持的整合商业模式。中国移动和中国银联共同投资创办联动优势科技有限公司，共同推出移动电子支付业务并参与运营。采用合作的方式将实现资源共享，达到优势互补，促进产业价值链的高效运转。

因此，由于各国产业发展状况的不同、以及各方合作力度的不等，各国所采用的移动支付运营模式会有所不同，同时移动支付的运营模式又将决定价值链中各方利益的分配，从而影响到各个合作方的发展。成功的合作模式将是移动支付能否被市场所接受、并逐步走向繁荣的关键。在我国，移动支付还刚刚起步，国内的移动支付品牌类似欧洲模式，多是由移动电信运营商独立发起的，并借助于银行或其他金融机构的资源进行移动支付的独立运营。移动支付形式主要是非现场支付，即通过短信、语音、互联网等通道进行移动支付的身份认证和支付确认移动支付也还没有为大众所知晓，甚至还没有被移动支付服务应用的先锋人群所使用。中国电子货币的发展的落后也制约了移动支付业务的普及。所以，国内移动支付市场的培育仍是一个长期的过程。

8.3 移动电子支付安全与风险防范

移动电子商务是电子商务的一个新的分支，从应用角度来看，它是对有线电子商务的整合与发展，是电子商务发展的新形态。移动电子商务将传统的商务和已经发展起来的、但是分散的电子商务整合起来，将各种业务流程从有线向无线转移和完善。与 Internet 上的在线交易相比，移动电子商务具有许多优点。首先，移动交易不受时间和地点的限制；其次，效率高，大大节省客户交易的时间；第三，移动终端的身份固定，能够向用户提供个性化移动交易服务；第四，可以提供与位置相关的交易服务。移动电子商务将用户和商家紧密联系起来，而且这种联系将不受计算机或连接线的限制，使电子商务走向个人。

移动电子支付的形式和平台环境的稳定性和准确性是值得依赖的。但是由于为了方便 Internet 用户的使用，其协议在认证机制上放宽了条件，特别是在费用分担的确认机制上，使用了简单的方式，给手机用户带来了潜在损失的风险，其主要存在的问题如下。

（1）发送短消息方不一定是付费方，其费用由网站制定的某个手机用户号码者承担。手机号码作为相对公开的信息，很难确保这种计费方式下的每笔费用都是用户确认的。

（2）移动用户与 SP 之间不像固定电话那样存在固定的物理连接，SP 很难确认用户的合法身份。

（3）WAP 协议中的一个安全漏洞：服务器到 WAP 网关用 SSL 加密的信息需在 WAP 网关解密后，再用 WTLS 加密后发送出去。这样尽管内容服务器到网关，网关到终端用户是安全的，但信息层以明文形式在网关上存在了一段时间，这就有可能被攻击者窃取，造成安全隐患。

（4）网络中存在拥塞、单点失效，效率和服务质量不高的问题。

8.3.1 安全技术与标准

移动电子商务相对于电子商务环境具有以下一些特点。

移动性（Mobility）：移动是无线链路最明显的优势之一，它可以不受定点上网限制，允许随时随地收发信息，不受时间、地域的限制。

安全性（Security）：无线设备所使用的 SIM 卡可以提供较高的设备拥有者的安全身份认证。

定位性（Localization）：通过电信业的电信网络可以随时追踪和定位移动用户所在区域位置。

个性化（Personalization）：目前人手一机已成为普遍现象，使得手持设备成为人们生活必备工具，相比于个人电脑更具有个性化特点。

移动电子商务中的安全应确保交易双方的合法权益所涉及的内容不受非法入侵者的侵害。通常，主要涉及数据的机密性（Confidentiality）、数据的完整性（Integrity）、数据的鉴别（Authentication）、不可否认性（Non-repudiation）方面的内容。

移动支付系统按照交易额的数量分为宏支付和微支付。现存的移动支付系统大部分都是微支付。在微支付系统中，交易的费用是从用户的话单中扣除的，不涉及银行的直接参与。而在宏支付系统中，用户用手持设备购物时，银行是直接参与者之一，用户的交易费用是从与用户手持设备绑定的银行账户中扣除的。由于交易数额较大，宏支付对安全性要求较高。

1. 安全技术

（1）加密技术

加密技术是电子商务的最基本安全措施。以整个密码系统来分，有对称式密码系统、非对称密码系统、对称式非对称式混合的密码系统，对称式密码系统是加解密用同一把密钥，优点是运算速度快，缺点是由密钥分配上的问题存在。非对称密码系统加解密的过程使用两种不同的密钥，即公钥与私钥，不但解决了密钥分配上的问题，而且还能用私钥来达到数字签名的功能，使数据的传输有不可否认性。但是公钥密码系统最大的缺点就是对数据加解密速度慢。因此，通常在使用密码系统时，会结合两种密码系统的特色，以实现加解密速度快，又能解决密钥分配的问题。

（2）安全认证技术

目前，仅有加密技术不足以保证移动电子商务中的交易安全，身份认证技术是保证移动电子商务安全的又一重要技术手段。移动电子商务中的身份认证可以将手机的 SIM 卡的唯一识别结合起来，实现对移动终端用户的认证，还可以结合数字签名技术和数字证书技术实现用户认证。

（3）消息认证

消息认证是检验数据的完整性、数据是否被篡改的技术，使用散列函数（Hash）来实现的，单项杂凑函数还可按其是否有密钥控制分为两大类。一类有密钥控制以 h(k, M)表示，为密码散列函数；另一类无密钥控制，为一般散列函数，不具有身份认证的功能，只用于检测接收数据的完整性，它一般与数字签名结合应用；而密码散列函数，其杂凑值不仅于输入有关，而且与密钥有关，因而具有身份验证功能。

（4）数字签名

数字签名是非对称密码中的一种技术，其主要过程为：发送方将报文生成一个固定长度的散列值（或报文摘要），并用自己的私钥对这个散列值进行加密，形成发送方的数字签名；然后，这个数字签名将作为报文的附件和报文一起发送报文的接收方；报文接收方首先从接收到的原始报文中计算出散列值，接着再用发送方的公开密钥来对报文附加的数字签名进行解密。如果两个散列值相同，那么接收方就能确认该数字签名是发送方的，通过数字签名能够实现对原始报文的鉴别和不可否认性。

（5）双重数字签名

在实际商务活动中经常出现这种情形，即持卡人给商家发送订购信息和自己的付款账户信息，但不愿让商家看到自己的付款账户信息，也不愿让处理商家付款信息的第三方看到订货信息。在移动电子商务中要能做到这点，需使用双重签名技术，持卡人将发给商家的信息（报文 1）和发给第三方的信息（报文 2）分别生成报文摘要 1 和报文摘要 2，合在一起生成报文摘要 3，并签名；然后，将报文 1、报文摘要 2 和报文摘要 3 发送给商家，将报文 2、报文摘要 1 和报文摘要 3 发送给第三方；接收者根据收到的报文生成报文摘要，再与收到的报文摘要合在一起，比较结合后的报文摘要和收到的报文摘要 3，确定持卡人的身份和信息是否被修改过。双重签名解决了三方参加电子贸易过程中的安全通信问题。

（6）数字证书

数字签名是基于非对称加密技术的，存在两个明显的问题：第一，如何保证公开密钥的持有者是真实的；第二，大规模网络环境下公开密钥的产生、分发和管理。由此，证书签发机构（Certificate Authority，CA）应运而生，它是提供身份验证的第三方机构，由一个或多个用户信任的组织实体构成。CA 核实某个用户的真实身份以后，签发一份报文给该用户，以此作为网上证明身份的依据。这个报文称为数字证书，包括：唯一标识证书所有者（即贸易方）的名称、证书所有者的公开密钥、证书签发者的数字签名、证书的有效期级证书的序列号等。

（7）数字信封

为解决每次传送更换密钥的问题，结合对称密码技术和公开密钥加密技术的优点，提出数字信封的概念：发送者自动生成对称密钥，用它加密原文得到密文；对原文进行 HASH，再用自身的私钥加密得到签名；将对称密钥本身用公开密钥加密保护；将运算得到的 3 项结果一同发送给收信者。收信者用自己的私钥解密得到对称密钥，用以解密密文得到明文，并验证签名。这样保证每次传送都可由发送方选定不同密钥进行。

（8）数字时间戳

同传统商务一样，日期和时间是商务文件中的重要内容之一，需要加以确认与保护。同样，在移动电子商务中，也需对交易数据的日期和时间信息采取安全措施，而数字时间戳服务专用于提供电子文档发表时间的安全保护。数字时间戳服务（DTS）由专门机构提供。所谓的时间戳是一个经加密后形成的凭证文档，共包括 3 个部分：需要加盖时间戳的文件的摘要、DTS 收到文件的日期和时间、DTS 的数字签名。

2. 安全标准

安全技术的目标是保证在安全方案执行完毕时能实现其安全性质。安全方案的安全性质主要有以下几个方面。

（1）可认证性

认证是最重要的安全性质之一，所有其他安全性质的实现都依赖于此性质的实现。认证是分布式系统中的主体进行身份识别的过程。有以下 3 种认证方法。

① 主体使用只有验证者与其共享的密钥加密消息，验证者使用同一密钥解密消息验证主体的身份。

② 主体使用其私钥对消息签名，验证者使用主体的公钥验证签名以验证主体的身份。

③ 主体通过可信第三方来证明自己的身份。

（2）秘密性

秘密性是指保护协议消息不被泄漏给未被授权的人，即使是攻击者了解消息的格式，他也无法从消息内容中得到有用的信息。保证秘密性最直接的办法是对消息进行加密，将消息从明文变成密文，没有密钥的人是无法解密消息的。

（3）完整性

完整性是指保护协议消息不被非法篡改、删除或替代。最常用的方法是封装和签名，即用加密或散列函数产生一个摘要附在传送消息后，作为验证消息完整性的依据。用户收到消息后用同样的散列函数产生一个摘要和收到的摘要进行对比来判断消息在传输过程中是否保证了完整性。

（4）不可否认性

不可否认性又称不可抵赖性，是指通信主体能通过提供对方参与协议交换的证据来保护自身合法利益，即协议主体必须对自己的行为负责，不能也无法事后抵赖。不可否认性又分以下两种。

① 消息源不可否认（non - repudiation of origin），亦即不可否认协议向接收方提供不可抵赖的证据，证明收到消息的来源的可靠性。

② 消息宿的不可否认（non - repudiation of receipt），亦即不可否认协议向发送方提供不可抵

赖的证据，证明接收方已收到了两种消息。主体提供的证据通常以签名消息的形式出现，从而将消息与消息的发送者进行了绑定。

8.3.2 安全认证与管理

移动电子支付认证消息是在商家与支付网关之间交换的信息。支付认证包括支付授权和支付资金清算。

（1）支付授权

支付授权确保这笔交易是经银行确认的，保证商家能收到钱，据此可向持卡人提供商品或服务。商家首先向支付网关发送授权请求消息。其由以下 3 部分组成。

① 与购买有关的信息。主要来自于客户，包括：PI、双签名、OIMD 和数字信封。

② 与授权有关的信息。由商家生成，包括：交易标识号，由商家签名并加密的授权数据块以及数字信封。

③ 数字证书，包含持卡人签名证书、商家的签名证书及密钥交换证书。

支付网关接收到授权请求后，进行下述操作。

① 验证有关的数字证书。

② 解开相关数字信封。

③ 验证有关的数字签名、双签名。

④ 验证交易标识号。

⑤ 向发卡银行提交授权请求。

得到发卡银行的授权确认后，支付网关向商家返回授权响应消息。其由以下 3 部分组成。

① 与授权有关的信息，包括由支付网关签名及加密的授权数据块和数字信封。

② 资金清算令牌，这一消息将用于清算支付资金。

③ 数字证书，包含支付网关的签名证书。得到支付网关的授权确认后，商家即可发送货物或提供服务。

（2）支付资金清算

商家向支付网关发送清算请求消息，包括：经商家签名、加密的清算请求数据块，该数据块包含了支付总额和交易标识号；资金清算令牌。支付网关收到清算请求后，解开有关加密的数据块，进行相关的有效性、一致性的检验，然后通过银行内部的资金清算网络把款项从持卡人账号划到商家的账号上。接着，支付网关向商家返回清算响应消息以通知商家转账的结果。商家须保留该响应消息以备日后核对之用。

在认证过程中，身份认证是至关重要的环节。CA 认证中心颁发数字证书，并履行用户身份认证的责任，在安全责任分散、运行安全管理、系统安全、物理安全、数据库安全、人员安全、密钥管理等方面，需要十分严格的政策和规程，要有完善的安全管理机制。

（1）产生、验证和分发密钥

主体的密钥对管理必须确保高度的机密性，防止其他方伪造证书，主体密钥对产生的方式有两种方式：用户自己产生或者 CA 产生，由移动电子支付系统的策略决定。

① 用户自己产生密钥对

在这种方式下，用户自己选择产生密钥的方法，自己负责私钥的存放，用户还向 CA 提交自己的公钥和身份证明，CA 对用户进行身份认证，对密钥强度和密钥持有者进行审查，在审查通过的情况下对用户的公钥产生证书，然后通过面对面、信件或者电子方式将证书安全的发放给用户，最后将证书发布到相应的目录服务器。

② CA 为用户产生

这种方式下，用户应到 CA 中心产生并获得密钥对，产生之后，CA 中心应自动销毁本地的用户密钥对复本，用户获得密钥对后，保存好自己的私钥，将公钥送至 CA，接着申请证书。

（2）签名和验证

在移动电子支付体系中，对信息和文件的签名以及对数字签名的认证是很普遍的工作，成员对数字签名和验证是使用多种算法的，有 RSA、DES，这些算法可以由硬件、软件或者软硬结合的加密模块来完成，密钥和证书存放的介质有内存、手机 SIM 卡、IC 卡、UsbKey、光盘等。

（3）数字证书的获取

在验证信息的数字签名时，用户必须事先获取信息发送者的公钥证书，以对信息进行解密验证，同时还需要 CA 对发送者所发送的证书进行验证，以确定发送者身份的有效性。数字证书的获取有如下方式。

① 发送者发送签名信息时，附加自己的证书。

② 单独发送证书信息的通道。

③ 访问发布数字证书的目录服务器。

（4）数字证书的验证

验证证书的过程就是迭代寻找证书链中下一个证书和上级 CA 的证书。在使用每一个证书前，必须检查相应的证书列表。用户检查证书的路径，是从最后一个证书所签发的证书有效性开始，检查每一个证书，一旦验证后，就提取该证书的公钥，用于检验下一个证书，直到验证完发送者的签名证书，并将该证书中包括的公钥用于验证签名。

8.3.3 移动电子支付的风险防范

移动电子支付潜在的风险包括 3 个方面，即技术风险、法律风险和信誉风险，其中最大的风险是技术风险。客户在交易过程中，银行会采用多种方式有效保障客户资金安全：一是手机银行的信息传输、处理采用高强度的加密传输方式，实现移动通信公司与银行之间的数据安全传输和处理，防止数据被窃取或破坏；二是手机银行对客户对外转账的金额有严格限制；三是将客户指定手机号码与银行账户绑定，并设置专用支付密码。

为了防范移动电子支付的潜在风险，就必须建立起完善的技术安全机制，介绍如下。

（1）手机端软件下载分发的安全

① 开发商开发的手机应用程序首先要提交给运营商指定的第三方测试公司进行兼容性测试，保证软件没有病毒和有害代码。

② 测试通过后的软件包经过运营商代理签名，提交到应用下载服务器用户从下载服务器下载的软件包是经过签名的，保证了软件包在分发过程中不会被更改。

③ 开发商可以指定软件包中二进制执行文件等关键的数据文件不可更改，如果更改的话则无法启动软件，从而防止了文件被从外部改动而带来的风险。

④ 软件被下载到手机上后会生成一个跟卡号相关的签名文件，在每次启动程序的时候，首先要检查当前卡跟签名文件授权的卡是否一致，只有一致才能正常启动程序。

（2）WAP 应用使用安全

① 手机的 WAP 业务只能通过运营商的统一门户对外提供，所有的门户上面的业务都必须是运营商的正式 SP（服务商）开发的并且是经过审核的，这在一定程度上保证了用户访问的 WAP

应用是由正规合法 SP 提供的，避免了类似目前 Internet 上假冒网银的现象。

② 开发商开发的 WAP 应用程序首先要提交给运营商指定的测试公司进行测试。

③ WAP 支持 HTTPS 协议，实现了真正的端到端的安全。

（3）手机端软件下载分发安全

① 开发商开发的手机应用程序首先要提交给指定的测试公司进行兼容性测试，保证软件没有病毒和有害代码。

② 采用数字版权技术，保证程序在下载/分发过程中的正确和完整性。

（4）手机与商户之间的安全通信

① 数据特性：用户通过手机到商户的网站上浏览商品信息，查找需要的商品，向商户网站提交商品购买请求供商户网站生成订单。这一过程中传输的数据没有密码等关键数据信息，所以可以采用明文传输。

② 安全措施：由于这一过程没有需要保密的敏感信息，所以采用 HTTP 协议进行传输。

（5）商户与平台之间的安全通信

① 数据特性：用户在商户网站上提交了商品购买请求后，商户网站向 SP 平台传送用户的订单信息；SP 平台在商户的订单处理完毕或者支付失败后，向商户网站传递订单支付状态信息。这两个过程都要保证传递的信息的准确和完整，要防篡改。

② 安全措施：提供两种安全措施，商户可以自由选择。商户网站和 SP 平台都配置有由 CA 中心签发私钥证书，双方使用 HTTPS 协议进行数据通信，保证了通信双方的身份认证和信息的安全。商户在注册成为手机支付的商户的时候由 SP 平台分配一个秘钥给商户，在商户与 SP 平台通信的时候使用秘钥进行加密处理，同时结合摘要技术，保证了数据传输的准确和完整。

（6）手机与 SP 平台之间的安全通信

① 数据特性：用户登录到 SP 平台，处理余额查询、转账、支付等业务。在这过程当中需要用户输入用户的卡号和密码等关键信息，要保证这些信息不被窃听和篡改。

② 安全措施：SP 平台配置有 CFCA 签发的服务器证书，手机端程序包中包含 CFCA 的根证书。在手机和 SP 平台之间采用 HTTPS 协议，手机端通过证书对服务端进行身份认证，在传输过程中使用 HTTPS 协议进行加密传输，保证了数据不会被窃听和篡改。

（7）手机与银行系统之间的安全通信

① 数据特性：手机与银行公共支付平台之间并不建立直接的数据连接，但是在手机和银行联系统之间要保证用户密码是端到端安全的，在中间的 SP 平台不能得到用户的密码明文信息。

② 基于 SMS 支付方式安全措施：银联系统生成一对 RSA 1024 密钥，其中公钥随客户端程序分发到手机上。用户在手机上输入密码后，先用公钥对密码进行加密处理，然后只把加密后的密文随同其他信息一起通过 HTTPS 协议传送给 SP 平台。SP 平台再按照银行公共支付平台的接口，把支付请求数据发给公共支付平台，其中密码仍然是密文的形式。由于 SP 平台没有对应的 RSA 私钥，所以不能通过密文得到用户的密码，保证了密码在手机和银联公共支付平台之间是端到端安全的。

③ 基于 WAP 支付方式安全措施：由于 WAP 与后台之间的通信采用 B/S 方式，不能够在客户端对用户密码先进行加密处理，再通过 HTTPS 传输。为了保证用户密码的安全，在银行系统内部署一台代理加密服务器，用来代理客户端进行用户密码的加密工作，手机与代服务器之间使用协议。由代理加密服务器使用 RSA 公钥对密码进行加密处理，然后把密码的密文以及其他信息通过重定向命令发给手机，通知手机把密码密文和其他信息重定向到 SP 平台。这样 SP 平台只能

收到密码的密文信息，保证了密码在手机和银联公共支付平台之间是端到端安全的。

（8）平台与银联公共支付平台之间的安全通信

① 数据特性：SP 平台按照公共支付平台的接口规范传输支付的报文，其中有卡号和密码密文等关键信息。

② 安全方式：首先在 SP 平台与银行公共支付平台之间采用专线进行连接，在物理层保证了数据不被窃听；其次，按照公共支付平台接口，采用加密算法对数据进行加密传输，并且加密密钥能随时更换。

本 章 小 结

本章着重阐述了移动电子支付的发展、支付方式、运营模式、安全与风险防范，以及移动电子支付系统的理论研究。重点内容有以下 4 点。

1．移动电子支付的分类有哪些，移动的电子支付的实现方式有哪些。

2．移动电子支付与电子银行的关系。

3．移动电子支付系统有哪些分类，都有什么特点，怎样实现移动电子支付。

4．移动电子支付安全技术与标准有哪些，如何实现移动电子支付的管理，风险防范措施有哪些。

习题与思考题

1．什么是移动电子支付？移动电子支付方式有哪些？

2．什么是移动电子支付系统？移动电子支付系统分类有哪些？

3．移动电子支付安全有哪些特点？移动电子支付安全技术与标准有哪些？

4．移动电子支付的安全机制有哪些？如何做好移动电子支付的风险防范？

第 9 章　移动电子商务平台和产品

本章提要： 电子商务的发展如火如荼，移动电子商务的前景更是非常诱人。3G 业务的推出、智能手机等先进移动终端的迅速普及使得移动电子商务的广泛进行成为一种可能。本章介绍几种具有代表性的移动电子商务平台，包括基础平台和企业平台，并在此基础上介绍了保险业、税务行业和交通行业的移动电子商务解决方案，最后介绍了几种移动电子商务的服务产品及发展趋势。

9.1　移动电子商务平台的类型和作用

9.1.1　移动电子商务基础平台

1. 移动网络接入平台

WAP 平台是开展移动电子商务的核心平台之一。通过 WAP 平台，手机可以方便快捷地接入互联网，真正实现不受时间和地域约束的移动电子商务。WAP 是一种通信协议，它的提出和发展是基于在移动中接入因特网的需要。WAP 提供了一套开放、统一的技术平台，用户使用移动设备很容易访问和获取以统一的内容格式表示的因特网或企业内部网信息和各种服务。同时，WAP 提供了一种应用开发和运行环境，能够支持当前最流行的嵌入式操作系统。

WAP 可以支持目前使用的绝大多数无线设备，包括移动电话、PDA 设备等。在网络方面，WAP 也可以支持目前的各种移动网络，如 GSM、CDMA、PHS 等。当然，它也可以支持未来的第三代移动通信系统（3G）。目前，许多电信公司已经推出了多种 WAP 产品，包括 WAP 网关、应用开发工具和 WAP 手机等，向用户提供网上资讯、机票订购、移动银行、游戏、购物等服务。

尽管有很多的优点，WAP 自 1998 年问世以来一直饱受争议。传统 Internet 的拥护者认为 WAP 标准和 W3C 以及 IETF 标准都背道而驰。服务开发者发现内容描述语言的一些特性限制要求太高，它的安全机制也存在问题；使用者和媒体也认为使用不方便。WAP 还远未达到完美，它的一些限制和问题将在每一次版本更新中解决。像 WAP 2.0 就包含了端到端的安全机制、彩图、动画等一系列 WAP 1.0 中没有的新内容。WAP 论坛也更加注重和 W3C、IETF 等标准化组织的合作。所以 WAP 2.0 采用新的描述语言 XHTML Basic，并提供了对 TCP 和 HTTP 的支持。另外，WAP 应用需要较高的无线通信带宽，这也是它一直未能获得商业成功的主要障碍。但随着 3G 的逐渐推广，带宽已经不是主要问题，WAP 的发展也迎来了良好契机。

要想在移动终端上获得丰富的信息内容，除了需要无线通信协议外，还需要一种标记语言，以描述信息的展现格式。WML 是 Wireless Markup Language 的缩写，意为无线标记语言，它提供浏览支持、数据输入、超级链接、文本和图像呈现及表格。WML 是一种基于扩展标记语言 XML 的语言，是 XML 的子集。它可以显示各种文字、图像等数据，是由 WAP 论坛（http://www.wapforum.org）提出并专为无线设备用户提供交互界面而设计的，目前版本为 1.1 版。这些无线设备包括移动电话、呼机和个人数字助理 PDA（个人数字助理）等。它和 HTML 一样，有标记标签，这使得 WAP 终端能够快速高效地显示信息内容。HTML 语言写出的内容，可以在计算机上用 IE 或是 Netscape 等浏览器进行阅读，而 WML 语言写出的文件则是专门用来在手机等一些无线终端显示屏上显示、供人们阅读的，并且同样也可以向使用者提供人机交互界面，接受使用者输入的查询等信息，然后向使用者返回他所想要获得的最终信息。

与 XML 类似，WML 的主要语法也是元素和标签。元素是符合 DTD（文档类型定义）的文档组成部分，如 title（文档标题）、IMG（图像）、table（表格）等，元素名不区分大小写。WML 使用标签来规定元素的属性和它在文档中的位置。标签使用小于号（<）和大于号（>）括起来，即采用“<标签名>”的形式。标签分单独出现的标签和成对出现的标签两种。大多数标签是成对出现的，由首标签和尾标签组成。首标签和尾标签又分别称为起始标签和终止标签。首标签的格式为“<元素名>”，尾标签的格式为“</元素名>”。成对标签用于规定元素所含的范围。单独标签的格式为“<元素名>”，它的作用是在相应的位置插入元素，如
标签表示在该标签所在位置插入一个换行符。

WML 文档是由卡片（Card）和卡片组（Deck）构成的，一个 Deck 是一个或多个 Card 的集合。当客户端发出请求之后，WML 即从网络上把 Deck 发送到客户浏览器，这是用户就可以浏览 Deck 内包含的所有 Card，而不必从网上单独下载每一个 Card，程序中的第一个 Card 是默认可见的 Card。

值得注意的是，WML 不是以它的文本形式送到终端设备的。相反，要么 WML 所在的服务器先将它编译成二进制代码形式，要么 URL 所指向的源文件实际上是已经编译好的卡片组。然后，浏览器再对这些二进制代码而不是文本进行解释。这样做的好处是允许低带宽，另外对终端设备中 CPU 处理能力的要求也相对较低。

2. IVR 平台

IVR（Interactive Voice Response），即自动语音应答，是自动与用户进行交互式操作的业务。用户可以通过电话等通信终端拨号呼叫 IVR 平台，根据 IVR 平台的语音提示进行互动操作，从而完成交易、娱乐等业务。比较典型的 IVR 有电话银行等。

移动 IVR 就是利用手机等移动终端设备拨打 IVR 进行交互，与普通电话不同的是，手机等移动终端能够随时随地拨打 IVR、浏览语音互联网、电话聊天、信息查询、收听歌曲文艺节目等。移动 IVR 还能够利用手机终端独有的短信息收发功能，通过自动语音识别、语音合成等技术，实现语音和短信息的互动。

在日本和美国，语音增值业务起步较早，并已形成相当的市场规模，为移动通信开拓了更大的成长空间。国外所有的 GSM 网国家，语音增值方面的业务量基本上都会比数据业务量大。目前中国移动所广泛采用的 Speech-enabled IVR 技术则是充分利用了自动语音识别、语音合成等先进技术实现的。由于 IVR 不受手机的限制，而且跳出了文字输入的局限，故而能比短信赢得更加广泛的用户。

但是从国内 IVR 的现状来看，主要还有几大问题有待解决。首先 IVR 的费用偏高，IVR 费用一般由两部分组成：通信费，由运营商计费收取；信息费，由服务提供商计费收取。在目前用户多为年轻人的情况下，费用是影响市场扩大的一大因素。其次，IVR 的应用单一，IVR 业务的应用目前还没有有针对性地按年龄、性别、职业推出相应的服务。IVR 最受欢迎的业务是聊天交友，其他真正“增值”的服务不多。同时，IVR 业务的操作烦琐也是影响其市场扩张的重要因素。人阅读的速度要远远快于人听的速度，IVR 也有其固有的不足之处。所以怎样有效地简化 IVR 服务过程中的步骤、简化流程是现在 IVR 服务开发的关键之处。但相信随着技术的发展和商业的驱动，IVR 将成为继移动消息平台和 WAP 平台之后，又一个能提供综合业务服务的移动应用平台。

3. Linkwise 移动电子商务综合平台

（1）平台简介

Linkwise 电子商务综合服务平台是一个统一的开放平台，连接传统的固定电话网、移动网、数据网。目前，接入方式包括语音接入、SMS 和 STK 短信接入、WEB/WAP/GPRS 接入等。平台通过与银行、商家、证券等各种电子商务服务提供商的互连，开展多元化的电子商务业务。平台上可以开放的业务有：电子证券、电子银行、电子报税等。

（2）平台优势

平台优势如表 9-1 所示。

表 9-1　　Linkwise 平台优势

内　容	描　述
多种终端接入	支持电脑、电话、电话终端、手机、传真机等各种终端，以后出现的新的通信终端很容易扩充到平台上
One Link	服务提供商只需要一根专线（如 DDN、ISDN 等）连接到平台上便可以实现对使用任何终端的任何用户提供服务
统一管理	业务管理（包括服务提供商管理、用户管理、接入服务、营业服务、安全、计费结算）采用统一的操作界面
运营维护简单	只需通过简单的操作界面就可以实现整个系统的营运管理，包括系统监控和业务管理
安全可靠	先进的认证和加密技术，主要设备和通信线路采用冗余技术；软件采用高可用性技术，系统不存在单点故障，数据异地备份
高度扩展性	新的接入终端只需通过一个接入网关就可以访问平台上的服务，各类服务提供商对原有应用不做修改就可连接到平台上去，平台交换核心可以无限地平滑扩展

（3）平台功能

① 支付功能

本系统提供以下两种支付模式。

a．支付平台商户发起

在支付平台以手机用户的手机号码为账号开设手机用户的虚拟支付账号，再开设该虚拟账号时，需要用户提供银行的卡号和密码以及用户的身份证号，然后交由银行对用户身份进行验证，如果验证成功，则由银行端将虚拟账号和银行账号绑定，用户在支付平台的开户及宣告完成。

用户开户以后，可以使用支付平台已注册 SP 的所有业务，和 SP 进行交易。用户通过 SP 进行业务处理，功能主要包括：SP 及用户的鉴权、计费、支付、派奖、退款、冲正、对账、对账结果查询、用户资料查询、SP 业务注册、SP 业务注销等功能的业务流程。

b. 银行或其商户发起

平台提供了供银行接入的接口，通过这个接口，银行可以通过手机实现银行卡密码的确认工作，亦使用户可以远程刷卡购物。

用户通过银行远程刷卡购物，功能主要包括：银行用户验证、计费、支付、派奖、退款、冲正，由于结算由银行完成，故而对账、对账结果查询、用户资料查询、SP 业务注册注销等由银行完成。

② 客户服务功能

实现方式如下所示。

客户可通过 BOSS 营业客服中心提供的营业厅、呼叫中心、短信中心、移动网站等接入方式进行业务受理、服务咨询、信息获取、缴费、银行转账等业务。并通过与小额支付系统之间的 MPCI 接口实现相互的数据传递。

支付平台作为服务端，BOSS 营业客服中心作为客户端，通信采用同步阻塞方式。

③ 移动电子账户充值功能

用户在支付平台开设了虚拟支付账户后，用户就拥有了一个随时可用的移动电子账户，并可通过移动电子账户进行消费购物。同时因为该账户与银行账户绑定，用户可以随时通过银行划账的方式对这个移动电子账户进行充值，同时如果用户中奖或因其他原因需要从虚拟账户将资金转移到银行账户时，也可以通过对该虚拟账户的管理操作实现，无需到任何营业网点办理。

④ 移动缴费功能

用户开通支付功能后，可得到另外一个基本的系统功能，就是通过银行划账的方式给用户的手机话费进行充值操作，下面列表是有关这项功能的流程说明。

另外，如果用户需要，还可以提供从虚拟支付账户向用户手机话费充值的操作。

⑤ 对账功能

对账处理主要可分为和 SP 的对账处理与和银行的对账处理，对账文件传输由 FTP 方式实现，每个商户都可以得到一个唯一的 FTP 用户和口令，而 FTP 文件将采用压缩加密的方式提供，密钥由商户自行决定，在发送对账请求时，将密钥传送到支付平台。

⑥ 计费功能

话单生成，支付平台的通信单元产生 CDR 话单，交易单元产生 SDR 交易详单，并放在支付平台的话单采集前置机上，供 BOSS 系统进行数据采集。由 BOSS 系统完成与 SP 的结算业务。

⑦ 业务管理功能

业务管理包括：通信节点编码的分配、SP 资料维护、SP 业务运营管理、SP 业务量统计、SP 业绩排名等。

（4）系统结构图

系统结构如图 9-1 所示。

（5）网络结构图

网络结构如图 9-2 所示。

（6）移动电子商务综合应用平台

移动电子商务综合应用平台如图 9-3 所示。

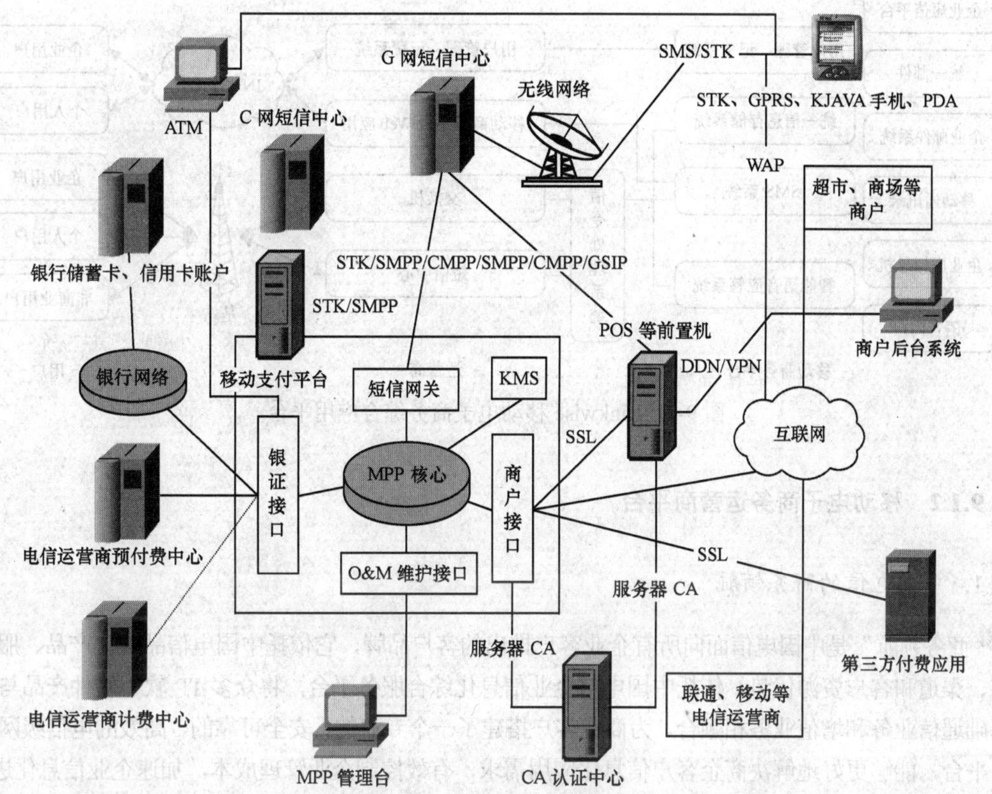

图 9-1　Linkwise 移动平台系统结构图

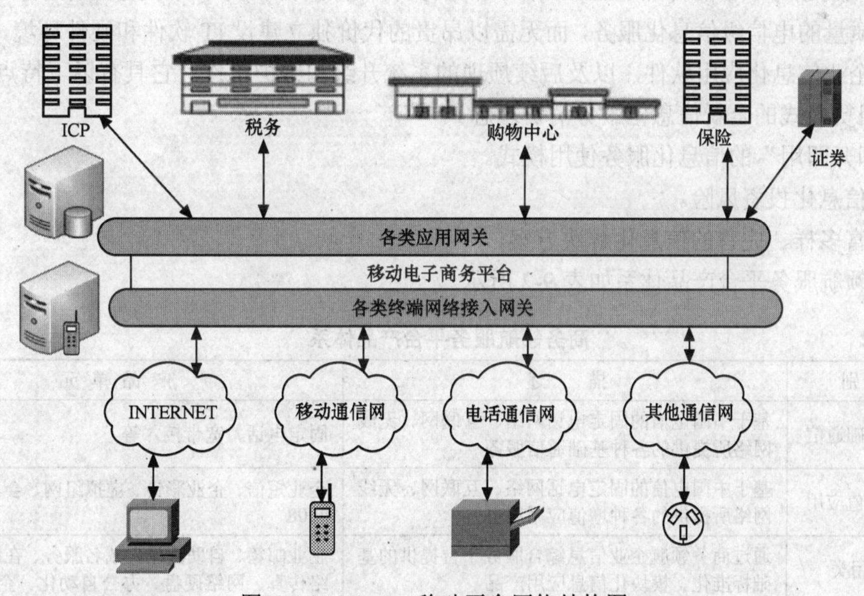

图 9-2　Linkwise 移动平台网络结构图

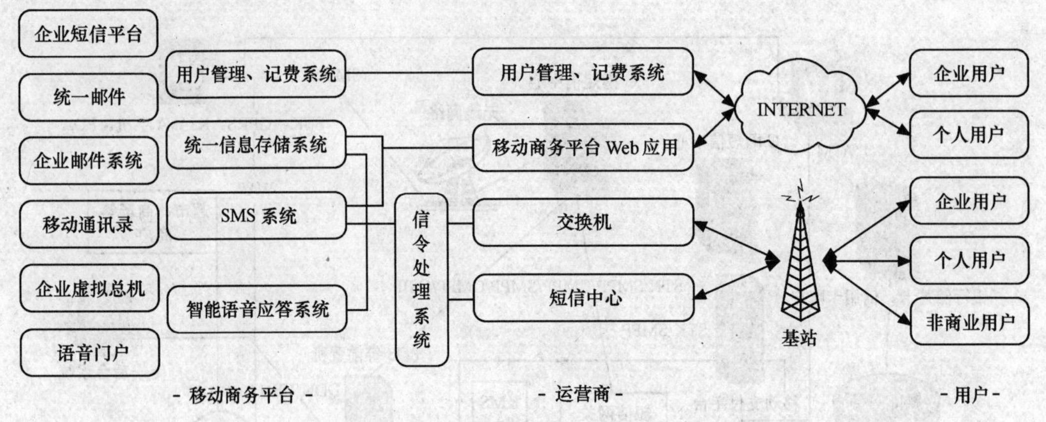

图 9-3　Linkwise 移动电子商务综合应用平台

9.1.2　移动电子商务运营商平台

1. 中国电信的商务领航

“商务领航”是中国电信面向所有企业客户推出的客户品牌，它依托中国电信品牌、产品、服务、网络、渠道和客户资源优势，依托中国电信企业信息化综合服务平台，将众多 IT 软、硬件产品与电信的基础通信业务和增值业务相融合，为商业客户搭建了一个专业的、安全可靠的、高效的电信级网络和服务平台，能够更好地解决商企客户信息化应用需求，有效控制企业管理成本，加速企业信息化进程。

“商务领航”集中了中国电信的优质产品和服务，丰富的语音、数据、增值应用等产品，为商企客户提供了选购信息化产品的专业电信级服务，使客户免除了维护通信设备、网络和应用系统的后顾之忧。

商务领航服务平台的特点是企业用户只需要支付低廉的月租费即可享用长期、稳定的更为专业和更高质量的电信级信息化服务，而无需以昂贵的代价独立建设 IT 软件和硬件环境，单独斥资购买各种企业信息化应用软件，以及后续烦琐的系统升级和维护工作。它具有以下特点。

- “租赁”式的全新信息化服务消费理念。
- “即开即用”的信息化服务使用模式。
- 零信息化投资风险。
- 丰富多样、完善的信息化解决方案。

商务领航服务平台产品体系如表 9-2 所示。

表 9-2　商务领航服务平台产品体系

类别		描述	产品单元
通信应用类	基础通信	基于中国电信的固定电话网络、互联网、无线网络所提供的各种基础通信服务	固定电话、宽带接入等
	增值应用	基于中国电信的固定电话网络、互联网、无线网络所提供的各种增值应用服务	企业短信、企业彩铃、虚拟组网、会易通、800、4008
信息应用类		通过商务领航企业信息综合服务平台提供的基础标准化、模块化信息应用产品	企业邮箱、自助建站、域名服务、在线杀毒、网络传真、网络硬盘、办公自动化、企业展台等
行业应用类		满足特定行业信息化需求的应用解决方案	美容、汽配、旅行社、报税、报关、社保、药监、物流、烟草、商贸流通、餐饮等
服务支持类		为企业信息化提供咨询、建设、维护和服务	局域网建设、设备租赁、设备代购、代维代管

2. 中国卫通的卫星导航定位综合信息服务平台

“卫星导航定位综合信息服务平台”（以下简称“平台”）是由中国卫星通信集团公司自行设计开发的民用公众移动短数据信息服务平台。它整合国内定位卫星系统与L频段广播卫星系统，以数据通信为核心功能，可实现定位导航、指挥调度、数据采集、信息广播式发布等多种功能业务。

2002年5月“平台”被国家计委正式确定为“卫星导航定位产业化示范性工程”，2005年“平台”被国家发改委授予“国家高技术产业化示范工程”牌匾。

（1）平台组成

卫星导航定位综合信息服务平台结构图如图9-4所示。

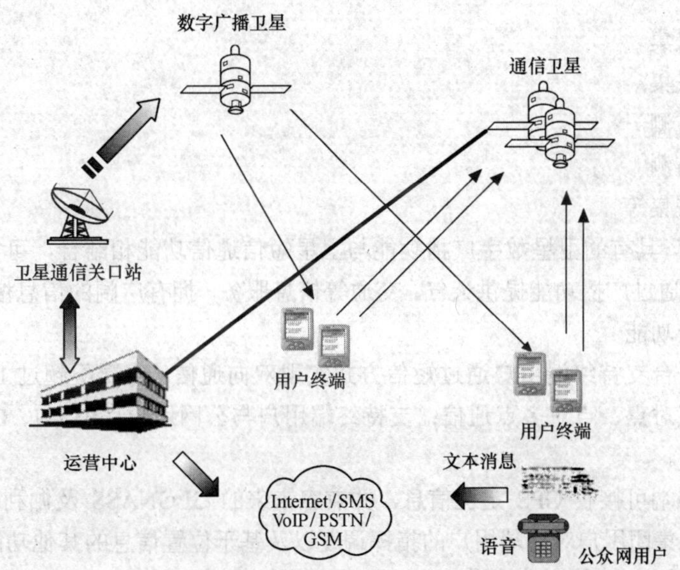

图9-4　卫星导航定位综合信息服务平台结构图

（2）平台特点

信息服务的完整性。平台覆盖中国全疆域（包括海域）以及韩国、日本、菲律宾等周边国家和地区。系统兼容各种卫星导航定位体制，便于卫星导航定位服务系统形成统一的行业标准。

通信信息的安全可靠性。空间段双星互为备份，减少遮挡，最大程度的保证用户的工作需要。用户终端加入GSM可选模块，增加用户终端的可用性、提高经济效益。另外，终端工作频率为L波段，不受恶劣天气的影响

服务方式的灵活性。向公众提供开放式的系统平台，支持VSAT、DDN、Internet、特服号等多种形式的接入，使系统组网更加方便、服务更加灵活。

此外，平台还开发了自导航终端，为个人高端车辆用户提供导航服务。

服务内容的多样性。可提供包括位置信息、通信、广播等多种功能服务，以及基于系统功能所延伸的相关应用及应用组合。此外在通信保障方面，系统还提供通信回执和通信查询以及利用广域差分GPS增强系统向用户发布GPS完好性定位信息等功能。

使用中的高度动态性。终端选用平板式全向天线，无需伺服系统即可实现车辆在运动状态中的不间断使用。

（3）平台应用范围

大范围移动的用户（简称移动用户），包括以下几种。

- 长途运输车队管理
- 集装箱跟踪管理
- 渔船通信
- 公安边防
- 野外勘探
- 旅游科考
- 抢险救灾等

大范围低数据量的数据采集用户（简称固定数据采集用户），包括以下几种。

- 地震监测
- 水文数据采集
- 气象数据采集
- 输油管线监测
- 高速公路监测
- 仓储数据采集等

另外，“平台”具有的卫星数字广播功能与卫星短信通信功能相结合，可实现信息的群发、组发等功能，并可通过广播功能提供天气、交通等信息服务，拥有广阔的信息增值服务开发空间。

（4）平台主要功能

双向通信。平台支持终端用户通过短信方式实现双向通信（每次不超过 120 个汉字）；支持终端用户之间的点对点、点对多点通信；支持终端用户与公网用户（PSTN、GSM、CDMA）之间的双向短信通信。

位置服务。终端可接收 GPS 定位信息，并兼容未来的 GLONASS 及伽利略卫星定位系统，通过双向通信实现集团用户对终端用户的指挥调度以及基于位置信息的其他功能服务。

导航。平台建有先进完备的 GIS 系统（地理信息系统）。能够为用户和调度中心提供及时可靠的导航信息以及电子地图的更新服务。

此外，平台还开发了自导航终端，为个人高端车辆用户提供导航服务。

语音、数据广播。系统下行采用世广系统，可提供 8kbit/s～1.5Mbit/s 速率的卫星数字广播，终端用户能够在任何地方接收到通过卫星广播的数字信息（语音、数据、多媒体等）。

9.1.3 移动电子商务企业平台

随着经济和社会的发展，无论是企业还是事业单位的工作环境都发生着巨大的变革，员工移动性的增加就是其中最重要的一个特征。在激烈的市场竞争中，移动员工的数量在不断地增长，“传统的办公室仅仅成为他们偶尔开一次会或者参加一个讨论的地方”。在传统意义上，移动工作者是指那些至少有 20%的时间离开办公室的人员。随着移动技术的发展，出现了一些新的工作阶层如自由工作者。研究机构 Gartner 认为，没有固定的办公室和办公桌的人员和必须借助移动通信手段才能工作的人员也是移动工作人员。按照这种定义，移动工作人员是一个很大的群体。据 Gartner 的统计数据，2002 年美国有 5 980 万移动工作人员，并且预测到了 2005 年 40%～60%的商务应用的实现都要涉及到移动通信技术，到 2008 年，将会有 80%的移动员工使用无线邮件。这是一个非常庞大的、不断增长的群体。不仅如此，对于单个移动员工来说，他的平均外出次数和外出时间也在不断增加。

经济的发展也使移动员工的结构发生了很大的变化，在过去，邮政人员、运输人员（货运、客运）等是移动工作人员的主要构成部分。现在，在普通的商业公司中，从高层的管理人员到基层管理人员，从销售人员到售后服务人员，他们的大部分时间都不是坐在固定的办公桌前办公，而是在谈判桌上或者在合作伙伴和客户处。对一些新兴的信息技术公司来说，“虚拟企业”、“虚拟团队”是他们主要的运营和工作形式。这里企业的全部或者绝大多数的员工都处于流动状态或者位于远程，他们之间的协作就需要通过有线或无线的通信手段进行。随着信息技术的快速发展，人们工作的观念也在变化，这类人员所占的比例还会进一步增加。管理咨询人员、警察、医生、售后服务人员、救火队员等都是移动工作者的典型例子。Gartner 研究机构 2002 年对美国的移动人员作了一次调查，把移动人员分为八大类，在此基础上对各类人员所占的比例作了统计，结果如表 9-3 所示。

表 9-3　　移动工作人员分类

移动人员类别	所占比例	典型例子
中高级执行人员	16.1%	CEO、执行经理等
销售人员	14.1%	市场人员、推销人员等
运输传递人员	10.6%	邮政人员、物流运输人员等
建筑人员	9.8%	
野外工作人员	7.8%	地质勘探人员、矿工等
医疗卫生人员	7.3%	
教育工作者	6.7%	
金融保险领域工作人员	6.2%	

移动电子商务支持系统是一种专门为移动工作者服务的信息系统，它与传统的办公自动化系统既有继承关系，又有重要的区别。20 世纪 80 年代，办公室中个人计算机的普及导致了办公自动化概念的产生。通过办公自动化可以提高办公室人员的工作效率，Word 和 Excel 等办公自动化软件迅速普及。20 世纪 90 年代，互联网和 Web 技术的迅速发展实现了全球计算机的互连，远程数据访问技术使得许多工作可以在远程进行。但是，桌面计算机和有线互联网连接只能支持固定的办公室人员。近年来快速发展的移动通信网络和便携式终端使传统的固定办公支持演化到移动工作者支持。通过使用多种移动终端，比如手机、PDA、便携式计算机等，移动工作者可以在任何时间和地点与任何人实现通信和协作，而没有传统办公室环境的限制。

近年来，企业为取得更好的运营绩效开始逐渐开发新的移动电子商务解决方案。在美国，企业无线数据业务的用户数量到 2005 年将达到 2 600 万。财富 1 000 强的企业中，30%的 IT 经理目前可以通过无线网络访问企业特定的应用，另有 53%的企业正在测试类似的系统或者正考虑投资。移动工作者支持系统的实施不但为企业带来了竞争优势，也提高了企业的生产率。例如，UPS 公司在 1993 年实施了一个覆盖全球范围的蜂窝网络，使企业的市场份额获得了提升，进一步增强了竞争优势。此外，UPS 还通过减少包裹处理时间、增加准确率、降低模糊不清的手写记录数量等方法变革企业的业务流程并实施应用系统，从而提高了内部运营的生产率。Xerox 公司在 20 世纪 90 年代末为所有的售后服务代表配备了手持设备，员工可以从主机系统获得零部件的信息，还可以在不返回办公室的情况下获悉维修任务。移动技术公司是美国一家提供移动工作者支持解决方案的企业，公司的业务始于 1984 年，目前其解决方案已经被成功应用于报社、配送企业和加油服务公司。

1. 移动工作者支持

传统办公人员通常在固定的办公环境下工作，信息技术（尤其是网络技术）对这类人员可以起到很大的支持作用。独立的办公空间、齐全的办公设备和方便的网络环境是许多白领的标准配置。相比之下，移动办公与固定办公有很大的不同：工作人员的任务特性不同、办公环境不同、所采用的通信技术不同，对信息技术支持的要求也不相同。因此，下面首先对移动工作与固定工作的区别进行简要介绍。

（1）固定工作与移动工作的主要区别

移动文档工作者与传统文档处理人员在 6 个方面有重要的区别，它们是：需要同事协同、性质是面对面的工作（如会议、推销等）；工作需要大量的文档支持；对文档的需求无法提前预期（即多为自发性需求）；远程获取文档非常困难；工作环境不熟悉而且有压力；安全保密性不高等。这些特征在很大程度上也反映了移动工作者与固定办公室工作者的区别，运用传统的通信手段如固定电话、台式机等是无法满足员工之间协作以及移动员工对信息和知识需求不确定性的要求，而在移动电子商务环境下，移动电子邮件、短消息、移动电话等基于移动技术的通信手段可能更加有用。

通常来说，办公室工作人员是知识工作者或者白领，但移动工作者不仅包括经理人员、房地产代理等白领，出租车司机、售后服务人员等蓝领也属于移动工作人员。移动工作者一般指在 20% 以上的时间远离办公桌或者没有工作台的人，也包括依赖移动通信网络工作的人员。可见，移动工作者与固定工作者的区别主要体现在两个方面：移动性和工作类型，具体如表 9-4 所示。

表 9-4　　移动工作人员与固定工作人员的区别

	静 态 工 作	移 动 工 作
移动性	静态	动态
工作类型	办公室工作	移动办公或现场工作

下面就从任务特性、工作环境和技术 3 个方面介绍固定工作与移动工作的主要区别。

① 任务特性

地点/时间依赖是移动性任务区别于静态任务的重要特征。移动任务的另一个特性是多任务处理，比如：边开车边打电话属于多任务处理，是一种典型的移动任务。因此，任务特性的比较主要从两个方面进行：地点/时间的依赖以及多任务处理，如表 9-5 所示。

表 9-5　　移动工作与固定工作在任务特性方面的区别

任 务 特 性	静 态 工 作	移 动 工 作
位置/时间依赖性	不依赖于具体的时间和地点	有时间和地点的约束
多任务	主要为信息处理	信息处理是次要的活动

移动性任务要求移动工作者必须出现在问题处理现场，任务本身需要在特定的时间内完成，比如紧急救助和任务分派等。对于移动工作者而言，位置具有非常重要的作用，因为距离是无法消除的。由于位置依赖性，移动性任务完成的时间通常也是无法更改的。比如：交通警察和司机都属于移动工作者，他们的工作只能在现场完成，而且必须在指定的时间内完成（巡逻和驾车），他们的工作都属于典型的移动性任务。相比之下，办公室人员可以通过互联网远程完成采购任务，

而不必亲自到达采购的现场。所以说，办公室工作是与位置/时间无关的。

移动工作者的工作重点不是信息处理。因此，当移动工作者在执行其主要任务时，他们可以同时做其他事情。对于移动工作者而言，计算机本身之外的事情可能更重要。移动设备是“边走边用”的，移动工作者可能在执行任务时处于移动状态中，只要有可能，移动工作者问题尽量减少用于操作移动设备的精力，而把主要精力放在手头的工作中。举例而言，司机可以通过GPS设备接受调度任务，但他最主要的工作是开车，因此他的主要精力将始终放在开车上面。对于传统办公室人员来说，由于他们主要从事信息处理工作，计算机上进行的工作往往是最重要的，比如正在编辑中的Word文档或者Excel表单。

② 工作环境

时间和空间是工作环境的重要方面，因此本节将从工作的位置和时间两个维度来分析移动工作的环境，如表9-6所示。

表9-6　　　　移动工作与固定工作在工作环境方面的区别

工 作 环 境	静 态 工 作	移 动 工 作
位置	静态	动态（可变）
工作空间所有权	拥有所有权	便携或者暂借
适应性	针对固定工作者设计	工作者必须适应动态的工作环境
办公设施	齐全	有限/使用受限
干扰因素	较少或者可控	较多，需要去适应
时间管理	有规律，相对可控	无规律，相对不可控

在物理环境方面，固定工作者通常在配备齐全、方便安全的环境下工作。他们一般拥有自己的工作空间，而这个工作空间通常被设计成适合其工作需要的样子。如果他们觉得不够方便，可以重新布置工作空间以符合工作需要，比如将常用的工具通常就近放置，将不常用的工具放远一些。相比之下，移动工作者的工作环境通常要差得多，他们只能利用“便携办公室”进行工作，包括公文包、工具、移动设备等。移动工作者常常需要使用公共设施或者借用他人的办公环境进行工作，比如旅馆、客户的办公室等。移动工作者需要适应多样的工作环境，这种位置上的约束对于可执行的任务类型有很大影响。如果有可能，移动工作者通常调整工作内容以适合所处的位置环境。位置决定了移动工作者执行任务的次序，他们有时不得不调整、转换甚至重新布置工作环境以完成任务。举例来说，维修工程师属于移动工作者，他们每天要为许多客户提供产品维修服务，其间要借助交通工具在不同的客户间穿梭。在提供维修服务时，他们要借用客户的环境进行工作，而不同客户所提供的环境是不同的，维修工程师必须适应这些不同的物理环境。在每个工作日中，维修工程师需要根据客户的地理分布情况、所携带的零部件和工具情况来决定拜访客户的顺序和时间，并在维修总部的任务与客户的需求之间不断进行动态的调整和协调。可见，移动工作者的物理环境具有复杂多变的特点。

在办公设施方面，固定的办公室通常为工作人员提供了完整的支持。相比之下，移动工作的设施受到通信终端、通信网络和环境因素的限制。有些重要的文件可能暂时无法获得，执行任务的方式也受到可用资源的限制。

移动工作最大的特点是不可预测性，移动工作者可能会遇到不曾预期的环境变化：交通情况和公共车时刻表发生变化、约见的客人迟到、忘记携带处理临时故障所需的工具等。因此，与固定工作相比移动工作具有更大的不确定性。

除了以上不利因素外，移动工作者通常还要面临更多的干扰。固定办公人员可以比较容易的控制和消除干扰，比如要求同事降低讲话的声音，或者换一个工作台工作等等。移动工作者可能就没有办法消除外界干扰，他只能尽量去克服。比如，当乘地铁或者公共汽车时，面对嘈杂的环境，人们只能选择克服或者忍耐。除了被别人影响外，移动工作者也可能会影响别人。在会议室时，突然响起的电话铃声令手机的主人感到不安；在公共场景大声的打电话可能会影响周围的人。除噪声以外，强烈的光线、降雨、刮风等气候条件都会对移动性任务产生影响。因此，与固定工作者相比，移动工作者注定要经受更多的干扰，而且其中有些可能是无法克服的。

在时间方面，移动工作有两个特征。首先，移动工作者的时间是不规律的，而固定工作者的时间是有规律的。固定办公人员的工作时间和休息时间比较稳定，许多企业采用“朝九晚五”的时间制度。但对于移动工作而言情况就比较复杂，由于环境和任务的动态变化，移动工作者的时间计划经常有提前或滞后的情况发生。其次，固定工作的时间管理是相对可控的，因为执行任务所需的资源通常是容易获得的。对于移动工作人员来说，时间管理相对不可控。有的时候，移动工作者虽然有时间，但是由于缺乏其他资源，因此仍然无法执行某些任务，从而形成所谓的“无效时间”。比如，维修工程师在执行一个维修任务时，由于忘记携带合适的工具或者零部件，即使他有空间和时间，任务的执行进度也只能暂时停滞。再比如，飞机误点也将使商业人士在机场中无所事事。

③ 技术方面

移动工作与固定工作在技术方面也有很大的区别，这可以从设备、基础设施和支持系统3个方面来分析，如表9-7所示。

表9-7　　移动工作与固定工作在技术方面的区别

技术方面	静态工作	移动工作
1．设备		
便携性	不便携	便携/容易移动
人机交互界面	标准的个人电脑	多种非标准的小型设备
处理能力	强大	有限
2．基础设施		
连接性	固定接入、全球访问	局部的无线接入
定位能力	没有	有多种定位技术可用
标准/兼容性	全球标准，高度兼容	缺乏统一标准、兼容性低
可靠性	高	相对较低
3．支持系统		
典型应用	办公自动化、群件、电子订单系统	服务分发及工作调度系统；应急反应系统

a．移动设备

移动通信设备具有便携性，这要求尽量减少设备的尺寸和重量，因此也限制了移动通信设备的输入、处理、显示、存储及电源的能力。在传统的办公环境下，可用性关注的是人机交互在静态环境下的交互能力。但是移动设备的可用性更多的依赖于移动的环境，这种环境多变而且不稳定。比如说，开车的时候通过按键的方式打电话是不安全的，但是通过语音来激活电话就比较方便和安全。因此，为开发更有价值的移动工作者支持应用，必须注意不同环境下移动设备的可操作性和容量限制条件。

b. 无线网络基础设施

相比移动通信终端而言，固定网络连接比较便宜、快速和可靠。今天，人类还没有实现无线通信网络的全球覆盖。然而，随着无线技术不断的发展，人类一定可以实现随时随地沟通的梦想。

定位指通过无线终端确定用户地理位置的能力。既然许多移动工作者的工作依赖于位置相关的信息，定位功能对于移动工作者支持来说非常重要。

互联网是基于 TCP/IP 的全球性网络。相比之下，无线网络使用的是不同的无线技术和标准。缺乏全球标准带来了兼容性的问题。到目前为止，通过一部手机在所有国家实现移动接入的目标还未实现。

有线网络的可靠性较高，而移动网络的可靠性较低。无线电信号可能较弱或者受到干扰，连接可能中断，数据可能丢失。虽然无线通信的基础设施有许多优点，但是它并未成熟。

c. 移动支持的应用

传统的信息系统目的是支持静态办公人员。比如 Microsoft Office 办公套件是办公自动化的常用软件、Lotus Notes 是用于群组协调的组件。还有电子采购等多种电子商务应用，它们都可以支持通过互联网下达采购订单。目前已经有支持移动工作者的信息系统，典型的包括服务分发系统、工作调度系统、紧急反应系统等。用于物流和出租调度的任务分派系统可以极大地减少移动工作的成本并提高生产率。应急反应系统目的是支持救火队员、警察和其他救护工作者在危急情况下进行通信和协调。紧急事件可能随时随地发生，而处理应急事件的人员可能处于分散的地理区域。因此，具有柔性和健壮性的移动支持系统对于保证危机处理的效率和效果具有至关重要的作用。

综上所述，移动工作者是一类特殊用户，他们的工作具有时间、位置相关性和不确定性；他们必须在便携的办公室中或者暂借来的工作空间中工作；他们只能获得有限的支持，但同时要应对动态的环境，还要面对各种干扰因素；他们通常要在压力下工作，而且许多情况是不可控的。移动通信设备和移动通信网络的出现为这类人员的支持带来了希望，但是技术本身并未成熟。移动工作者支持中的许多问题到目前为止尚未解决，但是以上分析可以帮助企业评估技术对其现有的商业模式所带来的影响，并帮助他们制定前瞻性的战略以发掘技术的潜在优势。

（2）移动工作者支持的主要类型

根据 Gartner 的统计，全球移动工作者间每个月互发大约 150 亿条消息；而根据原中国信息产业部 2004 年 7 月份的报告显示，中国移动用户的短消息发送量已达到 1 178.5 亿条。这种无线的即时消息将改变会议组织的方式。企业通常可以订阅由无线运营商提供的各种服务套餐。除了这些普通的支持外，一些移动工作者要求与特别的商业资源建立连接。如销售人员需要了解库存的最新情况；为了核查被盗的车或者某个嫌疑犯，警员可能需要访问中央数据库；医疗卫生人员需要知道病人的最新情况等。这些需求的满足都要借助于移动通信手段。

总体来说，移动电子商务对移动工作者的支持主要集中在移动办公、信息和知识的移动或远程入口以及其他的一些特殊的、无法使用固定通信设备的领域中。移动通信中的语音服务已经比较成熟，但是受限于通信终端的处理能力、通信网络条件和复杂多变的工作环境，如何有效支持移动工作者仍然有很多问题有待研究。值得欣喜的是，移动工作者支持在医疗、货物跟踪、售后服务等领域已经有许多成功的应用。本节下面把移动工作者支持分为对简单协同工作的支持、端到端的协同工作支持和对移动工作人员与数据源联系的支持 3 部分来介绍。

① 对简单协同工作的支持

移动工作者一般需要与客户保持联系或者需要与同事进行合作。本小节主要讨论移动工作者是如何利用无线通信技术实现与客户和同事的协同。

以前，在固定的办公室中，与同事的协同比较顺利，因为员工之间可以随时讨论问题、交换信息和安排任务等等。在新的环境下，移动工作人员越来越多的工作是在路上、客户处等办公室以外的地方完成。高层管理人员要去各分公司视察或者会见重要的客户，市场调查人员要去各地调研，销售人员也不会只在固定的销售点等待顾客上门。对于他们来说，"固定的办公室成为偶尔开一次会或者参加一个讨论的地方"。移动员工越来越多的工作需要依赖移动技术来实现。移动电子商务对于企业来说不仅仅是无线网络的接入和移动设备的使用，而是商业模式和工作流程的又一次重大变革。在新的模式下，无线通信技术可以解决企业中的信息沟通困难、信息获取不便、工作运转不畅以及工作效率低下等问题。

移动电子商务对员工协同支持最重要的一部分就是支持短消息和随时的通话联系，这也是移动无线技术在移动电子商务中最早的应用形式。短消息作为一种商业的交流手段不是取代传统的通信方式，而是一种补充手段。使用固定的终端通信时，通信双方被固定在设备处，只能通过留言等方式实现非实时的通信，因而通信的效率不高。使用移动通信设备则可以尽可能的减少这种高成本低效率的沟通方式。移动通信作为一种更加快捷灵活的通信方式，它将潜在的改变企业传统的交流模式。

移动电子商务支持的另一个应用领域是支持外出员工和总部的协同。销售是企业一项重要的运营活动。以前，销售人员在外出之前要和部门主管以及相关的领导商量多种可能发生的情况以及相应的措施。但是在很多时候现场情况是无法预料的。发生这种情况时，销售人员无法擅自作主，但是离开谈判桌或者客户向总部请示将面临失去用户的风险，而且总部无法确切的了解销售人员的处境，作出的决策有很大的主观性。有了移动技术后解决这种问题就方便得多，现在已经提出了很多的解决方案，如使用无线会议、语音通信、协同会议等多种无线系统。以一家大型的通信公司为例，营销活动对于公司来说是一个极具挑战性的工作，有时候公司要和好几家竞争对手争夺同一个客户，来自于各方面的设备参数、报价以及订单总额变化会相当大，销售人员往往为了计算成本和争取折扣与总部多次联系、研究战略。现在公司如果为员工配备安装远程会议、语音通信、协同会议等多种系统的笔记本电脑参加商务谈判，对方的出价和配置的所有记录就能即时传回总部，而总部则能由部门主管、谈判技术专家等组成虚拟谈判代表团，对所有的信息进行及时处理和判断，直接协助员工争夺订单。员工利用无线耳机可以听到远在几百公里以外总部的指示，甚至连谈判措辞都能得到提示（类似于电视主持人），电脑屏幕上也可以看到相应的数据。这样，通过公司相关人员的及时有效的信息沟通，公司就能够掌握谈判的主动权，为赢得合同打下良好的基础。

② 端到端的协同工作支持

在以 Internet 技术为基础的电子商务环境中，无论是使用固定电话或者使用电脑进行通信，通信人员都被限制在拥有固定通信设备的办公桌前，人与人之间的联系变成了地点与地点的联系。移动电子商务对移动工作人员的支持使得由联系地点变为联系个人成为现实。在互联网端对端（Peer-to-Peer）的通信中，其中一端是一台电脑，在移动电子商务支持的移动通信中，另一个端是一个人，而且这种端对端的服务中，通信人员可以随时移动。这一特点能够很好的满足多个移动工作组相互协作的需要，如公安系统中围追逃跑车辆、监视犯罪嫌疑分子以及消防人员协作灭火、营救人员等活动。在保安、消防、营救等工作中，这种端对端的无线技术应用也可以极大地提高工作人员协作的效果，下面就以救火队员为例进行说明。

救火队员属于典型的移动工作者，他们的工作有以下 3 个特点。首先，工作充满危险。救火队员对火灾现场是陌生的，现场环境不利于信息的收集，火灾情况复杂多变，信息容易迅速失效。

有经验的救火队员可以通过观察火灾现场情况作出判断，但是通过直接观察的方法潜在的风险仍然是难以察觉的。比如，墙壁、阁楼和屋顶的火情难以发现，地板会因大火而坍塌。因此，有效识别和通知这些类型的危险对于避免火灾伤亡而言非常重要。其次，救火队员目前主要采取面对面和无线对讲的沟通方式，这种通信系统存在不少问题。救火队员们身在建筑物中，周围充满噪声：火焰燃烧声、玻璃破碎声、救火队员锯开屋顶的电锯声、警报器声、其他救火队员通过无线电同时说话的声音等。

为此，研究人员开发了一个名为“Siren”的系统，此系统使用了端对端的体系结构，实现沟通过程的支持，并通过冗余策略实现系统的健壮性。救火队员们认为，这个应用对于他们目前的救火实践具有多方面的应用价值，包括改进了通信的可靠性，增加了队员的安全性，以及对动态变化的环境的评估。

③ 对移动工作人员与数据源联系的支持

移动电子商务不仅可以优化企业的工作流程，提高移动工作人员与客户和同事协作的效率，在实现信息的共享、方便信息的获取等方面也可以有很大的作为。销售人员为了回复客户在某处的咨询可能想检查某个产品的库存水平或者运输状态，售后服务人员为了解决产品的某个问题可能需要查询以前的案例库，但是，如果没有移动通信手段，进行上述活动将很困难。IBM 全球无线解决方案销售副总裁曾经说：“现在公司正把销售人员推向一个两难的境地：一方面，公司要求销售人员离开他们的办公桌，尽可能多的留在客户处，与客户建立更亲密的关系，从而可以向用户提供更有意义的和更有价值的建议；另一方面，在只能进行有线通信的工作方式下，销售人员远离了存放于网络上、邮箱中的重要信息。”无线技术是解决这种两难境地的很好的手段，通过手机、PDA 或者其他专用的移动终端，设备销售人员即使在远离本部的客户处也能随时地调出需要的信息。除了及时地获取业务相关的信息和知识外，移动电子商务也可以使他们及时地获取总部最新的工作日程安排并且可以随时地查询他们的电子邮件。

在公共服务领域，为了核查被盗的车或者某个嫌疑犯，警员可能需要访问中央数据库。在这种情况下，固定电话、台式机等设备不一定随时可以获得，如果有关人员返回总部查询，来回往返会消耗大量的时间和精力，从而增加了服务时间和成本，降低了工作的效率，而且在很多的情况下返回去获取数据在时间和空间上都是不现实的。无线通信设备可以很好的解决这种问题，借助于移动设备，移动工作者还能从后方总部办公系统获取重要信息，这可以极大的减少商业交易费用并且改善客户服务质量。例如，在美国有超过一百个安全组织，包括佛罗里达和密歇根的警察局都使用 Xplore’s 系统（比普通 PDA 大，使用手写笔来输入和获取信息）来访问联邦和州政府的数据库和文件报表。中国安徽省公安系统的警察们也已经开始运用无线网络技术来协助警务工作，他们在巡逻车上可以直接用笔记本或者是其他手持设备调出相关的资料以及直接提交报告。这让他们有更多的时间巡逻，不用特意花半个小时从巡逻的街道上返回办公室提交自己的工作报告。一旦碰到紧急事件，他们也可以第一时间就调出相关资料，而不必像以前那样打电话回警局让同事帮忙查询。

在一些特殊的情况下（如发生车祸、火灾等），移动技术可以为处理这类紧急情况的人员带来更有价值的信息。如外出巡逻的警员可以尽快赶到事发的地点。而基于位置的服务也可以使处于陌生环境中的工作人员了解他最需要的周边环境的信息。随着消防科技应用的不断深入和抢险救援工作的不断变化，单纯的语音通信已经不能满足部队的需要，包括 GPS、火场数据传输、火场图像传输的需求不断被提出。

除了这种情况以外，移动电子商务在支持医药卫生领域工作人员和野外工作者之间也起着很大的作用。在医疗卫生行业一直存在着这样一个矛盾：每一个病人都想尽可能多的了解自己的情况，希望医生能及时地了解自己的情况；而医生由于有很多的病人，不可能在一个病人身上花太多的时间。在医生少而病人多的情况下，医生桌上经常堆放大量的病历，这种冲突就会更加的明显。通过移动设备，一个医生就可以与几个病人随时的建立联系，无论医生是在办公室、在巡查病房还是外出急诊，甚至在家里，也无论病人是在医院还是在家里，病人都可以每周 7 天每天 24 小时的和医生保持联系。现在很多的医院都建立了电子病历，医生可以在任何地方任何时间通过手边的移动设备访问修改病人的病历。尤其对于外出急诊的医生，他可以把病人当时的情况传到医院，在病人送往医院的途中，医院就可以针对病人的情况提前制定好救治方案。据加拿大的医生资源调查问卷的结果显示，2003 年有 1/3 的加拿大医生在从医实践中采用了 PDA 或者其他的无线终端。有一家加拿大的医院针对小儿腹痛开发了一个移动急诊治疗类选法系统，系统中存在着以前所有医生诊断过的病例，医生可以通过手持设备把自己诊断的病症输入系统，系统会根据症状给出一个确诊判断。以前对于一个医生不确诊的情况下需要找其他的医生重新诊断，而现在，通过这一个系统，一个医生就可以使用其他医生的经验了。有人做过乐观的预测，在将来，每个人都拥有一个身体状况监控器，它会时时地把自己的身体状况发送到医疗机构，一旦出现某种紧急情况，医疗人员通过监控器发送的信息就可以立即给出相应的建议和处理意见。

对于像地质勘探人员、野外生物学家等野外工作者来说，移动技术使得他们的工作危险程度大大降低了。以前钻油井时需要有人时时地记录设备的各种参数并对参数作分析。现在使用远程监控系统，油井的参数可以通过移动通信技术传回工作站，员工只需要坐在房间里就可以实现对设备的监控和所收集数据的处理。而使用无线技术观察野生动物的生活习性对于动物学家来说早已不是什么新鲜事了。

2. 移动供应链管理

现阶段，供应链管理面临的最大的问题就是在降低物流成本的同时为客户提供更有价值的服务。随着电子商务的发展，越来越多的企业和个人选择第三方物流公司来运输产品。物流公司面临着一些新的挑战，物流的总量在急剧增加，但是单个客户每次托运量却在减少。与此同时，与物流相关的信息流在各个企业以及企业和客户之间的共享也对传统的供应链管理技术提出了严峻的挑战。这些挑战主要表现在以下几个方面。

首先，物料的处理效率问题。在供应链管理中货物的识别一直是影响整个供应链效率的瓶颈。条形码技术虽然极大的提高了货物的识别效率，但是随着物流公司业务量的增长和体积较小的包裹数量的增加，逐个扫描的效率也要大打折扣。如何能够高效率的识别物品，提高货物在进出口仓库、车站、码头时的效率是现代供应链管理迫切需要解决的问题。

其次，物流与信息流的匹配问题。在传统方式的供应链管理中，从销售商确定需要订货到发出订单，从发出订单到制造商作出响应，从制造商备货到发货到收货，整个供应链的各个阶段都存在着很大的时间延迟，即使实施了 ERP、采用了 Internet 技术后，从数据的获取到数据录入系统也需要花费一段时间，在这段延迟时间中，货物的位置、质量等最新的相关数据是无法获取的。传统手段的供应链管理中存在着管理的“盲区”。在“盲区”中，与物流相关的信息流是游离在管理人员和客户之外的。此外，快速准确的获取货物的信息在库存管理和货架管理中也是十分重要的。

再者，与物流相匹配的信息流在各个企业间的有效共享问题。在货物的运输过程中，物流公司不可避免的需要对货物作一些处理，这些信息以及其他诸如数量、型号、目的地、货物状况等信息需要在不同的企业间共享。由于不同的企业采用的信息系统可能不同，这些信息在不同企业间的传递存在着许多困难。EDI 系统可以解决这类信息传递的困难，但是其带来的成本是普通中小企业无法承受的，新的供应链管理解决方案需要能够低成本的解决物流信息在不同企业之间的共享。

最后，满足客户个性化需求的问题。随着顾客定制产品的兴起，对这种个性化产品的识别及满足客户特殊的运输要求也是现代供应链管理应当解决的问题。

面对新的挑战，供应链管理中采用的传统信息技术已经不能满足新环境下供应链管理的需要。无线产品识别技术，即不用物理接触就可以自动或者半自动的识别产品，为满足这种供应链管理提供了新的解决方案。移动供应链管理就是指采用这种无线技术来对整个供应链进行全面的管理，比如使用 RFID（Radio Frequency Identification）射频识别进行货物的盘点以节省库存管理成本、使用 GPS 等定位技术对货物进行跟踪监控以提高物流的透明度等都是移动电子商务环境下供应链管理的新方法。在实际的商业活动中，已经有很多的公司采用了无线技术来提高仓库管理、物流以及货架管理等管理活动的效率。

在供应链管理中，按照供应链中参与角色的不同可以分为在制造商处的库存管理、在物流商处的物流管理（包括分拣、装卸、在途监控等管理）以及销售商处的存货及货架管理。而按照货物所处的状态的不同可以分为仓库和货架产品管理（包括制造商和销售商处）、进出车站码头的货物管理、在途货物监控管理以及最终用户购买结账时的管理等过程。在本小节中，我们按照物流的流程来介绍移动供应链管理，首先介绍移动技术对库存管理的支持，然后分别介绍对运输途中货物的监控管理支持以及对车站、码头、结账等处盘点货物的支持。最后，简单介绍一下移动电子商务对于交通运输以及车辆调度的支持。

（1）对库存管理的支持

库存历来占生产制造企业成本构成中很大的一部分，现在大型的信息系统如 ERP、MRPII 等都是源于库存管理系统。使用条形码时，货物抵达后必须使用扫描仪对商品一一进行扫描，才能得知商品的准确数量，或判断是否发生了遗失。对于仓库中的存货也需要人工盘点以确定是否需要订货。RFID 技术是无线电技术在自动识别领域中的应用。如果每个产品都有一个 RFID 标签，使用 RFID 阅读器就可以无接触的阅读标签中的内容。这样，在仓库的门上安装一个 RFID 阅读器，当货物来到以后就可以直接入库，RFID 阅读器会读取入库货物的信息并可以把它传到企业的信息系统中去，货物的进出仓库的过程就不需要人工的参与。需要盘点货物的时候也可以利用一个 RFID 阅读器来读取存货的 RFID 标签，这样就可以很方便地知道存货最新的详细目录了。白沙物流公司是一家位于深圳的第三方物流公司，2004 年 10 月开始在其仓库管理中实施 RFID 解决方案。2005 年 2 月进入试运行，在试运行期间，不仅货物进出口仓库的效率大大的提高了，仓库的利用率也由 50%提高到 80%，这主要源于省去了许多原来留作盘点用的通道以及货物进出口处机械化程度的提高。

货架管理是超市库存管理的延伸，Anderson Consulting 的一份研究报告表明，超市中缺货造成的损失占总损失的 3%，而 53%的缺货是由于低效率的订货过程造成的，还有 8%是由于有货而没有上架造成的。使用 RFID 技术不仅可以提高订货的效率，而且通过在结账处安装 RFID 阅读器就可以知道已经卖出了多少货物，从而可以及时地补充货架产品。零售巨头麦德龙（Metro Group AG）在其位于德国的两家考夫霍夫（Kaufhof）百货商店内完成了具有 RFID 功能的货架管理系统的测试，一旦某种带有 RFID 标签的服装售完，系统会自动提示员工进行补货。麦德龙还在其配送中心安装了类似的系统，一旦配送中心的货物量少于一定量，系统会自动地向供货商下发订单。利用这种系统可以极大地降低缺货情况的发生，必将带来零售业的革命，现在其他的零售商如沃尔玛、特易购等都开始引入类似的系统以提高物流的管理水平。

（2）对运输途中货物管理的支持

过去，货物处于运输过程时，无论是供应商还是销售商都不能很好地了解货物目前所处的位置，在很多时候甚至连物流商也不能确切的知道货物的具体位置。由于道路、天气等许多不可控因素，经常会发生货物毁坏、损失、延迟交货甚至不能交货等不可预知的情况。由于缺乏对运输途中的货物的监控，发生不可预知的事情后信息传递存在延迟，所以销售商只能用库存来抵消这种不确定性。这无疑会增加库存成本，所以，无论是供应商还是销售商都希望能够了解货物目前所处的位置，对货物的延迟能提前作出及时的应对措施。利用全球定位系统（GPS）能够实现对货车的调度和货物的追踪管理。只要在货车的车顶或者在大型的集装箱上安装一个 GPS 定位器，物流商就能够通过卫星随时了解货物的运输状态，并将这一信息更新到数据库中去，使得顾客能够随时通过网络或电话了解到货物目前所处的位置，提高了顾客的服务水平。而且如果在驾驶室安装了无线通信设备，便能实现驾驶员和总部之间的实时通信，以便管理者及时获得客货资料，一旦发生什么不可抗事件，总部和各有关方都可以被及时通知，从而采取适当的应对措施。

在货柜码头、铁路货场、物流中心等大中型货场，需要货运调度与卸载运输工具、起重吊机、装载运输工具之间紧密配合。而且运输工具与停靠站之间需要实时交换很多的资料，以便货场管理者能够合理的安排码头以及装卸工具。传统的手工传单和肉眼查货方法效率较低而且容易出错，限制了货场吞吐量的增加。引入 RFID 以后，货物一进入货场就会被 RFID 阅读器监测到，货物相应的信息就会被传送到分拣系统中，系统根据获取的信息会自动为他分配装卸码头，并会为他配备相应的装卸设备和运输工具。LynxExpress 公司新建了一个名为“Super-hub”的码头。该码头处理的货物全部都使用 RFID 标签，其处理货物的速度要比其他的码头快 70%，而且出错率还比其他的码头低。利用 RFID、Wi-Fi 或者蓝牙等自动识别技术可以极大地提高码头港口的吞吐量，提高分拣的效率和准确度。有研究结果表明，使用自动识别技术后，分拣速度可以提高 5.2%，成本降低 6.3%。码头分配的准确率可以提高到 99.9%。一些大型的全球性海运公司，如中国香港和记黄埔、新加坡港务局等已经在一些来往较多的国际港口安装了射频视读装置，并通过“物联网”获取货物的抵达和中转信息和数据，实现物流信息的可视化，极大提高了港口的吞吐量。

RFID 标签具有大容量和可读性，货物在运转过程中的信息可以写入标签。利用 RFID 标签就可以实现信息在不同企业之间高效率、低成本的共享。前面提到的白沙物流公司在引入 RFID 解决方案后，能够把产品从出厂到最终用户购买这段时间内商品的流转时间、地点以及货物的存储量、存储位置、物流状况、发出时间、数量、目的、型号等信息都记录下来，并最终形成分析报表提交给客户，为用户提供低成本高价值的服务。Dell 公司也在其组装线引入了 RFID 系统，随时把新的信息写入 RFID 标签，让顾客在购买时能够了解到所订购产品的生产流程。宝马汽车公司也在其生产线中引入了 RFID 系统，使得其生产控制系统能够根据用户的式样要求进行生产。借助 RFID、GPS 等无线技术能够实现从产品生产到最终被消费者消费整个生命周期物流与信息流的完全匹配，消除供应链管理的盲区。

在超市中，出口处排起的长龙往往是超市生意红火的象征，在不远的将来这种现象将会消失。在采用 RFID 标签技术以后，用户推着购物车经过一个安装了 RFID 读取设备的通道时不用一一扫描，购买商品的名称及应付款就清楚地显示出来。麦德龙已经在其新建立的“RFID 创新中心”安装了一台 NCR 的自助结账系统，这种系统不仅可以读取条形码，还能读取 RFID 标签。在欧洲、北美以及亚洲已经有 10 多个国家的 50 多家零售企业安装了 NCR 的自助结账系统。

（3）对车辆调度的支持

GPS 定位系统以及 Wi-Fi 和蓝牙等无线局域网技术不仅可以用来提高供应链管理的质量，而且在道路监控、交通缉查以及车辆调度等需要对移动车辆进行管理时可以有效地提高工作效率。现行交通越来越发达，运输工具也越来越多，准确高效的交通纠察对于维持交通秩序起着重要作用。但低效的、过多的交通纠察同样会影响交通秩序。使用无线局域网络覆盖于主要的交通纠察地点，交通警察使用配有无线网络设备的笔记本电脑，即可即时接入联合查询网络（违章肇事、年审、规费、税务等），使一次查车起到多次联合检查的目的，可以减少查车次数，使交通更加顺畅。利用车牌号码自动识别技术可以自动把违规车辆的号码拍摄下来并发送到总部数据库进行备案或者直接发送到交警手边的移动设备上。这样就可以节省大量的警力，使警力集中在关键的路口或者集中于其他重要的事务上。过去在出租车行业，调度中心是无法监控外出车辆的。顾客向出租车公司订车时，公司并不知道外出车辆的具体位置，很多情况是由总部派出车辆。现在出租车公司都为外出的车辆配备 GPS 定位系统，这样调度中心便可实时掌握每辆出租车的位置信息，根据顾客的租车要求向行驶在附近的空载出租车发出调度命令。利用 GPS 可以大大的缩短调度中心的响应时间，提高服务的质量。同时上海市陆上运输管理处的数据也表明，市内货运出租车由于采用了统一标识、统一计价，无线调度日渐成为上海物流配送的主力。2 800 辆货运出租车业务量中，市内物流配送业务已占 45%。由于无线调度这方面的优势；越来越多的企业把物流配送业务交给了“货的”公司。美国得克萨斯州的埃尔帕索港成功地建立了一套商用卡车和驾驶员货场内部自动跟踪安全系统，这套系统采用了条形码和射频识别标记等技术来确认集装箱、卡车和司机的真实身份，能够对进入港口的人员和车辆进行跟踪和调度。目前，美国的海关高层正准备把这套安全跟踪系统向美国各地港口码头推广，作为美国入境港口安全保障进一步提高的强有力措施之一。

在固定资产管理和售后服务领域，无线技术也有其独特的作用。由于 RFID 标签具有可读写性，可以在固定资产或者售出产品的标签中记录该物品的一些信息，方便资产管理。可以在售出产品的 RFID 标签中记录用户的姓名、产品的售出日期以及维修过的次数，这样，产品每次报修时所需要的信息直接就可以从标签中读取了，省去了用户和维修人员很多时间与精力。

综上可知，无线技术尤其是射频技术在供应链管理的各个阶段都有着广泛的应用前景。RFID 标签一旦在生产过程中被引入，就能为库存、分销、零售直到售后服务等各个供应链的管理阶段带来收益，如表 9-8 所示，总结了无线技术为供应链管理各个阶段带来的价值。

表 9-8　　无线技术为供应链管理各个阶段带来的价值

应用阶段	带来价值
生产过程	个性化定制、流程高度自动化
仓库管理	进出库效率提高、精确知道位置、存储空间节省、库存时时监控、提高存货盘点效率
码头管理	提高分拣效率与准确率、实现物流信息流匹配、自动调度及自动分配码头、提高吞吐量
运输管理	货物时时跟踪、信息流与物流匹配
货架管理	自动补货、防盗、位置摆放
结账处理	快速结账提高用户满意度
售后服务	资产有效管理、客户满意度提高

3. 移动通信和电子商务的整合

移动通信与电子商务具有一种融合的趋势，下面就从面向企业员工的应用（B2E）和面向顾客的应用（B2C）两个方面对这种趋势进行简要的介绍。

B2E 移动电子商务应用具有很好的发展潜力，移动电子商务应用势必将改变“蓝领”们的工作性质。传统的桌面办公功能势必有一天扩展到移动设备上。在每周 7 天、每天 24 小时的应用环境中，企业需要帮助员工更好的完成工作，这就需要员工无论在任何时间和地点都能及时获取所需的信息与知识。而从员工的角度来说，为提高工作的质量和效率，他们必须提高突发事件的应变能力，并加强对于现行活动的实时监控。通过企业应用的集成，员工有可能移动收发电子邮件，还可以将桌面式互联网应用扩展到移动终端，获得企业内联网信息，甚至进行内部交易。

然后，到底应该如何实现移动通信与电子商务应用的集成呢？在解决这个问题时，技术本身是一方面的考虑因素，但员工的使用感受则更加重要。下面几个问题的回答对于准备把信息系统的支持范围扩大到移动人员的企业管理人员来说可能具有启发意义。

- 雇员的需求和期望是什么？
- 移动企业应用可以在哪些方面提高员工的生产率？
- 雇员所急需的企业信息系统功能是什么？
- 企业在通过移动技术提高员工效率的同时将带来哪些流程的改变？

如图 9-5 所示，该图显示了移动通信应用与后端的电子商务应用集成的一种方式，即开发一些中间件作为过滤器和接入点。并非所有的人需要所有的信息，过滤器可以帮助员工定义和过滤他有权访问和打算访问的信息内容，用户可以根据自己的需求进行灵活的定制，从而使其工作更加有效。通过这种方式，一旦有紧急事件需要处理，相关人员可以被迅速地通知到；如果这些信息与当前用户无关或者不需要马上处理，过滤器就可以推迟发布这些信息。

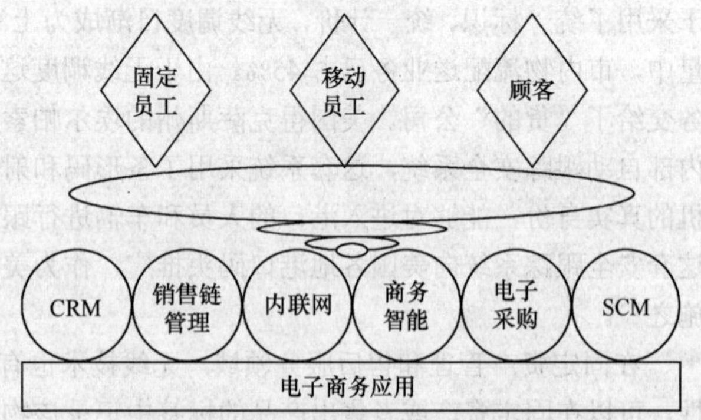

图 9-5　移动通信与电子商务应用的集成

在 B2C 应用方面，移动互联网技术促进了移动通信与电子商务的融合，它将具有全球开放标准的 Internet 与由多个独立移动运营商所垄断的、使用多种互不兼容标准的移动通信网络之间的融合变为可能。从技术的层面来说，WAP 就是移动网络与传统互联网融合的一种解决方案。使用 WAP，用户可以克服移动通信终端的兼容性问题。无论你使用的是何种移动通信协议，也无论你的终端类型如何，只要内嵌了支持 WAP 的浏览器，所有用户终端理论上就可以访问任何移动门户网站。WAP 不但支持各种无线通信标准，它还渐渐开始支持 IETF 和 W3C 的标准，WAP 2.0 目前已经兼容基本的 XHTML、HTTP、TCP/IP 及 TLS 协议。从用户需求的层面上来看，用户希望移动通信网络可以提供与传统互联网一致的访问经历；用户希望其个人信息在不同的信息使用渠道中是相对一致的，无论是通过传统的互联网还是移动网络。XML 技术的普及，使得信息的内容和显示格式互相分离，因而，不同的系统和终端上可以存储、翻译和显示相同的信息。因此，在理想情况下，使用台式电脑的固定网络用户和使用移动终端的移动用户可以访问相似的信息内容，享受到质量相近的服务，移动通信与 B2C 电子商务将实现一种融合。

移动电子商务是电子商务向前发展的必然趋势。移动通信网络与传统互联网相比具有独特的属性和不同的使用环境，传统互联网可以使用户足不出户完成各种交易活动，移动电子商务可以提供基于位置的服务、移动支付、场景感知服务等独特的服务内容。技术的融合导致新的业务和新的商务模式，两者必将在很短的时期内相互融合、取长补短、相辅相成，成为现代服务业的基础。

9.2 不同行业的移动电子商务解决方案

9.2.1 保险业移动电子商务解决方案

1. 内部通信服务

集团V网：建立统一的VPMN移动虚拟专网，可实现集团内更为便捷的专用通信；综合VPMN还可实现固话与移动手机的统一和内部短号互拨，并利用中国移动通信 VoIP 技术实现预埋 IP，拨打长途更经济。

自由呼服务：配上一个中文秘书台的寻呼号，使手机和寻呼机合二为一。

移动语音专线：实现安全、通畅的专线通信。

2. 移动办公助理

会议通：可实现随时随地召开内部会议。

集团短信：实现集团内的短信群发、各类通知发布以及个性化短信应用。

随e行+虚拟拨号专用网：远程访问内部办公网络的安全通道。

综合邮件和统一消息服务：中国移动通信可以提供电信级综合邮件服务以及统一消息服务。任何时间、任何地点、多种设备收发信息，最大化提高员工工作效率，并提供语音邮件、传真邮件、彩信 PUSH-MAIL 等特色服务。

各级机构互连：利用中国移动通信的城域网、GSM 传输网络，采用光纤、微波、LMDS 等方式，建立属于自己的专用的数据通信网络连接，可以进行数据、语音、视频的传输，同时还可实现高速快捷的互联网接入。

3. 行业核心应用

（1）“保险通”服务系统

业务管理：保险业务人员可以实时地查询保险业务条款，还可以查询、管理客户信息，实时报告保险业务信息。

业务通知：发送理赔、催缴通知。

客户服务：保险业务人员则可以通过短信等方式提供客户服务，手机客户可以查询保险业务信息。

渠道管理：对保险代理业务人员进行管理，发送催缴通知接入手段。

（2）“手机投保”服务系统

目标客户：以短期旅行意外伤害保险等小额且条款简明易懂的险种作为手机投保的保险产品，为大众提供手机投保服务。

服务描述：手机客户可以随时随地进行投保，通过移动支付系统，可以以移动预存款、银行存款等来支付保费；客户资料可以在移动的支撑系统中获取；投保成功后，系统给客户提供电子保单；客户可以用短信、语音、Web 等方式方便地查询保单内容；在履赔时，客户只需提供电子保单号和对应手机号的身份证即可。

特点：手机投保流程简单、操作方便、保险条款清晰，易于推广并让大众接受。

保险业移动商务解决方案如图 9-6 所示。

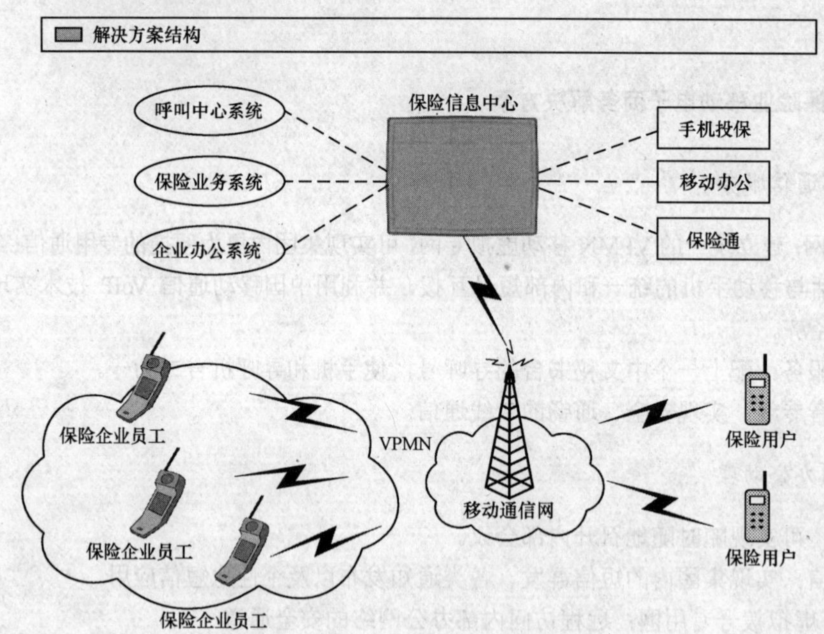

图 9-6 保险业移动电子商务解决方案

（3）保险服务移动专线

手机 800：客户用手机拨打保险移动 800 专线电话，咨询服务。

IP800：漫游客户用手机拨打 IP 电话接入 800 保险咨询专线。

WEB800：客户在 Web 界面直接接入 800 语音服务。

（4）整体方案应用效果

降低通信成本：集团 V 网的应用，使内部通话更为优惠；长途呼叫自动采用 IP 方式，可以极大地降低通信成本。

提高工作效率：内部便捷的通信，移动的办公方式，畅通的信息网络，都将极大地提高保险行业的办公效率，提高业务能力，增加服务渠道。保险通的应用，可以提高保险员处理保险业务的能力，手机投保业务增加了保险业务的又一条渠道。

9.2.2 税务行业移动电子商务解决方案

1. 内部通信服务

集团 V 网：建立统一的 VPMN 移动虚拟专网，可实现集团内更为便捷的专用通信；综合 VPMN 还可实现固话与移动手机的统一和内部短号互拨，并利用中国移动通信 VoIP 技术实现预埋 IP，拨打长途更经济。

自由呼服务：配上一个中文秘书台的寻呼号，使手机和寻呼机合二为一。

移动语音专线：实现安全、通畅的专线通信。

2. 移动办公助理

会议通：可实现随时随地召开内部会议。

集团短信：可实现集团内的短信群发、各类通知发布以及个性化短信应用。

随e行十虚拟拨号专用网：远程访问内部办公网络的安全通道。

综合邮件和统一消息服务：中国移动通信可以提供电信级综合邮件服务以及统一消息服务。任何时间、任何地点、多种设备收发信息，最大化提高员工工作效率，并提供语音邮件、传真邮件、彩信 PUSH-MAIL 等特色服务。

各级机构互连：利用中国移动通信的城域网、GSM 传输网络，采用光纤、微波、LMDS 等方式，建立属于自己的专用的数据通信网络连接，可以进行数据、语音、视频的传输，同时还可实现高速快捷的互联网接入。

3. 行业核心应用

（1）税务移动服务系统

税务信息通知：纳税人可及时收到税务部门纳税、完税通知等信息。

税务公告发布：税务部门可发送通知与公告信息至纳税人手机。如税务法规、政策相关信息发布。

纳税人税务查询：客户可通过移动手机查询纳税情况。如缴税查询、税务信息查询。

纳税人报税服务：客户可通过移动手机申报小额纳税。如手机报税、纳税人留言服务。

税务移动服务系统特点如下。

交互性——有利于纳税人与税务部门互通交流，方便缴税查询、报税。

及时、高效率——随时接收、发布信息，自动处理，通知公告发布快捷方便。

经济性——系统运营成本低，节省人力、节约成本。

税务行业移动商务解决方案如图 9-7 所示。

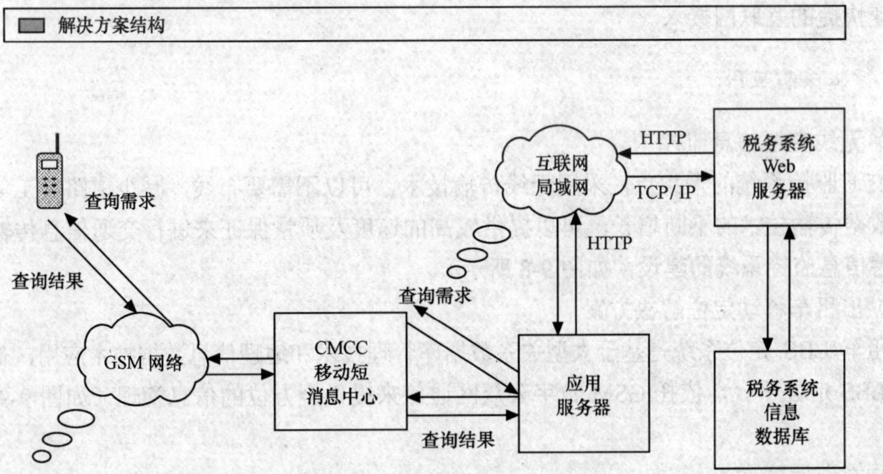

解决方案结构

查询需求
查询结果
GSM 网络
CMCC
移动短
消息中心
查询需求
查询结果
应用
服务器
互联网
局域网
HTTP
HTTP
TCP/IP
税务系统
Web
服务器
税务系统
信息
数据库

图 9-7　税务行业移动电子商务解决方案

（2）税务移动服务专线：可设立移动 800 特服号码，为纳税人服务。

（3）整体方案应用效果如下。

降低通信成本：集团 V 网的应用，使内部通话更为优惠；长途呼叫自动采用 IP 方式，可以极大地降低通信成本。

提高工作效率：内部便捷的通信，移动的办公方式，畅通的信息网络，都将极大地提高整个企业的办公效率。

能够满足纳税人即时报税、缴税的需要；保证税务部门与纳税人及时互通信息；方便纳税申报，提高纳税人的积极性。

9.2.3 交通行业移动电子商务解决方案

1. 内部通信服务

集团 V 网：建立统一的 VPMN 移动虚拟专网，可实现集团内更为便捷的专用通信；综合 VPMN 还可实现固话与移动手机的统一和内部短号互拨，并利用中国移动通信 VoIP 技术实现预埋 IP，拨打长途更经济。

自由呼服务：配上一个中文秘书台的寻呼号，使手机和寻呼机合二为一。

移动语音专线：实现安全、通畅的专线通信。

2. 移动办公助理

会议通：可实现随时随地召开内部会议。

集团短信：可实现集团内的短信群发、各类通知发布以及个性化短信应用。

随 e 行+虚拟拨号专用网：远程访问内部办公网络的安全通道。

综合邮件和统一消息服务：中国移动通信可以提供电信级综合邮件服务以及统一消息服务。任何时间、任何地点、多种设备收发信息，最大化提高员工工作效率，并提供语音邮件、传真邮件、彩信 PUSH-MAIL 等特色服务。

各级机构互连：利用中国移动通信的城域网、GSM 传输网络，采用光纤、微波、LMDS 等方式，建立属于自己的专用的数据通信网络连接，可以进行数据、语音、视频的传输，同时还可实现高速快捷的互联网接入。

3. 行业核心应用

（1）无线交通信息监控

在交通监控系统的采集点，采用无线传输技术，可以不需要布线，减少道路施工等；随着移动通信数据传输技术的不断增长，可以提供较高的速度及质量保证来进行交通信息传输，可以有效地改善信息监控系统的建设（如图 9-8 所示）。

（2）出租车移动定位解决方案

出租车 LBS 定位系统是基于大型关系数据库管理技术和地理信息数据技术应用，借助中国移动通信 LBS 定位平台，依托 GSM 数字公众网通信来提供全方位的信息管理（如图 9-9 和图 9-10 所示）。

车辆管理调度：

可视化定位；

叫车、调度；

短信传送；

读取、传送计价器数据；

数据信息管理；

GIS。

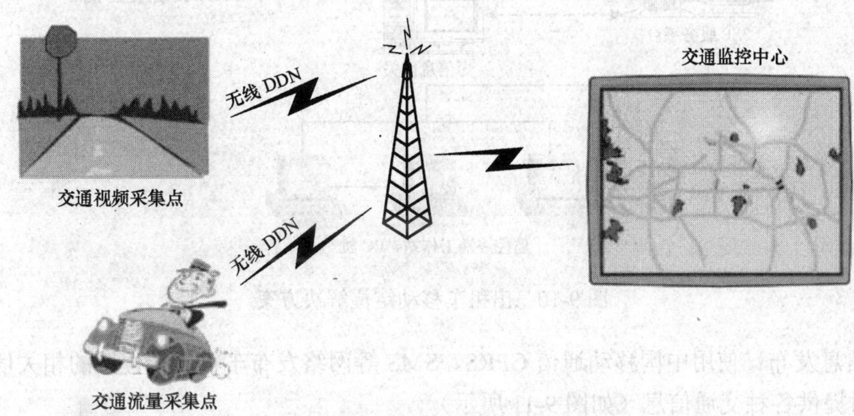

图 9-8　无线交通信息监控解决方案

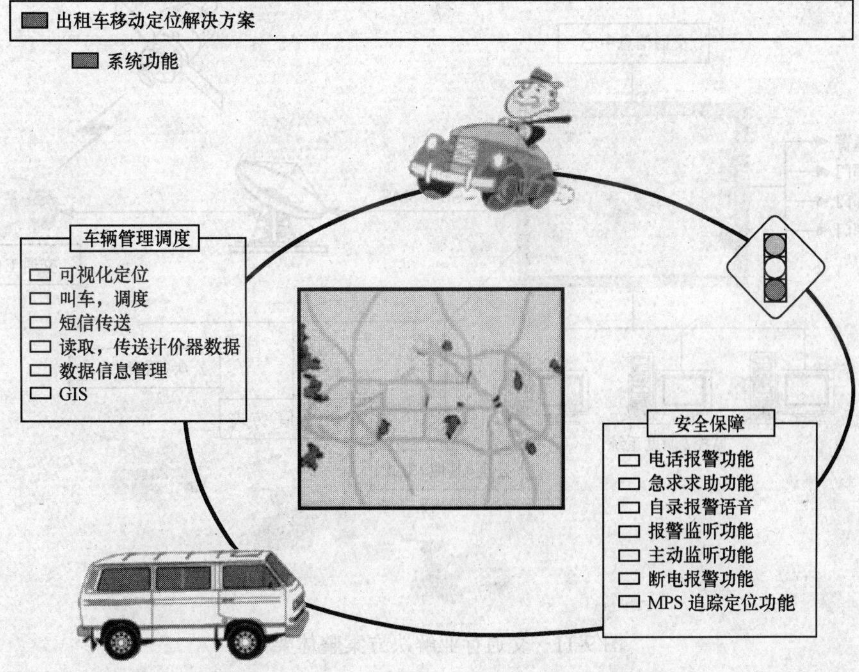

图 9-9　出租车移动定位方案系统功能概念图

出租车移动定位解决方案

出租车LBS定位系统是基于大型关系数据库管理技术和地理信息数据技术应用，借助LBS定位技术，依托GSM数字公众网通信来提供全方位的信息管理

解决方案构架

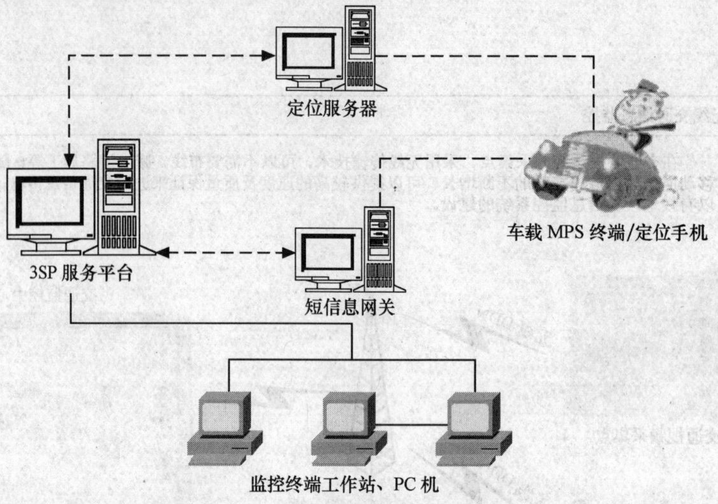

定位服务器

3SP 服务平台

短信息网关

车载 MPS 终端/定位手机

监控终端工作站、PC 机

图 9-10 出租车移动定位解决方案

交通信息发布：使用中国移动通信 GPRS、SMS 等网络发布车辆所在位置的相关信息，为所属车辆及时提供各种交通信息（如图 9-11 所示）。

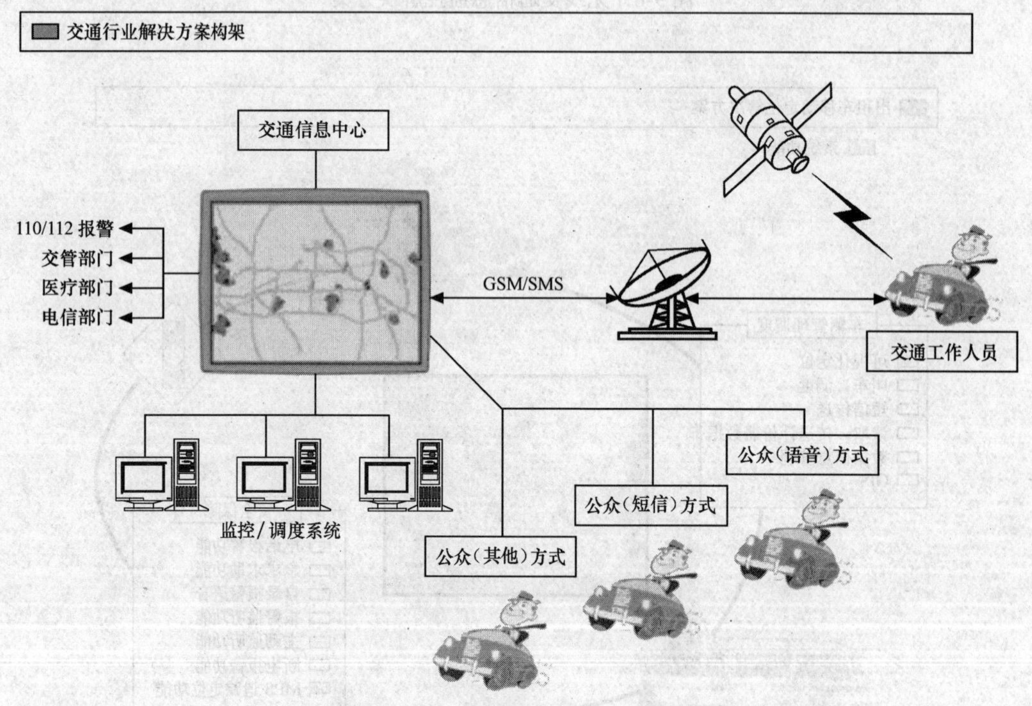

图 9-11 交通行业解决方案整体架构

移动 800：为客户提供了免费的客户服务，可以获得更多的交通服务业务。

4. 整体方案应用效果

降低通信成本：集团 V 网的应用，使内部通话更为优惠；长途呼叫自动采用 IP 方式，可以极大地降低通信成本。

提高工作效率：内部便捷的通信，移动的办公方式，畅通的信息网络，都将极大地提高铁路部门的办公效率。

提高业务能力：车辆定位和信息监控，极大地促进业务能力的提高。

拓宽服务渠道：通过为客户的深层服务，提高客户的满意度，满足客户的业务需求。

9.2.4 案例——Mobile e-Pay 移动电子商务解决方案

作为未来移动电子商务标准的制订者之一，Ericsson 公司针对移动电子商务的未来发展提出了 Mobile e-Pay 解决方案。目前有许多厂商推出了移动电子商务解决方案，相比而言，Ericsson 公司的 Mobile e-Pay 是较为具有竞争优势的解决方案之一，它将移动通信网络、互联网、在线支付和安全技术有机地结合起来，为移动电子商务提供了一个完整的解决方案，它的推出将大大推动移动电子商务市场的发展。相信随着未来更多的移动电子商务解决方案的推出，这一市场的竞争将更加激烈。

1. 结构概览

如图 9-12 所示，Mobile e-Pay 是一个可伸缩的模块化方案，它不仅易于安装和使用，而且能够为移动终端和网络技术的未来发展留有余地。Mobile e-Pay 方案包括用于访问移动网络和互联网（通过 WAP 或 SMS 通信）的功能以及与安全和支付相关的其他功能。

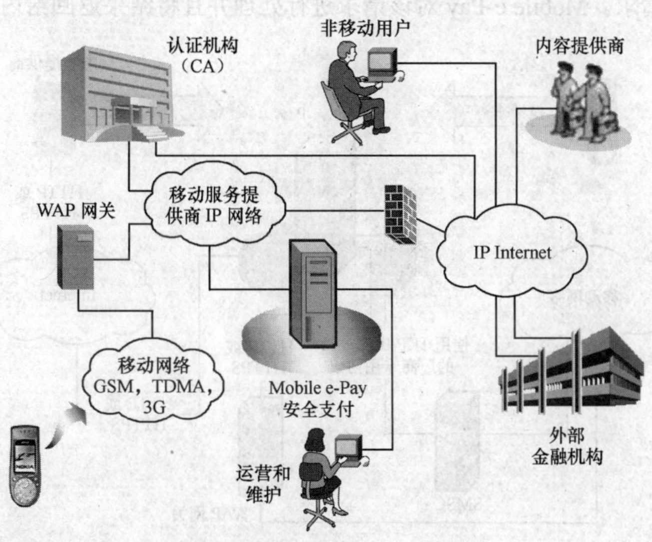

图 9-12 Mobile e-Pay 网络结构

Mobile e-Pay 的基本功能是支持使用移动电话来完成金融交易并将移动电话与后端系统联系。Mobile e-Pay 的基本功能还包括算法转换功能，用于将固定网络协议转换成适应移动终端的功能，以及运营、管理和维护（OA&M）功能。Mobile e-Pay 的可选择功能还包括提供支付方案和移动终端的浏览功能。

Mobile e-Pay 用于移动金融交易的特性包括安全、支付和移动访问功能。这些特性是针对不同的用户对象分类打包的（如图 9-12 所示）：Mobile e-Pay Operator/ISP 包提供给移动运营商或移动 ISP 使用，而 Mobile e-Pay Enterprise 包是为那些想提供跨网络的安全交易的服务提供商提供的。每种应用包提供一套用于建立新服务所需要的特性。

对于移动网络，Mobile e-Pay 与移动运营商自己的 IP 网络相连，这样它就能够访问 WAP 网关，在需要时还可以访问 SMS 访问节点。对于固定网络而言，Mobile e-Pay 与内容提供商的 WAP/Web 应用接口。它还可以与外部金融机构相连，提供对信用卡支付方案，与集成到公钥基础设施（PKI）中的认证机构（CA）相连以保证交易的安全。如果运营商想提供专用金融账户的话，Mobile e-Pay 方案还支持与移动金融机构的连接。在 Mobile e-Pay Enterprise 包中，内容提供商和金融机构可以是相同的服务提供商，这个服务提供商一般是提供移动银行业务的银行。移动运营商一般将 Mobile e-Pay 部署在移动运营商网络的防火墙后面，而企业一般将 Mobile e-Pay 部署在企业 IP 网络里。

Mobile e-Pay 包括访问、支付和安全 3 大模块功能。访问功能完成各种访问请求的处理，它是进行移动电子商务的基础。支付功能主要是完成对服务提供商提供的商品或服务的付费。安全功能提供交易数据的认证、加密、数字签名和非否认服务，用以保证移动电子商务交易的安全。这 3 大功能共同构成了一个完整的移动电子商务方案。

2. 访问功能

(1)“拉”请求

在需要进行浏览时，移动终端与内容提供商通过网关（如 WAP 网关）进行通信。当内容提供商将移动终端发出的请求（认证或签名操作）指引到 Mobile e-Pay（如图 9-13 所示）时，就会产生“拉（pull）”请求。Mobile e-Pay 对该请求进行处理并且将结果返回给内容提供商。

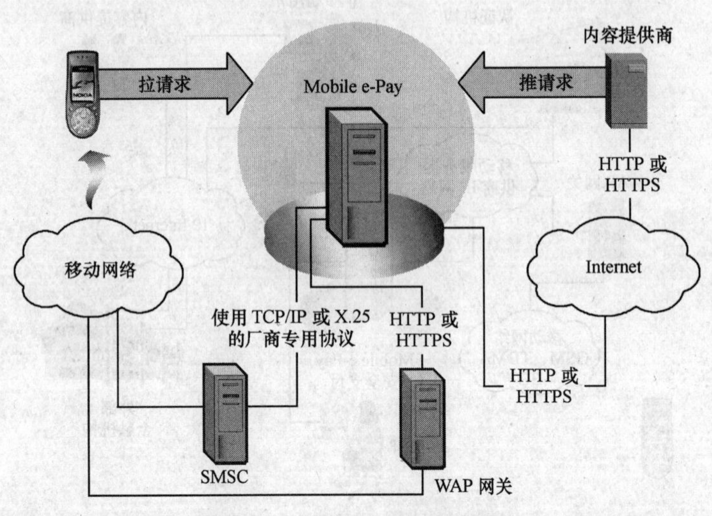

图 9-13 Mobile e-Pay 网络结构

返回方式有两种，一种是直接返回；另一种是通过移动终端再次定向指引。Mobile e-Pay 并不支持使用 SMS 和 SMS 中心（SMSC）的“拉”请求。

(2)“推”请求

“推”（push）请求是由固定设备（如计算机）而不是移动终端发起的。“推”请求是通过一个与内容提供商相连的接口发给 Mobile e-Pay 的。在如图 9-13 所示的例子中，它通过 HTTP 完成。只有基于 WAP 协议的“推”请求才可以使用 SMSC 进行处理。基于 WAP 协议的“推”请求被发送给 SMS 网关，SMS 网关将该请求再转发给使用厂商专用的 SMSC 通信协议的 SMSC 进行处理。

（3）移动网络

WAP 网关或 SMSC 提供对 Mobile e-Pay 的访问（如图 9-13 所示）。Mobile e-Pay 目前支持 WAP 1.1 并且提供与 WAP 网关相关的 HTTP 接口。如果有必要的话，Mobile e-Pay 还可以支持与 WAP 网关的 SSL 连接。

（4）Internet

内容提供商可以通过 Intranet 或 Internet 连接使用 HTTP 访问 Mobile e-Pay。与内容提供商的接口支持支付、认证、数字签名和收据处理。Mobile e-Pay 可以在“拉”请求期间请求 SSL 连接，而内容提供商可以在“推”请求期间请求 SSL 连接。

（5）收据处理

内容提供商可以为端用户提供收据。这个方案虽然不大可能被接受，因为端用户一般更愿意通过他们的设备访问本地的收据。WAP 当前还并不支持持续存储，Mobile e-Pay 提供了一个信息接口，这个接口可以用来将收据作为短信息发送给端用户设备。

（6）安全

安全对于移动电子商务来讲是一个非常重要的问题，应用安全系统被包含在 Mobile e-Pay 移动电子商务方案中。安全系统主要是设计用于金融服务的，因此，它保证了移动电子交易的高度安全。这些交易可以包括账户余额查询、转账、票据服务和股票交易等。Mobile e-Pay 系统支持现有的数据完整性和加密技术，包括无线公钥基础设施（WPKI）。WPKI 允许在移动电子商务中实现独立于应用、网络和供应商的可伸缩的安全方案，它通过 PKI 协议扩展并增加一些软硬件设备，从而将传统的 PKI 应用到无线网络环境中。

3. 支付功能

Mobile e-Pay 支付模块允许提供商提供完整的支付方案，它为用户提供可通过移动电话访问的新电子钱包。因此，移动用户可以使用他们的移动电话作为支付商品或服务的基本设备。Mobile e-Pay 支持以下几种支付方法。

（1）标准支付接口

爱立信公司开发了一个与支付服务器相连的标准通信接口。运营商既可以购买 Mobile e-Pay 提供的支付服务器方案，也可以使用这个接口来将 Mobile e-Pay 集成到任何合适的其他支付服务器方案中。支付服务器起到与外部金融机构（如信用卡公司）接口的作用，它负责完成和记录所有的金融交易。

（2）Jalda 支付

Jalda 是一个多用途的支付方法，它支持在 Internet 上方便、快捷、安全地进行金融交易。Jalda 是一种灵活开放的支付方法，它可以处理任何数量的交易而不需要涉及到信用卡号或电子货币的传输。Jalda 是一种基于会话的 Internet 支付方法，它允许根据商品名称、数量、鼠标单击、搜索、字符、页面或其他任何参数进行支付。Jalda 由两部分组成，Jalda 应用编程接口（API）和负责管理用户数据以及跟踪交易的支付服务器。Jalda API 可以虚拟地嵌入到任何应用中，这就使得内容和服务提供商可以通过 Internet 向无线网络的端用户销售商品和服务。端用户和内容/服务提供商之间的所有交易均由一个拥有和运营支付服务器的可信的第三方（Internet 支付提供商）进行管理。

Mobile e-Pay 可以将 Jalda API 应用到 Internet 电子商务应用，这样就可以将 Jalda 支付标准应用到移动电子商务交易中。在支付系统位于 Internet 一端的这种配置中，移动用户可以使用他们的移动电话来签订数字合同。

（3）信用卡支付

当端用户申请 Mobile e-Pay 业务时，他们可以在 Mobile e-Pay 系统中注册一个或多个信用卡。以后，他们就可以使用这些信用卡来支付内容提供商提供的商品或服务。整个支付过程通过发卡者在线完成，也就是说，用户可以将它们的卡放在家里而仍然使用移动电话作为支付设备。Mobile e-Pay 目前对几种主要的信用卡都提供支持，包括 VISA、万事达卡等。

（4）Mobile e-Pay 预付账户

Mobile e-Pay 方案允许在移动电子商务交易中使用专用的 Mobile e-Pay 预付账户进行支付。预付账户由 Mobile e-Pay 运营商发放和管理，它可以用来支付内容提供商提供的商品或服务。移动用户可以通过移动电话检查账户余额。账户可以通过 Mobile e-Pay 运营商手工充值，用户也可以使用信用卡的“信用卡支付”或“银行账户借记卡支付”特性来充值。

（5）银行账户/借记卡支付

支付服务器还支持专用的支付接口方案，商家可以与银行合作开发专用的支付接口。银行账户或借记卡支付并不是 Mobile e-Pay 标准功能的一部分，它是一个可选的功能。对端用户而言，其过程与信用卡支付是一样的。

4. 安全模块

Mobile e-Pay 的安全功能集成了 MAC（信息认证码）、DES、MD5、SHA-1 和 PKCS 等加密算法，提供了能够满足不同安全级别要求的灵活的安全特性包。Mobile e-Pay 支持两种形式的安全，双区（two-zone）安全和端到端安全。Mobile e-Pay 系统的端到端安全是指由使用用户的个人识别号（PIN）来验证银行交易所必需的认证和数据完整性，PIN 是用来验证数字签名的产生过程的。每个认证是唯一的，并且它不依赖于中间的网络功能。端到端安全利用了 SAT（SIM 应用工具包）应用，这个 SAT 应用可以在移动电话上产生数字签名，并且将其发送给内容提供商。双区安全包括移动终端和 Mobile e-Pay 之间的通信安全（Zone 1 安全）以及 Mobile e-Pay 和内容提供商之间的通信安全（Zone 2 安全）。Mobile e-Pay 使用 PIN 来验证端用户的身份，使用电话号码和 PIN 一起来解密专用密钥，并且确定执行哪一种安全算法。这样 Mobile e-Pay 就可以在代理中签名数字合同。然后再将合同和签名传输给内容提供商。双区安全要求 Mobile e-Pay 系统必须驻留在一个可信和安全环境中（如图 9-14 所示）。Mobile e-Pay 可以使用 SSL 与内容提供商通信，SSL 可以保证 Mobile e-Pay 和内容提供商之间的安全，交易的内容即使在数据包被截获时也不容易被读出来。然而，既然无线传输层安全（WTLS）终止了 WAP 网关中的端到端安全方案，移动终端和 Mobile e-Pay 之间的通信安全就依赖于移动网络本身。

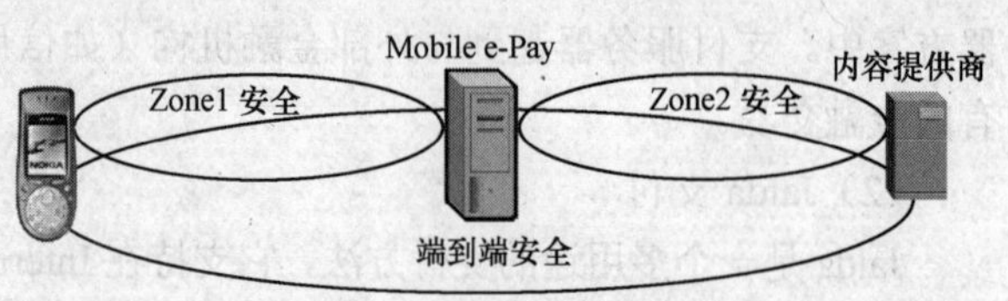

图 9-14　双区安全与端到端安全

（1）PIN 安全。PIN 安全是最简单的认证方法。系统将合同提交给用户，并将要求其输入一个秘密 PIN，然后这个 PIN 将返回给 Mobile e-Pay。Mobile e-Pay 再通过验证移动站（终端）集成化服务数字号码（MSISDN）对端用户进行认证。Mobile e-Pay 使用 SSL 来验证交易各方的身份，对 Mobile e-Pay 节点和与之相连的 Internet 节点之间的连接进行加密。GSM 网络是使用原生网络安全来认证端用户身份的，而这个方案通过使用用户口令字（一个特定的移动电子商务 PIN）进行了改进，它要求用户正确输入口令字以后才能够完成交易。

（2）PKI 安全。PKI 是一个应用独立的安全基础设施，它是基于可以保证数据完整性、秘密性、认证和不可否认的公开密钥密码的。PKI 负责管理和分发密钥与数字认证。Mobile e-Pay 使用 PKI/RSA 数字签名来签订合同，以保证电子交易的安全。数字签名在端用户输入 PIN 进行购物证实时激发，这个特性并不需要 SIM 应用工具包（SAT）的支持。在从 WAP 1.1 终端和 SMS 中接收与签订合同时，这个特性是非常有用的。

（3）端到端 3DES SAT 安全。移动端用户可以使用支持 SAT 的移动电话来进行数字合同的授权。在 WAP 1.1/SAT 电话中，这意味着可以使用信息认证码（MAC）来验证端用户是否同意进行交易。3DES 密钥存储在 SAT 应用中，任何 SAT 电话（包括非 WAP 电话）都可以用来完成由另一个终端启动的支付。

（4）端到端 WPKI SAT 安全。端用户可以使用支持 SAT 的移动电话签订数字合同。Mobile e-Pay 支持 RSA 不对称密钥。专用密钥存储在 SIM 卡中，它允许使用真正的端到端 RSA 密钥。任何 SAT 电话（包括非 WAP 电话）都可以用来 push 由另一个终端启动的支付。

在过去的电子商务中，售货商一般无法验证客户是否是信用卡真正的主人或使用一些常用的方法（如签名）来认证用户的身份。如果用户拒绝承认交易，售货商需要面临着被诈骗的风险。因此，许多销售企业更愿意使用现金支付（COD）或者是只购买订单而不是在线完成整个交易，这就大大降低了电子商务的效率。现在有了端到端 SAT 安全方案，由于 SAT 应用会受到 SIM 卡上的个人 PIN 的保护，因此，不仅可以保障交易信息的不可否认性，而且可以防止有人使用或窃取已经认证过的 GSM 电话进行非法交易。

9.3 移动电子商务产品

9.3.1 应用的移动电子商务产品

1. 手机银行

手机银行是指客户通过编辑发送特定格式的短信到银行的特服号码，银行按照客户指令，为客户办理查询、转账、汇款、捐款、消费、缴费等相关业务，并将交易结果以短信方式通知客户。

手机银行自 1999 年在国内诞生起，经过了 2001 年到 2002 年的热潮和近两年的沉寂之后，又“卷土重来”。2006 年 4 月，中国建设银行与中国联通合作，在全行推出手机银行业务，能将网上银行的各种功能放在一部手机上，以实现除提取现金业务之外的各种银行业务。同年 8 月 15 日中国工商银行也携手中国移动和中国联通，推出具备“终端功能”的手机银行。

“手机银行”业务是指移动运营商和银行合作后，手机具有理财、手机支付及手机电子商务的功能，又称“随身携带的银行”。用户可通过手机查询账户余额、账户明细、消费积分等；转账，包括本人名下转账、转账给他人；汇款，提供异地汇款；缴费，水、电、气、电话、交通等各项银行代理的缴费业务；银证转账，银行账户与证券保证金账户之间资金互转；外汇买卖，提供外汇实时行情、实时交易和委托交易；手机支付等，可以在手机上实现除现金存取以外的大部分银行业务。因此，有了手机银行，客户不用亲自跑银行柜台，不必排队等待，就可以通过手机随时随地办理多种银行业务。手机银行解决方案如图 9-15 所示。

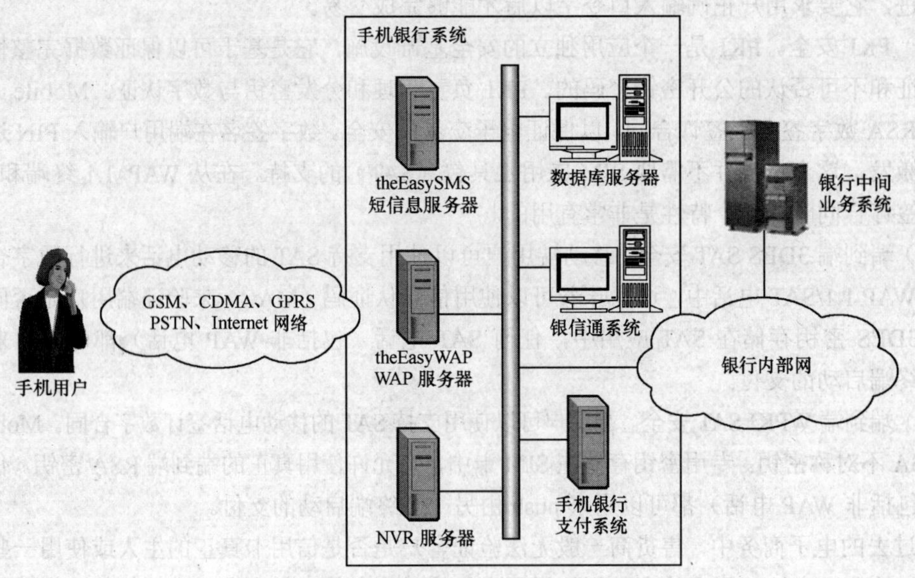

图 9-15　手机银行解决方案

中国联通手机银行采用准 3G 的 CDMA 1x 移动通信网络作为传输通道，速度最快可达 153.6kbit/s；通过手机银行服务，可以办理除了现金存取以外的大部分银行柜台能办理的业务；从手机终端到银行端实现了全程加密，采用了多种加密算法，同时，还采用了数字签名机制、手机与卡的绑定机制，以保证客户交易和账户资金的安全。此外，手机银行业务还具有人性化的操作界面，操作方便，与网上银行相比，升级手机银行版本非常容易，只要根据界面的版本升级提示，确认后即可自动完成升级。

手机银行"重出江湖"，绕不开的依然是安全性和易用性两大问题。安全性是影响移动电子商务发展的关键问题。相对于传统的电子商务模式，移动电子商务的安全性更加薄弱。如何保护用户的合法信息（账户、密码等）不受侵犯，是一项迫切需要解决的问题。除此之外，我国目前还应解决好电子支付系统、商品配送系统等安全问题。可以采取的方法是吸收传统电子商务的安全防范措施，并根据移动电子商务的特点，开发轻便高效的安全协议，如面向应用层的加密（如电子签名）和简化的 IPSEC 协议等。

在安全性已经逐步得到解决的情况下，手机银行易用性问题的解决就显得更加迫切。目前，一张手机卡依然只能绑定一家银行，因此，要求手机银行"联网"、实现跨行办理业务的呼声很高。

2. 移动支付

作为新兴的电子支付方式，移动支付拥有方便、快捷、安全等诸多特点。消费者只要拥有一部手机，就可以完成理财或交易，享受移动支付带来的便利。如今，手机支付正成为电子商务新亮点。移动支付的内容详见第 8 章。

3. 手机报名和查分

与教育部门合作，通过短信或 WAP 方式，完成手机报名考试、（高考）查分、查录取结果、远程教育等。

9.3.2 移动电子商务产品发展趋势

1. 移动购物机

简单地讲，移动用户只要拨打特定服务号码，即可从布放在各移动营业网点的自动售货机中购买各种小商品。

2007年，一种通过手机购物的自动售货机出现在天津。在一台售货机前，只要按照售货机上的提示，输入一个号码，发送一条记有“buy”的短信，几秒钟后便可收到一条记载着交易密码的短消息，在自动售货机上输入该密码后，就可拿到手机“打”出来的饮料（可乐、雪碧等）。这种只有中国移动通信集团天津有限公司手机客户能够享受到的业务从2007年4月下旬开始陆续投放市场，像这样的售货机在天津共投放了12台。

目前，中国移动通信集团天津有限公司除神州行之外的用户均可体验这种购物新方式。到2007年5月底以前，移动公司免收每笔成功交易的0.20元信息费。

用户不必掏现金也可以轻松购物，购买商品时所需的费用将在交纳电话费时一并交纳，这种购物方式已向传统购物方式发起了挑战。

2. 基于环境感知的移动电子商务

这里所讲的“场景”（Context）泛指移动通信时用户所处的环境、时间、位置、周围的光线强度、声音大小、设备的可获得性等等均属于场景的内容。移动用户所处的场景是千变万化的，场景通常又和用户当时的任务内容是相关的，比如高速公路上的司机可能想知道附近加油站的位置，夜晚散步经过酒吧的人可能会进去喝一杯，声音嘈杂环境下的用户可能希望用短信而不是语音进行交流等。因此，场景是移动电子商务的一种输入，如果对场景信息进行合理的利用，就有可能为用户提供更好的服务。

下面看一个场景感知（Context Awareness）服务的例子。某商务人员抵达机场后想通过WAP预定一个宾馆，如果移动电子商务应用不知道用户是谁、当前在哪里、他周围的情况如果，用户就只能通过手工方式输入上述信息。而如果有一个场景感知服务系统的话，情况就大不相同了。系统可以通过手机号码获悉用户的身份（包括姓名、年龄和性别），还可以定位出他目前正在机场附近，因此，就可以推荐机场附近的宾馆给他，告诉他这些宾馆的类型、星级、价格、是否有空房等，用户不必再手工输入这些信息。理想情况下，用户只需要浏览这些信息并且按一下确认键就可以了。

这种用户和移动服务系统间的交互功能提高了服务的质量，用户可会愿意为这种服务支付费用。当用户想执行特定的任务，而不是进行信息浏览的情况下，以上的服务就显得更加有用了。

场景包括非常丰富的内容，下面几个方面的信息则尤其重要。

（1）用户的身份

用户的身份对于一项服务来说通常是最有价值的信息，因为由此可以知道用户的背景、爱好及其他重要属性。

（2）用户的位置

用户的位置信息也就是用户的空间场景。一般来说，仅依赖位置特性的场景感知服务也被称为基于位置的服务。美国E911和欧洲立法局均要求移动运营商将用户的位置信息提供给移动服务运营商，这也为基于位置的服务的发展奠定了基础。

（3）访问时间

访问也是重要的场景。如果和用户的日程表结合起来，就可以推测出用户在使用移动服务时所处的环境和所扮演的社会角色。

如果将上述3方面的信息综合在一起考虑的话，就可以更准确地推测出用户所处的环境。于是，移动服务就可以把与当前用户无关的内容隐藏，而只提供最相关的、最感兴趣的内容给客户。

有了身份、位置、时间等场景信息之后，就又可以根据用户的需求和环境信息为用户配置个性化的服务内容。那么，具有场景感知功能的移动电子商务过程是怎样的呢？这通常是一个4步曲过程，如图9-16所示。

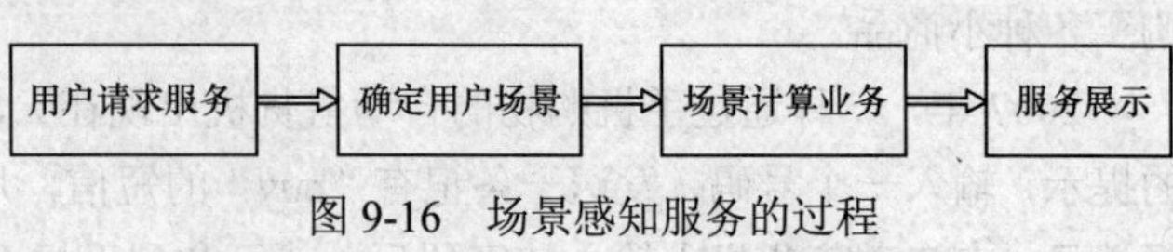

图9-16　场景感知服务的过程

① 请求服务

场景感知服务通常始于用户通过客户端访问某项移动电子商务应用。应用有多种不同的应用环境，如WAP、SMS等。根据应用环境不同，服务请求将使用不同的协议，通过不同的网关，但最终会到达某个应用服务器。服务请求通常包含一个“引用”，服务器使用这个引用可以获得用户更多方面的信息。

② 确定用户场景

在这个步骤中，用户的身份、访问位置和访问时间等信息都被计算得到。在上述3类场景中，用户身份和空间位置信息依赖于用户所处的环境，访问时间则是容易获得的、与用户环境相对独立的信息。

③ 场景计算

在这个环节中，用户身份、位置和时间等场景信息被作为场景计算的重要输入，并与其他辅助信息结合在一起，用于推测移动用户所处的环境。比如，推测的结果可能是“在一个周六的早晨，某商务人员在机场附近要求获得宾馆的信息”。

④ 服务展示

当获悉用户的场景后，场景感知服务系统才真正开始工作，将适当的服务以适当的方式反馈给请求提出者。实际结果可能是在用户的移动终端上出现一条短信息或者一个网页。具有场景感知功能的移动电子商务的概念不难理解，但是商业应用的领域非常广泛，移动服务的内容千差万别，而用户所处的场景则是纷繁复杂，因此，在一个领域的成功经验可能难以推广至其他的领域和应用环境，这就是场景感知服务系统在应用上的难题。理论研究方面，已经有许多研究论文发表，这其中，关于场景概念的理论分析和探讨占相当的比例，实验型的应用系统比较多，真正使用的系统则鲜有报道。目前，成功的系统所根据的场景以位置和时间类场景为主。实际上，场景所包括的内容是非常丰富的，时间和位置类场景在可以利用的场景元素中仅占一小部分份额，另外，手机终端缺乏标准也造成了场景感知服务应用上的困难。

虽然面临上述的问题，但是场景感知服务系统无疑是一个很有潜力的研究和应用方向，相信将来在这方面将继续有大量的论文发表，也将有更多的商业应用取得成功。

3. RFID——移动电子商务的下一个应用切点

RFID小小标签能能否为移动电子商务找到大众应用的切点？RFID与移动电子商务相结合的应用能否渗透到百姓的日常生活？试想一下，如果将手机做成RFID的阅读器，那么它的用途将会有多大！

RFID（Radio Frequency Identification，无线射频识别）是一种非接触式的自动识别技术。最简单的 RFID 系统由标签（Tag）、阅读器（Reader）和天线（Antenna）3 部分组成——在实际应用中还需要其他硬件和软件的支持。其工作原理并不复杂，标签进入磁场后，接收阅读器发出的射频信号，凭借感应电流所获得的能量，发送出存储在芯片中的产品信息（Passive Tag，无源标签或被动标签），或者主动发送某一频率的信号（Active Tag，有源标签或主动标签），阅读器读取信息并解码后，送至中央信息系统进行有关数据处理。

RFID 技术无疑为移动电子商务的推广和应用带来了一次革命机遇。RFID 可以为每一件货品提供单独的识别身份，然后通过无线数据传输让计算机网络随时掌握各式各样货品的详细信息。这样，在商品从生产、运输到销售的过程中，供应商、商家和用户都可以从这些重要的数据中受益。例如，商家和供应商实现点对点的信息交换，从而使采购、仓储、配送过程更加便捷，同时也方便了用户。

场景一：面对超市里顾客排起的长长队列，收银员用手持设备不停地扫描着顾客购买的商品，一件又一件遇到“扫”不出来的时候经常有，这时就不得不手工输入冗长的商品序列号，在长长的队列中又不时发出顾客不耐烦的埋怨声。也难怪，人在排队等候的时候，往往会感觉时间过得最慢。此时，再熟练的收银员也不禁会手忙脚乱。然而，有了 RFID 和移动电子商务，只需掏出手机，阅读出商品的代码，然后通过手机的移动电子商务付费系统向商家付账。同时，商家确认所购买商品的记录后，顾客不必经历上述排队等购物环节就可以轻松自由的离开了。

场景二：移动电子商务用户只需将手机等手持设备接近 RFID 标签，就可以快速读取标签的代码和内容，手持移动端可以随时接入互联网，并利用读出的标签代码在移动电子商务服务平台中迅速查找相关的信息，并将结果显示在移动终端屏幕上，以此为用户带来各种各样的便利服务。例如，它可以为你提供商品信息服务，你还可以把读取的商品代码发送给移动电子商务服务平台，然后得到许多相关信息，如它可以告知你附近的商店同类商品的价格以进行比较，判断该商场的价格是否合理。

场景三：当漫步在街头，看到一幅令人心动的商品广告，这时只需拿出手机，阅读商品的 RFID 标签，由此获得详细的商品信息——功能特性、性能指标、价格指数、定购办法等。用户也可只需输入银行的账户密码，几个按键轻松完成网上订购过程，用户回家之后，新款商品已经等在家门口。另外，用户也可以将喜欢的商品推荐给自己的朋友，轻按键盘，包含详细商品信息的电子邮件就迅捷到达。

顾客进入商场网络覆盖区域后，用手持无线设备便可自动连通商场电子商务服务平台，浏览商场信息。顾客可通过商场主页浏览商品促销、打折信息和商品功能介绍，查询商品位置以节省购物时间，还可以输入品牌、价格范围、款式等信息进行比较查询。商场可通过网络发送电子赠券和确认抽奖，还可开发增值服务，定期向注册会员的电子信箱发送折扣信息和紧俏商品预定信息等。

简单地说，RFID 技术就是以电子标签代替条形码，作为商品的识别技术。与条形码依靠被动式的手工依次读取方式相比，RFID 优点明显，它是一种非接触式的自动识别技术，可以瞬间自动读取大量标签的信息。

RFID 并非新技术，但其电子标签在零售和物流业的应用，将带来深远的影响——也许在不久的将来，当顾客挑选了满满一辆购货车的商品走到超市出口时，不再需要任何条形码扫描，应付款一下子就清清楚楚地显示在屏幕上。依靠 RFID 射频识别技术的支持，一个电子阅读设备、一张电子标签，再加上一根天线、一个后台管理系统，烦琐的收费过程就变得十分简单。

不仅如此，RFID 技术使得合理的产品库存控制和智能物流技术成为可能。借助电子标签，可以实现商品对原料、半成品、成品、运输、仓储、配送、上架、最终销售，甚至退货处理等环节进行实时监控。比如，经营者透过 RFID 技术，可以实时了解到货架情况并迅速补货，减少 10%至 30%的安全库存量，从而大大降低仓储成本。自动化程度的提高和差错率的降低，使整个供应链管理显得透明而高效。

RFID 的大规模商用时代到来，会给移动电子商务带来什么。那时的移动电子商务对运营商来说绝对是个惊喜。但要想把这块蛋糕做大，运营商们还需要投入些热情和心力，比如网络带宽、连接质量、产业链的赢利模式及利润分配、安全体系等。只要未来移动电子商务和 RFID 的结合在可靠性、易用性、快捷程度以及与零售企业方的合作问题得到有效的解决，移动电子商务将会取得巨大发展。通过现阶段国内、国外的手机支付实践，我们完全有理由相信，移动电子商务和 RFID 的结合将在未来大有作为，并成为传统支付手段的一种有利补充，甚至替而代之。

本 章 小 结

通过本章的学习，我们对目前的移动电子商务平台的类型、解决方案等有了一定的了解。移动电子商务在我国乃至全球都还处于一种概念形成的阶段，尽管 3G 业务在日本、韩国以及欧洲一些国家有了一定的应用，但移动电子商务的服务业态、服务产品等都还需要进一步的开发。在我国，由于移动终端的持有群体庞大，移动服务市场有着巨大的市场空间，因此，随着市场的不断开拓，移动服务平台、产品及相应解决方案也会不断发展和完善。

总之，移动电子商务的发展需要我们持续的关注。

习题与思考题

1．试叙述移动电子商务平台的类型和特点。

2．试举例说明移动电子商务企业平台。

3．试提出一个移动电子支付解决方案。

4．目前应用的移动电子商务产品有哪些？

5．你对移动电子商务产品发展趋势有何看法？

第 10 章 整合移动电子商务

本章提要：本章从三个方面阐述整合移动电子商务，首先讨论基础整合，包括固网资源和移动资源的整合、移动商务和网络商务的整合、移动电子商务和中间件的整合；然后阐述内部整合，包括移动电子商务与 ERP 的整合、移动电子商务与人力资源的整合、移动电子商务与运营资金的整合；最后分析外部整合，包括移动电子商务与 CRM 的整合、移动电子商务与 SCM 的整合，使学生对移动电子商务的整合了如指掌。

随着移动通信技术的发展，以手机、PDA 等移动终端为代表的移动电子商务时代已经到来，以电子商务模式为核心内容的网络经济的内涵也有了进一步的延伸和拓展。简单来说，网络经济是一种建立在计算机网络基础之上，以现代信息技术为核心的新的经济形态。它不仅指以计算机为核心的信息技术产业的兴起和快速增长，也包括以现代计算机技术为基础的整个高新技术产业的崛起和迅猛发展，更包括由于高新技术的推广和运用所引起的传统产业、传统经济部门的深刻的革命性变化和飞跃性发展。整合正是网络经济的典型特征。比较工业经济和网络经济这两种经济的生产力发展方向，前者的生产力发展总方向是“分化”，在分工产生财富的同时，造成生产与消费的分离，形成“迂回经济”；而后者的生产力发展总方向则相反，它借助网络使生产与消费“整合”在一起，通过产销整合造就财富，形成“直接经济”。

早在 2002 年，整合成为电子商务的一个关键课题。无论是对电子商务基础设施的建设，还是对于电子商务应用方案的需求，整合能力都成为市场考验提供商的关键试题。

如果说 2002 年 IT 厂商的口号是“如果没有电子，将无商可务”，那么今天，这个口号改成了“如果不加整合，将无商可务”。无论是构建包括企业应用整合（EAI）、企业资源管理（ERP）、客户关系管理（CRM）、协同商务（Collaborative Commerce）、内容管理（Content Management）、商务智能（BI）的电子商务决策解决方案，还是消灭网络信息孤岛、联合网络与应用的连接整合或者是单纯基于软件或解决方案的营销方案整合，总之，整合成为企业寻求更迅速、敏捷地应对市场挑战的必由之路。

如何让信息技术与企业基本组成要素，如企业内外人员组织、企业运营流程、IT 基础建设与商业价值发挥最大效益，充分发挥电子商务的效能，逐渐成为企业在规划与构建移动电子商务时思考的首要课题。

所谓整合，就是一个系统或事物内部各要素之间以及与其他系统或事物之间，根据之间的联系，整体协调，通过相互的结合、渗透，使系统各要素都能发挥最大、最优的效益。整合一般性地理解为：按照统一标准，实施资源集中，在此基础上，进一步使有交叉的工作流彼此衔接，通过一体化的举措而实现信息系统资源共享和协同工作。其精髓就是将分散的要素组合在一起，最后形成一个有效率的整体。

整合是系统论的思维模式，其内涵为通过其组织和协调把彼此相关但彼此分离的职能和资源，整合到一个有机的系统中，使其产生 1+1>2 的效果。

移动电子商务的整合分为基础整合、内部整合和外部整合 3 种类型。

（1）基础整合

整合首先起源于技术革命，突出表现在现代通信技术与计算机技术的结合。计算机在通信设备中的应用，使通信系统更加先进、可靠和方便，而计算机之间的通信又有赖于通信网的支持，二者整合的结果是诞生了"信息高速公路"。它第一次使信息真正成为与工业力量对等的力量。基础整合是移动电子商务技术基础资源的有效组合和优化，包括固网资源和移动资源的整合、网络电子商务与移动电子商务的整合以及中间件技术的整合。

（2）内部整合

内部整合是在完善内部机制的条件下，根据市场需求的变化，在企业或行业内部所完成的有机组合。其特点是在市场需求的拉动作用下，由企业主动完成。移动通信网络和信息网络为时空融合提供了生产力基础——就是以最低成本实现最强大的企业功能。通过企业功能的重组，可将破坏了有机性的部门分割体制恢复到不可分割的生命系统的水平，其结果是企业更快供应、更直接地贴近用户。

（3）外部整合

外部整合是在新资源条件下，通过对传统商业模式和网络的进一步衔接而产生的价值模式。其特点是以完全不同于现有的移动电子商务模式，带来观念更新、价值链的变化、新资源的出现，将移动电子商务提升到一个新的更高的平台。当移动通信技术高速度大批量地融入经济和社会生活，产业的整合必然随之而生，各产业间的界限开始变得模糊。这种产业的整合又将促使全社会在地域、职业、地位之间的差别趋于消失，多维度地融为一体。

在新的移动技术出现之前，移动电子商务价值链的变化和商务模式的产生依赖于企业自身的发展需求，推动着企业重新定位经营战略，企业内部或者行业内部进行新的资源整合，发挥更大的资源优势，产生新的价值模式，从而在商业模式上获得更大跨度的发展。但是受到技术的限制，因此移动电子商务的基础整合成为解决移动技术瓶颈的主要途径。通过固网资源与移动资源的整合，建立并完善信息技术平台，为移动电子商务的发展提供了坚实的基础。随着移动新技术的发展，外部整合带来的是传统商业模式与网络全新的对接，使得现有的商业模式向未来的商业模式又跨进了一步。

10.1 基础整合

10.1.1 固网资源和移动资源的整合

随着 20 年来移动通信业务的快速扩张，固网业务的萎缩态势十分明显，在中国 9 亿电话用户中，移动用户比例不仅已超过 50%，而且拥有了世界级别的网络规模和网络质量，还有令世界所有通信业同行羡慕不已的庞大客户群体。在移动通信的替代效应下，固网业务无论是用户数量，还是业务收入和利润都在不断下降。

在设备制造商眼中，固网终端利润微薄、市场暗淡；在运营商眼中，固网业务价值提升缓慢，增量不增收；在用户眼中，固定电话远没有手机智能便利。2007 年上半年净利润为 70.9 亿元，低于去年同期的 76.88 亿元，不足中国移动净利润的五分之一。2007 年 1 月到 8 月，全国手机用户月均增加 682 万户，而固定电话用户的月均增长量仅为 57.9 万户。由于移动业务对固定业务的替代作用，世界范围内的固网电信企业都面临着固话业务收入增长缓慢甚至不断萎缩的难题，固网和移动网的融合成为电信领域全球性的趋势。专家指出，固网有自身的优势，移动网也有弱点，二者在一定程度上可以互相补充。小灵通的成功很大程度就是在于具备移动与固话双重特点：基于固定电话网络的小灵通经济实用，同时又具有移动功能的通信方式。固网覆盖比较密集、成熟度高、传输质量比较好、保密性强，技术基础扎实，所以在发展中需要在业务面上拉长应用服务的链条，可以借鉴移动通信利用技术平台，集合众多的内容服务商及终端厂商，形成价值增值链。

移动资源概括地说就是无线移动网络中的各种节点访问的信息，这些信息在一定的权限内可以被自由地访问和传输。这些信息存储在各个移动终端、接入点服务器以及 Internet 上。移动资源存储的方式根据移动终端体系结构的不同而多种多样，但主流的存储方式有两种，一种是基于移动数据库存储的移动资源，另一种是基于文件形式存储的移动资源。移动数据库是移动计算环境中的分布式数据库，由于移动数据库的应用大都嵌入到诸如掌上电脑、PDA、车载设备等移动终端中，故移动数据库就成为移动资源的一种重要形式。基于文件的存储形式主要是基于标准化文件，这些文件存储的方式需要移动终端具有统一的编码和解码程序，从而将各种移动资源进行标准化的资源交换。

固网资源与移动资源的整合是当前世界通信业发展的战略目标。2005 年 6 月 15 日，英国电信历经两年试验后推出了全球首个固定与移动融合服务（FMC）——“BTFusion”。“BTFusion”服务通过特制的“蓝色电话”终端实现，这是一种在固定网络和移动网络中都能使用的新型终端，支持 25m 范围内在固定和移动网络之间无缝切换，让用户在家庭、办公室等场所通过蓝牙和 WLAN 技术支持宽带接入点，将通话无缝转接到固定网络。“蓝色电话”虽然实现了固网和移动融合的历史性突破，但是真正投入商用还需进一步改进和提高，还有许多尚待解决的问题，需要运营商、设备制造商和政府部门不断去研究和完善。政府监管部门应对当前的管制政策进行一些调整，以改善目前的管制环境，规范市场竞争，力争彻底解决网间互连互通和资费结算等问题，同时有必要指导固网和移动运营商分别对网络进行技术改造，尽可能加快发放 3G 牌照的步伐，使主流电信运营商都能拥有全业务经营权，为固定网络和移动网络融合的技术改造和创新创造一个良好的环境。

显然，固网与移动的整合给固网运营商带来了一次巨大的发展机遇，机会稍纵即逝，唯有务实推进，谨慎应对各类风险，才不会与良机失之交臂。既有移动与固网的融合（Fixed-Mobile Convergence，FMC），还有广播电视网络、计算机网络、电信网络的三网融合等。FMC 业务可以实现固定网络和移动网络的优势互补，增强企业竞争力，同时向用户提供各种形式的 FMC 业务和“一站式”服务，减少客户流失。FMC 已然成为全球电信业发展的大趋势，目前各国运营商都在加紧拓展相关的领域，可以说没有融合的优势，在未来的全球电信竞争中将会缺失最重要的竞争筹码。从用户角度看，FMC 的目的是使用户通过不同接入网络，享受相同的服务，获得相同的业务。其主要特征是用户订阅的业务与接入点和终端无关，也就是允许用户从固定或移动终端通过任何合适的接入点使用同一业务。FMC 可以使用户在一个终端、一个账单的前提下，在办公室或家里使用固定网络进行通信，而在户外，则通过无线/移动网络进行通信。FMC 同时也包含了这样一个概念，就是在固定网络和移动网络之间，终端能够无缝漫游。对于用户而言，这也意味着简单和方便。

据调查，45%的国内企业有明确的移动电子商务需求。相对于图铃下载、音乐、食品下载等个人消费市场，企业移动电子商务市场潜力巨大。然而，移动资源明显不如固网资源充足，很大程度上限制了移动电子商务的发展，尤其在当前移动业务快速发展，而固网业务严重萎缩的形势下，如何将固网资源与移动资源整合已成为主要研究课题。要把移动电子商务开展起来就要既发挥移动资源的动态运营、动态决策优势，又要发挥固网资源充足、信息量庞大的优势。只有把这种分散优势变成整合优势，才能发挥移动电子商务的巨大力量和作用，真正解放信息化生产力，构建资源节约型社会、资源节约型企业。

10.1.2 移动电子商务和网络电子商务的整合

网络商机无限，但是如何创造商机、抓住商机，并不是件简单的事情。通过互联网捕捉和创造商业机会，需要通晓网络媒体独有的特性，对企业商务进行创新性运用，将移动电子商务和网络电子商务有机整合运用，从而将这种商业机会变成实实在在的赢利。

网络电子商务是为了实现企业与相关利益者（包括媒体和消费者）的共同利益，借助网络营销工具，充分利用网络媒体的特性，将消费者有序地纳入到企业营销的价值工程中。也就是说，以有限的营销预算可靠地实现营销的目的，使参与各方都得到超值的满意度，并借以积累企业的品牌资产。网络电子商务的基本形式包括网上调查、网上采购、网上营销、网上支付和网上资金结算等形式。在此基础上，企业可以根据商务开展的具体需求，策划衍生出很多新的商务运营模式和网络营销模式。而移动电子商务是利用手机、掌上电脑、呼机等移动通信设备与 Internet 有机结合进行的电子商务活动，包括移动支付、无线 CRM、移动股市、移动银行与移动办公等。移动电子商务能提供 PIM（个人信息服务）、银行业务、交易、购物、基于位置的服务（Location-Based Service）、娱乐等服务。移动电子商务的主要特点是灵活、简单、方便，它能完全根据消费者的个性化需求和喜好定制，设备的选择以及提供服务与信息的方式完全由用户自己控制。通过移动电子商务，用户可随时随地获取所需的服务、应用、信息和娱乐。

移动电子商务与网络电子商务的整合首先是网络信息的共享。网络经济产生了一种独特的资源——网络信息，并使其迅速成为当今经济发展的重要战略性资源之一。随着互联网资源的急速膨胀，我们可以在网上找到我们所要的几乎任何信息，信息的搜集不再是“踏破铁鞋无觅处”，而是在网上用鼠标一点就可找到大量信息。网络信息因其时效性强、准确性高和便于存储等优点，日渐受到人们的青睐。信息资源不是物质资源，不能直接物化，但信息与其他商品一样，具有劳动价值和使用价值，信息的搜集、筛选和评价都要付出劳动，因而信息是具有劳动价值的；信息能够传递给用户，为用户所接受、理解和应用，信息又是具有使用价值的。对于现代企业来说，如果把人才比作企业的支柱，信息则可看作是企业的生命，是企业不可须臾离开的法宝，信息资源在网络经济中是主要资源。移动电子商务应用的通信技术丰富了获取信息的途径，不再局限于网络线路的限制，使应用终端更加多样化、便捷化，但是与网络电子商务相对比，其信息量受到局限，不能满足发展的需求。因此，网络信息的共享是移动电子商务与网络电子商务整合的前提条件。

其次是网络技术与通信技术的融合，带动商业模式的创新。毋庸置疑，以移动技术的发展带动的移动电子商务，改变了商务活动的沟通和互动形式，将网络电子商务的网络营销、网上采购、网站管理、电子支付等有关于网络信息资源的应用功能扩展和延伸，并且与网络电子商务整合和创新出新的营销手段、互动模式和支付模式等。在营销模式方面，企业不仅仅限于网络营销、移动营销简单使用，多种手段和方法融合的整合营销、精确营销越来越广泛的应用，为企业带来更多商务融合解决方案。在互动模式方面，移动电子商务的交互优势也与网络电子商务的互动互补，势必将企业商务推到更高的发展平台。

2005 年有 25%的数据业务通过移动通信设备来传输。移动电子商务的发展，导致移动电子商务信息需求的扩大，而移动电子商务信息量远远不能满足这样的发展需求，网络电子商务信息的利用和共享可以有效地解决这样的瓶颈。显然，将移动电子商务的技术平台优势和网络电子商务信息量的优势有机的融合，将现代商务提升到新的平台，实现移动电子商务和网络电子商务的融合和互补，创新出新的业务模式和商业模式是研究的主要课题，也是企业商务发展的必然趋势。

10.1.3 移动电子商务和中间件的整合

（1）中间件

顾名思义，中间件是介于中间的软件。从整体架构来看，中间件建立在操作系统、网络的上层，应用软件和数据库的下层，管理计算资源和网络通信，为应用软件提供运行与开发的环境，帮助用户灵活、高效地开发和集成复杂的应用软件。中间件不仅仅实现互连，还要实现应用之间的互操作。中间件主要应用于企业级用户，如金融、电信、政府、制造业等，用来制成用户的关键业务系统和应用系统软件。

在全球范围内，中间件正在成为软件行业新的技术与经济增长点，Internet 的蓬勃发展和网络计算的需求剧增，使位于操作系统、硬件与应用程序之间的中间件产品崭露头角。不论在何种平台上，用中间件都可以在企业范围内定位、访问、操纵和移动数据，而无需深入地了解企业信息系统和网络的复杂性。中间件能够解决网络分布计算环境中多种异构数据资源的互联共享问题，实现多种应用软件的协同工作，是网络分布式应用软件的网络“操作系统”。此外，利用中间件还可以大幅提高应用软件系统的开发效率，增强系统的稳定性，使系统的维护管理工作更为简易，使系统的可伸缩性和可扩展性更为理想，以便充分保护用户投资。

中间件具有如下特点。

① 集成性。中间件能无缝地连入应用开发环境中，应用程序可以很容易地定位和共享中间件提供的应用逻辑和数据。

② 移植性。中间件与平台有关的细节对于应用程序透明，因此可以在不改变应用程序代码的情况下改换计算机底层硬件、操作系统或通信协议。

③ 改进性。中间件实现的功能对应用程序透明，所以可以对局部进行改进而不影响系统的其他部分。

④ 高可靠性。中间件是可靠的，提供接管和恢复功能，保证事务及关键性业务不被丢失。

⑤ 使用性。中间件能和同构或异构环境下的多种数据源通信，同时能管理数据间的公共逻辑约束。

因此，中间件缩短应用的开发周期，节约应用的开发成本，减少系统初期的建设成本，降低应用开发的失败率，保护已有的投资，简化应用集成，减少维护费用，提高应用的开发质量，保证技术进步的连续性，增强应用的生命力。

中间件抽象了典型的应用模式，并基于标准的形式进行开发，从而使应用软件制造者可以更多地将思路放在业务逻辑中。中间件本质上是对分布式应用的抽象，因而抛开了与应用相关的业务逻辑的细节，保留了典型的分布交互模式的关键特征。经过抽象，将复杂的分布式系统经过提炼和必要的隔离后，以统一的层面形式呈现给应用。应用在中间件提供的环境中可以更好地集中于业务逻辑上，并最终在异构环境中实现良好的协同工作。中间件是基于分布式处理的软件，最突出的特点是其网络通信功能。

中间件的主要功能描述如下。

① 负责客户机和服务期间的连接和通信。

② 提供客户机与应用层的高效率通信机制。

③ 提供应用层不同服务之间的互操作机制。

④ 提供应用层与数据库之间的连接和控制机制。

⑤ 提供一个三层结构应用开发和运行的平台。

⑥ 提供一个应用开发框架，支持模块化的应用开发。

⑦ 屏蔽硬件、操作系统、网络和数据库。

⑧ 提供交易管理机制，保证交易的一致性。

⑨ 提供应用的负载均衡和高可用性。

⑩ 提供应用的安全机制与管理功能。

最早具有中间件技术思想及功能的软件是 IBM 的 CICS（企业信息交流系统），但由于 CICS 不是分布式环境的产物，因此，人们一般把 1984 年在 AT&T 的贝尔实验室开发 Tuxedo 作为第一个严格意义上的中间件产品。尽管中间件的概念很早就已经产生，但中间件技术的广泛运用却是在最近 10 年。许多中间件产品都是最近几年才成熟起来的，国内在中间件领域的起步阶段正是整个世界范围内中间件的初创时期。根据中间件所起的作用及采用的技术，大致可将其分为通信中间件（Communication Middleware）、应用服务器（Application Server）、数据集成中间件（Data Integrator）、应用集成中间件（Application Integrator）、流程集成中间件（Business Process Management）和 B2B 应用集成中间件（B2B Application Integrator）。

（2）移动电子商务的中间件架构

作为移动电子商务应用集成的关键之一，中间件不管移动电子商务应用分布在什么硬件平台上，使用了什么数据库系统，透过了什么复杂的网络，电子商务应用的互连和互操作是电子商务中间件首先要解决的问题。

在通信方面，移动电子商务中间件要支持各种通信协议和通信服务模式，传输各种数据内容、数据格式翻译、流量控制、数据加密、数据压缩等；移动电子商务中间件要解决名字服务、安全控制、并发控制、可靠性和效率保证等，在移动电子商务应用开发方面，要能提供基于不同平台的丰富的开发接口，支持流行的开发工具和异构互连接口标准等；在管理方面，解决电子商务中间件本身的配置、监控、调谐，为移动电子商务应用的易用易管理提供保证。针对不同的 Web 应用环境，对移动电子商务中间件有各种不同的要求。对工作流应用，需要根据条件以及条件满足状态，将信息、响应状态从一个应用传递到另一个应用；对联机事务处理，需要保证分布式的数据一致性、不停机作业、大量并发的高效率；对于一个数据采集系统需要保证可靠传输等。

如图 10-1 所示，移动电子商务中间件的架构包含以下层次。

<table>
<tr><td rowspan="4">移动电子商务安全平台</td><td>金融</td><td>购物</td><td>移动商务</td><td>证券</td><td rowspan="4">移动电子商务安全平台</td></tr>
<tr><td colspan="4">移动电子商务应用服务器</td></tr>
<tr><td colspan="4">移动电子商务交换平台</td></tr>
<tr><td colspan="4">通信平台</td></tr>
</table>

图 10-1 移动电子商务中间件架构图

① 移动电子商务安全平台：是建立在一系列相关国际标准之上的、以公钥和私匙加密算法为核心的一个开放式安全应用开发平台，基于安全平台可以开发、构造各种安全产品或安全应用系统，如用于文件加解密的安全工具、认证系统（CA）、虚拟专用网（VPN）、安全网关及其他的需加强安全机制的应用系统。

② 移动电子商务应用平台：提供移动电子商务不同应用类型的生成工具软件，如移动电子支付等。

③ 移动电子商务交换平台：对内集成企业内部的各种与移动电子商务相关的业务系统，对外连接商业合作伙伴，如银行、供应商、客户、配送结构，完成各种不同业务系统之间数据转换

和整合。

④ 移动电子商务基础平台：用来支持大量移动终端客户的并发访问，使应用开发商快速开发出灵活多变的电子商务应用，尽快把信息系统和商务活动放到 Internet 中。

在移动电子商务交换平台和移动电子商务基础平台中都不能没有中间件的存在。可以说，没有中间件就不能支撑今天的网络应用。移动电子商务应用体系是各种现有应用的扩充和新应用形式的增加，对跨越不同硬件平台、不同网络环境、不同数据库系统之间互操作的需求的问题依靠传统的系统软件或工具软件已经不能满足要求，中间件技术至关重要。

10.2 内部整合

10.2.1 移动电子商务与 ERP 的整合

ERP（Enterprise Resource Planning，企业资源计划）是一种科学管理思想的计算机实现，是 20 世纪 90 年代兴起的国际通用的管理信息系统，顺应企业面临全球化市场竞争的管理要求，在供应链流程中进行信息集成，是先进的现代企业管理模式。它识别并计划企业全部资源的需求，如采购、制造、发货和客户订单。更通俗地讲，ERP 是为制造商、分销商、服务公司在采购、制造、发货和客户订单等业务所有资源需求方面，进行有效计划和控制的有效方法。美国 APICS（运营管理协会）字典定义的电子商务是指，利用计算机和通信技术来做商务。更通俗的解释是，利用互联网络技术，为采购员、销售员在网络上轻松有效地进行商品的采购和销售业务、网上支付、信息交换，并与 ERP 系统无缝融合。移动电子商务作为电子商务的扩展部分，并且在通信技术的基础条件下，深化与 ERP 的整合是非常必要的。

（1）ERP 的功能及特点

① ERP 是面向供应链管理的管理信息集成系统。

ERP 除了传统的制造、供销、财务功能外，在功能上还增加了支持物料流通的运输管理、仓库管理；支持在线分析处理、售后服务及质量反馈，实时准确地把握市场需求；支持生产保障体系的质量管理、设备维修和备品备件管理；支持多种生产类型或混合型制造企业，汇合了离散型生产、流水作业生产和流程型生产的特点；支持远程通信、Web/Intranet/Internet/Extranet、电子商务、电子数据交换；支持工作流（业务流程）动态模型变化与信息处理程序命令的集成。此外还支持企业资本运作和投资管理、各种法规和标准管理等。

② 系统功能模块化。

运用程序模块对供应链上的所有环节实施有效的管理，将物流、财务、人力资源模块集成起来，相互协作，共同处理企业中的经营管理任务。

③ 采用计算机和网络通信技术的最新成果，实现信息的高度共享。

ERP 系统除了已经普遍采用的诸如图形用户界面技术、SQL 结构化查询语言、关系数据库管理系统、面向对象技术、第四代语言/计算机辅助软件工程、客户机/服务器和分布式数据处理系统等技术外，还要实现更为开放的不同平台之间的相互操作，采用适用于网络技术的编程软件，加强用户自定义的灵活性和可配置性功能，以适应不同行业用户的需要。通信技术和网络技术的广泛应用，使 ERP 系统可以实现供应链管理的信息高度集成和共享。

④ ERP系统同企业业务流程重组是密切相关的。

信息技术的发展加快了信息传递速度和实时性，扩大了业务的覆盖面和信息的交换量，为企业进行信息的实时处理、作出相应的决策提供了有利的条件。

（2）移动电子商务与 ERP 的关系

移动电子商务的实质是通过通信技术手段，使企业经营管理各个环节信息化的过程得到延伸和深化。移动电子商务与 ERP 都属于企业的信息系统，但从两者的职能范围来看，还是有很大区别的。ERP 系统是由 MRP、MRPⅡ等企业管理思想发展来的，管理范围侧重于企业内部。相比之下，移动电子商务主要是解决企业与外部世界的通信、连接和交易，利用 Internet 以及相关的网络技术来解决商业交易问题，降低产、供、销成本，开拓新的市场，创造新的商机，从而增加企业利润的商业活动。因此，移动电子商务与 ERP 之间存在着密切的关系，具体表现两者的兼容性和互补性。但是当前电子商务和 ERP 建设中存在诸多问题，移动电子商务的整合在这些问题中起到关键的作用。

① 电子商务与 ERP 被分裂开来，没有统一规划和统一设计，而企业引入移动电子商务，为传统的企业管理和电子商务提供一种重要的沟通和互动形式，推动电子商务和 ERP 的共存和互补。

② 电子商务与 ERP 两个系统下的采购数据、销售数据和财务数据没有进行合并，使数据失去一致性和完整性。移动电子商务实现了数据信息传递的便捷，深化企业电子商务的应用，促进了两个系统的融合，深化了两个系统数据的合并和整合，提供了电子商务和 ERP 系统的桥梁和纽带。

③ 软件资源、硬件资源和数据资源没有充分共享，造成建设成本过高和存储空间浪费。企业电子商务的开展一般都是企业自主开发，建立网络营销模式，应用网络资源进行企业商务智能的规划和设计。而 ERP 则直接采用市场上的商品软件，不能有效实现两者的会话与融合。移动电子商务信息势必带动移动资源信息、网络资源信息和企业内部信息有效的整合，并且得到充分利用和共享，有利于企业成本的有效利用。企业电子商务和 ERP 的整合也将创新出新的模式和管理方法，这是移动电子商务和 ERP 整合的发展趋势。

如果企业前端的电子商务和后台的 ERP 系统脱节，会导致很多关键的信息和数据被封闭在相互独立的系统中，部门间重复着冗杂的工作，不能对客户做出迅速、及时、有效的响应，使企业工作效率下降以及运营成本上升，从而给企业自身带来极大的损害。ERP 必须能够适应互联网的应用，可以支持跨平台的多组织的应用，并和移动电子商务之间的应用具有广泛的数据、业务逻辑的接口，在建好后台 ERP 的同时，作好与前端电子商务的高度系统融合。从电子商务网站载体为主的传统电子商务发展到以移动终端为主要沟通和互动载体的移动电子商务，它不再仅仅局限于一个“电子贸易”市场的概念，企业不只是在上面发布信息，进行交易，而是真正实现企业管理的网络化、智能化。这就使得企业这种使用 ERP 和电子商务的发展瓶颈问题得到有效的解决。而最为关键的是，企业在电子商务运用上能够向更高层次发展。移动电子商务和企业资源计划的整合系统也将引入企业，通过移动技术的过渡和衔接，将采购、生产计划、市场营销、销售、库存、财务等模块功能进行扩展，与企业电子商务的网站管理、网上营销和电子支付等模块功能融合、延伸，进一步扩充和提升 ERP 的应用功能。

（3）移动电子商务与 ERP 整合的途径

企业 ERP 要实现与移动电子商务的整合，必须根据发展战略和业务流程，进行重组配合，同时，也要求应用软件各模块合理划分和有机集成。新的整合系统可以分为 6 个层次，即物理层、网络层、操作系统层、数据库层和应用层。其中应用层各模块的重新组合与集成在系统设计时尤为重要，要充分考虑到：①网络营销模式和移动营销模式都必须为市场需求分析和市场供给分析提供数字依据；②网络营销模式和移动营销模式都可以共享相关数据，并且保证数据的完整性、一致性、准确性；③资金的收入和支出，包括应收应付，都必须反映到财务分析中去。在实现 ERP 与移动电子商务整合时，ERP 方面应优先考虑采购、生产计划、市场营销等与物流、资金流密切相关的模块，移动电子商务方面应考虑通信终端技术、短信服务、网站管理、移动营销、移动支付等模块，把这些模块集成在一起，构成一个新的整合系统，并且要为今后模块的扩充留有接口。因此，移动电子商务与 ERP 的整合途径有以下 3 种。

① 基于供应链的兼容性实现整合。

一般来说，企业中存在 3 种流：物流、资金流和信息流。其中，信息流不是孤立存在的，它与物流和资金流密切相关，反映了物资和资金流动前、流动中和流动后的状况。对应于这 3 种流分别存在 3 条供应链，即物资供应链、资金供应链和信息供应链。虽然 ERP 首先使用了供应链管理思想，但供应链并不依赖于 ERP 而存在，供应链是企业的一种客观存在，任何企业应用系统都可以使用供应链管理的思想与方法。这样，通过组织结构和业务流程的重组，移动电子商务就可以纳入供应链中。

② 基于业务流程的辅助性实现整合。

ERP 系统作用于企业的整个业务流程，它的应用层次有 3 个：决策层的数据查询与综合分析、中间层的管理与控制、作业层的业务实现。而移动电子商务则可以为各个层次提供辅助性支持。

③ 基于应用的互补性实现整合。

根据企业目前的内外部条件，企业在引进移动电子商务时，不会完全摒弃传统的采购与销售模式，而是两种模式、两个系统的共同存在和互为补充。

总而言之，移动电子商务和企业资源计划的整合，既是一种技术上的创新，也是一种经营管理上的创新，可以为企业提供强大有效的移动业务辅助支持。

10.2.2 移动电子商务与人力资源的整合

人力资源是指包括组织内部成员与其所能运用的外在人力。狭义而言，人本身就是资源、能源，人力资源可引申为人所具有的知识、技能、态度、理想、创造力等特质，以及应用上述特质而获得的所有价值。从人力资源的定义可以看出，企业人力资源管理的根本目的就在于结合企业战略发展的需要，获得企业所需要的能力水平或员工，并且创造条件以保证员工能完全投入工作，充分发挥他们的潜能。

目前对企业来说，人力资本的价值已经超过了物质资本及货币资本的价值，成为企业最为重要的生产要素。为了使企业更好地利用自身的人力资本，作为企业在全球化竞争中赢得先机的人力资源管理部门，必须配合企业主管拟订完善的策略，以协助企业重整过程中新流程和组织设计能顺利执行，并通过人力资源的电子化为企业内部员工提供高品质、高效益的服务。为达到这一目的，在经历了 HRIS（Human Resource Information System）和 HRMS（Human Resource Management System）发展阶段后，人力资源管理进入了 E-HR 时代。但是随着互联网、通信技术、移动电子商务的发展，E-HR 已经被赋予了崭新的意义，运用信息科技执行人力资源管理工作的同时，将人力资源工作网络化，从而提升人力资源管理绩效，其主要优势有以下几项。

① 突破了时间与空间限制，随时随地可执行 HR 工作提供服务。

② 突破了人数限制，允许多人同时操作，支持多人同时接受系统服务。

③ 缩短了作业时间，降低了作业成本，节省人力资源管理的直接成本和间接成本。

④ 网络化提供了更便捷、更准确的服务，提升作业品质。

⑤ 使人力资源管理者从单调、重复、繁重的行政事务中解放出来，致力于人力资源战略层面的工作，为企业提供更大的人力资源竞争优势。

⑥ 缩短管理周期，消除不必要的人为干扰因素，使员工自主选择 HR 信息和服务。

⑦ 随时随地向管理层提供决策支持，建立支持 HR 部门积累知识和管理经验的体系。

移动电子商务是一种全新的商业运作模式，无论从深度上还是从广度上，都强烈地冲击着传统的管理模式，给传统的管理理论和方法带来了严峻的挑战，同时也产生了许多新的管理问题。在移动电子商务环境下，企业内外部的运作方式将会有很大的变化。首先，无线通信技术与 Internet 的融合，大大缩小了时间和空间的距离，企业内部部门和员工之间的沟通模式将有很大变化。在内部工作和业务流程的控制方面，企业将会主动地大量采用移动交互模式进行交流。其次，随着移动电子商务的广泛应用，企业对外的接口界面大大扩展。传统的系统一般只能提供计算机终端给系统使用者，而移动电子商务时代的终端可以是多种多样的。除了固定的或可以移动的计算机之外，还有更广泛的各类数字终端，这就要求企业的信息系统能很好地利用这些资源。再次，企业管理的内涵也在进一步的延伸，除了传统的企业财务、库存、销售、采购、生产等管理以外，涉及整个企业价值链的许多环节也被要求进入管理范畴，其中也包括人力资源管理。

E-HR 中的"E"包含了两层含义：不仅仅是"Electronic"，即电子化的人力资源管理，同时更重要的是"Efficiency"，即高效的人力资源管理。E-HR 的定义中包含了"电子商务"、"互联网"、"人力资源业务流程优化"、"以客户为导向"、"全面人力资源管理"等核心思想在内的新型人力资源管理模式。E-HR 系统以一些核心的人力资源管理业务功能为基础，比如招聘、薪酬管理、培训、绩效管理等。

从人力资源管理电子商务的角度来讲，E-HR 既包括 B2E（Business to Enployee），是指在企业人力资源管理与开发活动中，通过企业与员工的网上互动完成相关事务的处理，员工从网上获得人力资源部门提供的服务，又包括 B2B，指企业人力资源业务从外部服务商，比如咨询公司、招聘网站、E-learning 服务商等的各类人力资源管理服务，甚至还包括 B2G，即人力资源管理活动中的有关与政府劳动人事部门发生业务往来的事务处理。移动电子商务给企业的人力资源管理带来的变化是人力资源管理在业务流程优化、全面管理等思想的指导下更快捷、更准确的崭新模式，使得人力资源配置进一步优化，市场配置人力资源的作用得到进一步强化。

10.2.3 移动电子商务与运营资金的整合

移动电子商务作为一个新型商务模式，它的特点决定了其发展必须得到金融市场的大力支持，移动电子商务的发展壮大过程就是不断融资的过程。为移动电子商务提供金融安排的主体包括：风险资本与商业银行、投资公司、共同基金等机构的资金供给，政府金融手段的供给，股票市场资金出口的供给等。从纯粹金融供给的角度来考察，金融供给主要包括股权性质的资本和债券性质的资本两种。

归纳起来，移动电子商务的股权融资渠道主要包括核心资本、风险资金及创业板市场等。股权包括多种形式，主要有所有者的股权、普通股和认股权证。许多像 Microsoft 公司这样成功的电子商务企业都是由一个或几个人提供启动资金从事较小业务，然后将企业所获得的利润用于再投资。这些企业所有者带来的资金就是所谓的所有者股权，它为企业业务的增长以及最终的成功奠定了基础。对公开上市的企业而言筹集股本的传统方法是以一个市场愿意接受的价格来发行普通股。新上市企业的发行价格一般由发行机构（如投资银行）估算而确定，对已上市企业的发行价格则以当前市场的价格为基础。已成立的企业并不经常使用普通股来为它们的新项目和经营活动筹资，但普通股仍是最广泛使用的筹资的手段。普通股是一种简单的证券，而且也相对容易理解和估价。

一些企业开始将目光投向普通股以外的股权融资手段，比如认股权证、风险资本。认股权证是由企业发行的一种证券，赋予持有人在有效期内以固定的价格购买企业股票的权利。风险资本通常由一个或几个投资者为私人企业提供股本资本，作为回报，他们取得企业的部分所有权。债券性质的资本主要包括银行和非银行金融机构资本的金融供给，公司发行的债券，它们多通过信贷资本的供给方式提供资金。债务的主要种类有银行借款和债券。一般借款的最初来源是商业银行，它们根据借款人可觉察的风险程度对放款计息。对于公开上市的大企业而言，银行借款以外的债务融资手段可以是发行各种债券。发行债券可以使融资风险为众多的金融市场投资者所分摊。

10.3 外部整合

10.3.1 移动电子商务与 CRM 的整合

（1）移动电子商务和 CRM 的关系

网络的出现和迅速普及是一项划时代的变革，网络经济的诞生带来新型的商务模式——电子商务，使得社会生产模式由大批量生产转变为大批量定制，也使得企业的经营模式由“以产品为中心”转变为“以客户为中心”。基于电子商务的客户关系管理（Customer Relationship Management，CRM）的研究和应用顺应了网络经济时代的要求，为企业“商务 e 化”的发展提出了明确的方向和依据。电子商务充分地利用信息技术特别是 Internet 来提高企业所有业务运作和管理活动的效率和效益，而 CRM 则是专注于同客户密切相关的业务领域，主要涉及呼叫中心、营销自动化、销售自动化、服务自动化等方面，通过在这些领域内提高运作效率来提高客户满意度和忠诚度，从而提高企业核心竞争力。移动电子商务是电子商务的延伸，尤其是移动电子商务改变了沟通和联系方式，也使得企业的经营模式“以客户为中心”延伸到“以客户关系为中心”，强化了 CRM 系统的功能实现。以 E-CRM 为代表的基于电子商务的客户关系管理思想也相应地进行了功能的扩展和服务的延伸。

客户关系管理是通过围绕客户细分来鼓励企业满足客户需要的行为，并通过加强客户与供应商之间联系等手段，来提高盈利、收入和客户满意度的商业策略。E-CRM 本身是一种管理方法，借助于信息技术，迅速发展成为软件。它综合运用数据库、网络、图形图像、多媒体、人工智能等技术，整合先进的管理思想、业务流程、人及信息技术于一体，构筑出现实信息平台的一种管理系统，用来完善客户体验，构筑客户忠诚。

移动电子商务通过移动资源和固网资源有机地将伙伴合作企业组织进来，共同为客户提供全面的解决方案。移动电子商务通过网络实现包括从购买原材料、产品定购，到成品的储运以及电子支付等一系列贸易活动。显然，一个企业的发展仅靠 CRM 是不够的，还要实现与移动电子商务的完美整合。

移动电子商务为 CRM 提供技术支持。网络技术和信息技术的发展使电子商务的功能更加强大，在移动通信技术的支持下，CRM 可以在网络中实现同步操作，利用大型数据库来管理客户的基本信息，如联系方式、地址、对产品的需求、对产品的态度等。利用数据挖掘和数据仓库技术对海量的客户数据和一些商业数据进行智能化分析，对客户的购买习惯行为进行分类整理，根据不同客户的不同消费模型建立相应的沟通方式和促销内容，以非常低的成本实现一对一的服务。针对不同的客户进行需求分析，“量身定做”满足其要求。提供个性化的服务，这样就能极大提高客户的满意度和忠诚度。

企业电子商务平台还可以 24 小时全天候为全球的客户提供服务，让客户运用移动通信技术手段，采用手机短信、语音、视频等形式来获取企业的便利的在线服务。可以利用声音、图像、动画等多媒体手段介绍自己的企业和产品，不断地向客户提供各种他们所期望的信息，以便能提供更加个性化和专业化的服务，进而影响客户行为，留住老客户，发展新顾客，实现企业将合适的产品在合适的时间通过合适的渠道与客户进行交易。

实施 CRM 可以更有效地促进移动电子商务活动。企业和客户在网络中交互的需求日益增加，企业所获得的市场和利润往往与交互能力的好坏密切相关。实施 CRM 可以使移动电子商务活动更有针对性、更有效率，并且可以使企业获得尽量多的利润。E-CRM 就是整合在电子商务平台中的 CRM。在前端，E-CRM 能够提供统一的呼叫中心的功能，它结合了网页、电话、手机、电子邮件、传真等与客户互动的能力，在后端提供客户消费行为追踪，以及专用于客户服务及客户营销的资料分析等功能，让企业能进行一对一的行销服务（one to one marketing），真正照顾到每一位顾客的实际需要。

（2）基于移动电子商务的 CRM

随着移动通信技术和移动电子商务的兴起和迅速发展，将 CRM 的功能和价值都提高到了一个新的水平。基于移动电子商务的 CRM 全面支持电子商务的发展战略，具备整套电子化解决方案，将在呼叫中心、整合营销、自助式销售和自助式服务等方面得到延伸和加强。

① 呼叫中心

呼叫中心是 CRM 的核心功能组件。随着通信技术、计算机技术、视频技术的飞速发展，基于 Internet 的呼叫中心的功能进一步扩充，真正实现手机、固话、PDA、电子邮件、传真、WAP、Web、Face to Face 等与客户互动的多种渠道的融合，实现呼入和呼出功能的进一步集成。CRM 系统通过呼叫中心可以全面地收集客户个性化的资料，了解客户需求和市场动向；可以实现客户按自己的交流渠道偏好来与企业沟通，企业也可依客户的交流渠道偏好来与客户互动；可以在统一全面的客户资料数据库的基础上，实现以客户为中心的企业市场、销售和服务等部门的协同工作，为多渠道的客户沟通提供一致的信息和个性化的优质服务，敏捷快速地响应客户请求，从而有效地提高客户满意度和忠诚度。

② 整合营销

整合营销是移动电子商务的一项应用和功能，是移动营销和网络营销整合的营销模式。企业开展电子商务活动，通过整合营销的综合应用，丰富和巩固 B2B 或 B2C 的营销模式，提高 CRM 的营销自动化程度，从而有利于企业降低成本、增加销售额、提高市场占有率。整合营销在广域性、实时性、互动性、个性化和低成本等方面优势明显。整合营销在网络营销的延伸和扩展可以实现全球范围内，无论在线或是离线状态下，全天无限即时传播、送达和反馈，从而实现与国际市场的接轨，吸引更多客户，增强企业柔性，把握更多的市场机遇。基于移动电子商务的 CRM 可以充分利用整合营销的互动性，让客户参与到产品设计和生产活动中，最大限度地满足客户的需求，从根本上提高了客户的参与性和积极性，提高了客户满意度和忠诚度，改善和巩固企业与客户的关系。通过与每个客户的互动沟通，利用数据库技术准确分析和存储客户信息、需求和偏好等，相应地采取不同的营销策略，为客户提供个性化服务，与客户逐一建立持久、长远的“双赢”关系，增加每个客户的忠诚度。另外，整合营销还大大降低了企业采购成本、促销成本、运输成本，从而达到了降低总成本的目的，使得 CRM 的“一对一营销”的核心理念得以深化。

③ 自助式销售

自助式销售可为销售人员提供客户信息、产品信息，可对销售方法、销售预测、销售佣金、销售区域进行管理，可与营销系统、商业智能系统、企业资源计划系统进行集成，从而帮助销售人员高质量地完成销售工作。

④ 自助式服务

基于移动电子商务的 CRM 的客户自助服务系统可使客户方便地提交服务请求，查询知识管理系统、已购买产品的资料、订单处理的进度和历史记录等。通过手机短信、电子邮件等回馈，送达、回应客户请求，还可以通过与呼叫中心的链接和 BBS 等手段，营造一种闭环的客户支持环境，实现“实时一对一服务”的功能。一方面降低了运营成本，将客户服务系统从“成本中心”转变为“利润中心”，通过向上销售、交叉销售和后继销售的方式将额外的产品和服务推荐给客户，提高企业获利能力，缩短客户响应时间，提高服务质量。另一方面，客户与企业进行实时的互动沟通，获得“量体裁衣”式的服务，极大程度地满足个性化需求。

总之，CRM 与移动电子商务的紧密结合，使企业和客户之间实现了实时的、互动的、便捷的以及个性化的服务，建立了新颖的客户关系，增加了服务的价值，降低了服务成本，加快了服务速度，提高了客户的满意度和客户关系管理水平，必然能给企业带来新的商机。

10.3.2　移动电子商务与 SCM 的整合

企业电子商务的应用与实现在逐步拓宽，这是一个循序渐进、从基础到高级的发展过程。但是在企业电子商务发展过程中，会出现各系统软件在功能上出现交错与互补，企业资源内部分散、相对独立，形成一个个“信息孤岛”等问题。怎样利用现代企业管理技术，在资源集成、信息集成、功能集成、过程集成的基础上，通过集成化管理支持企业全面、合理、系统地管理生产和经营过程，最大限度地发挥企业内外部资源和技术的作用，大幅度提高企业经济效益和市场竞争力，已成为各企业当前的主要任务和目标。

SCM（Supply Chain Management，供应链管理）整合上下游厂商间的物流、资金流及信息流，保持上下游间供给与需求的平衡。通过 SCM 系统，从客户下订单一直到货物送到客户手中，这中间的各项信息，企业、材料供应商、物流业等上下游厂商都能共同使用，使备料、生产、运输、配送等流程都能同步进行与协调，让产品能在最短的时间内，以最低的成本送到客户手中。SCM 着眼于企业与供应商和客户之间供给与需求的平衡，在最小成本满足客户需求的水准下，对从供应商到客户之间的整个渠道进行全面的管理。但是在企业经营中，一个普遍的事实是：无论厂商经销商还是供应商，在其推进企业信息化的过程中，宁愿投入资金、技术建立自己的供销组织和营销网络，也不愿选择公众网络平台运行相关业务。而且，企业商务的协同必须建立在企业内部 ERP 基础之上，并且变原有的封闭式管理平台为价值链层面的有限开放环境，其开放性保证了供应链各环节的信息流、物流的共享和协同，有限性保证了系统的安全和有效。事实上，SCM 缺乏来自企业后台的动态信息，无法实现实时信息处理，使业务层和数据层之间出现断层，客户交易信息很难实时响应。

移动电子商务的出现打破了原有的平行结构，把供销存统一地集中在一条垂直的价值链上。这种相互关联的体系要求价值链上的各环节必须做到信息共享，因为这是供应链管理实施的前提。企业应该更新营销理念，进行基于 Internet 以客户为中心的信息化建设，整合企业内外部资源，使前后端紧密连接。在电子商务环境下，整合 ERP、CRM 和 SCM，实现企业各方面资源充分调配和均衡，将资源与业务、管理相结合，减少因为 ERP、CRM 和 SCM 单独运行时产生的“信息孤岛”，实现信息处理由事后走向实时，提高物流、信息流动作的效率，消除中间冗余环节，从而全面提高企业的经济效率，增强企业的竞争力。

对于移动电子商务，企业必须充分认识到社会环境下的价值链，移动电子商务利用通信技术和信息技术使信息流、物流和资金流协调、高效、优化地运行，它推动了整个企业价值链的运动，使它趋于规范、有序、高效、优化，最终使得整个价值链上的各个环节的主体能获得最大的利益。电子商务的开展直接导致企业核心业务流程的改革与重组，使企业在供应链管理、电子采购、客户关系管理等环节都实现转变，并将这些部分连接起来融合为一体，在企业内部实施整合，这就是移动电子商务系统，也是企业经营追求的目标。

在移动电子商务环境下，企业实现 ERP、CRM 与 SCM 的整合，需要有业务流程重组相配合。同时，也要求应用软件各模块合理划分和有机集成。ERP 应优先考虑采购计划、生产计划、销售计划、人力资源、财务管理等模块；CRM 主要考虑市场营销、售后服务、产品促销、远程服务等模块；SCM 主要考虑订单管理、物流管理、库存管理、物料管理、网上采购等模块。通过整合后的企业系统实现了客户信息部分、业务流程部分、决策支持部分以及一般信息交流部分的完全整合，从而方便了企业在新经济时代高效管理各业务流程和客户关系，赢得企业长久的竞争优势。

随着移动电子商务的开展、管理思想和营销理念的变革，现代企业电子商务建设的内容也随着发生了变化，企业不仅要专注企业内部信息化建设的整合，同时还必须进行内外整体的信息化建设，以达到内外资源畅通无阻、最佳利用的效果。

本章小结

本章着重阐述了整合移动电子商务的内容，包括基础整合中的固网资源和移动资源的整合、移动电子商务和网络电子商务的整合、移动电子商务和中间件的整合，内部整合中的 ERP 的整合、人力资源的整合和运营资金的整合，以及外部整合的 CRM 整合和 SCM 整合。移动电子商务可以整合的内容还有很多，这既是一个理论问题又是一个实践问题。重点内容有以下 3 点。

（1）什么是整合，整合的目的是什么。

（2）移动电子商务整合的内容有哪些。

（3）如何实现基础整合、内部整合和外部整合。

习题与思考题

1．什么是整合？为什么移动电子商务需要整合？

2．移动电子商务整合的内容有哪些？

3．如何实现移动电子商务的整合？

第 11 章　移动电子商务安全

本章提要：本章介绍移动电子商务的安全问题，包括移动电子商务面临的威胁、手机病毒和无线技术攻击手段。接着阐述移动电子商务的安全协议与标准，如蓝牙标准、无线应用协议（WAP）、无线 PKI 和 IEEE 802.11b 等。最后探讨移动电子商务的系统安全，包括 GSM 安全、3G 系统的安全体系和移动电子支付安全。

11.1　移动电子商务的安全问题

11.1.1　移动电子商务面临的威胁

移动电子商务在 21 世纪迎来了新的发展机遇，但也面临严峻的挑战。移动电子商务给工作效率的提高带来了诸多优势，如减少服务时间、降低成本和增加收入等，但安全问题仍是移动电子商务推广应用的瓶颈。

1. *移动电子商务面临的安全威胁*

随着移动网络从 2.5G 到 3G 的演进和移动数据传输速率的提高，面向移动电子商务的业务领域得到了快速发展。无线通信网络不像有线网络，它不受地理环境和通信电缆的限制就可以实现开放性的通信。无线信道是一个开放性的信道，它给无线用户带来通信自由和灵活性的同时，也带来了诸多不安全因素。

（1）技术方面的安全威胁

① 网络本身的威胁

如通信内容容易被窃听，通信双方的身份容易被假冒，以及通信内容容易被篡改等。在无线通信过程中，所有通信内容（如通话信息、身份信息、数据信息等）都是通过无线信道开放传送的。任何拥有一定频率接收设备的人均可以获取在无线信道上传输的内容。对于无线局域网和个人用户，其通信内容更容易被窃听。因为这些网络通信是工作在全球统一开放的工业、科学和医疗频带上（2.5GHz 和 5GHz 频带），任何团体和个人都不需要申请就可以免费使用该频段进行通信。无线窃听可以导致通信信息的泄漏，而移动用户身份和位置信息的泄漏可以导致移动用户被无线追踪。这对于无线用户的信息安全、个人安全都构成了潜在的威胁。

② 无线 AdHoc 应用的威胁

除了互联网在线应用带来的威胁外，无线装置给其移动性和通信媒体带来了新的安全问题。无线装置可以组成 AdHoc 网络，AdHoc 网络和传统的移动网络有着许多不同，其中一个主要的区别是：AdHoc 网络不依赖于任何固定的网络设施，而是通过移动节点间的相互协作来进行网络互联的。AdHoc 网络也正在逐步应用于商业环境中，比如传感器网络、虚拟会议和家庭网络。AdHoc

网络的一个重要特点是网络决策是分散的，网络协议依赖于所有参与者之间的协作。对手可以基于该种假设的信任关系入侵协作的节点。例如：入侵一个节点的对手可以给网络散布错误的路由信息，甚至使所有的路由信息都流向被入侵的节点。同样，移动用户会漫游到许多不同的小区，当通信由一个小区切换到另一个小区时，被侵害的域可以通过恶意下载、恶意消息和拒绝服务来侵害无线装置。

③ 网络漫游的威胁

无线网络中的攻击者不需要寻找攻击目标，攻击目标会漫游到攻击者所在的小区。在终端用户不知情的情况下，信息可能被窃取和篡改，服务可被经意或不经意地拒绝，交易会被中途打断而没有重新认证机制。由刷新引起链接的重新建立会给系统引入风险，没有再认证机制的交易和链接的重新建立也是危险的。链接一旦建立，使用 SSL 和 WTLS 的多数站点将不需要进行重新认证和重新检查证书，这是攻击者可以利用的漏洞。无线媒体为恶意用户提供了很好的藏匿机会，由于无线设备没有固定的地理位置，它们可以在不同区域间进行漫游，可以随时上线或下线，所以，它们很难被追踪。随着这些设备数量的增长，对无线网络发起攻击将是攻击者发起攻击的首选。

④ 物理安全

无线设备另一个特有的威胁就是因为体积极小以及没有建筑、门锁的看管保证而容易丢失和被窃。对个人来说，移动设备的丢失意味着别人将会看到移动设备上的数字证书，以及其他一些重要数据。利用存储的数据，拿到无线设备的人可以访问企业内部网络，包括 E-mail 服务器和文件系统等。目前，手持移动设备最大的问题就是缺少对特定用户的实体认证机制。

（2）隐私和法律问题

除了技术上的安全威胁，移动电子商务还面临着隐私和法律问题。

① 垃圾短信息

在移动通信给人们带来便利和效率的同时，也带来了很多烦恼，遍地而起的垃圾短信广告干扰着我们的生活。在移动用户进行商业交易时，会把手机号码留给对方，有的用户甚至把手机号码公布在网上，这些都是他人获取手机号码的渠道。垃圾短信使得人们对移动电子商务充满恐惧，而不敢在网络上使用自己的移动设备从事商务活动。目前，还没有相关的法律法规来规范短信广告，运营商也只是在技术层面上来限制垃圾短信的群发。

② 定位新业务的隐私威胁

定位是移动业务的新应用，使用的技术包括全球定位系统 GPS（Global Positioning System）。GPS 利用 3 颗以上 GPS 卫星就可精确定位（误差在几米之内）地面上的人和车辆。而基于手机的定位技术 TOA，可根据从 GPS 返回的响应信号的时间信息定位手机所处的位置。移动酒吧就是一个典型的例子，当你走在路上时，这种服务可以在你的 PDA 上列出离你最近的 5 个酒吧的位置及其特色。定位服务在给我们带来便利的同时，也威胁到了个人隐私保密。利用这种技术，执法部门和政府可以监听信道上的数据，并能够跟踪一个人的物理位置。如果定位技术被恐怖分子利用，他们通过定位通信用户的位置，可以对其实施抢劫和绑架等犯罪活动。

2. 移动电子商务的法律保障

移动电子商务是一个系统工程，移动电子商务的发展不仅依赖于技术的成熟，也受法律、社会和管理等诸多因素的制约。电子商务的迅猛发展推动了相关的立法工作。目前，已经有 60 多个国家就电子商务和数字签名发布了相关的法规。美国犹他州于 1995 年颁布的电子签名法则是全球最早的电子商务领域的法规。

2005 年 4 月 1 日，中国首部真正意义上的信息化法律《电子签名法》正式实施，其中确定电子签名与传统的手写签名和盖章将具有同等的法律效力，这标志着我国电子商务向诚信发展迈出了第一步。《电子签名法》立法的重要目的是为了促进电子商务和电子政务的发展，增强交易的安全性。

移动电子商务的另一个应用领域是娱乐行业。据 IDC 公司的研究报告，2006 年移动游戏的总产值高达 50 亿美元，其消费者达到 1 亿人。随着生活水平的提高，越来越多的青少年拥有手机、PDA 等移动设备，在移动游戏领域也出现了相应的隐私和法律问题。游戏对青少年具有较大的诱惑力，而就什么类型的游戏适合青少年等问题，有着不同的法律规定。在美国，游戏实行分级制度。哪一级游戏适合哪一年龄段的青少年玩都有着详细的规定。在法国、韩国和日本，对限制儿童接触不良网络游戏方面都通过技术屏蔽、税收和家庭公约等途径进行法律和制度上的制约。为了引导未成年人的网上娱乐活动，我国相关部门鼓励社会各方面“积极创作、开发和推荐”适合未成年人的网络游戏产品，净化网络文化环境。2005 年 8 月 5 日，文化部游戏产品内容审查委员会正式公布了第一批适合未成年人的网络游戏产品。

总而言之，移动电子商务首先要保证安全；其次要降低信息成本；再次要在技术上可行。而目前移动商务尚未完全标准化、法律化。

11.1.2 手机病毒

在电子商务领域，移动终端主要有手机、笔记本计算机等。笔记本计算机面临的安全威胁与普通计算机面临的安全威胁相同。在此，我们重点分析用于电子商务的手机终端新出现的一些安全隐患及相应的防护措施。

手机短信的诞生，掀起了一场通信革命，“拇指经济”拯救了不少处于危难之中的 IT 企业。然而，短信也如电子邮件一样成为病毒的传播载体。第一个造成危害的病毒 Timdomea 于 2001 年 6 月诞生于西班牙，这个病毒实际上是通过电子邮件散发的，它具有双重危害，不但可以象普通的邮件病毒那样，给地址簿中的邮箱发送带病毒邮件，还能利用短信服务器传送短信的功能发送大量垃圾短信。手机病毒已成手机目前面临的最严重的安全问题。本节将讨论手机病毒及其防护的一些基础知识。

1. 手机病毒的种类及症状

目前发现的手机病毒大致有以下 4 类。

（1）EPOC 病毒

共有下述 6 种 EPOC 病毒。① EPOCALARM 病毒。手机在没有误操作的情况下仍不停地发出警告声音，这种病毒并无大害。② EPOCBANDINFO-A 病毒。发作时会修改用户信息。③ EPOCGHOST-A 病毒。发作时会显示“every one hates you”。④ EPOCFAKE-A 病毒。发作时会显示格式化内置硬盘的界面，但它实际上并不会执行格式化操作。⑤ EPOCIGHTS-A 病毒。发作时会使手机背光灯不停地闪烁。⑥ EPOCALONE-A 病毒。发作时会锁住手机键盘，使用户不能进行任何操作。

（2）Trojan horse 病毒

这是一种特洛伊木马病毒，是一个恶意病毒，病毒发作时会利用通信簿中的联系信息向外拨打电话或发送邮件。

（3）Unavailable 病毒

当有来电时，屏幕上显示的不是电话号码，而是“unavailable”字样或一些奇异的符号。此时，若接电话就会染上该病毒，同时，机内所有资料均丢失。

（4）Hack-mobile.smsdos 病毒

接收到含有这种病毒的信息时，手机会死机或自动关机。

2. 手机病毒的原理

手机病毒和计算机病毒一样是一种计算机程序，只不过它以无线网络和计算机网络为平台，以手机为感染对象，通过病毒短信等形式对手机进行攻击，从而造成手机异常。不过，手机病毒必须具备两个基本的条件才能传播和发作：首先移动服务商要提供数据传输功能；其次，要求手机使用的是智能动态操作系统，也就是支持 Java 等高级程序写入功能。现在凡是具有上网及下载等功能的手机都满足上面的条件，这些智能型手机就相当于一部小型计算机，因此，会有受到病毒攻击的可能，而普通手机（无上网功能）则少有感染的机会。

手机病毒具有下述同计算机病毒类似的特点。①手机病毒也是由计算机程序编写而成的。②同样具有传播功能，可利用发送普通短信、彩信、上网浏览、下载软件、下载铃声等方式，实现网络到手机的传播（有些病毒可以在手机之间传播）。③具有类似计算机病毒的危害后果，包括“软”危害（如死机、关机、删除存储的资料、向外发送垃圾邮件、拨打电话等）和“硬”危害（损毁 SIM 卡、芯片等硬件）。④在攻击手段上，手机病毒也与计算机病毒相似，主要通过垃圾信息、系统漏洞和技术手段进行攻击。例如，Timofonica 病毒以及 2002 年下半年出现的“手机轰炸机（bomb）”，就是通过向手机用户发送大量垃圾邮件来骚扰用户。“洪流”等病毒则是利用手机芯片程序的缺陷或网络上的漏洞进行攻击。随着无线网络功能的增强，手机会引入各种脚本的支持，因而，将来肯定也会出现各种脚本病毒。

目前，手机病毒仍处于比较初始的阶段。由于手机芯片程序没有统一的规范，甚至同一品牌的不同型号手机也使用不同的芯片程序，因此，现在的手机病毒大多只能针对某个品牌或某个型号的手机进行攻击，难以出现能够全面流行的手机病毒。另外，由于手机的内存较小，操作系统的运算能力有限，病毒不可能具有完善、强大的功能。

3. 手机病毒的攻击模式

手机病毒大致有下述 3 种攻击方式。①直接攻击手机本身，使手机无法提供服务。这种手机病毒是最初的形式，也是目前手机病毒的主要攻击方式，主要以“病毒短信”方式攻击手机。②攻击 WAP 服务器使 WAP 手机无法正常接收信息。WAP 的目的原本是使小型手持设备（如手机）等可以方便地接入 Internet，完成一些简单的网络浏览和操作功能。手机的 WAP 功能需要专门的 WAP 服务器来支持，一旦有人利用了 WAP 服务器的安全漏洞，并对其进行攻击，手机将无法接通到正常网络。③攻击和控制“网关”，向手机发送垃圾信息。网关是网络与网络之间的联系纽带，利用网关漏洞同样可以对整个手机网络施加影响，使手机的所有服务都不能正常工作。

由以上分析可见，第一种攻击方式是病毒对手机本身进行的直接攻击，后两种方式是手机病毒对网络的攻击。目前，手机病毒主要以对手机进行直接攻击为主，其他两种攻击方式的手机病毒还未出现。但随着新一代手机网络的兴起，手机的网络功能将会越来越强，而能进行后两种攻击的手机病毒也将会越来越普遍。另外，随着移动平台的逐渐统一（目前各厂商一般都采用各自的芯片及操作系统），对便携式终端（如 PDA 这样的掌上设备）进行攻击的病毒也将会出现。当此类病毒真的到来后，将会对我们的生活产生更加深刻的影响，因为病毒可以随时在空中进行无线传播，随时对网络中的设备进行攻击。

4. 手机病毒的防护措施

就目前而言，对于普通手机用户来说尚无法进行杀毒，所以，我们要养成良好的手机使用习惯，并加强手机使用的安全防范意识。在手机病毒的防护方面努力做到以下操作。①使用手机上网功能时，尽量从正规网站上下载信息。②如果收到含有病毒的短信或邮件时，应立即删除。③如果键盘被锁死，可以取下电池后开机再删除；如果仍无法删除，可以尝试将手机卡换到另一型号的手机上删除。④如果病毒一直占据内存，无法进行清除，可以将手机拿到厂商维修部重写芯片程序。另外，手机病毒总是热中于一些有较多漏洞或缺陷的手机型号，购买时应避免购买这样的手机。

使用带防火墙功能的新手机产品也是一种较好的选择。目前较流行的具有“来电防火墙”和“私密防火墙”双重保险功能的手机，有效地解决了手机对用户造成的个人信息外泄和外界干扰问题。“来电防火墙”通俗地讲就是不想听的电话打不进来，从而避免打扰。同时该手机还可以设置“不想接听”和“只想接听”的电话，让用户享有接听电话的自主权，而不必担心受其干扰。“私密防火墙”则是在安全设置菜单中增加了“保护功能”项，用户可同时或逐一对短消息、电话簿、通话记录进行加密。一旦启动此项功能，只有在正确输入密码后才能查看短消息、电话簿、通话记录中的内容，从而有效地防止了个人信息被他人随意浏览。这项功能的实现是手机技术上的一大飞跃。

11.1.3 无线技术攻击手段

安全问题是无线网络的核心问题，这是由它的固有属性决定的。其中一些安全威胁和有线网络相同，另一些则是无线网络特有的。最重要的安全威胁来自于底层的通信媒介——电磁波，因为无线传输中的信号没有明确的边界，因此对于入侵者来说，它是开放的，从而为入侵者嗅探信号带来方便。无线网络典型的安全威胁包括泄密、破坏数据的完整性和拒绝服务攻击等。非授权的用户若获得了对系统的访问权限，可能会破坏系统数据，消耗网络带宽，降低网络的性能，发起阻止授权用户访问网络的攻击，或利用代理去攻击别的网络。

无线网络典型的脆弱性和安全威胁来自多个方面。

众所周知，移动电子商务的基础是无线通信技术。使用无线通信技术来部署移动商务具有巨大的优势：无线技术给予用户移动的自由，带来了更多的网络接入的选择。然而和作为传统电子商务基础的有线网络相比，无线技术也带来了很多的威胁——可以有多种方法对无线网络进行攻击。为了设计安全的移动电子商务应用，必须了解攻击者对无线网络的主要攻击手段，才能更好地加以防范。

1. 窃听

传统的有线网络是利用光缆或电缆作为传播介质，这些介质大部分处于地下等一些比较安全的场所，所以中间的传输区域相对是受控制的。而无线网络是利用电磁波进行传播，当前的无线网络技术几乎没有提供控制覆盖区域的手段和方法，尤其是在手机网络这样的大区域蜂窝网络内，根本无法对无线介质进行控制。所以无线技术一个最广为人知的问题是其无线信号很容易受到拦截并被解码，在网络上进行窃听的设备往往和网络接入设备一样简单。如最近有媒体报道各地有手机窃听设备在公开出售，其结构和一般手机几乎一样，只是在其中加装了一些芯片，价格比一般手机稍微贵一些。利用无线网卡可以在无线 LAN 附近接收数据，而使用天线和放大器可以让攻击者在远在几十千米外接收 802.11 网络的信号，从而窃听无线信号。

许多普遍使用的网络协议以明文的方式传送用户名和密码等敏感信息，攻击者可能会使用这些捕获的数据取得对无线网络的访问权。即使通信是以加密形式进行的，窃听者仍然可能获得密文形式的通信内容，将其保存下来并进行破译。

2. 通信干扰

通信干扰是指通信链路在正常发送和接收数据时受到了其他因素的干扰而无法使用，干扰方式主要有以下 3 种。

（1）客户端干扰

干扰者利用干扰设备对客户端进行干扰，中断其对正常网络接入点的连接，从而为自己冒充客户端提供机会。更高级的攻击可能会将客户端重新连接到欺诈站点。

（2）基站干扰

干扰者利用干扰设备对基站进行干扰，从而为自己冒充合法基站提供机会。

（3）拒绝服务干扰

干扰者利用大功率的干扰设备使得整个区域（包括客户端和基站）都被干扰信号淹没，以至于没有基站可以相互通信。这种攻击关闭了特定区域的所有通信，从而使得通信服务无法实现。

3. 插入和修改数据

攻击者在劫持了正常的通信连接后，在原来的数据上进行修改或者恶意地插入一些数据和命令进行攻击的方式称之为插入攻击。插入攻击同样可以造成拒绝服务，攻击者可以利用虚假的连接信息使得接入点或基站误以为已达到连接上限，从而拒绝合法用户的正常访问请求。

和插入攻击很类似的是中间人攻击（Man-In-The-Middle Attack，MITM 攻击）。MITM 攻击通常会伪装为网络资源，当客户端发起连接时，攻击者将拦截这个连接，然后冒充客户端与真正的网络资源完成这个连接并代理通信。此时，攻击者能够在客户端和网络资源中间任意地插入数据、修改通信内容或者窃听会话。

4. 欺诈客户

在研究了通信中的客户以后，攻击者可能会选择模仿或者克隆客户身份来获得对网络的访问和业务的应用，同时也可能模仿网络接入点来假冒网络资源，导致客户会毫不知情地连接到伪装接入点并泄漏一些敏感信息，从而造成对客户的欺诈。由于目前很多的无线局域网都是开放的，攻击者可以匿名访问不安全的接入点，从而获得免费匿名接入 Internet 的机会。而接入网络后攻击者又可以对其他网络进行恶意攻击，如果网络管理员不采取应对措施，将不得不为通过他们的网络而对其他网络进行攻击所造成的损失负责。

11.2 移动电子商务的安全协议与标准

11.2.1 蓝牙标准

蓝牙技术（Bluetooth technology）是一种短距离无线通信技术，它能够有效地简化掌上电脑、笔记本电脑和移动电话等移动终端设备之间的通信，也能够成功地简化以上这些设备与 Internet 之间的通信，从而使这些现代通信设备与 Internet 之间的数据传输变得更加迅速高效。

1．蓝牙技术定义的标准及特点

（1）蓝牙标准

蓝牙技术定义的标准由 13 个部分组成。这些标准要求大多以终端用户服务的形式，并通过定义在相应的服务模块中不同单元之间的互操作性的特性和过程来提出。

① Generic Access

此部分定义了用于与发现新的蓝牙设备（Idle 模式过程）和连接蓝牙设备的链路管理方面（连接模式过程）相关的通用过程，同时，也定义了不同的安全级别。另外，此部分还定义了用于用户接口级参数的通用格式。

② Service Discovery Application

此部分定义了一个蓝牙设备如何发现其他蓝牙设备所注册的服务并且得到任何与这些服务相关信息的特性和过程。

③ Cordless Telephony

此部分定义了“三合一电话”应用中不同单元之间互操作性的特性和过程。此部分包括以下的层、协议和应用：Bluetooth Baseband、Link Manager Protocol、Service Discovery Protocol、Telephony Control protocol Specification（TCS-Binary）、Generic Access 等。

④ Intercom

此部分定义了蓝牙设备用于支持“三合一电话”应用中 Intercom 功能的要求。

⑤ Serial Port

此部分定义了在两个对等蓝牙设备之间使用 RFCOMM 如何建立模拟串行电缆链接的要求。

⑥ Headset

此部分定义了蓝牙设备用于支持“耳机”应用的要求。

⑦ Dial-up Networking

此部分定义了蓝牙设备用于支持“拨号网络”应用的要求。

⑧ Fax

此部分定义了蓝牙设备用于支持“传真”应用的要求。

⑨ LAN Access

此部分定义了用于蓝牙设备的局域网存取说明。首先，它定义了如何使蓝牙设备能够使用 PPP 方式访问一个 LAN 的各种服务。其次，它定义了如何使用同样的 PPP 机制来组成一个包含了蓝牙设备的网络。

⑩ Generic Object Exchange

此部分定义了蓝牙设备用于支持“对象交换使用模式”的要求。

⑪ Object Push

此部分定义了蓝牙设备用于支持“对象‘推’使用模式”的要求。

⑫ File Transfer

此部分定义了蓝牙设备用于支持“文件传输使用模式”的要求。

⑬ Synchronization

此部分定义了蓝牙设备用于支持“同步使用模式”的要求。

（2）蓝牙通信技术的特点

① 蓝牙技术工作在全球开放的2.4GHzISM（即工业、科学、医学）频段。

② 使用跳频频谱扩展技术，把频带分成若干个跳频信道（hopchannel），在一次连接中，无线电收发器按一定的码序列不断地从一个信道“跳”到另一个信道。

③ 一台蓝牙设备可同时与其他 7 台蓝牙设备建立连接。

④ 数据传输速率可达 1Mbit/s。

⑤ 低功耗、通信安全性好。

⑥ 在有效范围内可越过障碍物进行连接，没有特别的通信视角和方向要求。

⑦ 支持语音传输。

⑧ 组网简单方便。

2. 蓝牙的安全性

蓝牙有 3 种不同的安全模式，每一个蓝牙设备在特定的时候只能工作在某一种安全模式下。

（1）无安全模式：设备不初始化任何安全过程。在这种工作模式下，蓝牙设备允许其他任何设备与它连接。这种模式应用于不需要任何安全措施的场合。

（2）服务层加强安全模式：在逻辑链路控制和适配协议信道建立后，安全过程被初始化。在这种模式下，一个安全管理器控制对服务和设备的访问。这个安全管理器负责维护访问控制策略以及同级别的协议和设备用户的接口。随着应用需求的变化，各种安全策略及受限访问的信任级别将被定义。因此，它意味着一些服务可以被访问而另一些服务不能被访问，也由此引入了授权的概念。

（3）链路层加强安全模式：在信道建立之前，链路层加强安全模式被初始化。这种机制基于成对设备秘密链路密钥的基础上，它是一种内建的安全机制，支持认证和加密。为生成链路密钥，当两个设备第一次通信的时候，需要引入一个匹配过程。

蓝牙特殊利益组织（SIG）花了相当多的时间，开发出安全模式作为链路层的保护机制，例如 128 位元加密、装置认证以及授权等。若要达到最高的信任要求，应用开发商或者 IT 组织必须在链接层安全上增加应用安全，以便实现端到端的保护。由于蓝牙通信距离短（只有 10 米），而且通过自动电力调节机制来限制信号半径，因此，想进行远程拦截并不容易。

蓝牙装置可以与经过认证的一方进行双边连接，或者是永久性连接（称为 pairing，配对联机），这样一来，受信赖的一方就不需要每次都要经过认证流程（比如：耳机与电话之间）。蓝牙安全最薄弱的一个环节是在装置的配对联机上。配对联机要使用装置上的蓝牙地址（由制造商设置的固定地址）与个人 ID 号码（PIN）来创建一个连接密钥。在配对过程中，攻击者有可能猜中简短的 PIN，进而得知连接密钥，并窃听一切对话，或者捏造一个装置添加到配对中。

3. 蓝牙安全问题

应用本身与使用者设置也会影响到通信安全。装置应该设为只在进行通信时才能够被检测到，并且授权给对方的权限也应该有限制。有些程序可以借助测试地址序号来检测装置的存在，但这样程序也就有机会暴露装置地址。使用者如果要加快文件传输速度而允许非经允许的联机权利，那么安全问题就值得担心。因为这会让攻击者有机会偷偷换带特洛伊木马或病毒进入。

正如所有的系统一样，技术越成熟，使用者与开发人员越多，技术漏洞曝光的速度就会越快。IT 组织应该研究蓝牙装置的安全功能，并指导用户如何把安全风险降到最低。一般来说，除非经过实证，否则，就不宜用蓝牙技术进行高度机密资料的传输。

蓝牙的安全性是相对的，在蓝牙安全体系结构中有许多的弱点可以被利用。

（1）单元密钥重用的问题

单元密钥是蓝牙设备单元生成的链路密钥，单元密钥在利用统一单元密钥匹配的相互信任的设备间使用是安全的。但如果存在这样一种情况，A 设备和 B 设备通信使用 A 的单元密钥。过一段时间，A 和 C 通信，也同样使用 A 的单元密钥。而 B 保存了 A 的单元密钥。这样 B 就可以使用 A 的单元密钥解密 A 和 C 的数据流，或者冒充 C 与 A 通信。所以具有相同单元密钥的设备可以模仿其他任何和它匹配的设备。

（2）PIN 码

PIN 的位数可以很少，但如果用于生成链路密钥的 PIN 太短，则容易被第三方猜到。增加 PIN 的长度可以增加安全的强度。不存在生成分布式系统的 PIN 的方法。在具有很多用户的蓝牙网络建立 PIN 非常困难。规模性问题会产生安全问题。

（3）认证问题

挑战—响应机制的伪随机数生成器可能会产生一个静态的或循环产生的伪随机数，这将会降低认证方案的有效性。蓝牙不存在用户认证，只存在设备认证，可以使用应用层安全和用户认证。设备认证方案仅仅是单向的，可能会遭到中间人的攻击，因此，应该采纳双向认证机制。

（4）其他安全问题

蓝牙设备应具有限定非限制的用户请求连接的功能，如超时功能。隐私安全，如果一个特定用户的蓝牙设备被捕获，则这个用户的活动就可以被跟踪。不存在端到端的安全。被加密的信息仅在两个蓝牙设备中间倍加密。审计等安全服务不存在，可以在蓝牙网络中的特定点利用这些安全服务。

11.2.2 无线应用协议

无线应用协议（Wireless Application Protocol，WAP）是一个用于在无线通信设备（手机、寻呼机等）之间进行信息传输的无须授权、也不依赖平台的协议，可用于 Internet 访问、WAP 网页访问、收发电子邮件等。

WAP 由一系列协议组成，同时还引用了许多 Internet 协议，比如 IP、UDD、XML 等，并为基于 HTTP 和 TLS 的 Internet 标准协议预留了空间。以 WAP 为核心的层叠排列的 WAP 体系为无线设备的应用开发提供了可扩展、可延伸的环境。

11.2.3 无线 PKI

PKI（Public Key Infrastructure）即公开密钥体系，是利用公钥理论和技术建立的提供信息安全服务的基础设施。它是国际公认的互联网电子商务的安全认证机制，它利用现代密码学中的公钥密码技术，在开放的 Internet 网络环境中提供了数据加密和数字签名服务的统一的技术框架。公钥密码是目前应用最广泛的一种加密技术，在这一体制中，加密密钥与解密密钥各不相同，发送信息的人利用接收者的公钥加密发送信息，而接收者利用自己专有的私钥进行解密。这种方式既保证了信息的机密性，又保证了所传送信息的不可抵赖性。目前，PKI 已广泛用于 CA 认证、数字签名和密钥交换等领域。

1. 无线公开密钥体系的概念

WPKI 即“无线公开密钥体系”，它是将互联网电子商务中 PKI 安全机制引入到无线网络环境中的一套遵循既定标准的密钥及证书管理平台体系，它可以用来管理在移动网络环境中使用的公开密钥和数字证书，有效地建立安全和值得信赖的无线网络环境。WPKI 并不是一个全新的 PKI 标准，它是传统的 PKI 技术应用于无线环境的优化扩展。它同样采用证书来管理公钥，通过第三方的可信任机构——认证中心（CA）验证用户的身份，从而实现信息的安全传输。

与 PKI 系统相似，一个完整的 WPKI 系统必须具有以下部分：PKI 客户端、注册机构（RA）、认证机构（CA）和证书库以及应用接口等，其构建也将围绕着这五大系统进行。CA 作为数字证书的签发机关，是 WPKI 系统的核心。RA 提供用户和 CA 之间的一个接口，作为认证机构的校验者，在数字证书分发给请求者之前对证书进行验证，它捕获并认证用户的身份，向 CA 提出证书请求，认证处理的质量决定了证书中被设定的信任级别。一个完整的 WPKI 必须提供良好的应用接口系统，使各种各样的应用能够以安全、一致、可信的方式与 WPKI 交互，确保安全网络环境的完整性和易用性。

PKI 和 WPKI 最主要的区别在于证书的验证和加密算法。WPKI 采用了优化的 ECC 椭圆曲线加密和压缩的 X.509 数字证书。比如说，一个 1 024 位的加密算法，手机需要半分钟才能完成，所以传统的 PKIX.509 就不适合移动计算。WPKI 采用的椭圆曲线密码机制，密码长度仅有 165 位，但实际应用时和传统 PKI 的 1 024 或 2 048 位安全强度一样，运算量却要小的多，复杂度也随之降低。

目前，全世界移动终端的数量已经接近 10 亿，而互联网用户早已超过 10 亿。这些数字表明：随着时代与技术的进步，人类对移动性和信息的需求在急速上升，越来越多的人希望在移动的过程中高速接入互联网，获取急需的信息。无线通信的安全性因此显得愈发重要，WPKI 技术为解决移动环境下的安全认证和支付奠定了基础。目前，WPKI 可以用于网上银行和网上证券这两种移动电子商务中。

（1）网上银行

网上银行的应用主要有无线电子支付和转账两种方式。用户可以利用手机完成实时的支付。在付款过程中，用户通过认证后输入相应的银行卡账号，支付系统会从远程账号上自动减掉这笔账目，主要处理交易完成之后回传给用户相应信息，并加以确认。用户也可以通过手机连接到银行，执行登录操作后进行转账交易。此时，银行的相应服务器必须确认用户的转账交易资料，它会要求用户端作电子签章的确认，也会发给用户一份电子收据。

（2）网上证券

通过移动终端设备进行无线网上证券交易给用户带来了极大便利，减少了操作时间，提高了办事效率，但也面临着安全性和可靠性的问题。类似于网上银行系统的实现，网上证券交易采用 WPKI 体系作为安全技术框架，移动用户可以通过使用个人拥有的数字证书，使信息获得更有效的、点到点的安全保障。

2. 保密信息和资料的传输

WPKI 技术可以解决保密信息传输的问题。由于商业活动信息的交换比较频繁且实时性较强，商业人士可能会随时用电子邮件交换一些秘密的或是具有商业价值的信息，用手机或 PDA 无线上网收发信息就成为一种易用、高效的信息交换工具，由此也引出了一些安全方面的问题：信息可以在不为通信双方所知的情况下被读取或篡改；同时，发信者的身份也会被人伪造，可能造成不可挽回的经济损失。在遵从可以发送加密和有签名邮件的安全电子邮件协议的前提下，WPKI 技术可以解决这一问题。

当发送信息给一位或多位接收人时，发送者可以先将信息加密、签名。这样，只有指定的接收人才可以在 CA 中心的服务器上取得公钥并开启邮件。这样即使该信息被其他人截获，这些人也会因为得不到公钥而无法阅读信息。这项技术已经在国防及安全部门得到了应用。

目前，WPKI 研究领域的主流体系有如下 3 种：WAPFORUM 制订的 WAPPKI、美国 PALM 公司的安全体系以及日本 NTT DoCoMo 的 i-Mode 安全体系。这些组织制订的 WPKI 体系已经在无线数据业务中得到了实际应用。国内的一些机构也正在着手 WPKI 技术的研究和开发，目前已取得了一定程度的进展。

11.2.4 IEEE 802.11b

以往，无线局域网发展缓慢，推广应用困难，主要是由于传输速率低、成本高、产品系列有限，且很多产品不能相互兼容造成的。如以前无线局域网的速率只有 1～2Mbit/s，而许多应用也是根据 10Mbit/s 以太网速率设计的。针对现在高速增长的数据业务和多媒体业务，无线局域网取得进展的关键在于高速新标准的制定，以及基于该标准的 10Mbit/s 甚至更高速率产品的出现。IEEE 802.11b 从根本上改变了无线局域网的设计和应用现状，满足了人们在一定区域内实现不间断移动办公的需求，为用户创造了一个自由的空间。

1. IEEE 802.11b 标准简介

IEEE 802.11b 无线局域网的传输速率最高可达 11Mbit/s，比原 IEEE 802.11 标准快 5 倍，扩大了无线局域网的应用领域。另外，也可根据实际情况采用 5.5Mbit/s、2Mbit/s 和 1Mbit/s 带宽。IEEE 802.11b 实际的工作速度在 5Mbit/s 左右，与普通的 10Base-T 规格有线局域网几乎处于同一水平，可以基本满足使用要求。IEEE 802.11b 使用的是开放的 2.4GHz 频段，不需要申请就可使用。IEEE 802.11b 既可作为对有线网络的补充，也可独立组网，从而使网络用户摆脱网线的束缚，实现真正意义上的移动应用。IEEE 802.11b 的优点如表 11-1 所示。

表 11-1　IEEE 802.11b 优点

功　能	优　点
速率	2.4GHz 直接序列扩频，最大数据传输速率为 11Mbit/s，无须直线传播
动态速率转换	当射频情况变差时，可将数据传输速率降低为 5.5Mbit/s、2Mbit/s 和 1Mbit/s
使用范围	支持的范围是在室外为 300m，在办公环境中最大为 100m
可靠性	使用与以太网类似的连接协议和数据包确认，来提供可靠的数据传送和网络带宽有效使用
互用性	只允许一种标准的信号发送技术，WECA 将认证产品的互用性
电源管理	网络接口卡可转到休眠模式，访问点将信息缓冲到客户，延长了笔记本电脑的电池寿命
漫游支持	当用户在楼房或公司部门之间移动时，允许在访问点之间进行无缝连接
加载平衡	网络接口卡更改与之连接的访问点，以提高性能
可伸缩性	最多 3 个访问点可以定位于有效使用范围中，可以支持上百个用户
安全性	内置式鉴定和加密

IEEE 802.11b 无线局域网与我们熟悉的 IEEE 802.3 以太网的原理类似，都是采用载波侦听的方式来控制网络中信息的传送。不同之处为：以太网采用的是 CSMA/CD（载波侦听/冲突检测）技术，网络上所有工作站都侦听网络中有无信息发送，当发现网络空闲时即发出自己的信息，如同抢答一样，且只能有一台工作站抢到发言权，其余工作站需要继续等待。如果一旦有两台以上

的工作站同时发出信息，则网络中会发生冲突，冲突后这些冲突信息都会丢失，各工作站则将继续抢夺发言权。而IEEE 802.11b无线局域网引进了冲突避免技术，从而避免了网络冲突的发生，可以大幅度地提高网络效率。

2. IEEE 802.11b的基本运作模式

IEEE 802.11b基本运作模式分为两种：点对点模式和基本模式。点对点模式是指无线网卡之间的通信方式，只要计算机插上无线网卡即可与另一装有无线网卡的计算机连接，对于小型的无线网络来说，是一种方便的连接方式，最多可连接256台计算机。而基本模式是指无线网络规模扩充或无线和有线网络并存时的通信方式，这是IEEE 802.11b最常用的方式。此时，插上无线网卡的计算机需要由接入点与另一台计算机连接。接入点负责频段管理及漫游等指挥工作，一个接入点最多可连接1 024台计算机（无线网卡）。当无线网络节点扩增时，网络存取速度会随着范围扩大和节点的增加而变慢，此时添加接入点可以有效控制和管理频宽与频段。无线网络需要与有线网络互连，或无线网络节点需要连接和存取有线网的资源和服务器时，接入点可以作为无线网和有线网之间的桥梁。其应用如表11-2所示。

表11-2　　IEEE 802.11b的应用

范　围	功　能
易接线的区域	在不易接线或接线费用较高的区域中提供网络服务
灵活的工作组	为经常进行网络配置而更改工作区降低了维护成本
网络化的会议室	用户可在从一个会议室移动到另一个会议室时进行网络链接，以获得最新信息，并且可在决策时相互交流
特殊网络	现场顾问和小工作组的快速安装和兼容软件可提高工作效率
子公司网络	为远程或销售办公室提供易于安装、使用和维护的网络
部门范围的网络移动	漫游功能使企业可以建立易于使用的无线网络，可覆盖所有部门

3. IEEE 802.11b的应用前景

早期的IEEE 802.11b无线局域网技术已经在纵向市场应用方面取得成功，例如：生产、存货控制和零售点等方面。随着IEEE 802.11b性价比实质性的提高，一个全新的横向市场应用将全面展开。企业可以应用无线局域网作为它们有限局域网的延伸。这一应用使他们可以全方位地将应用程序和网络外围设备连接起来，从而大大提高雇员在移动中的工作效率。小企业和家庭用户也将使用无线局域网代替有线网络，从而获得无线局域网提供的诸多“无线”服务。

11.3　移动电子商务的系统安全

11.3.1　GSM安全

全球移动通信系统（Global System of Mobile Communication）就是众所周知的GSM，它是当前应用最为广泛的移动电话标准，也是一个开放标准。GSM较之它以前的标准，最大的不同是：它的信令和语音信道都是数字式的，因此，GSM 被看作是第二代（2G）移动电话系统。这说明数字通信很早就已经构建到通信系统中了。

GSM 网络运行在多个不同的无线电频率上。GSM 是一个蜂窝网络，也就是说，移动电话要连接到它能搜索到的最近的蜂窝单元区域。GSM 网络一共有 4 种不同的蜂窝单元尺寸：宏蜂窝、微蜂窝、微微蜂窝和伞蜂窝。覆盖面积因不同的环境而不同：宏蜂窝的基站天线被安装在天线杆上或建筑物顶上；微蜂窝的天线高度低于平均建筑物的高度，一般用于市区内；微微蜂窝则是那种只覆盖几十米范围的蜂窝，主要用于室内；伞蜂窝则用于覆盖更小蜂窝网的盲区，填补蜂窝之间的信号空白区域。蜂窝半径范围根据天线高度、增益和传播条件可以从百米以下到数十千米。实际使用的 GSM 规范支持的最长距离为 35km。还有个扩展蜂窝的概念，蜂窝半径可以增加一倍，甚至更多。

GSM 还支持室内覆盖，通过功率分配器可以把室外天线的功率分配到室内天线分布系统上。这是一种典型的配置方案，用于满足室内高密度通话要求，在购物中心和机场十分常见。然而这并不是必须的，因为室内覆盖也可以通过无线信号穿越建筑物来实现，只是这样可以提高信号质量减少干扰和回声。

在使用方面，GSM 的一个关键特征就是用户身份模块（SIM），也叫 SIM 卡。SIM 卡是一个保存用户数据和电话本的可拆卸智能 IC 卡。用户即使更换手机也能保存自己的信息。换句话说，用户可以使用一部手机而使用不同运营商的 SIM 卡。有些运营商为了防止用户转换到别的网络上而在手机上做手脚，使得它只能用一个特定的 SIM 卡，或者同一个网络的 SIM 卡，这就是众所周知的 SIM 卡封锁，这在某些国家并不合法。

在安全方面，GSM 被设计具有中等安全水平。系统设计采用共享密钥的用户认证，用户与基站之间的通信可以被加密。而 UMTS（通用移动通信系统）使用更长的鉴别密钥来保证安全性并进行网络和用户的双向验证。GSM 只有网络到用户的验证，虽然安全模块提供了保密和鉴别功能，但是，鉴别能力有限而且容易伪造。

GSM 使用了多种加密算法。A5/1 和 A5/2 两种串流密码用于空中语音的保密性。A5/1 是在欧洲范围使用的高强度算法，而 A5/2 则是其他国家使用的弱强度算法。这两种算法中的漏洞都已被发现，例如一个单一的密文攻击可能会实时中断掉 A5/2。但是，系统支持多个加密算法，这样，运营商可以选择使用不同的算法。

11.3.2 3G 系统的安全体系

第一代手机为模拟制式；第二代手机为 GSM、TDMA 等数字手机；而所谓第三代手机，则是泛指能够将语音通信和多媒体通信相结合的新一代移动通信系统，其可能的增值服务将包括图像、音乐、网页浏览、电话会议以及其他一些信息服务。

第三代移动通信系统（3G）中的安全技术是在 GSM 的安全基础上建立起来的，它克服了一些 GSM 中的安全问题，也增加了新的安全功能。当移动通信越来越成为用户钟爱的通信方式时，3G 将会给用户和服务提供商提供更为可靠的安全机制。3G 系统由于融合了无线通信与因特网技术，因而，其安全体系也必然是多种不同安全方式的融合。3G 的安全将更多地使用因特网中各种成熟的加密技术，各种国际组织（如 WAP 论坛以及 IETF 等）也将会在 3G 的安全解决方案中作出更大的贡献。

1. 3G 安全体系的系统定义

（1）安全目标

3G 的安全体系目标可以参考 3GPP 组织定义的安全条款，以及其详细的定义 3GPP TS33.120，简要介绍如下。

① 确保用户信息或与用户相关的信息受到保护，不被盗用和滥用。

② 确保提供给用户的资源和服务受到保护，不被盗用和滥用。

③ 确保安全方案具有世界范围内的通用性（至少存在一种加密算法可以出口到其他国家）。

④ 确保安全方案的标准化，适应不同国家不同运营商之间的漫游和互操作。

⑤ 确保提供给用户和运营商的安全保护优于当今的固定和移动网络，这也即暗示了3G的安全方案要克服第二代移动通信的安全缺陷。

⑥ 确保3G的安全方案是可扩展的和可增强的，以抵制各种各样的攻击。

⑦ 确保3G的安全方案能够提供电子商务、电子贸易以及其他一些互联网服务。

（2）任务模型

由于更多逻辑实体的参与，3G的任务模型比起2G更为复杂。各种各样的逻辑实体包括：网络运营商、服务提供商、内容提供商、应用服务提供商、商业机构、金融机构以及各种虚拟网络运营商等。当实体数目不断增大时，实体与实体之间的关系就会变得很复杂。这给它们之间的相互认证带来许多不便。3G系统中采用了公钥加密方式。公钥系统的"信任节点"位于认证等级最高层的根公钥，对哪些对象采取认证措施将由它们控制，以达到对移动台接入服务进行安全控制的目的。在3G的任务模型中还引入了认证鉴权中心（CA）。

（3）功能实体

对3G系统的安全特性产生一定影响的功能实体包含以下几个方面。

① 多种类型的接入网络：在相当长的一段过渡时间内，必定存在多种形式的接入网络（比如：GSM、3G接入网、WLAN等）。

② Internet技术的应用：各种网络功能将越来越多地基于Internet技术。

③ 灵活的终端功能：利用用户识别卡（SIM）和移动台应用执行环境（MexE）（相对安全性较差），用户可下载更多新业务和服务功能到终端设备。

④ 个人无线网络：移动终端还可以利用蓝牙等新技术与本地无线网络进行通信。

（4）攻击模型分析

攻击模型是我们分析3G安全方案的基础，根据3G安全目标和系统组成，可以定义下列攻击模型：

① 当移动终端成为电子商务或类似业务的平台时，在应用层进行攻击就将是一个很普遍的做法。

② 当接入网的安全性能不断提高时，核心网就会成为以后攻击的重点。

③ 移动无线检测设备一般都是以软件为基础的，只要修改相应的部分就可以仿造现有网络。另外，IP技术的应用也使得恶意节点容易伪装成核心网节点。因此，应采取措施防止主动攻击。

④ 由于移动终端的功能越来越依赖于软件技术，虽然这在一定程度上提高了终端功能的灵活性，但是也使得恶意者可以利用伪"移动代码"或"病毒"攻击终端软件。

2. 3G安全技术分析

（1）安全技术分析

根据3GPP和WAP的标准化规定，3G中运用了许多新的以及增强型的安全技术，各种详细的安全技术分析如下。

① 入网安全

用户信息通过开放的无线信道进行传输，因而很容易受到攻击。第二代移动通信系统的安全标准也主要关注的是移动台到网络的无线接入这一部分的安全性能。在 3G 系统中，提供了相对于 GSM 而言更强的安全接入控制，同时，考虑了与 GSM 的兼容性，使得 GSM 平滑地向 3G 过渡。与 GSM 一样，3G 中用户端接入网安全也是基于一个物理和逻辑上均独立的智能卡设备，即 USIM。未来的接入网安全技术将主要关注如何支持在异种接入媒体（包括：蜂窝网、无线局域网以及固定网）之间的全球无缝漫游。这将是一个全新的研究领域。

② 核心网安全技术

与第二代移动通信系统一样，3GPP 组织最初也并未定义核心网安全技术。但是，随着技术的不断发展，核心网安全已受到了人们的广泛关注。在可以预见的未来，它必将被列入 3GPP 的标准化规定。目前，一个明显的趋势是，3G 核心网将向全 IP 网过渡，因而，它必然要面对 IP 网固有的一系列问题。因特网安全技术也将在 3G 网中发挥越来越重要的作用，移动无线因特网论坛（MWIF）就致力于为 3GPP 定义一个统一的结构。

③ 传输层安全

这一领域的相关协议包括：WAP 论坛的无线传输层安全（WTLS），IEFT 定义的传输层安全（TLS）或其之前定义的 Socket 层安全（SSL）。这些技术主要采用公钥加密方法，因而，PKI 技术可被用来进行必要的数字签名认证，提供给那些需要在传输层建立安全通信的实体。与接入网安全类似，用户端传输层的安全也是基于智能卡设备。现阶段 WAP 服务的传输层安全解决方案中仍存在缺陷：WTLS 不提供端到端的安全保护。当一个使用 WAP 的移动代理节点要与基于 IP 技术的网络提供商进行通信时，就需要通过 WAP 网关，而 WTLS 的安全保护就终结在 WAP 网关部分。如何提供完整的端到端的安全保护，已经成为 WAP 论坛和 IETF 关注的热点问题。

④ 应用层安全

在 3G 系统中，除提供传统的语音业务外，电子商务、电子贸易、网络服务等新型业务将成为 3G 的重要业务发展点。因而，3G 将更多地考虑在应用层提供安全保护机制。端到端的安全以及数字签名可以利用标准化 SIM 应用工具包来实现，在 SIM/USIM 和网络 SIM 应用工具提供商之间建立一条安全的通道。

⑤ 代码安全

在第二代移动通信系统中，所能提供的服务都是固定的、标准化的，但是，在 3G 系统中各种服务可以通过系统定义的标准化工具包来定制，如 3GPP TS23.057 定义的 MexE。MexE 提供了一系列标准化工具包，可以支持手机终端进行新业务和新功能的下载。在这一过程中，虽然考虑了一定的安全保护机制，但相对有限。为了抵御攻击，MexE 定义了有限的部分安全机制。但如何保证由数字签名建立的信任链能够真正为用户提供安全的应用服务还是一个尚待解决的问题。

⑥ 个人无线网络安全

3G 终端的硬件设备形式是多样化的。例如：使用蓝牙技术的无线局域网就允许各种物理终端设备自由加入和退出。这些终端包括：手机、电子钱包、PDA 以及其他共享设备等。考虑个人无线局域网内通信安全也是很必要的。

（2）3G 安全体系特点

3G 网络相对于 2G 网络来说细化了一些功能，添加了一些功能模块，提供了更高的安全特性。根据 3G 网络的特点，其安全特性必须满足以下要求。

① 完整性

3G 中定义了完整的安全目标和攻击模型，并确保没有遗漏。但当系统各部分相对孤立的时候，要实现这样的目标是比较困难的。

② 有效性

减少各安全功能的重复性，提高效率。同样，当系统各部分相对孤立时，要实现这样的目标是比较困难的。

③ 可实施性

3G 中的安全特性应能够达到预期的目标。但是，在某一领域加强了安全措施，其实也为新的攻击提供了可趁之机。

④ 可扩展性

在系统的生存期，应能够不断升级安全措施以应对各种各样的攻击。

⑤ 用户界面友好性

安全方案的提供应尽量避免太多用户的参与，安全措施对用户而言应是透明的。

相对于第二代移动通信系统，3G 系统的安全机制有了较强的改善，不仅保留了第二代移动通信系统中已被证明是必须的和稳健的安全元素，而且还改进了第二代移动通信系统中的众多安全弱点。目前，3G 网络接入域的安全规范已经成熟，网络域安全、终端安全规范还在制订中，网络的安全管理及其他规范等刚刚起步。3G 移动通信系统的安全是一个需要不断完善的技术关键，随着新业务和对安全性要求的逐渐增加，仍需要不断地探索新方法、新技术，以满足更高的安全需求。

11.3.3 移动电子支付安全

移动支付是指交易双方通过移动设备进行商业交易。移动支付所使用的移动终端可以是手机、PDA 和移动计算机等。

1. 移动支付的分类

移动支付分为微支付和宏支付两大类：根据移动支付论坛的定义，微支付指交易额小于 10 美元，通常是指购买移动内容业务，例如游戏、视频下载等；宏支付是指交易金额较大的支付行为，例如在线购物或者近距离支付。微支付方式也包括近距离支付（如交停车费等）。两者之间最大的区别在于安全要求级别的不同。例如：对于宏支付方式来说，通过可靠的金融机构进行交易鉴权是非常必要的；而对于微支付来说，使用移动网络本身的 SIM 卡鉴权机制就足够了。

另外，根据传输方式的不同还可以将移动支付分为空中交易和 WAN（广域网）交易两种。空中交易是指支付需要通过终端浏览器或者基于 SMS/MMS 等移动网络系统。WAN 交易则主要指移动终端在近距离内交换信息，而不通过移动网络，例如使用手机上的红外线装置在自动售货机上购买可乐。

2. 移动支付运营策略

（1）安全问题

安全无疑是移动支付的最大障碍。现在的安全措施简单易行，主要通过用户的 PIN 进行识别。但是更高级的安全问题需要从以下 4 个方面着手。

① 确定身份。由支付提供方（即发行方）对用户进行鉴定，确认其是否为授权用户。

② 保密性。保证未被授权者不能获取敏感支付数据，这些数据会给某些欺诈行为提供方便。

③ 数据完整性。这个特性可以保证支付数据在用户同意交易处理之后不会被更改。

④ 不可否认性。可以避免交易完成后交易者不承担交易后果。

（2）可用性和互操作问题

可用性不仅涉及友好的用户界面，还与用户可以通过移动支付购买的货品是否充足、业务可达的地理范围等有关。互操作问题也不仅仅局限于用户终端，还包括用户在支付时直接打交道的收款机、POS 机、自动售货机等。这些都需要制定一些行业标准，与相关企业达成共识。

（3）市场认知度与理解

移动支付能否成功关键还在于用户能否接受和习惯这种支付方式，以及哪些用户会最先接受？一般人都已经非常习惯于通过钱包和信用卡等方式支付，对于移动支付这种新概念仍然需要一段时间去认识、接受和习惯。要解决这个问题就必须提高移动支付的市场认知度和理解程度。

（4）选择合适的合作者

移动支付是个新兴业务，能否成熟壮大要看今后的发展情况。但是有一点是非常明确的，那就是移动支付具有自己的产业链和经营模式，需要多方共同合作经营。移动运营商必须和以前没有合作经验的企业（如信用卡机构、零售机构、设备厂家等）进行合作，必须调配好各方利益关系，选择有实力的合作者。

移动支付是移动通信向人们日常生活进一步渗透的过程，因此，这个过程必然会有从不成熟到成熟、从不被认可到认可的过程。无论是运营商还是参与其中的金融机构、零售业等行业，都应该仔细分析移动支付的各个环节，为这个新兴业务的成长壮大做好充分的准备。

3. *移动电子商务的安全原则和主要安全技术*

和传统电子商务一样，为了保证移动商务的正常运作，移动电子商务系统必须遵循以下的安全原则。

（1）身份标识（Identification）：对于每一个用户，应该都授予一个唯一的用户 ID、识别名称等对其身份进行标识的要素以保证用户身份的可识别性。

（2）身份认证（Authentication）：系统应该能够通过密码、标识或数字认证等来对用户的身份标识进行认证，来确保这一身份标识的确是代表了合法的用户。

（3）接入控制（AccessControl）：通过授权等安全机制来保证有合适权限的用户才能访问相应的数据、应用和系统，使用相应的功能。

（4）数据完整性（Integrity）：利用信息分类和校验等手段保证数据在整个交易过程中没有被修改，所收到的数据正是对方发送的数据。

（5）不可否认性（Non-Repudiation）：通过数字签名等手段来保证交易各参与方对整个交易过程中的指令和活动不得抵赖。

（6）数据保密性（Confidentiality）：通过一些加密手段来保证数据在交易过程中不得被未经授权的人员所正确读取。

为了实现这些安全原则，移动电子商务中采用了多种安全技术，下面我们将对这些安全技术作相应的介绍。

本 章 小 结

通过本章学习，要掌握移动电子商务的安全的理论知识和技术，包括移动电子商务面临的威胁，包括技术方面的威胁包括网络本身的威胁、无线 AdHoc 应用的威胁、网络漫游的威胁、物理安全，隐私与法律方面的问题包括垃圾短信息、定位新业务的隐私威胁。了解手机病毒的种类、原理与攻击模式，目前发现的手机病毒大致有以下 4 类，包括 EPOC 病毒、Trojan horse 病毒、Unavailable 病毒、Hack-mobile.smsdos 病毒。手机病毒和计算机病毒一样是一种计算机程序，只不过它以手机网络和计算机网络为平台，以手机为感染对象，通过病毒短信等形式对手机进行攻击，从而造成手机异常。手机病毒大致有以下 3 种攻击方式：直接攻击手机本身，使手机无法提供服务；攻击 WAP 服务器使 WAP 手机无法接收正常信息；攻击和控制“网关”，向手机发送垃圾信息。也要掌握无线技术攻击手段，包括窃听、干扰、插入数据、欺诈客户等。接着阐述移动电子商务的安全协议与标准，如蓝牙标准，蓝牙技术定义的标准由 13 个部分组成。这些标准要求大多以终端用户服务的形式，并通过定义在相应的服务模块中不同单元之间的互操作性的特性和过程来提出。还有无线应用协议（WAP）、无线 PKI 和 IEEE 802.11b 等。重点掌握移动电子商务的系统安全，包括 GSM 安全、3G 系统的安全体系，第三代移动通信系统（3G）中的安全技术是在 GSM 的安全基础上建立起来的，它克服了一些 GSM 中的安全问题，也增加了新的安全功能。因而，其安全体系也必然是多种不同安全方式的融合。

习题与思考题

1. 试述移动电子商务面临的威胁有哪些。
2. 试述无线技术攻击手段及其特点。
3. 试述无线应用协议（WAP）的内容及应用。
4. 试述无线 PKI 的特点与应用。
5. 试比较移动电子商务的系统安全。

第 12 章　移动电子商务的资源开发和价值开发

本章提要：本章阐述移动商务的资源开发和价值开发，首先分析了移动信息资源开发的重要性及我国移动商务发展的资源结构。接着阐述移动商务资源开发的八大领域，包括短信网址资源的价值开发、短新闻资源的价值开发、手机广告资源的价值开发、移动娱乐和音乐资源的开发、移动定位资源的价值开发、移动管理资源的价值开发、移动公益资源的价值开发、移动预警防灾避险资源的开发。最后介绍移动商务价值开发的有效性测量及评价、原则和作用。

12.1　移动电子商务信息资源开发的重要性

12.1.1　移动电子商务为什么要进行信息资源开发

1．进行信息资源开发才能实现资源的优化配置

信息资源是移动营销的基础。移动信息只有经过传输、获取、开发和利用，才能实现买家和卖家的对接，才能在应用的过程中，实现和创造出商务价值。因此，可以说：

没有信息资源，信息技术就没有依托运行和组合架构的基础；

没有信息资源，信息技术就没有研究的目标和开发的对象；

没有信息资源，信息传输就没有依托的载体和扩展延伸的可能；

没有信息资源，信息沟通就没有办法实现买卖对接，并在对接中实现增值的效果。

因此，信息资源开发的过程，就是运用创新技术发掘信息资源、扩展信息资源、运行信息资源、延伸信息资源、放量信息资源、整合信息资源、增值信息资源的实现过程。

有人可能会说，我发一条短信问重庆火锅城在哪？这也需要对信息资源进行开发？

我们说：需要。因为要回答这个问题。有 3 种途径。

第 1 种办法是直接登录搜索网站输入关键词，查找相关信息；

第 2 种办法是运用手机定位，从重庆地图上，去找到重庆火锅城的具体位置；

第 3 种办法就是直接进入我们注册的“商街”或者“商城”。发一条短信去问：“重庆火锅城在哪？”

这第 3 种办法是最省事、最便捷的。不一会儿就会收到一条短信告诉你：“重庆火锅城，地址：西湖区××路××号。电话：0571-8511××××。”

但是，我们要知道，这次查询中得到的结果，是对网上浩瀚的信息资源进行开发的结果。假如不进行这种开发，我们在互联网上可以查找到约有 261 000 项符合“重庆火锅城在哪？”的查

询结果。要找到准确的地点，就要在众多的查询结果中，进行再挑选。这种登录、搜索、查询、再寻找的过程，就是一个简单的信息资源开发的过程。

可能有人又会提出疑问：在进行移动电子商务的时候，我只是简单地发了一条短信，并没有去兴师动众进行信息资源开发。

不错，你尽管并没有直接参与开发，进行开发，但是，你所享用的是别人开发以后获得的最优化的查询结果。也就是说，是移动电子商务运营商替你完成了信息的资源开发工作。让你获得和享用了一个经过最优化资源配置的查询结果。如果我们从现代营销学的角度来回答这个问题，那就是：移动营销中提供给我们的往往是“精准营销”的信息。其实，这正是移动电子商务的特点，也是移动电子商务的一大优点。

2. 进行信息资源开发才能实现信息的高效利用

进行信息的资源开发和价值开发的目的是应用，是利用获得的新信息资源去满足和完成一个商业目的。

由于信息的爆炸性和浩瀚性，用户往往觉得“所得非所要”。这就需要进行再开发、再寻找。经过深入开发的信息，往往才会得到高效的、充分的利用。信息的价值才会充分地显现出来。

比如，我们要寻找“大豆纤维”的信息。经过查找。我们不仅找到了“大豆纤维”生产厂家的信息，而且还得知，大豆纤维具有：羊绒一样的柔软，丝一样的光泽，棉花一样的吸水性。经过了对“大豆纤维”信息的这次开发，我们明白了大豆纤维的优点，所以我们在销售这种“大豆纤维”服装的时候，就会把大豆纤维具有“羊绒一样的柔软，丝一样的光泽，棉花一样的吸水性”特性的这3句话，写进产品说明书中。用户购买时，就会看到大豆纤维的这些本质特征从而坚定购买信心。这样就可以使信息资源得到高效利用。

3. 进行信息资源开发才能提升有形资源的价值

我们常说：信息是资源，是财富。信息由资源，转变成财富有两种途径。

其一，是信息直接售卖，变成财富。比如出售重要的商务或商机信息。

其二，是通过信息，获得了商机，然后通过商品的交换，获得增值效益。

比如：我们把“早熟的反季节樱桃”，通过信息发布和沟通，卖到了正开冰雪节的哈尔滨，就可以“使樱桃变成了金子”价值增值5倍以上。就属于这种情况。

最近，随着信息化的深入，我们开始认识到：信息还有一个更重要的作用，就是，土地、劳动力和资本等资源的效益，只有与信息资源结合才能得到充分体现。这表明：信息资源不仅已经成为提升有形资产效益的助推器，而且信息资源和土地、劳动力和资本等有形资源的结合，将进一步提升有形资源的价值，实现和创造新的增值价值。这就把信息资源的开发利用，提到了前所未有的战略高度。这必将成为我国信息化历程中，由基础建设为主转到以信息资源开发利用为主的、新的战略起步点。

越是这样，越表明了我国移动电子商务具有诱人的市场前景和巨大的商业机会。

越是这样，越表明了我国移动电子商务具有资源开发的广阔前景和价值开发的极大潜力。

特别是移动电子商务这个待开发的金矿，当前仅仅只是掀起了盖头的一角。其庞大的基础资源，还没有进行深入发掘，巨大的商业价值，还没有进行有效的利用和开发。移动电子商务的发展，必将极大地加快和扩展这种信息资源的开发进程。

4. 进行信息资源开发才能提高网络经营能力

在全球经济一体化的冲击下，跨国集团纷纷要求要求市场的扩大化，要求打破贸易壁垒进行跨国经营和跨国采购。由于网络为他们扩大市场提供了机遇，为他们低成本扩张提供了可能，为封闭的经营者开拓了思路，为滞销的产品找到了商机，为企业的扩展提供了资源。因此网络经营能力已经成为了现代企业的一种重要的竞争能力。

2000 年以来，世界上许多大的跨国集团，先后作出了一个共同的举动：就是投巨资，建设网上交易市场。一时间，网上竞争的硝烟弥漫。先是 HP 公司、康柏公司及 NEC 公司等成立了网上市场。紧接着 IBM 公司，LG Electronics，松下电器产业，Nortel Networks 公司，Seagate Technology 公司、Solectron 公司，东芝公司等 8 家公司联合宣布，为了分割和控制目前拥有的约 7 000 亿美元市场规模的电子设备、通信设备等领域的商业机会，投入资金约为 2 亿美元，成立企业电子商务（EC）的网上市场。

在此前后，欧洲 4 家钢铁厂也宣布成立了一个网上市场，并聘请美国的安德森咨询公司为其设计商业运作和管理模式。美国铝公司等 8 家金属公司曾宣布成立一个中介性质的“金属系列”网上市场，将金属材料生产商、销售商和金属制品制造商连接在一起。紧接着，全球 14 家最大的矿业和金属公司为节省采购成本，也集资 1 亿美元宣布成立一个网上市场。目前全球矿业和金属产业的采购总额每年约 2 000 亿美元，14 家公司占其中的 60%，网上市场开张后，相当一部分采购将在网上进行。

这一切说明：网络经营能力已经成为了跨国企业的一种核心竞争能力；网上营销市场已经成为跨国企业争夺的前沿阵地和竞争焦点。因此，积极开展移动电子商务提升网络化的经营能力就已经成为中国企业的一种战略选择。

12.1.2 我国移动电子商务发展的资源结构

1. 我国移动电子商务市场的客户资源结构

理性地认识我国的移动电子商务市场资源，是研究我国移动电子商务资源结构的基础和前提。很多人，包括很多研究机构，一讲到移动电子商务资源，就会提到我国有几亿手机用户，他们本能的认为有多少手机用户就有多少客户资源。其实这种观点是站不住脚的。

这种观点的错误在于：把现有资源当成了全部资源，把显在资源看成了终极资源，只记住了初期资源，却没有看到放量资源和扩展中的新增资源。

从市场营销学的观点分析，市场资源的构成包括 4 个层次：

（1）现有的客户资源；

（2）潜在的可开发客户资源；

（3）未来的可扩展客户资源；

（4）资源开发扩展中可跟进和可再生的资源。

实践说明，移动电子商务的资源，不是一个静止的资源；而是一个发展中的资源，变动中的资源，延伸扩展中的资源，放量增值中的资源。因此，发展移动电子商务必须弄清移动电子商务市场的客户资源结构，从而做好资源的开发工作。

2. 我国移动电子商务市场的信息价值形态

我国移动电子商务的发展具有不同于其他国家的民族化特征。因此，开发我国的移动电子商务资源，一定要研究和把握我国移动信息资源的特征。

由于我国移动电子商务信息资源开发还刚刚开始，如何进行移动信息资源开发、价值开发都还在探索之中，因此，现在我们还没能全面地把握信息资源开发的特点和规律，更不清楚信息资源的价值结构特征。

以至于相当多的移动电子商务网站和运营商，在信息资源价值开发的低端徘徊，相当多的移动电子商务网络公司，打的是现代化的招牌，说得是中外参半的套话，做的是"登门'扫街'挨家进，电话往复叫人烦"的活。这种情况表明我们必须研究我国信息资源的价值形态，才能更好地开发和利用信息资源。

我们知道金子存在于沙子里，才能去沙里淘金。同样，研究移动电子商务的价值，就要研究其价值存在的形态。那么，移动电子商务的价值有那些存在形态呢？

移动电子商务的价值存在形态很多，这里，我们主要介绍以下 4 种形态。

（1）显在性效益

显在性效益是指：在移动电子商务价值开发中，依托技术的实现、资源的整合、价值链的构建、商务智能的挖掘或者移动电子商务主体运用信息搜索的获得，运用商务智能而进行的识别和发现，使商务信息明显显现出的价值存在，或者已经显露出的，稍经再开发就可以获得的价值存在。

（2）潜在性效益

在移动电子商务价值开发中，移动信息资源本身所具有的非明显的、或需要经过价值开发才能显露其明显性价值存在的，称为潜在性效益。潜在性效益是移动电子商务资源中效益存在的主要形态。因此，在移动电子商务中，那种蛊惑只要发一条短信就可以获得巨大商务价值的做法，是不可信的，也是不可能的。

（3）待开发效益

具有开发价值的潜在性信息资源，一般都含有待开发效益。待开发效益是一种未来效益。有可能实现，也有可能不能再实现。在这一点上，信息资源和矿山资源是不一样的。矿山资源的待开发资源，不管什么时候开发，其资源是永在的。而信息资源中的待开发资源是发展和变化的。特别是由于信息具有时效性，今天的潜在商机，只要你没有开发，等到明天想再开发，信息的实效性已经过了，信息的价值量已经变小了，待开发效益可能已经不大了。

（4）整合增值效益

由价值链中两方或两方以上，或由移动电子商务价值链中一方或多方，与非移动电子商务参与方进行的信息资源的、技术的、商务平台的整合而形成的新的价值存在，称为整合增值效益。移动电子商务提供了开发和获得多维增值效益的可能性和现实性。

我们只有了解了移动电子商务的价值实现形态，才能深入地开发其价值。

3. 我国移动电子商务应用的主体结构及特点

研究移动电子商务的主体及其结构不仅对于我们做好移动电子商务服务具有重要的作用，而且对于我们深入开发移动电子商务的价值同样具有重要的作用。

移动电子商务价值开发中的主体是指：参与移动电子商务价值开发的实践者，行为的主动发起者，技术实现的研发着，平台构建者，服务提供者，以及直接进行实际应用的价值创造者。他们可以是参与在移动电子商务价值开发中的自然人、团队或者组织。

由于任何的主体都不是独立存在的，一定有与之对应的客体存在，因此在移动电子商务价值开发中主体活动所指向的对象就是移动电子商务价值开发中的客体，两者之间是不可分割的。

我国移动电子商务价值开发主体有什么特点呢？

（1）主体具有广泛性

我国手机拥有者数量世界第一。因此，我国拥有世界上最广泛、最庞大的主体资源。这些移动电子商务的主体，他们既是移动电子商务信息资源的需求者、应用者、扩展者，又是移动电子商务信息资源的生产者、创造者、价值提升者。

（2）主体具有多重性

移动电子商务中的主体主要指在移动电子商务价值链中进行价值创造的人、团队或组织，以及直接应用移动电子商务，并在应用中实现价值增值的人或组织。

（3）具有主客体之间现互转换的可能性

随着主体应用技术的提升，目标诉求的挖掘，商业智慧的融入，多种资源的整合，移动电子商务主体的作用和价值将越来越明显，越来越提升。在这种价值提升的过程中，移动电子商务的主体形态可能会在不同的应用环境中进行主客体的角色转换，在不同的产业链环境下进行扩展和延伸，会在不同的应用环境中进行调整和扩充。甚至他们自身的主体行为会在不同的应用环境、不同的应用阶段中兼有主体和客体地位的双重性。在移动电子商务的发展历程中我们可以清晰地看到这种多重主体的现象，以及主体与客体之间相互转换的现象。

众所周知，NOKIA 公司是世界著名的手机及移动设备制造商，在全球有大约 40 000 名员工。依托这些员工，每 1 秒钟有 4 部手机生产出来，并销售到市场中去。这个公司在移动电子商务的价值链中，是移动设备生产服务商，是为购买手机的移动电子商务主体服务的。但这些员工同样也是移动电子商务市场中的潜在消费者，他们不仅也会成为手机的购买者，而且也会成为信息的消费者。这种主客体的关系就发生了转换。在生产过程中主体与客体之间是对应关系，而在市场中已经不是原来的对应关系，而是服务关系了。

（4）移动电子商务主体在价值开发中具有创造性

移动电子商务中的大量信息资源是原生态资源或是多重转抄资源。需要进行资源开发、价值开发和再开发。不仅移动技术的研发者、移动网络的搭建者、移动内容的提供者通过自己的创造性行动，在提升着、开拓着、锻造着移动电子商务的价值。大量的移动电子商务信息的应用者也在应用的过程中进行着、完善着移动信息的价值实现。

这种创造性是通过主动性体现的。主动性是移动电子商务主体与生俱来的要对自然界未知的领域进行探索的心理需求，这种需求来源于人类对高质量的生活的不断增长的需求和对社会经济发展的不断增长的需求。因此，他们在移动电子商务中不会永远满足于“火锅店在哪”的简单需求，不会永远满足于“只见短信来，不见效果现”的潜层营销的状况，不会永远满足于“天天下载歌，天天找着车，天天接着超市打折信息，天天删除垃圾短信直通车”的状况。他们会要求有价值的回报，寻找精准信息，探索通过移动电子商务让自己的产品进入国际市场，希望能从自己的手机中找到跨国客户群。

这种需要，就决定了他们要从一般化需求转变为商务价值需求，市场开发需求，深层管理需求，跨国营销需求。正是这种不断增长的需求，一定会成为他们在移动电子商务中探索、创新的动力。一代成长中的中国企业家一定会成为移动电子商务的驾驭者和创新者。

（5）移动电子商务主体在价值开发中的被动性

移动电子商务主体在价值开发中的被动性，是指在移动电子商务发展过程中，价值链中的各个角色会以利益为导向，这种利益导向性，会使他们在移动电子商务价值开发中相对于非利益条件下的发展，具有被动性；或使对移动电子商务客户的服务满足于低水平。广大的移动电子商务早期应用者由于看不到明显效果，也会对继续应用的积极性不高。这种被动性行为会随着移动电子商务价值的显现，以及他们自身认识的提升“去继续开辟认识真理的道路”。

12.2 移动电子商务资源开发的八大领域

移动电子商务需求的普遍性，决定了移动电子商务资源开发的广泛性。但是，由于我国行业信息化水平和地域信息化水平的差异性，决定了对移动电子商务信息资源开发的领域和开发的情况是不一致性的。下面集中介绍八大资源开发的领域。

12.2.1 短信网址资源的价值开发

短信，是目前最为成熟的移动通信服务业务之一，2006 年全国短信发送量超过 1.4 万亿条，仅短信市场规模就已经超过 1 400 亿元人民币。短信业务市场成为了一座具有巨大商业价值的金矿。

特别是短信具有低成本、快回报、易操作的大众化特征，具有快速传递信息、明确的意思表示的商务交易能量，具有可以和 OA 系统、ERP 系统、CRM 系统等网络资源充分的整合性，具有一般新技术不具备的稳定性和广泛的易用性，以及通过短信可以快捷地完成价值实现过程的商务特质，充分地展示了短信成为优质移动信息资源的最佳品质。势必成为人们进行增值价值开发的重点。

短信网址，是指利用 SMS 短信方式为手机及其他移动终端设备，快捷访问无线互联网而建立的全新寻址方式。手机用户可以使用现有的企业名称、产品标识和商标等作为自己的短信网址，只需发送一条短信，就可以直接获得由相应服务商提供的各种上网服务，或者登录相关的 WAP 网站，进行各种网络资源的查询和利用。

由于我国短信网址采用了先注册、先拥有及争议后置的管理原则。企业、商家或个人必须从战略上着眼，抢先或者提前进行保护性注册。注册时，短信网址申请人需要给它的短信网站起一个类似域名的名称，以便手机用户通过发送这个名称来实现和企业短信网站的互动。其注册的短信网址，可以是中文，也可以是英文字母、数字等。

短信网址具随时、随地、随身使用的特点。无论用户身在哪里，只要是有手机信号覆盖的地方，就可保证用户充分获得各种最新动态信息；还可以登录移动电子商务网站，进行商务信息的发布和查询；也可以进行短信群发，发布和扩展移动商机。

短信网址降低了企业或个人使用移动互联网的门槛，操作和使用都非常方便，在农村也有广泛的应用前景。它不仅可以为农民提供帮农、富农，强农、兴农、优农方面的实用信息，而且可以开展病虫害防治预报和推送多种农业需求信息。

短信网址还具有防伪功能。企业可以开展短信防伪或短信打假业务。消费者只要发送查询短信到相应网址，一般不会超过 10 秒钟就可收到查询结果。相关企业可以通过短信管理平台查看用户查询信息的来源、次数、时间、地区等相关信息，为企业提供及时、有效的统计数据。

短信网址尽管是一种可增值的无形资产。但是，短信网址资源的开发才刚刚起步。不能也不应该神化短信网址的作用。手机作为一种移动终端，短信（包括彩信）因为信息承载量十分有限，所以无法成为手机媒体的基础。总之，我们要恰当地理解和把握短信网址的商业价值。企业不要盲目的购买大量的移动网址，使有限的资金白白打了水漂。

12.2.2 短新闻资源的价值开发

1. 短信新闻的发展探索

随着手机从一种通信终端逐渐演变成一种信息终端，短信新闻随之发展起来，成为了人们进行移动信息资源开发和价值开发的一大重点。

早在2001年7月，扬子晚报就开通了“扬子随身看”手机短信息业务。其后，“新闻冲浪”通过短信息的方式，第一时间把伊拉克战争爆发的消息发送给几十万的手机用户，短信就以其迅捷的报道速度，引起了业界和媒体的特别关注，甚至获得了“第五媒体”的称号。

2005年8月，中国联通湖南公司与湖南红网联手推出了精品新闻短信服务——“CDMA手机新闻杂志”，又开创了短信杂志的先河。其后，各大门户网站和新闻网站也都陆续开通了短信新闻订阅服务，短信新闻开始获得了快速发展。

短信新闻短小精悍，传播速度快、更新快，符合新闻快、短、精的特点，信息的有效到达率较高，人们的关注度也高。因此，短新闻一推出，立时显示了独有的竞争力，适应了人们快捷化的生活需求。新浪网更推出了短信新闻点播产品——“新闻冲浪”，可以按需点播所需短信，满足了人们的个性化需求。

彩信技术发展以后，“移动梦网”又首先推出了彩信新闻业务。tom.com公司在全国领先推出彩信新闻定制服务。新浪网更及时地推出了“新视点”服务，“实事话题评说，剖析深层内幕，焦点追踪分析，深入报道评论”等百姓话题、以及社会热点评说等崭新栏目，受到了网民的欢迎。

随着技术的发展，互联网新闻的视音频功能也在短信新闻中得到实现。用户通过其手机录制一条语音短消息，通过的SMS通道发送到对方，接受用户只需一按键就可收听语音短信，比访问语音邮件还方便。这些技术陆续应用到短信新闻中，大大丰富短信新闻的信息内容和表现形式。

初期的短信新闻资源开发的过程中，有的内容服务商还进行了配发短信广告的试验。在用户手机上是以直接弹出的形式展现，其局限性在于只能在移动网络的局部进行发布，当用户漫游到其他的移动网络的时候，信息广告就接收不到了。这种做法尽管没有像预想的一样发展起来，但为后来的短信广告的价值开发积累了经验。

2. 手机报的快速发展和崛起

“手机报”是移动增值业务与传统媒体结合的产物。是利用短信资源进行价值开发的一个成果。所谓手机报，是将纸媒体的新闻内容，通过无线技术平台发送到用户的彩信手机上，使用户在每天的第一时间，通过手机阅读到当天报纸的主要内容。实质上，这种手机报已经成为了纸质报的手机版或彩信版。

2004年7月18日中国第一份手机报——《中国妇女报彩信版》开通，开创了无线报业的新纪元。2005年1月，《杭州日报》、《都市快报》、《每日商报》和《浙江手机报》等手机报就纷纷推出了。手机报有些什么特点呢？

（1）手机报和短信订阅新闻的本质区别

手机报信息模式是多媒体，包含了图片、文字、声音、动画等，可涵盖多张报纸的完整内容。因此，手机报提供给读者的是一份包括报头、版次、标题、照片甚至广告的完整报纸，信息十分全面。而普通短信一条只能发送72个中文字符，从72到上万，量的变化足以引起质的突破。

（2）手机报的商业模式

手机报的种类很多。有中文手机报、英文手机报、小灵通手机报和带阅读器的手机报（如图 12-1 所示）。

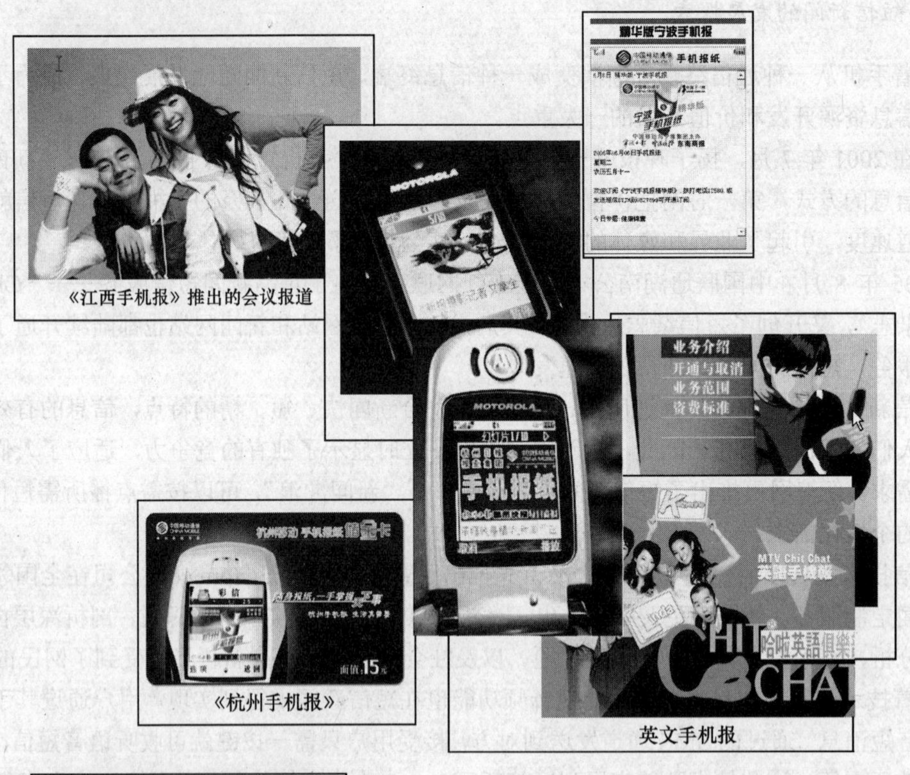

《江西手机报》推出的会议报道

《杭州手机报》

英文手机报

《江西手机报》推出的新闻报道

图 12-1　多种类型的手机报

在手机报运营中，一般采用三方合作的整合商业模式形式。可由当地移动公司提供通信通道并充当 SP，负责业务规划，提供系统设备和主要市场推广工作；网络技术公司提供技术和商务平台，进行软件程序的开发、系统维护与升级等；报业集团则是内容供应商，进行采编、排版、审核和市场推广工作。收入由三方共同分成。

手机报中蕴涵着巨大的广告市场资源。如果一份手机报发行量在 10 万份以上，那么千万元级别的广告市场将会被启动。手机报的广告可以开发的商业价值很高。目前，我国有的手机报用户已经突破 20 万户，展示了广阔的市场前景。

手机报目前有两种发行方式：一种是手机 WAP 报，即用户手机需无线上网查询报纸信息；二是手机彩信报，向订制的用户发送报纸信息。不管哪种形式都提供了进行商业广告增值服务的广阔空间。

日本是世界上报纸消费量最大的国家之一，日本是最大同时也是世界发行量最大的报纸《读卖新闻》正是看中了这一点，开展了广泛的移动手机报发行业务，每年所创造的利润高达1亿日元。

目前，我国传统媒体对手机报的发行没有引起足够的重视。当前中国拥有彩信手机的用户只占手机总用户数的20%左右，因此，手机报的潜在读者数也受到了制约。加上目前手机报多数采用包月订购的方式销售，费用一般3～20元，显得有些贵，不利于其市场范围的进一步扩展。

（3）手机商情信息杂志

手机商情信息杂志是利用手机终端接收的、以商情信息为主要内容的一种袖珍电子杂志。

以往，我们在超市门口经常可以收到免费的超市商情信息杂志，在大型的电子市场，我们有时也可以看到编辑成册的电子商品信息杂志。但是，当你的潜在用户没有来商场的时候，他们就无法及时获取商场的促销信息，为此，家乐福、沃尔玛等许多大型超市，就把商场的这些促销信息，编印成纸张印刷品，进行邮寄发放。

随着移动电子商务的发展，许多商家开始利用移动技术以电子方式编辑和发行这种杂志。其发行方法可以是订制，也可以在超市的网站上提供给大家下载，或由主办方主动推送。比如：超市的快速消费品，保质期到期前，就可以用移动群发广告通知客户，告知他们低折扣的商务信息，从而解决快速消费品销售的难题。

以上我们分别介绍了短信新闻、手机报、手机商情信息杂志等新闻资源的开发情况。随着移动技术的迅猛发展，短信新闻资源的价值开发的形式会越来越丰富，其商业价值会越来越明显。

12.2.3 手机广告资源的价值开发

1. 日本和韩国手机广告呼啸而来

手机广告有着十分广阔的市场开发前景。虽然手机广告是“后起之秀”，但和传统媒体及网络媒体广告相比，却有着很多其他媒体广告所不具备的优点。日本早在2002年就开始由广告公司、电信运营商和内容服务提供商三方推动手机广告的发展。许多大企业也开始尝试运用手机刊登广告，以吸引年轻消费者。

手机广告形式多样，可以分为：旗帜型（图片型）广告、邮件型广告、网站型广告等。据2005年i-Mode广告代理商公布的i-Mode广告效果调查显示：日本每年i-Mode手机广告收入已经超过100亿日元。日本电通公司将广告与游戏相结合，使用户在游戏中接受广告信息；将电视广告数字化，实现手机广告视频传播的经验，都有可资借鉴之处。

韩国的手机广告发展也十分迅速。资源丰富，品种繁多。很受大家的欢迎。

2. 中国手机广告资源的开发

手机广告资源的开发潜力巨大，但是我国手机广告资源开发的初期却是以负面形象进入市场的。各种虚假信息和骚扰短信使手机广告在广大手机用户中留下了一个坏名声，不仅短信广告资源没有很好地开发利用，而且严重扰乱了市场。

通过2006年网络环境的净化和治理，这种情况已经得到有效的控制，已经为我们开发合理、有序、健康的广告资源奠定了基础。但是，却留给我们一个必须“重塑形象”的艰巨任务。

《2006年中国无线广告研究报告》显示，2010年中国的无线广告市场规模将达到18亿元。当前，一场针对手机用户屏幕的争夺战已经打响。

前不久，主打生活圈媒体概念的分众传媒巨资收购了凯威广告公司，并更名为分众无线。开始大规模进军手机广告市场，并通过分众的电梯广告在上海的写字楼开始“轰炸”。

一直希望能够控制无线行业产业链的中国移动就将其移动梦网 WAP 网站首页和各频道首页的广告代理权外包给“飞拓无线”希望发挥外包的优势占领市场。

中国联通已经宣布正式推出了手机广告业务，即利用移动网络资源向其 1.3 亿联通手机用户提供广告信息服务，表现出其想掌控手机广告市场的决心。

上海辣点信息技术有限公司，也开展了一种以特定俱乐部（企业提供的数据库）为基础的手机广告业务。

尽管手机广告大战的硝烟即将燃起。但是，手机广告在世人心中的不良印象依然存在，如不经过重塑形象的努力，手机营销的市场将会遇到困难。

传播效果缺乏第三方的监测，也是造成广告主不接受手机广告的重要原因。由于大多数广告主投放 WAP 广告或直投广告时，找不到第三方的监测机构，总觉得不放心，再加上欺诈点击的阴影，其手机广告的可信度，在广告主眼里就会大打折扣。

由此看来，广告市场资源的开发，还有待进行新的努力和探索。

3. 中国移动联播的出现

加拿大传播学家麦克卢汉曾经说过：“我们要最大限度地利用新媒介的各种特性，而不是尽可能地限制其特性”。移动联播的广告形式的出现，提供了这样一个崭新的商业机会。图 12-2 所示的是一种移动联播多媒体机的样机。

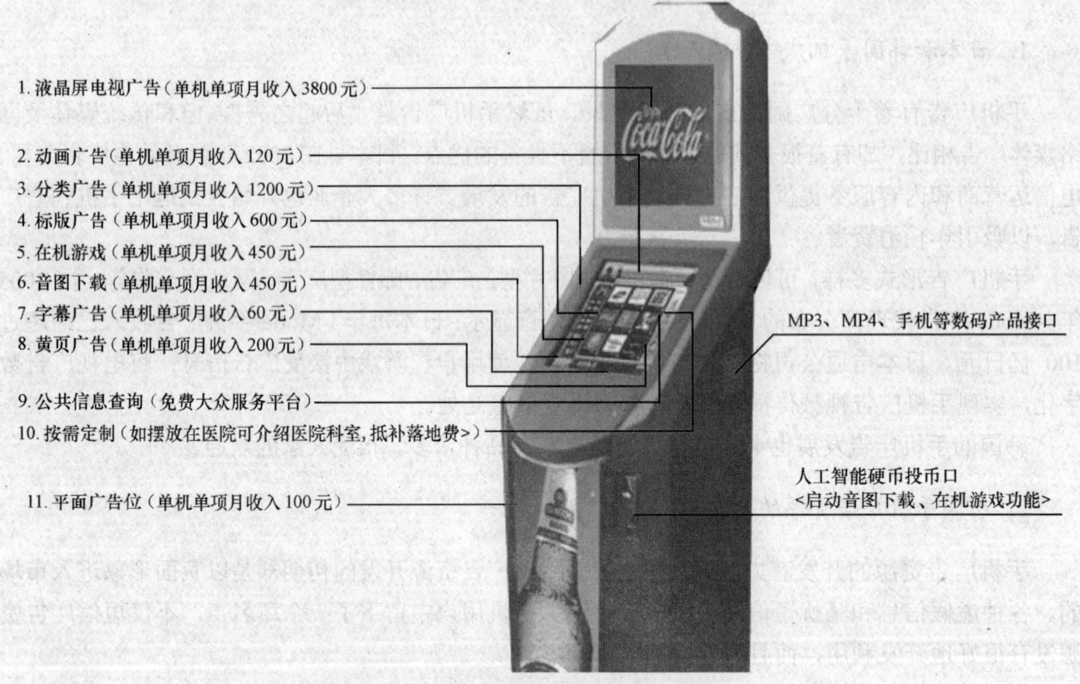

图 12-2 一种移动联播多媒体机的样机

移动联播多媒体机是一个创新型传媒平台，由楼宇联播网、卖场联播网、校园联播网、医院联播网、商旅联播网、定制联播网 6 大分网并网而成。主要致力于为流动人群提供方便快捷的音乐下载、铃声下载、游戏娱乐服务和专门为分众行销商提供互动广告传媒平台。目前，每一个机器有 10 个赢利点，在全国已经有 40 多个省市加入。

移动联播的特点在于：模式突破；方便和快捷的离线下载；内存几万首歌曲和海量资讯和提供天气、交通、医药、游戏等包罗万象的多位服务。很有可能成为报亭、宾馆、写字楼、超市、车站、机场、学校、食堂、影院、景点的移动新媒体。

12.2.4 移动娱乐和音乐资源的开发

移动音乐的在线收听和在线下载已经成为当前移动增值服务的一个重要的创收服务，为相当多的网站所采用。因此，只有进行差异化营销，才能开发移动娱乐和移动音乐资源的深度价值，并在这种深度开发的过程中，寻求利益的最大化。移动娱乐和移动音乐资源的价值开发应该把握以下一些重点。

1. 把握手机娱乐的产业创新趋势

手机作为个人娱乐和信息终端价值的充分体现，不仅需要技术集成能力，还需要整合其他产业资源。以索爱为例，要在手机上实现高品质的 3D 游戏体验，就要在现有手机技术的基础上保证游戏资源的持续和动态更新能力；就必须整合 THQ、Gameloft 等游戏开发及零售商的新产品资源，利用强大的娱乐信息平台，进行新的娱乐体验。

2. 进行手机消费终端功能的多元化探索

对于手机消费者而言，要在手机终端上，实现多种信息消费，满足多种娱乐需求，就必须由信息供应商、通信运营商及手机制造商在信息技术和信息资源上的全面、深度合作。手机作为消费终端的功能越多元化，信息和产业资源整合的工程就越复杂。

因此，手机产业的竞争不仅仅是研发技术和功能集成能力的竞争，更是产业资源掌控和整合能力的竞争。

3. 进行移动应用的深度扩展

这种扩展可能包括许多高、精技术的研发和扩展，但是首先是：群众喜闻乐见的娱乐形式的扩展。这包括：在手机屏幕上进行综艺节目直播，用手机播放电视，用手机上推出可视化电台等。

2007 年 2 月 15 日央视国际更推出手机视频直播春晚，收到了良好的效果。央视国际的新媒体业务依托 CCTV 强大的品牌影响力和内容资源以及先进的无线网络通信技术，像打造电视品牌一样打造 CCTV 手机电视品牌，为用户带来全新的手机电视新体验和移动电子商务发展的新契机。

4. 利用专有技术进行业务扩展

根据国外以及国内的市场经验，如果手机电视业务仅仅以流媒体方式运营，由于其对网络的资源占用率相当高，故运营的代价高昂，将难以推广。因此有必要构建一层业务管理系统，为手机电视业务提供灵活的运营手段，为大规模的市场应用奠定基础。2006 年底，一套手机电视业务管理系统，已经在中国移动通信研究院实验室调试成功，并已经申请了 10 余项专利，其中一些关键技术已经得到了业界的广泛认同并被相应的管理规范采纳。

实现电视与手机的互动，是手机电视各种商务模式的共同关键点。为了探索手机电视的创收之路，带来真正属于手机电视的商业应用，他们进行了艰苦的探索。不仅取得了自主研发的经验，也获得了该领域的竞争实力。广播式手机电视运营模式图如图 12-3 所示。

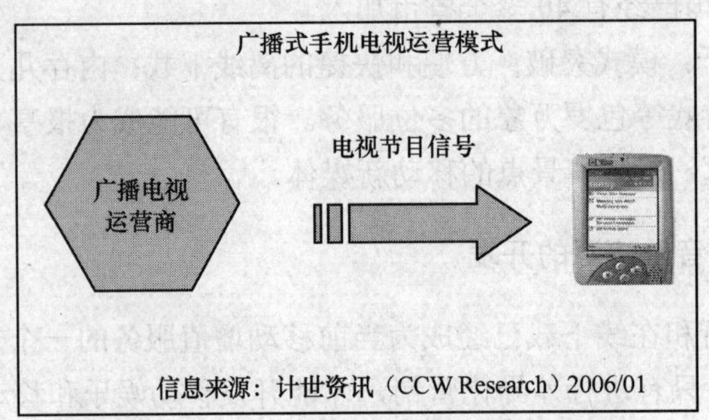

图 12-3　广播式手机电视运营模式图

该产品的推出，不仅将带动整个产业的发展。而且将进一步降低业务开展时的建设和部署成本。对于推进新产业链的发展和构建也具有非常重要的意义。

12.2.5　移动定位资源的价值开发

移动导航定位服务具有广阔的开发价值。电子地图导航技术的发展与手机定位技术的结合，以及在汽车、手机等领域的应用将人类带入了个人导航时代。2006 年，中国导航产业进入快速发展阶段。作为整个产业链的最上游，9 家企业已经正式获得了国家测绘局的导航电子地图生产资质。为适应 2008 年奥运会、2010 年世博会的需要而建设的智能交通（ITS）导航电子地图系统，在手持设备上的应用也已经全面启动。这就带动了物流、旅游等一系列市场的启动和爆发，使导航产业进入黄金阶段。

现在导航电子系统 GPS 的市场占有率在日本达 50%，在欧洲达 20%～25%，而中国车载导航只占整个汽车市场的不到 5%，可见中国车载导航市场的发展空间非常巨大。

根据日本矢野经济研究所发布的《2006 年中国车载导航和远程通信市场调查》显示，2005 年车载导航及 PND（个人导航设备）的市场规模为 9 万部，而 2008 年北京奥运会及 2010 年上海世博会将使手机导航配置率大幅提高，预计 2015 年导航市场将达到 260 万部的规模。目前，手机定位主要应用在以下方面。

1. 手机定位在调度管理上的应用

手机定位调度管理平台，是一个用手机进行定位调度管理的综合服务平台。该平台的特点是：可以在数字地图上，精确显示所在位置和标的物运动轨迹，智能计算出最佳行进路线，并提供免费短信发送等各类增值应用；传统的基于 GPS 的卫星定位平台通常需要至少 10 万到 100 万的先期投入，后期硬件维护费用也相当惊人，而该管理平台无需昂贵的软硬件投入，每月仅需几十元便可实现所有功能，并可通过该定位管理平台，不限量地免费发送短信，这对中小企业是非常合适的。

2. 114 手机语音导航在管理上的应用

在双模手机上输入目的地，便可随时听到语音提示，从而能帮助你在步行或是驾车时都能在语音导航的指引下，顺利到达目的地。这是“114 手机语音导航”提供的一种移动增值服务。目前，全国已有 190 个城市开通了这项业务，基本覆盖了我国的大中城市。

为适应这种增值业务的快速发展，三星已推出双模手机 W219 和 W379。TCL、海信也在积极开发，即将推出同类产品。特别是中国联通在手机语音导航中使用的地图，能满足车辆导航中及时采集本地化信息、及时更新信息的需要，并能在汽车高速行驶中，每 2 秒进行一次定位，根据手机用户当前地点随时调整线路，提供多线路选择。因此，这种地图受到广大旅游族的欢迎。

目前，一些传统车载定位软件和地图信息在升级和更新方面难度较大，在遇到更换车辆和异地导航时，往往难以实现成功导航。这些问题的适时改进，会进一步扩展 114 手机语音导航市场空间。

12.2.6 移动管理资源的价值开发

移动增值业务不仅可以在企业的生产、物料、库存等管理中得到广泛应用，在人们的日常管理中，也有着广阔的应用前景。这种创新应用，会为人们创造越来越精彩的生活。

1. 短信袋鼠进行家政服务管理

家政服务是现代城市的一种新型服务。他们会为市民提供适时的上门服务。因此，家政公司的员工都在外面跑着，他们每完成一单任务后，都需要及时和公司沟通，以便接受新的安排，这种实时联络，每月的电话费都会成为一笔很大的开支。

这时，短信袋鼠就发挥了威力。只要在公司的电脑上安装一套短信袋鼠客户端程序，然后将工作人员的手机号码添加到软件的地址簿上，遇到需要联络的情况，立即通过计算机发短信给他们就行了。由于短信袋鼠具有群发功能，在需要同时将一个消息传达给多人的时候，只需要发送一次就可以。

短信袋鼠的这种商业化应用，不仅操作起来非常容易，而且也为企业节省了大量的资金。

2. 用手机短信进行看病挂号管理

看病挂号是事关千家万户的事情。很多患者对挂号排队十分腻烦。大医院的专家号更是一号难求。针对这种情况，湖南移动与省内各大医院就联合开通了实名制预约挂号公共服务系统。通过短信订制服务，就可以预约挂号看病。患者到医院就医，只要将手机放在验证机上一扫描，几秒钟就能完成原本要排长队挂号的麻烦。

目前，中国移动湖南省分公司已经与省会湘雅医院、人民医院、妇幼保健院、儿童医院、长沙市口腔医院等 5 家医院启动了这种实名制预约挂号公共服务系统。凡省内移动客户中需要就诊的患者，只要通过手机发送短信到 0585××××或用手机 WAP 登录到移动梦网，就可以实现预约就诊挂号。从而简化了看病流程，缩短了看病时间，不仅降低了医院的管理成本，改善了就医环境，也减少了患者交叉感染的机会。

3. 用移动技术进行景区游客疏导管理

许多著名的旅游景区经常发生人满为患的情况，其实，移动手机导航系统，就可以自动对风景区的游客进行疏导。这种系统既可以引导前进，又可以引导撤离，还可以进行山崖、洞穴等地点的危险提醒，进行公厕提示、车辆预定等服务。使旅游景点人多而有序。

4. 利用手机对大学校园进行管理

2002 年 8 月，韩国出现了第一家“手机大学”。大学内的师生们，在校园内可以使用手机确认身份，并进行信用交易。在校园里购物、借书和就餐不再使用现金或者信用卡，只需按一下手机上的按键就可以了。这样就实现了手机对大学校园的管理。

5. 利用移动技术进行社区物业管理

移动通信技术在居民社区和物业管理中得到了广泛的应用。

提醒通知服务：如对交纳水、电、气、物业管理费等费用提前进行通知提醒。

临时通知服务：如对停水、停电、停气等情况发生前及时进行通知等。

视频点播服务：如对小区广播、视频播放、绿地浇水等进行点拨管控等。

预定饭菜服务：许多家中只有老人和孩子的家庭，开通了短信定餐服务。

温馨关照服务：不仅可以利用手机等移动终端进行生日及节日祝福，还可以进行小时工预定，以及上门理发预约、裁剪到户、换药进家等多种亲情服务。

6. 利用短信验证进行产品打假管理

移动短信在产品打假上也有重要的作用。例如，烟酒企业在生产每一盒烟、每一瓶酒的时候加插一张卡片在商品包装内，注明商品的防伪号码；用户购买商品后，通过短信查询验证号码的正确性，辨别产品的真伪。这种方法对产品防伪打假会起到重要作用。

此外，有的单位在进行这样的活动策划时，还设计了依据防伪码进行的抽奖活动。

12.2.7 移动公益资源的价值开发

公益资源是媒体和民众关注度极高的社会资源。移动通信技术的发展，给现代公益活动的开展提供了崭新的、便捷的方式和强大的技术支撑，有力地促进了社会公益活动的开展。

1. 利用短信资源开发社会化公益活动

在欧美等发达国家，例如 IBM、通用等跨国企业经常参与社会公益活动，不仅给社会做出了贡献，也提升了企业形象，锻造了品牌价值。

为适应社会公益活动的需要，中国移动通信先后开通了中国儿童基金会、中国残疾人联合会、全国妇联捐助贫困母亲、中华健康快车基金会扶贫治盲等手机短信捐款特服号。并在众多公共场所推广，引起了强烈的社会反响。

2003 年 12 月 20 日，世界卫生组织、文化部、中科院及中国性学会等单位举办了一场倡导性健康的公益活动，活动以手机短信的方式向广大市民提供性健康、性文明、性科学、性知识及性教育等系列服务，为正在全国普及推广的防治艾滋病活动绘上浓笔重彩的一笔。

同样，由世界卫生组织烟草或健康合作中心、卫生部基层卫生和妇幼保健司、北京心理危机研究与干预中心和中国疾病预防控制中心等部门大力支持，中国科学院有关部门参与主办的以倡导健康生活方式和人文关爱为主旨的“戒烟新概念，爱心无极限”大型公益活动，也利用移动短信向广大市民提供吸烟的危害性提醒，增强了公众意识，达到了宣传效果。

这些成功的社会公益活动，将人们行为方式的改变，融入短信的功能开发和价值开发之中，产生了很好的社会效果。

2. 通过短信开展爱心公益捐款

与传统的募捐形式相比，手机公益短信募捐具有捐款方便、人力投入小、管理方便、资金往来明晰、募捐范围广泛等优势，满足了不同人群的捐款需求。由中国儿童少年基金会和中国移动共同推出的中国第一个手机公益短信“8858”捐款活动，自2003年1月8日开通，3年来共募集资金21 231 289元，为中国儿童慈善事业搭建起奉献爱心的新平台，有力推动了“零钱慈善”的公益理念在中国的发展。此次活动的相关网页如图12-4所示。

图12-4　手机公益短信“8858”捐款活动的相关网页

中国移动浙江省分公司还专门搭建了公益短信助残平台，向全省移动用户滚动发送了“做好事，献真情”的公益广告，还专门设立了爱心捐助抽奖。该活动开展几个月来，全省共有1.2万多个移动用户和8 000多名移动员工通过短信平台助残献爱心，累计捐款近10万元。

3. 通过公益短信倡导交通安全

通过公益短信进行交通安全宣传目前有两种比较成熟的方法。

第一，开展有关交通安全的短信征集活动。江苏省公安、教育、司法等9部门与中国移动江苏分公司就联合开展了“最佳说交通短信”征集活动，征集短信交通安全祝福语、温馨提示语、警示语、劝诫语、幽默语，以及与宣传交通安全常识等内容。让参与者通过活动学习交通安全法规和常识，增强交通安全意识。

第二，发送公众通行公告短信。2006年元旦后的一个周末，所有的北京移动用户几乎同时接到一条来自中国移动客服的提示短信：北京京广桥附近路面塌陷，将实行临时交通管制，交管部门提醒市民注意绕行，以免耽误行程。第二天上班高峰期时段，人们纷纷提前绕行，有效避免了交通拥堵的发生。这是建国以来北京市第一次发布这样的公众通告。“这表明中国运营商开始运用自身的技术优势，在公共信息服务领域承担起社会责任，运用自身资源服务于社会。”

4. 利用科普短信普及航天知识

通过开发科普短信，发布科普新闻等方法普及科普知识，既是一个十分便捷的科普宣传手段，又是一个重要的科普推广方法。2006年12月3日，由中国人民解放军总装备部、国防科工委、中国科学院等多家单位联合主办的“航天科普展”为实现大众与科技接轨、与航天员互动搭建了一个“绿色通道”。在开幕式上，全体新老宇航员集体亮相。神舟六号返回舱、主伞、宇航服、太空食品、神舟六号七大系统实物和模型以及很多珍贵展品观众见面。为方便广大市民的参与，活动方特举办了“发短信参加‘航天知识问答’，赢取‘航天科普展’门票”活动，受到了群众的欢迎，取得了很好的社会效果。

5. 用短信开展绿色公益环保活动

诺基亚公司为支持中国青年创业国际计划，帮助有志青年实现他们的创业梦想。连续两年在全国30多个城市开展了“诺基亚杯”中国少年环保梦想短信大赛，收到了35万多名少年儿童发来的环保短信，有效增强了孩子们和整个社会的环境保护意识。

诺基亚还和合作伙伴紧密配合，开展了“绿箱子环保计划”回收废弃手机和配件，在移动通信行业和消费者中倡导环保理念，取得了很好的社会效果。

12.2.8 移动预警防灾避险资源的开发

防御和减轻台风、暴雨、地震和疫情灾害，对于保护人民生命财产安全具有重要意义。

2004年12月26日，印度洋地震引发的海啸摧毁了印度洋周边数以万计的美丽海滩和村庄，罹难人数超过16万，几百万人无家可归，基础设施被海啸席卷一空，通信行业损失惨重。不过，值得庆幸的是印度洋的海底通信线路却奇迹般地没有受到破坏，成为灾民们联系国际救援组织的一条“生命线”。

这些事实表明：在预警防灾和救灾、赈灾过程中，通信技术具有重要的支撑作用。同时也告诉我们：移动信息资源在预警防灾和紧急避险方面具有独特而重要的开发价值。在这方面我们可以进行哪些开发呢？

1. 用短信发送防灾预警信息

近来，英国伦敦多次发生恐怖分子用炸弹袭击公交工具的恐怖袭击事件，使得市民提起出行就心惊胆颤。英国警方于是推出了一项新的反恐措施，就是通过手机短信向市民发送袭击警报，以此打消伦敦市民对于出行的恐惧和疑虑。

甘肃是全国受气象灾害影响最严重的省份之一，仅暴雨引发的山洪、滑坡、泥石流灾害每年损失就达亿元以上。有关部门意识到，如果把突发的气象灾害警报信息以最快的方式最大范围地传递给各级党政部门领导和社会公众，就能让公众主动采取防范措施，赢得宝贵时间，最大限度地减少损失和人员伤亡。基于这种认识，中国移动通信集团甘肃省有限公司主动与甘肃气象局合作，研发建立了“移动短信灾害天气预警系统”，仅2005年6月至9月就发布气象重大灾害预警手机短信息7次，为甘肃防灾减灾工作的有效开展，发挥了巨大的作用。

2. 用短信发送防灾避险信息

从2006年7月14日开始，广东省受第4号强热带风暴“碧利斯”影响，连续两天降强暴雨，水库溢洪，山体滑坡。在自然灾害面前，中国移动广东公司从省公司到惠州、韶关、河源、梅州、肇庆、清远、潮州等各地市分公司都快速反应，在第一时间向广大群众发送及时的灾情预报和避险信息，帮助政府做好减灾防灾工作努力帮助农民将损失减到最低。“贴心贴身平安短信”，在灾害避险中发挥了重要作用。

3. 依靠短信进行遇险人员救治

2006年“五一”假期中，有数十位北京游客在内蒙古沙漠里徒步游玩迷路，陷入困境。有关方面通过短信获取到信息，利用 GPS 给出的坐标点，安全地把游人营救出沙漠，成功地实施了遇险人员的救治。

当前很多出租车也配备了 GPS 技术，近年来 GPS 技术在煤矿开采行业的应用增长也较快，遇险人员救治的价值开发任务依然十分繁重。

不过，危机关头的短信可靠度也在经受着考验。在黑龙江大庆地震发生后，通信流量激增导致了“信息阻塞”，不少用户发现手机短信发不出去了。在印度洋海啸中，某些区域移动和固话通信设备被摧毁，造成了通信瘫痪。这些自然灾害提醒运营商们：随着短信使用的普遍，如何在技术上保证通信设施的安全，必须未雨绸缪。

英国著名管理学者凯文·汤姆森在其《情绪资本》一书中指出：“情绪资本时代的到来将在未来 10 年内，掀起改变企业管理架构的旋风”。

其实我们研究和探讨移动电子商务的资源开发和价值开发的过程，就是在建设企业情绪资本的过程。因为，开发移动电子商务的价值，不仅是技术创新过程，更是一种商业模式的探索过程，买卖行为的对接过程，商业价值的深度开发过程。只有把商人的眼光、商人的气质、商人的智慧都转化为商业模式、商业活动、商业服务，才能有那种探索的热情和专注，才能有那种不懈的干劲和动力，才能“掀起改变企业管理架构的旋风”，真正发现和找到移动电子商务价值实现的创收点。

12.3 移动电子商务价值开发的有效性测量

移动电子商务是一座正在开发的金山。这座金山越往前走越是佳境。

进行移动电子商务价值开发评价和测量的目的，就是要进一步提升移动电子商务开发的价值，实现其价值的最大化。只有这样，才能进一步解放信息化生产力。

12.3.1 移动电子商务价值开发的有效性测量及评价

1. 移动电子商务价值开发的有效性测量

所谓价值开发的有效性测量，就是指要对我们所进行的一系列移动电子商务的价值开发活动的效果，通过一定的方法和手段进行量化分析、量化比较。进一步有的放矢地做好移动电子商务的价值开发工作。

这种有效性测量是移动电子商务发展进程中对其价值有效性进行研究和评价的一种新探索。是一种资源开发过程中的价值开发活动。

2. 移动电子商务价值开发的有效性评价

在移动电子商务有效性测量的基础上，对开发结果进行定量和定性的分析，并依据分析结果而给出的、具体的、价值开发的评价，称为移动电子商务价值开发的有效性评价。

通过有效性评价，才能对移动电子商务价值开发的行为，以及前期进行的有效性测量结果进行符合性判断，据此判断，得出对移动电子商务价值开发的有效性的评价结论，为进一步做好移动电子商务的资源开发和价值开发，提供理论性依据。

12.3.2 移动电子商务价值开发有效性测量及评价的原则

如同互联网中的价值开发的测量和评价一样，在现在的移动电子商务发展环境中，大多数的价值开发还在摸索的过程中，最终的发展结果和实际效果，还有待实践的检验。尽管如此，经过近年来的开发和运营实践，对这种价值开发的有效性评价应该遵循的一般原则，人们还是探索并积累了一定的经验。

1. 主体和客体综合评价的原则

价值开发的最终目的是创造市场价值，为移动电子商务价值链的相关环节带来经济收益，因此对于移动电子商务价值开发过程中的效益评价是至关重要的。而这种效益的测量不能仅仅局限在有限的开发主体上，同时要评价和测量价值开发中的客体，如果只评价其中的一方，势必会造成评价的片面性，也会间接地误导移动电子商务价值开发的方向。

2. 微观效益和社会效益综合评价的原则

在移动电子商务的资源开发和价值开发的过程中，开发主体只为消费者带来便利，为自身带来经济效益，还不能完全地表明这种价值开发是成功的，我们还要考虑其社会效益，是否为社会的发展带来了促进作用，是否有利于社会的和谐和稳定。只有坚持这种微观效益和社会效益的统一，才是值得提倡和肯定的有效开发模式。

反之，以传播“黄”、“赌”、“毒”为诱饵，恶化了网络生态环境的做法不仅是不可取的，而且是应该尽快纠正的。

3. 对价值链的扩展和延伸进行评价的原则

在移动电子商务的快速发展过程中，产业链的形成和发展代表着移动电子商务发展的水平和价值开发的潜能，因此，对产业链中环节的增量，整体链条的扩展、开发主体对产业链发展的贡献，同样是要评价的，这种评价的直接方式就是评价开发主体价值开发的结果对产业链发展的影响和贡献程度及其能产生的效果。

4. 技术的渗透性稳定性评价原则

移动电子商务是一种以创新技术为引导、为支撑的商业模式。在移动电子商务价值开发中，技术起着引导和推动作用，这种引导和推动作用的影响也同样是评价移动电子商务价值开发中不可或缺的指标之一。

但是，由于这种创新，往往会以便利的方式，给用户提供一种创新体验。所以，它不一定能立即体现出经济效益。但是，却不等于没有产生和创造价值。比如，移动电子商务中的“移动搜索”就属于这种类型。“移动搜索”给用户创造了一种全新的移动体验。这种体验式服务是移动电子商务网站的人脉吸引力，是一种创造和赢得稳定客户资源的重要原因。因此，在对移动电子商务进行价值评价中，应该本着全方位衡量、多角度思考、多层次挖掘的原则进行客观性的评价，这样才能得出有效的评价结果。

12.3.3 移动电子商务价值开发有效性测量及评价的作用

移动电子商务价值开发中的有效性测量和评价，在移动电子商务的发展过程中有着重要的作用，不仅能够依据有效性测量的结果对主体的开发成果进行价值判断，同时可以根据价值开发的有效性评价结果，进行方向性和方法性的调整，使移动电子商务的发展能在正确的在轨道上行进。

根据具体的、量化调查结果，进行包括市场容量在内的测量评估分析，为新技术的推广，新商务模式的运作，提供成本测算及利润测评的理论依据。

这种有效性评价在移动电子商务的发展中还能提供方向性的修正作用。根据定量和定性的分析结果，我们可以随时中断、调整移动电子商务价值开发的行为，创造更多的价值。

本 章 小 结

本章是本书的重点内容之一，学习本章要重点把握如下重点。

1．移动电子商务为什么要进行信息资源开发？要了解信息资源开发的内涵、开发的意义及作用。

2．学习移动电子商务资源开发的八大领域。要把握这些领域的移动电子商务应用情况和应用特点，并能根据学到的知识探索进行新应用领域的开发的可能性。也可以组成若干小组，由每个小组研讨一个领域，进行创新开发的探索。

习题与思考题

1．移动电子商务为什么要进行信息资源开发？

2．我国移动电子商务价值开发主体有什么主要特点？

3．移动电子商务价值实现中有哪 4 种形态？

4．手机报和短信订阅新闻有什么本质区别？

5．怎样利用短信验证进行产品打假？尝试选取一种白酒或一种香烟，怎样进行网络打假的查询验证，辨别该产品的真伪？

6．经过对移动预警防灾、避险资源的开发，可以开发出哪些移动应用用于防灾、避险？

7．什么是移动电子商务价值开发的有效性测量？

8．对移动电子商务价值开发情况进行评价应本着那些原则进行？

第 13 章　移动电子商务的管理

本章提要：本章阐述移动电子商务管理，首先说明移动电子商务的基础设施管理，包括基础设施现状和基础设施开发管理。接着探讨移动电子商务的运营管理，包括移动电子商务的组织、移动电子商务的运营模式和经营战略。然后阐述移动电子商务的风险管理，包括移动电子商务的信用风险管理、市场风险管理和技术风险管理。最后探讨了移动办公，包括移动办公技术和移动办公的管理。

13.1　移动电子商务的基础设施管理

移动电子商务的发展并非偶然。移动通信技术的成熟和广泛商业化为移动电子商务提供了通信技术的基础。全球移动通信发展虽然只有短短几十年的时间，但它已经创造了人类历史上伟大的奇迹。根据 GSA（全球移动供应商联盟）公布的最新统计数据，截至 2007 年 6 月底，全球移动电话用户已经逼近 30 亿大关。2008 年 7 月我国移动用户已突破 6 亿户。同时，功能强大、价格便宜的移动通信终端的普及为移动电子商务提供了有利的发展条件。互联网、移动网络、移动终端共同构成了移动电子商务的基础设施，为移动电子商务提供了生存的土壤。

13.1.1　移动电子商务的基础设施现状

1．移动网络发展现状

移动通信网络是移动电子商务的基础设施。在移动通信网络普及以前，人们的远程通信主要通过电报、电话、传真等手段来实现。计算机和互联网的出现是人们沟通方式的一次重要变革。通过电脑和网络，人们可以方便地访问丰富的互联网资源，而网络带宽的不断增加则提高了网络用户的使用效率，增加了网络浏览的便利性。互联网的普及也随之产生了电子商务等新型的商务模式。但是，无论是电报、电话、传真，还是互联网，由于通信工具不能随身携带，用户在通信时始终受到地理条件的限制。

移动通信技术的出现，基本克服了时间和空间的限制条件。只要你拥有一个通信终端，无论你在何时、何地，都可以和任何人进行联系。今天人类社会生活和经济生活对于移动通信有着强烈的需求，移动通信网络和互联网的融合共同构筑了移动电子商务存在的土壤。移动电子商务不仅仅能提供因特网上的直接购物，还是一种全新的销售与促销渠道。它全面支持移动因特网业务，可实现电信、信息、媒体和娱乐服务的电子支付。不仅如此，移动电子商务能完全根据消费者的个性化需求和喜好定制，用户随时随地都可使用这些服务。

移动通信网络是移动电子商务的基础设施。没有覆盖广泛的移动通信网络，移动通信仍然是少数地区、少数人的专利，而无法进入普通人的生活。目前，世界范围内的移动通信网络的覆盖已经非常广泛。在欧洲地区，由于开放的电信市场和统一的通信标准 GSM，欧洲的手机用户可以实现跨区域漫游。在中国，根据中国移动公布的数据，全球通网络已经覆盖全国所有地（市）和 98%以上的县（市），实现了高话务区域的立体覆盖及主要交通干线的连续覆盖，并且与中国电信、中国联通和原中国网通等运营公司实现了互联互通，甚至可以和包括美国、日本、韩国在内的世界五大洲 141 个国家和地区的 220 个移动通信运营商之间进行国际漫游。当然，移动通信网络除了手机网络之外，还有适合于中、短距离高带宽通信的 Wi-Fi、WiMax 等。

2. *移动终端发展现状*

移动通信终端也是移动电子商务的重要基础设施，它为移动电子商务提供了与用户的接口。典型的移动通信终端设备包括手机、PDA、掌上电脑以及其他移动终端设备（如 GPS 手持手机等）。如果没有大量的、便宜的移动通信终端，移动电子商务就没有最重要的客户群。他们可以在自己方便的时候，使用智能电话或 PDA（个人数字助理）查找、选择及购买商品和服务，采购可以即时完成，商业决策也可实施。

在这些种类的移动通信终端中，手机的普及率最高。据统计，到 2004 年底时，意大利、瑞典、英国和荷兰的手机拥有率已经达到或超过 100%。到 2005 年 8 月，日本 NTT DoCoMo 公司的 i-Mode 已经达到 4 500 万的用户规模。

在我国，早在 2001 年，中国的手机用户数量就已经达到了世界第一，2008 年 7 月已突破 6 亿户。

从移动电话和计算机的普及程度来看，我国移动电话的普及率远远超过了计算机。手机已经从少数人佩戴的奢侈品变成大众生活必需品和时尚的标志。目前具有强大功能的手机价格已经很便宜，在购买手机时，移动公司有各种购机优惠政策以及各种资费套餐，这使得拥有和使用手机的总成本很低。目前我国每百人中约有 26 个移动用户，远远高于上网的网民人数：从用户群体来看，根据 CNNIC2006 年最新的调查报告，35 岁及以下的网民占 82.3%，网民在年龄结构上仍然呈现低龄化的态势。历次调查网民年龄分布图如图 13-1 所示。

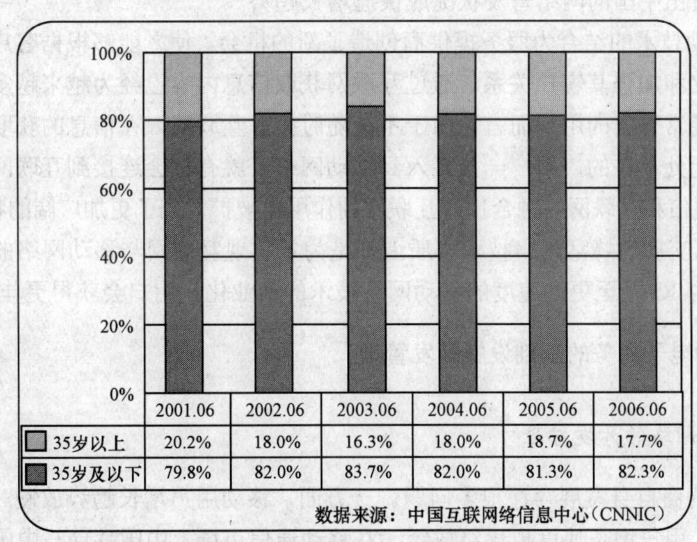

	2001.06	2002.06	2003.06	2004.06	2005.06	2006.06
35岁以上	20.2%	18.0%	16.3%	18.0%	18.7%	17.7%
35岁及以下	79.8%	82.0%	83.7%	82.0%	81.3%	82.3%

图 13-1 历次调查网民年龄分布

图 13-2 所示的是家庭网民个人月收入分布图可以看出中国网民 70%集中在收入 1 500 元以

下、年龄 30 岁以下的人群中，而手机用户中基本包含了消费群体中的中高端用户；从网络条件来看，无线网络覆盖面广，随处可及；从使用难度来看，学习使用手机比使用计算机简单多了。由此我们不难看出，在我国，以移动电话为主要载体的移动电子商务不论在用户规模上还是在用户消费、投资能力上，都大大优于传统电子商务。

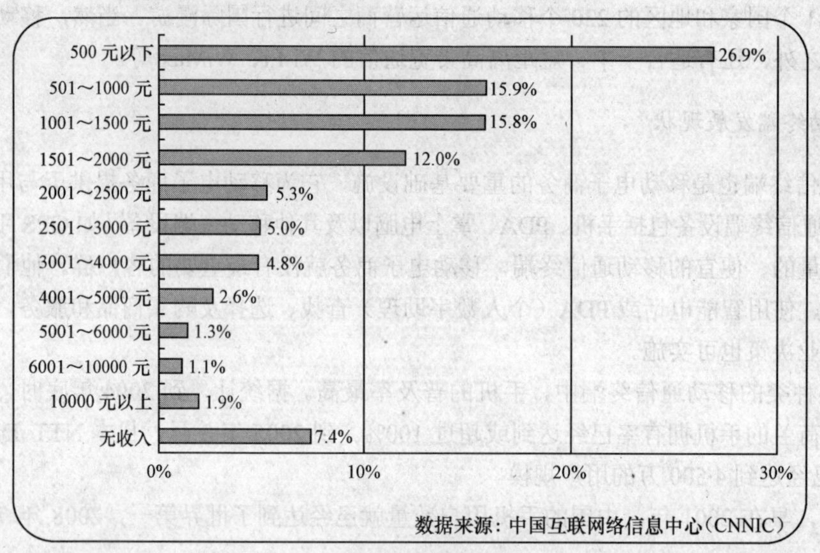

图 13-2　家庭网民个人月收入分布

3. 移动通信网络与互联网的融合

据 CNNIC 统计，截至 2006 年 6 月 30 日，中国的网民总人数为 12 300 万人，同 1997 年 10 月第一次调查的 62 万网民人数相比，现在的网民人数已是当初的 198.4 倍；中国的上网计算机总数已达 5 450 万台，是 1997 年 10 月第一次调查结果 29.9 万台的 182.3 倍。2008 年网民已突破 2 亿户，由此可以看出中国的网络普及状况成快速增长趋势。

互联网与移动技术的结合为服务提供商创造了新的机会，使之能够根据客户的位置和个性提供服务，从而建立和加强其客户关系。通过互联网获取信息内容已经为越来越多的用户所接受，然而对于大多数经常外出的用户而言，由于不能随时接入互联网，在信息的获取方面还会存在问题。移动网络是无处不在的，用户一旦接入到移动网络，就有机会连接到互联网，并获得丰富的信息资源。移动通信和互联网的融合使得互联网的作用也被扩大到了更加广阔的物理空间。WAP、cHTML 和基于包交换的蜂窝网络技术本质上都是为了实现互联网与移动网络的互联和融合。相信随着更高带宽的 3G 乃至更高速度的移动网络技术的商业化，用户会获得更佳的使用感受。

13.1.2　移动电子商务的基础设施开发管理

1. 移动通信网络的开发管理

目前移动运营商自身发展存在很多问题。一方面，移动用户增长趋势放慢。现在中国移动通信市场日趋饱和，用户增长速度也逐级放缓。在移动通信市场上中国移动与中国联通的正面竞争也呈白热化，小灵通对移动低端市场的不断蚕食导致价格竞争不断激烈，各种地方资费套餐花样繁多，ARPU 值的下降也让各家移动运营商头疼不已。另一方面，网络融合对整个通信行业所带来的变化，给移动运营商造成巨大的压力。移动运营商应该采取措施，合理开发移动通信网络资源，积极应对网络融合的挑战。

（1）不断完善现有网络资源，弥补传输和固定接入网资源的短板。

移动运营商目前在长途骨干网的传输资源上已经逐步减少了与固网运营商差距，各大城市城域网的建设也逐步完善，但在本地接入网的建设上仍然无法与固网运营商相提并论，差距仍然十分明显。无线宽带技术现在的发展仍无法与固定宽带接入的经济性与技术实现性相比较。因此，本地接入网的建设会增加移动运营商与固网运营商进行业务竞争的筹码。但由于本地接入网的建设投入成本巨大，在投入建设上可以尝试采取不同的方式进行，不能投入过大的资源。目前可以考虑有如下的两种方式来进行。

① 自建本地接入网

用户需求大，投入成本相对较小，对移动运营商业务收入影响较大，在经济测算上能有效收回投资的地区，可以考虑采用此方式进行。

② 合作建设本地接入网

与其他具有本地接入资源的较小的固定网络运营商进行合作，利用自己的长途骨干网与城域网资源，相互补充，同时对合作者也有一定的约束力，通过收入分成比例的调整来决定各地本地接入网的建设力度。在较大的国内城市里，已经有类似“蓝波宽带”、“长城宽带”等较小的接入网运营商，移动运营商可以考虑通过与其合作来控制本地网资源，同时自身也能处于合作中主动的地位。目前，移动运营商已经有通过与广电合作来获取接入网资源的案例。

（2）新技术给移动运营商带来的应对机遇。

网络融合的动力来自于业务宽带化的推动，移动固网的融合也是为了更好的满足用户对于不同电信业务需求的解决。不断出现的新技术也会在其中起到越来越大的推动作用，新技术的出现和使用也会影响通信产业结构的调整和企业运营政策的变化。现在出现的 WiMAX、WLAN、Wi-Fi、LMDS 等不同的无线宽带接入技术也给移动运营商通过无线资源切入固网业务提供了新的选择方式。现在关于 WiMAX 的争论、WLAN 在热点地区的应用、以及中国移动在某些省份进行 LMDS 的试验、中国联通 CDMA1x 提供各种行业的解决方案也从侧面见证这一趋势。

因此，移动运营商应根据不同的技术特点，与各厂商一起制定基于相应技术发展方向的产业政策，使用户接受，市场接受，厂商受益，移动运营商也同时从其中获取与固网运营商相比较的竞争优势，从而从容面对网络融合竞争的挑战。

2. 移动通信终端的开发管理

移动通信终端设备也决定了可以具体提供的业务。电子商务应用的兴起是由于个人计算机的普及，而计算机具有很大的屏幕、完整的文本输入键盘、大量的内存和很强的处理能力。相比之下，移动电子商务应用则依靠多样的手持设备，包括手机、掌上电脑等。手机已成为更新速度快、贬值幅度大、利润率下滑的大众消费类产品，其品种、款式越来越多，功能也越来越强大。随之而来的手机质量和服务问题的投诉也日益上升，成为我国移动通信产业发展过程中一个不和谐的现象。根据国家工商总局 2004 年公布的全国投诉统计显示，手机的投诉占整个产品投诉的 12.81%。要规范我国手机市场，应从以下几方面入手。

（1）手机生产领域

某些手机厂家追求短期效益，内部管理水平不高，导致手机产品质量无法得到保障。面对这些问题，必须加大管理力度，建立机制，从几个方面去解决。严把手机进网关，在各个环节上加强对产品质量的监督检查。在手机产品进网检测环节上，要对检测实验室重申检测纪律，检测不合格的产品，按照相关规定处理。在手机进网审批环节上，对投诉的热点企业将予以重点审查，除了对该企业新申请进网的产品进行产品检测外，还将核实其进网问题的整改情况，如果整改不见成效，产品质量和售后服务投诉率一直居高不下，将对其进行必要的警示。在发证以后的监督环节，基于电信进网监嘉宾演讲移动通信终端的市场现状、存在的问题及管理措施照管理，没有牌照的厂家为销售自己的手机而寻租已有厂家的牌子，而有生产牌照的手机厂家只管卖牌，对贴自有牌照的手机质量没有严格的管控制度。而贴牌厂家以短平快的手法来获取利润，不会为卖牌的品牌负责，导致产品质量无法保证。

（2）手机流通领域，销售和售后服务市场秩序混乱

在售后服务方面，因为大多数贴牌厂家购买的是国外设计方案，对技术没有很好吸收，提供良好的售后服务也就根本无从谈起。另外，目前市场上还存在着一些假冒伪劣和走私的“三无”手机，既没有标示生产厂家，也没有售后服务。加上厂家、消费者在质量问题上的不同界定，在维修费及三包责任等售后服务环节上难以达成共识，造成纠纷和投诉增多。

（3）手机的质量监督和管理方面，缺乏有效的协调和防范机制

在对手机质量的监督管理工作中，工商、消协等部门建立了比较健全的消费者投诉受理机制。但是由于缺乏专业人员对投诉进行科学的分类，对于手机本身、网络及售后服务等问题不能具体细分，难以对市场存在问题的产品准确定位，加大了监管部门的协调难度。

（4）提高手机市场的服务水平，维护消费者的合法权益

针对当前手机市场存在的上述问题，原信息产业部从完善机制、审查监督、加强督管理办法，定期对手机进行质量的监督抽查，特别是出现问题频次高、质量问题严重、消费者反映强烈的企业，要提高其监督检查的频次。

（5）要理顺管理职责，加强协作配合，规范市场秩序

加强对市场销售环节的检查，联合国家工商总局重点查处假冒伪劣无证销售，转卖冒用它人许可证销售产品等违规现象，特别是对贴牌加工企业的进网许可标准情况进行审查，对违规企业进行严肃处理。同时加强对售后服务的监管，对申请进网的企业提供的售后服务措施进行严格审查。一个良好、规范、有序的手机市场发展环境，符合每个企业、消费者以及整个移动通信产业的根本利益要求，需要全社会的共同关注和维护。作为行政主管部门，政府要坚定不移的坚持以人为本，以广大电信消费者为本的科学发展观，依法整治手机市场秩序，行业内外各个中介组织、媒体机构要积极参与，广泛动员多渠道，全方位宣传国家的相关法律法规要求，反映广大消费者的呼声，营造良好的社会舆论氛围。相关企业包括手机生产厂家、销售单位、服务网点等要放眼于长远，加强管理，合法经营，自觉主动接受管理部门和社会各界监督，改善和提高产品质量以及自身的服务水平。通过政府监管、社会监督、行业自律来共同推动提高手机市场服务水平，切实保护消费者的合法权益，促进我们国家的移动通信产业持续和谐的发展。

13.2 移动电子商务的运营管理

13.2.1 移动电子商务的组织

在移动电子商务交易的参与实体之中，比较主要的组织包括：客户、移动网络运营商、内容

和服务提供商、设备提供商以及移动接入商。

1. 客户

主要是移动客户，交易初始时客户的位置也许和收到服务、支付、交易完成时的位置不同。这些位置可能处于不同国家，可能在边界处，服务可能发生在第三国。

2. 移动网络运营商

移动网络运营商是介于内容提供商和和用户之间的，为他们提供信息传输的高速公路，保证他们之间能够进行顺利的信息交流。在移动电子商务中运营商的角色非常重要。根据它在价值链中的位置，它的角色可以是简单的移动网络提供者，可以是媒介、移动接入，甚至是可信赖的“第三方”。

在移动电子商务的各个参与者中，移动网络运营商维护着移动用户的个人数据，能很方便地得到用户的位置信息，同时也为用户建立了各种计费手段。其拥有的客户资源使他拥有用户的所有权和连接权，其他环节的企业不得不通过移动网络运营商向用户提供服务。因此，移动网络运营商在模型中自然处于主导地位。

移动运营商可以只提供网络基础设施并让消费者直接联系各种内容、服务提供商或门户，此时移动运营商的收入来自其向消费者提供的无线连接。在此基础上，移动网络运营商可以提供 WAP 网关服务，还可以作为移动门户、中介或可信任的第三方为企业或个人提供服务。

移动网络运营商扮演门户的角色，可以引导用户定位合适的服务提供商，同时可以让内容提供商找到用户。因为拥有丰富的客户资源，移动网络运营商比其他门户拥有更多的优势，因此向用户提供移动门户服务是非常自然的。换句话说，运营商可以作为提供商的前台终端直接向用户提供内容和服务。在这种情况下，移动用户可以从服务质量和资费的角度选择提供商。运营商与内容或服务提供商达成一定的协议并获得盈利。

目前，移动门户商业模型已经成为移动网络运营商的一个重要选择，移动门户将移动网络运营商定位成用户与内容及服务提供商的中介，实现对第三方信息和服务的聚集、分类整理和再出售。

移动网络运营商还可以在移动电子商务中扮演更积极的角色，不仅提供移动门户提供的所有服务，而且提供下列附加服务。一是提供捆绑服务，即以折扣的形式向用户提供由不同供应商提供的商品或服务的组合。二是扮演银行前台终端的角色，用户直接向运营商支付；同时，运营商在用户对商品或服务不满意时也有义务向其退还支付。三是向提供商提供安全和支付服务。四是扮演可信任的第三方。用户可能希望从不同的提供商处购买多种商品，移动网络运营商可以帮助他们完成这种操作。在这种情况下，需要在运营商和用户之间建立一种信任关系。如果商品在交付用户时已经损坏，或交付得太晚，甚至根本没有交付，显然用户的权益没有得到保证。

3. 设备提供商

设备提供商包括网络基础设施设备提供商和移动终端提供商。网络基础设施提供商是指生产基站、交换机等无线网络传输设备的经济实体。

终端设备提供商是指制造移动终端设备的经济实体。没有足够丰富多样的终端设备的支持，任何新服务都不可能取得成功。对于用户来说，在选择终端设备时，最关注的并不是谁来提供移动通信服务，而是终端设备的易用性和各种体现用户个性的设计和功能特性。这主要是因为现在更换手机最频繁的人群——青年人——对这方面要求较高。所以，如何更好地了解客户、满足客户需求，是关系到他们存亡的关键。同时，第三代移动通信技术的出现给终端设备制造商带来了新的挑战。为了满足用户随时随地接入网络，并能够处理多媒体数据的要求，终端设备制造商必须对新的技术和顾客需求进行探索，如果不能及时提供顾客所需要的功能，那么就很难继续生存。因此，从某种意义上讲，移动终端设备的开发要有超前意识。

4. 内容和应用服务提供商

它们提供原创的、对客户有价值的内容，向客户传递内容的方式有多种：可以通过 WAP 网关，也可以通过当地的移动接入商。选择不同的提供方式就会产生不同的商务模式。

5. 移动接入商（移动门户）

它为内容和应用服务提供商提供了内容接入无线网络的接口，保证其顺利接入无线网络传输系统，最终到达移动用户。提供个性化的、本地化的服务，可以根据客户个人的偏好，定制浏览的内容，减少网络的传输量。

13.2.2 移动电子商务的运营模式

1. 移动电子商务运营模式的发展史

移动电子商务运营模式是不断发展变化的。由于移动电子商务价值链随着技术的升级而不断扩充、完善和成熟，而运营模式是由价值链中的某几个部分相互合作形成的赢利模式，因此，运营模式必然随着价值链的扩充而变得更加复杂多样。

总的来讲，运营模式是从简单、种类少到复杂、种类多的变化。其中，最大的变化就是从没有内容提供商的参与到内容提供商在整个移动电子商务的运营模式中逐渐占据主要地位。现在大多数移动电子商务运营模式中都少不了内容提供商的参与，他们是移动电子商务内容和服务的来源，也是移动电子商务实现商业价值的根本。

2. 目前移动电子商务运营模式的种类

移动电子商务是借助于移动技术、通过移动通信网络向用户提供内容和服务，并从中得到利润的商务活动。移动电子商务价值链模式如图 13-3 所示。下面对移动电子商务中几种主要的运营模式进行简单的介绍。

（1）内容提供商模式

这是移动电子商务的一个角色，同时也是一种运营模式。它的商业原型是路透社、交通新闻提供者、股票信息提供者等。这些企业通过直接联系客户来提供信息。除了这些企业采用该商务模式外，还有一些小公司或个人采用这种商务模式，为移动设备开发内容并提供给软件公司，再由软件公司销售

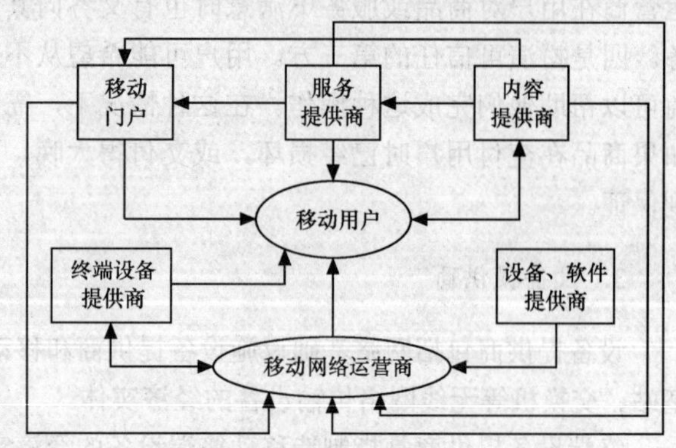

图 13-3　移动电子商务的价值链模式

给用户。

在这种运营模式中，主要的参与者是内容和服务提供商、移动网络运营商和用户；主要的服务是信息服务；主要的利润来源是用户缴纳的服务预订费。

（2）移动门户模式

即企业向移动用户提供个性化的基于位置的服务。该模式的显著特征是企业提供个性化和本地化的信息服务。本地化意味着移动门户向移动用户提供的信息服务应该与用户的当前位置直接相关。如宾馆预订等；个性化则要求移动门户考虑包括移动用户当前位置在内的所有与用户相关的信息，如用户简介、兴趣爱好、过去的消费行为等。

这样，一个客户从一国移动到另外一国后，就应该连接当地的接入商。当地的接入商不仅使用当地语言，还提供使用者的母语，并提供本地化的信息，如旅行点介绍、本地餐馆等。移动接入商和互联网接入商不同，因为移动客户的需求和移动终端的特性不同于坐在桌前的用户和便携计算机，移动接入商被赋予深刻的个性化和本地化特点。本地化意味着移动接入商需要提供和用户当前地理位置相关的信息，如餐馆预定、酒店预定、加油站位置、电话黄页、电影列表等。个性化要求提供所有信息时都要考虑用户的偏好，在提供这样的个性化和本地化服务时，用户生平、文化兴趣、过往行为、情景和位置都需要被考虑。

随着我国移动用户的迅速增加，移动网络的不断优化及新业务的不断涌现，我国的移动电子商务呈现出高速发展的势头，表现在业务量增长迅速、用户接受程度不断提高、用户群进一步细分等方面。下面以中国移动的移动梦网为例，分析其商业模型和中国移动在商业模型及价值链中扮演的角色。

作为移动电子商务的先行者，中国移动已经成功地创造了卓有成效的商业模型，建立了包括移动用户、移动网络运营商、内容和服务提供商等参与者的价值链。中国移动推出了移动数据业务的全国统一品牌——移动梦网，它为广大移动用户架设了与 Internet 之间的桥梁。同时，移动梦网帮助中国移动处于价值链的核心地位，建立的商业模型即典型的以移动网络运营商为主导的移动电子商务商业模型。

事实上，中国移动在商业模型上借鉴了日本 NTT DoCoMo 的成功经验。通过具有吸引力的收入分配方案，中国移动与超过 700 个而且数量还在不断增加的上下游设备提供商、内容服务提供商建立了分工合作、利益共享的合作伙伴关系。例如，移动梦网和内容、服务提供商之间存在的内容价值链上的收入分成是：内容、服务提供商 85%，中国移动 15%。移动数据业务已经成为新浪、搜狐、腾讯等内容、服务提供商的主要收入来源之一。移动电子商务价值链的构建是中国移动在语音业务日益同质化的趋势下提高产品差异化、扩大市场占有率的重要手段，也是其业务收入新的增长点和提高企业竞争实力的必要手段。

目前，移动梦网向移动用户提供的业务有 WAP 门户、彩信、PDA 门户、短信、百宝箱、游戏、彩铃、语音杂志、移动沙龙、移动相册、移动邮箱和移动钱包等，新的移动数据业务随着市场需求的发展也在不断地被开发出来。在这些移动数据业务中，我们不难看到中国移动扮演的不同的角色：在移动相册和移动邮箱业务中，扮演着 WAP 网关提供商的角色；在 WAP 门户和 PDA 门户业务中，扮演着移动门户的角色；在移动钱包业务中，如果中国移动允许移动用户通过移动钱包代缴其他费用，那么他扮演的就是中介或可信任的第三方的角色。目前，移动钱包尚未开通代缴功能，但是中国移动、中国银联在 2004 年 8 月规划移动钱包时已经将水费、电费、煤气费、电话费、交通违规费等代缴费用包含在其中，代缴功能的实现指日可待。

（3）WAP 网关提供商

WAP 网关提供商可以被看作 ASP 互联网商务模式中的一个特殊情形。它为不愿投资建设 WAP 网关的服务商提供一个 WAP 网关，这种模式的收入取决于 WAP 网关提供商和客户达成的协议。

（4）服务提供商

服务提供商向客户提供服务的方式有 4 种：直接提供、通过移动 portal、通过其他企业的 WAP 网关、通过移动运营商。它向客户提供的内容来自于内容提供商。

3. 成功的移动电子商务运营模式

目前移动电子商务还处于发展的初期阶段，要想成为未来商务的主流，主要取决于是否有足够的客户和能否将移动电子商务的机遇变为可行和能持续发展的运营模式。每个参与者为了采取最合适的运营模式，就必须考虑核心竞争力、移动电子商务环境的特性、互联网商务模式成功的经验。

（1）形成多赢的商业模式

要建立集成高效的产业联盟，运营商必须把合作关系当成战略性资产进行管理。如在合作伙伴、电信设备供应商等方面采取合理的利润分成，并采取资本与技术深度合作的方式来构建战略伙伴关系，由此创造产业链上各方共赢的商业模式。

（2）e 化和动态集成

运营商应建立先进的电子商务系统，将业务合作伙伴和供应商集成整合，基于规则展开虚拟运作，这样才能敏捷响应客户的需求，构建起富有弹性的动态联盟。

（3）有效激励和监管服务提供商等价值环节

如在制定技术标准、建立对 SP 进行完善的考核和评价的业务标准、建立良好的竞争机制和对 SP 提供资金和人员上的支持，从而保证合作伙伴的质量水平，使运营商的经营业绩、品牌、声誉和服务质量达到客户期望的水平。

（4）塑造以客户为中心的业务品牌，提升核心竞争力

运营商的核心能力将表现在对价值网的运营能力和对 CRM 能力上。在移动生态竞争时代，有效的商业模式是竞争的核心，而建立以客户为中心的品牌成为关键。

13.2.3 移动电子商务的经营战略

1. 价值链集成战略

企业之间存在为客户提供价值的激烈竞争，作为移动电子商务价值网络的一个组成部分，企业会联合起来向客户提供价值，不能仅局限于业务伙伴的简单合作，而要与他们全面合作，我们把这称为价值链集成（value chain integration），即在客户、企业、供应商以及其他的业务伙伴之间，实现业务流程和信息系统的融合，以达到经营运作一体化。这就要求企业在整个多元关系中，从辅助客户进行产品设计或是产品购买，到与供应商在生产和产品交付过程中传送商业文件，都必须具有电子化通信的能力，而互联网这种具有成本效率（cost efficient）的技术的出现首次为价值链集成提供了可能性。价值链集成的基本作用体现为速度优势，速度优势降低了成本——库存成本、雇员费用、计划成本等。电子商务加速了信息流，信息流的通畅加快了物流；移动电子商务减少了产品物流的等待队列，减少了与决策环节和步骤相关的时间延迟，也减少了产品设计配

置的错误。与此同时，移动电子商务加速了定购流程，提高了订单执行的准确率，加快了产品部件和物料的采购、项目计划、产品配送以及安装过程。实现价值链集成的战略措施有以下几点。

（1）成为e化超企业

以往，传统企业都围绕他们的内在价值链制定自身的经营战略，各企业相互竞争是为了向客户提供价值。但是将来，企业之间会联合起来，作为一个超企业的组成部分向客户提供价值。一个超企业是由客户、企业以及它的供应商共同组成的实体。在超企业中开展业务会产生一个新的集成了业务流程和信息系统的商务模式，这种模式称为超企业价值网络（Enterprise Value Network，EVN）。作为超企业的成员要与它的业务合作伙伴合作制定经营战略，以保证行动一致性。并且将会产生全新类型的信息系统，可以在参与者之间集成业务流程和信息流。第三方软件商将会在市场中销售针对超企业运作的模块化软件方案，即超企业资源计划（ERP）系统。它为企业间进行有效、活跃的通信，提供了低成本、友好界面和非结构化的形式。通过运用相应技术构建超企业，每家企业都可以与其业务合作伙伴一起制定经营战略，以实现EVN最优化。企业必须掌握如何共享有关客户和业务流程的商业信息，如何将其非战略性业务外包出去。在许多情况下，超企业的主导者是大规模、有影响力的生产企业，他们拥有将供应商和业务合作伙伴集成在一起以及制定构建价值网络标准的资源。然而，电子商务技术和应用以及客户数据挖掘和分析，可能会将网络主导者的角色转移到离客户最近的组织，而这种组织更加了解客户。掌握了客户信息和拥有忠诚客户的企业能够给其他希望同客户建立最优关系的企业提供重要的需求。在传统商务模式中，这种本质性的深刻转变，也许会给价值链内的分销商、转销商及零售商的业务操作和通信方式带来无法想象的变化。对于有实力的制造企业而言，问题的关键是要在价值链下游的中介确立其重要地位之前，实施运用电子商务技术获取客户信息和忠诚的战略。

（2）构建超企业价值网络

EVN由两部分构成：一是超企业供应网络，其参与者包括产品提供企业、产品提供企业的供应商以及供应链内的业务合作伙伴；二是超企业客户网络，其参与者包括产品提供企业、在需求链中的业务合作伙伴以及客户、消费者。在EVN中，信息流从新产品市场研究的信息收集开始，经过产品开发和销售订购过程，再到生产和采购，接着流向业务合作伙伴和供应商。对于构建超企业价值网络的企业，价值体现很明确，就是EVN要为企业提供敏捷性和灵活性以适应市场环境的变化。通过EVN，企业把必要的业务流程和信息系统集成在一起，以便把部分业务操作转包给业务合作伙伴，或分担其他业务合作伙伴的某些业务（基于业务能力的外包）。企业可以根据需求、业务能力、成本和反馈等实时地做出有效利用伙伴资源的决策。在向EVN转变的过程中，企业可以通过强调协同设计的开发能力以及利用市场研究和客户反馈、工程化和经营战略，使生产实践流线化，从而最终提供一流的产品和服务。例如，机械产品生产企业可以通过e化现场工程师、项目经理、安装人员、资源计划员以及其他人员把自身重新塑造成一个服务提供组织，从而提供信息和各种工具的访问途径，以实现快速、低成本、高质量的服务。

（3）建立e化供应链

e化供应链是超企业供应网络通信和运作的中枢。e化供应链跨越了多个企业的界限，要求企业建立协同的业务流程。与EDI技术的运用不同，e化供应链体现了供应链参与者之间的真正协作。e化供应链有两个关键成功要素：首先，企业必须把合作关系看成是一种战略性资产，合作者之间的紧密集成和信任加速了供应和生产，降低了库存成本；其次，既然在合作关系中，信息的透明性起到了替代存货的作用，那么它必须像现在的库存管理那样进行控制，即规定严格的制度并进行日常监控。

2. 强化客户价值，强化网络品牌价值

（1）强化客户价值

客户越来越清楚地认识到，他们可以通过与业务合作伙伴创造性地合作来发展新的获利形式，或者通过与合作伙伴协作来减少费用和缩短产品周期，创造新价值。只有愉悦的客户才是真正忠诚的客户，客户愉悦会带来一定程度的客户满意，从而使客户重复购买。信息技术使得敏捷的参与者可以通过网络为客户创造价值。现在，绝大多数企业的构建都是围绕着业务处理以及生产流程而开展的。但是从行业角度来说，客户对企业的忠诚很大程度上是基于产品或服务本身、价格水平以及客户所获服务的水平和质量。特别是大多数企业都有自己的优先客户群，但它们同样欢迎任何有资格的人下订单。客户信息系统的出现使得企业可以通过网络获取客户的数据，从而有希望识别出客户独特的购买特性或趋势。这种能力带来了新的经营竞争，企业不仅要取得现有客户的终身价值（LTV），而且在此之后还要为新客户和新市场制定合适的战略计划。

（2）强化网络品牌价值

品牌不仅在传统的商业环境下是企业的重要资产，在网络环境下更是如此。由于网络彻底改变了传统商务信息传播的媒体和途径，在网络环境中，企业品牌的内涵、外延以及品牌宣传和运作方式都发生了巨大的变化。因为网络空间是虚拟的，人们需要与商家建立信任关系，此时，品牌就成为“信任”的代名词，它对于销售有着非常微妙和切实的影响，网络品牌塑造变得尤其重要。此外，当网络逐渐成为企业营销的新兴途径时，传统企业除了要考虑将自己的营销组合与网络整合外，也必须在网络中建立自己的品牌形象。对于经营者来说，网络品牌价值是企业经营活动的重要无形资产，并且从其发展趋势来看可能超过其实物资产的价值。因此，通过注册显著的域名、建设企业网站、网站形象的设计以及其他营销手段来强化网络品牌价值的策略在企业的经营中是举足轻重的。

3. 利用网络优化企业客户服务

（1）交互作用和个性化服务

互联网技术使客户们可以在很高程度上与企业进行互动性活动，因此他们可以轻松地创立、编辑、发送、确认和跟踪订单。客户同时希望得到个性化服务。电子商务的应用服务可以针对每一个客户的不同需要满足他们的具体要求和个人兴趣，也可以为每个客户提供量体裁衣的服务，如为每个客户建立账户和他们的术语体系，为特定的客户提供定制的产品，并且根据客户的反馈提供定制的服务。通过互联网技术进行的客户服务能够培养出交易双方的信任，并且能够在销售过程中和销售之后为客户提供快捷、平等的个性化服务。企业通过自我服务模式进行销售工作，交易成本将显著降低。

（2）管理 e 化客户关系

在电子商务世界里，企业有机会复制原先只存在于批量市场中的个性化的客户关系。企业在销售标准产品的同时，可以利用客户的信息提供一些个性化的客户服务。与此同时，便捷的界面、迅速的执行、订单处理成本的降低以及客户服务的加强会不断吸引热衷电子商务的新客户。这些客户能够低成本甚至无成本地迅速改变原先的忠诚，并且寻求可能的最好的客户服务。在电子商务领域中，服务是最大的要点之一。为了成功地实现 e 化客户服务，企业必须开始学习使用数据库和数据挖掘技术来管理客户关系。通过数据挖掘，企业可以从自己的数据库中发现数据之间存在的广泛联系和模式，这些联系和模式在企业的业务活动中并不是显而易见的。通过对企业的大量历史数据的研究，数据挖掘经常可以发现一些对企业有利的潮流趋势和潜在机会。对于数据库和数据挖掘来说，最重要的资源就是企业长期积累下来的客户服务数据。客户关系的历史记录包含了大量信息，企业可以从这些信息中了解自己应该如何设计、制造自己的产品，如何提供服务，如何对销售和服务进行控制，从而提高客户满意度。

（3）从市场到社区

收集大量客户数据并对这些数据进行分析从而得出有价值的客户信息，这种能力使得企业可以通过一种崭新的方式来定义他们的客户。客户不再仅仅是市场的组成部分，而是一个社区的成员，这个社区由那些对相似产品感兴趣的人们组成。企业可以尝试进入这些社区，从而得到关于现有产品和服务的反馈信息。一个与客户社区保持了适当联系的企业可以收集到其他企业所不能得到的客户信息，从而增加企业的竞争优势。

4. 加强财务管理能力

移动电子商务环境对财务管理提出了更高的要求。移动电子商务模式下的网络财务以企业物流、资金流、信息流一致为目标，提供网络环境下的财务管理模式，使企业的财务管理从桌面走向网络。因此，网络财务便成为企业财务管理体系中不可或缺的一部分。

13.3 移动电子商务的风险管理

13.3.1 移动电子商务的信用风险管理

作为新的商业交易模式，移动电子商务具有以往的交易方式无可比拟的优势，但其发展受到几个关键因素的制约。和传统的电子商务一样，完善的社会信用体系是移动电子商务有效运行的支撑点之一，在移动电子商务运作的一系列环节上，如电子合同订立、电子支付、配送等，信用的功能以及信用体系不完善带来的限制，较之传统的交易模式，都体现得更加明显，信用风险也成为电子商务最主要的风险。

但是这样一种新型经济模式的发展目前仍存在着几个难以克服的难题——电子支付、物流配送和采购习惯等。这是因为虽然电子商务使我们能在更为广阔的空间展开交易，使产品和服务信息化，从而降低了传播成本，加快了交易的运作，但我们必须看到随同而至的风险因素，如产品识别、物流配送、货款支付等，其实这些问题归根结底都牵涉到同一个主旨——安全和信任。电子商务有 3 个重要的支撑点：第一，迅速快捷的网络技术成为整个交易过程的基础；第二，存在完成电子商务交易所必需的参与者；第三，也是最为重要的一点，就是建立起一个完整的社会信用体系。这个社会信用体系应该是多层次的，包括了供应商、生产者、银行、认证机构、保险公司、网站、物流配送中心、客户之间的信用保证。但从我国目前的电子商务发展状况来看，这一信用体系尚未形成。根据对我国 B2C 电子商务发展现状的调查，在网站为消费者提供的多种支付方式中，80%以上的消费者采用货到付款的方式进行网上购物，只有不到 20%的网民选择在线支付，而网民回避在线支付的原因基本是怕付款后收不到货物或是货物的质量不好，这实际是对供货方的信用持怀疑态度的一种表现。

1. 影响移动电子商务在我国普及发展的主要的风险因素

（1）质量控制风险。由于网络的虚拟性，买方有可能不索取样品或得到不真实的样品，在把一件立体的实物缩小许多变成平面画片的过程中，商品本身的一些基本信息会丢失，买方不能从网站的图片和文字描述中得到产品全面、准确的资料。这会给买方带来产品识别的风险，这种风险会延伸到产品的性能、质量等诸多方面。并且电子商务中的卖方可能并不是产品的制造者，质量控制便成为风险因素之一，如果卖方选择了不当的外包方式，就有可能使买方承担这一风险。

（2）网上支付风险。作为电子商务的一部分，支付手段也会有所变化。我们都知道目前安全问题仍然是制约电子商务发展的瓶颈，许多企业仍然担心安全问题而不愿使用网上支付手段，支付问题是电子商务的风险因素之一。

（3）信息传送风险。电子商务的主要业务过程是建立在互联网基础上的，许多信息要在网络上传送。网络安全或信息安全是实现进入电子社会的另一个风险因素，如果遭受电脑黑客的攻击，重要的企业信息甚至支付权限被窃取，其后果将是异常严重的。

（4）法律风险。电子交易将传统的纸面交易虚拟化，因而主要用以调整纸面交易的传统法律规范亟待得到变化和修正，而在这种修正尚未完成之前，电子商务的发展存在着极大的不确定性，从而产生法律风险。

2. 健全法制，倡导诚信，加强企业风险管理

1996 年联合国贸易法委员会制订了《联合国国际贸易法委员会电子商务示范法》，2005 年初，国务院颁发了《加强电子商务的若干意见》，2005 年 4 月 1 日开始正式实施的《电子签名法》，对我国正在兴起的电子商务给予了强有力的法律支持，为我国电子商务安全认证体系和网络信任体系的建立奠定了基础。但是，网络环境中的诚信问题不是仅仅靠《电子签名法》就能够解决的，要想根本铲除互联网交易中的种种弊端，归根到底要靠安全认证和行业的自律。所以，倡导诚信，维护消费者合法权益，是推动我国电子商务健康发展的内在因素。

企业要防范电子商务中的欺诈和信用风险，一方面要增强风险意识，积累商业经验，善于识别各种欺诈手法和客户风险；另一方面，要想根本地减小商业风险，就需要建立企业的信用管理体系，运用各种信用管理工具科学地规避商业风险。

13.3.2 移动电子商务的市场风险管理

移动电子商务带来了新的商务模式，带来了不同于传统电子商务的用户群。业务的丰富多样、个性化成为主要的竞争手段。许多企业为了扩展市场开拓新业务，投入了大量资金进行新业务的开发。这样必然形成全新的市场风险，这些市场风险主要体现在以下几个方面。

首先，体现在企业与竞争对手相比，在移动电子商务方面应用的超前或滞后所带来的市场竞争风险。信息技术的不断进步和成本的大幅降低使电子商务的进入障碍非常容易打破，这就意味着并不是先入者就一定先赢。如果一个企业认为进行电子商务只要一次投资就可以受益，那必然会被电子商务的不断更新所淘汰。

其次，在移动电子商务时代，顾客需求更新速度加快和顾客忠诚度越来越难以保持，顾客流向竞争对手的风险随时存在。由于电子商务的进入门槛变得越来越低，企业的竞争对手同样很容

易进入电子商务领域，如果他们在电子商务客户服务方面做得出色，顾客很容易流向竞争对手。对于这一点，企业需要在增加顾客吸引力上不断创新，才能有效降低风险。此外，在全球范围寻找新的顾客和市场也可以适当化解风险。

第三，体现在先进的移动电子商务技术手段是否符合顾客及市场环境现实的需求。换句话说，就是过于超前的技术并不能给企业带来竞争的优势，反而会给企业的投资带来浪费。比如，网上银行早在20世纪80年代中期就在美国开始出现，但是由于当时上网人数的限制、复杂的操作界面以及对电子商务系统的不信任，这些花费了数百万美元的网上银行并没有吸引多少客户。

第四，消费者高期望的风险。移动电子商务最大的优势之一就是便捷，所以作为一个新兴的市场营销渠道，消费者对它有较高的期望。比如说消费者进行电子邮件咨询或网上咨询时，他们希望得到的服务像电话服务一样迅速准确，而不是得到一封封标准的自动回复邮件。而我们现实的电子商务在这方面却往往不尽人意。据北美一家电子商务商业杂志对北美前60名网上商店的调查显示，18%的电子邮件咨询没有得到答复，72%的售后服务不尽人意，25%的交货延迟。正是消费者较高的期望与实际的落差，给从事电子商务的企业带来了新的风险。企业很容易因为无法满足客户实时的需求从而最终失去客户。因此企业在考虑介入电子商务时，如果仅仅考虑建立网上销售平台、完善电子支付等这些售前技术手段，而没有考虑商品配送、客户服务等等这些售后的服务措施，这样电子商务不仅不会给企业带来新的销售机会，还有可能让企业失去原有的客户。

13.3.3 移动电子商务的技术风险管理

移动电子商务的技术风险主要表现在集成系统的兼容性和稳定性、员工对技术的掌握程度、技术淘汰速度、技术标准选择的前瞻性以及安全性能等方面。企业电子商务系统与顾客、供应商和合作伙伴集成后，其兼容性和运行的稳定性将影响整个电子商务系统的效率，系统的崩溃或出错将给企业和合作伙伴带来不可估量的损失，而兼容和可靠的集成系统设计以及强有力的技术支持能减少这一风险的产生。员工对技术的掌握程度决定系统的运行效果，高技术水准的员工是保证系统顺利运行的基础，同时也可使系统发挥最大效能。技术淘汰的速度对于网络而言，就如同网络本身的速度。因此，可升级和可扩展不管是对传统电子商务还是移动电子商务而言，都是最基本的要求，只有不断升级才能保证电子商务的正常运转和不被淘汰。安全性能是目前为止电子商务最为关注和最难解决的问题。安全问题不仅给企业，同时也给顾客和商业伙伴带来风险，一旦顾客和商业伙伴失去对系统安全的信任，电子商务将形同虚设。

1. 移动电子商务的技术风险

（1）系统层安全性漏洞——电子商务系统所使用的硬件设备、软件操作系统及网络整体结构中的安全漏洞将直接构成电子商务中的安全隐患。

（2）存储层的安全漏洞——无论多么稳定的系统，意外情况总是不可避免的，意外情况造成的数据破坏将给电子商务系统带来安全隐患。

（3）传输层的安全漏洞——传输过程中的数据被截获。

（4）人为侵害造成的破坏——电子商务起步不久，安全措施尚不完善，是网络黑客攻击的焦点。2000年2月7日至9日，美国多家著名网站先后遭受黑客攻击，黑客三天的袭击造成直接和间接损失高达10亿美元。

（5）跨平台数据交换引起的数据丢失——如果平台之间的兼容性存在问题，有可能导致电子商务系统中数据的丢失。

（6）应用层的安全漏洞——假冒合法用户欺骗系统、假冒领导调阅密件等，直接转移、盗取资金，或假冒他人栽赃消费者。

2. 技术风险管理与控制的措施

（1）加快基础设施建设

计算机系统、移动网络通信设备、网络通信线路、网络服务器等设备，在静电、电磁泄漏和意外事故等情况下会造成数据丢失及机密信息泄漏。所以，加快移动电子商务的基础设施建设，选择高性能的网络设备，建设安全、便捷的移动电子商务应用环境，才能为移动电子商务交易的信息提供硬件保障。

（2）实施技术防范措施

移动电子商务的运作涉及资金安全、信息安全、货物安全、商业秘密等多方面的安全问题，任何一点漏洞都可能导致大量资金流失。而这些安全首先是对信息技术的依赖。目前，防火墙技术、电子签名和安全认证成为移动电子商务比较成熟的技术安全措施。

（3）防火墙技术

防火墙是在本地系统或网络与 Internet 之间构筑的一道屏障，用以保护本地系统或网络中的信息、资源等不受来自 Internet 中的非法用户侵犯；用以控制和防止本地系统或网络中的敏感数据流入 Internet，也控制和防止来自 Internet 的无用数据流入本地系统或网络。所以，防火墙能起到保护本地系统和信息安全保密的重要作用，成为移动电子商务系统的安全屏障。

（4）数字签名技术

数字签名通过某种密码运算生成一系列符号及代码组成电子密码进行签名，代替书写签名或印章。对于这种电子式的签名还可进行技术验证，其验证的准确度是一般手工签名和图章的验证无法比拟的。数字签名是目前电子商务中应用最普遍、技术最成熟、可操作性最强的一种电子签名方法。

（5）安全证书认证中心

网上交易需要由一个权威的第三方来担任信用认证机构，以确认买卖双方的身份，这就是电子商务的安全证书认证中心（CA 中心）。CA 中心是承担网上认证服务、签发数字证书并确认用户身份的受大家信任的第三方机构，它的作用在于确保网上交易合同的有效性，确保交易内容、交易双方账号、密码不被他人识别和盗取，防止单方面对交易信息的生成和修改，保证电子商务的交易安全。

（6）开展安全审计监督

电子商务的安全问题日益突出，使得社会公众不仅关注被审计单位的财务报表，更关注交易的安全性、企业的诚信、企业未来的发展状况等，对审计工作寄予的期望和依赖程度更高。安全审计随之产生，它不仅对网络经济和网络系统进行审计，还可以借助网络进行多单位、跨时空的审计作业。安全审计是指根据一定的安全策略，通过记录和分析历史操作事件及数据，发现能够改进系统性能和系统安全的地方。通过对安全事件的不断收集与积累并加以分析，能有选择性和针对性地对其中的对象进行审计跟踪，以保证系统的安全。安全审计利用整合测试技术、内嵌式审计模块加入技术、同步式审计技术、电子商务询证技术等，通过在线监测和远程联网进行审计，对交易过程中的敏感和重要环节进行监测，从而达到对电子商务进行鉴证和监督的目的。

13.4 移动办公

13.4.1 移动办公概述

基于 Internet 的网络应用改变了人们的工作、生活，而无线移动技术的成熟，使得移动办公这种高效率、全新的办公方式越来越被广泛应用。如今，在机场、火车、咖啡馆甚至大街上，我们随处可见一些人通过手机、PDA 和笔记本计算机收发邮件，如同身在办公室一样进行着日常工作。

那么什么是“移动办公”呢？对于移动办公的定义众说纷纭，我们根据当今各种技术的发展趋势，认为移动办公应为：在任何时间、任何地点、依托任何网络、使用任何终端、传输任何数据来完成与办公工作相关的事务。

许多企业的管理者和员工都发现，“移动办公”已成为一条提高企业工作效率、促进业务反弹的有效途径。移动办公最直接的好处就是将人们从桌面办公解放出来。随着社会的发展和交通、物流的畅通，人们花费在办公室之外的时间越来越多，所以要确保整个企业始终能保持旺盛的“生产”能力，就应该使企业的每个成员无论身处何处都能够与企业保持联络并能进行有效的工作。

移动办公将使企业受益，其主要体现在以下几个方面。

（1）将人们从桌面办公解放出来。办公室的工作方式，最初产生自电话和计算机的接入需求。这种工作方式若干年来一直非常有效。但同时也有这样一些情况，比如在旅行中或者在家办公时，人们离开了办公桌，但是仍然需要接进公司系统。移动技术的出现，使人们可以自由地选择最佳的地点和方式开展工作。

（2）提高劳动生产率。通过移动办公，人们在旅途中耗费的时间也可以被有效利用了。如今市场上有一系列的产品和服务，可以使人们在移动过程中处理 E-mail、接入公司的数据库或者编辑公文。对这种便利所产生的好处进行简单的计算，结果会是相当惊人的。

（3）实时办公。移动办公意味着销售人员或者其他需要在客户所在地工作的雇员可以一直保持与公司的联系，由此获得对各种问题的直接回复，或者直接登录公司系统，获得最新的信息，而不必返回办公室登录 Notes、更新数据库。这样他们可以为客户提供更完全的服务。例如，销售人员不仅可以通过笔记本计算机展示一款产品，还可以接入公司系统，报给客户最新的价格和库存数，甚至当场下定单。这意味着更高的销售额和更好的客户服务。

（4）工作的灵活性。新一代体积更小、价格更便宜的移动设备的出现，使移动办公技术有了一系列的选择。

13.4.2 移动办公技术

新技术的出现使移动办公成为可能，人们可以不受位置的限制，在办公室外，甚至在移动过程中，随时工作和获取信息。目前有哪些移动办公技术可供选择？如何选择不同的技术？市场上存在几种主要的移动技术可以用于实现移动办公，这些技术之间不是直接竞争关系，而是各有特色，适用于不同的需求。

1. 3G

3G 手机的特点如下。

（1）永远在线——WAP 手机接入 Web 则需要等待。

（2）具有更高的数据传输速率——标准 MODEM 接收数据的速率最高为 56kbit/s，而 WAP 手机的数据传输速率还不到 10kbit/s，3G 手机的下载速率却可达到 144kbit/s～384kbit/s，最低值达到 ISDN 的速度，最高值比许多家庭宽带的速度快。

3G 手机的一个主要卖点就是视频信息。使用者可以观看流媒体短片，还可以与其他用户进行可视通话。虽然 3G 手机视频的质量还没有好到可以替代正常的会面，但毕竟是一种有用的通信工具。

3G 手机通常还有一些其他有用的功能，比如数码相机、手机上网、接收 E-mail、播放音乐和视频文件等。

2. 智能手机

所谓智能手机，是指“像个人电脑一样，具有独立的操作系统，可以由用户自行安装软件、游戏等第三方服务商提供的程序，通过此类程序来不断对手机的功能进行扩充，并可以通过移动通信网络来实现无线网络接入的这样一类手机的总称”。简单的说，智能手机就是一部像电脑一样可以安装和删除软件的手机。

智能手机为用户提供了足够的屏幕尺寸和带宽，既方便随身携带，又为软件运行和内容服务提供了广阔的舞台，很多增值业务可以就此展开，如股票、新闻、天气、交通、商品、应用程序下载、音乐图片下载等。结合 3G 通信网络的支持，智能手机势必将成为一个功能强大，集通话、短信、网络接入、影视娱乐为一体的综合性个人手持终端设备。

表 13-1 移动办公技术比较

	3G	智能手机	笔记本	GPRS	Wi-Fi
优点	面对面通信	小巧、便捷；运行办公软件；支持蓝牙、Wi-Fi、GPRS 功能	具有强大的处理能力和存储空间，更适合工作习惯	覆盖范围广，可与智能手机和笔记本相连，价格始终，自身掌握技术程度要求不高	价格便宜，应用广泛
缺点	业务尚未普及，价格昂贵	屏幕小，处理能力和存储能力相对较小	体积过大，电源性能相对局限	速度低	覆盖范围有一定局限性，安全保障相对差，支持语音功能有待加强
适用范围	高端商务人士和经常性出差的工程师等	需要在移动过程中处理日常事务的企业高层管理人员等	演讲、虚拟办公室、移动办公人员和 SOHO 办公人员等	移动过程中进行通话、处理办公事务和邮件的人员等	不需要固定办公座位的人员等

3. 笔记本计算机

笔记本计算机是体积较为小巧的计算机，便于携带，有屏幕和键盘。随着计算机功能越来越强大，内存越来越便宜，笔记本计算机也越来越小巧，价格更低，并且功能也更强大。许多公司为员工配备笔记本计算机以取代台式机。这意味着笔记本计算机已经能够做任何台式机所能完成的工作。通过与手机连接，笔记本计算机可以接入互联网，此外还可通过蓝牙或者 Wi-Fi 实现完全无线的接入。

4. GPRS

目前市场上的大部分手机都支持 GPRS，人们可以用它收 E-mail、移动上网。GPRS 通常被归为 2.5G 移动通信技术，是过去的 GSM 手机与 3G 手机之间的过渡技术。GPRS 具有更高的带宽，可以支持更多服务，永远在线。GPRS 的数据传输速率可达到 171kbit/s，GPRS 手机和 PDA 特别适合发送和接收猝发的数据流，比如 E-mail 或者网页浏览。除了语音和短信业务之外，还支持彩信业务。很多移动运营商如今都提供整合服务，将用户手机接入其公司的电子邮件系统。

5. Wi-Fi

从咖啡店无线上网到乡村的无线宽带，Wi-Fi 技术已经被广泛应用。大量的移动设备如今都支持 Wi-Fi。Wi-Fi 的数据传输速率为 54Mbit/s，这比许多办公室内 Cable 上网的速度要快。

13.4.3 移动办公的管理

移动办公已经开始被越来越多地接受和应用，对企业来说，要选择合适的移动办公方案，需要首先设定移动办公要实现的目标，比如，是希望改进客户服务、削减成本还是提高效率、增加销售额？对于中小型企业，移动办公的优势在于降低成本。由于面临生存和发展压力，中小型企业自身在信息化方面投入一般比较低，而无线和移动办公可以很好地节省布线以及企业 IT 部署成本的浪费。另外这些企业由于以租住写字楼为主，因此必将经常面临搬迁，传统的以固定方式实现的 IT 部署难以适应这种变迁，将会带来很大的损失。

而对于大型企业，采用移动办公的优势不在于节省成本，而在于提高工作效率。由于大型企业员工数量较为庞大，部门较多，大量的协调配合工作每天都在产生，由此而产生的大量的专题讨论和会议，成为家常便饭。在这样的企业中，只要平均每个人的效率提高 1%，整体的工作效率就可能提高 10%，这是个令人惊讶的多米诺骨牌效应。因此，采用了移动办公之后，将使平时耗费在来回寻找、确认资料的时间大大缩短，甚至消失。据相关调研统计结果，移动办公如果使每人每天多增加 10min～15min 的有效工作时间，相当于工作效率提高 2%，这将为企业带来不可估量的效率提升。

制定了具体的、量化的目标之后，要进行成本收益的分析。采用移动办公的成本包括相关软件、维护、许可、员工培训等费用，收益则包括客户满意度的提升、更高的运行效率等因素。评估和选择不同的移动办公方案时，还需要考虑企业目前的工作方式、清楚员工的通信需求。公司的业务或者员工是否严格受到工作地点、空间的限制？员工是否会接受更加灵活的家庭办公方式？在正式采用一种方案之前，可以先选择部分员工做试点，看效果如何。要对潜在的培训成本进行估计，考虑哪些员工将会需要培训，并对他们适应新系统所需的时间做出估计。此外，还要考虑新技术的安装成本，是否有相应的技术人员能够实现企业自行部署新的移动办公解决方案。

目前，企业常用的移动办公方案包括以下几种。

（1）建立比较完善的网络体系，保证员工在企业任何地方能上网。

（2）建立 VPN 系统，实现异地员工固定上网；建立无线网络或者宽带接入系统，使员工在家可以上网。

（3）建立无线虚拟网络，借助 3G、CDMA、GPRS 和笔记本计算机，利用公网访问企业内部管理系统，保证实时移动办公。

移动办公可为企业所有人员提供通用接入，并使企业通信工具易于访问，从而协助企业身处任意地点的关键员工达成更高效率和效益。而制定高效率的企业移动办公策略，则需要考虑三方面的因素：客户体验、成本和运作。

（1）客户体验

企业要部署一个新的战略或者解决方案，必须考虑到这将为客户带来哪些影响。因此，引入客户满意度评估系统来衡量这些变化，并且在执行的整个过程中密切关注客户满意度的变化是非常明智的做法。一个成功的移动办公策略应该可以使企业客户满意度得到提升。企业移动办公战略应该能够为客户提供更多的选择，例如在如何联络企业方面，客户能够更加快捷、更加简便地联络所需要的服务人员，减少电话和电子邮件中的无用信息，提升客户对品牌的认知度和好感。

（2）管理成本

一个好的企业移动办公战略应该能够有利于改善经营成果。作为企业整体通信战略中的一部分，移动办公通常扮演着成本中心的角色，但是如果移动办公战略能够恰当实施，将确实可以降低成本，并且帮助企业更加有效地满足未来的需要。当我们着眼于和移动办公相关的各种开支时，必须要对各种通信的成本进行细致的考量。此外，应该更多地考虑总拥有成本（TCO），而不是采购价格。因为售后服务支持可能带来很大的花费，从而影响投资回报率。企业需要切实了解当前系统和运营流程，并评估移动办公的实施有哪些必要性。这将不仅有助于确定哪些解决方案可以满足当前的需要，还可以确定哪些解决方案能够和现有系统最好地协同工作。

（3）实际运作

在战略制定阶段就对运营中的潜在问题有充分考虑，可以避免很多失误和陷阱。假定项目执行的目标是为员工提供“单一通信号码”模式。需要注意的是应该与使用者进行充分的交流，并且在项目执行之前进行培训；在项目部署之后应提供足够的技术支持；制定明确的政策，以确定什么时候可以找到某位员工，以及通过何种渠道找到他；制定安全措施，确保企业网络的可用性和完整性。尽管许多员工都依赖于语音邮件、电话会议和呼叫转移一类的通信功能，但是在开展工作以及和客户与同事交流互动时，其他某些通信应用也将是至关重要的基本工具。将联络中心、协作、语音通信和语音消息处理应用扩展到所有移动工作人员，将为企业创造出真正的巨大价值。企业级移动性使身处任意地点、使用任意通信设备的所有员工都能享受到同样强劲的工具。同时，员工还将从始至终同企业紧密联系。

实现上述必备通信工具的跨企业覆盖，取决于两个主要因素。首先，也是最重要的，用以支持您的中央语音服务器的呼叫处理软件必须采用特别的设计和建构，以实现企业级移动性。其次，通信网络必须是融合网络，能够按适当的服务质量（QoS）级别处理 IP 语音通信。在实现移动办公时，这正是企业应该注意的关键问题。

本 章 小 结

通过对本章的学习，要掌握移动电子商务管理，移动通信技术的出现，基本克服了时间和空间的限制条件。只要你拥有一个通信终端，无论你在何时、何地，都可以和任何人进行联系。熟悉移动电子商务的基础设施管理，包括基础设施现状和基础设施开发管理。移动商务应用依靠多样的手持设备，包括手机、掌上电脑等，手机已成为更新速度快、贬值幅度大、利润率下滑的大众消费类产品。品种、款式越来越多，功能也越来越强大。重点熟悉移动电子商务的运营管理，包括移动电子商务的组织、移动电子商务的运营模式和经营战略。运营模式是从简单、种类少到复杂、种类多的变化。其中，最大的变化就是从没有内容提供商的参与到内容提供商在整个移动电子商务的运营模式中逐渐占据主要地位。重点掌握移动电子商务的风险管理，包括移动电子商务的信用风险管理、市场风险管理和技术风险管理。影响移动电子商务在我国普及发展的主要的风险因素有（1）质量控制风险，（2）网上支付风险，（3）信息传送风险，（4）法律风险。当然也应了解移动办公，如移动办公技术和移动办公的管理。

习题与思考题

1. 试述移动电子商务的基础设施开发管理。
2. 试述移动电子商务的运营模式。
3. 请问移动电子商务的风险管理包括哪些？
4. 试述移动电子商务的经营战略。
5. 试说明移动办公技术和移动办公的管理。

第 14 章　移动电子商务营销

本章提要：本章首先介绍了移动电子商务营销的特点、内容及其发展趋势，区别了移动电子商务营销与电子商务营销的不同内涵。接着阐述了移动电子商务的市场开发问题，包括移动电子商务市场特征、移动电子商务的市场与消费者、移动电子商务市场调查及市场目标与定位。最后讲述了移动电子商务营销的策略，如移动电子商务的营销理念移动电子商务的 4P 策略和 4C 策略。

移动电子商务（m-Commerce）是指通过手机、传呼机、掌上电脑、笔记本电脑等移动通信设备与无线上网技术结合所构成的一个电子商务体系。从另一角度来看，移动电子商务也可以定义为移动通信网络为用户提供的网络交易的增值服务。它能够根据消费者的个性需求和喜好制定，设备的选型以及提供的服务由用户自己决定。相对于传统的电子商务而言，移动电子商务可以真正使任何人在任何时间、任何地点得到整个网络的信息和服务。

相对于基于 Internet 的电子商务，移动电子商务增加了移动性和终端的多样性，无线系统允许用户访问移动网络覆盖范围内任何地方的服务，通过实时对话交谈和多媒体文件实现直接沟通。由于移动电话的广泛使用，小的手持设备将比个人计算机具有更广泛的用户基础。因此，用户至少可从移动电子商务中享受到如下的好处：灵活（用户可以选择更加个性化的通信终端和服务形式），安全（随着技术水平的提高，移动终端能够逐渐确保移动电子商务交易具有很高的安全性），方便（移动电子商务拓展了应用范围，用户不受时间和地域的限制进行信息交互、电子商务交易和支付），操作方便（用户可使用非常熟悉的移动电话作为交易和支付工具，并且可以根据用户的爱好设置个性化的服务）。

目前，人们逐渐意识到了融合移动通信技术的电子商务将具有更大的潜力，移动电子商务的市场前景普遍被业内人士看好。据预测，到 2003 年，超过 10%的电子商务交易将通过移动通信设备来完成；到 2004 年，全球将出现 10 亿移动电话用户、10 亿 Internet 用户，其中 5 亿为移动互联网用户；到 2005 年，将有 25%的数据业务通过移动通信设备来传输。特别是在我国，目前已经拥有近 7 000 万手机用户和数目众多的 PDA，这些移动终端构成了移动电子商务巨大的潜在市场，移动电子商务时代正向我们走来。

14.1　移动电子商务营销概述

移动电子商务的主要特点是灵活、简单、方便。它能完全根据消费者的个性化需求和喜好定制，设备的选择以及提供服务与信息的方式完全由用户自己控制。通过移动电子商务，用户可随时随地获取所需的服务、应用、信息和娱乐。他们可以在自己方便的时候，使用智能电话或 PDA 查找、选择及购买商品和服务。采购可以即时完成，商业决策也可实施。服务付费可通过多种方式进行，可直接转入银行、用户电话账单或者实时在专用预付账户上借记，以满足不同需求。通过个人移动设备来进行可靠的电子交易的能力被视为移动互联网业务的一个重要方面。因此，除具有基于 Internet 的电子商务营销的特点之外，移动电子商务营销具有自身特点。

14.1.1 移动电子商务的营销特点

市场营销中最重要也是最本质的是在组织和个人之间进行信息广泛传播和有效的交换，如果没有信息交换，任何交易就会变成无本之源。移动技术和互联网技术的发展和成熟以及其方便性和成本的低廉，使得任何企业和个人都可以很容易地进行信息沟通和交换。移动电子商务营销相对于传统的市场营销，在许多方面具有明显的优势，移动电子商务营销呈现出以下一些特点。

（1）随时随地的即时通信

移动电子商务使得交易超越时间和空间的限制，企业能有更多的时间和在更大的空间中进行营销。

（2）交互式

在移动电子商务环境下，企业可以更方便的通过短信、移动网络对消费者进行即时信息搜集，消费者也可以对产品从设计到定价和服务等一系列问题发表意见。这种双向互动的沟通方式提高了消费者的参与性和积极性，更重要的是它能使企业的营销决策有的放矢，从根本上提高了消费者的满意度。

（3）有效性

借助移动终端进行促销具有一对一、理性化、消费者主导的特点。由于手机号码具有唯一性，手机 SIM 卡上存储的用户信息可以确定一个用户的身份。用户的身份是可识别和可记录的，并且一般而言，用户均会对其手机的信息进行阅读，因此，移动电子商务信息发布的有效性较高，另外一方面，用户信用认证也有了基础。

（4）成长性

全球移动用户数量飞速增长，而新增用户中大部分是年轻的、具有较高收入和较高教育水准的。由于这部分群体的购买力强，而且具有很强的市场整合力，因此，移动电子商务是一个极具发展潜力的商务模式，具有很强的市场开发潜力。

（5）整合性

移动电子商务可以完成从商品信息的发布，到交易操作的完成和售后服务的全过程，这是一种全程的营销渠道。另外一方面，企业可以借助移动网络将不同的传播营销活动进行统一的设计规划和协调实施，通过统一的传播咨询向消费者传达信息，从而可以避免不同传播渠道中的不一致性产生的消极影响。随着 3G 网络商用化进程加快，移动网络信息传送和承载能力更加强大，移动网络会完成有线互联网所有的功能，移动电子商务营销的整合性功能加强。

（6）超前性

移动网络是一种强大的营销工具，同时兼有渠道、促销、电子交易、互动顾客服务，以及市场信息分析与提供等多种功能。并且它具备一对一营销能力，正迎合了定制营销以及直复营销的未来趋势。

（7）技术性

移动电子商务营销的是建立在移动的技术基础之上的，企业在实施移动电子商务营销时必须有一定的技术投入和技术支持，必须改变企业传统的组织形式，提升信息管理部门的功能，引进懂营销和移动技术的复合型人才，方能具备和增强本企业在移动电子商务市场上的竞争优势。

14.1.2 移动电子商务的营销内容

基于移动通信网上的移动电子商务营销，基本的营销目的和营销工具于传统的营销大体上是一致的，但在实施与操作过程中于传统方式有较大的区别，具体来讲，移动电子商务营销包括下面一些主要内容。

（1）移动电子商务市场调查

移动电子商务市场调查是指企业利用移动终端的交互式信息沟通渠道来实施的市场调查活动，采取的方法包括向用户发布问卷进行调查，也可以通过电话调查方式实现。移动网上调查的特点是快速，调查效率高，但调查时间不宜过长。

（2）移动电子商务消费者行为分析

移动电子商务消费者群体具有与传统市场的消费者群体不同的特性，因此，要开展有效的移动电子商务营销活动必须深入了解移动电子商务消费者群体的需求特征、购买动机和购买行为模式。

（3）移动电子商务营销策略

企业采取移动网络营销实现其营销目标时，必须制定相适应的营销策略。这些营销策略包括产品和服务策略、价格营销策略、渠道策略、促销与广告策略等，企业在制定营销策略时，应充分考虑移动电子商务的特点。

（4）移动电子商务营销管理与控制

依托移动网络开展营销活动，必将面临传统营销活动无法碰到的许多新问题，例如产品的质量不确定性问题、消费者隐私的保护问题，以及信息的安全问题等，这些问题都必须是开展移动电子商务营销必须重视和进行有效控制的问题。

14.1.3 移动电子商务的营销发展趋势

（1）更具个性化

人们在接入移动商务活动时，不再受时间及地理位置的限制。然而，移动商务的接入方式更具便利性，使人们免受日常烦琐事务的困扰。例如，消费者在排队或陷于交通阻塞时，可以进行网上娱乐或通过移动商务来处理一些日常事务。消费者的舒适体验将带来生活质量的提高。用户可能在旅行、会客的时候用，而不是必须坐在电脑前。用户也可以选择更加个性化的通信终端和服务形式。移动服务的便利性使顾客更忠诚。因此，移动商务中的通信设施是传送便利的关键应用。移动电子商务拓展了应用范围，用户不受时间和地域的限制进行信息交互、电子商务交易和支付。用户可使用非常熟悉的移动电话作为交易和支付工具，并且可以根据用户的爱好设置个性化的服务。由于移动电话具有比个人计算机更高的贯穿力，因此移动商务的生产者可以更好地发挥主动性，为不同顾客提供定制化的服务。例如，跟传统媒介类似的，开展具有个性化的短信息服务活动，要依赖于包含大量活跃客户和潜在客户信息的数据库。数据库通常包含了客户的个人信息，如喜爱的体育活动、喜欢听的歌曲、生日信息、社会地位、收入状况、前期购买行为等。利用无线服务提供商提供的人口统计信息和基于移动用户当前位置的信息，商家可以通过具有个性化的短信息服务活动进行更有针对性的广告宣传，从而满足客户的需求。

（2）多媒体化

3G 技术的发展，使移动网络有了更加强大的功能，与基于固定网络的因特网功能将不差上下，移动的流媒体应用将更加广泛。移动电子商务营销也可以通过更多的方式展开，除了短信之外、还可以采用彩信、企业营销网站、移动语音广告等形式多样的营销方式。

经过 2.5G 发展到 3G 之后，无线通信产品将为人们提供速率高达 2Mbit/s 的宽带多媒体业务，支持高质量的语音、分组数据、多媒体业务和多用户速率通信，这将彻底改变人们的通信和生活方式。3G 作为宽带移动通信，将手机变为集语音、图像、数据传输等诸多应用于一体的未来通信终端。这将进一步促进全方位的移动电子商务得以实现和广泛地开展，如实时视频播放。

（3）更具经济性：成本降低且更方便

移动资费由双向改为单向，使得采用移动网络更加经济，因此，移动电子商务的一项成本也会大大降低。由于移动电话天生的设计特性，便于人们携带，可随时与人们相伴。这将使得用户更有效地利用空余时间间隙来从事商业活动。如用户可在旅行途中利用可上网的移动设备来从事商业交互活动，如商务洽谈、下订单等。移动通信通过提供任何时间任何地点的电子商务服务强化了电子商务的特点。通过手持设备，用户可以随时随地的接通网络，进行商务活动。当有紧急事件发生时，移动计算还可以随时通知用户，这样，实时信息的传递也得以解决。

（4）融合性：一卡集合更多功能

与个人计算机的匿名接入不同的是，移动电话利用内置的 ID 来支持安全交易。移动设备通常由单独的个体使用，这使得商家基于个体的目标营销更易实现。通过 GPS 技术，服务提供商可以十分准确地识别用户。随着时间和地理位置的变更而进行语言、视频的变换，移动提供了为不同的细分市场发送个性化信息的机会。移动电话的使用让电子商务的开展摆脱了地理位置的限制，使商家对客户的服务无处不在。在预先定位的基础上，广告商可以选择用户感兴趣的或能满足用户当前需要的信息，确保消费者所接受的就是他所想要的。通过对广告的成功定位，广告商可以获得较高的广告阅读率。同时，商家可以通过基于地理位置的服务生成或巩固虚拟社区，以满足客户进行社交、与人沟通的需求。相对于基于 Internet 的电子商务，移动电子商务增加了移动性和终端的多样性，无线系统允许用户访问移动网络覆盖范围内任何地方的服务，通过实时对话交谈和多媒体文件实现直接沟通。由于移动电话的广泛使用，小的手持设备将比个人计算机具有更广泛的用户基础。

14.1.4 移动电子商务营销与电子商务营销

（1）营销要素市场发生了变化

移动电子商务营销是在电子商务营销的基础上发展起来的。无论传统营销还是电子商务营销或者移动电子商务营销均离不开市场。营销市场是指某种商品的现实购买者和潜在购买者需求的总和，对一切既定的商品来说，营销市场是由消费主体、购买力和购买欲望 3 个要素构成，其相互之间的关系可表述为：营销市场 = 消费主体×购买力×购买欲望。在移动电子商务市场，组成其营销市场的 3 个要素已经发上了改变，具体表现在以下几个方面。

① 消费主体的变化

有价值的移动电子商务，首先需要考虑用户的使用，从用户的习惯和方便中找到协助用户提升商务体验的地方，并逐步引导用户在移动电子商务的路上前行。移动电子商务的突破口在于对传统商务升华，而不是重起炉灶。

由于起源不同，电子商务与移动电子商务的用户群是完全不同的。大部分早期的互联网用户是受过高等教育的计算机用户，后来才扩散到普通民众。相比之下，有数据表明，除商业移动用户外，大部分移动用户的知识水平并非很高，其中，许多人的文化程度或技术水平都比较低。由于用户的起源不同，他们对电子商务和移动电子商务的期望也不同。随着手机的普及，移动用户的知识层次更加分化，并且，呈现出区域分布不均衡。例如，中国手机普及率到2006年的第二季度已经达到30%，但呈现出东西部之间、城乡之间不平衡的特点。在经济发达的北京和上海城市，手机普及率已经超过90%。移动通信用户的这种分布不均匀、文化差异较大的特点使得企业在进行市场细分和开发各种应用时必须持谨慎态度。

② 消费者购买能力的变化

一般而言，移动电子商务的消费者购买能力强于传统营销市场的消费者。

③ 消费者购买欲望的变化

购买欲望是消费者购买商品的动机、愿望或需求，是消费者将潜在的购买力变为现实购买力的重要条件。消费者的购买动机可以分为求实动机、感情动机、理智动机和信任动机等。购买动机均要受到当前社会的政治、经济、科技、文化和宗教等因素的影响和制约，带有时代的烙印。在移动信息时代，消费者利用移动网络进行购物更多的出于方便性和优越性的考虑，因此，企业必须面对消费者购买欲望的这种改变。

（2）移动电子商务营销对传统营销的冲击

作为一种新的营销理念和营销方法，移动电子商务营销具有跨时空、交互式、高效性、超前性等特点，这些特点使企业传统的经营模式相形见绌。根据美国市场营销协会（AMA）定义委员会的定义，市场营销是研究引导商品和服务从生产者到达消费者和使用者所进行的一切企业活动，包括消费者需求研究、市场调研、产品开发、定价、分销、广告、公关、销售等。在上述营销活动的各个过程中，在移动电子商务市场开展的营销活动在很大程度上有别于传统营销，因此，移动电子商务营销对传统营销所带来的冲击是多方面的，也是不可避免的。主要表现在以下几个方面。

① 对营销策略的冲击

传统营销致力于建立、维持和依赖层层严密的渠道，在市场上投入大量的人力、物力和财力，而在移动电子商务市场，市场调查、人员推销、广告促销、经销代理等传统营销手法，将与移动网络相结合，并充分利用移动网络的各项资源，形成以低成本投入，获得最大市场销售量的新型营销模式。对营销策略的冲击主要表现在对标准化产品的冲击、对品牌管理的冲击、对定价策略的冲击以及对营销渠道的冲击。

② 对营销方式的冲击

随着移动技术和网络技术的发展，用户可以在更广泛的领域内方便的实现声音、图像、动画和文字一体化的多维信息共享和人机互动功能。“个性化”把“服务到家庭”推向“服务到个人”。正是这种发展使得传统的营销方式发生了革命性的变化，其结果将可能是导致大众市场逐步终结，并逐步体现市场的个性化，最终将会以每一个用户的需求来组织生产和销售。并在以下方面，改变企业的营销方式。

重新塑造顾客关系。网络营销的企业竞争是一种以顾客为焦点的竞争形态，争取新的顾客、留住老顾客、扩大顾客群、建立亲密的顾客关系、分析顾客需求、创造顾客需求都是关键的营销课题。因此，在网络环境下，公司如何与散布在全球各地的顾客群保持紧密的关系，并能正确掌握顾客的特性，在通过对顾客的教育和对本企业的形象的塑造，建立顾客对于虚拟企业与网络营销的信任感，这些都是网络营销成功的关键。基于网络时代的目标市场、顾客形态、产品种类、与以前传统的一切会有较大的差异，如何进行跨越地域、文化和时空的差距重新营造顾客与企业的关系，将需要许多创新的营销行为。

对营销战略的影响。由于互联网所具有的平等性、自由性和开放性等特征，使得网络时代企业的市场竞争是透明的，人人都能掌握竞争对手的产品与市场信息与营销作为。因此，胜负的关键在于如何适时地获取、分析、运用这些在网络上获得的信息。

对跨国经营的影响。在网络时代，企业开展跨国经营是非常必要的。在过去分工经营的时期，企业只需专注于本行业和本地区的市场，而将其在国外的市场委托给代理商或贸易商去经营。但互联网具有的跨越时空连贯全球的功能，使得进行全球营销的成本低于地区营销，因此，企业将不得不进入跨国经营的时代。网络时代的企业，不但要熟悉不同国度的市场顾客的特性以争取他们的信任，并满足他们的需求，还要安排跨国生产、运输与售后服务等工作，并且这些跨国业务都是经由网络来联系与执行的。

可见，尽管互联网为现存的跨国公司和新兴公司（或他们的消费者）提供了许多利益，但对于企业经营的冲击和挑战也是令人生畏的。任何渴望利用互联网进行跨国经营的公司，都必须为其经营选择一种恰当的商业模式，并要明确这种新型媒体所传播的信息和进行的交易将会对其现存模式产生什么样的影响。

企业组织的重整。基于移动网络的营销活动需要依赖网络作为主要的信息沟通渠道和信息的主要来源。大大减少了企业业务人员和直销人员的数量、组织的层次减少、经销代理和分店门市数量减少、营销渠道缩短，以及虚拟经销商、虚拟门市、虚拟部门等企业内外部虚拟组织盛行。这些影响与变化，都将促使企业对于组织再造工程的需要变得更加迫切。企业为适应移动电子商务营销环境，必须对企业的组织结构进行调整。

（3）移动电子商务营销与传统营销的整合

随着移动网络和移动技术的发展，依托移动网络的移动电子商务营销与传统营销相比有许多与生俱来、令传统营销方式可望而不可及的优势，并对企业的传统经营方式形成了巨大冲击。但是，由于种种实际原因，移动电子商务营销不可能完全取代传统营销。事实上，移动电子商务营销与传统营销是一个整合的过程，即使在今后可预见的很长一段时期，移动电子商务营销和传统营销将相互影响、互相补缺和互相促进，直至最后实现相互融合的内在统一。

14.2 移动电子商务的市场开发

14.2.1 移动电子市场特征

从市场运作机制看，移动电子商务市场具有网络市场的一般特征，介绍如下。

（1）无店铺的经营方式

运作于网络市场上的是虚拟商店，它不需要店面、装饰、摆放的货品和服务人员等，它使用的媒体为互联网网络。

（2）无存货的经营方式

网上商店可以在接到顾客订单后，再向制造的厂家订货，而无须将商品陈列出来以供顾客选择，只需在网页打出货物菜单以供选择。这样一来，店家不会因为存货而增加其成本，其售价比一般商店要低，这有利于增加网络商家和“电子空间市场”的魅力和竞争力。

（3）无时间限制的全天候经营

虚拟商店不需雇佣经营服务人员，可不受劳动法的限制，也可摆脱因员工疲倦或缺乏训练而引起顾客反感所带来的麻烦，而一天 24 小时，一年 365 天的持续营业，这对于平时工作繁忙、无暇购物的人来说，有很大的吸引力。

（4）无国界、无区域界线的经营范围

互联网创造了一个即时的全球社区，他消除了同其他国家客户做生意的时间和地域障碍。面对提供无限商机的互联网，国内企业可以加入联网行业，开展全球性营销活动。

（5）精简化的营销环节

顾客不必等待企业的帮助，可以自行查询所需产品的信息。客户所需信息可及时更新，企业和买家可快速交换信息。

除了具备网络市场的一般特征外，移动电子商务市场还有以下特征。

（1）具有随时随地的特点

与传统的电子商务相比，移动电子商务的最大特点是“随时随地”和“个性化”。传统电子商务已经使人们感受到了网络所带来的便利和乐趣，但它的局限在于台式计算机携带不便，而移动电子商务则可以弥补传统电子商务的这种缺憾，可以让人们随时随地购买彩票、炒股或者购物，感受独特的商务体验。

（2）用户规模大

到 2008 年，我国互联网用户已达到 1.72 亿，上网计算机数达到 4 160 万台。而相比之下，目前我国的移动电话用户已超过 4 亿，是全球之最。显然，从计算机和移动电话的普及程度来看，移动电话远远超过了计算机。而从用户群体来看，手机用户中基本包含了消费市场中的中高端用户，而传统的上网用户中以缺乏支付能力的年轻人为主。由此我们不难看出，在某种程度上说，以移动电话为载体的移动电子商务不论在用户规模上，还是在用户消费能力上，都优于传统的电子商务。

（3）有较好的身份认证基础

对传统的电子商务而言，用户的消费信用问题是影响其发展的一大“瓶颈”，而移动电子商务在这方面显然拥有一定的优势。这是因为手机号码具有唯一性，手机 SIM 卡上存储的用户信息可以确定一个用户的身份。对于移动电子商务而言，这就有了信用认证的基础。此外，与西方国家相比，目前我国银行卡的使用率不高，商业信用体系尚不健全，个人信用体系缺位。银行卡使用率低、使用网点少等现实问题的存在，都给移动电子商务发展提供了机遇。一些专家认为，在我国，以移动终端为载体的移动小额支付，有可能代替信用卡，弥补整个社会消费信用制度的缺位，成为人们较为容易接受的新型电子支付方式。

（4）更加开放

移动电子商务平台不仅具有丰富的特性和极高的运行性能，而且具有绝对的开放性。对消费者而言，移动电子商务能完全根据消费者的个性化需求和喜好定制，设备的选择以及提供服务与信息的方式完全由用户自己控制。通过移动电子商务，用户可随时随地获取所需的服务、应用、信息和娱乐，满足不同需求；对企业而言，移动电子商务能够帮助企业以最少的时间、以最少的费用随时随地获取和传递关键信息，扩展企业电子商务应用，进一步提高企业的生产效率，使其在市场中更具竞争力，得到更好的投资回报率；对应用开发商而言，利用移动电子商务技术进一步扩展传统解决方案的功能，将获得更大的利润空间；此外，移动电子商务能让用户随时、随地获取关键数据。

未来软件的发展很大程度上将以移动终端应用的方式实现，对用户的影响也不仅局限在今天对个人计算机的占领，而是对各种移动信息终端的占领。如何让功能随用户需求而动，也许就是移动电子商务客户体验与发展的未来模式。

14.2.2 移动电子商务的市场与消费者

案例：目前国内传统语音业务的增幅逐年下降，而以短信为主的无线数据业务正以每年超过100%的速度增长，成为我国移动通信运营商新的收入增长点。在短信的助力下，中国移动通信集团广东有限公司深圳分公司（以下简称“深圳移动”）电子商务平台“领航者”浮出水面，业务范围遍及政府机关、金融证券、物流、美容健身、餐饮娱乐、汽车销售等各行各业。

据介绍，“领航者”移动电子商务平台基于短信技术的短信群发、日程提醒、信息订制、双向互动信息等；加强企业内部员工间的沟通与交流，并与客户建立更直接的沟通，减少内部通信费用和客户管理成本。只需通过手机短信方式，即可实现包括销量采集、库存采集、物流配送、客户关系管理等多种短信信息采集和发布功能。

“领航者”移动电子商务平台 CTO 蒋先生认为，我国移动通信终端的用户总数超过 4 亿，并以每年 2 000 万的新增用户数增长，作为普及率最高的信息终端——手机，其用户占有量数倍于计算机用户的互联网用户，传统的企业软件如 OA、ERP、CRM 等一旦与移动终端相结合，将会创造出难以预测的巨大市场。

（1）移动电子商务市场消费者特征

移动电子商务的出现，使得消费者的消费观念、消费方式和地位发生重要的变化，主要体现在以下几个方面。

① 注重个性消费

工业化和标准化的生产方式使得消费者的个性被淹没于大量的低成本、单一产品的洪流中。然而没有一个消费者的心理是完全一样的，每一个消费者都是一个细分市场。心理上的认同感已经成为消费者做出购买品牌和产品决策的先决条件，个性化消费正在也必将再度成为消费的主流。

② 消费需求差异大

消费者的个性化消费使得移动电子商务的需求呈现出较大的差异性。由于移动用户的收入水平、年龄、文化程度具有较大的差异，因此，会出现较大的需求差异。

③ 消费的主动性加强

由于用户通常将移动终端随身携带，对手机具有较强的依赖性，随着移动电子商务服务种类的增加和服务的便利性，消费者的主动通过收集寻找他们所需要的服务，消费者消费的主动性大大加强。

④ 消费者的年龄趋于年轻化

移动用户的年龄趋于年轻化。数据表明，目前移动用户中，30 岁以下占据主要部分。

⑤ 消费需求的超前性和可诱导性

利用移动电子网络购物的消费者的经济收入较高，这部分消费者比较喜欢超前和新奇的商品，也比较注意和容易被新的消费动向和商品介绍所吸引。

（2）移动电子商务消费者类型

移动电子商务的在线消费者可以分为两类：个人消费者和机构买家。前者引起更多媒体的关注，而后者占了网上购物的绝大部分。机构买家包括政府、私人公司、转售商和公共组织。

消费者也可以分为以下三类：冲动型消费者，他们购买时行动迅速；耐心型消费者，他们会在进行一些比较后才购买；分析型消费者，他们在经过大量的研究后才作出购买决定。另外，还有一些“橱窗消费者”，他们以浏览为乐。

14.2.3 移动电子商务调查

市场调查的目的是找出描述消费者、产品、营销手段和商家之间关系的信息，从而发现市场机会，制定营销计划，更好的理解购买过程和评估营销成果。

一般的市场调查过程包括 4 个阶段：第一阶段是定义要调查的问题和调查目标，第二阶段是确定调查方法和数据收集计划，第三阶段是收集数据，第四阶段是数据分析和综合，给出调查结果。

移动电子商务的市场调查有两类，在线市场调查和离线市场调查，在线调查是基于移动网络市场特征。移动网提供了一条渠道更快和更可靠地收集和处理市场信息，甚至是多媒体信息的工具。在网上使用的调查手段从与特定的消费者进行一对一的交流：通过移动电话访问、电子邮件和短信互通，以及在聊天室里聚集消费者群，到网站进行调查。

在线市场调查一般采用互动的方式，允许与消费者进行个别交流，这使得调查机构更好地了解消费者、市场和竞争情况。例如，它可以及早发现产品和消费者转变的趋势，使商家找到产品和市场机会，并开发出消费者真正需要的产品。公司可以在网站上使用游戏、奖品、小测验或奖金等形式与顾客交流。顾客只有回答了调查问卷上的问题，才能玩游戏、赢得奖品或免费下载软件。

因为移动电子商务必须为特定的产品和服务找出适当的消费者群体，所以，不管是传统的离线市场调查还是在线市场调查，了解消费者群体的分类方式很重要。这种分类被称为“市场细分”。

消费者和厂商组织对某种产品的全部需求，包括潜在需求和有效需求，构成了总体市场。由于消费者和厂商组合的经济能力、区位分布、购买习惯和消费心理存在较大的差别，因此，应对不同的消费群体加以分辨，有效地针对目标市场，施以不同的产品和营销策略，以最大程度的发挥企业的营销能力。市场细分一般采用以下标准。

（1）地域细分

一般而言，处于不同地域的消费者基于当地的自然条件、经济发展水平、文化或生活方式以及消费观念，在消费和购买行为上存在较大的差别。按地域细分市场，对于研究不同地区消费者的需求特点、消费总量及其发展变化的趋势具有一定意义，有利于开拓不同区域市场，扩大市场份额。

（2）人口因素细分

人口因素主要包括年龄、性别、职业、收入、教育、宗教信仰等多个方面。人口统计因素与消费者的欲望、偏好和购买力有十分明显的因果关系。由于人口细分的具体标准很多，总体市场可以分为几十个甚至上百个细分市场。例如，不同收入阶层的人对移动电子商务的需求不同。

（3）心理因素细分

人们常常发现，利用地理因素和人口统计因素进行市场细分后，同一细分市场上的消费者对于同类产品的需求并不相同。这主要是心理因素作用的结果。消费者的生活方式、购买动机、消费观念都可以作为细分的标准。“白领”和“蓝领”阶层的购买动机有明显的差异。在营销实践中，心理活动对营销效果影响比较大。

（4）行为因素细分

用于市场细分的行为变量主要有消费者进入市场的程度、消费的数量、品牌忠诚度、代购阶段等。

（5）按服务类别分

除了以上分类方式外，移动电子商务还可以按服务类别划分其市场。移动电子商务市场将主要集中在以下几个领域。

自动支付系统：包括自动售货机、停车场计时器、自动售票机等。

半自动支付系统：包括商店的收银柜机、出租车计费器等。

移动互联网接入支付系统：包括商业的 WAP 站点等。

手机代替信用卡类支付以及私人之间账务结算。

14.2.4 移动电子商务的市场目标与定位

目标市场是企业准备进入和服务的市场。企业进行市场细分的目的就是选择目标市场。从移动电子商务的行业应用来看，其目标市场可以分为贸易、银行、购物、购票、基于位置的服务、娱乐业（主要是游戏和博彩业）等 6 个方面。但从是移动电子商务的企业选择什么样的目标市场，则与其企业自身所具备的资源和能力有关，当然，还与它所提供的产品或服务本身的特点、竞争对手的市场策略等有关，一般而言，企业选择目标市场的模式有以下几种。

单一市场集中：这是一种典型的集中化模式。无论从产品角度环视从市场角度，企业的目标市场都高度集中在一个市场面上，企业只生产一种产品，供应一个顾客群。

市场定位是 20 世纪 70 年代由美国学者阿尔·莱斯提出的一个重要的营销学概念。所谓市场定位，是指营销企业为产品或服务确定某些方面的特征和优点，使本企业产品在目标市场顾客中形成某种区别于竞争对手的印象与评价，更好地适应消费需求，巩固客户关系。市场定位的实质是使本企业与其他企业严格区分开来，使顾客明显感觉和认知到这种差别，从而在顾客心目中占有特殊的位置。

市场定位与产品差异化有密切的关系。在营销过程中，市场定位是通过为自己的产品创造鲜明的个性，从而塑造出独特的市场形象来实现的。企业从事移动电子商务，也应该根据自身所提供产品或服务的特色进行市场定位，以建立独特的市场形象，赢得顾客的认可。

沃尔玛是美国最大的零售商，拥有超过 2 500 家商店。他在美国以外拥有 700 多家商店。它的公司口号的最后几句是："谁是第一重要的？顾客。"它通过精简供应链流程和用低价消弱竞争者而确立自己在零售业的领导地位，但是他的在线销售战略遇到了主要顾客群人口特征的问题。其目标顾客是年收入 25 000 美元的人群，而网上消费者的平均收入是 60 000 美元。美国沃尔玛的营业场所总是醒目地写着其经营信条"第一条：顾客永远是对的；第二条：如有疑问，请参照第一条。"沃尔玛以客户为中心的观念并非只是停留在标语和口号上，而是深入到了经营服务中。沃尔玛从顾客的需求出发提供多项特殊服务，以方便顾客购物，如免费停车、免费咨询和送货服务等，正是事事以顾客为先的点点滴滴为沃尔玛赢得了顾客的好感和信赖。

14.3 移动电子商务营销的策略

从网络的广义上讲，移动电子商务是传统电子商务的延续。因此在制定移动电子商务策略时，应该考虑传统网络营销的策略，通过分析传统网络营销的策略和方法，围绕以服务客户为中心的宗旨，结合目前移动电子商务发展的现状和特点以及未来发展的趋势，针对移动电子商务的网络营销可以采用以下策略。

14.3.1 移动电子商务的营销理念

营销理念是指导企业开展经营销售活动的态度、观点和思想方法。就世界部分发达国家的企业而言，其营销观念的变化大体经历了生产导向、销售导向和市场导向 3 个时期，先后出现了生产观念、产品观念、推销观念、市场营销观念和社会市场营销观念。

移动电子商务应本着"移动通信 + Internet + 电子商务 = 移动电子商务"的全新理念。在进行移动电子商务营销应遵循以下理念：方便理念、个性化理念、创新理念。

移动电子商务区别于其他商务最大的方面就是其方便性。消费者可以随时随地进行网上消费。无线网络的兴起使"端口+网线+节点"的固定建网模式成为过去，取而代之的是无线基站建网模式，基站实际上就是一定区域内无线网络信号的发射源，凡是在基站无线网络信号可以覆盖到的区域，电子商务交易者就可以利用各种设备与商务平台互联，实现实时交易，从而打破了固定网络的硬件框架限制。

无线网络技术使得电子商务交易的便利性不断向消费者倾斜。根据电子商务交易参与者的身份，通常将电子商务区分为 B2C、B2B 和 C2C 三大类，在这三类电子商务活动中，主要的参与主体有两类——企业和消费者。就企业而言，无论是经营电子商务网站的商务平台企业、提供交易商品的生产型企业还是提供网络交易渠道的中间商企业，由于其办公地点相对固定、商务平台运行设备专用、要求在线时间相对较长、处理数据量较大等因素的限制，除去远程控制等特殊情形，一般情况下仍会使用光纤宽带入网模式，无线网络技术的便利性优势并不突出。但消费者与企业相比，则具有更大的流动性和交易的随机性，因此开展电子商务的时空条件提出了更宽泛的要求，而无线网络技术正好满足了消费者的这一商务需求，为消费者参与电子商务提供了更大的便利性。也正是由于电子商务交易的便利性向着消费者的一方倾斜，无线网络时代的 B2C、C2C 电子商务获得了更大的发展契机。

14.3.2 移动电子商务的 4P 策略

1. 产品策略

在传统的营销中，企业设计开发是从企业为出发的，虽然也要经过市场调查和分析来设计和开发，但在产品设计和开发中，消费者与企业基本上是分离的，顾客只是被动的接受和反应，无法直接参与产品概念的形成、设计和开发环节。在以网络为基础的环境中，产品的营销策略要转为以顾客为中心，即顾客提出要求，企业辅助顾客来设计和开发产品，满足顾客个性化需求，这种策略也被称为"生产—消费的连接"。

在市场营销学中，对产品概念的理解是一个宽泛概念，传统市场营销中产品包含核心产品、有形产品、附加产品这 3 个层次，如图 14-1 所示。核心产品是满足顾客购买产品真正的需要，营销的目标是揭示隐藏在产品中的各种需要，并出售利益，核心产品是产品整体的中心；核心产品必须通过一定的载体表现出来，这个层次就是有形产品，它包括质量水平、特色、式样、品牌和包装；为更好销售产品和提供服务，产品设计时还应该提供附加服务和利益，如售后服务、送货、保证、安装等满足顾客需求，并从中获取一定竞争优势。传统产品中的 3 个层次在电子商务营销中仍然起着重要的作用，但产品的设计和开发的主体地位已经从企业转向顾客，企业在设计和开发产品是还必须满足顾客的个性化需求，因此，网络营销产品在原来产品层次上还要附加两个层次，即顾客期望产品层次和潜在产品层次，以满足顾客的个性化需求，如图 14-2 所示。

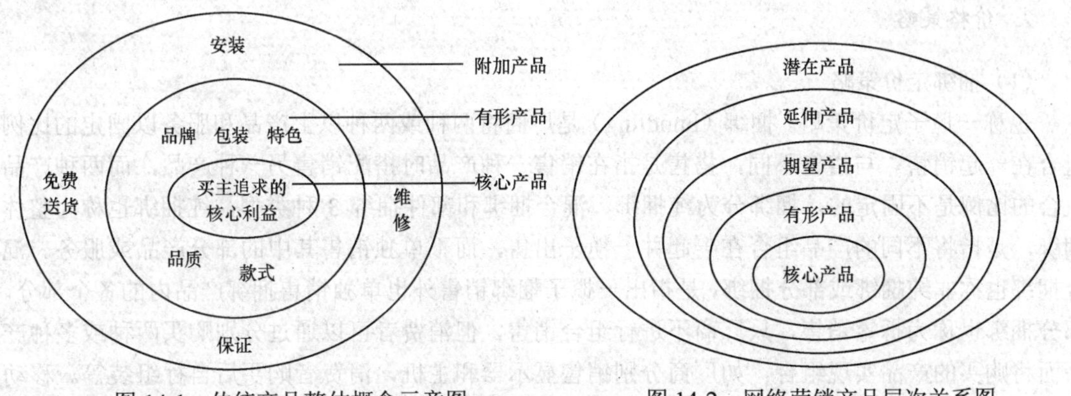

图 14-1 传统产品整体概念示意图 图 14-2 网络营销产品层次关系图

与传统营销的产品策略内容承接，移动电子商务的产品策略也包含新产品开发策略、品牌策略等，但是在具体的实施方式上，有自身的特点。

因此，在移动电子商务的新产品开发，应该抓住客户需求，开发优势资源信息。对于移动电子商务这个新的商业领域的开拓，最重要的是了解目标客户的目前需求和潜在的需求，对于移动消费群体来说，即时信息是用户使用移动通信设备的主要目的，但同时也有许多亟待开发的潜在需求。在移动信息服务方面，应有重点的配置服务资源，达到最佳效果。

从信息流向的角度，移动电子商务提供的业务又可分为以下 3 个方面。推（push）业务：主要用于公共信息发布，应用领域包括时事新闻、天气预报、股票行情、彩票中奖公布、交通路况信息、招聘信息和广告等。拉（pull）业务，主要用于信息的个人定制接收，应用领域包括服务账单、电话号码、旅游信息、航班信息、影院节目安排、列车时刻表、行业产品信息等。交互式（Interactive）业务：包括电子购物、博彩、游戏、证券交易、在线竞拍等。

WAP 是开展移动电子商务的核心技术之一。通过 WAP，手机可以随时随地、方便快捷地接入互联网，真正实现不受时间和地域约束的移动电子商务。WAP 是一种通信协议，它的提出和发展是基于在移动中接入 Internet 的需要。WAP 提供了一套开放、统一的技术平台，用户使用移动设备很容易访问和获取以统一的内容格式表示的 Internet 或企业内部网信息和各种服务。它定义了一套软硬件的接口，可以使人们像使用个人计算机一样使用移动电话收发电子邮件以及浏览 Internet。同时，WAP 提供了一种应用开发和运行环境，能够支持当前最流行的嵌入式操作系统。WAP 可以支持目前使用的绝大多数无线设备，包括移动电话、FLEX 寻呼机、双向无线电通信设备等。在传输网络上，WAP 也可以支持目前的各种移动网络，如 GSM、CDMA、PHS 等。

移动电子商务除了考虑传统的因素外，随着产业链的细化，向用户提供服务或产品很难有一家企业提供，往往能够是由产业链上众多企业联合开发的，如移动梦网。

无论是在传统市场还是移动电子商务市场，品牌都具有很大的影响力。但值得注意的是，网上品牌于传统品牌有着较大的不同，传统的品牌优势不一定是网上的品牌优势，网上优势品牌的创立需要重新进行规划和投资。在移动电子商务品牌建立，涉及企业域名的建立和维护。由于域名是企业站点的联系地址，是企业被识别和选择的对象，因此，提高域名的知名度，也就是提高企业站点的知名度，就是提高企业被识别和选择的概率。域名在互联网上可以说是企业形象的化身，是在网上虚拟市场环境中商业活动的标识。因此，企业应该借助各种手段先顾客宣传企业的域名。首先可以在传统大众媒体上进行宣传，例如，利用周杰伦宣传移动梦网。

2. 价格策略

（1）捆绑定价策略

也称一揽子定价策略。捆绑（bundling）是厂商将两种或两种以上产品和服务以固定的比例组合在一起销售。与搭售不同，搭售是指在销售一种产品时搭配销售另一种产品，而两种产品组合的比例是不固定的。捆绑分为纯捆绑、混合捆绑和部件捆绑 3 种类型。纯捆绑也称为整体捆绑，是指将不同的产品组合在一起并一揽子出售，而不单独销售其中的部分产品或服务。混合捆绑也称非纯捆绑或部分捆绑，是指出一揽子捆绑销售外也单独销售捆绑产品内的各个部分。部分捆绑也称为拆零销售，只厂商不进行组合销售，但消费者可以通过分别购买两种或多种产品而将购买的产品实现组合，如厂商分别销售显示器和主机，消费者购买后自行组装等。移动电子商务可以将实物产品销售、时间服务和信息服务等 3 种不同产品和服务的复合品。移动电子商务厂商除了将实物产品、时间服务和信息服务三者捆绑外，也将不同数字产品捆绑在一起销售。门户网站能够将品种更多、内容更广、实效性更强的信息高度集成在一起，同时为消费者提供迅速的链接服务。这样，消费者可以在浏览过某则广告后立即进行在线购物。此外，厂商还可以将电子商务和电子政务相互捆绑，或者将远程教育服务于商务技术服务相互捆绑，从中创造新的市场价值。

（2）低价定价策略

借助网络进行销售，比传统销售渠道的费用低廉，因此网上销售价格一般要比市场价格要低。由于网上的信息是公开和易于搜索比较的，因此，网上的价格信息对消费者购买起着重要作用。跟据研究，消费者选择网上购物，一方面是因为网上购物比较方面，另一方面是因为从网上可以获取更多的产品信息，从而以最优惠的价格购买商品。低价定价策略可采用以下几种方式。

① 直接低价定价策略。直接低价定价策略基本上采用成本加一定利润，有的甚至是零利润。这种定价在公开价格时比同类产品要低。一般有制造企业在网上进行直销时采用这种定价方式，如 Dell 公司计算机定价比同性能的其他公司产品低 10%～15%。

② 折扣定价策略。是指在产品原价的基础上进行折扣来定价的。这种定价方式可以让顾客直接了解产品的降价幅度以促进顾客购买。这类价格策略主要用在一些网上商店，它通过网上产品按照市面上流行的价格进行折扣定价。

③ 促销定价策略。企业在拓展网上市场，但产品价格又不具备竞争优势，则可以采用网上促销定价策略。由于网上的消费者面向广泛而且具有很大购买能力，许多企业为打开网上销售局面和推广新产品，许多企业采用临时促销定价策略。促销定价除了前面提到的折扣策略外，比较常用的是有奖销售和附带赠品销售。

（3）定制生产定价策略

按照顾客需求进行定制生产是移动电子商务满足个性化需的基本形式。定制化生产根据顾客对象可以分为两类，一类是面对工业组织市场的定制生产，另一类是面对消费者大众消费者市场，实现满足个性化消费的定制生产以及按定制定价。

定制定价策略是在企业能实行定制生产的基础上，利用网络技术和辅助设计软件，帮助消费者选择配置或自行设计能满足自己需求的个性化产品，同时承担自己愿意付出的价格成本。

（4）使用定价策略

顾客通过互联网注册后可以直接使用公司产品，顾客只需要根据使用次数进行付费，而不需要将产品完全够买。采用按使用次数定价，一般要考虑产品适合通过网络传输，可以实现远程调用。目前，比较适合的产品有软件、音乐、电影产品。

（5）拍卖定价策略

网上拍卖是消费者通过互联网进行公开竞价，在规定的时间内价高者赢得。网上拍卖竞价方式有以下几种：竞价拍卖、竞价拍买和集体议价。其中，竞价拍买是竞价拍卖的反向过程，由消费者提出一个价格范围，求购某一商品，由商家出价，出价可以是公开的或隐蔽的，消费者将与出价最低或最接近的商家成交。

（6）免费价格策略

免费价格策略是市场营销中常用的营销策略，它主要用于促销和推广产品时，这种策略一般是短期和临时性的。但在网络营销中，免费价格不仅仅是一种促销策略，它还是一种费用有效的产品和服务定价策略，许多新兴公司凭借免费价格策略一举获得成功。

免费价格策略就是将企业的产品和服务以零价格形式提供顾客使用，满足顾客的需求。免费价格形式有这样几类形式：第一类是产品和服务完全免费，即产品（服务）从购买、使用和售后服务所有环节都实行免费服务，如人民日报的电子版在网上可以免费使用；第二类对产品和服务实行限制免费，即产品（服务）可以被有限次使用，超过一定期限或次数后，取消这种免费服务，需要付费后继续使用；第三类是对产品和服务实行部分免费，如一些著名研究公司的网站公布的部分研究成果，如果要获取全部成果则必须付费；第四类是对产品和服务实行捆绑式免费，即购买某产品或服务时赠送其他产品和服务，如国内的一些 ISP 为了吸引接入用户，推出上网免费送调制解调器活动。

免费价格策略是一种非常有效市场占领手段。企业采用免费价格策略，其中一个目的是让用户免费习惯后，再开始收费，这种免费策略主要是一种促销策略。另一种目的是发掘后续商业价值，它是从战略发展需要来制定定价策略，主要目的是想先占领市场，然后再在市场获取收益。如 Yahoo 公司通过免费价格策略经营门户站点，经过 4 年亏损经营后，通过广告收入等间接受益扭亏为盈，但在前 4 年的亏损经营中，公司却得到飞速增长，主要得力于股票市场对公司的认可和支持，因为股票市场看好未来增长潜力，而 Yahoo 的免费策略恰好是占领了未来市场，具有很大的市场竞争优势和巨大市场赢利潜力。

并不是所有的产品都适合免费价格策略，适合免费价格策略的产品应该具备以下一些特征：易于数字化、无形化特点、零制造成本、成长性、冲击性、间接收益等特点。

3. 促销策略

通过移动网络向虚拟市场传递有关产品和服务的信息，以宣传企业或产品，启发需求，引起消费者的购买欲望和各种购买行为，是移动电子商务促销的主要任务。移动电子商务促销的形式与基于固定网络的网络促销类同，主要有网络广告、销售促进、站点推广和关系营销。

（1）广告

广告作为一种有偿的信息传播形式，很大程度上影响业务活动的成功与否。目前网络广告的主要表现形式是旗帜广告（Banner）和图标（Icon/Button），从理论上说，移动广告具有与一般网络广告类似的特点，它具有很好的交互作用、可测量、可跟踪、可评估和可反馈等特性。同时，移动广告还可以提供特定地理区域的直接的、个性化的广告定向发布，强调信息的及时性和个性化，因此具有较高的商业价值。

移动广告的亮点在于把移动电话和广告结合起来，形成客户、商家和运营商三方受益的局面。

一方面，手机作为一种新型媒体，广告公司和商家通过移动通信网络发布广告信息，等于把握了本地具有消费能力的客户，广告效果好，针对性强，信息的抵达率可至 100%，是一种行之有效的经营方式和促销手段。但是，移动电子商务广告的信息必须简短，由于受到终端尺寸和周围环境的限制，移动用户可能没有时间和兴趣阅读大量的信息，因此，移动广告应该简单明了，更好地吸引用户眼球。

在商业竞争中，对客户资源的争夺是商战的焦点。移动广告相对于传统网络广告最大的特点就是强制性，这样就给广告商提供了吸引顾客眼球的方法。同时，通过移动广告可以收集大量的商务信息，如：用户的位置信息，用户的消费信息，用户正在进行的活动等。因此对于移动网络运营商来说，移动网络广告拓宽了一般网络广告的传播途径，利用移动广告是实现客户资源管理的重要手段，同时也拓宽了营销渠道。移动网络广告是传统网络广告的延伸，一些网络广告的策略仍然可以在移动广告中发挥作用，但这些策略都需要在具体的应用中逐步探索和积累经验，以便找到适合移动网络广告的策略。

移动广告可采用短信发送、彩信发送的形式。彩信广告可将声音、文字、图片相结合的多媒体形式。可选的类型有：图标广告（Logo）、旗帜广告、主页型广告、新闻式广告以及文字链接广告等。

（2）站点推广

站点推广就是通过对企业营销站点的宣传吸引用户访问，同时树立企业网上品牌形象，为企业营销目标的实现打下坚实基础。站点推广是一项系统性工作，它与企业营销目标是一致的。站点推广可采用的方法有：搜索引擎注册、建立链接、发送短信/电子邮件、发布新闻、提供免费服务、发布网络广告以及使用传统的促销媒介。

站点的访问率和回头率是衡量站点长期吸引用户的重要指标，根据 CNNIC 的最近调查统计显示，大部分用户认为一个成功网站须具备的最主要的因素是网站信息量大、及时更新、有吸引人服务，因此，增加网站回头率的关键是网站本身的内涵，也就是网站能否给访问的网民带来价值。对于电子商务类网站，其网站的关键就是为消费者提供便捷的网上购物渠道、丰富的产品和优惠的价格。

（3）销售促进

销售促进就是企业利用可以直接销售的网络营销站点，采用一些销售促进方法，实现短期性的刺激销售。一般情况下，网上销售促进有有奖销售、拍卖销售等方式，宣传和推广产品。

（4）公共关系

公共关系是一种重要的促销工具，它通过与企业利益相关者，包括供应商、顾客、雇员、股东和社会团体等建立良好的合作关系，为企业的经营管理创造良好的环境。通过与网上新闻媒体建立良好合作关系，将企业有价值的信息通过网上媒体发布和宣传，以引起消费者对企业产生兴趣，同时通过网上新闻媒体树立企业良好的社会形象。特别是借助网络的交互功能吸引用户与企业保持密切关系，培养顾客忠诚度，提高顾客的收益率。

4. 渠道策略

与传统的营销渠道一样，以互联网作为支撑的电子商务营销渠道也应具备传统营销渠道的功能。营销渠道是指与为提供产品或服务以供使用或消费这一过程有关的一整套相互依存的机构，它涉及信息沟通、资金转移和实物转移等。电子商务营销渠道就是借助移动网络将产品从生产到消费者的中间环节。一个完善的移动电子商务销售渠道应该有三大功能：订货功能、结算功能和配送功能。

订货功能，它是为消费者提供产品信息，同时方便厂家获取消费者的信息。一个完善的订货系统，可以最大限度的降低库存，减少销售费用。

结算系统，消费者在购买产品后，可以有多种方式方便地进行付款，企业开展移动电子商务，可以采用信用卡、电子货币、网上划款、手机卡支付等多种结算方式。

配送系统，一般来说，产品分为有形产品和无形产品，对于无形产品，如在线服务、手机铃声等产品，可以直接借助网络进行配送。因此，配送系统一般讨论的是有形产品的配送问题。对于有形产品配送，要涉及运输和仓储问题。有形产品的配送一方面可以利用专业的配送公司，即第三方物流，例如，从事网上直销的Dell公司将美国货物的配送业务全部交给美国联邦快递公司；另一方面，企业也可以自己建立配送网络，但成本往往比较大。

在传统的营销渠道中，营销中间商是营销渠道中重要的组成部分，移动网络跨时空性，移动信息技术减少了企业与消费者之间环节，从而改变着传统营销渠道的诸多环节，简化了渠道，如图14-3所示。

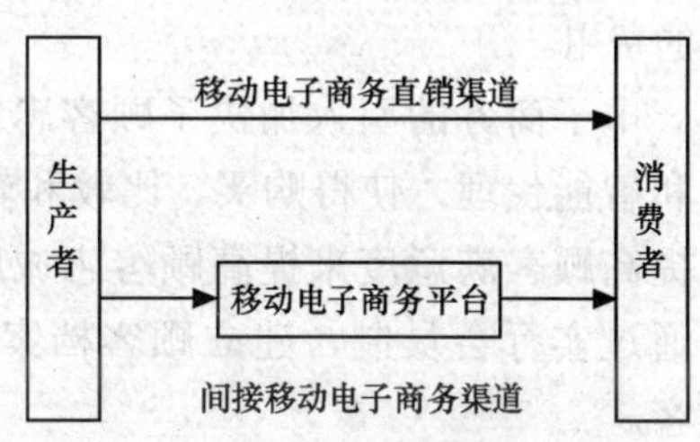

图14-3　移动电子商务营销渠道

（1）直接营销渠道

企业利用移动网络直接与消费者进行交易。但这种交易主要是产品有关的信息流完成，至于产品流，则要借助物流配送系统完成，而资金流，则要通过支付系统完成。

（2）间接营销渠道

一方面，电子商务弱化了传统中介的作用，但另一方面，电子商务强化了新型中介的作用。新型中介通过融合互联网技术，提高了交易效率、专门化程度和更大规模经济。例如，阿里巴巴、Amazon 等电子商务交易平台网站。基于互联网的新型网络间接营销渠道与传统间接分销渠道有很大的不同，传统间接分销渠道可能有多个中间环节，如一级批发商、二级批发商、零售商，而网络间接营销渠道只需要一个中间环节。

14.3.3　移动电子商务的4C策略

市场营销中的4C策略是美国的罗伯特·劳特伯恩在1990年首先提出来的，包括顾客（Consumer）、成本（Cost）、方便（Convenience）、沟通（Communication）。4C与4P是相对应的：把产品先搁到一边，赶紧研究消费者的需要与欲求（Consumer wants and needs），不要再卖你所能制造的产品，而要卖某人确定想购买的产品；暂时忘掉定价策略，去了解消费者要满足其欲求所需付出的成本（Cost to the customer）；忘掉通路策略，应当思考如何给消费者方便（Convenience）认购的商品；最后要忘掉销售促进，而应考虑如何与消费者进行沟通（Communication）。通过将4P与4C相比较可看出，4P理论的思维基础是以企业为中心的，因而适合供不应求或竞争不够激烈的市场环境，4C理论的思维基础是以消费以消费者为中心，是当今消费者在市场营销中越来越居主动地位、消费者的生活节奏越来越快、市场竞争空前激烈、传播媒体高度分化、信息膨胀过剩的营销环境下的必然要求。4C理论认为，只有探究到消费者真正的需要，并据此进行市场定位，才能确保营销的最终成功。

4C 策略的提出，根本目的是如何更好的创造客户满意，该策略应该贯穿整个营销活动的全过程，从产品功能、价格设定、分销和促销各环节及完善售后系统方面遵循有利于消费者的原则，以消费者为中心来使得消费者满意。

1. 顾客

基于移动电子商务的一对一营销的方便性和沟通性比传统的营销方式要优越得多，顾客是任何营销方式首要考虑的问题，对于移动电子营销主要包括忠诚、信任和推荐。

（1）顾客忠诚度

顾客忠诚度是指顾客愿意长期选择某个供应商或品牌的程度。它是消费者购买行为的要素之一，也是利润的重要来源。通过保持顾客忠诚度，公司可以提高它的利润，因为顾客会购买更多，从而公司的销售得以增长。而且，吸引一个新顾客的成本是留住一个老顾客的5～8倍。公司的市场地位也得到加强，因为消费者不会购买竞争对手的产品，公司对价格战的敏感度将会降低。提高顾客忠诚度将会从几个方面为公司节省费用：降低营销费用、降低交易成本、降低质量问题带来的费用。

电子商务的引入加快了顾客忠诚度下降的趋势，因为消费者借助搜索引擎、电子商品目录和智能代理，使得购买、比较和转向不同的公司变得非常容易、迅速和廉价。公司可以借助提高顾客满意度来提高顾客忠诚度，可以通过提供一对一营销来满足顾客内在需要，也可以通过实行会员制，建立顾客档案，通过对会员购买返礼、赠送礼物、特殊服务来留住老顾客。

（2）满足顾客的内在需要

电子商务与传统的销售渠道相比，更容易收集有关顾客和潜在顾客需要的信息，并将这种需要转化为真实的需求。对于那些在售前售后需要更复杂的服务和信息产品来说，能了解消费者的内在需求更是一种优势，但对于电子商务来说，要明确消费者的内在需要存在一个障碍，因为电子商务的购物体验无法和杂货店或百货商店的购物体验相比。购物是人和人之间的活动，所以电子商务中的客户服务不应忽视销售商与顾客交互过程中的认识问题。

为研究不同顾客的认知过程，则尔维格（Zellweger，1997）提出从知识角度给顾客分类。按照顾客对产品和服务的理解程度可以分为新手级、中间级和专家级。基于移动网络的客户服务应当用逐步细化的方式，帮助新手一步一步地找到想要的东西，而那些经验丰富的消费者应该可以选择更简洁和更直接的途径来找到产品。

（3）电子忠诚度

电子忠诚度（e-loyalty）是指顾客对某电子零售商的忠诚度。因为顾客可以方便的转向另一家电子零售商，所以电子忠诚度非常重要。获取一名新顾客的成本可能超过100美元，即使对Amazon书店而言也在15美元以上。相比之下，Amazon书店留住一名现有顾客的成本为2～4美元。

公司可以通过了解顾客的需求、与顾客交流以及提供极佳的客户服务来提高电子忠诚度。忠诚的顾客会更多地在网上购物。对于B2B关系来说也是如此。

（4）信任问题

信任（trust）是指参与交易的各方愿意继续打交道来达到预定目标的心理状态。参与交易的一方使自己有可能因另一方的行为而受到损害。也就是说，交易的双方都承受着风险。在电子商务市场中，买卖双方并不直接见面。买方可以看到产品的图片，而不是产品本身。对质量和配送做出承诺很容易，但这些承诺是否会实现？为解决这个问题就必须在买卖双方之间建立高度的信任。

2. 成本

成本是指消费者愿意支付的成本（Cost）。首先要了解消费者满足需求或欲求愿意付出多少钱，而不是先给产品定价，即向消费者要多少钱。从顾客的体验来看，顾客愿意支付的价格不单纯指顾客愿意支付的成本，而是指顾客让渡价值，也就是顾客体验到的总的顾客价值与总的顾客成本的差额，面对愈演愈烈的价格战，企业应努力提高总的顾客价值和减少非货币客户成本。移动商务带来的总的顾客价值体验，来自 4 个方面：产品价值、服务价值、人员价值和形象价值。产品价值是由产品的功能、特性、品质、品种与样式等所产生的价值，它是顾客选购产品时所考虑的首要因素。

3. 方便

首先考虑消费者购物等交易过程如何给消费者使得，而不是考虑销售渠道选择和策略。根据消费者的购买地域或购买方式的偏好，构建通畅的营销渠道，为顾客方便购买提供条件：便利性是指为消费者参与促销活动提供方便，如方便的获取信息、促销品和携带方便等。实际上这一点也是和消费者成本紧密联系的，消费者参与促销活动如果不便利，成本也自然会随之增加。

4. 沟通

移动电子商务可以通过无线网与消费者进行一对一的沟通，这种沟通方式比传统营销方式沟通更加方便和快捷。企业可以通过短信、建立个性化网页、跟踪工具、聊天室、电子邮件和自动应答、帮助系统和呼叫中心及问题解决工具与顾客进行沟通。

本 章 小 结

通过对本章的学习，学生理解了移动电子商务营销的特点、内容及其发展趋势，移动电子商务是指通过手机、传呼机、掌上计算机、笔记本计算机等移动通信设备与无线上网技术结合所构成的一个电子商务体系。移动电子商务营销呈现出以下一些特点：随时随地的即时通信、交互式、有效性、成长性、整合性、超前性和技术性。移动电子商务营销包括的主要内容有：移动电子商务市场调查、移动电子商务消费者行为分析、移动电子商务营销策略和与移动电子商务营销管理与控制。移动电子商务的营销发展趋势如下：更具个性化、多媒体化、更具经济性，成本降低、融合性即一卡集合更多功能。区别了移动电子商务营销与电子商务营销的不同内涵。关于移动电子商务的市场开发问题，包括移动电子商务市场特征，包含以下几个方面：无店铺的经营方式，无存货的经营方式，无时间限制的全天候经营，无国界、无区域界线的经营范围，精简化的营销环节。移动电子商务市场消费者特征主要体现在：注重个性消费、消费需求差异大、消费的主动性加强、消费者的年龄趋于年轻化、消费需求的超前性和可诱导性。移动电子商务市场调查及市场目标与定位。最后讲述了移动电子商务营销的策略，如：移动电子商务的营销理念移动电子商务的 4P 策略，即产品、价格、促销、渠道策略，和 4C 策略，包括顾客、成本、方便和沟通。

习题与思考题

1．试述移动电子商务营销的特点及内容。

2．简论移动电子商务的营销发展趋势。

3．试述移动电子商务市场特征。

4．移动电子商务市场消费者特征有哪些？

5．试述移动电子商务营销的策略。

第 15 章　移动电子商务与物流

本章提要：本章首先介绍了移动电子商务与物流的关系，阐述了移动电子商务物流的重要性、特点及其发展趋势。接着说明了移动电子商务物流的技术支撑，包括条码技术、RFID 技术、GIS 技术和 GPS 技术。其后阐明了移动电子商务的物流模式分类，如 B2E、B2B、B2C 物流模式以及企业自建物流模式、共同配送物流模式、第三方和第四方物流模式等。最后讨论了物流企业的移动电子商务应用，如物流企业的移动电子商务应用原理和应用方案。

15.1　移动电子商务与物流的关系

15.1.1　移动电子商务物流的重要性

物流是指实体商品的流动过程，它包括运输、存储、配送、装卸、保管、流通加工和物流信息处理等各种活动。移动电子商务的核心是以移动信息流来带动物流和资金流的高度统一。物流环节是移动电子商务中实现商务目的的最终保障，但缺少了能与电子商务模式相适应的现代物流技术和体系，那么移动电子商务所带来的一切变革都不能实现。

1. 移动电子商务需要物流

物流对于移动电子商务的影响日益明显，可从以下几方面来考察它在电子商务发展中的重要性。

（1）物流是移动电子商务概念的重要组成部分

虽然对于移动电子商务的定义，至今也无最终的标准定论，但我们可以从物流的角度出发，电子化的对象是包括物流在内的整个交易过程，电子化的工具也不仅仅指计算机和网络通信技术，还包括叉车、自动导向车、机械手臂等自动化工具。可见，物流应成为移动电子商务概念的重要组成部分。

（2）物流是移动电子商务的基本要素之一

移动电子商务中的任何一笔交易，都包含着 4 种基本的“流”，即信息流、商流、资金流和物流。电子商务交易过程的实现，自始至终都需要这“四流”的协调配合。我们对移动电子商务的理解，不应该仅仅停留在对前三个“流”的重视上，在强调前三个“流”的电子化、网络化、便捷化的同时，还应加强物流的电子化过程。事实上，随着信息技术和电子银行的发展，前“三流”的电子化和网络化已可以通过信息技术和通信网络来实现了。而物流，作为四流中最为特殊和必不可少的一种，其过程的逐步完善还需要经历一个较长的时期。

（3）物流是移动电子商务流程的重要环节

移动电子商务交易的一般流程由信息（产品或服务）的搜寻、发现相关信息，并经权衡进行选择、价格及交货时间的谈判、发出定购的指令、送货和货品验收及付款、顾客的售后服务和技术支持等几个环节构成。其中，后三个环节是影响到移动电子商务对顾客最终服务水平的重要环节，而这些正是物流应该包含的内容。

（4）物流是实现“以顾客为中心”理念的根本保证

“以顾客为中心”是移动电子商务的核心理念之一，而物流是实现这一理念的最终保证。在整个电子商务的交易过程中，物流是直接服务于最终顾客的，因而，物流服务水平的高低决定了顾客的满意程度，同时也就决定了电子商务能否成功实现。因此，物流对电子商务的发展十分重要，应该加强物流服务，大力发展现代化物流，通过重新构筑移动电子商务的物流体系来推广移动电子商务。

2. *移动电子商务的物流——电子物流*

移动电子商务的发展，对物流配送环节提出了更高的要求，从原材料的采购供应到产成品的销售运输以及最终顾客的配送服务，都需要一个完善的物流体系来支撑整个商务流程的交易活动，做到及时准确的物流服务、简捷快速的配送流程、尽可能低的成本费用和良好的顾客服务水平，才能与电子商务发展的要求相协调，因而称其为电子物流。

电子物流是物流服务商务活动的电子化、网络化和自动化，是信息流、资金流和物流服务三者的统一。它包含了物流的运输、仓储、配送等各业务流程中的组织方式、交易方式、服务方式的电子化。通过对物流业务实现电子化，可以改革现行物流体系的组织结构，通过规范、有序的电子化物流程序，使物流进入一个充分利用现有资源、降低物流成本、提高物流运行效率的良性轨道。

电子物流支持电子商务的物流和物流的电子化。从物流电子化演变到电子物流增加了新的内涵，这就是支持电子商务的物流。由于近年来电子商务的迅速兴起，作为有形商品商务活动基础的物流不仅已成为电子商务的障碍，而且也是电子商务能够顺利进行和发展的关键因素。如何建立一个高效率、低成本运行的物流体系来保证电子商务的顺畅发展，已成为人们关注的焦点，所以把物流的电子化与电子商务的物流服务相融合已成为必然。在这样的需求下，电子物流呈现出独具的优势特点及发展趋势。

15.1.2 移动电子商务物流服务的特点

移动电子商务需要的不是普通的运输和仓储服务，它需要的是物流服务，而物流与仓储运输存在比较大的差别，正是因为传统的储运经营者用传统储运的要求和标准为移动电子商务服务，才使得移动电子商务经营者感到物流服务不到位。移动电子商务经营者需要的是除了传统的物流服务外的增值性的物流服务。移动电子商务物流服务包括以下特点和内容。

（1）集成的服务。电子物流的主要特点是前端服务与后端服务的集成，电子物流前端服务包括咨询服务（确认客户需求）、网站设计/管理、客户集成方案实施等。电子物流的后端服务包括 6 类主要业务：订单管理、仓储与分拨、运输与交付、退货管理、客户服务以及数据管理与分析。为专业物流企业提供供应链管理的电子物流系统的特点是利用电子手段，尤其是利用互联网技术完成物流全过程的协调、控制和管理，实现从网络前端到最终端客户的所有中间过程服务。

（2）便利的服务。一切能够简化手续、简化操作的服务都是增值性服务，简化使消费者获得这种服务变得不仅简单而且更加好用，这当然增加了商品或服务的价值。在提供电子商务的物流服务时，推行一条龙门到门服务，提供完备的操作或作业提示、免培训、免维护、省力化设计或安装、代办业务、一张面子接待客户、24 小时营业、自动订货、传递信息和转账（利用 EOS、EDI、EFT）、物流全过程追踪等都是对移动电子商务的便利性服务。

（3）快速的服务。电子物流信息系统以 Internet 为媒体建立信息系统，它将企业或货主要运输的物流信息及运输公司的可调动的车辆信息上网确认后，双方签订运输合同。该系统功能有 3 个，即信息查询、发布、竞标。附属功能有行业信息、货物保险、物流跟踪、路况信息、GPS 等，这使快速反应成为物流发展的动力。传统观点和做法将加快反应速度变成单纯对快速运输的一种要求，而现代物流的观点却认为可以通过两条途径使过程变快。一是提高运输基础设施和设备的效率，比如修建高速公路、铁路提速、制定新的交通管理办法、将汽车本身的行驶速度提高等，这是一种速度的保障，但在需求方对速度的要求越来越高的情况下，它也变成了一种约束，因此必须想其他的办法来提高速度。二是具有重大推广价值的增值性物流服务方案，应该是优化电子商务系统的配送中心、物流中心网络，重新设计适合电子商务的流通渠道，以此来减少物流环节，简化物流过程，提高物流系统的快速反应性能。

（4）低廉的服务。电子物流业务使得客户可以运用外部服务力量来实现内部经营目标的增长，即客户能够得到量身定做的个性化服务，而整个过程则由第三方物流服务提供商来进行管理。而电子物流的外包服务则在 B2B 业务中的制造商与电子物流服务供应商之间，以及 B2C 业务中的制造商及其业务伙伴之间提供了建设性的桥梁作用。电子商务发展的前期，物流成本将会高居不下，有些企业可能会因为根本承受不了这种高成本而退出电子商务领域或者是选择性地将电子商务的物流服务外包出去，这是很自然的事情，因此发展电子商务一开始就应该寻找能够降低物流成本的物流方案。企业可以考虑的方案包括采用第三方物流服务商，电子商务经营者之间或电子商务经营者与普通商务经营者联合，采取物流共同化计划。同时，如果具有一定的商务规模，比如，珠穆朗玛和 Amazon 这些具有一定销售量的电子商务企业，可以通过采用比较适用但投资比较少的物流技术和设施设备，推行物流管理技术，如运筹学中的管理技术、单品管理技术、条形码技术和信息技术等，提高物流的效率和效益，降低物流成本。

（5）延伸的服务——将供应链集成在一起的服务。向上可以延伸到市场调查与抽测、采购及订单处理，向下可以延伸到配送、物流咨询、物流方案的选择与规划、车存控制决策建议、货款回收与结算、教育与培训、物流系统设计与规划方案的制作等。关于结算功能，物流的结算不仅仅是物流费用的结算，在从事代理、配送的情况下，物流服务商还要替货主向收货人结算货款等。关于需求预测功能，物流服务商应该负责根据物流中心商品进货、出货信息来预测未来一段时间内的商品进出库量，进而预测市场对商品的需求，从而指导订货。关于物流系统设计咨询功能，第三方物流服务商要充当移动电子商务经营者的物流专家，因而必须为移动电子商务经营者设计物流系统，代替它选择和评价运输商、仓储商及其他物流服务供应商。关于物流教育与培训功能，物流系统的运作需要移动电子商务经营者的支持与理解，通过向移动电子商务经营者提供物流培训服务，可以培养它与物流中心经营管理者的认同感，可以提高移动电子商务经营者的物流管理水平，可以将物流中心经营管理者的要求传达给移动电子商务经营者，也便于确立物流作业标准。

15.1.3 移动电子商务物流的趋势

目前世界 500 强企业中已有 450 家在中国投资，80%以上是制造业，他们将其生产网络扩展至中国的同时，也带进了一批国外物流企业。我国物流业起步较晚，但最近几年增长十分迅速，以2006年为例，根据中国物流与采购联合会、中国物流信息中心统计分析，物流业增加值占服务业增加值的比重超过17%，社会物流总费用与GDP的比率稳定在18.15%左右。随着2005年底物流业全面开放，中国物流领域正在成为国外资本投资的热点。国内物流企业加速重组整合，加快做大做强。企业物流转移外包，与社会物流融合与渗透。物流行业各项基础工作扎实推进，物流发展的体制和政策环境进一步改善，我国物流业进入一个新的发展阶段。

移动电子商务时代由于企业销售范围的扩大，企业和商业销售方式及最终消费者购买方式的转变，使现代物流呈现出十大发展趋势。

（1）现代物流的信息化

物流信息化既是电子商务的必然要求，也是物流现代化的基础。没有信息化，任何先进的技术设备都不可能应用于物流领域。条形码技术、电子订货系统、电子数据交换等在物流管理中得到广泛应用。物流信息化具体表现为流物信息的商品化、物流信息收集的数据库化和代码化、物流信息处理的电子化和计算机化、物流信息传递的标准化和实时化、物流信息存储的数字化等。物流系统必须具有高效的信息处理和传输能力，确保商品传输的及时、准确、高效，这要求物流行业运用条形码技术、电子订货系统（EOS）、电子数据交换技术（EDI）、卫星定位技术（GPS）、地理信息系统（GIS）等，全面实现信息化。国内现代物流中除涉及如通关、税收、交通、保税监管等主管部门的电子政务平台建设和应用外，已经出现了一些跨部门的合作，例如商务部与海关、银行的电子政务平台合作，正在把与内外贸业务有关的企业安全证书逐步过渡到电子口令统一身份认证系统，建立"一卡通"和一体化服务体系。

（2）现代物流的优质服务

在电子商务下，商品在进入成熟期以后，顾客对于商品的比较不仅放在质量方面，更侧重于伴随商品购买所得到的服务，作为顾客服务主要构成部分的物流服务，则成为企业提升竞争力的关键。目前许多大型制造业和零售业的跨国公司为争夺全球市场，把提高物流服务作为自己的竞争优势。

（3）现代物流服务的全球化

物流网络化是物流服务全球化的基础，已成为电子商务下物流活动的不可阻挡的趋势和重要特征之一。同时，Internet的发展及网络通信技术的普及也为物流网络化提供了良好的外部环境。物流网络化包括两层含义：一是物流配送系统的计算机通信网络（借助于增值网上的EOS和EDI技术来实现配送中心与供应商和下游顾客之间的通信联系）；二是组织的网络化，即利用内部网，采取外包的形式组织生产，再由统一的物流配送中心将商品迅速发给订户，这一过程离不开高效的物流网络的支持。物流网络化是物流信息化的必然，是电子商务环境下物流的主要特征之一。随着经济全球化和知识经济时代的到来，带来了全球化的竞争，致使物流企业的发展趋向多国化、全球化的模式。国内的有远见的物流企业近年来得到了迅速的发展，业务范围扩展到了全球各地，例如，海尔物流把海尔冰箱销售到世界各地。而世界十大物流公司也争先恐后地占领全球市场，UPS的业务遍及全球200多个国家和地区，其中美国国内业务占总收入的89%，欧洲及亚洲业务占11%。

（4）现代物流服务的多功能化

物流发展到综合化阶段。现代物流以仓储为依托，以铁路、公路、水路、航空多式联运为纽带，以计算机联网管理为手段，以仓储配送、代理分销、国际货代、综合配套等全天候、全方位、全过程服务为内容的多维立体服务体系，并根据社会需求的变化，开展物流延伸业务。比如，国内的知名物流企业中国诚通集团的服务范围包括仓储与配送、供应链管理、货代与运输、物流金融等。此外，还可以全面展开在物流信息服务、订单管理、库存管理、物流成本控制、物流方案设计以及供应链管理等以信息技术为基础的物流增值服务。

（5）现代物流服务的自动化

物流自动化以信息化为基础，以机电一体化为核心，以无人化为外在表现，以扩大物流作业能力、提高劳动生产力、减少物流作业差错和省力化为其效果之最终体现。自动化的效果是省力化，另外还可以扩大物流作业能力、提高劳动生产率、减少物流作业的差错等。物流自动化包括条形码/语音/射频自动识别系统、自动分拣系统、自动存取系统、自动导向车、货物自动跟踪系统等，这些设施已普遍用于物流作业流程中。物流自动化主要表现在3个方面：一是物流信息的采集、处理及通信的自动化；二是商品实物运动等操作环节的自动化，如分拣、搬运、装卸、存储等；三是物流管理和决策的自动化乃至智能化，如库存管理、自动生成订单、优化配送线路等。由于物流作业中大量的运筹和决策（如库存水平的确定、运输路径的选择、自动分拣机的运行等）都需要借助于大量的专业知识才能解决，物流智能化已成为电子商务物流发展的一个新趋势。同时，物流智能化作为自动化、信息化的一种高层次应用，还存在着一些技术难题，它的实现离不开专家系统、机器人等相关技术的支持。在物流自动化过程中，物流智能化是不可回避的技术难题，物流智能化必将成为电子商务条件下物流发展的一个新趋势，这是物流自动化、信息化的一种高层次应用。

（6）现代物流企业的高运作效率

多数企业应用了ERP、SCM等流程优化技术和EDI、互联网等信息共享技术，这使得上下游企业之间的物流活动可以得到有效的协调，物流运作效率高，主要表现在3个方面：一是上下游企业之间以供应链为基础的物流流程优化和物流功能的整合可以有效地开展；二是减少了上下游企业之间物流活动中的重复操作，准确性高、可靠性强，提高了每一个企业的物流运作效率，减少了物流方面的资源占用和成本开支；三是上下游企业之间建立了快速、及时和透明的信息传递和共享机制，形成了应对市场需求变化的快速反应能力，提高了每个企业的市场竞争能力，提升了上下游企业乃至供应链的整体竞争能力。

（7）物流柔性化

柔性化物流是配合生产领域中的柔性制造而提出的一种新型物流模式，即真正根据消费者需求的变化灵活调节生产工艺。生产领域提出的CIMS（计算机集成制造系统）、MRP（资源制造计划）、ERP（企业资源规划）等概念和技术的实质就是将生产、流通进行集成，根据需求端的需求组织生产，安排物流活动。物流柔性化对配送中心的要求就是根据多品种、小批量、多批次、短周期的全新消费需求，灵活有效地组织和实施物流作业。

（8）物流外包化趋势

电子商务环境下，各个企业的物流量仍然存在，并且更加扩大化。但是由于市场竞争激烈，企业不能个个都自办物流，而是要把非核心的物流业务外包。

（9）物流业务一体化

电子商务环境下，物流业务将进一步集约化、一体化。为了提高竞争力，物流企业要进一步整合，扩大相关业务的联合，增加物流业务的综合效益。

（10）第三方物流和第四方物流

在移动电子商务环境下，随着物流外包的发展，促进了第三方物流和第四方物流企业的成长。

它们集成各电子商务经营者的外包物流，进行规模化、集约化的运作，提供物流市场信息，不断发展壮大，形成一些很有实力的第三方和第四方物流企业。

15.2 移动电子商务物流的技术支撑

物流技术一般是指与物流要素活动有关的、实现物流目标的所有专业技术的总称。传统的物流技术主要是指物资运输技术或物资流通技术。现代物流技术则还包括各种操作方法、管理技能等，如流通加工技术、物品包装技术、物品标识技术、物品实时跟踪技术等，此外，还包括物流规划、物流评价、物流设计、物流策略等。因此，物流技术包括硬技术和软技术两个方面，随着计算机网络技术的应用普及，物流技术中综合了许多现代技术，如 GIS（地理信息系统）、GPS（全球卫星定位系统）、EDI（电子数据交换）、Bar Code（条码）等。

15.2.1 条码技术

1. 条码技术概述

条码技术是在计算机的应用实践中产生和发展起来的一种自动识别技术。它是为实现对信息的自动扫描而设计的。它是实现快速、准确而可靠地采集数据的有效手段。条码技术为我们提供了一种对物流中的物品进行标识和描述的方法，借助自动识别技术、POS 系统、EDI 等现代技术手段，企业可以随时了解有关产品在供应链上的位置，并即时作出反应。条码系统是由条码符号设计、制作及扫描阅读组成的自动识别系统。条形码简称条码，是由一组黑白相间、粗细不同的条状符号组成，条码隐含着数字信息、字母信息、标志信息和符号信息，主要用以表示商品的名称、产地、价格、种类等，是全世界通用的商品代码的表示方法。条码的分类如下。

（1）一维条码只是在一个方向（一般是水平方向）表达信息，而在垂直方向则不表达任何信息，其一定的高度通常是为了便于阅读器的对准。

目前，国际广泛使用的一维条码种类有 EAN 码、UPC 码（商品条码，用于在世界内唯一标识一种商品，在超市中最常见的就是这种条码）、Code39 码（可表示数字和字母，在管理领域应用最广）、ITF25 码（在物流管理中应用较多）、Code bar 码（多用于医疗、图书领域）、Code93 码、Code128 码等。

（2）二维条码利用了二维的几何空间，在水平和垂直方向的二维空间存储信息的条码。二维条码按照一定规则，用条码的形式标识图像、数据、表格、汉字等多种信息。二维条码具有信息容量大、应用范围广、纠错能力强、保密防伪性好、译码可靠性高的特点。如用 PDF417 编码技术实现身份证的二维编码，可以对照片、文字、指纹、声音、签名等信息进行编码。

2. 物流条码标准体系

物流条码是指专门应用于物流领域的条码。在商品从生产厂家到运输、交换的整个物流过程中都可以通过物流条码来实现数据共享，它使信息的传递更加方便。当今的通用商品条码已经普及，并使商业管理实现了自动化，而物流条码却刚刚起步。物流条码和通用商品条码相比有许多不同之处。码制标准包括以下几种。

（1）通用商品条码

我国于 1990 年制定了《GB/T 12904-91：通用商品条码》国家标准。通用商品条码结构与国际物品编码委员会推行的 EAN 码结构相同，其标准与国际标准是兼容的。物流条码应用的是 EAN 码制中的 EAN-13 码。EAN-13 码的 13 位数字分别代表不同的意义，前缀由 3 位数字组成，用来表示国家或地区的代码，我国应用的前缀码是 690、691、692。制造商代码由 4～5 位数字组成，用来表示商品的制造厂家。商品代码由 4～5 位数字组成，用来表示商品。校验码是一位数字。

（2）交插二五条码

交插二五条码在仓储和物流管理中被广泛采用。1997 年，我国制定了《GB/T 16829-1997：交插二五条码》国家标准。交插二五条码是一种连续、非定长、具有自校验功能的、且条空都表示信息的双向条码。ITF（Interleaved Two of Five）条码是在交插二五条码的基础上扩展形成的一种应用于储运包装箱上的固定长度的条码。在物流系统中，常用 ITF-14 和 ITF-6 来表示储运单元。

（3）贸易单元 128 条码

我国制定的《GB/T 15429-94：贸易单元 128 条码》国家标准等效采用了 UCC/EAN-128 条码。UCC/EAN-128 条码是由国际物品编码协会、美国统一代码委员会和自动识别制造商协会共同设计的。它是一种连续型、非定长、有含义的高密度代码。贸易单元 128 条码是物流条码实施的关键。它能够更多地表示贸易单元的信息，如产品批号、数量、规格、生产日期、有效期、交货地等。

这三种条码都是物流条码中常用的码制，一般来说，通用商品条码用在单个大件商品的包装箱上，给每个货运单元分配一个与消费单元不同的 EAN-13 码；交插二五码可用于定量储运单元的包装箱上，ITF-14 和 ITF-6 附加代码共同使用也可以用于变量储运单元；贸易单元 128 条码的使用是物流条码实施的关键，它可以弥补商品通商代码和交插二五码的不足，更多地表示贸易单元信息，贸易单元 128 条码的识别要比前两种码制容易得多。

3. 条码技术在物流中的应用

利用条码技术，实现对企业的物流信息进行采集、跟踪的管理，满足企业针对物料准备、生产制造、仓储运输、市场销售、售后服务、质量控制等方面的信息管理需求。

（1）销售信息系统（POS 系统）。在商品上贴上条码就能快速、准确地利用计算机进行销售和配送管理。其过程为：对销售商品进行结算时，通过光电扫描读取并将信息输入计算机，然后输进收款机，收款后开出收据，同时，通过计算机处理，掌握进、销、存的数据。

（2）库存系统。在库存物资上应用条码技术，尤其是在规格包装、集装、托盘货物上，入库时自动扫描并输入计算机，由计算机处理后形成库存的信息，并输出入库区位、货架、货位的指令，出库程序则和 POS 系统条码应用一样。

（3）分货拣选系统。在配送方式和仓库出货时，采用分货、拣选方式，需要快速处理大量的货物时，由于在每件物品外包装上都印（贴）有条码，利用条码技术便可自动进行分货拣选并实现有关的管理。

15.2.2 射频技术

射频识别（Radio Frequency Identification，RFID）技术是一种非接触式的自动识别技术，RFID

在物流的诸多环节上发挥了重大的作用，其具体应用价值主要体现在以下几个环节。

（1）零售环节

RFID 可以改进零售商的库存管理，实现适时补货，有效跟踪运输与库存，提高效率，减少出错。同时，智能标签能对某些时效性强的商品的有效期限进行监控。商店还能利用 RFID 系统在付款台实现自动扫描和计费，从而取代人工收款。RFID 标签在供应链终端的销售环节，特别是在超市中，免除了跟踪过程中的人工干预，并能够生成 100%准确的业务数据，因而具有巨大的吸引力。

（2）存储环节

在仓库里，射频技术最广泛的使用是存取货物与库存盘点，它能用来实现自动化的存货和取货等操作。在整个仓库管理中，将供应链计划系统制定的收货计划、取货计划、装运计划等与射频识别技术相结合，能够高效地完成各种业务操作，如指定堆放区域、上架取货与补货等。这样增强了作业的准确性和快捷性，提高了服务质量，降低了成本，节省了劳动力和库存空间，同时减少了整个物流中由于商品误置、送错、偷窃、损害、库存和出货错误等造成的损耗。RFID 技术的另一个好处在于在库存盘点时降低人的工作量。RFID 的设计就是要让商品的登记自动化，盘点时不需要人工的检查或扫描条码，更加快速准确，并且减少了损耗。RFID 解决方案可提供有关库存情况的准确信息，管理人员可由此快速识别并纠正低效率运作情况，从而实现快速供货，并最大限度地减少存储成本。

（3）运输环节

在运输管理中，在途运输的货物和车辆贴上 RFID 标签，运输线的一些检查点上安装 RFID 接收转发装置。接收装置收到 RFID 标签信息后，连同接收到的位置信息上传至通信卫星，再由卫星传送给运输调度中心，送入数据库中。

（4）配送分销环节

在配送环节，采用射频技术能大大加快配送的速度和提高拣选与分发过程的效率与准确率，并能减少人工、降低配送成本。如果到达中央配送中心的所有商品都贴有 RFID 标签，在进入中央配送中心时，托盘通过一个阅读器读取托盘上所有货箱上的标签内容。系统将这些信息与发货记录进行核对，以检测出可能的错误，然后将 RFID 标签更新为最新的商品存放地点和状态。这样就确保了精确的库存控制，甚至可确切了解目前有多少货箱处于转运途中、转运的始发地和目的地以及预期的到达时间等信息。

（5）生产环节

在生产制造环节应用 RFID 技术可以完成自动化的生产线运作，实现在整个生产线上对原材料、零部件、半成品和产成品的识别与跟踪，减少人工识别成本和出错率，提高效率和效益。特别是在采用了 JIT（Just-in-Time）准时制生产方式的流水线上，原材料与零部件必须准时送达到工位上。而采用了 RFID 技术之后，就能通过识别电子标签来快速从品类繁多的库存中准确地找出工位所需的原材料和零部件。RFID 技术还能帮助管理人员及时根据生产进度发出补货信息，实现流水线均衡、稳步生产，也加强了对质量的控制与追踪。

15.2.3 GIS 技术

GIS（Geographical Information System，地理信息系统）是多种学科交叉的产物，它以地理空间数据为基础，采用地理模型分析方法，适时地提供多种空间的和动态的地理信息，是一种为地理研究和地理决策服务的计算机技术系统。其基本功能是将表格型数据（无论它来自数据库、电子表格文件还是直接在程序中输入）转换为地理图形显示，然后对显示结果浏览、操作和分析。其显示范围可以从洲际地图到非常详细的街区地图，显示对象包括人口、销售情况、运输线路以及其他内容。

GIS 技术经过 40 余年的发展，现在已进入推广和普及应用阶段。随着科学技术的发展，各种具有无线互联网功能的移动智能终端，如掌上电脑（PDA）、手机、GPS 手表等嵌入式设备已经深入到生活的方方面面。人们也对 GIS 提出了新的要求，希望能提供运行于这些小设备上的嵌入式 GIS 系统，提供诸如出行导游等空间移动信息地理服务。智能终端、GPS、无线互联网等新技术在 GIS 领域的应用，势必丰富 GIS 理论，拓展 GIS 的应用领域。国际 GIS 界将 GIS、GPS、无线互联网三者的一体化称为移动 GIS。

物流位置信息的无线传输是通过 GPS 接收机来获取移动目标任一时刻的地理经纬度的，这确保了移动 GIS 可实现许多实用功能。但是，只有将移动 GIS 应用终端获取的地理位置信息，利用无线传输技术，通过互联网络，高速快捷地提供给处于不同地域的相关客户，移动 GIS 才会真正具有实用性。目前，位置信息无线传输主要有两种方式。一是 GSM 短消息业务（SMS）。SMS 是 GSM 网的一项增值业务，它通过控制信道传输数据，支持点对点消息业务及消息广播业务等。采用这种方式，短信息服务器端必须向电信公司申请专门的业务服务，才能利用自己的服务器进行短消息的接受和处理。电信的此项业务价格昂贵，而且对于需要实时传输位置信息的监控系统来说难以承受，对于数据量较大的空间数据更是无能为力。二是 GPRS 无线网络。GPRS 是基于 GSM 无线系统的无线分组交换技术，是一项高效无线数据传输技术。其通信速度快，数据延迟小，按流量收费，费用低廉，最大特点就是“永远在线”，即客户无须为每次数据访问建立呼叫连接，因此非常适合于在移动 GIS 应用中传输位置信息和电子地图数据。GPRS 建立链路以后，相当于专线直接接入 Internet，利用 TCP/IP，因而数据可靠稳定。而且信息管理中心的服务器只需要是普通的接入 Internet 的主机，可以大大节省服务器端的开销。

GIS 主要的软件部件有：①输入和处理地理信息的工具；②数据库管理系统（DBMS）；③支持地理查询、分析和视觉化的工具；④容易使用这些工具的图形化界面。

GIS 应用于物流分析，主要是指利用 GIS 强大的地理数据功能来完善物流分析技术。国外公司已经开发出利用 GIS 为物流分析技术提供专门分析的工具软件。完整的 GIS 物流分析软件集成了车辆路线模型、最短路径模型、网络物流模型、分配集合模型和设施定位模型等。

目前，GIS 在物流运输管理中的应用日趋成熟，在物流运输指挥、车辆分布与部署、物流信息查询等方面发挥了重要作用。将 GIS 应用于物流管理中，可使物流管理人员方便、快捷、全面地了解各类物流地理信息。它与物流控制、车辆定位、道路信息等相结合，可实时准确地模拟物流流量，大大提高对物流的快速响应能力。

GPS 也已广泛应用于物流管理领域，实现定位、导航、车辆监控以及调度管理等功能，并且与 GIS 技术集成，以实现不同的具体应用目标。

15.2.4 GPS 技术

GPS 是全球定位系统（Global Positioning System，GPS）的简称，是一种先进的导航技术。它由发射装置和接收装置构成，发射装置由若干颗位于地球卫星静止轨道、不同方位的导航卫星构成，不断地向地球表面发射无线电波。无线定位技术的研究始于 20 世纪 60 年代的自动车辆定位系统，随后该技术在公共交通、出租车调度以及公安追踪等范围内得到广泛应用。后来，随着人们对基于位置的信息服务的需求增多，无线定位技术得到更多研究者的关注，全球定位系统

（GPS）的出现更使得无线定位技术产生了质的飞跃，定位精度得到大幅度的提高，可达到 10m以内。虽然直接利用 GPS 可以达到一种较为理想的定位效果，但是它需要专门的接收设备，对大多数用户来说并不是很方便。近年来，随着蜂窝移动系统的普及，定位技术开始用于蜂窝系统设计、切换、服务区确定、交通监控等方面。

GPS 的接收装置通常装在移动的目标（如车辆、船、飞机）上，接收来自不同方位的导航卫星的定位信号，就可以计算出它当前的经纬度坐标，然后将其坐标信息记录下来或发回监控中心。地面监控中心利用 GPS 技术可以实时监控车辆等移动目标的位置，根据道路交通状况向移动目标发出实时调度指令。GPS 具有全球性、全能性、全天候优势的导航定位、定时、测速功能，由空间卫星系统、地面监控系统和用户接收系统三大子系统构成。

由于物流运输过程是实物的空间位置转移过程，所以在物流运输过程中，对可能涉及的货物的运输、仓储、装卸、送递等环节进行处理，对各个环节涉及的问题，如运输路线的选择、仓库位置的选择、仓库的容量设置、合理装卸策略、运输车辆的调度和投递路线的选择都可以通过运用 GPS 的导航功能、车辆跟踪、信息查询等功能进行有效的管理和决策分析，这无疑将有助于配送企业有效地利用现有资源，降低消耗，提高效率。GPS 的功能包括以下几点。

（1）实时监控功能

在任意时刻通过发出指令查询运输工具所在的地理位置（经度、纬度、速度等信息）并在电子地图上直观地显示出来。

（2）双向通信功能

GPS 的用户可使用 GSM 的语音功能与司机进行通话或使用本系统安装在运输工具上的移动设备的汉字液晶显示终端进行汉字消息收发对话。驾驶员通过按下相应的服务、动作键将该信息反馈到网络 GPS。质量监督员可在网络 GPS 工作站的显示屏上确认其工作的正确性，了解并控制整个运输作业的准确性（发车时间、到货时间、卸货时间、返回时间等）。

（3）动态调度功能

调度人员能在任意时刻通过调度中心发出文字调度指令，并得到确认信息。可进行运输工具待命计划管理，操作人员通过在途信息的反馈，运输工具未返回车队前即做好待命计划，可提前下达运输任务，减少等待时间，加快运输工具周转速度。可进行运能管理，将运输工具的运能信息、维修记录信息、车辆运行状况、司机人员信息、运输工具的在途信息等多种信息提供给调度部门决策，以提高重车率，尽量减少空车时间和空车距离，充分利用运输工具的运能。

（4）数据存储、分析功能

实现路线规划及路线优化，事先规划好车辆的运行路线、运行区域，如何时应该到达什么地方等，并将该信息记录在数据库中，以备以后查询、分析使用。可进行可靠性分析，通过汇报运输工具的运行状态，了解运输工具是否需要较大的修理，预先做好修理计划，计算运输工具平均每天差错时间，动态衡量该型号车辆的性能价格比。可进行服务质量跟踪，在中心设立服务器，并将车辆的有关信息（运行状况、在途信息、运能信息、位置信息等用户关心的信息）让有该权限的用户能在异地方便地获取自己需要的信息。同时还可对客户索取的信息中的位置信息用相对应的地图传送过去，并将运输工具的历史轨迹印在上面，使该信息更加形象化。依据资料库储存的信息，可随时调阅每台运输工具以前的工作资料，并可根据各管理部门的不同要求制作各种不同形式的报表，使各管理部门能更快速、更准确地作出判断及提出新的指示。

随着移动电子商务的发展，定位技术已应用到各行各业，基于位置的服务种类也更为广泛，因此研究蜂窝移动通信系统中的无线定位技术有很大的意义和价值。目前的定位技术还存在着很多问题，除了要对现有的算法进行改进，研究移动通信的定位性能，提高定位精度外，还要考虑各种算法对网络和移动台的改动，即算法的可行性等问题。但随着技术的发展，定位精度必然会大幅度提高，涉及安全与个人隐私等问题也会逐渐解决，定位技术的应用范围也将会更加广泛。

15.3　物流业的移动电子商务应用模式

在激烈的市场竞争中，企业或集团必须严格控制其运行成本。这就要求它们拥有一流的物流管理体系，使货物能够及时而经济地到达最终消费者手中。中国目前物流现状是物流企业在数量上供大于求，供给数量大于实际能力；在质量上有所欠缺，满足不了需求的质量，物流网络资源丰富，利用和管理水平低，缺乏有效的物流管理者。因此，要建立一个高效的物流体系，必须进行物流改革。其实，中国物流企业完全可以不进行固定资产的再投资，采用委托代理的形式，运用自己成熟的物流管理经验与技术，为客户提供高质量的服务，形成以综合物流代理为主的第三方物流运作模式。国内专业化的物流企业主要是一些原来的国家大型仓储运输企业和中外合资、独资企业，如中国储运公司、中外运公司、大通、敦豪、天地快运、EMS、宝隆洋行等。近年来，各公司的营业额均在亿元以上，营业范围涉及全国配送、国际物流服务、多式联运和邮件快递等。其实，上述公司都已经在不同程度地进行了综合物流代理运作模式的探索实践。

在 21 世纪，电子商务作为最具竞争力的商务形式，越来越发挥着重大作用，物流业作为电子商务的有利补充，也极大地影响着企业的发展。那么，电子商务环境下，又有哪些物流模式呢？对于开展移动电子商务的企业而言，当我们以交易对象为划分标准时可分为 B2E 模式、B2B 模式和 B2C 模式等；当我们以经营主体为划分标准时，可供选择的物流模式有自建物流配送模式、共同配送物流模式及第三方物流和第四方物流模式。企业在进行物流决策时，应当以电子商务环境下物流的特点及企业自身的实际情况为出发点，并结合物流业发展趋势来考虑。

15.3.1　B2E 移动电子商务应用模式

B2E 模式（企业与员工模式）主要用在对物流企业内部的管理和办公应用方面，目的是借助最适用的移动管理工具提升其管理水平。B2E 模式要求通过移动管理工具的推广使用，使物流企业内部员工全面普及移动终端（手机、PDA 等），从而让移动运营商在移动办公应用方面的业务得到广泛的使用基础。然后把移动增值业务深入应用到办公应用和多种业务运作和管理中，将物流企业各项经营管理与移动应用深度结合，体现移动应用在 B2E 方面强大的力度。下面简单列举一些 B2E 移动电子商务应用。

（1）通过建立物流企业移动办公系统，可以实现移动查询所有来自 OA 系统的待办工作、待阅文件；检索和查看门户网站上的信息、通知、邮件；接收各种工作指令和物流调度；进行工作任务完成情况的反馈。

（2）开发各种移动办公业务系统，如短信应用平台，可以实现物流企业的作业自动排班和调度命令发布。

（3）针对物流企业的仓库分散和危险品储藏的业务需求，可以开发针对物流仓储的无线数据传输和无线监控报警系统来实现对仓库的有效管理。

（4）B2E 移动电子商务应用平台的实现将用到短信 SMS、彩信 MMS、移动位置服务、WAP

上网这些移动增值业务技术。

15.3.2 B2B 移动电子商务应用模式

B2B 模式主要体现在物流企业建设基于运营商 GSM/GPRS 网络的车辆监控调度系统，包括 VPMN、跨区 VPMN、集团专线（宽带互联网接入）、全球通地址簿以及无线 DDN（SMS/GPRS 车辆监控调度）在内的整体解决方案。SMS/GPRS 车辆监控调度系统能够对物流企业车辆进行实时监控，了解车辆的位置、状态，并显示在总部监控中心的电子地图上，便于监控中心的调度人员安排指挥。

（1）电子地图。高素质的全国地图、灵活定制界标、无级缩放、平滑移动。

（2）可视化调度。实时、准确配载货物，调度车辆；跟踪每一行程的停靠状态与订单执行状态；自动更新行程信息；为了降低车辆的空驶率，降低运输成本，移动接收配货信息和调度信息，实现返程自动配货。

（3）车辆（组）状况跟踪记录。卫星定位跟踪车辆位置、车辆行程历史纪录、货物状况（到达、装货、装完、离开、等待、休息、卸货、卸完）的相应信息、车辆动态（停车/装卸货/休息）、卡车/拖车状况、司机和驾驶状况、交通状况等。

（4）紧急情况特急反馈。突发事件、交通意外、车匪路霸、自然灾害报警。

（5）匹配终端设备。如条码扫描仪，进行移动库存管理。

15.3.3 B2C 移动电子商务应用模式

B2C 模式主要体现在物流企业借助电信增值业务为用户提供客户服务信息，已获得了良好的社会效应。如通过 GPS 定位、GPRS、集团短信等业务实现货物短信查询系统。

（1）物流信息短信或 WAP 上网查询。

（2）物流需求电子订单（手机邮件）。

（3）物流信息公告发布（短信群发）。

（4）自动 E-mail 报告：及时将货运信息通报客户。

（5）货运 BBS（移动聊天）。

15.3.4 企业自建物流模式

这是国内目前生产、流通或综合性企业所广泛采用的一种物流模式。企业通过独立组建物流中心，实现对内部各部门、场、店的物品供应。企业自建物流配送系统，主要是出于对物流成本控制的考虑。目前，电子商务企业自建物流系统主要有两种情况：一是传统的大型制造企业或批发企业经营的 B2B 电子商务网站，由于其自身在长期的传统商务中已经建立起初具规模的营销网络和物流配送体系，在开展电子商务时，只需将其加以改进、完善，就可满足电子商务条件下对物流配送的要求；二是具有雄厚资金实力和较大业务规模的电子商务公司，在第三方物流不能满足其成本控制目标和客户服务要求的情况下，自行建立适应业务需要的畅通、高效的物流系统，并可向其他的物流服务需求方（如其他电子商务公司）提供第三方综合物流服务，以充分利用其物流资源，实现规模效益。

虽然这种模式在电子商务时代相对比较落后，但是就目前来看，在满足企业内部生产材料供应、产品外销、零售厂店供货或区域外市场拓展等企业自身需求方面却发挥了重要作用。较典型的企业自营型模式，就是连锁企业的物流配送。大大小小的连锁公司或集团（如：北京华联、沃尔玛、麦克隆等）基本上都是通过组建自己的物流中心来实现内部各场、店的统一采购、统一配送和统一结算的。自建物流系统的核心是建立集物流、商流、信息流于一体的现代化新型物流配送中心，而电子商务企业在自建物流配送中心时，应广泛地利用条码技术、数据库技术、电子定货系统、电子数据交换、快速反应以及有效客户反应等信息技术和先进的自动化设施，使物流中心能够满足电子商务对物流配送提出的如前所述的各种新要求。

15.3.5 共同配送模式

这是一种物流配送经营企业之间为实现整体配送合理化，以互惠互利为原则，互相提供便利的物流配送服务的协作型配送模式，也是电子商务发展到目前为止最优的物流配送模式。如果电子商务企业的业务量未达到一定的规模，就不宜自建物流配送系统，否则将难以解决较多的运输工具回程空驶、装载率低、交通堵塞、环境污染等问题，进而导致物流成本居高不下，影响企业的经济效益。对于此类电子商务企业，其物流运作可以采取向外部专业物流商租赁物流中心，并委托其管理全部物流业务，借助于物流共同化的方式，来实现企业的经营绩效。配送是对客户服务的最后一环，如何迅速而准确地配送，是企业在经营方面必须解决的重要课题。共同配送是为了实现物流合理化，将多个货主的货物或商品集中在一起，由一个物流从业者使用一个物流配送系统进行统一配送。共同配送的本质在于充分发挥企业人、财、物及时间等物流资源，降低物流成本，提高物流服务效果。它包括配送的共同化、物流资源利用共同化、物流设施设备利用共同化以及物流管理共同化。共同配送模式是合理化配送的有效措施之一，是企业保持优势常在的至关重要的课题，是企业的横向联合、集约协调、求同存异和效益共享，有利于发挥集团型竞争优势的一种现代管理方法。这种模式的组建，可以是企业之间联合发展，如中小型零售联合投资兴建，实行配送共同化；也可以是系统或地区规划建设，达到本系统或本地区内企业的共同配送；或是多个企业、系统、地区联合共建，形成辐射全社会的配送网络。

15.3.6 第三方物流模式

第三方物流（Third-Party Logistics，3PL）是适应电子商务的一种全新物流模式，通常又可称为契约物流或物流联盟，是指由物流劳务的供方、需方之外的第三方去完成物流服务的物流运作模式，它是物流专业化的重要形式。第三方物流（3PL）的提供者本身不拥有商品，而是通过签订合作协定或结成合作联盟，在特定的时间段内按照特定的价格向客户提供个性化的物流代理服务，具体内容包括商品运输、储存配送以及附加的增值服务等。作为物流劳务供、需方之外的第三方，第三方物流（3PL）的提供者既不是货物代运公司，也非单纯的速递公司，它们并不在供应链中占有一席之地，但通过提供一整套的物流功能来服务于供应链。第三方物流（3PL）是指第三方以签订合同的方式，在一定期间内为供方提供满足需方的物流服务，并依靠信息的集成产生增值，从而获取利益，第三方企业一般是具有一定规模的物流设施设备（库房、站台、车辆等）和专业经验、技能的批发、储运或其他物流业务经营企业。处于国内第三方物流龙头地位的广州宝供储运集团就是一个典型的例子。第三方物流随着物流业的发展而发展，是物流专业化的重要形式。西方国家物流业的实证分析证明，独立的第三方物流至少占社会的50%时，物流产业才能形成。可以说，在电子商务时代，第三方物流的发展程度体现了一个国家物流产业发展的整体水平。据统计，第三方物流服务的最大用户群通常是那些日常洗涤用品、纸制品、化妆品和食品等方面的制造商。

物流一体化是在第三方物流的基础上发展起来的，所谓物流一体化就是以物流系统为核心的由生产企业，经由物流企业、销售企业，直至消费者的供应链的整体化和系统化。在这种模式下，物流企业通过与生产企业建立广泛的代理或买断关系，与销售企业形成较为稳定的契约关系，从而将生产企业的商品或信息进行统一组合，处理后，按部门订单要求，配送到店铺。这种配送模式，还表现为在用户之间交流供应信息，从而起到调剂余缺、合理利用资源的作用。在电子商务时代，这是一种比较完整意义上的物流配送模式，它处于物流业发展的高级和成熟阶段。在国内，海尔集团的物流配送模式可以说已经是物流一体化了，并且是一个非常成功的例子。

15.3.7 第四方物流模式

物流作为一个社会化系统产业，应使整个地区、国家乃至全球范围内的物流高效率运作，第三方物流的力量显然不足以整合社会所有的物流资源，解决当今物流瓶颈以达到最大效率。第三方物流在一定范围内解决企业物流应该说是有效的，但是，解决经济发展中出现的物流瓶颈以及电子商务中新的物流瓶颈是远远不够的，因此，第四方物流的运营模式应运而生。

第四方物流（4PL）是一个供应链集成商，它调集、管理并组织自己的以及具有互补性的服务提供商的资源、能力和技术，以提供一个综合的供应链解决方案。

从概念上来看，第四方物流是有领导力量的物流提供商，它可以通过对整个供应链的影响力，提供综合的供应链解决方案，为其顾客带来更大的价值。显然，第四方物流是在企业物流的基础上，为解决整合社会资源，解决物流信息充分共享、社会物流资源充分利用等问题而产生的。同时，它也是发挥政府职能，在推进我国现代物流产业发展中所能做的唯一切入点。

第四方物流企业如果实现整合第三方物流，必须满足以下 3 个条件：

（1）第四方物流必须不是物流的利益方；

（2）第四方物流必须能实现信息共享；

（3）第四方物流必须有能力整合所有物流资源。

从宏观角度来看，第四方物流的发展满足了整个社会物流系统的要求，最大程度上整合了社会资源，减少了货物物流时间，节约了资源，提高了物流效率，也减少了环境污染。

发展第三方物流是解决企业物流的关键，而第四方物流则能解决整个社会物流的主要问题，因此，发展第四方物流需从以下几个方面着手。

（1）大力发展第三方物流企业，为第四方物流发展作铺垫，提高我国物流产业的水平。因为第四方物流首先是在第三方物流整合社会资源的基础上进行再整合的，所以，只有大力发展第三方物流企业，第四方物流才有发展的基础。目前，我国物流企业发展比较分散，既有改制后的大型物资集团，又有生产企业延伸供应链而形成的分管专业化物流公司，还有外商和民营企业，为了适应加入 WTO 后对现代物流业的需要，必须大力发展第三方物流，培育大型企业集团，这样既可以在不增加资本投入的情况下，提高物流业的效益，又可以为协作企业创造“第三方利润源”。因此，大力发展第三方物流是当前提高我国物流产业发展水平的最重要的措施。

（2）加速电子商务与现代物流产业的融合，建立全国物流公共信息平台。正如前述，发展第四方物流是解决整个社会物流资源配置问题的最有力的手段。我国目前正在推进信息化，同时，物流业在我国经济中占重要的地位，把当前蓬勃发展的电子商务和现代物流产业结合起来的最佳途径就是培育第四方物流，建立全国物流行业的公共平台，通过互联网整合物流企业（包括第三方物流企业）的资源，这样可以使我国物流产业真正产生质的提高，也只有这样才能从容应对加入 WTO 后与跨国物流公司的竞争。

目前，物流方面的网络企业很多，但能够整合一定社会资源的并具有一定社会影响的却不多。目前的重点是培育已经具有第四方物流的雏形，整合在物流资源上有一定基础的物流信息平台，发展成为第四方物流。

15.4 移动电子商务在物流企业的应用

我国加入 WTO 以后，被称作“第三利润源泉”的物流行业成为一个新的经济增长点，呈现出快速发展的势头。道路运输作为物流业发展中的重要环节，由于目前业内信息沟通不畅，导致车辆空驶严重、货物运输安全无保障、车辆调度难等问题较为突出。物流企业应积极与电信运营商合作，用高科技、智能化、信息化等手段最大化地整合现有资源，使企业获取了良好的经济效益。将现代的通信技术应用在物流调度工作上，全面建设物流调度工作信息化，对物流企业的信息化管理具有重要意义。

移动电子商务是在移动通信网上开发的移动数据业务，包括网络平台增值业务和信息服务类业务，信息服务类业务包括通过移动网向终端用户提供语音信息服务（声讯服务）或在线信息和数据检索等服务业务，具体来说有短信 SMS、彩信 MMS、移动位置服务、彩铃、WAP 上网、手机游戏、IVR 无线互动式语音应答等。

15.4.1 移动电子商务在物流企业应用的分类

（1）移动虚拟专网

基于运营商的移动虚拟专网 VPMN，是基于智能网技术实现的，它面向集团客户移动语音业务，一组移动用户组成 VPMN 集团，每个用户有专有小号，可以用短号实现网内移动手机用户的互相呼叫。利用移动手机快速、灵活地组建企业内部的小交换机网络，为集团内用户提供短号码，方便联络。VPMN 能使同在物流企业内的用户之间实现缩位拨号、短号显示并能获得资费优惠。

（2）集团 IP

物流企业外出车辆很多，因此，长途费用较高，使用集团 IP 充值卡绑定可以帮助物流企业降低长途费用。

（3）电话会议

由于物流企业人员所处位置不定，会议电话不受时间、地点的限制，适用于临时会议或异地会议的召开。电话会议增加视频，有移动电视会议，该业务基于流媒体技术，为用户带来随时随地的可视化办公便利，属于为企业用户提供移动办公业务中的一类。

（4）企业短信和彩信

由于企业短信和彩信既具有点对点发送的功能，也具有群发的功能，还具有个性化通知、定时发送、邮件提醒、图片传送、信息通告和多媒体的功效，这就解决了物流企业及时准确地下发调度通知并进行协商沟通的需求问题。企业短信和彩信不仅方便了工作流程中各个环节的沟通，而且还为物流企业节省了大量通话费用。

（5）机器间的通信 M2M 移动业务

所谓 M2M 移动业务涉及的是机器（设备）之间的通信，M2M 业务在物流企业的应用包括物品（财产）的安全业务、对汽车等设备的监控、自动仪表的测量和数据读取、设备维护业务、贩卖机状态监测、各种公众设施的流量监测业务、车队管理工业处理自动化和远程信息处理、揽收货款等。

存货状态监控：进行远程监控，了解存货情况，对报警及时做出反应。

车船队管理：通过安装在车船上的移动设备进行车队管理或者船只的跟踪和管理。

安全业务：将移动传感器安装在各类贵重物品上，对该物品进行随时的安全跟踪。

移动 POS：用移动 POS 机实现物流配送的揽收货款，有着安全方便的特点。

（6）GPRS 接入业务——GPS 车辆定位

根据物流企业外运部门组建灵活的无线指挥调度系统的需求，可以采用 GPRS 网络系统实现物流企业外运调度中心与运输车辆之间的双向信息传输。调度中心利用 GPRS 终端，通过移动的 GPRS 网络与物流企业外运调度中心的主机相连。

15.4.2 移动电子商务在物流企业应用的原理

（1）物流信息化业务流程

现代物流行业决胜千里之外的气度依赖整个物流系统运转的有序、严密和高效，数字化手段的运用是物流行业规范操作、畅通信息流的必然要求和发展趋势。物流信息化业务流程各环节如图 15-1、图 15-2、图 15-3、图 15-4 所示。

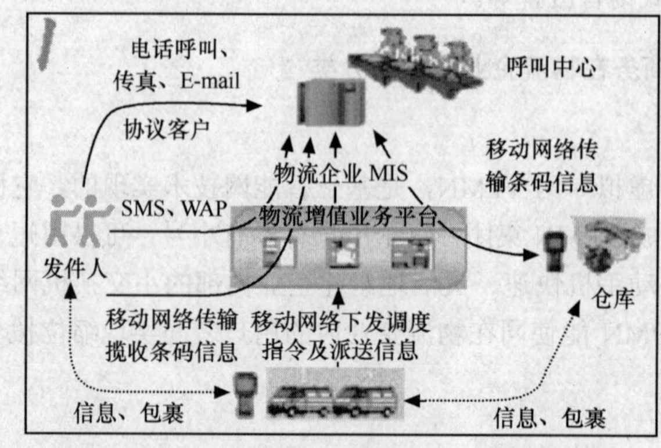

图 15-1　物流信息化业务流程——揽收环节

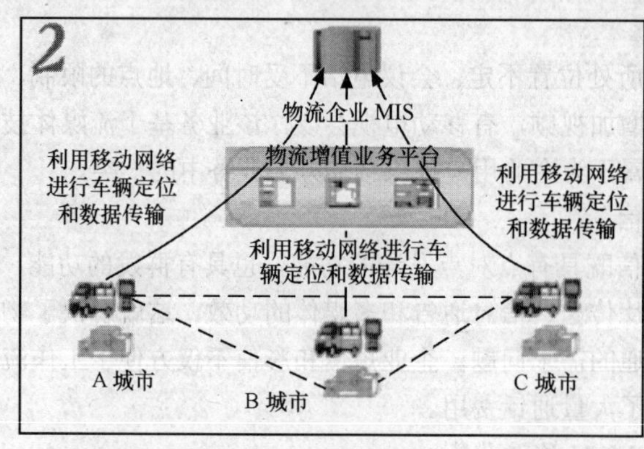

图 15-2　物流信息化业务流程——运输环节

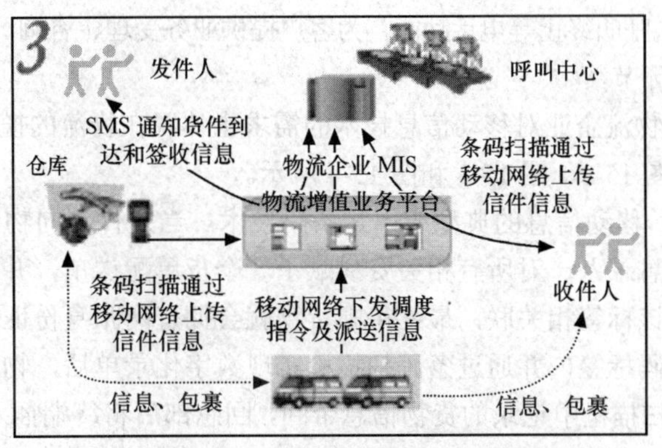

图 15-3　物流信息化业务流程——投递环节

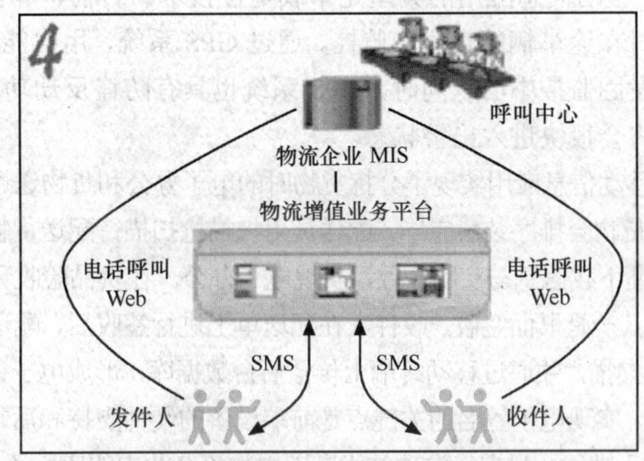

图 15-4　物流信息化业务流程——客服环节

从揽收、储存、搬运到集散、运输、配送，传统运输模式下的高声唱传早已演变为基于编码体系的电子办公，插上移动信息化翅膀的物流业实在令人刮目相看：静坐办公室中，只要鼠标轻点，公司所有车辆的地理位置、行驶路线、车速和承载状况便可一清二楚；通过无线数据传输系统，配送车辆司机通过移动终端即能实时收到货运信息。

在我国物流业和物流信息化急速发展的过程中，分散经营的行业特色和成本效益的左右权衡也需要物流企业在信息化激进洪流中更多地冷静判断。从物流标签技术的选择到与之配搭的条码扫描设备采购，从后端物流管理软件的选型到前端用于业务实现的 PDA 选购，企业首先必须了解行业应用的关键技术点及业务实现过程中不同环节的移动技术需求，才能根据实际需求和成本考量来确定移动信息化解决方案。

（2）3 个应用技术点

从技术应用来看，物流行业的移动信息化主要体现在以下 3 个方面。

① 数据采集和无线传输技术。数据的即时采集和传递是物流信息化的核心。由于数据采集要求实时性，移动计算在物流行业中的应用越来越普遍。物流行业需要低成本、多功能和移动的无线应用技术，需要进行实时的数据汇总与分析，需要有强大的后台数据库平台迅速地处理、分拣和传递信息。

② 车载定位技术。GPS 技术目前已广泛应用于物流行业，其对物流业最大的贡献是实现了物流企业对货物长距离运输的掌控，能够有效规避安全隐患。

③ 呼叫中心交互式语音服务（IVR）技术和人工坐席服务。交互式语音服务是呼叫中心实现自动服务的重要手段，通过 IVR 可实现语音菜单提示、按键识别、自动语音报读等。而座席系统则能提

供来话应答、电话转接、呼叫终止等电话功能，为客户提供业务受理、咨询、投诉、建议等服务。

（3）4 个业务需求环节

从业务实现来看，物流企业对移动信息技术的需求也体现在物流的揽收、运输、投递、客服 4 个环节，如图 15-1、图 15-2、图 15-3 和图 15-4 所示。

① 在揽收过程中，移动信息的典型应用是条码技术。当发件人向物流企业提供邮发物品资料时，物流企业进行信息录入，对所有相关资料赋予一个货单配送单，并附上条码标签，使邮发货物的所有相关信息与该标签相关联，最终待邮货物就会拥有两张身份证——货物配送单和条码标签。当货物被贴上条码标签，并通过条码扫描枪实现数字化录单后，物流公司将待邮货物带回公司仓库的同时，也将扫描枪中记录的货物信息带回，回总部后将终端插入后台设备，上传数据，就完成了揽收环节的信息采集过程。

② 在运输过程中，移动信息应用的典型是车载定位技术。目前，物流企业的各地运营商一般会采用租赁方式实现对在途车辆的定位和监控。通过 GPS 系统，用户能够预设运输路线，对在途信息数据进行打包并发回监控中心。同时，GPS 系统也具有防盗反劫功能。当遭遇劫匪时，司机按下报警开关，中心将会很快进入出警状态。

③ 在投递过程中，移动信息应用实现了分拣货物时的电子办公和货物送达后的电子返单或电子签名。在货物投递前，所有货物会排序装载完毕，配送员用扫描枪扫描待配送货物附带的配送单，将货物信息下载到 PDA 中，保证下载信息与实物一致，实现电子办公。在货品验收环节上，目前的主流物流企业主要采用两种方式：其一是书面签收，收件人在配送单上进行签收后，配送员会将有收件人签收标记的那联配送单进行全屏扫描，并通过移动终端上传至后台数据库，形成电子返单，以便发件人进行到货确认；其二是数字签名，实现电子签名的关键点是前端设备的硬件支持和后端软件的功能模块，要求终端设备具有手写面板输入功能。目前，这项技术在国内物流企业中的应用还未广泛展开。

④ 物流客服中心系统的职能是为客户提供统一的服务接入，并通过智能外拨呼叫服务向用户提供如到货自动通知、业务宣传、市场调查等内容服务。物流企业也可通过与当地移动运营商合作，基于其增值业务平台，提供以短信为载体的在途货物信息通知服务。

（4）移动物流解决方案选型三原则

① 以适用性为关键

条码技术是物流流通管理的必然选择，而新兴的 RFID 技术也在成为物流企业未来发展过程中要考虑的重点，但出于对后台信息系统的整合难题和技术实施成本的考虑，目前 RFID 技术仅是物流公司采用的一种辅助技术，一般只用于物流集装服务上，而物流公司已普遍大规模采用的货物条码跟踪技术也会增加关联成本，如专业条码打印设备、数据采集终端以及无线 AP 等。以数据采集终端为例，根据使用用途的不同它可分为两类：在线式数据采集终端和无线式数据采集终端。一般而言，前者运用于物流企业的出入库管理，而后者由于具有数据存储功能，且携带方便，一般用于仓库管理、运输管理以及物品的实时跟踪。物流企业应根据业务需求和应用场景进行选购。

② 以可靠性为基础

在设备选型的过程中，企业 CIO 更关注的是设备的可靠性和实用性。例如，在选择数据采集终端设备时，物流企业一般会考虑设备的功能特点，如数据采集终端能否满足企业使用中的数据存储要求，能否实现基于 IEEE 802.11b 的无线传输需求，是否具备手写板输入功能，从而实现数字签名，是否获得国际认证的工业等级，是否基于主流操作平台，是否具有比较舒适的手持握感，是否具备完善的售后服务等。这些细节都是企业在选型中必须考虑的。

③ 以经济性为前提

设备管理的核心价值取向不是追求购置费用最少，而是追求设备周期管理费用最少。在国产品牌与国外品牌的权衡选择中，考虑成本的同时也必须考虑产品在未来的可扩展性。就数据采集终端目前的市场价格来看，高端设备价位在万元以上，如 Symbol、Casio 等品牌；中端设备为 4 000 元～10 000 元之间；低端设备一般在 4 000 元以下，如实达、新大陆等品牌。另外，一些品牌厂商能够结合物流行业特色推出综合解决方案，企业可根据自身的特点进行二次开发或是进行个性化定制。一般而言，国内大型物流企业的做法是在软件系统选型的基础上，选择实力比较雄厚的设备提供商合作。

15.4.3 移动电子商务在物流企业应用的方案

移动电子商务与物流之间的关系越来越紧密，并成为了物流行业必不可少的一项业务手段。中国的物流业水平整体来说较高，但是与国外的同行相比差距仍然很大。这个差距主要体现在现代信息技术的应用方面。例如，一辆丰田轿车的零件有 3 万个之多，然而丰田企业却是零库存的，可想而知其物流水平如何。因此，中国物流业要想领先世界，靠买更大的飞机和货船是无法解决问题的，应用和发展现代信息技术才是获得领先的关键。移动电子商务助力物流信息化将是现代物流的大势所趋，现代通信和信息化技术应该是物流业的必然选择，中国物流行业要增强竞争力应以此为依据，物流业的移动信息化是发展方向。以下是物流企业移动信息化的 3 个方案。

（1）联通物流新时空与中兴 C500 组合方案

① 硬件设备

此套组合中的硬件是物流公司员工需要配备的 CDMA GPSone 手机，推荐的具体产品是外观为直板设计的中兴 C500 手机。它拥有 8MB 内存，基于 CDMA 1x 800MHz 网络，其特色功能是能够实现 UTK、BREW、WAP 2.0、GPSone 等数据业务。

另外，车载终端还可推荐 AG-GC002 车载定位台，它是工作于 800MHz/450MHz 频段的无线接入系统，可以安装在出租车、公交车等营运车辆或私家车上。作为一种解决移动通话的通信系统，它的电压范围宽，安装方便，不用布线，插上点烟器插头即可工作，具有建设费用低、周期短、投资回报快、扩容方便、维护费用低等特点，经济实用。

② 集成应用

物流新时空提供强大的定位服务。运行后界面如图 15-5 所示。

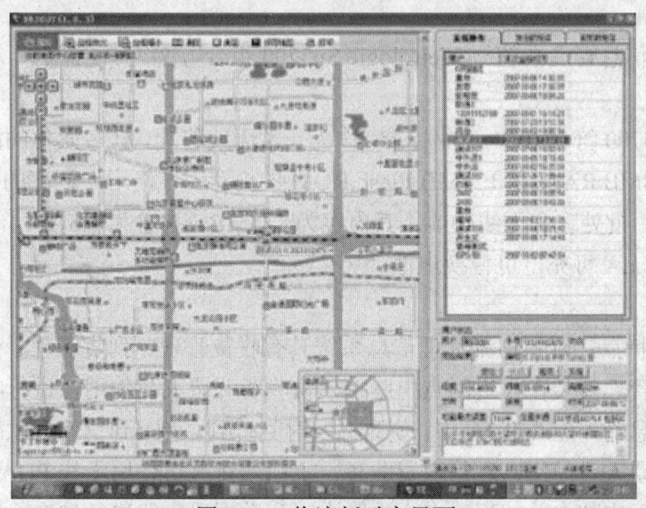

图 15-5 物流新时空界面

该组合通过运用扫描终端，运用 CDMA 1x 的数据通信网络快速传输服务信息，为物流公司提供以下功能应用。

a．快捷的接单承诺

物流公司收到客户揽货通知后，可以立即通过定位系统调出负责该区域的揽收人员或车辆的具体位置，并根据其位置和任务状况答复客户大致到达时间。

b．准确调度

物流公司可以通过集团短信系统，将客户的位置、时间要求等信息以短信形式发送到指定揽收员电话中，使揽收员能够全面了解和记录客户的需求信息，结合定位系统确保及时揽件。同时，系统可自动将客户需求编号与该揽件员编号关联，以免出现漏派。

c．出库交接

派件员在领到派送货物的同时用手机扫描出库功能扫描货物单号，系统即显示派件员交接出库，同时也可进行随时跟踪与查询，省去了传统的交接单交接方式。

d．签收信息即时回传

派件员在客户签收后用手机扫描签收功能扫描单号，同时将签收信息拍照发回总部端口，系统即显示货物已签收，并将签收照片自动上传至公司查询网站服务器。

e．查询服务

在派送货物期间，如遇发件客户查件，发件或收件客户只须在查询货物界面输入单号，便可以直观地查询货物所属派件员的现有位置。

f．人员路线跟踪与设计

物流公司可以通过物流新时空的时段路线轨迹跟踪功能跟踪车辆或人员的行走轨迹，并通过分析为车辆人员设置最合理的路线，从而达到车辆人员的高效率使用，避免员工偷懒和车辆无故绕行行为，节约管理和运营成本。

③ 点评

物流新时空与中兴 C500 的组合，通过智能终端、通信网络运营商和软件服务提供商的合作，实现了物流信息快捷、方便、准确的双向传输；可以协助物流企业提升服务质量和响应速度，提高运作的一致性和效率，更加有效地控制营运成本；可以使物流企业与具有综合物流服务需求的大客户之间建立长期稳定的合作关系，满足客户的沟通需要。实际上，物流新时空最突出的还是其定位功能的实现。

（2）万和物流信息管理系统与 Metrologic Sp5700 组合方案

① 硬件设备

Metrologic Sp5700 符合 IP54 工业标准，作为一款无线终端，其多元化的配置需求为客户提供了丰富的选择。128MB RAM 和 128MB Flash ROM 的内存，方便用户程序的开发。它具有图像扫描、多种记忆模式、批处理和无线功能。其内存为 128MB，屏幕为 3.5 英寸，65536 彩色触摸屏，电池是 3.7V、2 000mA 可充电可替换电池。

② 软件系统

针对物流行业特点，万和物流管理信息系统具有收货管理、到货管理、分拣管理和网络管理等子系统。其收货管理安装在收货网点电脑上，供收货开票人员使用，进行收货业务。外出揽货人员将手工开票信息输入无线 PDA 中，使数据及时回传到总部。到货管理软件安装在取货分公司电脑上，供取货开票人员使用，进行取货业务。上门送货人员使用无线 PDA 实时记录送货信息，保证准确。分拣管理安装在总部配送中心电脑上，和数据采集器进行结合，供分拣管理员使用，使分拣程序更合理，更高效，错误率更少。

③ 集成应用

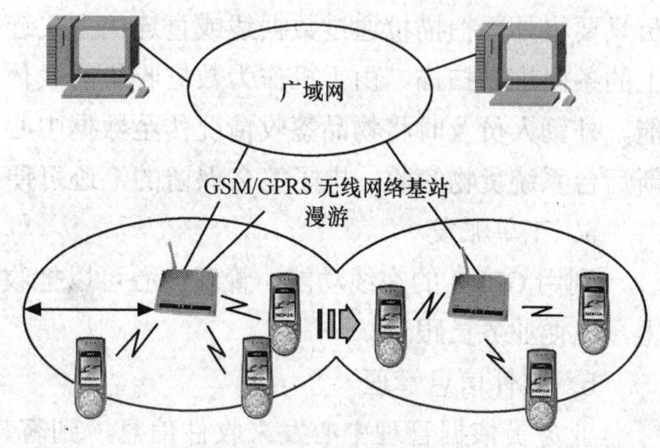

图 15-6 集成应用示意图

④ 综合无线网络系统

物流企业要帮助客户实现物流、信息流和资金流的高效整合，突破物流信息透明化和货物流转过程的高效运转，实时的现场数据采集以及与总部实时的信息交换成为物流企业的发展方向。万和物流信息管理系统与 Metrologic Sp5700 的组合就是利用无线掌上计算机（PDA）和 GPRS 或 CDMA 无线网络的结合实现现场操作人员的各项操作，并与总部数据中心保持紧密的相互联系的实例。

恒盛万和科技有限公司针对物流企业的特点提出了以下 3 个系统的实现目标：在作业层上，提供稳定的数据采集功能和完善的业务处理功能；在管理层上，提供必要的有效的管理报表功能和管理分析工具；在决策层上，提供充分的数据挖掘和分析方法。首先，总部实时了解各个作业单元的具体工作的完成情况，从而实现信息的实时查询，保证准确的货物信息送达时限要求。数据实时地通过 Web 方式反映到网站上，完成客户对货物信息的及时追踪。总部可根据各作业点反馈的数据信息对其进行实时调度。物流企业的各个生产单位通过实时的数据变化可以及时调整作业计划，满足上下游各协作部门的工作要求。通过无线网络基站定位完成车辆定位、调度。无线掌上终端把总部作业调度信息反馈给作业人员，保证其实时执行总部的作业调度。其次，总部可随时下达作业指令，并保证作业单元实时了解总部的计划，亦可迅速执行。总部根据每个作业单元反馈的及时信息，通过数据库对比验证保证每个具体执行操作正确无误，同时对每件货物的目前位置状态做到实时追踪，可以降低货物的丢失和损坏，并可追踪到责任人。

⑤ 点评

物流企业对软件功能的需求是软件成熟稳定、操作简单、易于维护、功能完整、适合各种操作环境等。恒盛万和有成熟的物流管理经验，其软件经过大量客户调研，根据客户的实际操作顺序进行开发，实用性突出。

（3）移动动力 100（物流业）与 Sony Ericsson T290c 组合方案

① 硬件设备

此组物流选型搭配中，物流公司的速运员工要装配支持巴枪的手机，比如 Sony Ericsson T290c，它基于 WAP 1.2.1，能实现 GPRS 无线数据功能，支持 SMS/EMS/MMS 短信。

另外，还需要数据采集器配合手机使用，推荐 CASIO DT-900，它可应用于仓储、邮政、物流、超市等领域，拥有 10MB 超大内存，用户区为 8MB 内存。CASIO DT-900 采用主电源和备用电源结合供电方式，即使发生主电源和备用电源同时无法供电的极端情况，数据也可继续保存在 Flash ROM 里面。

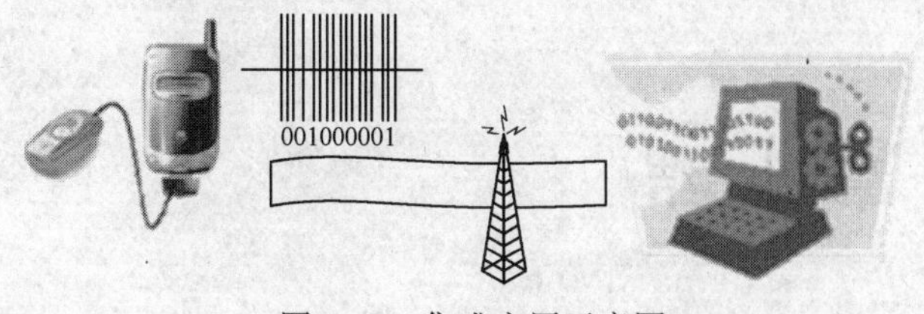

图 15-7 集成应用示意图

② 集成应用

工作人员将无线巴枪与支持巴枪的手机相连，对物品条码进行扫描，然后通过 GPRS 实时在线功能就能将数据传送至数据中心。

在此套组合中，物流公司的工作人

员只要将外置扫描枪通过数据线或直连的方式连接到专门支持巴枪功能的手机上。首先对运单号上的条码进行扫描，由手机作为数据收集的载体，将相关信息进行存储，通过 GPRS 实时在线功能，外勤人员及时将物品签收情况传至数据中心。同时，可使用客户电子签名签收功能，及时更新后台系统货物签收，电子签名保留的笔迹可便于识别客户身份，提高客户的安全性。

a．工单派发

利用 GPRS 的在线功能，管理中心可以把收到的收件单、派件单及时下发到各业务员的手机上，以便业务员跟进。

b．收件信息管理

业务员依据管理中心发来收件信息，到客户处收取快件，并在现场把扫描采集到的运单号码（条码）、收件时间以及填写的货物总重量、件数、申报价格等信息通过 GPRS 网络传送到管理中心。

c．货物中转信息管理

货物在运输途中，每个中转站的人员都通过扫描仪将货物信息数据采集，并通过 GPRS 网络实时传到管理中心，使管理中心可实时掌握货物的位置等信息，并可将这些信息实时反馈给客户。

d．到货检验

业务员将快件送到客户处后，可在现场把扫描采集到的运单号码（条码）、派件时间等信息通过 GPRS 网络传送到管理中心，管理中心可及时地将到货信息反馈给发件人，可同时实现远程联网货物校验。

e．签收同步

收货人收到货物后在手写 PDA 终端上签名。客户的电子签名及货物信息等将通过移动 GPRS 网络与后台系统实时同步。

广东移动 GPRS 在物流行业上的应用和巴枪系统的采用与实施，提高了物流企业任务运作管理的效率，降低了运营成本。

（4）结语

当前，我国物流业的信息化应用还比较少，运营商和物流企业的合作往往还停留于技术支持的浅层面。随着运营商和物流企业的合作逐步深入，达成移动信息化确实可以辅助管理步上更高的台阶。

中国移动的“动力 100”是移动信息化解决方案的整体标志，移动电子商务通过向企业客户提供通信标准化产品、行业应用解决方案和个性化解决方案，来满足客户日益多元化的需求。现在，很多产品已被许多企业应用。这些标准化产品包括：集群网、集团彩铃、小区短信、企信通、集团移动总机、企业无线上网、移动 Office、移动数据中心、互联网专线等。关于个性化产品，有的物流企业提出需要像 GPS 这样高精定位的信息化系统，而也有企业需要粗定位的产品，只要定位到城市就可以了。根据企业的需求来研发产品，以满足客户的需要。企业则可将产品与企业自身的运输管理、仓储管理、合同管理等 IT 系统相结合，减低物流成本，提高物流效率和客户满意度。

本章小结

通过本章学习，学生了解了移动电子商务与物流的关系：（1）物流是移动电子商务概念的重要组成部分；（2）物流电子是移动电子商务的基本要素之一；（3）物流是移动电子商务流程的重要环节；（4）物流是实现“以顾客为中心”理念的根本保证。认识了移动电子物流的内涵、特点：（1）集成的服务；（2）便利的服务；（3）快速的服务；（4）低廉的服务；（5）延伸的服务。移动电子商务物流的十大发展趋势：（1）现代物流的信息化；（2）现代物流的优质服务；（3）现代物流服务的全球化；（4）现代物流服务的多功能化；（5）现代物流服务的自动化；（6）现代物流企业的高运作效率；（7）物流柔性化；（8）物流外包化趋势；（9）物流业务一体化；（10）第三方物流和第四方物流。熟悉了移动电子商务物流的技术支撑，包括条码技术、RFID 技术、GIS 技术和 GPS 技术。掌握移动电子商务的物流模式分类，如 B2E、B2B、B2C 物流模式以及企业自建物流模式、共同配送物流模式、第三方和第四方物流模式等。最后，熟悉了物流企业的移动电子商务应用，现代物流行业决胜千里之外的气度依赖于整个物流系统运转的有序、严密和高效，数字化手段的运用是物流行业规范操作、畅通信息流的必然要求和发展趋势。企业首先必须了解行业应用的关键技术点及业务实现过程中不同环节的移动技术需求，才能根据实际需求和成本考量来确定移动信息化解决方案。最后，重点讨论了物流企业的移动电子商务应用原理和应用方案。

习题与思考题

1．试述移动电子商务与物流的关系。

2．移动电子商务物流的特点有哪些？

3．试述移动电子商务物流的十大发展趋势。

4．简述移动电子商务物流的支撑技术。

5．简述移动电子商务的物流模式分类。

6．试述物流企业的移动电子商务应用原理和方案。

第 16 章　移动电子商务的法律问题

本章提要：移动电子商务以其灵活、简单、方便的特点，使用户可随时随地获取所需的服务、信息和娱乐，移动服务越来越快地渗透和深入到整个社会生活中去。移动电子商务的发展依赖于技术、法律、管理等诸多因素，本文阐述了移动电子商务领域快速发展所面临的违法短信、安全隐私、支付等相关法律问题，并提出了立法、行政监管及企业自律的对策。

16.1　移动电子商务的法律环境

16.1.1　移动电子商务需要良好法律环境

移动电子商务就是指手机、掌上电脑、笔记本电脑等移动通信设备与无线上网技术融合成的一个电子商务体系。移动电子商务包括移动支付、无线客户关系管理（CRM）、移动股市、移动银行与移动办公等。移动电子商务能提供以下服务：个人信息管理（PIM）、银行业务、交易、购物、基于位置的服务以及娱乐等。目前中国移动已推出手机银行、手机炒股、手机彩票、GPS（全球定位系统）位置服务、移动办公自动化（OA）、统一消息服务（UM）、PIM 以及 WAD（无线广告）等许多移动电子商务服务。

移动电子商务的优点是它全面支持移动互联网业务，可实现电信、信息、媒体和娱乐服务的电子支付。移动电子商务能完全根据消费者的个性化需求和喜好进行定制，用户随时随地都可使用这些服务。移动电子商务以其灵活、简单、方便的特点，方便了用户使用。移动设备提供了一种简单、易于操作的界面，使用户能轻松进入全球数字化经济。通过移动电子商务，用户可随时随地获取所需的服务、应用、信息和娱乐。他们可以在方便的时候，使用智能电话或 PDA（个人数字助理）查找、选择及购买商品和服务。服务付费可通过多种方式进行，以满足不同需求，如可直接转入银行、用户电话账单或者实时在专用预付账户上借记。通过个人移动设备来进行可靠的电子交易的能力被视为移动互联网业务的最重要的方面。移动通信提供了高度的安全性，而且其安全性还可通过各种方式得到进一步增强，如电子签名、认证和数据完整性。移动电子商务使用了先进的通信和信息技术，如无线应用协议（WAP）、移动 IP、“蓝牙”（Bluetooth）、通用分组无线业务（GPRS）、移动定位系统、第三代（3G）移动通信系统。不久，第三代移动通信系统的应用将手机变为集语音、图像、数据传输等诸多应用于一体的未来通信终端，这将进一步促进全方位的移动电子商务得以实现和广泛的开展。

移动电子商务虽然问世时间不长，但面对极多的困扰。在过去两年，移动电子商务一直在投诉板上高居首位。对于现在的移动电子商务，尚无有关的法律体系，其规范还只是停留在规范和通知的水平上，所起的约束有限，所以主要还是靠各个相关的移动电子商务公司的自律。目前移动电子商务的规范包括国家工业和信息化部发布的规范，中国的移动运营企业如中国移动、中国联通、中国电信等各自发布的规范、制度、标准等，但这些还是在初级阶段。移动电子商务的法制环境包括完善系统的法律、行政法规、规章、地方立法等，这需要国家立法机构、行政机构、司法机构和法学研究者共同努力才能完成。

16.1.2 移动电子商务法律环境存在的问题

移动电子商务发展过程中存在许多方面的问题，但最重要的是法律环境方面的问题。

(1) 移动电子商务法律体系需要尽快完善。目前，几乎没有移动电子商务方面的法律、法规，而传统的商务和电子商务的法律、法规不能完全适用于移动电子商务，如移动合同的签订、移动用户与设备的实体认证确认、移动支付的规范、移动单证（如账单、发票）的规范等。

(2) 移动电子商务法律的独特性。移动电子商务结合了传统电子商务与先进的移动通信技术，是电子商务发展的最新形态。在用户身份识别、电子合同的订立、小额电子资金的划拨、移动证券委托等许多方面移动电子商务都有其独特之处，但目前还没有出台专门的关于移动电子商务的法律。

(3) 移动电子商务与传统法律的关系。明确认识移动电子商务的特点，区分其与传统商业贸易的不同之处，正确运用民商法基本理论，使用相关法律法规解决出现的问题。解决相关问题时可参照《民法通则》、《合同法》、《商业银行法》、《证券法》及其相关法规等。

(4) 移动电子商务安全保障和隐私保护。由于无线信道是一个开放性的信道，它带来了诸多不安全因素，如通信内容被窃听、通信双方的身份容易被假冒以及通信内容被篡改等；无线网路中的攻击者不需要寻找攻击目标，攻击目标会漫游到攻击者所在的小区，在终端用户不知情的情况下，信息就可能被窃取和篡改。应根据移动电子商务的技术特点可能引出的安全问题做出专门的规范。

(5) 移动电子商务支付的规范。特别值得强调的是移动增值业务的推出，事实上在一定范围内可以通过手机划拨资金，使得手机 SIM 卡成为了一种新型的电子货币，移动运营商在下一步的发展中有可能成为准金融机构。新的电子货币、新的交易模式、新的服务内容一步步向现有的法律提出挑战，法学研究者当及时对此做出回答。

(6) 移动电子商务消费模式与技术有待完善。如果采用先消费后结算（透支）方式，就必然要启用手机实名制、信用评估和担保体系，而且允许的透支额度太小也会阻碍交易的进展，当移动设备丢失或被盗后，应该通过简单的方法就可立刻进行挂失；获得信息的成本过高、效率过低的问题，相对于计算机来说，手机的显示屏幕太小，这使得用户获得所需信息的要求难以满足；各电信运营商与相关部门业务的整合等问题。

(7) 移动电子商务市场的规范竞争。移动电子商务市场的准入、移动电子商务资源的垄断与共享、移动电子商务品牌的保护、移动电子商务广告的规范、移动电子商务市场商品质量的保障等。

(8) 移动电子商务用户的行为规范。移动电子商务消费者权益的保护、移动电子商务消费者行为的规范和自律等。

16.1.3 移动电子商务的法律环境的改善

移动电子商务是一种经济活动，移动电子商务的发展不仅依赖于技术的成熟，也受法律、社会和管理等诸多因素的制约。在我国，随着计算机、互联网及电信技术的发展和人们生活水平的提高，移动电子商务为企业信息化创造了巨大的市场空间。目前我国已经拥有 6 亿手机用户和数目众多的 PDA，这些移动终端构成了移动电子商务巨大的潜在市场。

电子商务的迅猛发展推动了相关的立法工作。2005 年 4 月 1 日，中国首部真正意义上的信息化法律《电子签名法》正式实施，电子签名与传统的手写签名和盖章将具有同等的法律效力，这标志着我国电子商务向诚信发展迈出了第一步。《电子签名法》立法的重要目的是为了促进电子商务和电子政务的发展，增强交易的安全性。

随着移动网络从 2.5G 到 3G 的演进和移动数据传输速率的提高，面向移动电子商务的领域快速发展，并在发展过程中逐步显现了移动电子商务发展中面临的安全、隐私和法律问题。

还有一些业务及技术问题未能解决以前也会影响移动电子商务的立法，并推迟移动电子商务法律环境的确立和完善。如目前移动信息效率不能满足要求，获得信息的成本过高、效率过低的问题；相对于计算机来说，手机的显示屏幕太小，这使得用户在单位时间获得单位信息所需的支付达到了令人难以接受的程度；信息容量的标准尚待成熟。

还有短消息不够及时的问题，短消息的根本用途是实现移动用户之间的信息传递。用户也可以通过短消息中心查询或预定信息。可以发送短消息的实体包括移动用户、固定用户、语音信箱、寻呼中心、信息点播平台、Internet 网络及其他业务系统。通过短消息中心以及相关增值业务系统可以实现诸如股票交易、银行业务、信息点播、GPS 监控、电子邮件通知等信息服务，还可以实现日程安排、预约留言、电话号码簿等移动秘书服务。在利用手机开展业务时，采用短消息传递业务信息是一条很重要的传输途径。但是，短信息的特点在一定程度上又限制了手机业务的发展。随着 3G 技术的发展以及宽带的普及，多媒体短信将会极大促进移动电子商务的发展，也有利于移动电子商务法律环境的建立。

利用手机开展的金融业务，一般要求通信的实时性比较强，而手机短信在遇到特殊情况时是储存并等条件具备后才转发的，因此具有一定延迟。因此，一些业务品种无法利用短信息来实现，例如购物等。如果采取语音方式，又会产生通话费用，导致交易成本增加。目前，虽有利用语音回拨的方式实现购物等方法，但需要通信运营商做出一定配合才行。如何采用新的技术手段将这一问题解决是又一个规范问题。

16.2　移动电子商务的不良短信问题

16.2.1　移动电子商务不良短信的分类

我国现有手机用户达 6 亿，互联网使用人口过 2 亿。这意味着，个人的消息来源途径在变大，个体即能成为信息的传播者。与此同时，个体对信息真伪的辨别能力又相对不足，这就给手机谣言以传播的空间，也带来了公共管理的新问题。如何对待频繁出现的手机、网络谣言问题，这是一个媒体管理的新课题。移动电子商务不良信息包括：垃圾短信、谣言短信、色情短信、其他违法短信等。

1．垃圾短信

在移动通信给人们带来便利和效率的同时，也带来了垃圾短信广告，困扰着我们的生活。垃圾短信使得人们对移动电子商务充满恐惧，而不敢在网络上使用自己的移动设备从事商务活动。目前，还没有相关的法律法规来规范短信广告，运营商还只是在技术层面来限制垃圾短信的群发。目前，国家有关部门正在起草手机短信的规章制度。

2. 谣言短信

2007年初，手机短信谣言此起彼伏，例如：(1) 猪肉携带一种化脓性脑炎病毒；(2) 广州第八医院隔离数十人，疑是禽流感或非典；(3) 海南香蕉有SARS病毒。这些谣言短信在各地广泛流传。手机短信服务是一种基于移动通信网络进行传送简短信息的无线应用，属于移动增值服务的一种类型。2000年以来，手机短信逐渐成为"第五媒体"，与其他媒介相比，有其独特的表现形态和作用方式，而且渗透力和影响力与日俱增。但是，随着第五媒介的不断发展，其副作用也日益显现，其中，含有谣言的短信层见迭出，其大范围传播在一定程度上造成了不良的社会影响，因此，对其进行系统的研究是很重要的。

谣言的定义有多种，如谣言是一种缺乏真实根据，或未经证实、公众一时难以辨别真伪的闲话、传闻或舆论。再如谣言是没有事实根据的消息。手机短信谣言的定义为：在特定的环境下，以手机短信为媒介进行传播的受众关注的事物、事件或问题的未经证实的阐述。手机短信谣言的分类有多种方式与角度，从造谣者的动机来看，有攻击性、牟利性、煽动性之分；从造谣和传谣者的主观程度来看有故意性和无意性之分；按照产生的影响有宣传性、牢骚性、误解性、攻击性、牟利性之分；从时间上有短期性与长期性之分；从后果上有有害性与无害性之分等。

3. 其他违法短信

已有案例表明，有人大量转发恐怖短信，如何时何地将有恐怖活动、何时何地将发生地震等，这会造成部分人群恐慌，社会危害较大。

16.2.2 移动电子商务不良短信的特点

手机短信谣言与普通谣言在本质上是类似的，但是由于其传播手段借助手机短信，所以手机短信谣言又有独有的特性，具体来讲有以下特点。

一是在特定人群中传播；二是以人际传播形式为主；三是传播内容难以监管；四是传播的延续性强；五是受众对传播内容的认可度高。

手机短信谣言之所以能够形成并得以传播，概括地看，既与特定时期的特定环境有关，又与社会的特定事件有关，也与社会成员自身的识别能力和道德素养有关，同时还与谣言传播者的传播动机、传播过程和传播目的有关。加之在信息时代话语霸权遭遇强大的挑战，完全限制消息的传播是不现实的，所以更应该加强信息公开的力度与范围，避免受众对手机短信谣言的依赖性。

短信的始作俑者，其散发谣言的动机是很可疑的，客观上，这类短信很可能造成社会恐慌，影响社会公共秩序。传言的产生和传播始终都有深刻的社会和文化背景，这是我们在研究和应对传言时需要注意的。每次传言都基本会对政权统治、社会稳定及人民的正常生产生活造成影响和威胁。随着时代的发展和人类的进步，我们对传言逐渐有了较好的认知和应对能力。同时，对传言有所把握，并不代表我们能够从此杜绝它的发生，传言会在人类社会的各个阶段出现。

各种谣言的此起彼伏，似乎已经成为我们社会生活中的一种噪声。造谣者生生不息，手段日趋先进，这就要求辟谣者也与时俱进，不但要反应敏捷、应对及时，而且必须深入了解民众情绪、市场脉动、社会心理，从而采取精准得当的辟谣措施。有谣言并不可怕，可怕的是在谣言初起之时不闻不问，在谣言泛滥之时又手足无措，甚至做出有违社情民意的反向选择，从而加剧了谣言的破坏性和社会的恐慌。

2003年4月20日中国政府的决策及随后媒体的行动，体现了引导信息形态的舆论的正确方法，即及时提供公众认为重要的但又不大清楚的信息；及时澄清不利于社会稳定的舆论，提供公众一种批判能力；在舆论流动过程中的任何一个阶段，提供公众满意的信息，并以此将信息中符合社会规范的暗示渗透到公众意识当中。

更重要的是，目前的法律面对短信谣言确实也存在着取证难、制裁难的困境。一旦发生问题，很难追究个人对谣言的传播是否负有主观故意责任。回头再看那些谣言短信事件，一个共同的特点是，公共信息及时到位，便会迅速中止谣言；公共信息倘若迟到，就会助长谣言的声势。

16.2.3 移动电子商务不良短信的治理

面对新的形势，如何进行有效的信息监管，使信息监管既不侵犯公民正当权益，又能维护社会稳定，已经成为摆在各级政府部门面前的一个新课题。

1. 完善手机短信立法与司法

现在，我国还没有出台针对手机短信的专门法规，相关部门要追谣、查谣，对恶意传播者予以惩罚，必须以法律为最终依据。所以，健全和完善与手机短信谣言相关的法律，可以从根本上加强对传播者的约束力，进而遏制并减少手机短信谣言的传播。实际上，我国并不缺乏对于信息传播的法律规定。依照《治安管理处罚法》和《刑法》，编造疫情等恐怖信息进行传播，扰乱公共秩序的，需要承担行政责任；严重扰乱社会秩序的，需要承担刑事责任。《电信条例》也规定，任何组织或者个人不得利用电信网络制作、复制、发布、传播“散布谣言、扰乱社会秩序、破坏社会稳定”的信息。如果造成的危害严重，甚至可以造成大范围人口的无序流动、恐慌，可能就危害了国家的安全，在这种情况下应该按照《刑法》进行判刑。对于有害短信，国际上许多国家已经采取了法律手段来规范短信息服务，不过在我国，手机仍处在被动接收短信阶段，如何帮助用户不接收或少接收那些不良短信息，这在法律上需要认真规范。

2. 加强政府信息的公开渠道

手机短信谣言的传播，很多情况下是因为政府没有建立起相应的信息发布机构，没有对信息进行透明、及时、权威的发布。所以，对于受众普遍关注的模糊的社会事件，要及时地加以详尽的通报，不要认为传播事实会影响稳定，反而，只有遏制真实信息的传播才会导致手机短信谣言的传播。但问题是，有多少手机用户知道转发没有核实的消息就有可能违法。在这种情况下，可操作的应对之策，是保证公共信息的及时公开。

3. 建立手机不良短信的监督机制

国家可以成立专门的机构，负责有害短信的咨询、举报、调查。比如，可以建立公共舆论监测制度，争取在谣言泛起之初，就对相关问题有所知觉；可以设立便利的查询举报制度，鼓励民众积极举报，及时传播正确信息，同时对不良用心者也起到震慑作用。目前，在技术层面上，很难做到在开放的通信平台上对传播内容进行屏蔽和过滤，因此通过移动通信技术对手机短信的监管难度较大。对于手机这种新媒介，需要在管理中采用一些新办法。

4. 铲除不良短信产生的社会土壤

一般情况下，传播范围广、影响力大的手机短信谣言与现实生活有一定的对应性，是现实生活中非正常事件、传播者的压抑及不满等的影射与放大。形形色色的社会问题，正是滋生手机短信谣言的土壤，因此要从根本上解决问题，必须找到其影射的现实问题，并及时、合理地加以解决，从而消灭其传播的源头与动力。当然，对于手机用户而言，也应树立一定的责任感，尽量减少传播未经核实的消息，即使要传播，也注明“未经核实”的字样，避免自己成为谣言蔓延的帮凶。随着信息公开制度的完善，公共信息的谎报瞒报不报情况已经得到有效纠正。但怎样使这些信息更快速、更便捷地传达给群众，是政府迫切需要解决的问题。只有解决了这个问题，才能真正有效地遏制谣言短信的传播。

5. 用户行为自律，自觉抵制短信谣言

谣言止于智者，关键在于提高自身的识别能力。政府要增加信息透明度，尤其是密切关系公众安全方面的信息，让老百姓信任政府，自觉抵制谣言，不信谣，不传谣。除了造谣短信的原创者，很多市民都是转发短信，善意提醒朋友同事，他们在主观上没有恶意，这样一般法律上可以不予惩罚。但如果达到一定的社会危害性，就应该给予一定的处罚。广大公民收到此类造谣短信或不确定真实性的信息后，不要再向他人传播，以免触犯法律。

16.3 移动电子商务的隐私侵权

16.3.1 移动电子商务面临的隐私问题

隐私权作为一种基本人格权利，是指公民享有的私人生活安宁与私人信息依法受到保护，不被他人非法侵扰、知悉、搜集、利用和公开等的一种人格权。隐私权是公民的人格权利中最基本、最重要的内容之一，伴随着人类对自身的尊严、权力、价值的认识而产生。随着隐私权的不断发展与完善，隐私权保护的内容也渐趋丰富，不仅强调个人和生活事务不受公开干扰，而且强调个人资料的支配控制权。

顺应移动通信技术的日新月异，手机已不单纯限于通话功能。除了传输量大增的文字短消息，这一两年来彩信更是随着照相手机的推出而广为流行。手机添加了拍照功能，眼前的景物可以轻易地在弹指间大量发送出去，虽然满足了迅速、便利、传真的需求，却也引发人们新的忧虑。网络融合时代隐私权的侵权方式表现出与传统侵权方式不同的特点，形式、手段都更加多样化，并且更难设防，更难控制。一般认为，移动电子商务隐私权侵权的主要方式有：

（1）利用移动终端通过移动互联网非法进入个人计算机系统；

（2）未经许可截取、浏览、持有、篡改他人的短信、电子邮件等；

（3）擅自在移动博客、广告上宣传、公布他人隐私；

（4）利用移动终端非法搜索、获取、利用个人数据；

（5）垃圾短信的发送。

目前，网络上已经出现了专门出售个人资料的公司，他们通过各种渠道收集了很多人的资料，然后明码标价公开出售。这种公司还颇有市场，对个人隐私权的保护构成了极大威胁。

16.3.2 移动电子商务应用的隐私侵权威胁

（1）定位业务的隐私威胁

定位是移动业务的新应用，其技术包括：全球定位系统 GPS，该种技术利用 3 颗以上 GPS

卫星来精确定位地面上的人和车辆；基于手机的定位技术 TOA，该技术根据从 GPS 返回响应信号的时间信息定位手机所处的位置。定位服务在给我们带来便利的同时，也影响到了个人隐私。利用这种技术，执法部门和政府可以监听信道上的数据，并能够跟踪一个人的物理位置。如果定位技术被恐怖分子利用，他们通过定位通信用户的位置，可以对其抢劫和绑架而实施犯罪活动。

（2）搜索业务的隐私威胁

“人肉搜索引擎”是指人工智能参与并过滤搜索引擎搜出来的结果，帮助用户更好地得到想要的答案。当用户提出的搜索请求含混不清时，使用传统的搜索引擎很可能蹦出一大堆与用户的搜索意图毫不相关的网页。一般认为，狭义上的“人肉搜索”指通过在网络社区集合广大网民的力量，追查某些事情或者人物的真相与隐私，并把这些细节曝光。而广义上的“人肉搜索”可引用谷歌公司的定义，指利用现代信息科技，变传统的网络信息搜索为人找人的关系型网络社区活动，变枯燥乏味的查询过程为一人提问、八方回应的人性化搜索体验。很明显，“人肉搜索引擎”就是广义上的“人肉搜索”的外在表现形式。如何让“人肉搜索引擎”赢利，关键在于寻找一种运营模式。通过对“香水门”等“人肉搜索”事件的调查，在这个“人肉搜索”监督下，尽管商业上的买家、卖家相隔千山万水，也都必须坚守诚信交易的商业秩序，否则就会对隐私权造成威胁。

（3）数据挖掘业务的隐私威胁

数据挖掘（Data Mining）简单说就是从大量的数据中，抽取出潜在的、有价值的知识（模型或规则）的过程。这些知识是隐含的、事先未知的，并且是可信的、新颖的、潜在有用的、能被人们理解的模式。数据挖掘如果使用不当，就会引发相应的法律问题。正是因为数据挖掘技术越来越完善、先进，数据挖掘也显示出许多不好的方面，比如网络隐私现在越来越受到人们的关注，这就和数据挖掘起了冲突。比如使用“蜘蛛”、“网络爬虫”、“机器人”等数据挖掘技术搜索竞争者的网站信息。不论如何，数据挖掘唯有在互联网上受到可以被接受的安全水平、隐私以及知识产权保护，才能发挥作用。

（4）P2P 业务的隐私威胁

随着计算机以及网络的发展，各种各样的网络下载技术应运而生，其中有一种基于 P2P 的下载技术——BitTorrent 显得格外引人注目。P2P 是 Peer-to-Peer 的缩写，peer 在英语里有“（地位、能力等）同等者”、“同事”和“伙伴”等意义。这样一来，P2P 也就可以理解为“伙伴对伙伴”的意思，或称为对等联网。目前人们认为其在加强移动网络上人的交流、文件交换、分布计算等方面大有前途。P2P 就是人可以直接连接到其他用户的计算机去交换文件，而不是像过去那样连接到服务器去浏览与下载。P2P 另一个重要特点是改变互联网现在的以大网站为中心的状态，重返“非中心化”，并把权力交还给用户。在现实生活中我们每天都按照 P2P 模式面对面地或者通过电话交流和沟通。通过移动终端的 P2P 交流活动，也会散播个人信息或侵犯个人的安宁而造成隐私侵权。随着移动电子商务的发展，移动终端之间的 P2P 交流活动会大幅度增加，由此引起的隐私威胁应有所注意。

（5）短信业务的隐私威胁

垃圾短信令手机用户不胜其烦，其中除了很多为商业促销广告外，还暗藏着诸如陌生短信骗取话费、短信中奖、故意诈骗、诱骗犯罪等欺诈陷阱。垃圾短信的利益链条中，通信运营商、服务提供商、内容提供商构成了一个完整的利益链。在短信群发设备研制者、销售者、个人信息销售者的推动下，产业链日益完善。垃圾短信是典型的侵犯消费者权益的行为：首先消费者的个人资料被泄露，侵犯了消费者的隐私权；其次垃圾短信侵犯了消费者的安宁权，用户有时候半夜收到垃圾短信，有时候正开车时收到，这已经影响了大家正常的工作和生活；虽然垃圾短信是免费的，但这种未经同意擅自向他人发送垃圾短信的行为，属于消费者权益保护法上的强迫接受服务行为。

（6）手机博客业务的隐私威胁

互联网已经发展到个人化时代，并从商业化进入到社会化阶段。随着网络科技水平的提高，与之相关的法律问题也日趋显现，围绕博客这一事物，同样也产生了不少值得探讨的法律问题。博客带来了痛快的写作快感，也带来无数的文字纠纷，无论是博客侵权的官司，还是博客上不负责任的言论，已经让中国的官方开始探索是否可以实行实名博客。实行博客实名制就是要求每个人为自己所说的话负责，这将防止某些人不负责任地乱揭别人隐私，对网友的权利是一种维护，将大大减少博客里的不良信息、肮脏言论，起到净化网络空间的作用。

16.3.3 移动电子商务隐私问题的规范

对于隐私权保护在网络时代出现的种种新问题，欧美等网络业较发达国家已积累了许多先进的经验。目前比较有代表性的保护模式包括以美国为代表的行业自律模式、以欧盟为代表的立法规制模式及一种“技术及消费者自我主导”模式。

在我国，对隐私权的保护来源于《宪法》第 38 条规定公民的人格尊严不受侵犯；第 39 条规定公民的住宅不受侵犯；第 40 条规定公民的通信自由和通信秘密受法律的保护，这三条规定是我国隐私权保护的宪法渊源。另外，《民法通则》第 101 条规定了公民的人格尊严受法律保护，这是对名誉权的规范，但在司法解释中认为这里包括对隐私权的保护，因此被认为是公民隐私权保护的间接规范。目前我国关于隐私权的内容、类型、体系、保护等还主要停留在理论上，在民法上还没有形成一个完整的体系。

16.4 移动电子商务的知识产权侵权

1. 移动电子商务面临的知识产权问题

当今，人类正处于从传统产业时代向信息时代转变的历史时刻。计算机技术和移动通信技术的迅速发展为信息的网络传输提供了滋生的土壤，人们仿佛感觉到世界的距离在拉近，时空造成的差距在缩短，信息的使用和传播已成为现代生活不可缺少的一个重要组成部分。不过，网络在为我们提供便捷舒适的生活的同时，也给我们提出了信息的使用和保护的问题，尤其是网络环境下知识产权的保护，已成为摆在各国政府面前必须解决的一个迫切问题。知识经济时代的到来，已使知识产权的保护面临着全新的问题，而这些问题主要集中在计算机网络的应用上。正是由于计算机网络的迅速发展，导致数据信息共享的需求，并发生了与知识产权特性的强烈冲突。知识产权最突出的特点之一就是它的“专有性”；而网络上应受到知识产权保护的信息则是公开的、公用的，也很难受到权利人的控制。“地域性”是知识产权的又一特点，而网络传输的特点则是“无国界性”。

移动电子商务活动中涉及最多的是知识产权问题。在网络传输的电子商务中，已涉及版权产品的无形销售，产生了版权保护的新问题；特别是已经产生了，在网上的商标及其商业标识保护、商誉保护、商品化形象保护等与传统保护根本不同的新问题。因此电子商务在网络环境下，已对我国著作权法和商标法产生了较大的影响。

移动电子商务作为一种新型的商业运作模式，将成为下世纪初国际商务往来的主流。随着知识产权保护国际化的进程的迅速发展，世界各国也越来越重视电子商务环境下的法律问题的解决。首先是要解决网上的法律地位问题。电子商务中交易各方签订的电子合同必须具有法律效力，使合同双方受法律的约束，同时也使其利益得到保护。因而，在《合同法》的实施过程中，要关注在电子合同签约、承诺履行、变更和转让、终止、违约等方面出现的法律纠纷的研究工作，以利在法律实践一段时间后，再对其加以完善和修订补充，以使电子合同更具有法律效力。其次要投入较大的成本，集中力量修订好我国现有的知识产权法律，特别是著作权法和商标法的修订工作。

2. 手机铃声引发的移动电子商务著作权纠纷

2004 年 12 月 20 日，深圳康佳通信科技有限公司（以下简称康佳公司）因使用歌曲《渴望》作手机铃声，而被依法判决赔偿中国音乐著作权协会 6 000 元。据悉，本案是全国首例宣判的手机内置铃声案。

原告中国音乐著作权协会诉称：2003 年 6 月，原告发现康佳公司生产并在全国范围内销售的康佳 7688 型移动电话机内置铃音之一为原告管理的音乐作品《渴望》。康佳公司并未经过原告或著作权人的授权，也未向原告或著作权人支付著作权使用费。原告就此向康佳公司发出律师函，要求其按照相关法律规定及原告的收费标准支付著作权使用费，但康佳公司至今拒绝支付。原告认为被告侵犯了其著复制权和发行权；被告通万宝公司作为销售者，应当承担停止销售的责任。请求法院判令，康佳公司立即停止使用原告管理的音乐作品《渴望》；康佳公司支付侵权赔偿金 20 万元等。被告通万宝公司立即停止销售内置有《渴望》铃音的康佳 7688 型移动电话机。

被告康佳公司认为，康佳公司在康佳 7688 型移动电话机中内置与《渴望》片段相似的音乐铃声作为来电提示音的行为，同录制发行行为存在本质的区别，不属于原告管理的范围。原告管理的《渴望》是整体的，康佳公司只使用了片段，不构成对整体的使用。同时认为原告不合理地要求移动电话机制造厂商因内置音乐铃声支付巨额的费用，会给国产移动电话机厂商的健康成长带来沉重负担，于国家发展信息产业的政策不符，于文化作品的正常传播也不利。

被告通万宝公司称，本公司下属的门市部于 2004 年 6 月应一位客户的要求进了康佳 7688 型移动电话机，售出后再没有进过该款型号的移动电话机，再也没有销售过该款型号的移动电话机，今后更不会销售该款型号的移动电话机。

北京市第二中级人民法院经审理认为，根据我国《著作权法》的有关规定，录音制作者使用他人已经合法录制为录音制品的音乐作品制成录音制品，可以不经著作权人许可，但应当按照规定支付报酬。康佳公司未按照规定支付报酬，侵犯了《渴望》曲的著作权，应当依法承担相应的法律责任。鉴于康佳公司只是侵犯了原告的获酬权，未侵犯其许可权，原告主张康佳公司支付侵权赔偿金 20 万元，并无充分的依据，法院判决被告深圳康佳通信科技有限公司赔偿原告中国音乐著作权协会经济损失 6 000 元。

3. 新浪诉搜狐对其短信频道手机图片内容侵权案

又如 2002 年 1 月 24 日，新浪因搜狐大量抄袭新浪的手机图片而向北京市第二中级人民法院递交了起诉状，指控搜狐对新浪短信频道手机图片内容、财经频道的内容，体育频道的内容进行剽窃和抄袭，构成著作权侵权及不正当竞争，索赔 30 万元。在新浪诉搜狐之后的一星期，搜狐也以同样的案由提起反诉，指控新浪著作权侵权并构成不正当竞争。

2002 年 12 月 2 日，北京市二中院对新浪诉搜狐案做出一审判决，搜狐被判侵权并应向新浪公开道歉，赔偿新浪经济损失 21 万元。同年 12 月 12 日，搜狐对认定其构成著作权侵权和不正当竞争的判决不服，提出上诉。在搜狐上诉后，新浪也就法院对搜狐侵权的全部手机图片中的 170 幅不予审理，没有包括认定在一审判决中提出上诉。新浪表示，上诉只是为了使有关搜狐侵权的事实被更准确地定量。搜狐和新浪上诉后，北京市高级人民法院审理后认为，一审判决事实不清、证据不足，于 2003 年 6 月 3 日裁定发回重审。同年 12 月下旬，北京市第二中级人民法院做出重审判决，认定搜狐构成著作权侵权，再次判决搜狐赔偿 21 万元，并连续在搜狐首页向新浪道歉 24 小时。

此外，2002 年 5 月，搜狐曾向市北京市第一中级人民法院起诉新浪抄袭、使用了其享有专有使用权的 7 篇文章和享有著作权的手机图片 74 幅。2003 年 12 月 23 日，北京市第一中级人民法院则一审驳回搜狐诉新浪的全部诉讼请求。

4. 中联软通公司对亿美软通公司软件著作侵权案

2006 年 3 月 21 日，众人瞩目的移动电子商务知识产权第一案尘埃落定。根据北京市第二中级人民法院的判决书，北京中联软通科技有限公司必须立即停止对北京亿美软通科技有限公司软件的侵权行为，并要求在《北京青年报》上刊登道歉声明。同时，北京中联软通科技有限公司需承担由于其侵权行为所导致北京亿美软通科技有限公司的全部经济损失，共计三十八万元及诉讼合理支出一万五千元。

移动电子商务产业经过前几年的市场培育和摸索，在 2005 年经历了井喷式的发展。移动电子商务从业者们纷纷确立了自己的盈利模式，移动电子商务的产品和技术也得到了众多企业的认可，产业发展方向逐渐明朗。然而，突如其来的软件盗版侵权事件却给刚刚步入正轨的移动电子商务产业增添了一些不和谐的曲调，一时间，外界对亿美和中联的版权纠纷事件产生了各种各样的猜测。

2005 年 12 月 14 日北京亿美软通科技有限公司得到了北京仲裁委员会仲裁庭的支持，仲裁庭对中联提出的所谓“80 万短信款消失”一案做出了最终裁定，驳回了中联所有诉讼请求。2006 年 3 月 21 日，北京市第二中级人民法院做出并下发了一审判决。根据法院判决：“一、自判决生效之日起，中联立即停止侵犯亿美“满意通”软件享有的著作权行为；二、判决生效 30 日内，中联软通在《北京青年报》上刊登对亿美赔礼道歉的声明，同时本院将在《北京青年报》刊登判决结果，费用由中联担负；三、中联在判决之日 10 日内，赔偿亿美 38 万元，及诉讼合理支出 1.5 万元；四、驳回中联软通其他诉讼请求。”亿美软通再次获胜。至此，该事件被划上了圆满的句号。

虽然事件结束了，但如何保护企业的自主创新成果，建立良好的移动电子商务行业规范，保护企业用户的根本利益，仍然值得媒体及各界人士深思。事实证明，法律的裁决一定会维护企业的正当利益，企业要善于运用法律武器来保护自主创新知识产权。相信有了国家的支持，法律的保障，企业自主创新的道路将充满光明。

16.5 移动电子商务的诈骗犯罪

16.5.1 短信诈骗案件频发

手机短信在成为大众通信工具的同时，也正在成为不法分子实施诈骗的理想“媒介”。利用手机短信发送虚假的消费提示或中奖提示，诱骗客户拨打假冒的银行服务电话、银联信用卡管理中心、公安部门等部门的咨询电话，套取客户的银行卡密码等信息进行诈骗。或者是通过手机短信发送持卡人在何处消费的提示，当持卡人拨打短信中提供的电话查证时，诈骗分子会诱导持卡人到 ATM 机取消自动转账功能，使客户账户内的存款被划转至诈骗分子的账户中。或者是用手机短信通知中奖，诱骗客户交纳手续费或税金。

厦门市公安机关破获不法分子假冒“银联”公司系列诈骗案。中国银联福州分公司向福建省公安厅报案称，不法分子冒用中国银联的名义，发送手机短信息给银行卡用户，谎称用户的银行卡已被人复制盗用，诱骗用户更改数据信息。一旦用户上当询问，犯罪嫌疑人就利用群众信任银行的心理，步步诱骗用户将银行卡内的资金转到所谓“银行账号”上（即犯罪分子开设的账号）。两个月的时间里，被骗金额达数十万元。

上海市公安局查获一起利用网络通信技术实施短信诈骗的犯罪团伙。上海市浦东新区先后发生多起短信诈骗案件，受害人中有外国籍人员、国内知名人士、公务员及普通群众。上海市公安局民警经过缜密侦查，辗转沪、苏、豫、闽等省市，在福建省厦门市已抓获犯罪嫌疑人共 8 人。现已初步查明，该犯罪集团采用当前最先进的网络通信技术和铁通公司虚拟电话捆绑、转接技术实施诈骗。不法分子在广东、福建、浙江、上海、江苏、北京等省市大肆实施诈骗犯罪活动。该犯罪集团成员冒充银行发卡中心工作人员，利用短信群发技术，发布银行卡消费确认的虚假短信，待受害者回电咨询时，以受害者银行卡信息泄漏为由，提供虚假的公安局电话，诱骗受害者拨打，并按照所谓的更改数据信息操作程序在 ATM 机上进行存款封存，实际上是将受害者卡内的现金转移到犯罪分子指定的账号。该团伙成员共计作案 140 余起，诈骗金额高达 1 000 余万元人民币。

16.5.2 短信诈骗的性质与行为方式

短信诈骗罪，是以非法占有为目的，利用无线网络采用虚拟事实或者隐瞒事实真相的方法，骗取数额较大的公私财物的行为。正是由于短信诈骗犯罪可以不亲临现场的间接性特点，表现出形式多样的短信诈骗犯罪。

手机短信违法犯罪活动有 5 方面行为特征。

第一，发送手机违法短信的作案人以团伙居多，团伙内部分工严密，各负其职，有的购买手机、手机号，有的开设银行账号，有的群发手机短信，有的专门负责发短信，有的专门从 ATM 机提款，得手后立即隐藏，具有很强的隐蔽性，“不见人，只听声音”。

第二，发送手机违法短信的数量巨大。越来越多的作案对象使用短信群发器和群发软件等专用工具，能够在短时间内向大量的用户号段发送违法信息。具有侵害的快捷广泛性，一次发出成千上万个信息，总有上当的，所以，带有快捷性、破坏性，危害很大。

第三，发送手机违法短信息的活动多使用异地手机号码，而且发送短信、开设银行账户、取款，这几个环节通常不在一地实施，而在多地实施，区域分布相当广泛，具有跨区域的流动性。

第四，一些异地手机与本地的一号通号码捆绑起来，容易令人误以为是室内的固定电话，因为接收者看是本地的电话，放松了警惕，外地的有距离感，本地的有信任感，从而为违法犯罪人员提供了可乘之机，具有不易识别性。

第五，手机违法短信息的内容越来越具有诱惑力，使人抗拒不了诱惑，更有甚者有冒充银行和公安机关，冒充金融部门，利用群众对银行和公安机关的信任进行诈骗，即具有很强的欺骗性。

16.5.3 短信诈骗犯罪构成特点

无线网络的特点决定了短信诈骗和其他类型的诈骗获取的财物的方式不同，短信诈骗罪行为人更多通过“人—机对话”的方式，决定了短信诈骗罪具有一些独特的特点：犯罪方法简单易行，犯罪成本低，渗透性强，社会危害性大。短信诈骗犯罪的构成有以下几方面。

犯罪的主观方面：短信诈骗在主观方面表现为直接故意，并且具有非法占有公私财物的目的，间接故意和过失不构成本罪，这种故意显示了极强的主观故意。

客观方面：表现为违反有关通信与计算机网络管理法律、法规，利用移动互联网实施了诈骗行为，利用移动互联网技术虚构事实和隐瞒真相，骗取公私财物即可以构成本罪。

犯罪主体：短信诈骗罪的主体是一般主体，即可以是自然人，也可以是法人，短信诈骗犯罪越来越多，所谓高智能的标准是不确切的。

犯罪客体：短信诈骗犯罪所侵犯最多的直接客体应是公私财物的所有权。短信诈骗犯罪所侵犯的同类客体应是移动网络和互联网上信息交流与共享得以正常进行的公共秩序。

16.5.4 短信诈骗的防范

（1）储蓄实名制和手机实名制都没有落实

银行业和移动运营商没有给用户彻底的安全感，让骗子有机可乘，是问题的关键。诈骗分子用于接收诈骗款项的银行账户和手机入网都是用假身份证开立的，银行开户“实名制”“名”不符“实”给犯罪分子留下了可乘之机，也给公安机关破案带来了极大的难度。身份证件真伪难辨是储蓄实名制难于落到实处的首要原因。更重要的是，银行方面和移动运营商都不需要对持假身份证开立账户或入网承担任何责任。储蓄实名制和手机实名制必须以全国电脑联网为前提，由金融机构、户籍管理机构、税务部门、移动运营商等共同参与。否则，真正的储蓄实名制和手机实名制就永远不会实现。另外，诈骗短信谎称“您的银行卡正在消费”，多因银行没有商户审查这道关。按国际惯例，刷卡消费只需客户签名，而国内持卡人更多的是习惯使用密码，感觉使用密码更有安全感。在签名确认制下，银行卡一旦被盗刷，如果通过笔迹鉴定认定是假签名，商户和收单机构将负全责，持卡人不必承担任何损失。而在密码确认制下，一旦卡片和密码丢失被盗刷或提现，只要支付系统验证通过了输入密码，就被视为持卡人本人交易，商户和收单机构将不承担任何责任，损失也只能由持卡人本人承担。没有了商户审查，偷盗人更容易得手，移动运营商对手机用户也是同样道理。

（2）银行监管责任

人们对存款安全的强烈关注形成了这一信息市场的潜在需求。针对银行卡短信欺诈的大面积爆发，银行业以及有关部门应从 7 个方面加强银行监管，采取措施加以防范。

① 银行真正执行实名制。

② 银行有责任对客户进行安全提示和指导。对于银行客户尤其个人客户，银行应安排专门人员在客户开户时进行安全使用提示，让客户在信用卡安全及面临的风险等方面享有充分的知情权。

③ 为客户及时提供非正常交易信息。客户在银行开户时，针对客户的需求，银行应该限定客户每日通过 ATM 机取款、转账，或通过 POS 机交易转出最高的限额。

④ 银行应该由客户自由选择设置密码或签字认证信用卡消费。我国银行业应充分尊重客户的使用习惯，推出境内刷卡消费密码可选功能，把是否设置密码供客户自主选择。

⑤ 提供即时挂失零风险的保障。一旦发现信用卡丢失、密码也被窃取的情况，持卡人只要拨打 24 小时客户服务热线及时挂失，就能即时生效，第一时间锁定风险。

⑥ 银行应当承担客户损失的部分责任。客户承担全部损失是不公平的。在市场经济发达、社会信用体系健全的国家和地区，如果持卡人对小额的、不足以立案的某项交易提出异议，而银行方面又无法查清原因时，银行为了其商业信誉，一般会根据客户的信用记录，采取信任客户、自己承担损失的方式解决争议。

⑦ 银行应该加强基础管理，确保客户终端使用安全。对于银行提示，应该在 ATM 机系统内部进行，其中直接有效的方法就是在交易时通过屏幕提示，而不应该在外部粘贴告示等进行提示。

（3）用户的注意义务

第一，不要轻信虚假信息，要用头脑来甄别。第二，不要因贪小利而受违法短信的诱惑。第三，不要拨打短信中的陌生电话，以防受骗。第四，不要泄漏个人信息，特别是银行卡信息。第五，不要将资金转入陌生的账户。

（4）刑事责任

我国现行刑法第 287 条和第 266 条规定犯本罪基本罪的处 3 年以下有期徒刑、拘役或管制，并处或者单处罚金；犯正罪的，处 3 年以上 10 年以下有期徒刑，并处罚金；犯极重罪的，处 10 年以上有期徒刑或者无期徒刑，并处罚金或没收财产。

16.6 移动电子商务合同法律问题

移动电子商务的特点是其交易合同在 Internet 与移动通信网上订立。如何通过短信传输的方式缔结合同，并且合同缔结方式被法律所承认，是移动电子商务面临的基本法律问题。

16.6.1 要约邀请与要约

根据《合同法》第 13 条规定：“当事人订立合同，采取要约、承诺方式。”因此，移动电子商务中的电子合同也应当遵循要约—承诺的合同缔结模式。以下是几种可能在移动电子交易中出现的情形。

（1）消费者通过直接发短消息的方式定购。例如消费者欲购买某一商品，在搜索目标之后，网页上出现了消费者想要选购的商品，此时在网页上会出现商品的图片，并介绍其外形、大小、重量、颜色、价格、产品介绍等。在网络商店中所陈列者并非实际的货物，所以不应将网络商店所列出的商品看成一种“要约”。再者，网络价目表之标示可由用户通过网络在计算机或者具备上网功能的手机上浏览，是因为网络商家将这些信息通过服务器而传送给消费者，若依我国《合同法》第 15 条之规定或可解释为一种商业广告的要约邀请，因此网站上看到的广告及价目表，应属要约邀请，除非商业广告的内容符合要约规定的，才视为要约。直到买受人回应了该广告表示其欲购买该商品，才表示是要约，而等出卖人接受了此一要约并作出承诺时，合同才成立。

（2）数字化商品。例如，网站向手机用户提供铃声、图片下载，或者提供手机游戏下载服务。此时消费者在选购数字化商品时，可以在线试听、试玩，其对商品的选择程度并不亚于在现实商店中购买陈列在橱窗或者架上明码标价的真实物品，所以，应当视为要约。况且，由于数字化商品的易复制性，决定了商家不会因为大量消费者定购同种物品，而导致无商品可卖的情况发生，承认其为要约，不会使商家承担违约责任。

（3）双方当事人以短消息方式表达意思时。如果相对人收到一条短消息，而该意思表示仅针对该个人，且内容具体确定足以解释为要约之内涵，此时该电子邮件就应被解释为要约；然而，如果通过短信群发功能向许多人发送某一商品的广告，此时因为该意思表示是针对不特定的多数人，故仅能解释为要约邀请。但是如果这个信息的内容具体且发给第一个回复此短信息之人，此时已是针对某特定人士，即应解释为要约。总之，是否为要约仍须根据具体情况来加以判断。

综上，网站上的广告或者手机短信息的广告，其目的仅在于唤起消费者的购买意愿，基本上应属要约邀请而非要约，只有经消费者按键或者发短信息表示接受该要约邀请，才构成要约，而后再由网络商家承诺之后，合同才成立。至于数字化商品，如果商家提供视听、试玩的机会，基本上应与货物标定价陈列无异，可视为要约。若消费者利用鼠标按键确认或以其他类似方式将数字化商品下载，可认为是意思表示的实现，且此时视为合同成立。

16.6.2 要约与承诺

我国规定合同的缔结方式必须采取要约、承诺的方式，而合同的形式则有书面形式、口头形式和其他形式。对于以电子方式传输为要约与承诺的意思表示，及以电子方式作成的合同的法律效力的确认，《合同法》第 11 条规定："书面形式是指合同书、信件和数据电文（包括电报、电传、传真、电子数据交换和电子邮件）等可以有形地表现所载内容的形式。"因此，《合同法》承认经由电子方式成立的合同的效力。

《合同法》第 16 条规定："要约到达受要约人时生效。采取数据电文形式订立合同，收件人指定特定系统接收数据电文的，该数据电文进入该特定系统的时间，视为到达时间，未制定特定系统的，该数据电文进入收件人的任何系统的首次时间，视为到达时间。"所以，通过短信息订立合同时，要约以短信息到达移动设备终端时开始生效。

在缔约过程中，一方当事人是由其计算机程序或主机独立发起意思或回应意思，也就是说计算机程序或主机得在其程序设计的范围内自行为"意思表示"，而当事人则完全不介入意思表示的过程，此即所谓"电子代理人"。在网络上也有可能由交易的一方列出一定的最低接受条件，而由两台主机依据其预先格式化的程式进行交易而缔结合同，而其协商或议价过程乃至最后交易的完成都可能完全不以人为方式介入。以计算机程序或电子化系统缔结合同，在现实社会中实为已存在的现象，故其重点应在于如何规范这种自动化的交易，以及更审慎地考虑如何处理网络交易中"本人"及"代理人"的法律关系及责任问题。当我们说根据法律"代理人应当承担民事责任"或"代理人负连带责任"时，这个代理人应该是拥有这部机器的人。

16.6.3 承诺生效的时间及地点

Internet 是一个没有国界疆域的环境，无线通信网更是跨越了时空的限制，因此，对于交易合同成立的认定时间及地点，应该有一个共同的标准和规范。

在交易过程中收受电子文件的时间与地点十分重要，尤其在电子商务中，收受电子文件的时间与地点更难确定，但这一点却往往关乎承诺生效的时间与地点，但是在网上交易的环境，"承诺"并非清楚可辨，而必须根据具体情况来决定。因此，就产生出这样一个问题：下载软件或者电子文件的行为是否构成"承诺"？一般而言，在用户经由网络下载电子文件而与供应商建立合同关系时，供应商经由网络对用户迅速传送移动设备终端应用软件及其他产品，这种合同可以下列 3 种方式订立。

第一，供应商可经由网络向客户提供相关的产品条款，客户必须在详细阅读并决定接受该条款的约定后，才会被允许进行资料下载的动作。这种动作应该被视为是一种承诺，因此，这类合同条款应具有法定效力。

第二，供应商可在其网络上将促销商品的相关合同条款呈现于网络，并显示“一旦用户使用了或安装了所促销的商品，即表示接受了合同条款”。在此情况下，如果用户使用或安装了相关商品，自然应视为一种承诺。

第三，在网络上的电子文件并未提示任何使用须知，针对这种情况，应当参考当事人双方之间的约定或是业界一般做法作为事实认定的依据。

16.6.4 电子错误

电子传输过程中发生错误时，由于其传输高速、瞬息的本质，所造成的错误将比传统的有纸贸易难于察觉也难以及时修正。为了避免消费者在从事网络交易时因电子错误而丧失其撤销或解除合同的权利，“UCITA 统一计算机信息交易法法案”在第 118 条加入了保护消费者的特别规定，为消费者提供了一个抗辩的理由，以使消费者敢于利用电子交易。

该法规定，若因资讯处理系统、电子传输或者消费者使用系统发生错误，且未提供合理的方式去侦测、修正或避免错误的发生时，该错误称之为“电子错误”，此时，消费者不受其所不欲发生、且因电子错误所产生的电子信息的约束，但是必须符合一定条件。

可以理解电子错误可能由于两种原因造成：其一，电子传送系统或信息处理系统本身所造成的无法预见的电子错误，这显然是属于超出消费者自身所能预见及控制的情况；其二，由消费者本身所导致的电子传输错误。在第二种情况下，若按普通法的规范，消费者很可能因为其单方的错误，而必须对后果承担责任；但“UCITA 法案”的规定为消费者创设了一种保护方式，消费者有权主张抗辩自己不受该电子信息的拘束。此规定启发了企业经营者在设计程序时必须设计更正错误的程序，对于消费者也可增加保护。唯一应注意的是，如果电子系统向消费者提供了更正错误的合理方法，而消费者却未予更正的话，就不能主张电子错误了。

在符合我国现行法律体系及站在保护消费者并减少纠纷的前提下，网络商店在提供消费者购物时，应设计一些供消费者确认的选项，即消费者在确认其交易的意思表示前，应有几个程序以供其做确认的动作，而非仅以一次的按键即完成所有程序。这样可避免消费者因一时疏忽或按错键而受拘束，对于双方当事人而言才属公平。

16.7 移动电子商务支付的法律问题

16.7.1 移动电子商务支付的特点

移动电子支付，是指用户使用移动电子设备通过移动运营商向约定银行提供的计算机网络系统发出支付指令，由银行通过计算机网络将货币支付给服务商的一种消费支付方式。银行支付结算系统的电脑自动化操作，使交易更加安全和便捷，同时有助于国家税控。

移动消费模式是预付还是透支。如果采用先消费后结算（透支）方式，就必然要启用手机实名制、信用评估和担保体系，而且透支额度太小，也会阻碍交易的进展。

我国目前消费支付方式有现金、支票和信用卡 3 种。随着技术的进步，手机等移动电子设备支付将成为支付方式中非常重要的一部分。移动电子设备持有者购物消费或缴费时，只要输入特定的银行卡号和金额，将支付请求通过短信息发送到银行，银行在进行审批划账之后，通过短信息反馈到特约商户或特约商户指定的银行，商户使用无线或有线 POS 打印出消费收据，完成交易。用户就会获准得到所需要的商品和服务。整个过程全部实现电子化。将这样的支付方式称为移动电子支付。将移动电子设备和银行卡结合起来，用户将随身携带支付终端，可以在任何时间、任何地点用移动电子支付方式办理消费、缴费和转账等业务。在整个移动电子支付过程中，如何确认各方法律关系以解决在移动电子支付中可能产生的矛盾和纠纷，以及如何确定相应归责原则显得迫切且现实。

通信运营商的业务领域和业务优势都是在通信上，而开展手机钱包业务使得它跃出了这一传统业务领域。但是，它首先要面临着政策风险。非金融机构不能开展金融业务，企业内部卡也不能代替货币职能，公交 IC 卡没有银行信用作保障，跨行业使用会产生很多安全隐患，通信运营商的手机钱包业务也将面临着同样的局面。

日本和韩国企业以其在移动终端的业务创新著称，除了最基本的非实物消费，手机支付在超市购物、餐馆消费等领域也得到了相当普及的应用。韩国三家主要移动运营商 LG Telecom、SK Telecom、KTF 分别大规模开展了以红外线为接入方式的移动支付业务，普遍的做法是，运营商联合相关的行业和企业共同提供与推广便利店购物、在线购物、电子客票购买、身份认证、移动证券金融等移动支付服务。日本的主要运营商 KDDI、NTT DoCoMo 依据用户需求分别开发了互联网支付产品、声讯支付产品和移动支付产品。

美国的手机支付虽然是最早出现的，但没有受到太多重视与关注，直至 2005 年 12 月，Nokia 和 Visa、Chase 银行合作进行 NFC 测试，包括使用 NFC 手机在特许经营店和服装店购买商品，下载电影内容、手机铃声、壁纸、屏保、明星及艺术家的剪报。2006 年 4 月，Nokia、G&D 和万事达国际组织合作完成基于手机支付的空中发卡及个性化解决方案 MasterCard PayPass，并在美国得到广泛应用，移动支付业务才逐渐发展起来。

欧洲的银行信用体系完善，多采用信用卡，而网上支付、移动支付更多与后付费业务绑定，国际长途电话卡种类丰富。欧洲应用最广泛的移动支付业务包括购买火车票、商店支付、停车费或洗车费支付等。Vodafone 的移动支付品牌 M-pay 通过在电话账单或预付费卡中扣费实现在线小额支付，可以购买铃音、游戏、娱乐、新闻气象等信息服务内容。欧洲的移动支付运营商，法国的 Orange、西班牙的 Tele-Fonica、德国的 T-Mobile 和英国的 Vodafone 为了联合推动移动支付业务的发展，建立了移动支付服务协会，旨在促进各国运营商移动支付业务互操作，并希望结成同盟，共同提供跨国界移动支付业务。

16.7.2 移动电子商务支付的法律关系

移动电子支付过程中，主要涉及移动运营商、银行金融机构、商户和用户等四方当事人。银行在这四方当事人中角色最为重要。按流程，银行又分付款行、收款行和中间行。用户、移动运营商、银行与商户间存在移动电子支付基础法律关系。用户与商户之间是买卖合同关系。

因为经营金融业务特许制的原因，移动运营商不得不与银行合作共同开发移动电子支付市场，以回避政策壁垒。移动运营商在移动电子支付交易中扮演了组织者的角色，移动运营商应当和银行一样配备相应的计算机信息网络、装备以及相应技术人员和管理人员，健全安全保密管理制度的技术保护措施。用户有权向移动运营商发出信息指令。移动运营商有义务将用户的信息在指定的时间传输到付款行。用户有义务向移动运营商支付相应通信费用。

银行与移动运营商每完成一笔交易，商户应向移动运营商支付一定手续费，而各个银行也将根据总的转账额度从移动运营商处获得手续费。

中间行有按照前手指令完成资金划拨的义务。对于因自身或后手的原因根本没有履行、迟延履行、未完全履行指令造成损失的，中间行应当向前手承担违约责任，并有权根据原因向后手追偿。

用户与付款行是委托支付合同关系。用户应当事先与银行签定《委托移动电子支付协议》。协议应当由银行起草标准的格式合同，用户开户同时签定协议书，明确双方的权利义务关系。一旦资金划错，除非能够证明免责，银行应当首先进行赔偿，然后向后手追索。如果各中间银行不能确认差错原因，损失应当按照《民法通则》的规定由各方公平分担。在整个移动电子支付过程中，如何确认各方法律关系以解决在移动电子支付中可能产生的矛盾和纠纷，以及如何确定相应归责原则显得迫切且现实。

16.7.3 移动电子商务支付纠纷的举证与归责原则

移动电子支付是新的支付方式，但仍然会出现资金划拨迟延或资金划拨错误，造成损失的现象。由于支付环节涉及服务器、Internet、无线传输、管理软件等先进技术，一般用户无法承担举证责任。因此应当实行特殊的过错责任原则即过错推定归责原则。首先从违约事实和损害事实中推定致害当事人一方主观有过错，由其承担举证责任。如果不能证明自己有过错，则推定成立，由其承担相应法律责任。

（1）用户否认发出指令的情形，银行负举证责任。

移动电子支付环节中，银行无法当面确认指令发出者是否是真实用户，只能通过事先约定的安全程序如密码或其他手段进行身份验证。因此只要付款行能够证明指令发出人使用了约定的密码或其他身份验证手段通过安全验证，付款行就有理由认为该指令是由真实用户发出。不管指令由谁发出，其后果应当由真实用户承担。银行对该指令进行处理所产生的后果不承担法律责任。但所举证据不能仅以银行出具查询操作流水数据为证明标准。如果银行不能证明，则应当承担责任，但仅限于承担返回扣款、支付利息的责任。

（2）用户指认银行未按指令支付情形，用户负举证责任。

在移动电子支付中，银行只能收取很小比例的手续费，银行不可能也不应当对未按照指令适当执行支付命令而引起的间接经济损失负责。而且银行在整个移动电子支付环节中只发生支付法律关系，我们不能要求银行对用户、商户之间的间接经济损失承担赔偿责任，否则会导致银行卷进商业风险与商业合同的纠纷中，这显然是不符合移动电子支付的法律性质。因此，如果银行未按照指令适当执行支付命令，银行应当承担的违约责任应限于退还收取的划拨费用或补足差额、赔偿用户资金利息损失，但不承担赔偿客户商业性间接经济损失。然后银行向后手或责任方追索责任。

16.7.4 移动电子商务支付纠纷案件的管辖

管辖是法院受理争端的权限依据。在移动电子支付法律关系中，普通的纠纷仍适用我国《民事诉讼法》规定的管辖原则。提供移动电子支付服务的网络服务器、计算机终端等电子设备所在地银行也许只是营业所或分理处，不具有独立法人主体资格，而用户发出指令地有可能是移动运营商网络覆盖下的各地。确认管辖地应当具备稳定性和关联性这两个特点，移动电子支付纠纷案件中，提供移动电子支付服务的网络服务器、计算机终端所在地很好地满足了这两个特点。因此，应当以提供移动电子支付服务的网络服务器、计算机终端所在地法院管辖移动电子支付纠纷案件。

16.8 移动电子商务认证的法律问题

无线设备一个特有的威胁就是容易丢失和被窃。当移动设备丢失或被盗后，虽然通过简单的方法可立刻进行挂失，但因为没有建筑保证的物理边界安全和太小的体积，无线设备丢失和被盗很难预防。目前手持移动设备最大的问题就是缺少对特定用户的实体认证机制。

16.8.1 传统电子商务中的身份认证

针对电子商务中交易当事人的身份认证，许多国际组织和国家已经制定了有关电子商务的法律，其中包括 1998 年联合国国际贸易法委员会制定的《数字签名统一规则》，1998 年欧盟公布的《欧盟电子签名法律框架指南》和 1999 年通过的《数字签名统一规则草案》，1998 年国际商会制定并通过的《数字签名法》，1998 年新加坡《电子交易法》及 2000 年美国的《电子签名法案》等。所有这些有关电子商务的立法都确立了数字签名的法律效力和电子认证机构的地位，并以此来确认交易当事人的身份。数字签名和认证制度具有易更换、难伪造、可进行远程线路传递的优点，保障了网上信息传输的安全性、真实性和不可否认性，以其低成本、安全可靠性有效地解决了交易当事人身份认证的困境，其先进性与合理性是其他制度所不能比拟的。

16.8.2 移动电子商务中的身份认证

从移动电子商务的网络结构分析，有可能遭受攻击的地方主要有：移动终端与交换中心之间的空中接口、移动网关与应用服务提供商之间的传输网络。一方面虽然 GSM 采用了比较先进的加密技术，可是由于移动通信的固有特点，手机与基站之间的空中无线接口是开放的，这给破译网络通信密码提供了机会。而且信息一旦离开移动运营商的网络就已失去了移动运营商的加密保护。因此，在整个通信过程中，包括通信链路的建立、信息的传输（如用户身份信息、位置信息、用户输入的用户名和密码、语音及其他数据流）存在被第三方截获的可能，从而给用户造成损失。另一方面在移动通信系统中，移动用户与网络之间不像固定电话那样存在固定的物理连接，商家如何确认用户的合法身份，如何防止用户否认已经发生的商务行为，都是急需解决的安全问题。移动网关一般是实现信息格式的转换，但也有的移动网关（如 WAP 网关）对信息进行加解密处理，因而整个移动电子商务的安全链条就存在安全断点。如何解决好移动支付的安全问题，并且通过宣传培养用户通过移动终端进行消费的信心，是决定移动电子商务下一步发展的关键。

在无线世界里，由于空中接口的开放，人们对于进行商务活动的安全性的关注远超过有线环境。仅当所有的用户确信，通过无线方式所进行的交易不会发生欺诈或篡改，进行的交易受到法律的承认和隐私信息被适当的保护，移动电子商务才有可能成功和推广。在有线通信中，电子商务交易的一个重要安全保障是 PKI（公钥基础设施）。在保证信息安全、身份证明、信息完整性和不可抵赖性等方面 PKI 得到了普遍的认同，起着不可替代的作用。PKI 的系统概念、安全操作流程、密钥、证书等同样也适用于解决移动电子商务交易的安全问题，但在应用 PKI 的同时要考虑到移动通信环境的特点，并据此对 PKI 技术进行改进。WPKI（Wireless PKI）技术满足移动电子商务安全的要求：即保密性、完整性、真实性、不可抵赖性，消除了用户在交易中的风险。

16.9 移动电子商务安全的法律问题

16.9.1 移动电子商务面临的安全问题

1. 无线网络信息易被窃取

无线通信网络可以不像有线网络那样受地理环境和通信电缆的限制就可以实现开放性的通信。无线信道是一个开放性的信道，它给无线用户带来通信自由和灵活性的同时，也带来了诸多不安全因素：如通信内容容易被窃听、通信双方的身份容易被假冒，以及通信内容容易被篡改等。无线窃听可以导致通信信息和数据的泄漏，而移动用户身份和位置信息的泄漏可以导致移动用户被无线追踪。这对于无线用户的信息安全、个人安全和个人隐私都构成了潜在的威胁。

2. 无线 AdHoc 应用易受干扰

无线装置可以组成 AdHoc 网络。AdHoc 网络和传统的移动网络有着许多不同，其中一个主要的区别就是 AdHoc 网络不依赖于任何固定的网络设施，而是通过移动节点间的相互协作来进行网络互联。AdHoc 网络也正在逐步应用于商业环境中，比如传感器网络、虚拟会议和家庭网络。由于其网络的结构特点，使得 AdHoc 网络的安全问题尤为突出。A 通信由一个小区切换到另一个小区时，恶意的或被侵害的域可以通过恶意下载、恶意消息和拒绝服务来侵害无线装置。

3. 无线网络漫游易被攻击

无线网路中的攻击者不需要寻找攻击目标，攻击目标会漫游到攻击者所在的小区。在终端用户不知情的情况下，信息可能被窃取和篡改。服务也可被经意或不经意地拒绝。交易会中途打断而没有重新认证的机制。无线媒体为恶意用户提供了很好的藏匿机会。由于无线设备没有固定的地理位置，它们可以在不同区域间进行漫游，可以随时上线或下线，因此它们很难被追踪。因此，对无线网络发起攻击会是敌手对固定网络发起攻击的首选，尤其随着这些设备数量的增长。

4. 手机病毒的潜在威胁很大

有线网络杀毒安全技术还不完全适用于无线设备，由于无线设备的内存和计算能力有限而不能承载大部分的病毒扫描和入侵检测的程序，目前还没有有效抵制手机病毒的防护软件。

5. 移动支付安全问题

安全问题，在手机支付中是极其重要的一个问题。一方面需要银行对用户的交易密码做加密处理，对于一些重要数据做硬件加密处理，所有文件不能以明文形式存在，对于系统的访问有安全日志，对于所有应用系统发生的错误都要记录在错误日志中。对于通信运营商来说，需加强信号传播中的安全问题，如防止信号被截获等。

一项新业务存在业务风险是很正常的，关键是如何正确处理安全与正常业务运营的关系，把安全系数设定在一个什么样的状态下。如果强调百分之百的安全，不仅很难做到，而且势必会舍弃许多利益。既照顾到安全问题，又兼顾业务发展，是一项值得研究的课题。

另外，从法规建设上看，因通过无线工具查询银行账户以及电子支付等操作造成的银行或个人隐私暴露，责任方需要承担什么样的责任也需要具体予以明确。当然，这是一个与技术相关的业务问题。

16.9.2 实现安全移动电子商务的步骤

（1）根据用户从移动终端上输入到应用服务提供商的所需数据，利用 SIM 卡对数据进行加密、签名，并以短消息的格式发出加密并签名的数据。

（2）将加密并签名的短消息通过移动网络转发至安全移动电了商务平台的分发平台。

（3）分发平台将短消息重组为数据包，并转发至相应的应用服务提供商。

（4）位于应用服务提供商的安全服务器对加密并签名的数据进行解密及验证，如验证通过，则提交后端应用服务器，如果验证未通过，则提示用户验证失败。

（5）后端应用服务器处理后的结果由安全服务器进行加密处理，并转发至分发平台；分发平台将数据拆分为短消息，通过移动网络发送给移动终端。

（6）移动终端接收到短消息后重组数据包，并对加密数据进行解密，最终将结果显示给用户。安全移动电子商务平台是开放的安全移动电子商务平台，它可支持多形式的访问服务，使不同的用户可以通过不同的设备（STK 手机、WAP 手机、计算机）访问服务提供商。分发平台是消息分发中心，它将双向的访问请求，经过消息的队列处理，分发到目的端，分发的形式有两种。

①“拉”请求

由移动终端发起“拉”（pull）请求。在需要进行浏览时，移动终端通过安全移动电子商务平台的分发平台向服务提供商发送“拉”请求。

②“推”请求

“推”（push）请求是由固定设备（如计算机）而不是移动终端发起的。应用服务提供商通过安全移动电子商务平台的分发平台将请求“推”给移动终端。

总之，移动电子商务系统的技术方案与现有的成熟技术做了很好的整合，系统的稳定性和实用性得到了允分的保障。安全移动电子商务系统的日标是可支持多形式的访问服务，使不同的用户可以使用不同的设备（STK 手机、WAP 手机、计算机）访问服务提供商的应用，成为开放的移动电子商务系统。

16.9.3 移动电子商务交易安全行政监管加强

建立正常、有序、规范的网络交易环境和网上交易秩序是加快电子商务发展的重要的环境建设内容，也是维护消费者权益，打击网上交易违法行为，规范网上交易秩序的重要举措。联合国下属机构国际电信联盟特别向世界发出警告：要求各国注意网络风险阻碍电子商务发展。针对这种情况，为净化网络环境，2006 年有关方面联手重点开展了 3 项有影响力的工作，取得了明显的效果。

（1）建成第一个电子商务监控系统

网上交易健康有序的发展，需要工商等部门的实时监控和网上监管。至 2006 年 12 月北京市工商局电子商务监控系统一期工程已经建成。约有 6 万网站被纳入监控范围。工商部门将利用搜索引擎和其他技术手段，通过设置违法关键词来筛选网上违法经营行为线索，实现 24 小时实时监控电子商务违法行为。该系统重点监控的内容包括虚假广告、传销、不正当竞争、合同欺诈和无证经营等违法行为。据介绍，目前，包括新浪、搜狐、淘宝、易趣网站在内的 6 万多家北京电子商务网站被纳入了监管平台的监控。这套系统全部建成以后，对确保正常的网上交易秩序，维护网民正常、合法的交易行为，加强网上交易中的监管，防范电子商务交易中的网络风险，打击网上钓鱼等各种网络骗子将起到重要的作用。

（2）净化移动服务市场的消费环境

净化移动信息服务市场的消费环境，规范运营秩序，形成"政府监管、企业自律、社会监督"的电信资费监管长效机制、已经成为构建和谐社会的重要内容，成为切实保护消费者的合法权益的适时之举，更成为促进移动电子商务规范发展的现实需要。为此，2006 年国家进行了整治移动信息服务市场的系列行动。

2006 年 5 月 22 日，原信息产业部印发了整顿和规范市场经济秩序工作要点。

2006 年 5 月 23 日，下发了开展治理和规范移动信息服务业务资费和收费行为专项活动的通知。

2006 年 5 月 26 日，原信息产业部召开全国电视电话会议，对专项治理活动进行部署。

2006 年 6 月 9 日，原信息产业部规范移动信息服务业务资费和收费行为专项治理活动在北京启动。

显示了政府彻底治理和规范移动信息服务业务资费和收费行为、改善行业形象的信心和决心。在历时半年的整顿期间，严重侵犯消费者合法权益的移动信息服务企业受到严厉查处，情节严重的被停业整顿。典型案例和涉案企业被查处。困扰消费者多年的设置短信陷阱的行为终于有所收敛。

16.10 移动电子商务证据问题

16.10.1 移动电子商务证据的内涵

随着计算机技术、信息网络、通信业务和电子商务的发展，移动电子商务纠纷、网络纠纷、网络犯罪越来越多，电子证据逐渐成为新的诉讼证据之一，不论是处理民事纠纷还是打击网络犯罪都需要使用电子证据作为证据，甚至是关键性证据。在证据信息化的大趋势下，以计算机及其网络为依托的电子数据在证明案件事实的过程中起着越来越重要的作用。这种以新的形态出现的证据形式被定义为电子证据。

广义的电子证据的概念应该是：以电子形式存在的、用作证据使用的一切材料及其派生物；或者说，借助电子技术或电子设备而形成的一切证据。狭义的电子证据基本上等同于数字证据。电子证据是现代高科技发展的重要产物和先进成果，是现代科学技术在诉讼证据上的体现，它与其他证据相比主要有以下特点。

（1）电子证据具有数字技术性，技术含量高，具有高度的科学技术性。电子证据的物质载体是电脉冲和磁性材料等。从技术上说，电子证据具有数字信息的准确性、精密性、迅速传递性等特点。

（2）电子证据具有脆弱性，易被伪造、篡改。由于电子证据均以电磁浓缩的形式储存，电子数据和信息的无形性使得其易被毁灭与变更，而其真实性也大打折扣。

（3）电子证据具有复合性、表现形式的多态性与丰富性。由于多媒体技术的出现，信息在电脑屏幕上的表现形式是多样的，其呈现出图、文、声并茂形态，甚至人机交互处理，与其他证据相比，更具表现力。

（4）电子证据具有间接性。在现阶段由于电子证据的公信力有限，很多情况下，电子证据常作为间接证据来使用，并不能单独、直接地证明待证事实，必须结合其他证据。此外，电子证据由其本身的特性决定了它具有无形性、易收集性、易保存性、可反复重现等特性。

一项电子文件要具有充分证据力，必须符合法律所规定的如下要求。

（1）客观性，又称实质性，证据必须是客观存在的事实。电子文件的客观性在于其内容必须是可靠的，非法虚构、篡改的数据电文没有客观性，必须保证信息的来源和信息的完整性是可靠的。为保证储存的公正性，可由具有较强公信力的第三方机构提供服务。

（2）相关性，又称关联性或者证明性，即证据同事实具有一定的联系并且对证明事实有实际意义。这就必须对诉讼有关的诸多数据进行重组与取舍，而要保证重组后的数据与诉讼事实具有本质上的联系，也必须保证重组方法和过程的客观科学性和合法性，只有紧密围绕事实、严格按照操作程序进行的重组才能符合这一要求。

（3）合法性，又称有效性或者法律性，即证据必须是依法收集和查证属实的事实。对数据的固定、收集、存储、转移、搜查等行为必须依法进行。

16.10.2 移动设备取证方法

同时提供对掌上电脑和手机的取证功能。功能强大的掌上电脑专业取证设备，具有对使用Palm和Windows CE/Pocket PC操作系统的掌上电脑进行数据获取、数据搜索和生成报告的功能。系统用于获取手机中的用户数据和部分型号手机的未分配空间数据。由于不同手机的使用方式和注意问题不同，因此对每个型号的手机都要谨慎操作。手机取证套件目前支持对Nokia、Sony-Ericcson、Motorola、Siemens等品牌的部分型号手机进行数据获取。随着继续不断的更新，将能够获取更多品牌和型号的手机数据。

（1）手机电子证据

手机取证的电子证据主要来自手机内存、SIM卡、闪存卡和移动运营商网络以及短信服务提供商系统。手机内存随着手机功能的不断加强，可存储的信息量更大，这些信息就成了潜在的电子证据，主要包括以下几种。

① 手机识别号：GSM手机的手机识别号是IMEI；CDMA手机的手机识别号是ESN号。

② 电话簿资料。

③ 发送、收到或编辑存储的短信和MMS（多媒体信息服务）信息。

④ 图片、动画和声音。

⑤ 语言、日期与时间、铃声、音量和短信特符号的设置信息。

⑥ 拨出、接收或未接收电话的记录。

⑦ 日历中的日程安排信息。

⑧ 被存储的可执行文件和其他计算机文件。

⑨ GPRS、WAP和Internet的设置信息以及上网的缓存记录。

以上信息在不同的手机中格式和内容可能有所不同，而且这些信息一般都能被删除，但也可以利用软件或由手机制造商来恢复。

（2）手机取证要点

取证分析是对所有潜在的电子证据进行分析，试图分析出案件线索或有效证据。手机取证分析时，应注意以下几点。

① 尽早关闭手机，以免破坏数据。

② 单独分析手机内存、SIM 卡、闪存卡等证据介质，以免破坏数据。

③ 从用户或移动运营商处获取访问代码，用专用软件分析 SIM 卡。

④ 用取证软件分析闪存卡。

⑤ 镜像备份手机内存的原始数据，然后对备份数据进行分析。

（3）手机内存分析

一般地，读取手机内存中的数据，是利用手机操作系统或手机制造商提供的接口软件来读取的，但这样操作有可能会破坏原始数据，也不能恢复被删除的数据。最好的方法是像计算机取证软件如 Encase 那样镜像备份手机内存的数据，然后进行数据提取与分析，但目前还没有这样的工具出现。

为了获取手机内存的镜像备份，目前有两种方法可以使用：一是从手机上卸载手机内存芯片而后读取出数据，但这会毁坏手机；二是用专用导线接入手机系统主板，然后快速读出内存芯片的内容，但由于手机类型繁多，对技术要求很高。

16.10.3 移动电子商务证据的效力

1. 对电子证据的审查判断

根据我国《电子签名法》的规定，对电子证据的审查判断应从以下几个方面入手。

（1）电子证据的生成。即要考虑作为证据的数据电文是怎样形成的：如数据电文是在正常业务中按常规程序自动生成还是人工录入的，自动生成数据电文的程序是否可靠，有没有非法干扰；由人工录入数据电文时，录入者是否按照严格的操作规程、采用可靠的操作方法合法录入；该电子证据是在正常业务中制作的还是为诉讼目的制作的，前者的可靠性要高于后者。

（2）电子证据的传送与接收。数据电文通常要经过网络的传递、输送，所以要考虑传递、接收数据电文时所用的技术手段或方法是否科学、可靠，传递数据电文的“中间人”如网络运营商等是否公正、独立，数据电文在传递过程中有无加密措施，数据电文的内容是否被改变等。

（3）电子证据的存储。即要考虑作为证据的数据电文是怎样存储的：如存储数据电文的方法是否科学，存储数据电文的介质是否可靠，存储数据电文者是否公正、独立，数据电文是由不利方存储的还是有利方存储的或是中立的第三方存储的，不利方存储的数据电文的可靠性最高，第三方存储的数据电文的可靠性次之，有利方存储的数据电文的可靠性最低。存储数据电文时是否加密，所存储的数据电文是否被改动等。

（4）审查电子证据的内容。审查判断电子证据是否真实，有无剪裁、拼凑、伪造、篡改等，因为电子证据的内容可以通过技术手段修改，要借助科学手段加以鉴别。对于自相矛盾、内容前后不一致或不符合情理的电子证据，应谨慎对待，不可轻信。

2. 电子证据的证明力认定

电子证据的证明力，是指证据在证明待证事实上体现其价值大小与强弱的状态或程度，即证据力。考察电子证据的证明力，就是要认定电子证据本身或者电子证据与案件中的其他证据一起能否证明待证事实以及在多大程度上能够证明待证事实。

电子证据证明力认定的基本原则有以下几个。

（1）自由认证为主、参照标准为辅的原则。即一方面法律不对在什么情况下电子证据有多大的证明力做出硬性规定，坚持自由认定的道路，完全由法官凭个人意志予以判断；另一方面，通过国家法律规定认定电子证据证明力的标准以及各种机关或各个行业组织颁布执行各种电子技术或信息技术运行的标准等方法，指导、约束并帮助法官对电子证据的认证活动。

（2）平等赋予的原则。在当前的法律环境中，主要是要给予电子证据与传统证据以平等的待遇，不能因为不信任而不愿意使用电子证据、或者不敢赋予电子证据以足够的证明力。

（3）综合认定原则。电子证据无论是作为直接证据还是作为间接证据，都不能单独地发挥证明力，而是与其他的证据一起发挥应有的证明力。只用一个电子证据定案的情况是极为罕见的。

16.11 移动电子商务立法问题

16.11.1 移动电子商务急需立法

目前，几乎没有移动电子商务方面的法律、法规，而传统的商务和电子商务的法律、法规不能完全适用移动电子商务，如移动设备的实体认证、签名确认、账单、发票等。手机垃圾短信、短信谣言、短信色情信息、短信违法信息使得人们对移动电子商务充满疑虑，而不愿在网络上使用自己的移动设备从事商务活动。目前，虽然还没有相关的法律法规来规范短信广告，但是移动运营商有义务限制垃圾短信的群发。国家有关部门也应尽快制定手机短信的规范制度。对有害短信，国际上许多国家已经采取了法律的手段规范短信息服务，手机用户不再被动接收信息。欧盟各成员国、日本、韩国出台了相关制裁手段，以遏制商业和不健康短信蔓延的势头。在我国，手机仍处在被动接收短信阶段，如何帮助用户防范不良短信息，这在法律法规上还有待完善。

在我国，传播违法短信目前可以依照《治安管理处罚法》和《刑法》，扰乱公共秩序的，需要承担行政责任；严重扰乱社会秩序的，需要承担刑事责任。《电信条例》也规定，任何组织或者个人不得利用电信网络制作、复制、发布、传播“散布谣言、扰乱社会秩序、破坏社会稳定”的信息。我国应该通过进一步立法，除了应制定移动电子商务的基本法，也应对手机媒体和网络传播短信进行规范。对于主观上有故意，造成一定损失和社会动荡的短信作者应该追究刑事责任；对于不理性的随意转发谣言短信，视情节可以追究行政责任。移动电子商务的应用刚刚开始，移动信息服务、移动定位服务、移动支付服务、移动搜索服务、移动支持服务等越来越扩展和深入到各行各业、以至整个社会生活中去。其中的法律问题将不断涌现，我们应该在立法方面有所准备。

16.11.2 移动电子商务中的未成年人保护立法

移动电子商务的一个应用就是娱乐行业。随着生活水平的提高，越来越多的青少年拥有手机、PDA 等移动设备。游戏对青少年具有较大的诱惑力，而在什么类型的游戏适合青少年有着不同的法律规定，在移动游戏领域也出现了相应的隐私和法律问题。

在美国，游戏是实行分级制度。那一级的游戏适合儿童玩都有着详细的规定。在法国、韩国和日本，对于限制儿童接触不良网络游戏方面都通过技术屏蔽、税收和家庭公约等途径进行法律和制度上的管制。为了引导未成年人的网上娱乐活动，我国相关部门鼓励社会各方面“积极创作、开发和推荐”适合未成年人的网络游戏产品，净化网络文化环境。2005 年 8 月，文化部游戏产品内容审查委员会正式公布了第一批适合未成年人的网络游戏产品。

16.11.3 移动电子商务的各国立法

1. 美国

有各式各样的联邦与州法主管个人识别信息的搜集与使用。大多数的这些法律仅适用于政府实体或特定产业。其中两部法律显然与无线交易特别相关。其一为 2000 年 4 月 21 日起生效的《儿童网上隐私保护法》。这部旨在保护儿童隐私的法律规定，网站在搜集 13 岁以下儿童的个人信息前必须先征得其父母的允许；否则，每违规一例将被处以 11 000 美元罚款。

其二为 1999 年《金融服务现代化法》。该法要求所有金融机构透露给用户和用户的策略和习惯必须保护非公共的个人信息隐私。非公共的个人信息包括任何由用户提供的个人确认信息，从金融机构交易的结果以及从金融机构获得的产品或服务。

美国联邦贸易委员会（FTC）则已制定五项“公平信息行为原则”，已对移动电子商务的隐私顾虑产生直接的负担。FTC 的五项原则包括：通知（Notice）、选择（Choice）、访问（Access）、安全（Security）、执行（Enforcement）。

2. 欧洲国家

若干欧洲国家立法亦已采行对移动电子商务的额外保护。例如为了有效地管理短信服务，德国国会在 2003 年通过了“联邦反垃圾邮件法案”(包括短信)，规定向用户推销商品和服务的手机短信均要征得用户的书面同意，从 21 时至次日 8 时发送的广告需要再次征得用户同意。如果发送色情等非正常信息，均被视为违法行为，将追究刑事责任。德国政府和监察部门还成立了一个“联邦手机短信处理中心”，用来处理有关违规者并解答普通用户的问题，同时向用户宣传怎么杜绝垃圾短信。德国规定，各运营商和短信广告商必须签订杜绝滥发行为协议。为此，各运营商纷纷创新短信管理技术。如一公司推出的移动短信中心平台，用户可以自动屏蔽那些一天内发送量超过上百次的短信。2005 年，该公司与 300 多个滥发短信的用户解除了合同。

3. 印度

为了制止垃圾短信对手机用户带来的侵扰，印度目前采取了双管齐下的对策。首先，对那些垃圾制造者采取法律手段。2006 年 2 月 8 日，印度最高法院向政府发出一封法律建议信，要求议会和政府尽快就阻止垃圾短信制订相关的法律条文和政策规章，以便使法院在处理此类案件时有法可依。其次，各运营商正在逐步完善“黑名单”制度，如果发现某一用户成为大量垃圾短信的集中地，便会将其列入“黑名单”，取消手机入网的资格。除此之外，部分运营商还利用一些如关键词屏蔽过滤、禁止大规模群发服务等手段，通过各种方法堵塞垃圾短信的传播渠道。

4. 中国

鉴于垃圾短信泛滥，运营商（SP）还只是在技术层面来限制垃圾短信的群发，原信息产业部已于 2004 年 4 月 15 日颁布了《关于规范短信息服务有关问题的通知》，《通知》的第一个要求就是要基础电信企业清理没有许可的信息服务经营者，第二个要求就是建立约束机制。行政主管部门要加强监管，运营商应加强行业自律，广大用户要加强监督。

16.11.4 移动电子商务经营者的自律

1. 美国移动通信业者提出自律原则

2003 年 9 月，美国移动通信和互联网协会（CTIA）与美国国内各家无线通信系统业者公布消费者 10 原则（Customer Code），确认了美国无线通信产业保障消费者权益的相关规范。这个自发性的行动是为了保障消费者在购买无线通信服务时的权益，希望消费者能够充分了解所选择之服务类别、费率方案，并促使业者能提供更符合市场需求的产品与服务。CTIA 与各家业者自发性的提出消费者 10 原则，将进一步保障消费者知的权利，并进一步强调了业者们在无线通信服务质量与消费者保障的努力及决心。

2. 澳洲 ACA 针对移动电子商务提出相关的消费者保护措施

2005 年 2 月 28 日，澳大利亚通信管理局（ACA）为了迎接新型态的消费行为，开始针对移动电子商务制定相关规范。ACA 认为透过完善的规范动作可彻底保护消费者，同时让移动电子商务服务产业能更具体化。因此 ACA 提出一套保护消费者在移动电子商务行为的机制，包括了行销业务、价格、项目与限制的相关信息、消费者合同、隐私权、数据传输的安全性、集点赠品兑换服务管道、广告宣传、信用管理、商品不良退换货渠道以及抱怨与申诉管道等几个方向，希望通过对服务提供者的规范，让消费者可以更安心享受移动电子商务所带来的便利。

3. 全球移动电话系统从业者签立《垃圾简讯防范守则》

2006 年元月初全球移动通信联盟协会——GSM 协会（GSMA）联合全球知名移动电话系统从业者签订产业守则，承诺减少文字与图片垃圾短信发生，保障移动服务产业的安全与信赖环境。签约业者包括 Bharti、Cingular Wireless、Vodafone 等 15 家从业者，营运范围超过全球 50 个国家，逾 5 亿用户。同意遵从该守则的从业者将联手调查垃圾的短信服务（SMS）和移动信息服务（MMS）传播问题并采取防范行动。同时，从业者打算将防制垃圾短信条件纳入与第三方供货商新立的所有合同内容，促成供货商暂停或终止与不当发送垃圾短信用户契约。

本 章 小 结

通过本章的学习，应了解移动电子商务的法律环境存在的问题及如何进行改善。之后阐述了移动电子商务的相关法律问题。移动电子商务的不良短信问题，包括移动电子商务不良短信的分类、特点以及对不良短信的规制。移动电子商务的隐私侵权问题，移动电子商务应用的隐私侵权威胁及其规范。移动电子商务的知识产权侵权问题，以最近发生的 3 个案例说明了移动电子商务著作权纠纷的有关内容。移动电子商务的诈骗犯罪案件频发，本节阐述了短信诈骗的性质与行为方式、短信诈骗犯罪构成特点，及对短信诈骗的防范措施。移动电子商务合同法律问题，如要约邀请与要约的区别、要约与承诺、承诺生效之时间及地点，对电子错误也进行了讨论。移动电子商务支付的法律问题，包括移动电子商务支付的特点、移动电子商务支付法律关系、纠纷解决及其司法管辖。移动电子商务认证的法律问题，分析了传统电子商务与移动电子商务身份认证的区别，及移动电子商务的认证技术与规则。移动电子商务安全的法律问题，包括其面临的安全问题，实现安全移动电子商务的步骤及加强措施。移动电子商务证据问题的内涵、移动设备取证方法及移动电子商务证据的效力。移动电子商务立法问题，包括移动电子商务立法的迫切性、移动电子商务中的未成年人保护立法、国际组织和各国立法情况，最后也涉及了移动电子商务经营者的自律问题。

习题与思考题

1．试述移动电子商务法律环境存在哪些问题。

2．如何规范移动电子商务的不良短信问题？

3．试述移动电子商务的诈骗犯罪的类型和特点。

4．试述移动电子商务支付中的法律难题有哪些。

5．试述我国移动电子商务应如何立法。

参考文献

[1] 吕廷杰，我国移动电子商务发展趋势分析与展望，北京邮电大学学报（社会科学版），2006（4）：P2-8.
[2] 李智勇，移动电子商务安全研究与设计，西南交通大学，2006.
[3] 熊志海，论电子认证的若干法律问题，重庆邮电学院学报（社会科学版），2003，（2）.
[4] 戴方虎等．Internet 的移动访问技术研究．计算机科学，2000，（3）.
[5] 中国信息产业部．中国信息产业 2004 年度报告［R］.
[6] 赵英．移动互联网技术及移动电子商务［J］．情报科学，2002，（6）.
[7] 宋亮．移动电子商务的助推器［J］．AMT，2005，（5）.
[8] 林翔．移动电子商务［J］．现代通信，2003，（3）.
[9] 韩刚，张皓，吕廷杰．手机支付商业模式剖析［J］，通信企业管理，2007（04）：P74-75.
[10] 王燕，高玉飞．移动电子商务的价值链与商务模式研究［J］，物流科技，2006，（9）：P63-66.
[11] 郑会颂．移动电子商务价值链的生成，南京邮电学院学报（社会科学版），2002，（3）：47-50.
[12] 张向国，吴应良．移动电子商务价值网商业模式与运营机制研究，软科学，2005，（6）：34-37.
[13] 吴应良．电子商务的发展现状与趋势［J］．计算机应用研究，2003，20（7）：1-51.
[14] 王钰，肖克，刘源．3G 突围电信强国向上［J］．中国信息化，2005，（6）：22-301.
[15] 迟晓英，宣国良．价值链研究发展综述［J］．外国经济与管理，2000，（1）：25-30.
[16] 秦成德，冉向东，周庆山．《电子商务法》．重庆大学出版社 2004 年 9 月.
[17] 董月红．《浅析我国移动电子商务发展现状与问题》．商场现代化 2006 年 8 月.
[18] 黄伟，王润孝，史楠，王东勃．《移动商务研究综述》．计算机应用研究 2006 年 6 月.
[19] 陈欣，胡鹏．《电子商务中关于合同订立问题的探讨》．中南民族大学学报 2004 年 8 月.
[20] 王英伟．《移动电子商务安全认证技术的研究》宁波职业技术学院学报 2005 年 10 月.
[21] 吴景．移动搜索引擎上线 提供短信和 WAP 搜索服务．北京娱乐信报．2006.5.15.
[22] 韩小冰．移动搜索，难点在商业模式．通讯世界．2007.1（总 145 期）.
[23] 沈琦．移动搜索——英里之路怎么走．电子商务世界．2006.11.
[24] 刘峰．移动搜索业务发展前景分析．现代通信．2006.10.
[25] 吴刚，王抒芸。移动增值业务新亮点．现代通信．2006.3.
[26] 吴晓松．国际电子商务发展状况及我国应对策略．云南财贸学院学报．2001.1.
[27] 庄梓新．发展移动电子商务 让连接无处不在．金融时报．2007.3.30.
[28] 贾志林．电子商务案例教程［M］，北京：电子工业出版社，2006.
[29] 陈孟建．企业资源计划（ERP）原理及应用［M］，北京：电子工业出版社，2006.
[30] 马新建．人力资源管理与开发［M］，北京：石油工业出版社，2003.
[31] 罗鸿，王忠民．ERP 原理・设计・实施［M］，北京：电子工业出版社，2003.

[32] 张咏华．中外网络新闻业比较，北京：清华大学出版社，2004.
[33] 袁雨飞等．移动商务，北京：清华大学出版社，第 1 版，2006.
[34] 王汝林等．移动商务，北京：清华大学出版社，第 1 版，2007.
[35] 张润彤．移动商务概论，北京：北京大学出版社，第 1 版，2008，北京.
[36] 吴真真．移动搜索：下一座金矿．《中国有线电视》2006 年第 12 期.
[37] 刘克峰等．实战网络营销——理论和实践。北京：清华大学出版社，2000.
[38] 移动电子商务前景看好．环球时报．2000.9.4.
[39] 英特尔预测：中国可直上第三代电子商务．华声报．2000.3.10.
[40] 戴方虎等．Internet 的移动访问技术研究．计算机科学．2000；（3）.
[41] 杨菠．萌芽状态下的移动娱乐业．世界电信，2002.07.
[42] 蒋林涛．移动娱乐产业和业务融合．2006 国际无线娱乐大会.
[43] 叶绿．中国移动数字娱乐服务业现状分析．计算机系统应用．2005.04.
[44] 储节旺，郭春侠．移动电子商务研究，现代情报，2002.
[45] 罗涛，易波．安全移动电子商务研究，计算机系统应用［J］，2003.
[46] 舒凯．移动电子商务的信息安全标准研究，信息技术与标准化，2004.
[47] 中国移动通信集团公司研发中心，中国移动小额支付业务实现方案，2002.
[48] 王影，于凌云．安全电子支付协议研究，微机发展，2005.
[49] 吉亮．手机音乐：无线增值业务的新亮点．通信世界．2005.11.
[50] 王欣刚，付延哲，张桂丽，王聪修，李增瑞．手机电视的发展现状和趋势．电信技术．2005.06.
[51] 辛伟．手机电视技术标准与运营模式的研究．电信科学．2006.08.
[52] 徐玉．如何看待移动支付业务，国务院发展研究中心信息网.
[53] 潘旭．一个基于短消息的移动小额支付平台解决方案，计算机应用，2004.
[54] 杨路明主编，客户关系管理［M］，重庆：重庆大学出版社，2004.
[55] 刘军，董宝田．电子商务系统的分析与设计［M］，北京：高等教育出版社，2003.
[56] 张毅．企业资源计划（ERP）与 SCM、CRM［M］，北京：电子工业出版社，2002.
[57] 庾志诚，赵庆．移动游戏全球综述．通信世界，2004.09.
[58] 饶威，浅谈中国手机游戏的发展．科教文汇，2006.02.
[59] 刘洁，庾志诚．国内手机业务日渐崛起．中国新通信，2007.06.
[60] 刘洋（2003）．移动商务——现代商务模式．电信工程技术与标准化．pp.60-62.
[61] 顾羽中（2004）．以运营商为核心的移动商务应用探讨．现代电信科技．Vol. 3：pp. 38-41.
[62] 熊炜烨，张圣亮．基于生态系统的我国宽带产业发展对策研究［J］，管理评论，2007（7）：34-39.
[63] 王育民．从电信价值链到产业生态系统［J］，通信企业管理，2004（3）：28-30.
[64] 汪鑫．3G 催生电信新产业链 运营商营销成重点，IT 时代周刊，2006 年 04 月 27 日.
[65] 郭峻峰，李军．基于链核构建 3G 时代的移动通信产业价值链，移动通信，2005（11）：P.69-72.
[66] 瑞威•克拉克特，玛西娅•罗宾逊．移动商务——移动竞争时代的竞争法则［M］．北京：中国社会科学出版社，2003.

[67] 汪涛，李威．中国移动通信运营商运营模式分析［J］．中国工业经济，2003，（3）：21-27．
[68] 朱军．建立多赢新模式构筑产业生态圈——日本 NTT DoCoMo 公司 i-Mode 业务发展透视［J］．中国无线电管理，2003，（2）：45-481．
[69] 庞卫国，许可．NTT DoCoMo 公司 FOMA 模式的生态观透视［J］．世界电信，2004，（1）：17-211．
[70] 迈克尔・波特．竞争优势［M］．陈小悦译．北京：华夏出版社，2003．
[71] 鲍尔索克斯．供应链物流管理［M］．李习文，王增东译．北京：机械工业出版社，2004．
[72] 马士华，林勇，陈志祥．供应链管理［M］．北京：机械工业出版社，2000．
[73] 盛宇华，潘持春．供应链管理及虚拟产业链［M］．北京：科学出版社，2004．
[74] 郑惠莉，王良元．电信业供应链分析［J］．南京邮电学院学报（社会科学版），2004，（4）：6-10．
[75] 孔冬，崔绪治．管理生态学——21 世纪的管理学［J］．现代管理科学，2003（2）：65-68．
[76] 葛清，中国移动 另一种垄断，中国企业家，2004（10）：88-91．
[77] 黄静．2007 年上半年中国手机市场盘点与趋势分析［J］．电子商务，2007.9．
[78] 瑞威・克拉克特，玛西娅・罗宾逊．移动商务——移动经济时代的竞争法则［M］．中国社会科学出版社，2003.9．
[79] 赵卫东，黄丽华．电子商务模式［M］．复旦大学出版社，2006.8．
[80] 徐勇．短信移动商务技术在中小企业信息化中的应用［J］．企业技术开发，2006.4．
[81] 贺松．新一代的电子商务——移动电子商务［J］．现代机械，2006.4．
[82] 魏杰．移动电子商务的现在和未来［J］．安徽科技，2006.12．
[83] 王燕，高玉飞．移动商务的价值链与商务模式研究［J］．物流科技，29 卷第 133 期．
[84] 秦成德．2006．网络广告的法律问题研究．《电子商务研究》．创刊号．
[85] 秦成德．2006．网络虚拟财产的法律问题研究．《电子商务研究》．第 3 期．
[86] 秦成德．2006．网络安全的法律保护．《西部通信》（3）．
[87] 秦成德．2004．中国电子商务中的隐私权保护．中美电子商务论坛．成都．
[88] 秦成德．2006．加强互联互通，促进通信发展．《西部通信》（2）．
[89] 朱海松．无线营销——第五媒体的互动适应性［M］．广东经济出版社，2006.6．
[90] 丁乃鹏．移动商务中的客户关系管理技术［J］．情报杂志，2006.5．
[91] 凌鸿、曾凤焕．移动技术对直面客户电子商务模式的影响［J］．商业时代，2006（35）．
[92] 魏巍凌．Sybase 医疗保健业移动计算解决方案［B］．中国计算机报，2003.06.13．
[93] 柳进．手机电视最大的对手是自己［B］．中国计算机报，2007 年 12 月 10 日第 92 期．
[94] 贾凤菊．浅谈二维条码在移动电子商务中的应用［J］．电子商务，2007.9．
[95] 秦成德．2006．我国电子商务发展中的法律问题．中国首届信息界大会．北京．
[96] 张树青，秦成德．2006．P2P 技术对互联网安全的影响．《西部通信》．
[97] 郭养雄，秦成德．2006．网络入侵的对策研究．《西部通信》．
[98] 秦成德．2005．电子商务中的个人数据保护．第七届国际电子商务大会论文集．
[99] 王有为，胥正川，杨庆．移动商务原理与应用［M］．清华大学出版社，2006.11．

[100] 刘保华．理性回归的互联网产业．中国计算机报，2007 年第 74 期．

[101] 王敏．电子商务环境下供应链管理的发展——移动供应链管理［J］．办公自动化杂志，2006.9．

[102] 秦成德．2002．为电子商务健康发展营造安全环境．理论导刊．(4)．

[103] 秦成德．2004．我国物流法律体系框架的构建．《西安邮电学院学报》．1．

[104] 秦成德．2006．电子商务物流配送法律关系的分析．《现代物流》．原子能出版社．

[105] 秦立崴．2005．论欧盟电子商务的公平原则．第七届国际电子商务大会论文集．

[106] 赵晓华．现代通信技术基础［M］．北京：工业大学出版社，2006.3．

[107] 张德干等．移动多媒体技术及其应用［M］．北京：国防大学出版社，2006.3．

[108] 秦成德．电子商务活动中的网络名誉权保护．电子商务理论、应用和教学论文集．宋玲、李琪主编．重庆大学出版社．2007 年 6 月．第 1 版．

[109] Kaufman and Wright．2000．Law of Electronic Commerce．fourth edition．

[110] Rosemary Jay and Angus Hamilton，．1999．Data Protection．Sweet & Maxwell．

[111] Ferrera Lichtenstein．2001．Cyber Law Text and Cases．West．

[112] Ronald J．Mann and Jane K．Winn2002．Electronic Commerce．Aspen．

[113] Graham JH Smith．2002．Internet Law and Regulation．Sweet & Maxwell．

[114] Chen jing，Qin Chengde etc：Study on Application Environment of Mobile Business in Chinese Enterprises．第七届武汉电子商务国际会议，2008，武汉．

[115] 秦成德．网络游戏中的法律问题研究，中国信息经济年会论文集，2008，西安．

[116] 秦立崴，秦成德．移动商务的法律问题研究，中国信息经济年会论文集，2008，西安．

[117] 秦成德，陈静．电子商务的法律新问题研究，第七届全国电子商务研讨会，2008，大连．